W 120.502

Friedrich Jäger · Das große Buch der Polizei und Gendarmerie in Österreich

Friedrich Jäger

Das große Buch der Polizei und Gendarmerie in Österreich

H. Weishaupt Verlag · Graz

Titelfotos:

Einsatz aus der Luft (Gendarmerie-Einsatzkommando).

Kleines Bild: Pistolentraining mit Schutzbekleidung.

Großes Bild: Gepanzertes Radfahrzeug Steyr 330.02 „Pandur-APV", Länge 5530 mm, Breite 2500 mm, Höhe 1815 mm, Bodenfreiheit 400 mm. Achsabstand 1520/1520 mm, Spurweite 2220 mm, Gesamtgewicht 10 t, Geschwindigkeit 4–110 km/h, 6-Zylinder-Dieselmotor mit Turboaufladung, Hubraum 6592 cm³, 155 kW/210 PS, 5-Gang-Automatgetriebe mit Drehmomentenwandler und Überbrückungskupplung, bis 8 Personen plus Lenker, Reichweite 650 km.

Die Gefahren des internationalen Terrorismus, von denen vor allem die Luftfahrt betroffen ist, haben im Jahre 1980 zur Aufstellung einer eigenen, vielseitig zusammengesetzten und geschulten Einsatzabteilung Flughafen Wien-Schwechat („Kranich") geführt. Ihr wurde im Jahre 1986 der „Pandur" zugewiesen. Im Jahre 1988 waren 680 Terroranschläge (103 davon im westlichen Europa) mit 278 Toten und 875 Verletzten zu verzeichnen (US-Statistik).

Schutzumschlag-Rückseite:

Oben links: Berittener Feldgendarm 1899–1918. Im Jahre 1903 wurde ein leichter Helm aus Kork eingeführt.

Die „Ulanka", die mit weißem Lammfell gefütterte Jacke der Ulanen und Dragoner, konnte über die linke Schulter gehängt getragen werden.

Oben rechts: Bundesgendarmerie 1919–1924. Von links: Rayonsinspektor, Ausgangsadjustierung, Bezirksinspektor (Bezirksgendarmeriekommandant), Dienstadjustierung. Höherer leitender Gendarmeriebeamter, Patrouillenleiter, Dienstadjustierung, Revierinspektor (Gendarmeriepostenkommandant), Patrouillenadjustierung. Gleich in Farbe und Schnitt waren in diesem Zeitraum auch die Uniformen der Sicherheitswache.

Mitte links: Von links: Rayonsinspektor in Dienstadjustierung mit Karabiner, Gendarm in Einsatzadjustierung mit MP, Revierinspektor in Sommer-Dienstadjustierung (Verkehrsdienst), Major in Dienstadjustierung, Patrouillenleiter in Dienstadjustierung (1974).

Mitte rechts: Gendarmerie im Jahre 1945 in der sowjetischen Besatzungszone.

Unten: Sicherheitswache, 1989. Von links: 1 Lederbekleidung mit Stiefel für Motorrad-Streifendienst (Krad-Fahrer), 2 Mehrzweckuniform mit Barett für Funk- und Bezirksstreifendienst, 3 Overall für den großen polizeilichen Ordnungsdienst, 4 Politesse, 5 Normaladjustierung mit Mantel, 6 Normaladjustierung ohne Mantel, 7 Motorrad-Streifenbeamter mit Schiffchen, hier in Sommeradjustierung (Sommerhemd), 8 Diensthundeführer in Mehrzweckuniform.

Vorsatz: Krad-Fahrer der motorisierten Verkehrsüberwachung der Sicherheitswache mit der im Jahre 1951 eingeführten Harley-Davidson, 1000 cm³ (1953).

Zu den folgenden Zeitabschnitten kamen in Verwendung: Puch 250 SG/2, 14 PS (1965–1976), BMW R 60, 30 PS (1966–1983), Honda 360 CB G, 34 PS (1976–1983), Honda CX 500 C, 37 kW (1982–), BWM R 65, 33 kW (1985–), BMW K 75, 55 kW (1989–).

Nachsatz: Gepanzertes Radfahrzeug Steyr 330.02 „Pandur-APV".

ISBN 3-900310-70-X
1. Auflage 1990
Copyright © by Herbert Weishaupt Verlag, Postfach 29, A-8047 Graz, Telefon (0 316) 30 23 60 und (0 31 51) 84 87.
Sämtliche Rechte der Verbreitung – in jeglicher Form und Technik – sind vorbehalten.
Gesamtherstellung: M. Theiss, A-9400 Wolfsberg.
Printed in Austria.

Inhalt

> *„Geschichte ist angewandte Psychologie, wodurch sie zur Wissenschaft von den Ursachen und Gesetzen menschlicher Aktivitäten wird."*
> *(Stefan Zweig, Die Philosophie des Hippolyte Taine)*

I. Einleitung

Man sieht zwar täglich „Polizei", soweit sie Uniform trägt, dennoch hat man von ihr bloß ein verschwommenes Bild. Man kennt die verschiedenen Bezeichnungen ihrer Dienststellen, man hört im Wege der Medien manches von der Tätigkeit von Gendarmerie und Polizei, aber man weiß nicht, wie das organisiert ist und nach welchen Regeln es zusammenspielt. Das ist wahrlich keine Schande, denn sogar der Absolvent der Rechtswissenschaften hat es an der Universität nur halb erfahren. Die Ursache liegt nicht bei ihm, sondern an der komplizierten Struktur unseres Sicherheitswesens, die ein Erbstück unserer Geschichte ist. So scheint angesichts einer Gesellschaft, die zunehmend an den öffentlichen Geschäften teilnimmt, ein Bedürfnis nach Aufklärung vorzuliegen, wodurch auch ein besseres Verständnis erzielt werden könnte: Ein Verständnis zwischen den Managern der Politik, die die Normen geben, der Bevölkerung, die damit leben muß, und der Polizei, die die Normen anzuwenden und durchzusetzen hat. Immer wieder sind gegensätzliche Auffassungen über das Verhältnis zwischen dem Bürger und dem die Gemeinschaft vertretenden Staat erkennbar. Sie wirken sich erheblich auf das Institut der Polizei aus, da die Konfrontation zwischen dem Allgemeininteresse – man könnte auch sagen zwischen dem „Prinzip" – und den persönlichen Interessen und Freiheitszonen des einzelnen in der handgreiflichsten Form im Polizeibereich ausgetragen wird. So könnte sich eine Skizze des Polizeiwesens, seines Wandels und seiner letztlich gleichbleibenden Funktion, lohnen. In erster Linie gilt es die Wirkungen zu zeigen, die der sogenannte Zeitgeist und die Politik auf die Gestaltung der Grundaufgaben und der Organisation sowie auf die rechtlichen Befugnisse und die den Sicherheitsorganen zur Verfügung gestellten Mittel geübt haben. Diese Wirkungen waren unterschiedlich, stand doch die „Polizei" ursprünglich als Instrument teils tatsächlicher, teils bloß hypothetischer Macht im Mittelpunkt der wechselnden politischen Positionen, die der Landesfürst auf der einen, die ständischen und städtischen Elemente auf der anderen Seite einnahmen oder einzunehmen suchten, bis im 19. Jahrhundert die zweigeteilte Auffassung über den Inhalt der „Freiheit" zur Wirrnis führte. In der Gegenwart ist ein Trend bemerkbar, den Rechtsstaat durch einen sterilen Legalismus zu entstellen, wodurch die Unsicherheit im Gebrauche des „Mittels" Polizei vergrößert wird.

An Darstellungen über das Polizeiwesen in Österreich hat es – sie liegen allerdings weit zurück – nicht ganz gefehlt. Überwiegend befaßten sie sich mit der Geschichte der „Wiener Polizei", die vor allem von Oberhummer unter Berücksichtigung der politischen Grundlagen dargestellt worden ist. Bibl hat es unternommen, die Polizei im weitesten Sinne als „kulturhistorische Studie" zu behandeln. Aber es fehlte eine von den Anfängen bis heute reichende gemeinsame Geschichte, die das Entstehen und die Funktion aller Sicherheitseinrichtungen skizziert. Hier ist dies versucht, wobei selbstverständlich schon der Übersicht halber auf die lokalen und regionalen Verhältnisse bloß von Fall zu Fall und beispielhaft eingegangen werden durfte. Diese Art der Darstellung schien möglich, weil sogar die Zustände in den Ländern der ehemaligen „engeren habsburgischen Erblande" 500 Jahre hindurch im wesentlichen übereinstimmten.

Das Wort „Polizei" leitet sich vom griechischen „politeia" (lateinisch „politia") ab, womit im Altertum jede staatliche oder besser öffentliche Tätigkeit (im Gegensatz zu den kirchlichen Angelegenheiten) bezeichnet wurde. Aber von Frankreich her bildete sich aus dem thematisch verschiedenen Wort „politesse" (von polir = reinigen) der neue Sinn aus: „Ordnung und Policey" (ordre et police) oder „Ordnung guter Policey", wie es in den deutschen Polizeiordnungen ab dem 15. Jahrhundert heißt.

Im Mittelalter wurde der Polizeibegriff auf die (staatliche bzw. öffentliche) Verwaltung eingeengt, in weiterer Folge auf die „innere", d. h. politische Verwaltung (Justiz und Heerwesen eingeschlossen) und schließlich auf die Aufrechterhaltung der ineren Ruhe, der allgemeinen Ordnung und der öffentlichen Sicherheit beschränkt (Obsorge für die Sicherheit des Staates, des Einzelnen sowie des Eigentums = Sicherheitsverwaltung bzw. Sicherheitspolizei). Von „Polizeiwissenschaft" sprach man im 18. Jahrhundert im Sinne der Verwaltungslehre, d. h. der Lehre von den Grundsätzen, nach welchen sich die staatliche Verwaltungstätigkeit richten soll, wobei im aufgeklärten Absolutismus Polizei die umfassende Staatswohlfahrtspflege, im Josefinismus aber bloß die umfassende Sicherung der allgemeinen Wohlfahrt bedeutete (siehe Sonnenfels und Walter). Seit dem 19. Jahrhundert versteht man unter Polizei die Zwangsgewalt, durch welche der Staat sich und seine Angehörigen vor Gefährdungen durch Menschen schützt. Handelt es sich um die allgemeinen Gefahren, nennt man die Tätigkeit „allgemeine Sicherheitspolizei", deren im Dienste der Gerichtsbarkeit stehender Teil „gerichtliche Polizei" genannt wird. Innerhalb der Sicherheitspolizei wurde auch eine Unterscheidung nach dem Schutzobjekt getroffen, daher von „niederer Polizei" bzw. „Einzelsicherheitspolizei" (körperliche Sicherheit und Eigentum) einerseits und andererseits von „hoher", „politischer" oder „Staatspolizei" gesprochen. „Hohe Polizei" bedeutete: dem Landesfürsten „reserviert". Von der Sicherheitspolizei zu unterscheiden sind die Zweige der „Verwaltungspolizei" (z. B. Gesundheitspolizei, Lebensmittelpolizei, Straßenpolizei, Veranstaltungspolizei, Baupolizei, Fremdenpolizei, Paßpolizei, Gewerbepolizei), deren Vollziehung entweder Sonderbehörden oder den Behörden der allgemeinen staatlichen Verwaltung (Bezirkshauptmannschaften/Magistrate) im Wege von Bundes- oder Landesgesetzen obliegt.

Sicherheitsbehörde auf der untersten Verwaltungsebene ist im allgemeinen die Bezirkshauptmannschaft, als deren praktischer Vollzugsarm das Bezirksgendarmeriekommando mit den ihm unterstellten Gendarmeriepostenkommanden dient. Sicherheitsbehörden können auch die Magistrate in den Städten mit „eigenem Statut" sein, also in Gemeinden, in denen dem gewählten Bürgermeister auch die Funktion eines Bezirkshauptmannes zukommt. Allerdings sind derzeit bloß in den Statutarstädten Krems und Waidhofen a. d. Ybbs die entsprechenden Behörden als Sicherheitsbehörden anzusehen, da in den Bereichen der übrigen sogenannte „Bundes-Polizeibehörden" (Polizeidirektionen) als Sonderbehörden errichtet sind. Von letzteren wird noch zu sprechen sein.

In allen neun Bundesländern fungiert eine Sicherheitsdirektion als Sicherheitsbehörde zweiter Instanz, wobei der Polizeipräsident (Polizeidirektor) in Wien gleichzeitig Sicherheitsdirektor ist. Dem Sicherheitsdirektor obliegt die fachliche Aufsicht und die Koordination über die im Bundesland gelegenen Bundes-Polizeidirektionen, Bezirkshauptmannschaften und Magistrate in sicherheitspolizeilichen und einzelnen damit verwandten verwaltungspolizeilichen Angelegenheiten, aber auch die unmittelbare Führung einzelner überregionaler Amtshandlungen. In dieser fachlichen Hinsicht ist dem Sicherheitsdirektor auch das Landesgendarmeriekommando unterstellt. Oberste Sicherheitsbehörde ist, und zwar innerhalb des Bundesministeriums für Inneres, die „Generaldirektion für die öffentliche Sicherheit."

Soweit in großen Zügen die Struktur. Sie erfährt eine Komplizierung durch den gegen Ende des 18. Jahrhunderts ausgebildeten Behördentyp der „landesfürstlichen Polizeibehörden". Ihre Nachfolger sind die heutigen Bundespolizeidirektionen, und zwar in Wien, in allen Landeshauptstädten mit Ausnahme von Bregenz und in sieben weiteren Städten, meist „Städten mit eigenem Statut". In ihren örtlichen Bereichen verdrängen sie die Zuständigkeit der Bezirkshauptmannschaften bzw. Magistrate auf dem Gebiete

der Sicherheitspolizei sowie – kraft besonderer Bundesgesetze oder Landesgesetze – auch auf manchen Gebieten der Verwaltungspolizei.

Ein Teil der verwaltungspolizeilichen Materien ist zufolge der Bundesverfassung wegen des praktischen Zusammenhanges mit der Sicherheitspolizei der Vollziehung durch Bundesbehörden vorbehalten, so insbesondere die Fremdenpolizei, das Melde- und Paßwesen, die Presse-, Vereins- und Versammlungspolizei. (Es sind dies die konventionellen Bereiche der „hohen" Polizei.) Aber auch auf Antrag einer Gemeinde können durch Verordnung der Landesregierung bzw. des Landeshauptmannes und mit Zustimmung der Bundesregierung Agenden aus dem sogenannten eigenen Wirkungsbereich der Gemeinden einer Bundesbehörde zum Vollzug übertragen werden, z. B. die örtliche Straßenpolizei, die Sittlichkeitspolizei, der Flurschutz und die sogenannte örtliche Sicherheitspolizei (Art. 118 Abs. 7 B-VG).

Im Sinne des alten Reichsgemeindegesetzes (1862) definierte Art. 15 der Bundesverfassung in der Fassung der B-VG-Novelle 1962, BGBl. Nr. 205 (Gemeinderechtsnovelle 1962) die „örtliche Sicherheitspolizei" als den Teil der (allgemeinen) Sicherheitspolizei, der im ausschließlichen oder überwiegenden Interesse der in der Gemeinde verkörperten örtlichen Gemeinschaft gelegen und geeignet ist, durch die Gemeinschaft innerhalb ihrer örtlichen Grenzen besorgt zu werden. Dies freilich ist leichter ausgesprochen als zu einem guten Ende geführt, denn einerseits liegt die Grenze zwischen der staatlichen und der örtlichen Sicherheitspolizei in der Grauzone des Theoretisierens, andererseits ist die Leistungsfähigkeit von Gemeinde zu Gemeinde unterschiedlich. Die vom Gesetzgeber erstrebte Fiktion einer „abstrakten Durchschnittsgemeinde", von deren Leistungsfähigkeit jeweils auszugehen ist, behebt nicht die faktischen Unzulänglichkeiten des Gros der „minderbemittelten" Gemeinden; auf der anderen Seite führt dieser Grundsatz dazu, daß sich die leistungsstarken Städte nicht ihrer Kapazität entsprechend entfalten.

Das Wechselspiel von Lokalpolizei und staatlicher Polizei fand ursprünglich bloß im örtlichen Radius und durch die spezifische Gewichtigkeit der einzelnen Materien Ausdruck. Nach und nach verschob sich die Gewichtigkeit in Richtung der staatlichen Kompetenz, aber nicht bloß wegen der Aufgabeninhalte, sondern wegen der günstigeren Bewältigung (Ausbildung, Ausrüstung, Informationsaustausch, Anwendung wissenschaftlicher Erkenntnisse etc.). Noch früher rechtfertigte sich dieser Kompetenz-„Umsprung" mit dem Egoismus und der Inaktivität des städtischen Bürgertums und der provinzialen Stände, die diesen Verwaltungszweig ebenso vernachlässigten wie die militärische Verteidigung. Der sich verantwortlich fühlende Landesherr sah sich zum Eingreifen gezwungen und schuf die Zentralgewalt. In den habsburgischen Ländern setzte die Entwicklung unter Maximilian I. ein, erfuhr aber ab der 2. Hälfte des 17. Jahrhunderts einen Stop (Kriege, Rücksichten auf „Reichsinteressen" und auf die Pragmatische Sanktion), um erst von Maria Theresia wieder aufgenommen zu werden. So entstanden zu Ende des 18. Jahrhunderts Strukturen, deren wesentliche Züge sich auf den heutigen Tag erhalten haben.

Im 19. Jahrhundert schlug allerdings – entsprechend den mehrfachen Veränderungen der politischen Landschaft – das Pendel kräftig hin und her. Eine Konsolidierung erfolgte erst nach dem Weltkriege, vor allem mit und ab der Verfassungsnovelle des Jahres 1929, wobei angesichts der Bedrohung durch den Nationalsozialismus eine kräftige Aufrüstung der Exekutivkräfte zu verzeichnen war. Bis dahin mußten wir feststellen, daß der Repräsentant des Gesamtstaates – wenn die Geldknappheit drückend wurde und/oder der Staatsgedanke der „Liberalität" wich – auf die Ausübung der Polizei verzichtete und sie als „ungeliebtes Kind" den Gemeinden überließ, die aber damit wenig anzufangen wußten. Sein gegenwärtiger Repräsentant, der „Bund", leistet diesen Verzicht nicht. Allerdings ist mit der Stärkung des Föderalismus und mit der Überbewertung der Gemeinde in Form der Ausdehnung ihres Wirkungsbereiches ein Moment verbunden, welches der Wirksamkeit der herkömmlichen Polizeieinrichtungen nicht förderlich ist.

Um terminologischen Mißverständnissen vorzubeugen, sei erwähnt, daß die in Gestalt von Bundesgendarmerie und Bundespolizei vom „Bund" betriebene Polizei sich wesentlich von gleichnamigen Einrichtungen des Auslandes unterscheidet, wie etwa von der schweizerischen Bundespolizei oder dem Federal Bureau of Investigation (FBI) in den USA. Diese Einrichtungen bestehen nämlich nicht aus einer Summe von Sicherheitsbehörden, sondern jeweils aus einer einzigen Behörde, die in den Gliedstaaten in Form bloßer Außenstellen wirksam wird und überdies nur für bestimmte Delikte zuständig ist, vor allem für Menschenraub, Spionage und Rauschgift.

Das vorliegende Buch stellt sich nicht als „Festschrift" dar. Jedenfalls ergab es sich von selbst, auch die als nachteilig zu empfindenden Momente zu beleuchten. Dabei stößt man zwangsläufig auf Disharmonien, die sich aus einer mangelhaften Umsetzung polizeifachlicher Überlegungen und Erfordernisse durch die Politik (oder bloße Parteipolitik) ergeben. Es wäre aber verfehlt, eine Auseinandersetzung aus dem Gesichtswinkel solcher Gegensätze zu führen. Denn abgesehen davon, daß selbstverständlich jede Führung über den „moralischen Kompaß" verfügen sollte, um ihren Kurs durch die Zwiespältigkeiten der Realität halbwegs erfolgreich steuern zu können, wird bei der Beurteilung des Gegensatzes der fachlichen Überlegungen gegenüber der politischen Praxis in Betracht zu ziehen sein, daß der Politiker zum Teil der Gefangene unausweichlicher Gegebenheiten ist. Henry Kissinger hat in seinen Memoiren dieses Handikap so formuliert: „Jeder Staatsmann sieht sich einer Umwelt gegenüber, die er nicht geschaffen hat, und er ist selbst das Ergebnis einer persönlichen Vergangenheit, an der er nichts mehr ändern kann . . . Der politische Führer hat nur wenig Zeit, tiefgründige Überlegungen anzustellen. Er steht unaufhörlich im Kampf, in dem das Dringende immer wieder das Wichtige verdrängt. Das öffentliche Leben jedes Politikers ist ein ständiges Ringen, aus dem Druck der Verhältnisse sein Element der freien Wahl zu retten."

Diese Erkenntnis sollte allerdings die Vorsorge nahelegen, daß ein Einfluß jenen gewahrt wird, denen Beruf und Zeit für die Überlegungen des Wichtigen gegeben sind.

II. Die Anfänge des Polizeiwesens

Bürgerschaft und Stadtverwaltung

Außerhalb der Städte und Märkte übten im Mittelalter die Grundherren und Klöster die Gerichtsbarkeit aus, wozu sie sich ihrer Vögte und Knechte bedienten, wohingegen die übrige landesfürstliche Gerichtsbarkeit von den Landesgerichten mit Hilfe der Landprofosen und deren Trabanten vollzogen wurde. Auch nach Einführung des römischen Rechts an der Wende zum 16. Jahrhundert blieben trotz kaiserlicher Gerichtsordnungen die Sicherheitsverhältnisse ungeordnet. Nur ausnahmsweise, so in der Slowakei und in der Walachei im 17. Jahrhundert, kam es zwecks Steuerung des Räuberunwesens zur Aufstellung von Landessicherheitswachen; sonst mußte das Heer zu Hilfe geholt werden, da auch die Kreisämter nur über eine Handvoll „Kreisdragoner" (Landreiter) verfügten. Weitreichendere Pläne in der Regierungszeit Josefs II. scheiterten an der Finanzfrage. Erst unter dem Einfluß der französischen Verwaltung kam es im Jahre 1805 zur Errichtung einzelner Gendarmeriekorps, die sich allerdings nur in der Lombardei erhielten, aber im Gebiete der kroatisch-slawonischen Militärgrenze in Gestalt der „Sereschanercorps" bereits Vorgänger hatten, so wie etwa die Panduren, die Haustruppen der ungarischen Grundherren. Die einheitliche Aufstellung von Gendarmerie-Regimentern in den Kronländern als Landessicherheitswachen erfolgte im Jahre 1850. In den Städten setzte eine geordnete Entwicklung frühzeitiger ein. Da sie sich ziemlich gleichmäßig vollzog, wird es genügen, den Fortgang bloß in einzelnen Städten zu skizzieren. In Graz zum Beispiel war die erste städtische Polizei mit dem Stadtrichteramt verbunden, folglich ein Organ des Magistrates. Daran änderte auch die aufgrund der Haugwitzschen Reformvorschläge von 1749 vollzogene Trennung der Justiz von der Verwaltung grundsätzlich ebensowenig wie die Josefinische Regulierung von 1787, da auf der untersten Vollzugsebene der Magistrat – wenn auch in zwei getrennten Senaten – die Justiz sowie die politisch ökonomische Verwaltung bis zum Jahre 1848 (bis zur Verstaatlichung der Justiz) besorgte.

Mit der Josefinischen Regulierung erloschen aber die Landesgerichtsherrlichkeiten, die durch Kriminalgerichte ersetzt wurden. (Kriminalgericht war beispielsweise der Magistrat Graz – Justizsenat, der dem k. k. innerösterreichischen küstenländischen Appellations und Criminal Obergericht in Klagenfurt unterstand.)

Die Trennung der beiden Gewalten zeichnete sich erst ab der Provinzebene ab, auch hier weniger in der Absicht, die Ideen von Montesquieu über die Gewaltenteilung zu vollziehen, als vielmehr aus der praktischen Erwägung, wenigstens die Verwaltung durchlässiger zu gestalten und den Landständen – aus politischer Behutsamkeit – die Gerichtsbarkeit in den provinzialen Ebenen zu belassen.[1]

---

1 Ogris, Staats- und Rechtsreformen, sowie Brusatti, Reform der Finanzverwaltung als Verfassungsreform, beide in: „Maria Theresia und ihre Zeit", Residenz-Verlag 1980.

Offizier der Militär-Polizeiwache um 1805.

Dragoner, Mitte 18. Jahrhundert. „Kreisdragoner" waren die Vorläufer der Gendarmerie.

„Das Grazer Stadtgericht ist schon um 1240 vom Landgericht ausgeschieden und um 1281 auch mit der hohen Gerichtsbarkeit begabt worden. Wenige Jahre später verzichtete König Rudolf auf das Ernennungsrecht und begnügte sich mit der Bestätigung des Vorschlags der Bürger. Die freie Wahl des Stadtrichters durch die Bürger erscheint um das Jahr 1441 bereits als altes Herkommen, doch wurde „Acht und Bann" immer vom Landesfürsten gegen Eidesleistung verliehen. Bis zum Jahre 1444, bis das Bürgermeisteramt geschaffen wurde, kam dem Stadtrichter die leitende Rolle in der Stadt und im Rate zu. Die aus dem Bürgermeister, dem Richter und dem zwölfgliedrigen Rat bestehende Stadtobrigkeit bezeichnete sich ab der Mitte des 16. Jahrhunderts als „Magistrat". Zufolge der Rezeption des römischen Rechtes wurden zunehmend Juristen gewählt, wobei die Amtsperioden immer länger wurden. Schließlich gestaltete Maria Theresia das Stadtrichteramt zu einem langjährigen Amt um, bis es um 1787 verschwand. Dem Stadtrichter unterstanden der Stockmeister und ein bis drei Gerichtsdiener (Stadtboten, Büttel), die ihm bei seinen Amtshandlungen auch das kunstvoll gearbeitete Schwert nachzutragen hatten.

Die Tätigkeit des Stadtrichters – zumal auch das Ergreifen der Täter zu seinen Pflichten gehörte – war ohne Personal nicht denkbar, obgleich die Jurisdiktion in persönlicher wie territorialer Hinsicht nicht unwesentlichen Einschränkungen unterlag, die da waren: Deutscher Ritterorden, Klöster, Adelshäuser, Burg und Landhaus sowie das 1586 für die Studenten eingerichtete Universitätsgericht. Eine weitere

Ausnahme bildeten die Festungssoldaten (Schloßguardia) mit ihren Familien, die der Gerichtsbarkeit des Schloßhauptmannes unterlagen.

Im Laufe des 16. Jahrhunderts hörte die Wahl des Rates aus der Bürgergemeinde auf, und auch der jährliche Wechsel entfiel. Die Ratsherren blieben schließlich lebenslang im Rat und wählten bei Todesfällen selbst den Nachfolger, wenngleich die Bürger der Einführung des „unveränderlichen" oder „ewigen" Rates widerstrebten. Dem eigensüchtigen Festhalten der Mitglieder im Rat auf Lebensdauer kam der allgemeine Trend entgegen: Die Einwohnerzahlen und die Geschäfte vervielfältigten sich, und die neuen Rechtsordnungen erforderten Männer, die gründlich in die städtischen Verhältnisse eingearbeitet waren, was die auf kurze Zeit Gewählten nicht vermochten. Diese Entwicklung beschleunigte der Landesfürst; ihm lag daran, über einen Stadtrat zu verfügen, auf den er einwirken konnte und dessen Zusammensetzung nicht vom Zufall einer freien Wahl abhängig war. Den politischen Hintergrund bildete die Ausgestaltung des zentralistisch regierten Staates, die sich im 16. Jahrhundert mit den gegenreformatorischen Bestrebungen überdeckte. So erhielt die Zusammensetzung des Rates einen beamtenmäßigen Einschlag.

Nach 1720 flaute der Wahlstreit zwischen Magistrat und Bürgerschaft ab, der bis dahin der Regierung oftmals die erwünschte Gelegenheit gab, in die recht korrupten Verhältnisse des Grazer Rates einzugreifen (Popelka I., S. 380).

Nach der Josephinischen Regulierung in der Fassung des Hofkanzleidekretes von 1838 war der Gemeinde-Ausschuß („äußerer Rat") das einzige gewählte Organ der Bürgerschaft. Im Jahre 1848 wurden die Rechte des Ausschusses vermehrt, woraus sich der „Gemeinde-Rat" in bis heute gleichbleibender Bedeutung bildete.

Bilderbogen zum Räuberlied im „Rinaldo Rinaldini" von Vulpius. Die Zahlen beziehen sich auf die Strophen des Räuberliedes, die durch die dargestellten Szenen illustriert werden.

Eine der wesentlichsten ursprünglichen Pflichten der Bürger bestand in der Sicherung der Stadt nach außen und innen. Als solche werden bis zum Ausgang des 16. Jahrhunderts genannt: „Skart, Zirken, Robat und Torsten". Der Robot (Robat) bezieht sich in erster Linie auf den Bau und das Ausbessern der Stadtbefestigungsanlagen. Die Bürger waren verpflichtet, persönlich mit Krampen und Schaufel zu Schanzarbeiten zu erscheinen. Noch im 17. Jahrhundert bot man bei außergewöhnlichen Ereignissen die Bürger zur Schanzarbeit auf. So stellten im Türkenkrieg 1664 (Schlacht bei Mogersdorf–St. Gotthard) sämtliche Haushaltungen je einen Schanzer. Während die reicheren Bürger dafür gewöhnlich einen Taglöhner besoldeten, mußten die ärmeren persönlich zugreifen.

Das Aufziehen der Wachen an den Stadtmauern besorgten ebenfalls die Bürger. Die Wache wurde entweder durch einzelne Posten oder durch Scharwachen (Skart) versehen, die auf den Wehrgängen längs der Stadtmauern ihre Runden vollführten; bestimmte Streifen nannte man Zirken (nach circus = Kreis). Daneben gab es Posten an den Stadttoren bei Tag und Nacht, welche weniger aus militärischen Gründen aufgestellt waren, sondern die Fremdenkontrolle ausübten und Mauten und Sperrgelder abforderten. Die scharfe Kontrolle der „Fremden" (worunter nicht nur die Ausländer fielen) war damals in der Angst vor Brandlegungen begründet. Für den Wachdienst ließen sich die Vermögenden schon in früher Zeit vertreten. Im Laufe des 16. Jahrhunderts übernahm diese Verpflichtungen die Stadtguardia. Erforderten Kriegs- und Pestzeiten eine stärkere Absperrung, zog man dazu noch im 17. und 18. Jahrhundert die Bürger heran.

Noch früher als das pflichtgemäße Aufziehen zur Wache hörte das Beistellen der Torwachen durch die Bürger auf. Schon im habsburgischen Urbare von 1280 bis 1295 wird ein Torwächter erwähnt, und 1538 besoldete der Magistrat für alle vier Tore eigene Torsteher. Fiel ein Aufruhr in der Stadt vor, so waren die Bürger verpflichtet, in Wehr und Waffen bei dem ersten Rufe herbeizueilen. Sie mußten sich auf eigene Kosten ausrüsten. Ursprünglich hatten die Bürger die Pflicht, bei den Landesaufgeboten zu erscheinen. Da sie jedoch schon zur Verteidigung der weitläufigen Befestigung nicht ausreichten, begnügte man sich schon im 15. Jahrhundert allgemein mit der Stellung von Knechten, die von der Stadt bezahlt wurden. So ging der polizeiliche und militärische Charakter des Bürgertums allmählich verloren, die Dienste wurden zunächst durch Zahlungen abgelöst, später besoldeten Organen übertragen, wozu zu bemerken ist, daß die wachsende Unlust der Bürger, städtische Ämter zu übernehmen – eine Last, die Zeit und Geld beanspruchte –, durch die wirtschaftliche und rechtliche Entwicklung unterstützt wurde (Popelka I., S. 147, 160ff, 173, 180).

Sicherheitsverhältnisse

Das aufkommende Soldsystem übte auf die Sicherheitsverhältnisse nachteiligen Einfluß. Als gegen Ausgang des Mittelalters der Kriegsdienst ein förmliches Gewerbe geworden war, zog er viele Leute aus der Hefe der Völker an. Der häufig ausbleibende Sold führte zu Ungehorsam und Desertion und dazu, sich beim wehrlosen Landmann durch Plündern und Pressen schadlos zu halten. Dies geschah auch, wenn die Söldner nach beendigtem Kriege entlassen wurden; denn der Arbeit entwöhnt, verschafften sich viele ihren Unterhalt durch Räubereien und vereinigten sich mit Tagedieben und Abenteurern aller Art. Die marodierenden Söldner wurden zur wahren Landplage. Aus den Berichten des steirischen Landprofosen aus dem Jahre 1589 ist zu ersehen, daß der Sicherheitszustand von diesen „gartenden Knechten" stark beeinflußt war (siehe Seite 21).

Das „Auf-die-Gart-Gehen" setzte sich im und nach dem Dreißigjährigen Krieg fort; man lebte vom „Störzen und Vagieren", und viele wollten gar keinen Kriegsdienst mehr annehmen.

Aus den „Gartbrüdern" oder „Quartierern" wurden echte Diebe und Räuber, die sich schließlich eine eigene Sprache erfanden, ein Gemisch von deutschen, wälschen und jüdischen Worten, das sich als sogenanntes „Rothwälsch" weit ins 19. Jahrhundert erhalten hat. (Meynert, S. 36, 396 sowie Avé – Lallemant). Der Höhepunkt landläufiger Kriminalität und zugleich der Verarmung breiter Schichten dürfte im 18. Jahrhundert gelegen haben.

Gartender Soldat. Holzschnitt von Jost Ammann.

Polizeiordnungen und Wachkörper im absolutistischen Wohlfahrtsstaat

Die gesetzliche Grundlage der „guten Ordnung" bildete der Reichsabschied von Worms von 1495, der als „ewiger Landfriede" in die Geschichte eingegangen ist. Er hat für das gesamte Reichsgebiet das höchstrichterliche Organ, das **Reichskammergericht,** geschaffen. Ihm wurde die oberste Exekutivgewalt der Reichsversammlung übertragen. Neben

Carolina. Peinliche Gerichtsordnung Kaiser Karls V. von 1532. Ausgabe 1559, Frankfurt.

der Neugliederung der Territorien des Reiches in Kreise wurde auch ein **„Reichsregiment"** eingerichtet, und es wurden die verfassungsrechtlichen Voraussetzungen für eine durchgreifende Reichspolizeigesetzgebung geschaffen. Der Reichstag zu Augsburg verabschiedete dann am 19. November 1530 die erste umfassende Reichspolizeiordnung: „Römischer Kayserlicher Majestät Ordnung und Reformation guter Polizey im Heiligen Römischen Reich". Eine umfassende Revision dieser Reichspolizeiordnung erfolgte schon 1548 auf dem Reichstag zu Augsburg und in den späteren Reichstagen von 1551 und 1577.

In den Reichspolizeigesetzen spielte der Begriff **„Obrigkeit"** eine besondere Rolle, ohne daß die Bedeutung dieses Begriffes eindeutig bestimmt wurde. Alle Befehle in den Abschieden des Reiches richteten sich, da es an eigenen Vollzugsorganen fehlte, an die „Obrigkeiten"; ihnen wurde die Ausführung aufgetragen. Aus einer Reihe von Bestimmungen geht hervor, daß mit „Obrigkeiten" die an Ort und Stelle maßgebenden Instanzen gemeint waren, die dem Reich am nächsten standen, also die Fürsten und die reichsunmittelbaren Herren, Ritter und Städte. Sie hatten die Vorschriften und Befehle des Reiches an die Stellen weiterzuleiten, die ihnen unmittelbar Gehorsam schuldig waren. Das Reich selbst konnte sich nicht an die untergeordneten Ortsinstanzen oder die einzelnen Glieder des Reiches wenden, da das als Eingriff in die Freiheiten der Reichsstände betrachtet und von diesen abgewehrt worden wäre. So hatte jeder Reichsstand in seinem Machtbereich für die Durchführung der kaiserlichen Gesetze und Verordnungen zu sorgen. Aus den Reichsabschieden ergibt sich also ein pyramidenhafter Aufbau der Obrigkeit. Die oberste Autorität war das Reich bzw. der Kaiser. Ihm unterstanden die Reichsstände, die ihrerseits wieder die „Obrigkeit" für eine Fülle von Einzelgewalten bildeten.

Am Ende des 16. Jahrhunderts gab es im Heiligen Römischen Reich Deutscher Nation ein umfassendes Reichspolizeigesetz, welches theoretisch eine brauchbare Rechtsgrundlage für die Aufrechterhaltung der guten Ordnung im Reich war. In der Praxis fehlte es jedoch an einer wirksamen Vollzugsmöglichkeit. Das Reich hielt aber bis zu seinem Ende (1806) an seiner Zuständigkeit für die Polizeigesetzgebung fest, wenn es auch den Territorialherren für die Teilgesetzgebung einen großen Spielraum einräumte. Seit dem Ausgang des 16. Jahrhunderts verlagerte sich der Schwerpunkt der Polizeigesetzgebung zu den Territorien. Hatten die Polizeiordnungen von 1530 und 1548 den Territorialherren nur die Möglichkeit eingeräumt, Reichsrecht zu mildern, so entfiel bereits 1577 das Verschärfungsverbot. Von diesem Zeitpunkt an waren die einzelnen Reichsstände durch nichts mehr an der Schaffung eigenen Polizeirechts gehindert.[2]

Der mit Ferdinand I. (1522–1564) beginnende Ordnungs- und Wohlfahrtsstaat brachte nicht nur neue Stadtordnun-

---

2 „Strafjustiz in alter Zeit", Band III der Schriftenreihe des mittelalterlichen Kriminalmuseums Rothenburg ob der Tauber, 1980.

gen, sondern eine Reihe von „Polizeyordnungen" mit sich, die entweder allgemeine Lebens- und Verhaltensrichtlinien für die Bevölkerung und für die einzelnen Gesellschaftsklassen enthielten oder spezielle lokal- und sicherheitspolizeiliche Gebiete regelten, wie insbesondere die Seuchenpolizei, die Sittenpolizei, das Marktwesen, die Aufsicht über die Juden und über die Handwerker, die Straßenreinigung, die Brandverhütung, die Preisregelung, die Landstreicherei und das Bettelwesen. Die Vollziehung dieser unter verschiedenen Bezeichnungen erlassenen landesfürstlichen Anordnungen oblag in den Städten dem Magistrat, insbesondere dem Stadtrichter, dem Profosen und dem Marktrichter. Im Laufe des 16. Jahrhunderts werden – verbunden mit der schon erwähnten „bürgerlichen Passivität" – in den größeren Städten besoldete Stadtwachen aufgestellt, für deren Unterhalt zum Teil die bürgerlichen Häuser im Wege des „Wachtgeldes" aufzukommen hatten. Auch für die erste „Stadtwache", die der Magistrat Graz ungefähr im Jahre 1580 aufstellte, ist ein landesfürstlicher Auftrag anzunehmen, da es in dieser Frage keine städtische Autonomie gab und hinsichtlich Wien (Bibl / Polizei, S. 78ff, 105ff) und Innsbruck feststeht, daß diese Wachkörper über landesfürstliche Initiative entstanden sind. (Siehe die dokumentarisch erhaltene, im Jahre 1585 erneuerte „Manszuchtordnung bey der fürstlichen Statt Ynnsprugg" des Erzherzogs Ferdinand von Tirol. Demgemäß war auch die Kostentragung zwischen „Regierung" (Landesfürst) und Magistrat, gegebenenfalls auch mit den Landständen oder – wie in Innsbruck – mit der Universität, geteilt. Für Innsbruck galt noch die Besonderheit, daß die „Kleine Polizey" erst im Jahre 1747 dem Magistrat übertragen wurde, was der Stadt gar nicht zusagte, da sie nun für die Besoldung des Stadtrichters und dessen Personal sowie des Platzinspektors und der Platzknechte aufkommen mußte (Jubiläumsdokumentation der Polizeidirektion Innsbruck).

Die älteste urkundlich erhaltene „steirische" Polizeiordnung ist ein Patent, das Erzherzog Carl von Innerösterreich am 18. Februar 1588 in Graz als erneuerte **„Ordnung guter Policey"** erlassen hat.[3]) Es bezieht sich ausdrücklich auf die sinngemäßen Anordnungen seines Vaters, des Kaisers Ferdinand, und rügt, daß diese Anordnungen nicht sonderlich befolgt worden sind. Die gleiche Rüge ist auch einem Patent des Erzherzogs Maximilian (einem Bruder Kaiser Rudolfs II. und Regent Innerösterreichs) vom 15. März 1594 zu entnehmen, das sich zur moralischen Bekräftigung gleichfalls auf die türkische Bedrohung bezieht. Die zitierte „Ordnung guter Policey" stellt einen Kodex guter Sitten mit allgemeinen Strafdrohungen (Ermahnung, Geldstrafen, Freiheitsstrafen) dar und verlangt von allen Untertanen Bescheidenheit und Sparsamkeit in der Lebensführung. Eine der ganz wenigen Bestimmungen, die als „polizeilich" im modernen Sinn anzusehen sind, ist jene, die einen Anteil am Strafgeld zugunsten „bestellter Anzeiger" vorsieht,

wenn übermäßiger Trunk oder das Würfel- und Kartenspiel um Geld in Rede steht. Anderer Art ist die erwähnte Innsbrucker „Manszuchtordnung", denn sie beschreibt auch die Pflichten des Stadtrichters, des Profosen, von deren Dienern und Knechten sowie der Gastwirte und nennt einzelne ortspolizeiliche Vorkehrungen.

Etwa um das Jahr 1580 errichtete der Grazer Magistrat eine 18 Mann starke **„Stadtwache"** unter dem Befehl eines Wachtmeisters. Ihre Aufgabe war das Bewachen der Tore und das Stellen von Wachen auf der Bürgerbastei des Schloßberges sowie in der Stadt. Später war die Stadtwache bzw. Stadtguardia in Graz niemals weniger als 100 Mann

Polizeiordnung, gedruckt in Graz 1588.

3 StLA. Patente, 1588 Februar 18, Graz. Das Patent wurde erstmals 1577 in Augsburg und 1588 in Graz gedruckt.

stark, was in Anbetracht der Bevölkerungszahl mehr als ausreichend erscheint, da auf 150 Einwohner ein „Guardist" entfiel. [Nach der Pest vom Jahre 1680 beherbergte Graz im Jahre 1700 ca. 15.000 Einwohner (Popelka II., S. 290f) in ca. 500 Häusern.]

Die erwähnte Stadtwache wurde um 1598 von Erzherzog Ferdinand durch ein „Fähndl Kriegsknechte" ersetzt, als „Stadtguardia" in den Räumen des Eisernen Tores untergebracht und einem „Stadthauptmann", und zwar Christoph Paradeiser, unterstellt.)[4] Diese Änderung ist nicht mit der allgemeinen wachsenden Einmischung der Regierung in die magistratischen Angelegenheiten erklärbar, sondern mit der Auseinandersetzung mit den überwiegend protestantischen adeligen Grundbesitzern, den Landständen also, und dem gleichgesinnten Bürgertum. Dem ging im Jahre 1591 der Befehl an den Bürgermeister voraus, die Stadtwache von Protestanten zu säubern. Daß die Stadtguardia im Jahre 1611 aufgelöst wurde, hängt – von den ständigen Finanzierungsschwierigkeiten abgesehen – offensichtlich damit zusammen, daß zu diesem Zeitpunkt die Protestantenfrage in Innerösterreich gelöst und keine aus dieser Frage entstehende Unruhe mehr zu besorgen war. (Siehe dazu Popelka I., S. 100, 102, 104; Popelka II., S. 68. Die Stadtguardia bestand aus 200 Soldaten, wovon 6 mit Schlachtschwertern, 19 Doppelsöldner und 163 Musketiere angeworben waren.)

Aus diesen abgedankten Soldaten nahm der Magistrat 50 Mann zur Aufstellung einer Stadtwache („Stadtguardia") in Dienst, wofür jährlich 3228 Gulden aufgewendet wurden. Zuschüsse leisteten allerdings die Regierung (1000 fl.) und die Landschaft (400 fl.) mit der Maßgabe, dafür jederzeit die Stadtguardia der Landschaft zur Verfügung zu stellen. Dieser Zustand wurde unterbrochen, als am Vorabend des 30jährigen Krieges die Stadt von einem kaiserlichen „Freifähndl" besetzt wurde,[5] dessen Befehlshaber, Frh. v. Lamberg, auch die Funktion eines Stadthauptmannes erhielt. 1622 trat die magistratliche bzw. bürgerliche Stadtguardia (bis zum Jahre 1703 bzw. 1708) wieder in Tätigkeit.

---

4 Popelka II., S. 48, 67; Hofk. 1598 X n. 28 R, XI n. 24; Landtagshandl. 47 Bd. F 230; Hofk. 1598 IX n. 19, X n. 61. Der „Stadthauptmann" war nicht bloß Kommandant der Wachmannschaft, sondern militärischer Platzkommandant in Krisen- und Ausnahmezeiten, weshalb wieder 1618/ 1620, 1663/1664 sowie 1683 diese Funktion in Erscheinung tritt (Popelka II., S. 48). Er war zur Neutralisierung magistratlicher Befugnisse gedacht. So wurde auch schon in Wien im Jahre 1580, gleichfalls im Zuge der gegenreformatorischen Aktion, die 150 Mann starke Stadtwache durch ein „Kaiserliches Fähndl" verstärkt bzw. ersetzt und Oberst Hans Fernberger von Auer (seit 1583 Schloßhauptmann in Graz) zum „Stadthauptmann" bestellt, welche Funktion später Stadtguardia-Hauptmann bzw. Stadtguardia-Oberst hieß (Bibl, Polizei, S. 105f.). Daß die Wiener Stadtguardia laut Hofkriegsrats-Instruktion von 1611 dem (Wiener) Hofkriegsrat unterstellt war, ist in diesem Zusammenhang sicherlich von Interesse. (Siehe Regele, S. 18 u. 22.)

5 Popelka I., S. 115 und II., S. 68.
Anders, nämlich als „städtisches Militärkontingent", die Charakterisierung bei Popelka II., S. 58, Anm. 309 (Hofk. 1619 XII n. 24, 1620 VI n. 15 R, XII n. 17, 1621 I n. 44, 20, VI n. 25 R), der der Vorzug zu geben sein wird.

In der erwähnten Summe von 3228 fl. waren die Auslagen für „Livera (Monturen), Rüstung und Überwöhren", die gleichfalls die Stadt zu tragen hatte, nicht enthalten. Der Monatssold der Knechte von 5 fl. wurde auf 4 fl. herabgesetzt, als sie seit 1703 Freiquartiere von der Stadt erhielten. Die Bezahlung war schlecht, so daß es „toleriert" wurde, daß die Soldaten von den einfahrenden Wagen der Bauern Holzscheite, Ziegel, Kraut und Rüben – nach Vorbild der „Deputate" des Marktaufsichtspersonals und mancher Ratsherren – wegnahmen.

Warum es im Jahre 1699 zur Aufstellung eines weiteren Wachkörpers, nämlich der „Regierungsguardia" kam, ist nicht klar. Die Dienstausübung der Stadtguardia blieb zwar nicht frei von Klagen, doch konnte man kaum erwarten, daß ein aus Frontsoldaten formierter weiterer Haufen die städtischen Sicherheitsverhältnisse bessern würde. So wird eher der Gedanke maßgebend gewesen sein, trotz Beendigung des großen Türkenkrieges einzelne militärische Einheiten nicht abzurüsten und einer friedensmäßigen Aufgabe zuzuführen. Graz kam als Sitz der innerösterreichischen Regierung und wichtiger Waffenplatz dafür in Frage, zumal sich hier keine Truppen außer der geringen und mit Invaliden durchsetzten Festungsbesatzung befanden. Die Soldaten der Regierungswache (30 Mann zu Fuß und 20 Mann zu Pferd) entsprachen aber nicht den Regeln der Disziplin; es kam zu Reibereien zwischen beiden Wachen und zu folgenschweren Zwischenfällen mit der Bevölkerung. So verschmolz man im Jahre 1703 beiden Wachen und unterstellte sie dem Magistrat. Die Regierung wahrte ihren Einfluß aus der Ebene der zweiten Instanz und durch das Genehmigungsrecht des Statthalters bei der Aufnahme von Offizier und Mannschaft. Kommandant der Regierungsguardia und der späterhin „vereinigten Stadtguardia" wurde der im Jahre 1701 aus Wien berufene Hauptmann Misson (siehe Popelka II., S. 73). Dies war die Lage, als die Steiermark den Kuruczeneinfällen entgegensah.

Anfang 1707 wies die Stadtguardia folgenden Stand auf: ein Hauptmann mit 32 fl. Monatsgehalt, ein Leutnant (20 fl.), ein Wachtmeister (15 fl.), ein Feldwebel (9 fl.), vier Korporale (10–12 fl.) und 94 gemeine Soldaten (4 fl.). Die Besoldung allein kostete 5688 fl. Dazu mußte sich die Guardia mit Ober- und Untergewehr, Büchsensteinen, Pulver und Blei versehen. Alle drei Jahre erhielten die Soldaten eine neue Montur, bestehend in Rock, Hose, Kuppel, Patronentasche und Strümpfen. Für die Unterkunft mußte die Stadt Häuser kaufen und instandhalten, aber auch Quartiere in den Stadttortürmen und in anderen Wohnungen bereithalten. Mit Licht- und Holzbeistellung berechnete der Magistrat die Jahreskosten auf 8254 fl., von denen 5900 fl. von der Regierung und Landschaft ersetzt wurden.

1708 wurde die „Stadt-Garnison", welcher Ausdruck fortan abwechselnd mit „Stadtguardia" oder „Stadt-Wacht" gebraucht wurde, auf 150 Mann erhöht. Wohl mußte der Magistrat auch die erhöhte Stadtguardia verpflegen und einquartieren, der Landschaftsbeitrag wurde aber auf 5300 fl. vermehrt und die neu angeworbenen 52 Mann erhielten ihre Waffen aus dem kaiserlichen Zeughaus. Die vereinigte Stadtwache wurde nun der Militärgewalt (Militärkommandant) unterstellt.[6])

Die militarisierte Stadtguardia hatte auch fernerhin dem Magistrat in den Polizeiangelegenheiten Beistand zu leisten, jedoch mußte darum jedesmal der Militär- bzw. Stadtkommandant ersucht werden. Die Bürgerschaft nahm den Entzug der Stadtguardia aus ihrem Bereich nicht ruhig hin; es entstand in den nächsten Jahren zwischen der Stadt und der Garnison ein gespanntes Verhältnis, das sich in Streitigkeiten um den militärischen Beistand äußerte. Verpflegung und Besoldung der Stadtguardia wurden dem Magistrat zwar abgenommen, doch hatte er weiterhin einen jährlichen Verpflegungsbeitrag von 400 fl. zu zahlen und für die Quartiere aufzukommen.

Den Befehl über die Stadtguardia führte der „Stadtleutnant". Nachdem die Stadtguardia Anfang des 18. Jahrhunderts dem Militär unterstellt war, sank der Stadtleutnant zu einer unbesoldeten Ehrenstelle ab. Das Amt des Stadtfähnrichs, der den Stadtleutnant vertrat, war ebenfalls ein bürgerliches Amt. Der Stadtfähnrich bekam im 18. Jahrhundert jährlich 50 Gulden. Er hielt wahrscheinlich die Musterrollen der Bürgerschaft instand. Der Stadtwachtmeister war der höchste Unteroffizier der Stadtguardia. Solange die Stadtguardia dem Magistrat unterstellt war, bezog er ein Jahresgehalt von 180 Gulden.

Von der Stadtwache müssen zwei Institutionen unterschieden werden: Das Ausrufen der Stunden zur Nachtzeit besorgten die Feuerrufer, seit dem 18. Jahrhundert Nachtwächter genannt. Ihre Hauptaufgabe war das Hintanhalten nächtlicher Feuersbrünste; sie unterstützten auch die Stadtguardia im Aufrechterhalten der Sicherheit. Im Jahre 1747 waren ihrer 12 beschätigt. Die zweite Einrichtung war (seit 1642) der Marktrichter, dem noch im 18. Jahrhundert, unter dem Befehl des Platzaufsehers oder Viktualienprofosen, eine Abteilung von 6 bis 8 Mann unter dem Namen „magistratliche Schützen" unterstand. Diese waren nur für die Marktaufsicht bzw. Lebensmittelpolizei bestimmt, konnten aber im Notfall auch zur Unterdrückung von Unruhen herangezogen werden. Sie waren mit Pallasch, Kuppel,

Bandelier, Patronentaschen und Gewehr ausgerüstet (Popelka I., S. 476ff, II., S. 93).

Einer weiteren wichtigen Einrichtung – den heutigen Bezirksvorstehern vergleichbar – sei noch Erwähnung getan: die Viertelmeister. Sie wurden ursprünglich von der Bürgergemeinde gewählt, in erster Linie zur Gewährleistung des militärischen Aufgebotes bzw. der Verteidigung ihres Sektors der Stadtbefestigung. Sie wurden aber auch zu polizeilichen Aufgaben herangezogen. Noch bis zum Jahre 1848 wurde für jedes der 15 Grazer Viertel vom Magistrat ein Viertelmeister auf Lebensdauer gewählt und vom Gubernium bestätigt. Er genoß den Rang eines „äußeren Rates" und erhielt einen besoldeten Viertelwächter zugewiesen. Im besonderen war er dazu berufen, dem Magistrat bei der Handhabung der Lokalpolizei behilflich zu sein (Straßenreinhaltung, Bettlerwesen, Brandverhütung und Brandbekämpfung).

Sicherheitsverhältnisse – Gaunermandate

Die Sicherheitsverhältnisse waren, besonders auf dem Lande, nicht die besten, zumal die Verarmung breiter

Allerlei Bettler im 17. Jahrhundert. Kupfer von Hieronymus Bosch.

---

6 Das eigentliche Garnisonssystem ist erst in der zweiten Hälfte des 18. Jahrhunderts entstanden. Um 1703 wurde der Stand der herkömmlichen Schloßbergguardia auf annähernd 150 Mann gebracht und der Schloßhauptmann „militarisiert". Er war hinfort für die Schloßbergfestung wie für die Stadt verantwortlich und als Garnisons- oder Stadtkommandant anzusprechen, etwa so wie der frühere „Stadt-Hauptmann". Schloßbergbesatzung und Stadtguardia galten als „Garnisons-Truppe"; sie stellten sich als altgediente, kriegstauglichen zusammengesetzte „Freikompagnien" dar, die also keinem Regimentsverbande zugehörten (Popelka I., S. 322, 329; Egger, S. 13; Wrede Bd. II., S. 545, 564, 568). Mit der allgemeinen Aufhebung der „Freikompagnien" wurden – laut Wrede – im Jahre 1747 auch die beiden Grazer Freikompagnien aufgelöst. Von der effektiven Auflösung waren aber kaum beide Kompagnien betroffen. Jedenfalls fehlt jeder Hinweis darüber, daß – bis zur josefinischen Reform – ein polizeilicher Wachkörper bestand.

Schichten nicht bloß in dem durch Türkenherrschaft und Türkenkriege am unmittelbarsten betroffenen Ungarn ungeheuer war. Die Ursachen sind komplex. Schätzungen zufolge dürfte für das Zeitalter des Absolutismus in Deutschland mit einer Unterschicht von Ärmeren und Armen von 20 bis 25 Prozent zu rechnen sein, deren Höhepunkt im 18. Jahrhundert, dem „Jahrhundert der Gauner", lag.

Als Indiz für die Verarmung in den Alpenländern seit der Mitte des 17. Jahrhunderts und für eine steigende Zahl von Bettlern und Gaunern kann die Errichtung von Armenhäusern „für dienstloses Gesindel, Bettler ad operas publicas" angesehen werden. Nachdem weitere diesbezügliche Bemühungen nicht gefruchtet hatten, kam es 1734 zur Errichtung des Grazer Zucht- und Arbeitshauses. Ein deutlicher Hinweis auf das steigende Bettlerunwesen und die steigende Kriminalität sind die sogenannten Gaunermandate, welche Beschreibungen von Gaunern beinhalten und in Deutschland seit 1555 einsetzen. Der bisher älteste steirische „Steckbrief" ist handgeschrieben und stammt aus dem Jahr 1621. Seit 1711 wurden bei Widmanstetter in Graz Gaunermandate gedruckt, wobei ihr Verkauf an Private streng untersagt blieb. Eine kaiserliche Verordnung vom 27. Dezember 1717 verwies auf einschlägige Verordnungen aus den Jahren 1702, 1703, 1712, 1714, 1715 und 1716 „gegen gefährliche Zigeuner, Schäfler, Schergen, Gerichtsdiener, starke Bettler und auch abgedankte Soldaten": Man könne nicht mehr sicher reisen wegen des fortgesetzten Raubens, Plünderns und Mordens; das Gesindel müsse ausgerottet werden, man solle ihm weder Unterschlupf noch Nahrung bieten; Zigeuner, welche sich nicht spätestens bis vier Wochen nach Verkündigung des Mandates melden, wären vogelfrei. Den Landgerichten wurden vierteljährliche Visitationen vorgeschrieben. So ließ 1721 die Regierung in Graz und in den Landgerichten Obervoitsberg, Wildon, Gratwein und Eggenberg Razzien durchführen. Im Jahre 1724 wurden eine Bettlerordnung sowie eine Schubordnung erlassen.

Wer waren diese Gauner? Die Gaunermandate versuchen diese darzustellen. Von den ältesten gedruckten steirischen Gaunermandaten wurden bisher zwei, aus den Jahren 1711 und 1713, wieder aufgefunden. Das Mandat von 1713 enthält 294 teils oberflächliche, teils ausführliche Beschreibungen von 221 Männern und 73 Frauen.

Als Beispiel sei eine ausführliche Beschreibung wiedergegeben:
„Senßenschmid- oder Veitscher Rieppl: Eine kurtze untersetzte Persohn schon bey 40. Jahren / hat ein braites Gesicht / braune Augen / ein auffgeloffenes braunes Haar und deto Räntzenbart / schnoffelt mit der Red / und hat an einen Fueß am Wadl eine Masen von einem Schlag-Eysen / ein langer Ertz-Dieb / ist nit verheyrath / sondern hat eine Hur Namens Schablena mit 4 Kindern bey sich / sie ist des Stutzheten Matthias Schwester / er gibt sich für einen Senßenschmid auß / ist auch / gehet für Ordinari in Mörtzthall / und bey Pirgfeld und selbiger Gegend herumb."

Diese Beschreibung enthält Stand, Aufenthaltsorte, Beruf, Krankheit, Verletzung und Untat. Angaben über erlittene Strafen, die ansonsten im Mandat ebenfalls angegeben werden, fehlen hier allerdings.

Der Schinder Hannes.

Welches Erscheinungsbild boten diese Gauner? Waren sie als solche zu erkennen? Wohl nicht an Alter oder Statur; denn hier war – vom Kind über den Halbwüchsigen zum Erwachsenen und Greis – jede Altersstufe anzutreffen. Die Statur war dick und dünn, hager und untersetzt; vielleicht wirkten die Frauen männlicher als in anderen Schichten. Die Kleidung der Leute wird als bäuerlich oder bürgerlich angegeben. Hinweise auf besonders schäbige Kleider häufen sich nicht, hingegen wird einige Male modische Kleidung herausgestrichen. Auffallend ist, daß diese Leute der Straße zumeist nicht allein unterwegs waren. Ausdrücklich weist das Generale von 1717 darauf hin, daß die Gauner „geschockt" auftraten! Von den 1713 angeführten Männern waren 38 Prozent in weiblicher Begleitung. Dabei war es nebensächlich, ob die Paare verheiratet waren oder liiert; häufig wird die Frau als „Hure" bezeichnet. War es eine Ausnahme, daß ein Mann mit zwei Frauen unterwegs war, sind Kinder als Begleitung nicht selten. Zu den Frauen vermerkt das Mandat von 1713, „daß die Weiber . . . die Häuser außpechen, die Dieb Nachts in die Häuser lassen, Krampen, Diebs-Schlüssel und anderen Einbrech-Zeug, auch Gewöhr denen Dieben in ihren Pincklen nachtragen, das Gestohlene davon tragen, und verkaufen, und gefährlicher in Diebstahl als die Männer seynd." Einzelgänger dürften selten gewesen sein.

Besonders aufgefallen sind die Zigeuner. Diese bildeten mehr als ein Viertel der steckbrieflich Gesuchten. Im Mandat von 1713 werden 44 männliche und 34 weibliche Zigeuner angeführt, wobei allerdings zu bemerken ist, daß als Zigeuner galt, wer mit den Zigeunern zog. Diese waren in ganzen Sippenbanden unterwegs und führten auch die Witwen hingerichteter Zigeuner mit sich. Wo sollten sich diese auch sonst anschließen? Anders war das offensichtlich bei den einheimischen Gaunern. Hier wird das Gewähren von Unterschlupf ausdrücklich verboten. Besonders weit von ihrer ursprünglichen Heimat hatten sie sich zumeist nicht entfernt. Die Steiermark, Kärnten und Krain – also Innerösterreich – werden als Herkunftsgegenden häufig genannt, Salzburg und Oberösterreich sind stärker vertreten als die restlichen erbländischen Länder. Fremde sind seltener, sieht man von den Zigeunern ab, die ihre Heimat sicher im benachbarten Ungarn hatten.

Auf jeden Fall war die Straße der Hauptaufenthaltsort der Gauner, im Sommer und im Winter. Dies führte zu einer Reihe von arthritischen Leiden, waren die Leute doch den verschiedenen Temperatur- und Witterungsverhältnissen ausgesetzt. In übermäßiger Zahl werden krumme Beine und Arme, eingebogene Knie, ein gebückter Gang, Hinken und ähnliches als Kennzeichen angeführt. Ungefähr 8,5 Prozent der Erfaßten trugen Merkmale der angeführten Krankheiten. Zusätzlich weist eine noch größere Reihe von Merkmalen auf Krankheitserscheinungen hin, die auf mangelnde Hygiene zurückzuführen sind, wobei einige Fälle von Krätzen und Grind besonders auffallen. Immer wieder kommen Zahnmängel vor. Augenzwinkern dürfte auf Augeninfekte hinweisen.

Häufig war in den Alpenländern der Kropf. Von 177 Männern, die nicht Zigeuner waren, hatten 10 (ca. 6 Prozent) einen Kropf. In einem Admontischen Mandat von ungefähr 1755 beträgt der Anteil der Kropfkranken 13 Prozent. Und indes im Mandat von 1713 etwas mehr als 5 Prozent als blatternarbig bezeichnet werden, sind es 1755 32 Prozent, was fast einem Drittel aller Genannten entspricht! Wenn wir mit aller Vorsicht den Schluß ziehen, daß, auch was die Nennung der Krankheitssymptome betrifft, das Mandat von 1713 unvollständig ist, dann können wir feststellen, daß von unserem Standpunkt aus der untersuchte Personenkreis im überdurchschnittlichen Ausmaß betroffen war, was ihn wieder besonders ausstieß, denn „Bettelvolk, . . . zum größten Teil geistig zurückgebliebene und körperlich bresthafte Menschen, (wurde) besonders leicht verdächtigt".

Aber nicht nur Krankheiten, auch die Narben, die von Verletzungen herrührten, zeichneten die Gauner. Immerhin waren ungefähr 10 Prozent an Hieb-, Stich- und Schußverletzungen zu erkennen, darunter auch Frauen. So wiesen zwei Zigeunerinnen Durchstiche in der Bauchgegend auf. Ohne Zweifel waren die Gauner nicht zimperlich und stritten auch untereinander. Ein Messer hatte wohl jeder bei sich, und mancher scheute nicht, Gewehr, Säbel, Pistole oder Ringgeißel offen zu tragen.

Das ihnen hauptsächlich vorgeworfene Verbrechen war der Einsteig- oder Einbruchdiebstahl. Wurden sie bei der Tat ertappt, machte man nicht viel Federlesens. Die meisten wurden als gefährliche Diebe, Erzdiebe oder gefürchtete Diebe bezeichnet. Dementsprechend waren auch die Strafen. Zumindest jeder achte war bereits „mit Ruten gestrichen", also gepeitscht worden. Im ersten Wiederholungsfall wurde den Dieben zusätzlich ein Galgen in den Rücken gebrannt und mit Pulver eingerieben, damit die Narben erkenntlich blieben. Eine noch schwerere zeichnende Strafe war das Abhauen der Finger, „damit er mißhandelt und gesündigt hat". Sechs der angeführten Missetäter hatten „abgezwickte Finger" oder „gestutzte Hände", einige erhielten davon als Stutzhändel-Andre, Stutzfinger-Hießl oder Stutzhändle-Stöffl ihre Namen. Verbunden mit diesen Strafen – und schwerwiegender als diese – war der Landesverweis, wodurch die Verurteilten „schonungslos einem ewigen Wanderleben der Landstraße preisgegeben" wurden.

Wurde ein Mehrfachtäter gefaßt, wurde er sofort gehenkt! Zwischen 1711 und 1713 waren allerdings bloß neun der Ausgeschriebenen justifiziert worden.

An einigen Orten dürften große Prozesse abgewickelt worden sein, so 1709 in Thalberg, wovon eine Zigeunersippe betroffen war, 1711 in Irdning, wo einige Zigeuner gehenkt, weitere Personen ausgepeitscht worden waren. Anhaltestrafen gab es kaum, und allzu sicher scheinen die Gefängnisse nicht gewesen zu sein, denn im Mandat werden 15 Ausbrüche vermerkt.

War jemand mit dem Leben davongekommen, bedeutete dies für ihn ewige Heimatlosigkeit und Ehrlosigkeit. So blieb den Gaunern nichts übrig, als sich mit ehrlosen Berufen zu tarnen oder zu betteln. Die Verteilung der „Berufe" der einheimischen Gauner sieht wie folgt aus, wenn man die im Mandat angeführten größeren Gruppen als Maßstab nimmt:

Bettler, Vaganten	66 =	37,29 Prozent
Krämer sowie Bader (6)	44 =	24,86 Prozent
Abdecker, Schergen	29 =	16,38 Prozent
Soldaten	27 =	15,25 Prozent
Halter	11 =	6,22 Prozent

Bei den Zigeunern wird bloß zweimal „Spielmann" als Beruf angegeben.

Die große Zahl der **Bettler** bildete den Bodensatz, der nicht einmal einen Beruf vortäuschte. Es folgen an Zahl diejenigen, welche sich als Krämer ausgaben. Das ist sehr verständlich, denn so konnte der Gauner die Ware, die er unredlich erworben hatte, an den Mann bringen. Eine Verordnung vom 10. März 1722 trug dem Rechnung. Darin wird den Landgerichten aufgetragen, die Wanderkrämer scharf im Auge zu behalten und ihr Gepäck genauestens zu kontrollieren, weil „vil Dieb, Mörder, Räuber, um in Häusern und Wohnungen die Gelegenheit zu ihren bösen Vorhaben desto füglicher aussehen, auch auf Gassen und Straßen, unterm Schein und Vorwand ehrlichen Wercks desto sicherer durchkommen zu können, sich auf das Hausieren mit Gewürtz, Gwachsalben, Bändl und Kramereyen, dann der sogenannten kurzen Waar verlegen . . . und dergleichen im Lande herumziehen, wodurch sie in ihren Kräxen, Rantzen und Packwerk nebst dem Diebzeug zugleich

fremde und geraubte Sachen durchbringen, selbe bey ihren Diebshellern niederlegen und nach der Hand an die Däntler und Juden verkauffen". Eine ähnliche Warnung enthält unser Mandat selbst, indem es darauf verweist, daß die angeführten Krämer und Ärzte meistens Falschspieler und Beutelabschneider seien, welche unter dem Anschein, Kramwaren mit sich zu führen, die ärgsten Diebe seien, Städte, Märkte, Dörfer und einschichtige Häuser, besonders aber Märkte und Kirchtage aufsuchten und ihre Diebstähle praktizierten. Daher erforderten die Jahrmärkte besondere Sicherheitsvorkehrungen. (Auszug aus: Roth, Gaunermandate)

Zusammenfassung der vormariatheresianischen Entwicklung

Die Veränderungen zu Anfang des 18. Jahrhunderts sind als Teil der Reformen des leider früh verstorbenen Josef I. (1705–1711) zu sehen, zu denen das Debakel rund um den Kuruczenkrieg (1703–1711) beigetragen haben wird.[7] So wurden das Grazer Hof-Zeughaus und die Schloßbergfestung der Zuständigkeit der Hofkammer entzogen und dem Hofkriegsrat unterstellt.[8] Der Gang der Entwicklung ist auch an Hand der Institution des Schloßhauptmannes zu verfolgen: Obgleich der Schloßberg eine Festung des Landesfürsten war, war der Schloßhauptmann zunächst mit der „Landschaft" und auch mit dem „Landgericht" verbunden. Gelegentlich war der Landeshauptmann zugleich Schloßhauptmann. Als Gegengewicht baute der Landesfürst zunächst das „Burggrafenamt" aus (1573–1650), setzte sich aber seit der Ernennung des Hans Fernberger (1583) dergestalt durch, daß der Schloßhauptmann hinfort ein nur von der Regierung abhängiges Organ wurde.

Die Entwicklung ist verhältnismäßig leicht zu überschauen. Mit der Veränderung der wirtschaftlichen und rechtlichen Formen löst sich der Gemeinsinn auf, die städtische Obrig-

Landstreichende Gauner während des 30jährigen Krieges. Titelblatt zu Grimmelshausens „Truß Simpler" (1670?).

---

7 Diese Ereignisse und Zustände, vor allem das Versagen des Aufgebotssystems im Zusammenwirken mit den Sabotage treibenden adeligen Grundbesitzern, sind vorzüglich von Lassmann, „Aus der Zeit Franz II. Rakoczi", Dissertation, Graz 1932, dargestellt.

8 Popelka I., S. 169, Anm. 633 (Hofk. 1707 III n. 27). Hinzuzufügen ist, daß „zur Verhütung größerer Disconcerti" im Jahre 1705 der innerösterreichische Hofkriegsrat dem kaiserlichen Hofkriegsrat „subordiniert" wurde. Die alte Einrichtung lebte aber noch bis zum Jahre 1744 unter verschiedenen Bezeichnungen, zunächst als „innerösterreichische Kriegsstelle", weiter. (Regele, S. 33 sowie Bramreiter, S. 67)

keit wird zur gesellschaftlichen Klasse und die „dienenden" Funktionen werden zu besoldeten. Absolutismus und Zentralismus entwickeln sich hiezu in Wechselwirkung und müssen das ergänzen, wozu die städtische Gemeinschaft, teils objektiv begründet, teils zufolge ihrer Egoismen, nicht fähig ist. Daher Änderungen der Stadtverfassungen, landesfürstliche Polizeiordnungen und Aufstellung polizeilicher Wachkörper. Das spezifische Interesse des Landesfürsten tritt in militärischen Notzeiten und in der Zeit der Protestantenkrise in folgenden Mitteln zu Tage: erhöhter finanzieller Beitrag für den Wachkörper sowie direkte Unterstellung unter die Regierung bzw. unter die Militärgewalt („Stadthauptmann"). Als es gelang, den Staat durch Brechung der

Macht der Landstände zu konsolidieren – was mit der Beseitigung der Türkengefahr an der Wende zum 18. Jahrhundert zusammentraf –, fanden auch die Kalamitäten hinsichtlich der Kostentragung für die Polizeikörper ein Ende. Die Unterhaltspflicht des Magistrates wurde verringert, die „Landschaft" vermehrt zur Kasse gebeten, die Personalstände wurden erhöht und die Mittel des kaiserlichen Ärars herangezogen. Gleichzeitig wurde die Ingerenz des Magistrates auf die polizeiliche Exekutive (Stadtguardia) beschnitten, letztere zu einem Bestandteil der Armee gemacht und als „Stadtgarnison" bezeichnet. Dem Magistrat verblieben bloß Organe für ortspolizeiliche Angelegenheiten. Die Dominanz des Militärs auf der exekutiven Seite der inneren

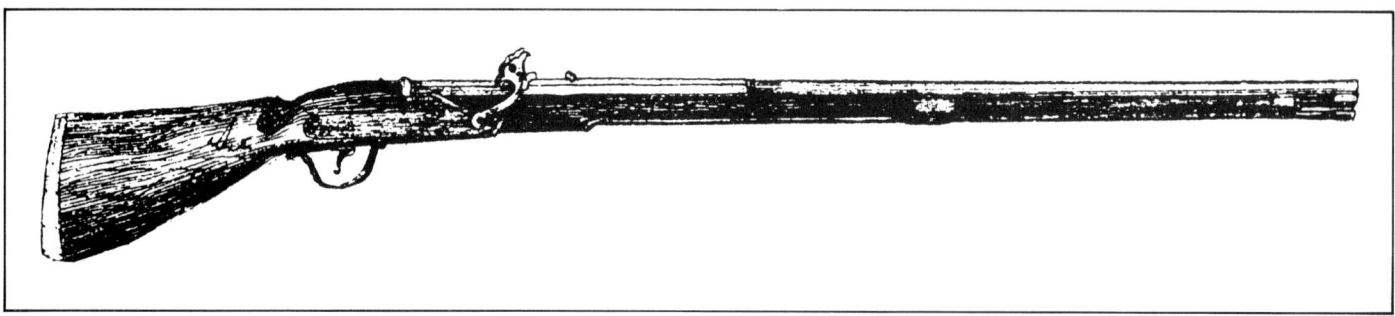

Luntenmuskete 1657.
Kaliber 19–20 mm, Kugel 18 mm (2lotig), Nußholzschaft, Länge 164 cm, Lauflänge 119 cm, Gewicht 5,6 kg. Erzeugt durch in Wiener Neustadt kolonisierte niederländische Gewehrarbeiter („Armatur-Gewerkschaft").
Jüngst vorgenommene Schießversuche weisen überraschende Wirkung und Präzision dieser alten Waffen nach. Zum Beispiel beim etwa gleich alten mit Lunten- und Steinschloß versehenen „Montecuccoli-Gewehr", gefertigt in Suhl 1686, Kaliber 17,8 mm, Lauflänge 105 cm, Gewicht 4,20 kg, Vo 494 m/sec., Eo 3774 Joule, und zwar:
auf 30 m: 4 mm Stahlblech, 183 mm Fichtenholz;
auf 100 m: 2 mm Stahlblech, 114 mm Fichtenholz.
Vergleichswaffe Pistole Glock (Vo 360 m/sec., Eo 518 Joule):
auf 30 m: 2 mm Stahlblech, 126 mm Fichtenholz.
(Ausstellungskatalog des Landeszeughauses Graz vom Mai 1989, „Von alten Handfeuerwaffen – Entwicklung, Technik, Leistung".)

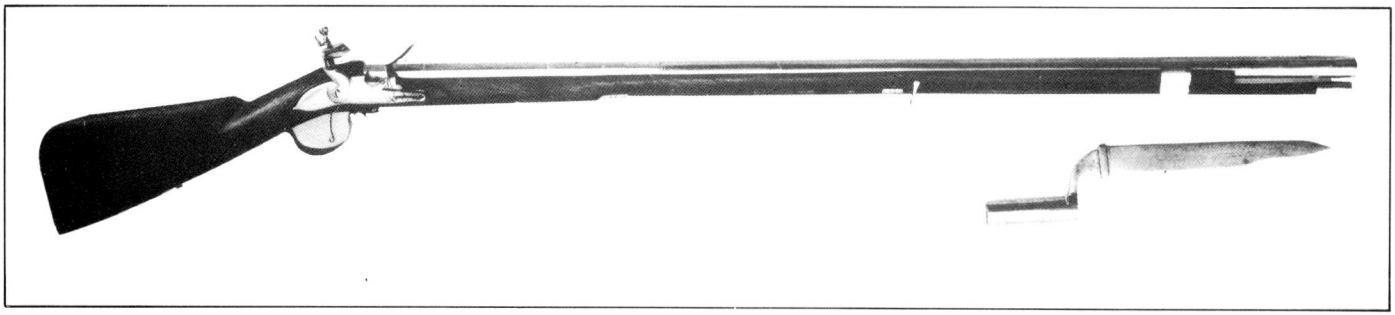

Ordinäre Flinte M. 1722.
Kaliber 18,3 mm (1 1/2lotig), glatter Vorderlader mit Steinschloß (dem französischen Infanterie-Gewehr M. 1717 nachgebildet), rundes Schloß mit leicht gewölbter Platte, Buchenholzschaft bis knapp an die Mündung, hölzerner Ladstock, Tüllenbajonett (Parthenbajonett) aus messerförmiger einschneidiger Klinge (Länge 456 mm), Länge o.B. 154 cm, Länge m.B. 184 cm, Lauflänge 115 cm, Gewicht o.B. ca. 4,5 kg.
Erzeugt in Wiener Neustadt und Steyr. Bis 1754 vorherrschendes Infanterie-Gewehr. Ab 1744, nach den Erfahrungen des ersten Schlesischen Krieges, mit eisernem Ladstock ausgestattet.

Verwaltung hält sogar noch unter Maria Theresia an. Sie ist zwar durch die „Enttäuschungen" mit der städtischen Verwaltung und der ständischen Ordnung erklärbar, doch liegt andererseits auf der Hand, daß geteilte Unterstellungs- bzw. Befehlsverhältnisse zu Reibungsverlusten und zur Unordnung beitrugen und daß eine militärische Truppe, zufolge ihrer auf den Krieg gerichteten Ausbildung und Geisteshaltung, zum polizeilichen Alltagsdienst ebensowenig geeignet ist wie in außerordentlichen Fällen, Tumulten etc. entgegenzutreten, was mit anderen Worten heißt: maßhaltende Gewalt zu üben. So kam es zu einer Reihe durch Schußwaffengebrauch blutig endender Krawalle und Handwerkerstreiks. Die nachteiligen Folgen dieses Systems zeigen sich deutlich im Bericht über den „Einsatz" bei den Studentenausschreitungen in Graz im Jahre 1726.

Im Jahre 1726 glaubte der aus Klagenfurt gebürtige Rektor P. Franz Staindl den Weg gefunden zu haben, wie er den Depositionsumzug verhindern könne. Er war entschlossen, den Tag der Deposition und den Depositor erst im allerletzten Augenblick bekanntzugeben, doch hatte er die Rechnung ohne die Studenten gemacht, die beim Statthalter Graf Wildenstein vorstellig wurden, der zu verstehen gab, daß es besser sei, den Umzug mit Musik zu gestatten, als durch ein Verbot des alten Brauches die Gemüter der Studenten unnötig zu erhitzen. Mit dem eigentlichen Depositionsakt, dieser Quelle vieler bösen Händel, möge es der Rektor halten, wie er wolle, die Regierung ihrerseits werde schon dafür sorgen, daß Tumulte beim Umzug und anschließend in den Wirtshäusern verhindert werden würden. Der Rektor ließ sich allerdings nicht umstimmen, was die Studenten veranlaßte, einen umso größeren Rummel zu inszenieren. Durch Maueranschläge und Plakate gaben sie bekannt, daß am Dienstag, dem 19. Februar 1726, in der Murvorstadt der „Ingressus studiosorum" beginnen und man dabei Kaiser Karl VI. auf einem Triumphwagen, aber auch viele sehr lächerliche „intermedia" zu sehen bekommen werde.

Die Studenten sammelten sich in der Prankergasse, die nicht der städtischen, sondern der gräflich Prankherschen Gerichtsbarkeit unterstand. Ihr Zug, von einer großen Zuschauermenge bejubelt und begleitet, ging zum Murvorstadtplatz. Da es bereits dunkel wurde, wollten die Studenten dort den Zug auflösen, um in den Wirtshäusern „Zum Mohren" und „Zum Ochsen" bis zur Sperrstunde zu feiern. Alles wäre gut gegangen, wenn nicht der Stadtmagistrat das am rechten Ufer liegende Brückentor gegen die Murvorstadt hätte sperren und mit 24 Musketieren besetzen lassen. Dieses Vorgehen reizte die Studenten, der Vorreiter verlangte Einlaß in die Stadt, Schimpfworte wurden gewechselt, bald flogen unter dem Gejohle der Zuschauer die ersten Steine, und schließlich verlor der wachhabende Offizier die Nerven und ließ in die Menge feuern. Der Warenaufseher der orientalischen Handelskompaniefiliale, Josef Schauer, ein völlig unbeteiligter Zuschauer, sank tödlich getroffen zusammen. Der Theologe Martin von Criviz, der Paukenschläger Hans Stromer, Hufschmied von Beruf,

II.
Landesgendarmerie im 16. Jahrhunderte.

Fünf Berichte des steiermärk. Landprofosen Jakob Bithner an die Stände über seine Fahrten und Fährlichkeiten und den Sicherheitszustand im Lande.

Orig. im steierm. Landesarchive.

5.

1589, 23. Dec., Judenburg.

Wolgeborne, edel, gestreng, gnedig vnd gebittende Herren. Damit Ewr Gnaden vnd Herren der Verrichtung meines Dinst wissen hetten, hab ich Solchs hiemit gehorsamlich laysten vnd Bericht hierüber than wöllen. Nemlich das ich den Rabboden, Haylingcreutz vnd Vischbacher Pfar sambt denselbigen anraynenden Tälern durchstraifft, vnd hin vnd wieder, sonderlich im Nesselgraben, Haylingcreutzer Boden vil Khnecht erfragt, die sich sonst täglich der Orthen sehen lassen vnd der Gart sich betragen. Wiewol ich dismal der Orthen zugleich khaynen antroffen, hab ich doch derselbigen 18 beysamen zu Pfabenbrun, welche die meisten alle frische Pasbart gehabt, vnd sonderlich ir zwen daraus, Eyner siben Jar zu Erlaw, der Ander 6 Jar zu Sandre im OberCrais Vngern laut irer Pasbarten auf den Gränitzen gedint haben, welche Alle Ir Dchl. zum jüngsten fryaulerischen Khriegswesen zugezogen vnd geschriben sein gewesen. Darunter ich zwen Beckhenjungen gefunden, die ich hab wöllen straffen lassen, welche sich aber zum höchsten entschuldigt, sie hetten nit gewüst, das die Gart verbotten wär, sy hetten auch khain Arbeyt gehaben mögen, wölten alsbald aus dem Land sich begeben vnd Arbait nachtrachten. Weil ich sie zuuor auch niemals antreffen, hab ich inen dismal die Straf nachgesehen, hab nit destoweniger den andern Khnechten ernstlich verhebt, das sie sich also zusamen rottireten, vnd den armen Leuten grosse Beschwär zufügten. Entschuldigten sie sich dergestalt, sie müsten dis aus gedrungner Not than, weil die Pauren zusamen stünden vnd (sie) mit gewerter Hand aus den Dörffern treyben theten, sich Gewalts zuerwehren, sonst weren sy nit gedacht, Jmands aynigen Schaden oder Layd zuzufügen, wie dan auch zwen Pauren in eynem Tall von s. Marein sich vnderstanden, 6 Landsknecht mit Drischeln hinwegzuschlahen, derer die Landsknecht sich erwert, vnd bayd Pauren vbel verwund.

Nach diesem hab ich dergleichen Khnecht abermals bey Ober Ascha ir vier antroffen, also auch bey s. Peter ausser Gratz ir zwelff, die Alle versuchte Khnecht sein, ir gude Pasbart haben. Da ich inen die Gart verboten, gaben sie Antwort, sie müsten zu essen haben, vnd khöndten nit lebendiger vnder die Erden schliffen, so weren sy auch ausser Landt gewesen, wölten auch draussen blieben sein, da man irer zum Khriegswesen nit herein begert hat, nun khöndten sy, weil der Winter hierin sie antroffen, (nit) so leicht in ander Land, weil sie der Zeit khaynen Herren wissen, sich begeben. Was ich nun orthin mit dergleichen Khnechten, so ich dieselbigen im Land antreffen thet, fürnemen vnd mich gegen inen erzaigen sol, erwart ich hierüber gehorsamlich zu meiner Nachrichtung Beschaid, Denselbigen zu gnedigem Schutz mich befehlend. Judenburg den 23. December. Anno 89.

Eur Gnaden vnd Herren

dinstgehorsamer Jacob Bithner
Landprouos in Steyer m/p.

Bericht des steirischen Landprofosen aus dem Jahre 1589 über den Sicherheitszustand im Lande.

und eine Frau wurden schwer verwundet. Wie viele sonst noch von den Kugeln getroffen worden waren, ließ sich bei der amtlichen Ermittlungen nicht feststellen, da die Verletzten, um einer gerichtlichen Untersuchung zu entgehen, ihre Verwundung vertuschten. Der Unmut der Regierung ergoß sich nach diesem unglückseligen Geschehen nicht etwa über den Offizier, der den Schießbefehl gegeben hatte, sondern über den Rektor, dem vorgeworfen wurde, er habe durch sein unzeitiges Verbot die Studenten erst recht aufgestachelt und zu dem bedauerlichen Spektakel verführt. Schon

am 27. Februar erging ein Mandat Kaiser Karls VI., das den Depositions-Umzug für immer verbot, für die Deposition selbst aber verfügte, daß sie im Universitätsgebäude und nur mit zulässiger Lust und Ehrbarkeit stattzufinden habe. (Sutter, S. 43f)

Auftritte wie dieser, aber mehr noch die häufigen Mutwillensakte und das störrische bis gewalttätige Betragen vor allem der Studenten gegenüber den Polizeiorganen führten zu der scharfen kaiserlichen Verfügung vom 8. Juli 1727.

Verfügung vom 8. Juli 1727 gegen grobe Ordnungsstörungen.

III. Der Polizeistaat des aufgeklärten Absolutismus

Reformpläne und Reformen unter der Regierung Maria Theresias und Josefs II.

In der Regierungszeit Maria Theresias (1740–1780) traten in polizeiorganisatorischer Hinsicht noch keine tiefgreifenden Wandlungen ein. Die allgemeinen Reformen brachten aber vielfache Reflexionen auf das Polizeiwesen. Da beide Regierungsperioden für die Formung des Polizeistaates im Sinne des aufgeklärten Absolutismus bestimmend waren, sei das Reformprogramm skizziert:

Die Reformen Maria Theresias umfaßten eine Umgruppierung des Behördenapparates, um die einzelnen Teile besser zu verbinden, die konservative Adelsfronde langsam zu brechen und auf diese Weise die Macht des Staates und die Steuerkraft zu heben. Beides entspricht den Forderungen des Polizeistaates, der auf Einheitlichkeit dringt und in der finanziellen Leistungsfähigkeit die Grundlage für ein „gutpoliziertes" Gemeinwesen und ein starkes Heer sieht.

Der Kampf gegen die Verschwendungssucht, gegen die Trunksucht und den Kleiderluxus, über den man sich häufig lustig gemacht hat, ist eine Zeitforderung; er wird nicht nur im theresianischen Österreich, sondern auch in Frankreich und in anderen Ländern geführt. Dasselbe gilt von der Sittlichkeit, die zu beaufsichtigen im 17. und 18. Jahrhundert der Polizeistaat verlangt. Die vielgenannte Keuschheitskommission, von deren Tätigkeit phantasievolle Schriftsteller allerlei zu berichten wissen, hat aber unter diesem Titel nie bestanden, Amtshandlungen sind aktenmäßig nicht nachzuweisen. Der Umstand, daß bei der „Repräsentation und Kammer" (Gubernium) und beim „Direktorium in publicis et in cameralibus" (1749–1761, Vorläufer der Vereinigten österreichisch-böhmischen Hofkanzlei) ein Referat für Sittenpolizei bestand, wirkte belebend auf die Erfindungslust des galanten Zeitalters. (Die gegenteilige Auffassung bei Bibl/Polizei, S. 206f, ist nicht überzeugend. Siehe auch Heer, S. 154, 157.)

1775 fällt das Asylrecht. Die kirchliche Ansicht, daß die Gnade Gottes wirksam werde, wenn es einem von Schuld beladenen Flüchtling gelänge, einen geweihten Ort zu erreichen, stößt auf die Gegnerschaft des aufgeklärten Zeitalters und auf den Gleichmachungsdrang des Polizeistaates, der

Kaiser Josef II. (†1790) in österreichischer Feldmarschalluniform. Gemälde von Pompeo Batoni (†1787). **(Bildarchiv der Österreichischen Nationalbibliothek)**

nand III. untersagt fremden Ordensprovinzialen die Visitation österreichischer Klöster und verordnet, daß die Wahl der Äbte nur in Gegenwart kaiserlicher Kommissäre stattfinden dürfe. Leopold I. verschärft das Placetum regium, Josef I. verbietet den Orden, Gelder ins Ausland zu bringen.

In dieser Richtung schreitet Maria Theresia weiter. Auch sie untersagt die Verbindung der Klöster mit ihren auswärtigen Obern, nimmt den Jesuiten die Zensur ab und teilt sie im Jahre 1752 einer Bücherrevisionskommission (Zensurhofkommission) unter dem Vorsitz van Swietens zu. Eine Milderung trat dadurch nicht ein; beispielsweise verbot man Lessing, Rousseau und Macchiavelli's Schriften. Bei dem Verbot von Wallfahrten ins Ausland spielen auch merkantilistische Erwägungen mit. Dasselbe gilt von der Klosteraufhebung, mit der Maria Theresia durch Einziehung von 80 Ordenshäusern in der Lombardei den Anfang macht. Dabei ist auch der Einfluß der Populationstheorie wirksam: bessere Ausnützung des Bodens und des Vermögens der toten Hand.

Den polizeistaatlichen Forderungen der Beaufsichtigung der Geistlichkeit durch landesfürstliche Organe und der Verbesserung des Schulwesens schenkt die Kaiserin rege Aufmerksamkeit. Zu einem Toleranzedikt kann sie sich nicht entschließen. Von der Aufklärung abgesehen, die das Verlangen nach religiöser Freiheit schon wegen des innewohnenden individualistischen Dranges bekundet, sind im polizeistaatlichen Denken zwei Möglichkeiten gegeben. Der Einheitlichkeit wird gedient, wenn nur eine Religion im Staate herrscht, dem Aufstieg des Staates aber ist es förderlich, wenn alle Talente zur Mitarbeit herangezogen werden. Maria Theresia entscheidet sich für die erste Erwägung,

keine Ausnahmen und keine übernatürlichen Einwirkungen gelten läßt. Die **Constitutio criminalis Theresiana** lehnt sich an die Halsgerichtsordnung Ferdinands III. und Josefs I. an. Das Festhalten an den grausamen Leibesstrafen und an der Folter ist gegen die Zeitstimmung gerichtet. Die Kaiserin verfügt 1776 die Aufhebung der Tortur. Die Beseitigung provinzieller Verschiedenheiten in der Strafanwendung zeigt einheitsstaatliches Denken.

Die Beaufsichtigung der Kirche durch den Staat gehört zu den Regierungsgrundsätzen des Absolutismus. Von Maximilian I., dem Begründer des Absolutisums in Österreich, stammt das Placetum regium, das die Veröffentlichung päpstlicher Bullen an die landesfürstliche Genehmigung bindet. Ferdinand I. läßt die Klöster durch weltliche Kommissäre untersuchen, Maximilian II. setzt einen Klosterrat ein, vor dem die Prälaten Rechnung legen müssen, Ferdi-

Beschreibung des flüchtigen Thäters.

Joseph N. vulgo Gaberl Joßl, Herrschaft Wildbacherischer Erbhold in der Schrötten, unter der Pfarr Hengsperg in Unter-Steyer, ein Mensch bey 17. Jahr alt, langer Statur, und mittlerer Dicke, rothen Angesichts, braunen Haaren, kleiner Außsprach, und eines langsamen Gangs, traget sich auf bäurische Unter-Steyrische Art mit einem weiß-lodenen Rock, und schwarz-abhangenden kleinen Hüetel.

Personsbeschreibung zu einer Verhaftungs-Kurrende wegen Sodomie („in actu bestialitatis mit einer Stueten") der Statthalterei Graz vom 8. Juli 1757. (Archiv des Stiftes Rein)

wozu sie durch ihr katholisches Empfinden gedrängt wird. Wenn die Kaiserin auch nicht allen Forderungen der Zeit nachgegeben hat, zeigt ihre Regierung doch die kraftvolle Vertretung des Staatsgedankens.

In der Auffassung über das Polizeiwesen tritt Maria Theresia zunächst in die Fußstapfen ihrer Vorgänger: Die Polizei, so heißt es, „. . . ist nichts anderes als eine kluge Einleitung des Wohles einzelner Familien zur Wohlfahrt des ganzen Staates, welcher eine Gesellschaft von Menschen ist, die mit gemeinsamen Kräften ihr allgemeines Wohl zu erhalten sich vereinbart haben . . .". Aber im Gegensatz zu ihren Vorgängern spielt bei Maria Theresia die irdische Glückseligkeit eine bedeutendere Rolle als das Seelenheil, und ihrer Initiative ist es zu danken, daß in die Polizeigegenstände ein „standhaftes Systema" gebracht und erkannt wurde, daß mit einem Wust unüberschaubarer Normen und mit einem unzulänglichen Beamtenapparat nichts Ernstliches erreicht werden kann. Die schrittweise Neuordnung des Sicherheitswesens wurde mit der Begründung eines Polizeiamtes wenigstens in Wien eingeleitet und der Grundsatz verankert, daß die polizeiliche Überwachung nie so weit gehen dürfe, daß sie mit der „bürgerlichen Freyheit unverträglich" wäre,

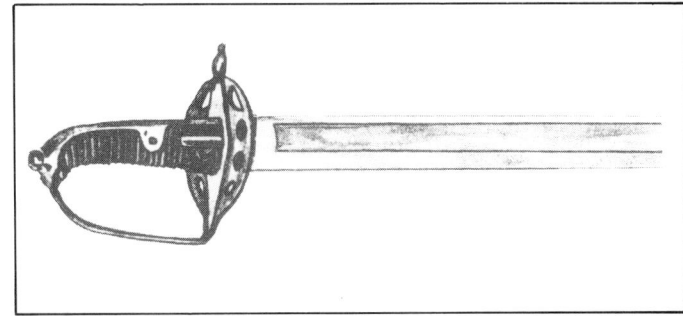

Kavallerie-Pallasch M. 1769/75 (1803), eisernes Gefäß. Die hölzerne lederbezogene Scheide wurde 1775 durch eine aus Eisenblech ersetzt. Die gerade Klinge war 84 bis 87 cm lang. (Für Unteroffiziere und Stabsdragoner gab es ähnliche Muster mit Messing-Montierung.) Der Pallasch war die Seitenwehr des Kreisdragoners, aber auch der ersten berittenen Polizeiwache in Wien (1801).

da sich solche Mittel mit den „reinen Begriffen der Religion, mit der Anständigkeit der Sitten, mithin auch mit den ächten Grundsätzen der Staatsverfassung kaum vereinbahren lassen scheinen" (Bibl/Polizei, S. 210ff). Ein Lieblingsthema bildeten seit Ferdinand I. die schon erwähnten Kleidervorschriften. In ihnen kam der Geist „polizeilicher" Bevormundung und kastenförmiger Scheidung am schroffsten zum Ausdruck. Die Bürger durften keine Kleider aus Gold- und Silberstoff tragen und als Pelzwerk war nur der Fuchs gestattet. Nur die „besseren" Bürger (Kauf- und Gewerbsleute) durften einen Atlasbesatz sowie Ringe und Gürtel bis zum Wert von fünfzehn Gulden tragen, die Patrizier endlich Marderpelze und Schmuck ohne Wertbegrenzung. Den Angehörigen des niederen Adels waren zwar Seidenstoffe, aber kein Kleid von Samt, wohl aber alle Pelzarten bis auf Zobel und Hermelin gestattet. Den „Grafen und Herren" waren nur ganz goldene und silberne Wirkstoffe verboten, weil diese den Fürstlichkeiten vorbehalten waren (Bibl/Polizei, S. 57f). Der sittliche Leitgedanke für derartige Beschränkungen der Vergnügungs- und Verschwendungssucht wich allmählich den merkantilistischen Ideen, so daß unter Maria Theresia bloß ausländische Erzeugnisse betroffen waren.

Endlich versuchte die Königin, obzwar sie sich anfangs noch mit „Luxuspatent" und ähnlichen Weltverbesserungsdekreten herumgeschlagen hat, den Unfug mit dem traditionellen und zum Sprichwort gewordenen „Wiener Geboth" zu steuern (Archiv für Inneres und Justiz, bei Bibl/Polizei, S. 201f). Darunter waren jene Verordnungen zu verstehen, die niemand zu befolgen gedachte und die auch objektiv kaum vollziehbar sind. Die althergebrachten „Wiener Gebote", das „Wiener Gesatz", wie es der Obersthofmeister der Königin, Graf Khevenhüller, genannt hat, sind uns aber nicht bloß aus der Historia bekannt . . .

Josef II. (1765/1780–1790), der gewaltsamste habsburgische Reformator, schien sich eher als seine Mutter zu beeilen, das Sicherheitswesen in den Reformenkreis einzubeziehen.

IOH: ANT: DES H:R:R: GRAF UND HERR
VON PERGEN, K:K: STAATS.MINISTER

Johann Anton Graf von Pergen (1725–1814). (Bildarchiv der Österreichischen Nationalbibliothek)

Die Reform begann mit der Veränderung des Polizeibegriffes, denn die „Wohlfahrtspflege" sollte fortan von der „Sicherheit" – dem engeren Gebiete der Polizei – getrennt und die letztere womöglich besonderen Behörden, den „Polizeibehörden", übertragen werden. Dies war die Idee des Grafen Johann Anton Pergen, Präsident (Statthalter) der niederösterreichischen Regierung (1782–1789), der zunächst im Wege des ersten Wiener Polizei-Oberdirektors Beer bestimmenden Einfluß auch auf die übrigen nunmehr errichteten Polizeibehörden gewann,[1] bis seine Vorstellungen durch die Einrichtung einer „zentralen Polizeistelle" (1789–1791) auch in formaler Hinsicht verwirklicht wurden. Bei Pergen wie bei Beer handelte es sich um im Volke beliebte und wegen ihrer Großmut verehrte Personen, die als erste den „engeren" Polizeibegriff ausformten, der einerseits in der Gewährleistung der allgemeinen Sicherheit und, zweitens, in der Überwachung des Funktionierens der Wohlfahrtseinrichtungen bestand, weil ihnen am Herzen lag, „daß jeder Inwohner denjenigen Schutz genieße, welchen er vom Staat zu fordern hat" (Bibl/Polizei, S. 225–229; Walter/Josef II., S. 5f). In der Ära Josefs II. wurde als neuer Polizeibegriff der der „Sicherheit und Ruhe" geprägt, wobei dem Wort „Ruhe" auch der buchstäbliche Sinn zukam, daß des Bürgers erste Pflicht die Ruhe sei, aber auch umgekehrt, der Bürger ein Recht auf Ruhe habe. Wir begegnen erstmals dem „Prinzip der Ruhe", das später, unter Kaiser Franz, sich zum lähmenden Element des „Vormärz" auswachsen sollte, dem wir aber in seinem uspünglichen Sinn jene Beachtung zollen, die einem politischen Recht zukommt: denn „Ruhe" ist das, worauf das Streben des Staatsbürgers am meisten gerichtet ist, denn sie schließt den Schutz vor dem Rattern der Rasenmäher und das seelische Ruhebedürfnis ebenso ein, wie die soziale Sicherheit, die letztlich mit der „öffentlichen Ruhe und inneren Sicherheit" verbunden ist. Dieses „Sozialbeharren" der Gesellschaft erklärt auch den „konservativen" Charakter der Polizei, der sich in der buchstäblichen Durchsetzung der Gesetze als Mittel der Regierung, Mittel der Verwaltung, manifestiert. Die erwähnte josefinische Forderung läßt sich mit dem heutigen „Sicherheitsgefühl" assoziieren. In seiner negativen Form drückt es weniger Kriminalitätsfurcht als latente Lebensangst aus, eine durch Lebensumstände und Persönlichkeitskriterien geprägte nicht spezifizierbare Ängstlichkeit. Nach dem Stande der modernen Kriminologie wird die „innere Sicherheit" vom subjektiven Sicherheitsgefühl und von der objektiven Sicherheitslage bestimmt. Sie ist der Inbegriff eines positiv befriedeten Zustandes von Staat und Gesellschaft. In diesem Zustand soll Balance zwischen Individualfreiheit und sozialer Gebundenheit bestehen, zwischen persönlicher Selbstverwirklichung und Herrschaft, Ordnung des Bestehenden und Öffnung für Wandel und wirtschaftlich-industrielle Fortentwicklung unter Bewahrung der „Lebensqualität" (Fehervary, S. 1ff). Um was es geht, drückt Stefan Zweig auf der ersten Seite seiner „Die Welt von Gestern" folgend aus: „Wenn ich versuche, für die Zeit vor dem ersten Weltkriege eine handliche Formel zu finden, so hoffe ich am prägnantesten zu sein, wenn ich sage: es war das goldene Zeitalter der Sicherheit. Alles in unserer fast tausendjährigen Monarchie schien auf Dauer gegründet und der Staat selbst der oberste Garant dieser Beständigkeit . . . Dieses Gefühl der Sicherheit war der anstrebenswerteste Besitz von Millionen, das gemeinsame Lebensideal. Nur mit dieser Sicherheit galt das Leben als lebenswert, und immer weitere Kreise begehrten ihren Teil an diesem kostbaren Gut." (Kein Zweifel, daß Zweig hier Rechtssicherheit und Staatsethik voranstellte und die einfallenden Schatten unerwähnt ließ.)

Die Strafe des Haarabschneidens.

1 Der erste Polizei-Oberdirektor war Ritter v. Beer (1782), der letzte Ernst Born (April 1848). Er wurde Anfang 1849 von Karl Noe-Nordberg (bisher Polizeidirektor in Innsbruck) abgelöst, und zwar als Leiter der „Stadthauptmannschaft Wien". Eine „Stadthauptmannschaft in der Stadt Wien" wurde im Jahre 1782 und neuerlich 1807 eingerichtet, hatte aber die Funktion eines Kreisamtes, also einer allgemeinen Mittelinstanz für Wien „inner den Linien". Im Zuge der Revolution wurde die Wiener Polizei der Gemeinde unterstellt und für die Polizei-Oberdirektion die Bezeichnung Stadthauptmannschaft am 20. Juli 1848 gewählt. Nach der Wiederbesetzung der Stadt durch die Kaiserlichen Truppen wurde der „Stadthauptmann" dem „Militär- und Zivil-Gouverneur" bzw. der „Stadthauptmannschaftlichen Sektion der K.K. Stadtkommandanturs-Central-Kommission" unterstellt und die Unterstellung unter die „Polizeisektion des Gemeindeausschusses" – unter gleichzeitiger Auflösung der Municipalgarde – aufgehoben. (Siehe Anm. 3 auf S. 66)

Diese Auffassung von Sicherheit kennzeichnet bereits den aufklärerischen Polizeistaat. Das überwachende und ahndende Element war – mit der Maßgabe, die Voraussetzungen für das Zusammenleben und Gedeihen im Sinne dieser „inneren Sicherheit" zu garantieren – auf die Aufrechterhaltung der öffentlichen Ruhe und Sicherheit, also auf die Abwendung der Gefahren für den Staat und seine Einrichtungen, sowie für Leben, Freiheit, Gesundheit und Vermögen des einzelnen zu sorgen, beschränkt, die Grenzen allerdings weiter gezogen als im Spätliberalismus, da den Polizeibehörden noch eine Funktion im wohlfahrtsstaatlichen Sinne zugeteilt blieb. Zur klassischen „Waffe" der Polizei wurde die Prävention erklärt.

Die Reformen Josefs II. werden mit der Aufhebung der Klöster begonnen, die sich nicht mit Unterricht, Krankenpflege und Wohltätigkeit beschäftigen, somit nach des Kaisers Ansicht unnütz sind. Der Erlös der verkauften Güter dient zur Gründung von Pfarreien und zur Anlage eines Religionsfonds, aus dem der Unterhalt der Geistlichen bestritten werden soll. Der Geistliche soll in erster Linie Seelsorger sein. Mit der Aufstellung von zwölf Generalseminarien im Jahre 1783 wird die Erziehung der Priester den Bischöfen entzogen und dem Staate übergeben. Damit ist die Forderung Hobbes erfüllt, der Staat bestimme die Lehre und die Moral. Nicht das darf gelehrt werden, was die Kirche verlangt, sondern was nach der Meinung des Landesfürsten dem Staatswohle zuträglich ist. Die theologischen Lehrbücher müssen vom Staate approbiert sein, der ganze geistliche Unterricht kommt unter staatliche Aufsicht.

„Lohn des Lasters."

Gesetzbuch 1787. Die Abbildung bezeugt die drastische Natur des Strafsystems.

Die Utilitätstheorie (Nützlichkeitslehre) äußert sich besonders in der Haltung des Kaisers zur Wissenschaft. Nicht allein der wissenschaftlichen Forschung, sondern vorwiegend dem praktischen Nutzen sollen die Hochschulen dienen, nicht hohe Gelehrte, sondern tüchtige Praktiker verlangt des Kaisers Wille. Eine ausgesprochene Vorliebe besitzt Josef für die Medizin, für die Wissenschaft, die der Erhaltung des Lebens dient. Den damals sensationellen Entschluß, die Todesstrafe abzuschaffen, hat nicht nur die Aufklärung, sondern auch die Nützlichkeitslehre bewirkt. Ein Mensch, der sein Leben durch ein schweres Verbrechen verwirkt hat, kann der Allgemeinheit durch seine Arbeitskraft Nutzen bringen. Das strenge Vorgehen des Kaisers gegen das öffentliche Laster ist nicht nur durch den Abscheu vor unsittlichen Handlungen bestimmt, sondern auch von der Absicht geleitet, in der Prostitution die Verbreiterin von Geschlechtskrankheiten zu treffen. Das Kahlscheren der Buhlerinnen und die Verurteilung zum Straßenreinigen sind aber nicht, wie oft angenommen wird, vom Kaiser erfundene, sondern schon früher gebräuchliche, wenn auch nicht so allgemein angewendete Strafen. Josef tritt dem Laster nicht nur mit Härte entgegen, sondern sucht ihm durch Errichtung eines Lehr- und Arbeitshauses für stellenlose weibliche Dienstboten auch vorzubeugen. Die von ärztlicher Seite erhobene Forderung, öffentliche Häuser zu errichten, scheitert am Widerstand von Sonnenfels.

In der Judenfrage entfernt sich Josef weit von seiner Mutter, die eifrig darauf sieht, die Vermehrung der paar hundert Juden, die es damals in Wien gab, durch Unterbindung der Zuwanderung zu verhindern. Ganz anders Josef. Ihm ist des darum zu tun, seine Untertanen so zu stellen, daß sie der Wirtschaft den größtmöglichen Nutzen bringen. Ihm geht es um die Herstellung der äußeren Einheitlichkeit der Bevölkerung, um die Zurückdrängung der oberen und um die Hebung der unteren Gruppen. Als vom Jansenismus beeinflußter Reformkatholik fehlt ihm die Neigung zur Verfolgung der Protestanten und Juden. Nur die Sekten bekommen seine Härte zu spüren. Der Kaiser unterläßt es nicht zu betonen, daß er keineswegs eine Vermehrung der Juden plane, aber die halbe Freiheit, die er gibt, schafft die Grundlage für einen wirtschaftlichen Aufstieg und für eine rasche Vermehrung der jüdischen Bevölkerung in Wien. Es ist des Kaisers Absicht, die Assimilation zu fördern und den Juden den Weg zu Landwirtschaft, zum Handwerk, zum Bürger-, Großunternehmer- und Gelehrtenstand zu ebnen. Dies, sowie die Bauernbefreiung, geschah zehn Jahre früher als in Fankreich.

Nicht die Aufhebung der Klöster, die in manchen Gegenden von den Bauern begrüßt wird, sondern die Neuordnung des Gottesdienstes und des Begräbnisses rufen die ersten Widerstände hervor. Vor allem ist es die Forderung, die Toten in Säcken zu begraben, die eine tiefgehende Gärung erzeugt. Die Verwendung von Särgen und der zahlreichen Wachskerzen beim Gottesdienst erscheint dem Kaiser als eine Verschwendung von Holz und Wachs. Das Bemühen, die Nützlichkeit bis zu ihren letzten Ausläufern zu verfolgen, hat der Volkstümlichkeit Josefs geschadet.

Gleichfalls des Nutzens halber geschieht die Abschaffung von Feiertagen, worin Maria Theresia vorausgegangen ist. Das Verbot des Wetterläutens und der Wallfahrten, das ebenfalls Mißstimmung hervorruft, soll der Verdrängung des Aberglaubens dienen.

Auf seinen Reisen durch die Erbländer hatte Josef auch die negativen Seiten kennengelernt und im Laufe der Zeit eine Art Reformfanatismus entwickelt. Zu Lebzeiten Maria Theresias an echter Mitarbeit gehindert, wollte Josef, als er an die Macht kam, seine seit Jahrzehnten aufgespeicherten Ideen so rasch als möglich verwirklichen. Damit begann für den Staat die Zeit der überhasteten und keinen Bereich verschonenden Verordnungen.

Als Vertreter des aufgeklärten Absolutismus ging Josef vom Naturrecht aus, nach dem in der Einheit Gott – Natur alle Menschen gleich vor dem Gesetz stünden. Diese Staatsauffassung hatte eine Förderung des allgemeinen Wohls, das Glück der Menschen zum Ziel, keinesfalls eine Verklärung der Autorität. Allerdings geschah „alles für das Volk – nichts durch das Volk". Die gleiche Hingabe wurde von den Beamten gefordert, ersichtlich aus dem „Circulandum" von 1781: „. . . nicht blos unnütze abschreibers abgeben", „nicht allein ihren hintern zum sitzen und ihre hände zum unterschreiben dem staate widmen . . .", sondern „die kräfte ihrer seelen, ihre vernunft, einen wirkenden willen und ihre ganzen kräften zu desselben (des Staates) dienst aufopfern und so ohne rücksicht der stunden, der tägen, der form das gute mit eifer zu erhalten suchen". Um der Mechanisierung der Verwaltungsarbeit entgegenzuwirken, sollte jeder Beamte aus seinem Amt „das geschäft seines ganzen Lebens machen" (Walter, Zentralverwaltung, 2. Halbbd. S. 2ff). Durch selbständiges Denken sollten die Beamten eine möglichst freie Wirksamkeit für das allgemeine Wohl erzielen, wobei es gleichgültig wäre, „ob in stiefeln, gekämmt oder ungekämmt die geschäfte geschehn". Jedenfalls wurde das Beamtentum „objektiviert", der Beamte wurde vom „Fürstendiener" zum „Staatsdiener".

Der Staatsapparat sollte nicht ein Instrument der Volkseinschläferung sondern der einer Volkserweckung sein. Dazu erachtete Josef die zentrale Steuerung des Apparates für notwendig, sein Ziel war daher ein straff organisierter „Einheitsstaat". Diesen Plan verfolgte der Kaiser mit schroffer Rücksichtslosigkeit. Die historische Sonderstellung Ungarns wurde ignoriert und auch dort die deutsche Sprache als Verwaltungssprache eingeführt; freilich bloß – was gerne übersehen wurde – neben der Landessprache. Von da datiert jedenfalls die neuerliche nationale Unzufriedenheit, in den Niederlanden und in Ungarn geschürt von dem um seine Privilegien besorgten Adel.

Im Sinne der Aufklärung sollte auch die materielle und geistige Leistungskraft der Bevölkerung gehoben werden, was Auswirkungen auf die **Zensur** hatte. Durch die Zensur sollte die Literatur, durch die Literatur der Zeitgeist geformt werden. Da Josef gebildete Untertanen als Voraussetzung für eine Verbesserung der Wirtschaft und Verwaltung ansah, sollten dem Bürgertum Österreichs die Erkenntnisse des europäischen Geisteslebens zugänglich gemacht werden. Er lockerte daher das Zensursystem.

Am Ende seiner Regierung widerrief der todkranke Monarch viele seiner Reformen. Das Zensuredikt, das Toleranzpatent, die Bauernbefreiung, das Pfarrsystem und die Polizeireform waren die wenigen Ausnahmen bleibender Bedeutung. Erst nach des Kaisers Tod würdigte man seinen Reformgeist. Der Kaiser erwuchs zum Idol der vormärzlichen Opposition. Da man über seine Schwächen, seine ungestüme und trotz allem intolerante Art hinwegsehen wollte, erstand ein idealisiertes Bild des Monarchen, für die Literaten des Vormärz das eines Verfechters der Pressefreiheit.

Von der Errichtung eigener Polizeibehörden zum gesamtstaatlichen Polizeinetz

Angesichts der kräftigen Einschnitte Maria Theresias in das Verwaltungssystem ist es erstaunlich, daß sie auf dem Gebiete der Polizeiorganisation Zurückhaltung übte. Eine nennenswerte Verbesserung bedeutete die Bestellung eines Polizei-Oberaufsehers für Wien (1757), womit ein mehr oder weniger selbständiges Polizeiamt geschaffen wurde, das allerdings der niederösterreichischen Regierung (Statthalterei; 1749 bis 1759 als „Repräsentation und Kammer" bezeichnet) eher eingegliedert als untergeordnet war. Es verfügte schließlich über 22 Beamte, zu deren Kosten die Stadt Wien den vierten Teil beizutragen hatte. Ein weiterer Fortschritt blieb gleichfalls auf die Stadt Wien beschränkt, und zwar die Auflösung verschiedener nebeneinander bestehender Wachkörper, an deren Stelle ein einziger, nämlich die „Polizey-Wache", im Jahre 1775 trat. In den Provinzen hingegen blieb es bei der herkömmlichen „Stadtgarnison", somit bei der Dominanz des Militärs, was mit der Behutsamkeit der Königin, vielleicht aber auch mit ihrem besonderen Verhältnis zur Armee erklärt werden kann. Denn an der Schwelle ihrer Resignation, im Jahre 1765, schreibt sie: „Ich habe das Militär meinem Sohn übergeben. Dieser Zweig der Staatsverwaltung war der einzige, für den ich Neigung hatte. Ich habe ihn aufgegeben, der Rest bedeutet mir nichts mehr."[2])

Über Organisationsänderungen in den Provinzen wissen wir wenig. Im Steiermärkischen Landesarchiv finden wir zwischen 1712 und 1786 keine Polizeiordnungen verzeichnet. Selbst die vom 23. März 1712 erneuert bloß die alten Mahnungen vor dem Luxus. Im gleichen Jahr, in dem das Wiener Polizeiamt geschaffen wurde (1757), bildete die steirische Landes-Zentralbehörde „Repräsentation und Kammer" ein Kollegialorgan, die „Polizeikommission", und bestellte für Graz einen „Stadthauptmann" (Baron Breuneck). 1779 erscheint eine dem Gubernium eingegliederte Polizeiabteilung mit dem Grafen Löwenwalde an der Spitze (Popelka I., S. 91). Diesem „Stadthauptmann" fehlte, im Gegensatz zu seinen Namensvorgängern im 16. und 17. Jahrhundert, die militärische Funktion. Er war eher Vertreter der landesfürstlichen Interessen gegenüber dem Stadtrat. Um diese Zeit wurde in den Erblanden das Meldungswesen (Meldepflicht für In- und Ausländer) eingeführt, eine entscheidende polizeiliche Maßnahme, sowie die Einrichtung des polizeilichen Kundschafter- bzw. Konfidentenwesens forciert, was in erster Linie für den militärischen Bereich Wirkung haben sollte. In Ansehung der nun weitläufigen Manufakturen fand auch der Schutz gegen Wirtschaftsspionage Beachtung. Davon waren vor allem die Arbeiter der eisenverarbeitenden und der Glasindustrie betroffen. Unter dem Zeichen des Merkantilismus galt es ja nicht bloß, ausländische Kundschafter und „Abwerber" dingfest zu machen, sondern die Abwanderung von Fachkräften zu unterbinden. (Siehe Probst, S. 19ff.)

Wie schon erwähnt, war es Graf Pergen, der Kaiser Josef dahin beeinflussen konnte, zunächst das Wiener „Polizeiamt" zu einer selbständigen Behörde, der Wiener „Polizei-Oberdirektion", umzuwandeln (1782), dieser die Polizey-Wache zu unterstellen und auch in allen Provinz-Hauptstädten eigene Polizeibehörden zu schaffen. Mangels einer polizeilich-fachlichen Zentralstelle hatten diese Polizei-Direktionen mit der Wiener Oberdirektion zu operieren, wobei dem Wiener Oberdirektor (dem ehemaligen Stadtgerichtsbeisitzer und Polizei-Oberaufseher Franz Anton Ritter v. Beer) auch die Aufgabe zukam, die künftigen Behördenleiter zu schulen und zu qualifizieren (Oberhummer I., S. 50f). Pergen selbst übte seinen Einfluß zunächst aus seiner Stellung als persönlicher Berater des Monarchen und als niederösterreichischer Regierungspräsident gegenüber der Wiener Polizei-Oberdirektion, da es zufolge der natürlichen Widerstände, vor allem der auf Minister- bzw. Hofebene für die innere Verwaltung zuständigen Hofkanzlei, erst 1789 gelang, eine für das Reich „Zentrale Polizeistelle" ins Leben zu rufen. Bis dahin hatten die Polizeidirektionen im allgemeinen an die (der Hofkanzlei unterstellten) Länderchefs zu berichten, direkt an Pergen bzw. Beer nur in den Angelegenheiten, die den Staat selbst betrafen (politische bzw. geheime Polizei). Die Bezeichnung Oberdirektion sollte, wie Oberhummer meint, kein Überordnungsverhältnis gegenüber den Direktionen in den Provinzen ausdrücken; sie dürfte eher an die Bezeichnung „Polizey-Oberaufseher" angeknüpft haben.

2 Allmayer-Beck, „Das Heer der Kaiserin", in: „Maria Theresia und ihre Zeit", Residenz-Verlag 1980.

Aufgrund der Vorträge Pergen's wurden im Jahre 1785 die Errichtungen von Polizeidirektionen in Prag, Brünn, Preßburg, Ofen und Troppau nach dem Muster der Wiener Polizei-Oberdirektion angeordnet und für Graz ein „dirigierender Polizeikommissär" mit einem Wirkungsbereich über ganz Innerösterreich bestimmt. Bis 1787 folgten die Polizeidirektionen in Mailand, Linz, Pest, Hermannstadt und Innsbruck (Walter/Josef II., S. 13). Dort, wo bereits Polizeiinstitute bestanden, wie in Lemberg, Triest und Brüssel, wurden die gleichen Grundsätze eingebunden. Für die Einrichtung des Dienstes wurde gleichzeitig eine „Amtsinstrukzion, nach welcher die auf den Hauptplätzen der Provinzen anzustellende Polizey-individuen ohne Unterschied, sich pflichtschuldig und unverbrüchlich zu benehmen verbunden sind", maßgebend, welche auch lehrbuchhafte Richtlinien enthielt (siehe Oberhummer II., S. 133–165). Die Weisungen für das allgemeine Verhalten dem Publikum gegenüber und die Forderung, die jeweils gelindesten Mittel anzuwenden (Art. 52 des Reglements für die Polizey-Wache 1775), sind bis zum heutigen Tag vorbildhaft geblieben. Die darin enthaltene Regelung für den Waffengebrauch stimmt mit dem gegenwärtigen Waffengebrauchsrecht überein, den lebens-

---

Amtsinstrukzion für den Polizeybeamten auf den Hauptplätzen der Provinzen (1785). Fünfter Abschnitt (Auszug)*

§ 2.
Die Warnung soll sich ein einsichtiger Polizeybeamte zur Richtschnur nehmen, daß er keinem Juden überhaupt, und keinem solchen Menschen traue, der sich ohne Beruf zum Denunzianten aufwirft. Doch erheischet die Klugheit, und selbst die Amtspflicht derley Leute zu hören, und sich unter ihren Angaben diejenige zu wählen, welche zum Grund einer nähern Untersuchung tauglich scheinete.

§ 3.
Der Polizeybeamte soll sich auf unwesentliche Dinge nicht versitzen, sondern diejenigen vorzüglich besorgen, die auf die ganze Verfassung Einfluß haben. So soll er z. B. kleinere Excesse der Soldaten, Mutwillen junger Leute, unbedeutende Balgereyen, geringe Uebertretungen, die keine böse Folgen nach sich ziehen können, nicht so genau nehmen, am allermindesten aber sich mit Häschers Verrichtungen, so weit es in das punctum lubricum einschlägt, bemengen, da letzteres die Polizey nicht angeht, mit Ausnahme jedoch der anzuzeigenden öffentlichen Aergernisse.

§ 4.
Da ihm Polizeikommissär an der allgemeinen Zuneigung unendlich gelegen seyn muß, so soll er sogar in Fällen, wo ihn seine Pflicht, und höherer Auftrag verbindet, Jemanden härter zu behandeln, immer die Menschlichkeit, und Gelindigkeit vorschlagen lassen. Obschon er Niemanden zu arrestiren hat, ausser in Fällen, wo Gefahr der Entweichung obwaltet, oder der betroffene Theil wirklich auf einen Verbrechen betreten worden wäre, wovon jedoch immer an den Landeschef, falls es möglich wäre, vorläufig die Anzeige geschehen muß, so soll er damals, wenn die Verhaftnehmung anbefohlen, oder unausweichlich ist, diese verhaßte Amtshandlung durch anständiges Benehmen mildern, das Aufsehen, und alle Prostituzion zu vermeiden suchen, um einen Menschen, der ohnehin unglücklich ist, nicht noch unglücklicher zu machen. Unbesonnene Eingriffe in die Rechte der bürgerlichen Freyheit würden einem Polizeybeamten die allerschwerste Verantwortung zuziehen. Wie bei den ältesten zivilisirten Völkern so wird auch noch heutigen Tags in gewissen Ländern, die Verhaftnehmung eines freyen Menschen als ein attentatum betrachtet, wozu nur höchst dringende Umstände berechtigen dürfen.

§ 5.
So wie der Polizeykommissär bei Arrestirungen alle Behutsamkeit anzuwenden hat, ebenso muß er auch bei den anbefohlenen häuslichen Visitazionen, die meist in der Nacht, oder sehr früh geschehen, sich allemal mit Anstand und Höflichkeit benehmen, und sich wohl einprägen, daß er dem Niedrigsten in seiner Wohnung die gehörige Achtung schuldig seye.

§ 14.
Endlich muss der Polizeybeamte folgende 3 Hauptregeln bei allen seinen Fürkehrungen stäts vor Augen haben:
I. Den Gefahren, so viel möglich vorzubeugen, die sich ereignen können; solche mögen nun auf das Leben, das Eigenthum, oder die Sitten der Bürger Bezug haben.
II. Bei schon geschehenen widrigen Zufällen, wenigstens die schädlichen Folgen, wo nicht ganz zu verhüten, doch zu verringern.
Alle Generalien, und Normalgesetze in Polizey und Sicherheitssachen zielen auf diese zween wichtigen Punkte ab.
III. Die bürgerliche Freyheit in keinem Falle unbedachtsam zu verletzen, auf die jeder Unterthan, und jeder Fremdling gerechten Anspruch hat.

---

* Polizei-Oberdirektionsakten 1785 (Oberhummer II., S. 133, 161ff).

gefährdenden Waffengebrauch nur zur Rettung eines Lebens oder zur Hinderung der Flucht eines allgemeingefährlichen Verbrechers anzuwenden.

Beachtlich sind insbesondere die §§ 3 bis 14 des fünften Abschnittes der erwähnten „Amtsinstrukzion" aus dem Jahre 1785, weil sie die bürgerlichen Freiheiten der Untertanen und Fremden bedenken und im § 3 ein „Schikaneverbot" aufweisen, welches mit dem heutigen § 21 VStG (Absehen von Bestrafung) vergleichbar ist. Auch die berühmten „Sieben goldenen ‚W' des Kriminalisten" (siehe Hanns Gross, „Handbuch für Untersuchungsrichter, Polizeibeamte und Gendarmen", 2. Aufl., Graz 1894) finden wir bereits im § 19 des vierten Abschnittes der erwähnten Instruktion: „Wer? Was? Wo? Mit was Hilfe? Mitteln? Warum? Wie? Wann?" heißt es dort.

Allerdings sind im Reformierungsdrange Josefs II. auch Rückläufigkeiten zu verzeichnen. So entschied ein kaiserliches Handschreiben vom 20. September 1786 (abgedruckt bei Oberhummer II., S. 165ff), daß die „gewöhnlichen" Polizeigeschäfte von den Magistraten durchzuführen, die ordentliche Ausführung durch dieselben aber vom Polizeidirektor namens des Landeschefs zu überwachen ist. Nur für Wien erwirkte Pergen eine Ausnahmeregelung auf dem alten Fuß. In den Provinzen war sogar die Polizei-Wache dem Magistrat zu „übergeben". Dieses Zwischenspiel wurde gleichzeitig mit der Errichtung der „Zentralen Polizeistelle" im Jahre 1789 beendet (Oberhummer I., S. 53, Walter/Josef II., S. 19).

Im „geheimen Dienst" blieb aber der unmittelbare Auftrags- und Berichtsweg zwischen den Polizeidirektoren und dem Wiener Oberdirektor immer erhalten, wozu zu bemerken ist, daß Graf Pergen formaliter mit der obersten Leitung der Polizei-Oberdirektion betraut wurde und in diesen Angelegenheiten, unter Ausschaltung der Hofkanzlei, den Immediatweg zum Monarchen einschlagen durfte.

Ausschlaggebend für die vorübergehende Auffassungsänderung Josefs II. waren Reibereien zwischen den „neuen" Polizeibehörden und den „eingesessenen" Autoritäten, bedingt vielleicht durch die Furcht der letzteren, im althergebrachten Stil des „Leben und Lebenlassen" behindert zu werden (Walter/Josef II., S. 15). Jedenfalls wurde eröffnet, daß „der Polizey-Director in einem Lande nur denjenigen vorstelle, der von Amtswegen auf die Beobachtung aller Befehle und die Hintanhaltung aller Staatsnachteile zu wachen habe", im allgemeinen habe er nicht selbständig zu handeln, sondern die Exekutivgewalt seines Landeschefs in Anspruch zu nehmen. Von einer Amtsinstruktion für die Magistrate jener Hauptstädte, in welchen Polizeidirektionen bestanden, sah man ab; die Einführung in die neuen Geschäfte überließ man den Statthaltern und Polizeidirektoren. Die Umsetzung des kaiserlichen Willens erfolgte für die Stadt Graz mittels einer kurz gehaltenen Kurrende des Gouverneurs vom 7. April 1787.

Der einsame, wenngleich politisch verständliche Entschluß

des Kaisers, der im Handschreiben vom 20. September 1786 zum Ausdruck gekommen war, führte zwar nicht zu einem Zusammenbruch der mühsam aufgerichteten Organisation, doch die Reibereien fanden kein Ende und – was die Hauptsache war – zufolge des mangelnden Verständnisses und fachlichen Könnens auf seiten der Länderchefs und Magistrate stellten sich keine Erfolge ein. So fühlte sich der Monarch im Februar 1789 veranlaßt, Pergen, unter gleich-

Kurrende vom 7. April 1787.

zeitiger Enthebung von seinem niederösterreichischen Regierungsamte, mit der Einrichtung und Führung einer zentralen Polizeistelle zu betrauen, so zwar, daß sämtliche Länderchefs in Polizeibelangen nicht mehr der Hofkanzlei unterstanden. Es handelte sich demnach erstmalig um eine selbständige Hofstelle, um ein Polizeiministerium, wenngleich ohne Führung dieses Namens. Mit der Vertretung Pergens wurde der Chef der Wiener Polizey-Oberdirection, Hofrat Beer, betraut.

Welche Umstände waren es, die den Monarchen veranlaßt haben, von dem im Jahre 1785 eingeschlagenen Weg einstweilen wieder abzugehen? Glaubt man Pergen, so gab es Polizeidirektoren, die sich größere Gewalt und ein höheres Ansehen anmaßten, als ihnen gebührte,[3] andererseits lagen den Länderchefs die Polizeigeschäfte so fern, daß sie nicht erkannten, selbst Chef der Polizei zu sein. Die Magistrate wiederum zeigten sich, „keinen ausgenommen, unfähig oder zu viel beschäftigt, offenkundig aber für ihre Mitbürger zu partheyisch, für jene eines höheren Standes aber zu kriechend" (Walter/Josef II., S. 18f). Führt Pergen als einen Hauptgrund der Mißhelligkeiten fachliches Unverständnis und Eifersucht auf die eigene Jurisdiktion an, so ist hinzuzufügen, daß sich das System vom Herbst 1786 schon deshalb nicht bewähren konnte, weil der erhofften Entfaltung der Magistrate von vornherein das „Odium" der Beaufsichtigung und Bevormundung, zumal durch eine neue und fremdartige Institution, entgegenstand. Der Gedanke, daß eine Anleitung, vereint mit einer Beaufsichtigung, in Anbetracht des neuen, gewissermaßen „gespaltenen" Polizeibegriffes unumgänglich war, ist zwar einleuchtend, machte das gewählte System aber nicht besser.

Die endgültige Polizeiorganisation, die im wesentlichen in der Wiederaufrichtung des im Jahr 1785 eingeführten Systems bestand, wurde vom Monarchen noch kurz vor seinem Tod (20. Februar 1790) angeordnet und Pergen in einem Handschreiben zur Fortführung seines Werkes ermuntert. Worin bestanden nun die Aufgaben der „gewöhnlichen" Polizei? Es ist ein Dokument erhalten (Walter/Josef II., S. 19), welches – mit dem „Anzeigwesen" (Meldepflicht) beginnend – die Kompetenzen aufzählt und auch angibt, inwieweit hierin – von der Generalkompetenz der Polizeidirektionen abgesehen – den Magistraten das Recht und die Pflicht zum Einschreiten („primitive einzuschreiten") zukommt. Die Aufgaben sind im großen und ganzen nicht anders gestaltet als im 20. Jahrhundert. Wenngleich die Begriffe „Lokalpolizei" und „öffentliche" bzw. „staatliche" Polizei nicht ausgesprochen sind, so ist unverkennbar, daß man in die Agenden, die man später dem Prinzipe nach als „örtliche Polizei" den Gemeinden zuwies, die Magistrate eintreten ließ. Noch im Jänner 1790 hat man die Trennungs-

linie zwischen polizeilicher und gerichtlicher Wirksamkeit scharf nachgezogen und klargestellt, daß die Gerichtsbarkeit dem Magistrate und nicht der Polizei zukommt.

Die „Polizeywache" wurde wieder dem Gouverneur und der Polizeydirektion unterstellt, doch durfte sie auch der Magistrat in Anspruch nehmen. In Zusammenhang damit stand die Anordnung, die täglichen Rapporte der Polizeiwache auch dem Magistrate vorzulegen, eine Einrichtung, die sich auf den heutigen Tag erhalten hat.

Ein Merkmal der josefinischen Organisation war, daß der Wirkungsbereich der Polizeidirektionen keineswegs auf die Stadt ihres Amtssitzes beschränkt war, sondern sich örtlich mit der Jurisdiktion des Statthalters deckte. Der Statthalter (Landeschef, Gouverneur) repräsentierte nicht die autonome ständische Landesordnung (das war Sache des Landmarschalls oder Landeshauptmanns), sondern die „patriotische" Zentralgewalt. Die Jurisdiktion des mit 1. Juli 1786 etablierten „Polizeikommissärs in Innerösterreich zu Grätz" erstreckte sich sogar über Steiermark, Kärnten und Krain, weil Josef II. die Verwaltung verschiedener Länder und Landesbehörden zusammenlegte (was im Jahre 1860 Goluchowski in ähnlicher Weise wiederholte). Den ständischen Wünschen Rechnung tragend, hob Leopold II. diese Länderzusammenlegungen auf und errichtete in diesen Provinzen je ein Gubernium. So wurde für Kärnten die Errichtung einer Polizeidirektion in Klagenfurt (mit dem K.K. Rat Leopold Pausinger als Polizeidirektor) und die einer „für Krain in Laibach" (mit dem K.K. Rat Kajetan Graf Auersperg als Polizeidirektor) mit 15. Juni 1793 bewilligt.[4] Für Graz selbst war anfangs dem „Polizeikommissär in Innerösterreich zu Grätz", zu dem der bisherige Kreiskommissär Karl v. Haibe ernannt worden war, der bisherige Hof- und Landprofos Ferdinand Wittum, nun als Polizey-Wachtmeister-Leutnant und Kommandant der zunächst aus drei Unteroffizieren und 24 Mann gebildeten „K.k.i.ö. Polizey-Hauptwache zu Graetz", unterstellt. Der Personalstand war in Anbetracht der Bevölkerungszahl gering. (Hanss: Graz zählte zwischen 1784 und 1811 ca. 30.000 Einwohner.) Die staatliche Polizeibehörde in Graz führte abwechselnde Bezeichnungen, und zwar: „k.k. innerösterreichische Polizeidirektion" (1789), „k.k. Polizeydirektion Grätz" (1793), „k.k. steyermärkische Polizeidirektion" (1807), „k.k. Stadthauptmannschaft und Polizeidirektion zu Gratz" (1851).

Mit der Kurrende des Kaiserlich-königlichen Guberniums in Innerösterreich vom 31. Mai 1786, betreffend die neuen

---

3 Dies traf vielleicht auch für den Grazer Polizeidirektor Gundaker v. Wolff zu, der sich anfangs 1789 über seinen Landeschef beschwerte (Walter/Josef II., S. 17, Oberhummer I., S. 51).

4 Sr. KK. Majestät Franz des zweyten politische Gesetze und Verordnungen, Zweiter Band/1793, S. 135–137. Über die Unterordnung der Polizeidirektionen unter die Länderchefs siehe ebenda S. 25 sowie Leopolds II. Gesetze Teil II, S. 111 und 161.
Die Errichtung der landesfürstlichen Polizeibehörde in Linz wurde am 12. Februar 1785 angeordnet, die der Polizeibehörde in Innsbruck im Jahre 1787 (mit einer 28 Mann zählenden Wache), wozu Karl v. Haibe dorthin berufen wurde.

Polizeianstalten in den drei vereinigten innerösterreichischen Provinzen, wurde eine allgemein verbindliche Polizeiordnung erlassen. Sie umschreibt die sicherheitspolizeilichen Aufgaben in der Präambel und regelte im weiteren die Aufgaben des beim „K.k.i.oe. Landesgubernium errichteten Polizeiamtes in Graz".

Die lokalen Polizeiagenden wurden in Innerösterreich dadurch geregelt, daß das Gubernium am 15. Juli 1786 den Magistraten von Graz, Laibach und Klagenfurt Vorschriften auf straßen-, bau-, feuer- und sanitätspolizeilichem Gebiete

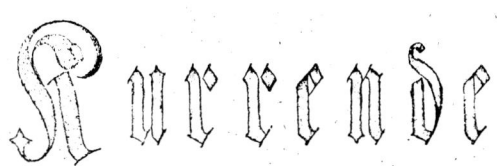

Bekanntmachung der Errichtung einer Polizeidirektion. Klagenfurt, 15. Mai 1793.

in Erinnerung brachte, und im Rahmen der allgemeinen Polizeiordnung vom 31. Mai 1786 bemerkte, daß jede andere Behörde im vollen Besitz ihrer bisherigen Aktivitäten grundsätzlich verbleibe, und daß ihr dabei Assistenz zu leisten ist. Es ergibt sich, daß die staatlichen Polizeibehörden angewiesen waren, für die Abstellung beobachteter Mängel Sorge zu tragen, sei es im unmittelbaren Einvernehmen mit dem Magistrat, sei es im Wege des Kreishauptmannes oder des Landeschefs. Die Führung der lokalen Polizeiagenden dürfte allerdings nicht einheitlich geregelt gewesen sein. So existierte in Klagenfurt zwischen 1789 und 1814 ein „magistratliches Wachkorps", dem insbesondere die Überwachung der Sperrstunden, der Verkehrsvorschriften und des Hasardierspieles oblag, obgleich zwischen 1793 und der französischen Besetzung in Klagenfurt eine staatliche Polizeibehörde bestand, die zwar vorzüglich auf dem Gebiete des geheimen Kundschaftsdienstes tätig war – und in dieser Eigenschaft bis nach Tirol operierte –, aber auch über einen eigenen Exekutivkörper (ein Feldwebel, ein Korporal, 16 Gemeine) verfügte.

Eine Kompetenzaufteilung ergibt sich für Klagenfurt aus der ah. Entschließung vom 5. Oktober 1814, wonach das neu errichtete „Polizeikommissariat" in lokalpolizeilichen Angelegenheiten dem Kreishauptmann und in der „Geheimen-, Höheren- und Fremdenpolizei" dem Landesgouverneur, in letzter Instanz der Polizeihofstelle in Wien untergeordnet war. Wenige Monate später fiel jedoch die „Lokalpolizei" an den Magistrat, für den im Jahre 1858 die „Städtische Sicherheitswache Klagenfurt" als Vollzugsorgan geschaffen wurde, ein Korps, das zunächst aus 7, im Jahre 1914 aus 37 mit Säbeln bewaffneten Wachmännern bestand („50 Jahre Bundespolizei Klagenfurt", Klagenfurt 1978, sowie Oberhummer II., S. 286).

Über die Errichtung der ersten „Kärntnerischen Polizeidirektion" ist die Kurrende des K.k. Landespräsidiums vom 15. Mai 1793 erhalten (Kärntner Landesarchiv, KLA Polizei, Fasz. 68/10). In diese wurde auch eine Polizeiordnung für die Hauptstadt Klagenfurt, die durch das „Polizeiamt Klagenfurt" zu handhaben war, aufgenommen. Sie vermittelt guten Einblick in die kulturellen Verhältnisse dieser Zeit.

Die Ergebnisse des Reformwerkes und die Organisierung der Geheimen Polizei

Am Fuße des Reformwerkes steht die Theorie. Sie besagt, daß die Polizei im engeren Sinne aus dem Umfang der

„politico-publica", der Gesamtheit der inneren Verwaltung, also der Polizei „im weitläufigen Verstande", auszuscheiden und die „Sicherheit" von den Wohlfahrtseinrichtungen zu trennen ist. Die Durchführung dieses Gedankens war umso schwieriger, als die Einrichtungen der allgemeinen Landesverwaltung, die Grundobrigkeiten, Magistrate, Kreisämter und Landesregierungen, beide Elemente handhaben. Sogar der stürmische Josef II. mußte vorübergehend wieder rückwärts schreiten, doch zeigte sich alsbald neuerlich, daß die herkömmlichen kollegial organisierten Landesstellen und Magistrate aus mehreren Gründen als Sicherheitsbehörden ungeeignet sind. Die Theorie hat sich in der Folge überall als richtig erwiesen: Die Polizei in ihrem engeren Sinne ist nicht Prinzip der Regierung, nicht innere Verwaltung selbst, nicht Selbstzweck, sondern nur Mittel der Regierung, Mittel der Verwaltung (Elster, „Wörterbuch der Volkswirtschaft", 1898, II. Bd., S. 358). Das Regieren stand damals unter dem Eindruck der Glückseligkeitslehre der Aufklärungsphilosophie, deren Einfluß auch den Richtlinien und Reglements deutlich zu entnehmen ist: „Menschlichkeit und Gelindigkeit" sowie „Achtung der bürgerlichen Freyheit".

Zum ersten Mal wird das Prinzip der Ruhe und Sicherheit mit dem Sicherheitsgefühl des einzelnen – besser gesagt für den einzelnen – verbunden und zugleich ideologisiert. Das josefinische Sicherheitsgefühl war eine Zutat zur materiellen Vorsorge für das geistig unmündige „Volk". Es ist nicht ident mit dem Gefühl der Sicherheit des Menschen des 19. Jahrhunderts, das entweder von einer religiösen Weltformel oder vom Glauben an einen universellen Fortschritt getragen war, der den gewaltigen naturwissenschaftlichen Errungenschaften folgte. Das Sehnen der heutigen Generation nach „Sicherheit" ist wiederum different. Während der Mensch damals noch einer überschaubaren Welt sicher zu sein glaubte, lebt er heute oft nur noch in einer „Welt der Signale" (C. G. Jung), auf die er unablässig reagieren muß, um nicht „unter die Räder zu kommen". Dadurch verlagern sich die seelischen Kräfte an die Peripherie, während die menschliche Innenwelt zum Hohlraum wird. Dann tritt ein, was man den „Verlust der Mitte" genannt hat: dem Menschen wurde sein Schwerpunkt genommen. Ein solches Leben ist ein Leben ohne Leitbild und ohne Zukunft – was jeweils zweckmäßig scheint, gilt als erlaubt. Trotz dieser „Freiheit" bleibt das Bewußtsein der Unsicherheit der Existenz, die den aus allen Bindungen gelösten Menschen neue Bindungen suchen läßt. Die Flucht ins Kollektiv soll ihm, wir sehen das sehr deutlich bei den „Jugendsekten", sei es auch um den Preis der individuellen Freiheit, Sicherheit und inneren Halt wiedergeben.

Unter Josef II. wurde das Prinzip der Ruhe und Sicherheit mit der Prävention verbunden. „Vorbeugen ist besser als heilen", sollte die Devise aller Verwaltungsbereiche sein. Auch bei der Strafe tritt die spezial- und generalpräventive Funktion in den Vordergrund. Erst im 20. Jahrhundert erlebt der Gedanke der Prävention einen merkwürdigen Rückschlag: So entfällt die „Polizeiaufsicht" für kriminelle Elemente und es gelten kürzere Tilgungszeiten von Vorstrafen, wenngleich in der Hoffnung, durch stellvertretende Maßnahmen friktionsfreiere Resozialisierungsprozesse einzuleiten; Bemühungen, die allerdings die Rückfallquote krimineller Häftlinge nicht unter 70–80% fallen ließen. Schon der Song in der „Dreigroschenoper": „Da hab' ich eben leider recht, die Welt ist arm, der Mensch ist schlecht, – wir wären gut, anstatt so roh, doch die Verhältnisse, sie sind nicht so", entschuldigte Tat und Täter. Dahinter steckt, mit der befreienden Berufung auf die „Erbsünde", die Gefahr der Korrumpierbarkeit jeder Ordnung. Schließlich zeigen sich im Gefolge eines ungezügelten Strebens nach individueller Freiheit auch Symptome eines sozialen Masochismus, die innerhalb der „Gefahrenabwehr" eine „nicht legale Vorbeugepolizei" erkennen und das „Sammeln von Daten" für polizeiliche Zwecke und „Sonderkarteien" anrüchig machen wollen. Am Beispiel der Diskussion um die geisterhaften „Geisteskrankenkarteien" wird das besonders deutlich. Kaum jemand führt diesen von Furchtsamkeit getriebenen Allesreformern vor Augen, daß Vorgänge um eine Geisteskrankheit den Behörden nicht verborgen sein dürfen, weil im Sicherheitsinteresse nicht jedermann etwa mit einem Führerschein oder einem Waffenpaß ausgestattet werden darf.

Die Organisierung des Polizeiwesens geschah unter Josef II. einerseits durch Schaffung spezialisierter Sonderbehörden zur rechten Hand der Landes-Gouverneure, andererseits durch Zentralisation, so daß man schließlich von einem eigenen Sicherheits- bzw. Polizeiressort sprechen konnte. Dabei nahm auf halbem Wege die Polizeidirektion Wien die Stelle einer Zentrale ein, eine Hilfestellung, die sich nach

---

Punkt 46 des Reglements für die Polizeywache vom 23. Februar 1754.

Arretierung in Gässen.

Wo ferner nun dieser seiner untergeordneten Mannschaft die Arrestirung einer Person anbefiehlt, so ist solche dem Befehle alle mal nach zu kommen schuldig; außer deme aber soll die Polizey Wache niemanden nicht nur nicht um geringer Gassenhändl, oder sonst schlechter Ursachen halber, sondern auch nicht auf eines jeden Privat-Mannes, oder Cavaliers Gefahr, und Berechtigung ohne ausdrücklich gerichtlichen Befehl, oder vorher beschehener Anfrage in Arrest nehmen, wie dann sich die Polizey Wache ins besondern in Acht zu nehmen hat, Geistliche oder andere Standes Personen außer um Malefiz-Sachen, oder öffentlicher Raufhändl willen in welchen kein Unterschied gemachet wird, gefänglich anzuhalten, wenn sie nicht dazu einen ausdrücklichen Befehl erhalten hätte.

dem Ersten Weltkrieg ähnlich wiederholen sollte. Das ganze Reich war schließlich von einem Netz polizeilicher Einrichtungen überzogen, denn der Arm der Polizeidirektionen in den Provinzhauptstädten reichte auch in die Municipalstädte und Märkte, und zu den Grenzdienststellen. Regelmäßige Assistenzleistungen durch das Militär („Stadtgarnison") sind infolge der Aufstellung eigener Polizei-Wachen nicht mehr erforderlich; die Aufstellung einer berittenen Gendarmerie nach kurmainzischem Vorbild blieb Graf Pergen allerdings versagt. Von der Gendarmerie abgesehen, ist dieser Grad organisatorischer Vollkommenheit in der Folge nicht überboten, zeitweise sogar beschränkt worden.

Die erste, allerdings kurzfristige Beschränkung verfügte Leopold II. (1790–1792). Dieser progressive, aber nüchterne Politiker mußte den drohenden Verfall des Reiches aufhalten. Die ziemlich unvermittelte Demission des Grafen Pergen im März 1791 brachte auch das vorläufige Ende des Systems, nämlich der „zentralen Polizeistelle", mit sich. Die Maßnahmen Leopolds waren Teil einer Beschwichtigungspolitik den Ländern und Ständen gegenüber, angesichts der gärenden Stimmung, die sich gegen Ende der Regierung Josefs II. wegen der allzu offensiv und manchmal auch unüberlegt und übereilt eingeleiteten Reformen breit gemacht hatte, zumal Leopold in der Frage der Weiterführung der Bauernbefreiung hart bleiben wollte. Andererseits intensivierte er den „geheimen Dienst" und verschärfte die Zensur, um der Verbreitung der aus Frankreich herankommenden „verderblichen Grundsätze" entgegenzuwirken. (Darüber siehe Lettner Gerda, „Das Rückzugsgefecht der Aufklärung", Frankfurt 1988.)

Der „geheimen Polizei" bediente sich der Staat schon vor der josefinischen Reform. Sie lag damals allerdings im Schoße der Residenzstadt bzw. der niederösterreichischen Regierung, wo sie von den Vizestatthaltern Mannagetta und Herberstein betreut worden war, die von der Königin unmittelbar die nötigen Geldmittel empfingen. Ziel dieser Tätigkeit war die politische bzw. diplomatische Spionage und das Ausspionieren der feindlichen Kriegsabsichten, wozu man sich mit Vorliebe untreuer Beamter und Offiziere und reisender Kaufleute bediente.

Als im Jahre 1782 die unmittelbare Behandlung der Polizeiagenden bei dieser Landesstelle ihr Ende fand, war es natürlich, diesen Tätigkeitsbereich der Wiener Polizei-Oberdirektion zu übergeben und die neuen Polizei-Direktionen in den Hauptstädten entsprechend einzubinden. Von da ab gewann der „geheime Dienst" ein anderes Gesicht: Durch die Verbindung mit der staatlichen Sicherheitspolizei gewann er den Anschluß an eine feste Organisation, somit die Basis für eine systematische Tätigkeit. Aber auch die Persönlichkeit Josefs II. war dabei nicht von geringer Bedeutung. Sein Mißtrauen gegen die Menschen, namentlich gegen die Funktionäre an den Schaltstellen des Reiches, ließen den Kaiser gerne die unterirdischen Kanäle geheimpolizeilicher Berichterstattung benützen, um eine bewußte

oder unbewußte Sabotage seines Regierungszieles abzuwenden. Zur reinen bzw. „offensiven" Funktion (Nachrichtenbeschaffung) tritt also erstmals der „Abwehr"-Gedanke des Nachrichtendienstes hinzu. Mit einer „Bespitzelung" der Gesinnung weiter Bevölkerungskreise hatte das nichts zu tun, obgleich es freilich Mißstände gegeben hat, schon zufolge mancher „vertrauter Individua", die es auf die Erlangung einer der damals üblichen und gar nicht unansehnlichen Belohnungen abgesehen hatten, wovor übrigens Pergen warnte (Walter/Josef II., S. 29). Aber die freisinnigen Ansätze dieser Regierungsperiode, die von einem „josefinischen Liberalismus" sprechen lassen, formten gewiß den Geist des neu geschaffenen Polizeiapparates.

Für diesen polizeilichen Dienstzweig wurde im Jahre 1786 eine „Geheime Instrukzion" dekretiert, die allen Länderchefs mit dem strikten Auftrage übermittelt wurde, sie niemanden, außer den Polizeidirektoren, zu intimieren. Diese umfangreiche Dienstanweisung führte nach einer Einleitung die „Gegenstände" sowie die „Mittel und Wege" dieses Dienstes an (Oberhummer II., S. 168ff, Walter/Josef II., S. 25ff).

Die Aufgabe stellte sich im wesentlichen folgend dar:

1. Der „gewöhnliche" (bzw. „öffentliche") und der „geheime" Polizeidienst müssen ineinandergreifen, vorzüglich auf dem Gebiete des „Anzeigwesen" (Meldewesen) und der Fremdenpolizei (weshalb die organisatorische Teilung zwischen Magistrat und Polizeidirektion zwischen 1786 und 1789 so schädlich gewesen sei);
2. die Befragung, Überwachung und allfällige Arretierung von staatsgefährlichen Personen;
3. die Überwachung ausländischen Gesandtschaftspersonals und deren Umgang mit österreichischen Beamten;
4. die Überwachung der Beamten und des Clerus hinsichtlich ihrer Rechtschaffenheit und ihres Ansehens beim Publikum, der Offiziere hinsichtlich allfälliger Einverständnisse mit dem Feinde;
5. die Überwachung der Volksstimmung und der ungeschmälerten Vollziehung der Gesetze durch die Behörden;
6. der Kundschaftsdienst im benachbarten Auslande;
7. die Beobachtung von Sektenbildungen und der Ursachen hiezu;
8. der Schutz der kaiserlichen Familie.

Die Kosten des geheimen Dienstes waren mit jährlich bloß 10.000 Gulden veranschlagt, wozu allerdings kommt, daß viele geheime Mitarbeiter durch Anstellungen und gewerbliche Erlaubnisse befriedigt wurden. Überdies wurden die wichtigsten Nachrichtenquellen, nämlich die „Vertrauten höheren Standes", gleichfalls nur zum Teil mit Geld entschädigt. Für die Zeit des Wiener Kongresses wird das Budget allerdings mit 50.000 Gulden angegeben. Die Erfolge dieses Systems sind schwer zu beurteilen. Glaubt man Fournier, war die Arbeit der Geheimpolizei im besonderen zur Zeit des Wiener Kongresses äußerst erfolgreich. Die Bemerkung Henry A. Kissinger's (S. 401), daß die meisten Geheimdokumente nicht wert sind, gestohlen zu werden, ist gedanklich anregend, zieht aber nicht die Wirksamkeit der angewandten Techniken in Zweifel. Überdies obliegt es der Verantwortung der Regierung, die Ergebnisse des Nachrichtendienstes nutzvoll zu verwerten. Zu erwähnen ist noch, daß sich die Staatspolizei letztlich in zwei Zweige teilte: Die eigentliche oder „diplomatische" Staatspolizei und die „geheime Polizei des Innern" (Fournier, S. 8). Interessant ist, daß die Armee erst sehr spät einen regulären Nachrichtendienst formierte, nämlich im Jahre 1850 die „Kundschaftssektion" im Kriegsministerium.[5])

Der unter den Leitlinien Josefs II. und des Grafen Pergen (bis 1804) entwickelte Polizeiapparat scheint sich bewährt zu haben. Dafür spricht auch ein sehr bekanntes Dokument, nämlich die an Kaiser Franz gerichtete Denkschrift vom 16. Mai 1797 des Regierungspräsidenten von Niederösterreich und Ministers Franz Graf von Saurau, die die Verhältnisse der gesamten Staatsverwaltung, ausgenommen die auswärtigen Geschäfte, behandelt. Hinsichtlich der Polizei wußte Saurau nämlich bloß zu sagen: „Auch die Polizeihofstelle bedarf mancher Verbesserung; da aber diese Abänderungen mehr ihre innere Manipulation betreffen, so behalte ich mir vor, zu einer anderen Zeit darüber meine alleruntertänigsten Vorschläge vorzulegen." Ansonsten aber brandmarkt Saurau in dieser umfangreichen Darstellung die Indolenz, die Selbstsucht und den Eigennutz „so vieler der vornehmsten Beamten", spricht von „Desorganisation" der Verwaltungszweige und der Gefahr „innerer Auflösung" und „politischer Auszehrung", die die Monarchie hiedurch bedrohe.

---

5 Walter/Josef II., S. 22f, Oberhummer I., S. 29, 64ff. Noch knapp vor dem Ersten Weltkrieg erhielt der Kundschaftsdienst des österreichischen Generalstabes seine finanzielle Dotation im Wege des Außenministeriums.

IV. Der österreichische Vormärz und die Revolution (1792–1848)

Nur selten sind Geschichtsperioden mit einem Klischee behaftet, das den wahren Verhältnissen so wenig gerecht wird, wie die Regierungszeit des Kaisers Franz (1792/1804–1835) und seines Nachfolgers Ferdinand (1835–1848). Die vorherrschende Meinung über die politischen Verhältnisse beruht auf einer einseitigen Darstellung in der Literatur, die einerseits aus Bequemlichkeit, andererseits mit Emotionen bis in die Jetztzeit weitergetragen wurde. Dies umsomehr, als die wenigen objektiven kritischen Untersuchungen zu ihrem Verständnis Geduld, Bildung und Erfahrung mit politischen, rechtlichen und verwaltungstechnischen Mechanismen beanspruchen.

Die Jahre von 1815 bis 1830 bezeichnet man als Zeit der „seelischen Rekonvaleszenz", die Jahre von 1830 bis 1848 als die der „unruhigen, unzufriedenen Zeit der Gärung". Die Epoche nach dem Wiener Kongreß nennt man auch die Zeit des „System Metternich". In Wahrheit war es der Kaiser, der bis zu seinem Tode ein Regierungssystem prägte, welches durch die Persönlichkeit und die Gedanken Metternichs nur teilweise unterstützt wurde. Nach 1835 trug sich das „System" weiter: aus dem staatlichen Leben wurde eine bürokratische Maschine, die sich bis 1848 fortschleppte. Metternich ging von einer universellen staatsphilosophischen Warte aus, neigte dem Föderalismus zu, und sein Konservativismus erstreckte sich auf ganz Europa. Trotz übereinstimmender Grundhaltung ließ der Kaiser Metternich nicht zum „Prinzipalminister" werden, er bevorzugte den politisch lavierenden Grafen Kolowrat, der später die gesamten inneren Angelegenheiten verwaltete.

Im Mittelgrund der historischen Mißverständnisse stehen der „böse Dämon" Metternich und „sein Scarpia", der Polizeiminister Sedlnitzky, die mittels „geheimpolizeilicher Methoden" und einer schrankenlosen Zensur hinter dem Rücken des „guten Kaiser Franz" die Völker verdummen und in Fesseln schlagen. Es scheint aber doch so zu sein, daß dieses Klischee, das ein monolithisches „Metternich'sches System" unterstellt, auch die „Macht der Polizei" überschätzt und der Zensur einen unzutreffenden Charakter beilegt. Nichtsdestoweniger haben aber alle diese Elemente, durch ihre Funktion wie Nicht-Funktion und durch das über sie verbreitete Urteil, jenes Klima geschaffen, aus dem schließlich die blutigen Ereignisse des März bis Oktober 1848 erwachsen sind, die als „Revolution" bezeichnet werden; einfach weil das „System" intolerant genug war, die auf „Konstitution" und Denkfreiheit gerichteten Regungen als „revolutionär" zu brandmarken und dagegen papierene Dämme zu errichten.

Militär-Polizeiwache 1791–1837.

Dieses Klima ist bis zu den Tagen Adolfs Hitlers spürbar geblieben, weil es den Keim zur tragischen Spaltung des nationalliberalen (deutsch-liberalen) Lagers in eine deutschnationale Gruppe legte. Im Jahre 1848 wurde der „Freisinn" mit Deutschtum und der schwarz-rot-goldenen Fahne markiert, alles andere, das Schwarzgelbe, mußte daher „reaktionär" sein! So kam es dazu, daß der radikale („nationale", „demokratische") Teil der liberalen Schichten, nach der Unterwerfung der von ihm eingeleiteten „Revolution", sich nicht scheute, von den kaiserlichen Truppen als von „den Österreichern" zu sprechen (Wandruszka/Struktur, S. 373).

Diese Scheidung der Geister, deren Wurzel schon im Kampfe zwischen Reformation und Gegenreformation zu finden ist, haben Friedrich Heer und Adam Wandruszka überzeugend dargestellt.

Die Zensur und ihre Handhabung

„Wenn auch Gesetze dieser Art nicht wirken, so können sie doch erbittern ohne zu schrecken."
(Friedrich Gentz)

Die Entwicklung

Über die Zensur im Vormärz gibt es nur wenige fachliche Darstellungen.[1]) Aus ihnen ergibt sich folgendes Bild:
Da Josef II. gebildete Untertanen als Voraussetzung zu einer Verbesserung der Staats- und Wirtschaftsverhältnisse ansah, sollten dem Bürgertum des österreichischen Staates die Erkenntnisse des europäischen Geisteslebens zugänglich gemacht werden. Er trat daher für die Lockerung des Zensursystems ein. Der Zensurgesetzentwurf von 1781 („Grundregeln zur Bestimmung einer ordentlichen Büchercensur") wurde im Vormärz als „eine der schönsten Taten" des Monarchen empfunden. Von der „Preßfreiheit" war zwar keine Rede, doch war der Entwurf im Verhältnis zu den früheren Bestimmungen sehr freisinnig verfaßt. Unter Pressefreiheit ist zu verstehen:
Das Recht des freien Gebrauchs der Presse zu öffentlicher Gedankenäußerung, namentlich die Befreiung derselben vom Zwange vorbeugender Maßregeln (Präventivsystem), und Beschränkung der Pressegesetzgebung auf bloße Repressivmaßregeln, welche gegen den strafbaren Inhalt von Presseerzeugnissen gerichtet sind. Als präventive Maßregel

ist nicht bloß die Vor-Zensur, sondern auch das Konzessionssystem anzusehen, welches zeitweise hinsichtlich der Herausgabe periodischer Druckwerke in Anwendung kam. Das Kautionssystem ist indessen den Repressivmaßnahmen einzuordnen.
Wohl ist es richtig, daß der aufgeklärte Monarch in dem berühmten Paragraph 3 seines Entwurfes verkünden ließ, daß „Kritiken, wenn es nur keine Schmähschriften sind, sie mögen nun treffen, wen sie wollen, vom Landesfürsten bis zum Untersten", nicht verboten werden sollten, da es, wie hinzugefügt wurde, „jedem Wahrheitsliebenden eine Freude sein muß, wenn ihm solche auf diesem Wege zukommt". Aber ebenso richtig ist, daß der Kaiser noch im Juni 1781 ein strengeres Zensurpatent erließ, das beispielsweise die offene Kritik am Fürsten nicht beinhaltete, und drei Jahre darauf verordnete, daß die Zeitungen sich auf eine Ankündigung öffentlicher Verordnungen und Anstalten zu beschränken hätten. Damit war eigentlich der Presse das Recht zur Kritik entzogen. Nachsicht wurde nur geübt bei Schriften, „wo Gelehrsamkeit, Kenntnisse und ordentlicher Nutzen sich vorfinden".

Josef II. war eben enttäuscht worden – und man kann ihm hier nicht so Unrecht geben. Das Zensurgesetz, welches so sehr die Fesseln der Zensur lockerte, hatte eine wahre „Broschürenseuche" zur Folge. Von April 1781 bis zum September 1782 waren nicht weniger als 1178 Broschüren in Wien erschienen. „Alles fing an zu schreiben, was gesunde Finger hatte", bemerkte Johann Rautenstrauch boshaft in seinen „Schwachheiten der Wiener". Diese „Skartekenschmierer" waren zum größten Teil auf den Skandal gestimmt. „Man kann mit Grunde sagen", so wird in dem Vortrag der Hofkanzlei vom 26. Oktober 1781 gesagt, „daß hier von Zeit der obschon mit allen nötigen Vorsichten erweiterten Preßfreiheit mehrere Hunderte hier aufgelegte Broschures erschienen sind, worunter schwerlich sechs oder acht Stücke etwas Bedeutendes enthalten."

Man suchte daher dem derart eingerissenen Unfug Einhalt zu tun. „Da übrigens durch diese Jahre", so besagte bitter die kaiserliche Resolution über den Bericht der Zensurkommission vom 18. April 1784, „der Beweis klar vorhanden liegt, daß unendlich viel Broschüren nur geschmiert werden, und schier keine einzige noch an das Tages Licht gekommen ist, die der hiesigen Gelehrsamkeit hätte Ehre gemacht und dem Publico einige Belehrung verschafft", soll von nun an jeder Autor bei Einreichung eines Manuskripts in der Zensurstelle sechs Dukaten erlegen, die zugunsten des Armeninstitutes zu verfallen hätten, wenn sich das Werk als nicht druckreif erweise, „damit die unnütze Broschürenschmiererei eingedämmt . . . und die nur um Futter schreibenden und zusammenstoppelnden Skribler zum Stillschweigen gebracht werden". (Bibl/Polizei, S. 236f, Wiesner, S. 143f)

Am Ende seiner Regierung widerrief Josef die meisten seiner Reformen, nicht aber das Zensurpatent. Sein Ergebnis war ein Aufschwung des Buchhandels. Der Versuch,

---

1 Die älteste ist die des Liberalen Adolph Wiesner (1847), der erst zwischen 1951 und 1960 eine Reihe vorzüglicher Arbeiten von Julius Marx folgten, worauf im Jahre 1975 Isabel Weyrich in einer Dissertation dieses Thema ausgreifend gestaltete.

eine geordnete, freimütige Presse zu schaffen, war aber mißlungen. Die Bevölkerung, die jahrhundertelang unter Zensurdruck gehalten worden war, konnte mit den Konzessionen nichts anfangen. Diese Anschauung vertrat auch der oppositionelle Dichter Eduard v. Bauernfeld, der 1842 in einer Schrift das Werk Kaiser Josefs II. würdigte. Kaum Erwähnung fand das neue „Bürgerrecht", wonach kein Buch, das sich im Eigentum eines Privaten befand, konfisziert werden durfte.

Erst Jahrzehnte nach des Kaisers Tod lobte man allgemein sein Reformwerk, speziell die Zensurgesetzgebung. Vor allem durch die Werke des Historikers Rotteck, seine „Allgemeine Geschichte" und das „Staatslexikon", wurde die Erinnerung an Kaiser Josef wachgerufen. Das sich seit der Mitte des 18. Jahrhunderts entwickelnde bürgerliche Lebensgefühl fand im 19. Jahrhundert seinen Höhepunkt. Die Denkenden zeigten sich für Werke wie Rottecks Schriften, in denen die Begründung der Volkssouveränität durch einen naturrechtlichen Vertrag im Vordergrund stand, empfänglich.

Unter dem Eindruck der französischen Revolution und der ihr unittelbar folgenden Ereignisse und Kriege, gewann die Zensur ein anderes Gesicht. Schon Leopold II. verschärfte sie, um der Verbreitung der „verderblichen Grundsätze" entgegenzuwirken. Bestimmend wurde bald – bereits unter Kaiser Franz – das Hofdekret vom 9. Feburar 1793 mit dem Titel „Vorsorge zur Aufrechterhaltung der bürgerlichen Ruhe und Ordnung". Den schärferen Anordnungen in dieser Phase wird nicht nur der Kriegszustand mit Frankreich, sondern die „Angst in den Knochen" zu Gute zu halten sein, hat doch die französische Revolution zu Massakern, zur Schreckensherrschaft, zur Hinrichtung des Königs und einer deutschen Kaisertochter geführt. So wird auch erklärlich, daß die „Jakobinerverschwörung" (1794) in ihrer Ausdehnung und Gefährlichkeit überschätzt und mit unangemessenen Mitteln verfolgt und geahndet wurde. (Bibl/Kaiser Franz, S. 69ff.)

Hatte die Zensur bei Josef II. eine kulturpolitische Aufgabe zu erfüllen, so gewann sie unter Kaiser Franz eine polizeiliche Funktion, die bald, nämlich im Jahre 1801, der Polizeihofstelle zugewiesen wurde.

Mit kaiserlichem Handschreiben vom 31. Dezember 1792 bzw. 3. Jänner 1793 wurde wiederum die „Polizeihofstelle" errichtet und an ihre Spitze als „Staats und Polizey Minister" Johann Anton Graf Pergen (1793–1804) berufen. Seit Übernahme der Zensur (1801) hieß diese Zentralstelle „Polizei und Zensur-Hofstelle". (Ihre „Präsidenten" waren: 1804–1808 Joseph Thaddäus Vogt Frh. v. Sumeraw, 1808–1816 Franz Frh. v. Hager zu Alentsteig und 1817–1848 Joseph Graf Sedlnitzky, vom 17. bis 28. März 1848 Anton v. Vogel.)

Die Bedeutung, die der Monarch der Zensur beilegte, erhellt daraus, daß er im Jahre 1798 eine Zensurhofkommission einrichtete, in vier Hofdekreten die Organisation der Zensur regelte und im Jahre 1803 für die Arbeit der Zensoren eine Dienstanweisung erließ. In Regierungskreisen war man sich der Unzulänglichkeiten bewußt. So klagte Friedrich Gentz: „Wenn auch Gesetze dieser Art nicht wirken, so können sie doch erbittern ohne zu schrecken." Kaiser Franz war als alleiniger „Vater" der Zensurvorschriften zu betrachten, die seinem Naturell ebenso entsprachen wie seinem Regierungsstil (Weyrich, S. 26ff, 35ff). Metternich trat erst im Jahre 1809 ins Kabinett und wurde mit der Leitung der Außenpolitik betraut, und selbst die Chefs („Präsidenten") der Polizeihofstelle waren im Bereiche der Überwachung von Literatur und Presse persönlich wenig engagiert.

Militär-Polizeiwache 1837–1850.

Sogar Bibl bescheinigt diesen Chefs eine „liberale" Haltung.[2]

Das Zensuredikt von 1810

Eine ausgeprägte Persönlichkeit stellt der Polizeichef Freiherr von Hager dar, der im Jahre 1809 eine Neugestaltung der Zensurgesetze forderte. Den schlechten Ruf, den die österreichische Zensur zu erwerben im Begriffe war, sah er voraus und meinte: „Man muß der öffentlichen Meinung, die von Verfinsterung und geistigem Druck in Österreich spricht, entgegentreten." Das sollte sich vor allem auf klassische Werke, die Schriften aus Staatswissenschaft, Statistik und Geschichte eingeschlossen, beziehen, da durch die bisherige Handhabung das Niveau der Lehrer beeinträchtigt und das kulturelle Ansehen Österreichs in Deutschland im Sinken begriffen war. Wichtig erschien dem Polizeichef die Unterscheidung von Gebildeten und Masse, wobei den ersteren Zugeständnisse zu machen seien (Marx, S. 13, Srbik I., S. 494).

Seine Vorschläge wurden, allerdings in abgeschwächter Form, im Zensuredikt vom 14. September 1810 verwertet. Darin heißt es:

2 Bibl/„Kaiser Franz", S. 303ff.
  Oberhummer, S. 96–106.
  Sutter, „Erzherzog Johanns Kritik an Österreich", Miöst., Bd. 16/1963, S. 167.

Sr. k. k. Majeſtät
Franz des zweyten
politiſche
Geſetze und **Verordnungen**
für die
Oeſterreichiſchen, Böhmiſchen und Galiziſchen
Erbländer.

Auf allerhöchſten Befehl, und unter Aufſicht des
Direktorii herausgegeben.

Zweiter Band,
welcher die Verordnungen von Anfang Jänners, bis letzten
Junius 1793. enthält.

Wien,
mit von Kurzbeckiſchen Schriften
1793.

Vom 9 (23) Februar

15.

Vorſorge zur Aufrechthaltung der bürgerlichen Ruhe und Ordnung.

Da Seiner Majeſtät nichts dringender am Herzen lieget, als alle gedeihlichen Mittel zur Aufrechthaltung der Ruhe, der Sicherheit und des Wohlſtandes ihrer Unterthanen anzuwenden, und dagegen alles dasjenige zu beſeitigen, was auf die Verbreitung der in Frankreich herrſchenden zügelloſen und verderblichen Geſinnungen und Grundſätze Beziehung nehmen kann, ſo haben Se. Maj. zu befehlen geruhet, daß den Länderſtellen neuerlich nachdruckſamſt eingebunden werden ſoll:

1. Keine heimliche Zuſammenkünfte, unter was immer für einem Vorwande, zu geſtatten, und die dagegen Handelnden zu beſtrafen;

2. Auf alle emigrirte Franzoſen und ihren Briefwechſel ein obachtſames Auge zu tragen, und unter dieſen nur jenen den Aufenthalt im Lande zu geſtatten, welche mit vorſchriftmäſſigen Päſſen verſehen ſind, und ſich ruhig betragen; (*)

3. Vermittelſt der Cenſur auf die beſtehende Vorſchrift ſtrenge zu halten, daß kein inländiſcher Druck, Nachdruck und keine Einfuhr ſolcher Bücher erlaubt werde, die von der Franzöſiſchen Revolution eine günſtige Schilderung machen, oder von ſolchen Staatsveränderungen und

(*) Hierüber ſind unter dem 5 Jänner (vorne N. 2) und ſpäterhin, unter dem 17 Februar beſondere Anordnungen ergangen

„1. Bei den Beurtheilungen der Bücher . . . muß genau unterschieden werden, zwischen Werken, welche ihr Inhalt . . . nur für gelehrte und den Wissenschaften sich widmende Menschen bestimmt, und zwischen Broschüren, Volksschriften . . . und den Erzeugnissen des Witzes.

2. Die gelehrten Werke theilen sich wieder in zwei Classen. In die erste Classe gehören jene Schriften, welche durch neue Entdeckungen . . . durch die Auffindung neuer Ansichten usw. sich auszeichnen, in die zweite die saft- und marklosen Compilationen und Wiederholungen des hundertmal Gesagten u. dgl.

3. Die Werke der ersten Art sollen mit der größten Nachsicht behandelt werden, und ohne äußerst wichtige Gründe nicht verbothen werden. Ist ja eine Beschränkung nöthig, so soll man selbe nicht öffentlich ankündigen.

4. Werke der zweiten Art verdienen keine Nachsicht, weil sie keinen Vortheil bringen . . . Sie sind daher nach den bestehenden Censurgesetzen zu behandeln.

5. Broschüren, Jugend- und Volksschriften müssen nach der ganzen Strenge der bestehenden Censurgesetze behandelt werden. Hier muß nicht nur alles entfernt werden, was der Religion, der Sittlichkeit, der Achtung und Anhänglichkeit an das regierende Haus, die bestehende Regierungsform . . . entgegen ist, sondern es sind auch alle Schriften der Art zu entfernen, welche weder auf den Verstand, noch auf das Herz vorteilhaft wirken, und deren einzige Tendenz

---

und Grundsätzen handeln, die den Grundsätzen einer wohl eingerichteten Monarchie und besonders der österreichischen Staaten, entgegen sind, und eben so auch

4. Genau darauf zu sehen, damit in den inländischen Zeitungen den bereits bestehenden Anordnungen (*) gemäß, nichts eingeschaltet werde, was eine vortheilhafte Beziehung auf die französische Revolution hat. Vielmehr würde gut geschehen, wenn sowohl Zeitungsschreiber als Gelehrte, aufgemuntert würden, bei schicksamer Gelegenheit die üblen Folgen der französischen Revolution lebhaft darzustellen, und sich dabey besonders einer popularen jedermann leicht faßlichen Schreibart zu bedienen.

5. Auf die Vertilgung und Beseitigung der vorfindigen und bereits verbothenen (**) Hausdruckereien, wodurch die Verbreitung der bösartigen Schriften zur Vereitlung der besten Censursvorschriften, am leichtesten bewirket werden kann, alle Aufmerksamkeit zu tragen, und der Polizei darüber die Aufsicht besonders einzuprägen.

Hofdekret von 9 Februar, an sämmtliche Länderstellen.

16.
Wegen Einführung verbothener Bücher.

*

Zu Beseitigung des Mißbrauches und Unterschleifs mit verbothenen Büchern, welche die Reisenden zum Privatgebrauch vom Auslande in die k. k. Erbstaaten mitführen, verordnen Se. Maj. daß von nun an keinem Rei-

---

Reisenden in der Regel die Einfuhr eines verbothenen Buchs in ein k. k. Erbland gestattet, mithin dergleichen Bücher der erbländischen vom Auslande kommenden Unterthanen platterdings abgenommen und bei Seite geschafft, den fremden Reisenden aber so lange zurückbehalten werden sollen, bis sie ihre Rückreise aus den Erbstaaten wieder antreten, da ihnen dann solche unter der gewöhnlichen Vorsicht und Versicherung der richtigen Bringung außer Landes, zurückzustellen sind.

Hofdekret vom 9. Februar, an sämmtliche Länderstellen.

Kundgemacht durch die Regierung ob der Ens, unter dem 19., das Gubernium in Steiermark, die Landesstelle in Krain, und das Mährische Gubernium, unter dem 23., das Galizische, unter dem 26., und das Böhmische, unter dem 28. Februar.

(*) Kaisers Franz. II. Gesetze Thl. I. S. 11, und 184.
**) Daselbst. S. 185.

ist, die Sinnlichkeit zu reitzen. Es soll daher alles Ernstes getrachtet werden, der so nachtheiligen Romanlectüre ein Ende zu machen. Dabei versteht es sich von selbst, daß hier jene wenigen guten Romane, welche . . . zur Veredlung des Herzens dienen, nicht gemeint seyn können, wohl aber der endlose Wust von Romanen, welche einzig um Liebeleien, als ihre einzige Achse sich drehen, oder die Einbildungskraft mit Hirngespinsten füllen.

6. Die Erzeugnisse des Witzes, die Producte der Dichter, sind auf die Großzahl berechnet, und können nicht wohl von der Cathegorie der Volksschriften getrennt werden. Sind aber auch die classischen Werke der Art nicht nach den sub 5. gegebenen Grundregeln zu behandeln; so können sie doch auch nicht mit der sub 3. angezeigten Nachsicht behandelt werden, umso weniger, als sie das wahre Wohl der Einzelnen, oder des Ganzen zu befördern nicht geeignet sind, wohin doch die eigentliche Tendenz der sub 3. bezeichneten Bücher geht . . .".

Besonders die Einleitung – "Kein Lichtstrahl, er komme woher er wolle, soll in Hinkunft unbeachtet bleiben oder seiner möglich nützlichen Wirksamkeit entzogen werden" – war beachtlich. Auf diesen Satz bauten zwei Jahrzehnte später die Schriftsteller und Liberalen ihre Hoffnungen und priesen die aufgeklärten Ideen des Edikts. Bis 1848 sollte es das gültige Zensurgesetz bleiben. Die Opposition wünschte keine neuen Normen, sondern dessen Einhaltung. Der oftmalige Vorwurf von Bosheit, Indolenz und Willkür der Zensoren, war im allgemeinen nicht gerechtfertigt. Die anwachsende Fülle der Zensurgegenstände, die vorgeschriebene genaue und umständliche Arbeitsweise, der mangelnde Mut einzelner Zensoren zur Alleinentscheidung, eine Reihe von Friktionen und die Einmischungen des Kaisers Franz waren es, die zu Verzögerungen, Unsicherheiten und Mißhelligkeiten in der Sache selbst führten (Weyrich, S. 32, 39, 76, 78).

Zur Einstufung eines Werkes hatten die Zensoren laut 15 des Edikts von 1810 folgende Zensurformeln zur Verfügung:

1. "admittitur", das hieß unbeschränkte Druck- und Verbreitungserlaubnis
2. "transeat", was so viel wie "erlaubt" bedeutete, wobei aber nicht in Zeitungen angekündigt werden durfte
3. "erga schedam", also beschränkt erlaubt; ohne Ankündigungserlaubnis und nur gegen zensuramtliche Bewilligung erhältlich
4. "damnatur", was "verboten" hieß; wobei aber Fachleute durch die Hofstelle eine Bezugsbewilligung erlangen konnten.

Im Jahre 1847 wurden im Zuge der Zensurverschärfung zwei Formeln hinzugefügt, nämlich "damnatur nec erga schedam", was auch ein Verbot für den bei Punkt 3 genannten Personenkreis bedeutete sowie die Formel "damnatur cum confiscatione", wonach neben dem Verbot auch eine Beschlagnahme derartig eingestufter Schriften erfolgte.

Die Scheda oder Schede war ein Erlaubnisschein zum Bezug eines nicht allgemein zugelassenen Buches, ein Verfahren, welches auf die alte Universitätszensur zurückging. Der Bezug wurde einem ausgewählten Publikum auch von den Werken, die mit "damnatur" und "erga schedam" eingestuft wurden, bewilligt. Diese Leser waren vor allem Professoren, Gelehrte und andere Intellektuelle. Das Gros der Staatsbürger war vom Bezug ausgeschlossen. Beachtlich ist, daß die Beschwerden meist aus den Schichten stammten, die am Bezug ohnehin nicht gehindert waren. An Hand der Akten läßt sich die Zunahme der Schedengesuche, die parallel zur Verbreitung der liberalen Ideen anwuchsen, verfolgen. Privat- und Adelsbibliotheken sowie Offiziere wurden meist milde behandelt. Bei Gesuchen aus bürgerlichen Kreisen mußte die "Würdigkeit" geprüft werden. Stumpfsinn zeigt sich darin, daß selbst die Hofbibliothek zum Bezug verbotener Schriften Scheden erbitten mußte.

Zensurstellen in den Provinzen waren die Kreisämter und die mit den Länderstellen vereinigten Revisionsämter. Bewilligungen durften sie nur bei kleineren Zensurobjekten erteilen, sowie den Bezug von Büchern, die "erga schedam" eingestuft waren, gestatten. Alle übrigen Berichte

Franz Frh. v. Hager-Alensteig (1750–1816), Präsident der k.k. Polizeistelle. (Bildarchiv der Österreichischen Nationalbibliothek)

und Zensurgegenstände gingen an die Zensurhofstelle. Die Tagespresse durften die einzelnen Länderstellen bzw. Polizeidirektionen bewilligen, die Zeitschriftenzensur konnte hingegen nur über Wien ausgeübt werden, ebenso die Zulassung von neuen Blättern.

Die Staatskanzlei mußte bei allen Werken größeren und wichtigen Inhalts beigezogen werden. Sie besaß ein eigenes Zensurreferat, welches unter der Führung Baron Menßhengens stand. Im Staatsarchiv blieben 80 Faszikel über den Aktenwechsel der genannten Stellen erhalten. Es ist festzustellen, daß Menßhengen und die Zensoren genau nach den Zensurnormen zensurierten. Es kommt übrigens auch die Ansicht zum Vorschein, daß „die permanente Vorenthaltung eines Blattes nicht ratsam sei, weil sonst böse Stimmung gemacht würde" (Weyrich, S. 74).

Wenn sich in einem Fall die Befragung mehrerer Hofstellen als nötig erwies, dauerte die Abwicklung der Zensurierung entsprechend lange. Diese Langsamkeit war einer der Hauptanklagepunkte gegen die Zensur. Daß aber, wie so oft behauptet, mit Absicht das Verfahren hinausgezögert und nach Willkür beurteilt wurde, entspricht nicht den Tatsachen. Die Ursache der Verzögerung lag einerseits bei dem fehlenden Personal und den entsprechenden „Amtslokalitäten", andererseits bei der Art der Zensur, nämlich der Präventivzensur mit ihrem aufwendigen Verfahren.

Um die aufgezeigte Langsamkeit der Zensurbehörden zu vermindern, entschloß man sich – Anlaß war die „Schriftstellerpetition" von 1845 – eine Zensuroberdirektion zu errichten. Für Rekurse wurde ein Zensurkollegium geschaffen. Die neuen Behörden gelangten wegen der üblichen langwierigen Behandlung erst im Jänner 1848 zur Wirksamkeit, was sich als zu spät erweisen sollte (Weyrich, S. 77, 125ff, 149ff).

Überblickt man die Agenden der Hofstelle, ist man über den Umfang erstaunt. Er umfaßte alles, was mit der Verbreitung von liberalem, staats- und sittenwidrigem Gedankengut in Zusammenhang stehen konnte. Neben der Literatur kontrollierte man auch die Werke der bildenden Kunst, aber auch Landkarten, Gedenkmünzen und Geschäftsschilder.

Die Verbote waren seit 1818 im Zunehmen begriffen. In den Listen existieren ca. 5000 Verbote („damnatur"). Beschlagnahmen scheinen erst ab 1824 auf, bis 1835 zehn, später häufiger. Staatsrechtliche Schriften erhielten wiederholt „erga schedam", bloße Unterhaltungslektüre wurde vielfach verboten. Bei wissenschaftlichen Werken unterschied man zwischen Neuentdeckungen, die mit großer Nachsicht behandelt wurden, und den Neuauflagen bekannten Wissens, die wie Volksschriften rangierten. Die Pressezensur war auf politische Gehaltlosigkeit abgestellt, da Metternich von der möglichen Macht der Presse und der Wichtigkeit der „öffentlichen Meinung" überzeugt war. So kläglich der Zustand der mundtoten Presse Österreichs war, die nur in Theater- und Kunstkritiken freieres Leben fand, –

das offiziöse Zeitungswesen hob Metternich auf eine bedeutende Höhe und arbeitete so der politischen Journalistik Österreichs wirkungsvoll vor. Denn er meinte, daß „im Zeitalter der Vielrederei das Stillschweigen keine wirksame Waffe" sei (Srbik I., S. 516ff).

Auf den Bücherbestand der Leihbibliotheken nahm die Hofstelle in Richtung einer gehobenen Bildung Einfluß. Auch die Gestattung von Lesevereinen lag in der Hand der Polizei- und Zensurhofstelle, die beispielsweise den Leseverein am Grazer Joanneum förderte (Lambauer, „Der Leseverein am Joanneum", in: Katalog Bd. II, S. 248 zur Ausstellung „Erzherzog Johann von Österreich" in Stainz, 1982).

Mit den Vorwürfen gegen die „Untaten" der Zensur gehen die weitverbreiteten Anschuldigungen gegen ihre Organe, die Zensoren, Hand in Hand. Ihnen wird – wie regelmäßig der Beamtenschaft überhaupt – nicht nur Willkür, sondern auch geistige Beschränktheit vorgeworfen. Demgegenüber steht aber fest, daß das Niveau der elf Zensoren und 24 Aushilfszensoren ein hohes war. Es handelte sich um Personen mit teilweise mehreren abgeschlossenen Studien und um Schriftsteller wie Deinhardstein, Johann Gabriel Seidl, Josef Schreyvogel und Zedlitz. Dieser Bildungsgrad führte die „Beamten" zwangsläufig in das Dilemma zwischen eigener Meinung und Vorschrift, wobei freilich die Vorschrift den Vorrang erhalten mußte. Die daraus resultierenden oft kleinlichen Verbesserungen der Manuskripte empfanden die an sich empfindlichen Künstler und Autoren naturgemäß aufreizend.

Bachtlich sind die Sprachkenntnisse der damaligen höheren Beamtenschaft. Unter den Bewerbern der zu errichtenden Zensur-Oberdirektion befand sich der Polizeidirektor in Linz, von Graff, der Kenntnisse in fünf Fremdsprachen aufwies, der Direktor des Wiener Bücherrevisionsamtes, Heinrich Hölzl, der über juristische Bildung und Kenntnis von sechs Sprachen verfügte, der Sekretär der Polizeihofstelle Anton Frh. v. Päumann, Jurist und Kenner von vier Sprachen, und der schließlich bevorzugte Bewerber August Frh. v. Martinez, der sechs Sprachen beherrschte, damals Polizeidirektor in Innsbruck und von März bis April 1848 Polizeidirektor in Wien, später in Mailand und Triest, war.

Zu der so oft behaupteten „Finsternis" des Vormärz wird á la longue nicht zu übersehen sein, daß die Träger des Staates, nämlich die höhere Beamtenschaft, in einem überraschenden Maße wissenschaftlich-literarisch ambitioniert waren. Es zeigt sich, daß alle österreichischen Gelehrten, die in den Wiener Jahrbüchern der Literatur zu Wort kamen, sowie fast alle belletristischen Literaten der Zeit – Volkstheater-Autoren und Emigranten ausgenommen – Beamte waren. (Siehe Waltraud Heindl, „Die österreichische Bürokratie", in: „Österreich und die deutsche Frage", S. 83.) Die großzügige, um nicht zu sagen „liberale" Haltung von Persönlichkeiten der Polizeispitze im Vormärz, wurde schon erwähnt. Auch Bauernfeld (S. 145, 197), ein maßgeblicher Wortführer der „Revolution" und Verfasser der

Schriftstellerpetition von 1845, lobt die Humanität und verständnisvolle Amtsführung vor allem der Polizeidirektoren Baron Waldstätten und Noe-Nordberg. Die „Finsternis", über die manche emigrierten Literaten in ihren „Staatsbeschimpfungen" zu berichten wußten, wird sohin mit Vorsicht aufzunehmen sein. Schließlich erzählen auch Thomas Bernhard, Peter Handke etc. von gegenwärtigen „Finsternissen", die dennoch weder Umsturz noch Staatsflucht nahelegen, vom „Sittenbild", welches die Untersuchungen über den „Lucona-Fall" zeichnen, ganz zu schweigen.

Wirkl. Gubernialrat Anton Frh. v. Päumann, Polizeidirektor 1846–1854 in Graz, anschließend in Prag, im Gegenzug zu dem vormals Lemberger und von 1848–1854 Prager Polizeidirektor Leopold v. Sacher-Masoch. Letzterer war der Vater des 1836 in Lemberg geborenen gleichnamigen Schriftstellers. Nach dessen Werk „Venus im Pelz" prägte Krafft-Ebing („Grundzüge der Kriminalpsychologie", 1872) in seiner „Psychopathia sexualis" (1886) den Begriff „Masochismus".

Politische Wirkungen

Politisch läßt sich das Problem der Zensur im Vormärz vielleicht folgend zusammenfassen: Die erwachende Denk-

freiheit und ihr Ringen gegen die staatlichen Beschränkungen wird zu einem Kampf um die Presse. Die Idee der Freiheit der Presse, als Ausfluß der „Menschenrechte" und der französischen Revolutionsverfassungen, wird als Faktor der „persönlichen Freiheit" zum Schlagwort. Endgültig im Gefolge der französischen Julirevolution von 1830 brach die liberale Strömung in Österreich durch, eine eigene politische Lyrik und Oppositionsschriften unterschiedlichen Niveaus entfalteten sich der Zensur zum Trotz, der sie teilweise überhaupt ihre vorübergehende Beachtung verdankten. So verschieden die Gruppierungen innerhalb des österreichischen Liberalismus im Vormärz waren, so einig waren sie sich in der Ablehnung des absoluten Staates und seiner Bürokratie. Die herrschende Zensurpraxis kam ihnen nicht ungelegen, denn sie bot den ungefährlichsten und geeignetsten Angriffspunkt, um die Regierung in Mißkredit zu bringen. Dabei wurden auch die Sympathien für den „fortschrittlichen" Josef II. als Kontrast in Anwendung gebracht, sei es um Zugeständnisse zu erwirken, sei es als Mittel der Zersetzung (Srbik II., S. 218f).

Die Einschränkungen durch die Zensur empfand man bis 1830 nicht als drückend. Obwohl die „Gebildeten" (wozu beispielsweise die Lehrer und Studenten nicht zählten) von der Lektüre nicht ausgeschlossen waren, bzw. ein Privileg beim Schedenbezug besaßen, erhielten auch sie durch die Julirevolution, später in Verbindung mit den „nationalen" Ereignissen in Polen, Italien und Spanien, den Impuls zur Auflehnung. Der Behauptung, daß durch die „Beschränkung der Geistesfreiheit" durch „die grimmige Torheit der Zensur" die Entwicklung der Völker und Stände gelähmt wurde, steht entgegen, daß gerade der Vormärz das Zeitalter der österreichischen Dichtkunst und Musik, der klassischen wie des Walzers war, und daß in dieser Periode die Forschung, die strenge Wissenschaft und die bildende Kunst blühten und nicht zuletzt Metternich Förderung verdankten (Srbik I., S. 500ff).

Julius Seidlitz zeigt (1837) in seiner Schrift „Die Presse und die Poeten in Österreich im Jahre 1836" auf, daß österreichische Schriftsteller in allen verbotenen Zeitschriften mitarbeiten und ihre Werke zum größten Teil im Ausland drucken lassen, zum Teil unter fremden Namen. „Die Regierung selbst weiß alles ganz genau und ignoriert es, wenn man die Sache boshafter Weise nicht ganz zu arg macht." Ähnlich weiß auch Bauernfeld (S. 145f) über die ihm gegenüber geübte „Nachsicht" zu berichten.

Als am 26. Juli 1830 in Frankreich die „Preßfreiheit" aufgehoben und eine Änderung des Wahlrechtes vorweggenommen werden sollte, brach die „Julirevolution" aus, die Karl X. den Thron kostete. Die Träger der Revolution waren die Journalisten und Advokaten mit ihrem Haupt Adolph Thiers. Auch in Österreich übernahmen diese Berufsgruppen die Führung gegen das „System". Es war kein ernsthaftes revolutionäres Beginnen, sondern eher gesteigerter Unmut gegen die vermeintlichen Hauptträger des „Systems", gegen Metternich und Sedlnitzky.

Das „Zensursystem", eine Säule der Regierungspolitik Franz I., zugleich eines der Elemente der politischen Prinzipien Metternichs, die das europäische Gleichgewicht und den sozialen Frieden sichern sollten, hat sich in seinen eigenen Schlingen gefangen. War das System der Zensur der geistigen Entwicklung zwar nicht abträglich, so mußte es doch auf die Dauer – abgesehen davon, daß es gegen das Einschmuggeln keine Waffe gibt – versagen. Vor allem aber wurde das, was man als „Revolution" bezeichnete, erst recht durch das Zensursystem heraufbeschworen. Das Gefühl der patriarchalischen Bevormundung, das geistige „Bezugscheinsystem" war es, das die Opposition nährte, auch unter jenen Schichten, die auf den Bezugschein rechnen durften, der Dynastie loyal gegenüberstanden und modisch-demagogischen Schlagworten nicht folgten. Unmut erzeugen auch „schikanöse" Genehmigungsverfahren für Bagatell-Bauführungen, deren Ansuchen monatelang auf Tischen und in Laden horten. Aber für die Denkfreiheit und für das geistige Schaffen gelten andere Dimensionen. Metternich, obgleich mit der Durchführung der Zensur nicht belastet, hat das nicht bedacht. Die Brisanz der „Schriftstellerpetition" des Jahres 1845, an deren Spitze man Grillparzers Unterschrift manipulierte, war ihm zwar bewußt, doch unternahm er nichts, um den langsamen Weg der Reform zu beschleunigen und „Wind aus den Segeln zu nehmen" (Bauernfeld, S. 150, Weyrich, S. 125ff). Metternich, der nicht wissen wollte, „was ein Komitee bedeuten solle", hat die ihm lästige Überlegung zu wenig verfolgt, ob ein Aufgeben der Zensur sein konservatives Staatsgebäude wirklich zum Einsturz bringen müßte. Auf dem Gebiete des „Sozialen", wie er es nannte, in der zweiten Phase seines Wirkens, agierte er als Dogmatiker. Von der Richtigkeit seiner konservativen Staats- und Gesellschaftsphilosophie war er überzeugt, und diesem System, das er „das Prinzip" nannte, diente er kompromißlos, wiewohl er – wir werden das noch sehen – nicht verkannte, daß die Anwendung selbst dieses Prinzips das Nationalitätenreich auf die Dauer nicht werde retten können. Der inherente Unsinn des Zensursystems kommt aber am deutlichsten durch Werturteile beamteter, wenngleich integerer Organe, über künstlerische und wissenschaftliche Produkte zum Ausdruck, am schärfsten wohl in dem zeitweise feindseligen Gegensatz zwischen der staatlichen Autorität und Franz Grillparzer, jenem patriotischen Österreicher, der in seinen politischen Grundanschauungen Metternich gar nicht allzu ferne stand (Srbik I., 497).

Jubelruf eines Schriftsetzers bei Aufhebung der Censur in Österreich am 15. März 1848

Hoch Österreich, mein Vaterland,
Das Wort ist endlich frei;
Längst hielt es eine feste Hand
In schwerer Tyrannei.
Die Preß' ist frei! Der Jubelton
Erschallt durch's ganze Reich,
Und Österreichs große Nation
Umarmt sich, Brüdern gleich.
Ein Lebehoch! den Edlen all'

Die muthig sich vereint,
Daß Allen jetzt des Lichtes Strahl
Auch ungetrübt erscheint.
Es lebe unser Kaiser hoch!
Der, mild und segenvoll,
Zerbrochen hat der Presse Joch
Zu seines Volkes Wohl.

Das konservative Prinzip Metternichs und die Staatsverwaltung

„Freiheit ist nicht möglich ohne Autorität (sonst wird sie zum Chaos) und Autorität nicht ohne Freiheit (sonst wird sie zur Tyrannei)."
(Stefan Zweig, „Ein Gewissen gegen die Gewalt" – Castellio gegen Calvin)

Die Politik Metternichs

Es ist hier nicht der Platz, sich über Staats- und Gesellschaftsphilosophie des Staatskanzlers Metternich (1773–1859) zu verbreitern. Es fanden jedoch Reflexionen auf die Staatsverwaltung statt, so daß es zur Erklärung der sich im 19. Jahrhundert bildenden spezifischen Beziehungen zwischen der Gesellschaft und ihrer Polizei notwendig ist, auf das vielzitierte „System" zurückzugreifen. Wie erwähnt, hat der „Vormärz" eine überwiegend einseitige Darstellung erfahren, die den Ergebnissen leidenschaftsloser Untersuchungen nicht standhält. Um eine Anknüpfung an das Gesichtsfeld unseres Jahrzehnts zu sichern, soll in erster Linie die sehr kritische und über jede lokale Befangenheit erhabene Beurteilung herangezogen werden, die die „Zeit Metternichs" durch den profiliertesten Präsidentenberater der USA, Henry A. Kissinger, erfahren hat. Wegen der brillanten Formulierungen, die der Autor getroffen hat, lassen wir ihn meist direkt sprechen. So meint er:
Wäre Metternich fünfzig Jahre früher geboren worden, wäre er sicher auch ein Konservativer gewesen, es hätte dann aber nicht pedantischer Ausarbeitungen über das Wesen des Konservativismus bedurft und er hätte in der Philosophie kein Mittel der Politik gesehen.

Für ihn gab es noch jene Einheit des Universums, die den edlen Neigungen der Menschheit entsprach; einen wohlgeordneten Mechanismus, dessen Kenntnis den Erfolg sichert und dessen Gesetze nicht ohne Strafe verletzt werden können: „Die Staaten, gerade wie die Menschen, handeln nur zu oft den ewigen Vorschriftem zuwider; ihr ganzer Unterschied liegt in der Schwere des Vergehens." Metternich nutzte diese Lehren der Philosophie des achtzehnten Jahrhunderts im Kampf gegen Revolution und Liberalismus, nicht weil diese in sich schlecht seien, sondern weil sie ihm unnatürlich erschienen, nicht weil er nicht in einer Welt leben wollte, die seine Gegner zu schaffen versuchten, sondern weil seiner Meinung nach diese Welt dem Untergang geweiht sein mußte. Revolution war ihm das Aufzwingen eines Willens und einer Macht, während das Wesen des Lebens im Maßhalten lag, dessen Ausdruck die Gesetzmäßigkeit und dessen Mechanismus ein Gleichgewicht war (Kissinger, S. 16f).

Metternich sah in der Revolution eine Verletzung des alles Leben der Gesellschaften beherrschenden universalen Gesetzes, die man bekämpfen muß, nicht weil sie unmoralisch sei, sondern weil sie zur Katastrophe führe. Der historische Konservativismus verwirft die Revolution, weil sie den individuellen Ausdruck der Tradition einer Nation unterminiert.

Aus diesem rationalen Konzept des Konservativismus stammt die Starrheit Metternichscher Politik und seine Wertung der zeitgenössischen Probleme des Wesens der Freiheit und der Bedeutung der Autorität. Der Westen hat zwei grundlegende Antworten hervorgebracht: Freiheit als das Fehlen von Bindungen oder Freiheit als die freiwillige Hinnahme von Autoriät. Nach der ersten Einstellung liegt Freiheit außerhalb der Sphäre der Autorität. Nach der letzteren ist Freiheit ein Wesenselement der Autorität. Das wahre Verdienst eines Staatsmannes besteht in der Vermeidung der Notwendigkeit, daß die oberste Regierungsgewalt sich zu Konzessionen genötigt sehe.

Damit war nicht gemeint, daß sich ein konservativer Staatsmann gegen jede Änderung zu wenden habe. Konservativ zu sein, schrieb Metternich, erfordert weder die Rückkehr zu vergangenen Zeiten noch eine Reaktion, sie erfordert vielmehr eine sorgfältig abgewogene Reform. Wahrer Konservativismus verlangt eine aktive Politik. Doch die Reform muß das Produkt einer Ordnung, nicht des Willens sein. Sie muß sich auf das Universale des Gesetzes gegen die Zufälligkeiten der Machtkonstellation stützen. Das Wort Freiheit, schrieb Metternich in seinem politischen Testament, hat für mich nicht den Wert eines Ausgangs-, sondern den eines tatsächlichen Ankunftspunktes. Den Ausgangspunkt bezeichnet das Wort Ordnung. Nur auf dem Begriff von Ordnung kann jener der Freiheit beruhen. Ohne die Grundlage der Ordnung ist der Ruf nach Freiheit nichts weiter als das Streben irgendeiner Partei nach einem ihr vorschwebenden Zweck. In seiner tatsächlichen Anwendung wird sich der Ruf unvermeidlich als Tyrannei aussprechen.

Es entspricht dem konservativen Dilemma, daß Metternichs Meinungen über das Wesen der Autorität Binsenweisheiten sind – weil sie ein Konservativer für gegeben hält. Die Gedanken über die Bedeutung der Freiheit waren nur flüchtig, weil er diese Frage als bedeutungslos ansah. Seine Analyse über das Wesen von Revolutionen ist aber klar und

nicht ohne Stärke. Als er im Jahre 1820 eine Reihe von Kongressen vorbereitete, die revolutionäre Aufstände niederwerfen sollten, schrieb Metternich ein Glaubensbekenntnis, das mit einer Analyse des Wesens der Revolution und seiner Geschichtsphilosophie gekoppelt ist. Bis ins 16. Jahrhundert hinein haben danach die Kräfte der Erhaltung und der Zerstörung in immer stärkerem Maß in einem spontanen Gleichgewicht gestanden. Durch drei Ereignisse wurde dann aber die Zivilisation von Gewalt und Chaos überschattet: die Erfindung der Druckkunst, die des Pulvers und die Entdeckung Amerikas. Die Druckkunst erleichterte einen Gedankenaustausch, der so zur Sache auch des gemeinen Volkes wurde. Die Erfindung des Pulvers verschob das Gleichgewicht zwischen offensiven und defensiven Waffen, und die Entdeckung Amerikas formte die Lage sowohl materiell als auch psychologisch um. Der Einfluß kostbarer Metalle brachte einen plötzlichen Wandel in die Bewertung des Grundeigentums, das die Grundlage einer konservativen Ordnung ist, und die Ausicht, schnell reich zu werden, führte zu einem abenteuerlichen Geist sowie zur Unzufriedenheit mit den bestehenden Verhältnissen. Die Reformation schließlich vollendete den Prozeß, indem sie die moralische Welt umkrempelte und den Menschen über die Kräfte der Geschichte stellte.

Alle diese Faktoren ließen schließlich einen Menschentypus entstehen, der die revolutionäre Zeit kennzeichnet. Es ist der dünkelhafte Mensch, das natürliche Produkt eines zu schnellen Vormarsches des menschlichen Geistes in Richtung auf scheinbare Vollkommenheit. Religion, Moral, Gesetzgebung, Wirtschaft, Politik, Verwaltung, all das sei nun zum Gemeingut geworden und jedem zugänglich. Die Wissenschaft wirkt intuitiv, Erfahrung hat für den Dünkelhaften keinen Wert. Glaube bedeutet für ihn nichts, und an seine Stelle treten Einbildung und persönliche Überzeugung, zu denen er jedoch nicht auf dem Weg über Analyse oder Studien gelangt, denn diese erscheinen ihm untergeordnete Tätigkeiten, weil sein Geist glaubt, die ganzen Probleme auf einmal umfassen zu können. Gesetze haben nach Metternich für diesen neuen Menschentyp keinen Wert, weil er zu ihrer Vorbereitung nichts beigetragen hat, und es liege unter der Würde eines Menschen mit diesen Eigenschaften, Grenzen anzuerkennen, die eine ignorante und rohe Generation gezogen habe. Er sehe nur die Kräfte, die ihm selbst liegen. Warum soll man sich dem unterwerfen, was doch nur dazu dient, den Menschen seiner Erkenntnisse zu berauben? Was zu einem Zeitalter der Schwäche paßte, paßt nicht mehr in die Zeit der Vernunft. All diese Gesichtspunkte zusammen neigen zu einer Ordnung der Dinge, in der alle Elemente individualisiert worden seien.

Die Revolution hätte nicht triumphieren können, wenn die Regierung nicht so schwach gewesen wäre und wenn man nicht an einen Mythos geglaubt hätte, dessen wörtliche Anwendung sich als ruinös erwies: die Möglichkeit, britische Institutionen auf das Festland zu übertragen. Zu den Ursachen der ungeheuren Verwirrung, worin sich Europa gegenwärtig befindet, schrieb Metternich später, gehört die Verpflanzung englischer Einrichtungen auf den Kontinent, wo sie im grellen Gegensatz zu den Verhältnissen stehen, die heute dazu führen, daß sie bei der praktischen Anwendung entweder illusorisch gemacht oder übertrieben werden. Die sogenannte Englische Schule hat die Revolution in Frankreich angestiftet, und die Folgen dieser Revolution, welche ganz und gar antienglisch sind, verheeren heutzutage den europäischen Kontinent. Die Begriffe Freiheit und Ordnung sind im englischen Geist so unzertrennlich, daß der letzte Stallknecht den angeblichen Reformatoren der Ordnung ins Gesicht lachen würde, wenn sie ihm Freiheit predigen wollten.

Das war eine mächtige Analyse der Ursache der Unruhe, die Europa erfaßt hatte. Doch das Kraftvolle an dieser Theorie war zugleich ihre Verderbnis. Denn wenn der revolutionäre Geist so weit verbreitet war, wie konnte man ihn dann bekämpfen? Wenn die Ursachen der Revolution so grundlegend tief waren, gab es dann überhaupt ein Gegenmittel? Wenn der Mittelstand so einflußreich war, wie konnte man mit ihm fertig werden?

So wurde die Gleichung Freiheit = freiwillige Unterwerfung unter die Ordnung in der Praxis zu einer Definition der Sterilität, und keine Ausnahmen zulassende Maximen wurden zu Rechtfertigungen für Tatenlosigkeit. So kam es, daß Metternich nie müde wurde, Zugeständnisse an das Volk mit einem Verschleudern von Kapital zu vergleichen. Daher seine Grundmaxime, daß man mitten in aufgebrachten Leidenschaften nicht an Reformen denken darf. Die Weisheit beschränkt sich in solchen Fällen einfach auf das Durchhalten. Daraus erklärt sich seine immer starrer werdende Opposition jeder Änderung gegenüber, denn eine Änderung symbolisiert die Möglichkeit, unter Druck zu weichen: Wo alles wankt, ist vor allem nötig, daß irgend etwas beharre, wo das Suchende sich anschließen, das Verirrte seine Zuflucht finden kann. So erklärt sich auch, warum Metternich Napoleon lieber sah als die Bourbonen trotz deren Legitimität. Für Metternich war Legitimität nicht ein Ziel, sondern ein Mittel, und sobald sie mit den Erfordernissen der Stabilität in Widerspruch stand, hatte sie nachzugeben. Darum wurde Metternich paradoxerweise zum Verteidiger bestehender Einrichtungen, auch wenn er sie gar nicht geschätzt hat, weil ihr Sturz ein noch gefährlicheres Symbol gewesen wäre.

Es war jedoch ein nutzloser Kampf, eine tour de force, die zur Selbstzerstörung führte, wenn man versuchte, einen Wandel durch Ordnung zuwege zu bringen und Ordnung sich lediglich als Ruhe mitten in einer revolutionären Zeit vorstellte.

Gegen die Behauptung, Revolutionen beruhten immer auf einem Versagen von Regierungen, und daß nur Handeln erhalte, war nichts einzuwenden. In der Praxis führte sie in einen Teufelskreis, weil Metternich sich zwar im Prinzip Reformen nicht verschloß, sie aber als Ausfluß der Ordnung erstrebte, während seine Gegner im Namen des Wandels

das gleiche wünschten. Weil er die Ordnung als Ausdruck des Gleichgewichts betrachtete, glaubte er fest daran, daß die grundlegenden Interessen der Staaten sich ausschließlich durchsetzen würden. Er sagte jedoch voraus, daß die Revolutionäre selbst erschreckt sein würden von jener Welt, die sie schaffen werden. Je größer die Kraftverschiebung, um so mehr Gewalt werde das Interregnum des Chaos beherrschen. Despotismus bedeutete für Metternich nicht das Fehlen garantierter Rechte, sondern eine Regierung ohne universale Maxime, Tyrannei erschien ihm nicht als Ursache von Revolutionen, sondern als deren wahrscheinliches Ergebnis. Je mehr die Kräfte der Zerstörung die soziale Ordnung zu unterspülen vermochten, um so mehr mußte die Autorität – die unentbehrliche Ausdrucksform einer Gesellschaft – persönliche Formen annehmen. So sah der Konservative die Willkür (Kissinger, S. 232–245).

An Attempt to swallow the World!!!

Die Vision utopistischer Protestbewegungen

Das „konservative Prinzip" Metternichs ist von seiner Auffassung über den aufkommenden kräftigen Nationalismus nicht zu scheiden. In dieser Frage war nicht bloß die Überlegung maßgebend, die Grillparzer in die Worte „Von der Humanität über die Nationalität zur Bestialität" gekleidet hat, sondern auch die Erkenntnis, daß sich die nationale Bewegung mit den existentiellen Interessen der Donaumonarchie zwangsläufig kreuzt. Lag dies für einen leidenschaftslos denkenden Staatsmann auf der Hand, so kann man von einer „Vision" insoweit sprechen, als das zitierte Wort Grillparzers – das sich leider bewahrheitet hat – berührt, und auch das „soziale" Moment betroffen ist. Die neue Kraft, die sich in Form der „jungdeutschen" Bewegung zeigte, hat Metternich schon im Kern als den „dünkelhaften neuen Menschentyp" charakterisiert. Dieser Typ begegnet uns wieder im Gefolge der autoritätsgläubigen faschistoiden „konservativen Revolution" nach dem Ersten Weltkrieg und schließlich im Verlauf der antiautoritären „Protestbewegung" der Jahre nach 1968. Dieser Berührungspunkte wegen scheint es der Mühe wert, die „jungdeutsche Bewegung" zu skizzieren; sie führte bekanntlich zu den umstrittenen „Karlsbader Beschlüssen" (1819), die eine Verschärfung der Zensur, eine Kontrolle der Universitäten und das Verbot der Burschenschaften in allen deutschen Staaten beinhalteten. Sie trug ihre Wirkungen auch in das 20. Jahrhundert hinein.

Es scheint, daß das „Nationale" für die junge deutsche Intelligenz zunächst nur das zufällige Ventil ihrer sozialen Frustrierung war. Diese rührte daher, daß die aufkommende bürgerliche Intelligenz und Halbintelligenz keine Möglichkeit eines öffentlichen, eines politischen Wirkens fand. Sie sagte der Aufklärung ab und flüchtete in einen literarischen naiven Arrivismus, der schließlich die deutsche Romantik prägte: Schlegel, Schelling, Tieck, Wackenroder, Schleiermacher, Novalis, Lenau, Zacharias Werner, Theodor Körner, Chamisso und Uhland, um nur einige zu nennen. Als die Begeisterung dieser liberalen Jungdeutschen für die Französische Revolution und für Napoleon abklang, flüchteten diese „Zerrissenen" in einen ebenso radikalen wie utopischen politischen Nationalismus. Die romantische akademische Jugend suchte das „innere Vaterland" und stellte das Hauptkontingent der Freiwilligen im Jahre 1813 gegen Napoleon (Srbik I., S. 585ff, Kissinger, S. 281ff, Heer, S. 262ff). Die Uniformfarbe des Lützow'schen Freikorps (Schwarz und Rot und das Gold der Eichenblattverzierung) wird das Farbenband der an der Universität Jena (Fichte) am 12. Juni 1815 gegründeten „Urburschenschaft". Die „deutschen Freiheitskriege" fanden aber in der überlieferten romantischen Form nicht statt. Die Kriegführung wurde, wie schon immer, von den regulären Truppen getragen, weder von den Freikorps noch von der Landwehr, die übrigens die in sie gesetzten eher „nationalen" als militärischen Erwartungen bedeutend unterschritt. So war es kein Wunder, daß man viel vom preußischen Marschall Blücher, aber wenig davon sprach, daß der Österreicher Fürst Karl Schwarzenberg die verbündeten Heere bis Paris führte und der Generalstabschef Radetzky war. Symptomatisch daher, was Theodor Körner im Jahre 1812 über den kaiserlichen Generalissimus Erzherzog Carl, den Sieger von Aspern (1809), reimte. Dabei war es im Vergleich mit anderen Produkten jungdeutscher Geisteshaltung bei weitem nicht das plattteste:

„Aspern klingt's und Carl klingt's siegestrunken.
Wo nur deutsch die Lippe lallen kann.
Nein! Germanien ist nicht gesunken,
hat noch einen Tag und einen Mann!
Und so lange deutsche Ströme sausen,
und so lange deutsche Lieder brausen,
gelten diese Namen ihren Klang.
Was die Tage auch geschmettert haben,
Carl und Aspern ist ins Herz gegraben,
Carl und Aspern donnert's im Gesang."

Nach dem Siege über Napoleon gab es keine Einsicht mehr. Der „deutsche Gott" hatte alle Wunder vollbracht; Luther, Wotan im Bürgerrock und der Antisemitismus feierten fröhliche Urstände, als am 18. Oktober 1817 zum Wartburgfest eingeladen wurde. An den Absagen des konservativen Preußen hörte man vorbei und dem katholischen, „zusammengeheirateten" und „rassisch unreinen Länderkonglomerat" Österreich wurde der Kampf angesagt. Der Geist der „preußischen Jakobiner", der Gneisenau, Schenkendorf und Arndt, griff auf die Studenten über und wurde zum „teutonischen" Geist: sittlich und national-einheitlich, christlich-germanisch, das war der Grundzug und das Erziehungsideal der deutschen Burschenschaft; romantischer Idealismus radikaler Art erfüllte die Gruppe der „Gießener Schwarzen", den Kreis der „Unbedingten" und den „Tugendbund". Sie verfielen mit jugendlichem Überschwang in revolutionäre Phantastik und in ethischen Rigorismus. Am 23. März 1819 überfällt in Jena der Theologiestudent Karl Ludwig Sand den weitbekannten Schriftsteller Kotzebue, erdolcht ihn mit den Worten: „Der Verräter ist gefallen, das Vaterland ist gerettet, es lebe Teutonia hoch!" Die Tat Sand's wird gefeiert, nicht nur Studenten, sondern auch Professoren vergleichen sie mit den Taten eines Timoleon, Brutus und Tell; – Lob und Sympathie, die sich angesichts der Mordtaten der anarchistisch-utopistischen „Rote Armee Fraktion" an dem deutschen Industriellenführer Hanns Martin Schleyer und am Generalbundesanwalt Siegfried Buback im Jahre 1977 wiederholen. Die Tragödie des deutschen und österreichischen Liberalismus, die in der Mitschuld der Liberalen am Aufkommen eines hemmungslosen phantastischen „sozialen" Revoluzzertums gelegen ist, ist offensichtlich. Die Maximen des österreichischen Staatskanzlers scheinen einer Betrachtung in dieser Richtung wert.

Ergänzt werden sie sogar durch einen „Nationalisten". Der tschechische Patriot und Vorkämpfer für eine demokratische Autonomie der Böhmen im Kaiserreich, Frantisek Palacky, schrieb 1848 seinen berühmt gewordenen Absagebrief an die in der Frankfurter Paulskirche tagende revolutionäre Deutsche Nationalversammlung: „Sie wissen, daß der Südosten von Europa, den Grenzen des russischen Reiches entlang, von mehreren in Abstammung, Sprache, Geschichte und Gesinnung merklich verschiedenen Völkern bewohnt wird – Slawen, Walachen, Magyaren und Deutschen – von welchen keines für sich allein mächtig genug ist, dem übermächtigen Nachbarn im Osten in aller Zukunft erfolgreichen Widerstand zu leisten. Das können sie nur dann, wenn ein einigendes gesundes, festes Band sie alle miteinander vereinigt. Die wahre Lebensader dieses notwendigen Völkervereins ist die Donau. Seine Zentralgewalt darf sich daher von diesem Strome nicht weit entfernen, wenn sie überhaupt wirksam sein und bleiben will. Wahrlich, existierte der österreichische Kaiserstaat nicht schon längst, man müßte im Interesse Europas, im Interesse der Humanität selbst sich beeilen, ihn zu schaffen." Und Palacky betonte wie ein Prophet: „Denken Sie sich Österreich in eine Menge Republiken und Republikchen aufgelöst – welch ein willkommener Grundbau zur russischen Universalmonarchie."

Die Staatsverwaltung

Für die Starrheit der Metternich'schen Theorie gibt es nach Kissinger noch einen weiteren Grund. Die Starrheit war in vieler Beziehung ein Spiegelbild der Struktur des Reiches. In jeder Zeit gibt es Anachronismen, Staaten, die rückständig, ja sogar dekadent erscheinen, wenn man nicht bedenkt, daß man es mit den hartnäckigen Überbleibseln einer versunkenen Weltordnung zu tun hat. Doch gerade die Fähigkeit zu stummer Härte, die es diesen Relikten möglich machte, zu überleben, begrenzt ihre Anpassungsfähigkeit. In einer Welt, die sie nicht mehr versteht, reagieren sie auf die Kräfte der Auflösung instinktiv starr.

Das war die Lage Österreichs im 19. Jahrhundert. Durch die Hartnäckigkeit einer Dynastie geschaffen, zum machtvollen Bollwerk Europas gegen den Osten emporgestiegen, vereinte dieser Staat in sich vielsprachige Völker mit unterschiedlichstem Zivilisationsstand, wobei einziges Bindeglied der gemeinsame Kaiser war. Als einziger großer feudalistischer Bau aus dem Mittelalter hatte sich Österreich in die moderne Zeit gerettet und wurde zusammengehalten durch die Prinzipien gegenseitiger Treue, durch eine Reihe vielschichtiger Übereinkünfte und nicht zuletzt dadurch, daß es einfach unentbehrlich schien. Metternich bezeichnete Österreich als einen rechtlich einheitlichen, verwaltungsmäßig aber geteilten Staat. Er sei geteilt nicht aufgrund eines Willensaktes, sondern aufgrund tiefliegender Ursachen, deren wichtigste die verschiedenen Nationalitäten seien. Grundlage des Reiches sei daher das Beibehalten der verschiedenen Rechtsordnungen der einzelnen Reichsteile. Das sei der einzige Schutz gegen die Gleichmacherei, die für seine Zeit so charakteristisch sei.

Metternich bekämpfte den Liberalismus nicht nur aus theoretischen, sondern auch aus praktischen Gründen. Den Ruf der österreichischen Liberalen nach einem modernen zentralisierten Staat hielt er für chimärisch, weil er auf der Vorstellung von einer Regierung beruhte, die für Österreich nicht paßte. Wien ist nicht Paris, schrieb Metternich, nachdem die liberale Revolution von 1848 versucht hatte, aus Österreich einen Einheitsstaat zu machen. Wien sei nur die Schale, in der zufällig das Herz des Reiches liege. Es ist die Hauptstadt einer ganzen Staatengruppe, aber nur weil der Kaiser dort residiert.

Metternichs Analyse über die Struktur Österreichs veranlaßte ihn auch, den Gedanken an ministerielle Verantwortlichkeit zu verwerfen. Nicht weil er meinte, die Macht des Kaisers sei absolut, sondern weil seine Meinung von der Verantwortung in ein anderes Gebiet gehörte. Verantwortung war für ihn ein juristischer Begriff und aus diesem Grund sei in parlamentarischen Staaten das Parlament der oberste Gerichtshof. Österreich könne sich aber ein solches Zentralparlament nicht leisten, weil eben seine Bande dynastischer und nicht nationaler Art seien. Ein verantwortliches Ministerium verlange Volkssouveränität. Volkssouveränität bedeute aber die Auflösung Österreichs. Daran würde sich auch nichts ändern, wenn man in den verschiedenen Teilen des Reiches gesetzgebende Organe zulassen würde, denn während monarchische Souveränität sich auf verschiedenen Nationen erstrecken könne, sei Volkssouveränität unteilbar. Österreich, das Produkt der Geschichte, könne Verantwortung nur in den Maximen seines Monarchen finden, in der Verkörperung der einzigen Vision von sich selbst: dem Kaiser.

Wieder eine hervorragende These. Wie aber sollte der Monarch in einem Jahrhundert des Nationalismus herrschen? Metternich antwortete: durch Stärkung der Regierung, so daß sie wirklich regiert, und durch Dezentralisierung der Verwaltung. Das Vielsprachenreich könne nur dadurch überleben, daß es die wohltuende Wirkung einer zentralen Autorität und deren Vereinbarkeit mit den kulturellen Unterschieden demonstriert. So lautet Metternichs Kur für die fundamentale Krankheit Österreichs, für die Mischung von staatsmännischer Führung mit Verwaltung. Mit Fortschreiten des 19. Jahrhunderts war das anachronistische Reich immer mehr auf die Genauigkeit in der Berechnung angewiesen, und das findet man leichter in der Anwendung bürokratischer Normen als in der Anpassung an die wandelnden Verhältnisse. Die Verwaltung schafft die Illusion von dem Von-selbst-Laufen; die Routine, die die Form ist, wie man Mittelmäßigkeit assimiliert, erscheint dem Außenstehenden als Bedingung für ihren Erfolg. Das Motiv einer Bürokratie ist ihr Streben nach Sicherheit. Sie mißt ihren Erfolg öfter an den Fehlern, die nicht gemacht wurden, als an den erreichten Zielen. Sie rühmt sich ihrer Objektivität, was bedeutet, daß man eine große Konzeption nicht nötig habe. All das sind Eigenschaften, die einer in Auflösung befindlichen Struktur Mittel symbolisieren mögen, sich mit einigen Aussichten auf Erfolg vor dem drohenden Chaos zu retten. Auch wenn es sich als katastrophal erwies, so ist es doch verständlich, daß Österreich immer stärker rein administrativ an die Lösung seiner komplexen innerpolitischen Probleme heranging. Doch so richtig es ist, daß Österreich den Schritt von einem dynastischen zu einem zentralisierten Staat nicht tun konnte, ohne sich selbst dabei aufzulösen, so folgte daraus dennoch nicht, daß es die Regierungsform des 18. Jahrhunderts und der vorausgegangenen früheren Jahrhunderte in die moderne Zeit imponieren mußte. Es war ein Maßstab für die Sterilität staatsmännischer Führung, daß sie die Art ihrer innerpolitischen Legitimation mit dem Aufbau ihrer Bürokratie verwechselte und eine veraltete Verwaltung sich somit vor die vielschichtigen Probleme der Industrialisierung, des Nationalismus und des Liberalismus gestellt sah. Auf diese Art und Weise verpaßte die österreichische Monarchie die Gelegenheit, sich durch Leistung hervorzutun, was es den Gegnern ermöglichte, den doktrinären Unterschieden noch den Vorwurf der Unfähigkeit hinzuzufügen.

Sr. k. k. Majestät

Franz des Zweyten

politische

Gesetze und Verordnungen

für die

Oesterreichischen, Böhmischen und Galizischen Erbländer.

Auf allerhöchsten Befehl, und unter Aufsicht der höchsten Hofstellen herausgegeben.

Siebzehnter Band,

welcher die Verordnungen vom 1. Januar bis letzten Junius 1802 enthält.

Hier und in allen Erbländern kostet dieser Band ungebunden 1 fl. 7 kr.

Wien,

aus der k. k. Hof= und Staats=Druckerey. 1806.

Gegen die Mißhandlung der Militär= u. Polizey=Wachen.

Verschiedene Vorfälle, wo der Polizey=Wache ihren Verrichtungen Hindernisse gelegt, Verhaftete e riffen, durch solche Einmengung Zusammenlauf ver laßt, und sogar Mißhandlungen gegen dieselbe ausge worden, machen es nothwendig, die zur Sicherheit Wache in ihrem Dienste erlassenen Strafgesetze du gegenwärtige Verordnung neuerdings einzuschärfen.

Niemand kann verkennen, daß die Wache nur Werkzeug der Obrigkeit handle, daß ihr Dienst zur Ha habung der Gesetze und zur Erhaltung der mit dem W eines jeden Einzelnen so genau verbundenen öffentlic Ordnung unentbehrlich, mithin derjenige, der sie in ren Dienstverrichtungen stört, als ein Störer der fentlichen Ruhe und der Ruhe seiner Mitbürger zu trachten sey.

Zur allgemeinen Warnung wird daher bekannt macht:

§. 1. Wer sich, wenn die Wache in Ausüb ihres Dienstes begriffen ist, obgleich ohne Bedroh oder Gewalt, einmenget, um solche darin zu hindern, nach Beschaffenheit der Umstände, mit Arreste von e Woche bis zu einem Monathe bestrafet werden.

§. 2. Betrifft das gelegte Hinderniß eine wic gere Dienstverrichtung, oder werden auch bey ei Dienste von geringerer Wichtigkeit mehrere Menschen Mithülfe aufgefordert; so ist die Strafe Arrest in E von einem, nach eintretenden Umständen, bis zu Monathen.

§. 3. Jede wörtliche Beleidigung, das ist, Beschimpfung der Wache ist mit Arreste von einer W bis zu einem Monathe;

§. 4. jede thätige, auch geringere Beleidig mit eben so langem Arreste in Eisen zu bestrafen.

§. 5. Wofern eine der vorausgehenden Ueber

Das Verwaltungssystem war mehr oder weniger eine Fortsetzung patriarchalischer Verhältnisse aus der feudalen Zeit. Der Kaiser war nicht nur juristisch die einzige Quelle öffentlicher Gewalt, sondern tatsächliches Zentrum sowohl der Politik als auch der Verwaltung. Die Regierungsgeschäfte wurden nicht durch Ministerien ausgeübt, sondern von Abteilungen des kaiserlichen Hofes. An ihrer Spitze standen nicht Minister, sondern Hofräte. Nahezu ein Jahrzehnt lang war Metternich der einzige, der offiziell den Titel

Minister hatte, und er mußte diese Ausnahmestellung damit bezahlen, daß man ihm eifersüchtig jeden Einfluß auf die Innenpolitik verwehrte. Neben dem Kaiser gab es nicht weniger als drei Organe, die die verschiedenen Abteilungen des Hofs und deren Tätigkeit koordinieren sollten. Sie waren im Grund genommen Ausschüsse, die aus Beamten der verschiedenen betroffenen Abteilungen gebildet wurden, und ihre Konstruktion und Aufgabe war so verwirrend, daß ein hervorragender österreichischer Historiker 1884 sich außerstande erklärte, sie genau zu beschreiben. Auf jeden Fall traten sie nur nach Gutdünken des Kaisers zusammen und erörterten nur Fragen, die er ihnen vorlegte. Man hat die österreichische Verwaltung (schon einst) als ein Maschinenungeheuer bezeichnet, dessen Räder sich mit infernalischem Krach drehen, ohne auch nur einen Zoll voranzukommen. Mit gutem Grund konnte Metternich später sagen, daß er manchmal Europa regiert habe, nie aber Österreich (Kissinger, S. 247–254, 275f).

Das Jahr 1848 – Ohnmacht der Polizei

„Raubritters Söhn', man nennt sie Ständ,
die ham zuerst sich aufgelehnt,
Hofräthe setzten sich zur Wehr
und Aktenstaub flog hin und her,
kam darauf die kecke Jugend frisch
und schmiß die Akten untern Tisch."
(E. Bauernfeld, „Genesis der Revolution 1848")

Der 13. März

Das „konservative Prinzip" hat sein Dilemma zur Schau gestellt: Aufgabe der Konservativen sei es, nicht Revolutionen zu zerschlagen, sondern ihnen zuvorzukommen; eine Gesellschaft, die einer Revolution nicht vorbeugen kann, sei auch nicht in der Lage, die Revolution mit konservativen Mitteln zu zerschlagen; ist eine Ordnung bereits erschüttert, kann sie nur auf dem Weg über das Chaos wieder aufgerichtet werden (Kissinger, S. 247).

Der „Revolution" der Liberalen vom März 1848 wurde demgemäß kein Widerstand entgegengesetzt. Das uneinige Regierungslager war nicht einmal fähig, die Tumulte zu steuern. Unter dem Druck der kaiserlichen Familie traten noch am Abend des 13. März Metternich und am 17. März Sedlnitzky zurück, womit den lautesten Wünschen der „Straße" und einer breiten Stimmung Folge gegeben war. Die Krone sprach die Anerkennung der Revolution aus, genehmigte die Bewaffnung der Nationalgarde und der akademischen Legion, verkündete die Aufhebung der Zensur und die Einberufung von Abgeordneten zur Beschließung einer Konstitution. Was war geschehen?

---

tungen Folgen nach sich gezogen, die Wache in Vollstreckung ihres Dienstes wirklich gehindert, oder einen Auflauf veranlaßt hatte; ist der Schuldige mit Arreste in Eisen von drey bis zu sechs Monathen zu verurtheilen.

§. 6. Ist aber derselbe wegen der §. 2 und 5 enthaltenen Uebertretung bereits schon bestraft worden; so ist bey abermahliger Uebertretung die Strafe mit öffentlicher Ausstellung in einem Kreise der Wache; bey dem dritten Rückfalle aber mit einer angehängten Tafel, welche die Ursache der Ausstellung ankündiget, zu verschärfen.

§. 7. Wäre endlich der gegen die Wache gerichtete Angriff mit gefährlicher Drohung, gewaltsamer Handanlegung oder merklicher Verwundung vereinbaret: so soll der Schuldige dem Criminal=Gerichte zur Aburtheilung nach den über dieses Verbrechen bestehenden Criminal=Gesetzen überliefert werden.

§. 8. Die hier bestimmten Bestrafungen finden nach Beschaffenheit der Vorfälle so wohl in Ansehung der Militär= als Polizey= und anderer Civil=Wachen Statt.

Dagegen kann

§. 9. das Publicum sich überzeugt halten, daß sämmtliche Behörden nicht nur ihren Wachen das gebührende bescheidene Betragen wiederholt einschärfen, sondern auch jede gegen dieselben angebrachte gegründete Beschwerde auf das strengste bestrafen werden.

Decret der vereinigten Hof=Kanzley vom 1o. an sämmtliche d. e. Länderstellen.

Kundgemacht in Oesterreich ob der Enns am 19., in Nied. Oest. am 20., in Steyermark am 21., in Böhmen am 22., in Mähren am 23., in Oberösterreich, Krain und Triest am 24., in Kärnthen und West=Galizien am 27., in Ost=Galizien am 30. April.

51

Der Anstoß kam von der Pariser Februar-Revolution, die die Monarchie stürzte, aber auch den Sturz konservativer Regierungen in einer Reihe deutscher Staaten nach sich zog. In Österreich kam es daraufhin zu Petitionen, um geringfügige Zugeständnisse zu erwirken, sowie zu landständischen Beschlüssen, um den Kaiser zur Berufung ständischer Abgeordneter nach Wien zu veranlassen. Die Regierung befand noch am 12. März, daß es kein Gesetz gäbe, das das Sammeln von Unterschriften verbietet. Im Gegenteil: Konflikte sollten nach Tunlichkeit vermieden werden, soferne nicht Aufwiegelung vorlag. Zwar wußte man seit Tagen, daß der 13. März zum „Lostag" ausersehen sei, man beriet auch das gemeinsame Vorgehen von Zivil- und Militärbehörden, aber in wenig ernsthafter Weise. Denn da der „Lostag" bloß Metternich gelten sollte, fanden sich selbst in den Spitzenpositionen Sympathisanten, von denen manche durch ihre intriganten Ziele eine wirksame Willensbildung lähmten. Sie wähnten, daß der Träger der „Revolution ohne Programm", der Wiener Liberalismus, mehr kosmopolitisch als national fühle und in einem josefinischen Sinn durch eine Konstitution die Völker mit einem neuen starken Band umschlingen wolle, obzwar manche vom „engen Anschluß an Deutschland" sprachen, ohne darüber eine klare Vorstellung zu entwickeln. Sie, wie auch die liberal-konservativen Gegner des Systems, darunter die Freisinnigen des Adels und des gehobenen Bürgertums, hatten nicht Phantasie genug, wenigstens zu befürchten, daß die liberal-konstitutionell denkende Führungsschicht von den demokratisch-nationalistisch-republikanischen Kräften in Gestalt der akademischen Jugend und breiterer Massen verdrängt werden könnte. Gerade das aber geschah, freilich mit Hilfe zuerst der uneinigen und zaudernden Regierung (Srbik II., S. 259ff), dann der hilflosen liberalen Kabinette, die unter Druck, und immer um ein Tempo zu spät, Zugeständnisse machten. Dies ermunterte die radikalen Elemente, weckte auch die Lust des Pöbels, bis schließlich, im Donner der Kanonen, mit dem abenteuernden Ungeist des Oktober zwar nicht alle Hoffnungen des Frühlings untergingen, aber die politische Kraft der Liberalen für Jahre gelähmt war.

Hoffnungen, zugleich Forderungen des erstarkten Bürgertums Europas, beinhalteten:
● Aufhebung der Zensur („Pressefreiheit")
● Teilnahme an den öffentlichen Angelegenheiten („Konstitution")
● Rede-, Lehr- und Lernfreiheit
● freies Versammlungs- und Vereinsrecht
● Reform der Justiz (Öffentlichkeit des Verfahrens)
● teilweise Selbstverwaltung und
● „Ministerverantwortlichkeit".

Es ist bekannt, daß am 11. März auf Initiative Bauernfelds und Alexander Bach's die Wiener „Bürgerpetition" den niederösterreichischen Ständen überreicht wurde und daß am Morgen des 13. März die Studenten zum Landhaus in die Herrengasse zogen, um von der niederösterreichischen Ständeversammlung zu bewirken, daß die vom Kaiser bereits abgelehnte studentische Petition nochmals überreicht

werde. Die Versammlung nahm sogleich einen lebhaften Verlauf, wobei der ungarische Mediziner Dr. Adolf Fischhof, bald darauf Präsident des Sicherheitsausschusses der Gemeinde Wien, die „Taufrede der Revolution" hielt (Srbik II., S. 275ff).

„Wie der liebe Kleine mündig wird und zur Feier dieses Tages den alten Hofmeister höflichst zu einer Landparthie einladet." (Verhöhnung Metternichs.)

Die Darstellungen der Vorgänge im einzelnen gehen naturgemäß auseinander. Im großen und ganzen ergibt sich: Als die Stände den Wünschen der Studenten nicht entsprachen, schritten diese, vermischt schon mit Pöbel, der sich einen arbeitsfreien Montag gönnte, zu Zerstörungen und zogen dann zur Staatskanzlei auf den Ballhausplatz, wo sie die Absetzung Metternichs begehrten und Hochrufe auf den Kaiser anstimmten. Es ging dabei einiges in Scherben, doch so arg konnte es nicht gewesen sein, denn ein Teil der Menge zerstreute sich gegen Mittag von selbst. War der Polizeidirektor Peter v. Muth wirklich so krank, oder nahm er die Weisung allzu wörtlich, nach Tunlichkeit Konflikte zu vermeiden? Sicher ist, daß sich kein einziger Mann der Polizei-Wache zeigte und niemand dem Treiben Einhalt gebot. Was im anderen Fall geschehen wäre, weiß man nicht. Recht spät – und vielleicht bereits unnötig, nämlich gegen 1 Uhr mittags – kam Militär zum Schutz der Hofburg, und um 2 Uhr deckten in der Herrengasse fünf Tote das Straßenpflaster. Das „Blut der friedlichen Bürger" kittete einen Bund der Bürger, Studenten und Arbeiter, wie es hieß. Es verstärkte sich der Zustrom aus den Vorstädten, Barrikaden entstanden, und als man die Stallungen und das Zeughaus stürmen wollte, hielt der Tod neue Ernte. Nach Eintritt der Dämmerung begannen in den Außenbezirken schwere Ausschreitungen der von Not getriebenen Arbeiter und Kleinbürger und des arbeitsscheuen Mobs: Steuerämter, Gerichts- und Polizeigebäude sowie Fabriken wurden zerstört und geplündert; Aktionen ohne Sinn und auch ohne

Organisation. Der Tag forderte 15, nach anderen Berichten 28 Todesopfer, darunter vier Frauen und 13 Studenten, im Vergleich mit den Ereignissen in Berlin mit 203 Toten eine Bagatelle.

Revolution ist etwas anderes als Bürgerkrieg, weil schon in der Anfangsphase die Entscheidung fällt und die „Autorität" zurückweicht. Vom Putsch wiederum unterscheidet sie sich durch die Bewegung von Massen durch wenig Plan und Organisation. Was der Revolution typisch zu sein scheint, ist die Anmaßung, mit der plötzlich entstandene Führungselemente agieren und argumentieren, gestützt auf einen Schein von Legalität. Diese „Legalität" ist einerseits durch die ersten Märtyrer, andererseits durch die Verhandlungsbereitschaft der zögernden Autorität entstanden. Damals basierte sie auch auf der Distanz zu den Tumultanten und auf der Mittlerolle dieser neuen „Führung", die ihre Position vom „Volke" ebenso wie vom alten Regime ableitete. Am Abend des 13. März bestanden diese Vermittler aus den Offizieren der Bürgergarde, an ihrer Spitze der Weinhändler Scherzer, die es ablehnten, gegen die Tumultanten mit dem Militär zusammenzuwirken, da dieses „auf das Volk geschossen" habe. Lieber machte die Nationalgarde mit dem Proletariat in den Vorstädten allein blutige Ordnung.

Das Versagen der Polizei war zum Teil eine Folge der Führungslosigkeit, der Uneinigkeit und Intriganz der Gesellschaft um den unfähigen Kaiser. Zum anderen Teil war das Versagen eine Folge der Unfähigkeit, die allgemeine Stimmung richtig einzuschätzen, vor allem die Möglichkeit in Betracht zu ziehen, daß die friedfertige geistige Rebellion des Bürgertums handgreifliche Unterstützung – wenn auch bloß aus dem Moment heraus – durch den militanten Aufbruch von 2000 Studenten finden könne, vom „bloß krawallisierenden" Pöbel ganz zu schweigen. Dieses Versagen war letztlich auch eine Wirkung des „Systems".

Alexander Frh. v. Bach (1813–1893), Revolutionär, Justiz- und Innenminister. (Bildarchiv der Österreichischen Nationalbibliothek)

Die Ereignisse in der Herrengasse sind in der „Geschichte des K.K. Infanterie-Regimentes Hoch- und Deutschmeister Nr. 4" (Wien 1879) folgend dargestellt: „Um 12 Uhr mittags rief das Allarmzeichen die Garnison unter die Waffen. Die Grenadier-Division des Regiments rückte auf den Minoritenplatz und nach einer Stunde in geschlossener Kolonne durch die Landhausgasse, wo sie mit allen Arten Geräthschaften aus den Fenstern des landständischen Gebäudes beworfen wurde. Um diesem Treiben Einhalt zu thun, feuerten die Grenadiere einzelne Schüsse gegen jene Fenster und als dann die Kolonne am Ausgange in die Herrengasse, mit Steinwürfen und Beschimpfungen empfangen, in ihrem Weitermarsche aufgehalten wurde, jagte die erste Abtheilung mit dem Bajonnet die Masse auseinander. Nach dem Anlangen einer anderen Kolonne stellte sich eine Grenadier-Kompagnie im Hofe des Landhauses auf, während die andere auf den Minoritenplatz zurück marschierte. Nach ungefähr drei Stunden rückte die Kompagnie aus dem Landhaus auch hier ein, wo dann die Division bis den folgenden Tag stehen blieb."

Die Abdankung Metternichs am 13. März 1848. Links vorne der Polizeiminister Sedlnitzky, rechts von ihm Erzherzog Johann.

Obgleich die Garnison bereitstand, wurde sie nicht zur Unterdrückung der Aufstandsbewegung herangezogen; nur einzelnen Truppenkörpern waren Schutzaufgaben übertragen. Die durchaus vermeidbare folgenschwere Schießerei in der Herrengasse widersprach nicht dem Reglement, weil die Truppe angegriffen worden war. Auch eine Polizeieinheit hätte das Recht zum Waffengebrauch gehabt, doch würde sie eher auf den Gebrauch von Schußwaffen verzichtet haben. Einen allgemeinen „Schießbefehl", wie man ihn dem angeblich anwesenden Kommandierenden General für Nieder- und Oberösterreich, Erzherzog Albrecht, vorgeworfen hat, hat es indes nicht gegeben. Dennoch trat Erzherzog Albrecht mit Rücksicht auf das Herrscherhaus vom Kommando zurück.[3]) Sein Nachfolger hinsichtlich Wien wurde der zufällig anwesende Prager Divisionär Fürst Windischgrätz.

Von der Sturmpetition zum Oktober-Aufstand

Der Jubel über die Zugeständnisse kannte keine Grenzen. Er fand in zahlreichen Presseerzeugnissen Ausdruck, die sich in erster Linie mit der zurückliegenden Zeit befaßten. Frei von jedem Zwang rächten sich die Dichter und Journalisten durch verzerrte Darstellungen, die das Klischee über den Vormärz und die „Vulgärhistorie" formten. In Artikeln und Gedichten lobte man den Kaiser und die „ruhmhafte Studentenlegion", Johann Strauß führte seinen Walzer „Schwarz-rot-gold" (op. 232) auf. Ein Bericht des neuen Wiener Polizeidirektors Martinez nennt als erstes zensurfreies Druckwerk ein Flugblatt mit dem Gedicht L. A. Frankls „Die Universität", das in hunderttausend Exemplaren in Umlauf gesetzt und neunzehnmal komponiert wurde. Nach dem „Lied für die Nationalgarde" des Dichters Castelli verfaßte Franz Grillparzer das Gedicht „Mein Vaterland", in dem er der Hoffnung Ausdruck gab, daß die neue Freiheit richtig genützt werde. Erst im Juni sprach er in seinem „Feldmarschall Radetzky" einen flammenden Apell für die Rettung der Monarchie aus („. . . In Deinem Lager ist Österreich . . .") und warnte vor einer falschen Anwendung des Freiheitsbegriffes:
„Im Anschluß von allen liegt der Sieg, im Glück eines jeden das Ende."
Redner aus aller Herren Ländern hielten die revolutionäre Stimmung wach, ohne daß die Polizei-Oberdirektion es gewagt hätte, dagegen einzuschreiten. Unter den fremden Literaten, die sich seit den Märztagen in Wien herumtrieben, stach Dr. Anton Schütte aus Westfalen hervor. Da eine Verwarnung fruchtlos blieb, richtete das Ministerium des Inneren am 17. April einen scharfen Erlaß an die Polizei-Oberdirektion, in dem es heißt, es sei auffallend, daß ein Ausländer wie Schütte noch immer hier geduldet werde; solche Schwankungen verrieten Schwäche und raubten der Sicherheitsbehörde Achtung und Gewicht. Auf welche Art derselbe zu entfernen sei, habe die Sicherheitsbehörde zu beurteilen und auszuführen. Die Polizei-Oberdirektion befolgte den erhaltenen Auftrag und ließ Dr. Schütte über Prag an die sächsische Grenze bringen. Nun aber erließ das Studenten-Komitee einen geharnischten Protest:

---

3 Erzherzog Albrecht, Sohn des „Siegers von Aspern", war im Jahre 1866 der geniale und siegreiche Feldherr auf dem italienischen Kriegsschauplatz.

„Mitbürger! Ein wichtiges Faktum ist geschehen . . . Ein Mitglied der Gesellschaft der Volksfreunde, Dr. Schütte, einer Vorladung zur Polizei-Oberdirektion willig Folge leistend, wurde auf der Ferdinandsbrücke von Schergen in Verhaft gebracht und unter polizeilicher Bedeckung aus Wien entfernt. Wir protestieren feierlich . . . im Namen der ewigen Menschenrechte und der unantastbaren, neuesten verbürgten Sicherheit jedes freien Bürgers gegen diesen höchst ungesetzlichen Akt."

Die Wirkung dieses Protestes war so stark, daß sich das Ministerium veranlaßt fühlte, den neuen Polizeidirektor fallen zu lassen. Schwankungen verrieten Schwäche, hatte das Ministerium der Polizei-Oberdirektion vorgeworfen, war aber selber gegen Schwächeanfälle nicht gefeit (Oberhummer I., S. 211).

Der Ausklang des Monats April brachte nach lebhaften Auseinandersetzungen über die Form der versprochenen Konstitution eine relativ friedliche Stimmung. Am 25. wurde der Geburtstag des Kaisers von der Bevölkerung festlich begangen. Dieser Tag brachte auch die Erklärung der Verfassung, welche den Wünschen der Gemäßigten entgegenkam. Die radikalen Wortführer forderten statt eines Zweikammersystems eine einzige konstituierende, aus dem allgemeinen Wahlrecht hervorzugehende Versammlung, und setzten die Annahme ihrer Wünsche unter dem Druck der sogenannten Sturmpetition des 15. Mai durch. Weiterhin Unruhen. Als der ultraradikale Schriftleiter der „Constitution", Leopold Häfner, bei einer Arbeiterversammlung die Republik ausruft, wird er verhaftet. Die liberale Regierung Pillersdorf-Doblhoff verfügt die Sperre der Universität und die Auflösung der Akademischen Legion. Am 26. Mai, dem „Barrikadentag", bricht neuer-

Die Universität.

Was kommt heran mit kühnem Gange?
Die Waffe blinkt, die Fahne weht,
Es naht mit hellem Trommelklange
Die Universität.

Die Stunde ist des Lichts gekommen;
Was wir ersehnt, umsonst ersteht,
Im jungen Herzen ist's entglommen
Der Universität.

Das freie Wort, das sie gefangen,
Seit Joseph, arg verhöhnt, geschmäht,
Vorkämpfend sprengte seine Spangen
Die Universität.

Zugleich erwacht's mit Lerchenliedern,
Horch, wie es dythirambisch geht!
Und wie die Herzen sich erwiedern,
Hoch die Universität.

Und wendet ihr Euch zu den bleichen
Gefall'nen Freiheitsopfern, seht:
Bezahlt hat mit den ersten Leichen
Die Universität.

Doch wird dereinst die Nachwelt blättern,
Im Buche der Geschichte steht
Die lichte That, mit gold'nen Lettern,
Die Universität.

lich der Sturm los. In der Stadt werden an die hundert Barrikaden errichtet. Die Konfusion wird deutlich, wenn man bedenkt, daß manche Barrikaden das Bildnis des Kaisers zeigten und gleichzeitig Zettel folgenden Inhalts verteilt wurden:

„Wir verlassen nicht eher die Barrikaden, als bis das Militär für immer von Wien abzieht. Wir wollen nicht gehetzt werden. Der Verräther des Vaterlandes Graf Montecuculi, der Verräther der Studenten Graf Coloredo, und alle andere Verräther müssen hier bleiben, sie müssen bewacht werden, damit wir über sie zu Gerichte sitzen können!"

Die Nationalgarde setzte ihren eigenen Kommandanten, den Grafen Ernst Hoyos, gefangen. Studenten und Arbeiter drangen in die Wohnung des Ministerpräsidenten ein. Gewehre auf sich gerichtet, zog Pillersdorf die Auflösung der Akademischen Legion zurück und ordnete die Freilassung von Häfner an. Vor allem wurde der aus Bürgern, Nationalgarden und Studenten zusammengesetzte „Sicherheitsausschuß" anerkannt, welcher der Polizeibehörde die Zügel aus der Hand nahm. Unter den Klängen der Marseillaise und der Kaiserhymne (!) wurden die Barrikaden wieder abgetragen. Aber der „Barrikadentag" hat den Keim zur Gegenrevolution gelegt, begleitet bald von den Siegen Radetzky's über Piemont, von der Niederschlagung der Revolution in Prag und dem nationalen Aufbruch der Kroaten gegen die ungarischen Revolutionäre. Beachtenswerte Gegenstimmen erklangen, wie Grillparzer's Gedicht an Feldmarschall Radetzky, welches ihm den Zorn der Linkskreise ebenso zuzog, wie Johann Strauß der Radetzkymarsch.

Der erwähnte, nach Vorbild der Ereignisse in Buda-Pest gebildete „Sicherheitsausschuß" hatte nach zwei Seiten hin zu kämpfen; einerseits gegen die sich zunehmend formier-enden konservativen Kräfte, andererseits gegen das Proletariat, welches seit dem „Barrikadentag", seine Stärke ahnend, mehr und mehr in Unruhe geriet. Die Ausdehnung des Wahlrechtes auf die Arbeiterschaft verschaffte fürs erste Ruhe, welche bis zur blutigen Auseinandersetzung im August anhielt. (Sturminger, S. 271ff, Bauernfeld, Kapitel XI – XIII)

Die Polizei war so machtlos, daß sie bei den vielen Krawallen und bei der Sturmpetition am 15. Mai („Eine Kammer aus dem Volke gewählt und innigster Anschluß an Deutschland") im Hintergrunde blieb. Als mit dem Bau von Barrikaden am 26. Mai begonnen wurde, trat nur das Militär hervor. Zum Einfangen der Diebe und Verbrecher glaubte sich jedermann berechtigt. Nicht selten ereignete es sich, daß die mit der Untersuchung betrauten Beamten nicht wußten, wer die Arrestanten eingefangen hatte und welchen Verbrechens sie beschuldigt wurden. Um Wandel zu schaffen, erging am 26. Juni eine Anweisung der Polizei-Oberdirektion, bei Arrestanten unbedingt anzugeben, ob sie vom Publikum, von der Nationalgarde, von der Munizipalgarde oder von Polizeiorganen eingefangen wurden.

Eine Plage stellten die Plakate dar, die aufzukleben jedermann das Recht hatte. Nur wenn der Name der Druckerei nicht ersichtlich war, durfte mit einer Beschlagnahme vorgegangen werden. Beim Aufkleben wie beim Herabreißen kam es täglich zu Schlägereien zwischen politischen Gegnern.

Ein einziges Mal agierten die Wachen gemeinsam. Das war in der „Praterschlacht" am 23. August. Die städtische Sicherheitswache (Munizipalgarde) hatte einen schweren Kampf mit demonstrierenden Erdarbeitern zu bestehen. Auf die ersten Schüsse eilten Nationalgarden der hart bedrängten Munizipalgarde zu Hilfe. Die Munizipalgarde hatte 4 Tote und 56 Verwundete zu beklagen, auf Seite der Arbeiter wurden 18 Tote und 282 Verwundete gezählt.

Unter dem Eindruck der Augustereignisse festigte sich die Stellung der nun vierten liberalen Regierung (Wessenberg-Doblhoff-Bach). Der Reichstag beschloß die Aufhebung des Untertänigkeitsverhältnisses der Bauern, welche daher an der Revolution nicht mehr interessiert waren und sich zur Enttäuschung der Radikalen abseits hielten. Charakteristisch für die geänderte Stimmung war der sogenannte „Bänder-Farbenkrieg".

Es kam zu immer stärkeren Reibereien zwischen Schwarz-Gelb und Schwarz-Rot-Gold. Der Zwiespalt drohte die Reihen der Nationalgarde zu zerreißen.

Am 6. Oktober, dem Tag der Ermordung des Kriegsministers Baillet-Latour, begibt sich die Revolution auf die abschüssige Bahn. Es fehlte ihr zwar nicht an Köpfen, aber an einem Kopf. Alexander Bach, der gewandteste unter ihnen, schwang sich Mitte Juli als Justizminister ins Regierungslager. Daß die revolutionäre Bewegung keine Führung besaß, beweist der 6. Oktober.

Barrikaden-Lied.

Sechste Auflage.

Frisch auf! frisch auf! Ihr Kameraden!
Frisch auf! verfertigt Barrikaden!
Wir dulden keine Knechtschaft mehr!
Bringt Breter und auch Balken her!
Nur nieder mit Aristokraten!
Bringt Schaufeln her und scharfe Spaten!
Wir geh'n nicht mehr am Gängelband!
Seid auch mit Hacken schnell zum Hand!
Wir wollen uns zum Kampf vereinen!
Herbei! herbei! mit Ziegeln, Steinen!
Verderben den politischen Katzen!
Bringt Pölster her und auch Matratzen!
Jetzt muß es werden mit Einmahl besser,
Bringt zur Verstärkung her auch Fässer!
Die Tyrannei nun weichen muß! —
Jetzt bringt auch Wasser noch zum Schluß!
Nun jauchzet auf, Ihr Kameraden!
Verfertigt sind die Barrikaden! —
Jetzt seid auch frisch zum Kampf bereit!
Bis wir vom Drucke sind befreit. —
Bis ist befreit jedwede Nation!
Bis fest besteht die Studenten-Legion!
Wer sonst verläßt die Barrikaden!
Den nehme Gott nicht auf in Gnaden!
Und wer da kämpft mit tapfrer Hand!
Der sei mit Ehren stets genannt.

Geschrieben auf einer Barrikade bei der Wiener Universität am 26. Mai von

Adolf Buchheim,
Student.

Der Barrikadentag: 26. Mai 1848.

Die Ermordung des Kriegsministers am 6. Oktober 1848. Drei Monate nach der Tat gelang dem Konzeptspraktikanten Wilhelm Marx die Ausforschung und Verhaftung der Haupttäter.

In den Mittagsstunden gab es blutige Zusammenstöße und die Ermordung eines Generals, als eine bewaffnete Volksmenge das Einwaggonieren eines Grenadierbataillons nach Ungarn am Tabor zu vereiteln suchte. In den Nachmittagsstunden kam es aus nichtigem Anlaß zwischen der als „schwarzgelb" bekannten Garde des Kärntnerviertels und der „demokratisch" gesinnten Garde des Wiednerviertels zu einem Kampf, der im Stefansdom ein grausiges Ende fand: 15 Tote und 90 Verwundete waren zu beklagen. Um dem Kampf ein Ende zu machen, ließ der Kriegsminister mit Zustimmung des Ministeriums Infanterie ausrücken. Eine zahlreiche Volksmenge, unter der viele bewaffnete Nationalgardisten und Legionäre waren, suchte den von der Bognergasse kommenden Truppen auf dem Graben den Weg zu verlegen. Die Salve, die das Militär abgab, hatte nicht die erwartete Wirkung, im Gegenteil, die lebhafte Feuererwiderung zwang das Militär zum Rückzug bis zur Schottengasse. Die Volksmenge drängte nun vor das auf dem Platz Am Hof gelegene Kriegsministerium, in dem die Regierung unter dem Schutze einer der beiden Grenadier-

Der Wiener Gemeinderat vor dem Fürsten Windischgrätz.

kompagnien des Regimentes Hoch- und Deutschmeister versammelt war. Der Kriegsminister war naiv genug, einen glücklichen Ausgang zu erwarten, wenn man „mit dem Volke rede".

Nachricht.

Die nachstehende Proclamation ist dem Nationalgarde-Ober-Commando von Seiten des Herrn Feldmarschalls Fürsten zu Windischgrätz durch einen Parlamentär in mehreren Exemplaren zugesendet worden.

Wien am 31. October 1848.   Messenhauser, pro Ober-Commando

Kundmachung.

Ein Corps der ungarischen Insurgenten hat es gewagt, österreichischen Boden zu betreten und heute Früh bis gegen Schwechat vorzurücken. Ich habe solches mit einem Theile meiner Truppen, vereint mit jenen des Banus, angegriffen und zurückgeworfen, wobei sie beträchtliche Verluste erlitten. Einige Abtheilungen sind in Verfolgung derselben begriffen.

Dieses zur beruhigenden Kenntniß für alle Gutgesinnten, die vielleicht aus dem Erscheinen dieser Corps Besorgnisse schöpfen könnten, aber eben so auch zur Warnung für jene Uebelgesinnten, die hierin allenfalls neue Hoffnung für ihre Pläne zu finden glaubten, und in der That sich nicht scheuten, die bereits eingegangene Unterwerfung auf das Schmählichste hinterlistig zu brechen.

Hetzendorf den 30. October 1848.

Fürst zu Windischgrätz, k. k. Feldmarschall

Barrikaden-Zeitung.
Ein Abend-Rapport.

Abonnement
für 1 Monat 28 fr. C. M.
" 3 "   1 fl. 12 "
wöchentlich 7 fr.
einzelne Blätter 1 fr.

Erscheint täglich
Man pränumerirt in der Singerstraße, linke Oder der Körnerstraße, Nr. 877 und in allen Buchhandlungen.

Verantwortlicher Redacteur Bon. Mild.

Nr. 1.   Preis: 1 fr. C. M.

Wiener
Studenten-Blatt.

Motto: Alles für die Freiheit, die Wahrheit, das Recht.

Vorläufiger Redacteur: P. Love, Zur Corps 4. Comp.

Wiener
Katzen-Musik.
(Charivari.)

Politisches Tagsblatt für Spott und Ernst mit Karrikaturen.

Verantwortlicher Kapellmeister Sigm. Engländer.   Verantwortlicher Orchester-Director: Billi Beck.

Ohne Vorsichtsmaßnahmen zu treffen, erteilte er mehrmals den Befehl nicht zu feuern und das Tor zu öffnen. Im Nu war der Hof von der eindringenden Menge erfüllt; die sich befehllos und „verraten" fühlenden Grenadiere waren zu keiner Aktion fähig. Von einem Hammerschlag auf den Kopf, einem Säbelhieb ins Gesicht und einem Stich durch die Brust getroffen, sank der greise Soldat zusammen. Dann schleppte man den Unglücklichen vor das Gebäude und hing ihn an einem Gaskandelaber auf. Der hängende Leichnam wurde von zahlreichen Kugeln durchbohrt und Stichen zerfetzt.

Nach diesen Ereignissen verließ der Kaiser zum zweitenmal die Stadt, mit ihm tausende Wiener. Wien war nun in der Hand der Radikalen. Die militärische Führung übernahm der Oberkommandant der Nationalgarde Wenzel Caesar Messenhauser, vor ein paar Monaten noch Oberleutnant bei den Hoch- und Deutschmeistern, deren Regimentsgeschichte er schrieb. Die Stimmung der alsbald Belagerten schwankte zwischen der Furcht vor Feldmarschall Windischgrätz und den Kroaten des Banus Jellachich einerseits, und der Hoffnung auf Entsatz durch die bei Schwechat stehende ungarische Armee. Am 28. Oktober wurde die Stadt von den kaiserlichen Truppen gestürmt und am 31.

Oktober – nach der Niederlage der ungarischen Truppen – nahezu kampflos eingenommen. Die Verteidiger hatten 400 Tote zu beklagen.

Der Einmarsch der kaiserlichen Truppen in die Residenzstadt brachte einen vollkommenen Umschwung der Lage. Aber nicht nur wegen in kleinlichem Geiste angeordneter Verfolgungen von Oppositionellen begann nun erst recht ein Haß in der Bevölkerung gegen die Polizei aufzusteigen, wie ihn der Vormärz nicht gekannt hat. Nach dem Abzug der Kampftruppen des Feldmarschalls Alfred Fürst Windischgrätz und des Banus der Kroaten, Joseph Graf Jellachich, nach Ungarn, verblieben in Wien vorzüglich Regimenter aus Böhmen und Mähren. Da die Militär-Polizeiwache aus Angehörigen dieser Regimenter ergänzt wurde, trat dem bestehenden Gegensatz zwischen Militär und Zivil auch noch die nationale Abneigung hinzu (Oberhummer I., S. 219ff). Die wilden Gestalten der „Rotmäntler" (Sereschaner, Serežaner), eine Eliteschar, die jedem kroatischen Verband für Sonderaufgaben und als Polizeitruppe beigegeben war, erregten mit ihren roten Kapuzenmänteln die besondere Aufmerksamkeit der Wiener.

Der Einfluß der Presse war für den Ablauf der Ereignisse nicht ohne Belang. Das Niveau war allerdings – in Wiederholung der josefinischen „Broschürenseuche" – im allgemeinen mäßig, womit auch die Kurzlebigkeit der Zeitungen, denn Subventionen gab es damals nicht, zu erklären ist. Von den im Laufe des Jahres 1848 neuerschienenen hundertsiebzig Zeitungen erhielten sich bloß fünfundzwanzig länger als ein Vierteljahr und elf über das Jahresende hinaus (Sturminger, S. 296). Nur fünf Journale lebten länger als ein Jahr, darunter vor allem die klerikalen Blätter „Wiener Kirchenzeitung" und „Österreichischer Volksfreund", die sich besonders rege an der im Jahre 1860 ausbrechenden Pressefehde um das Konkordat beteiligen sollten. Ein einziges Blatt erhielt sich bis heute, nämlich „Die Presse", die im Jahre 1866 an die im Jahre 1864 gegründete „Neue Freie Presse", das Blatt der liberalen „Verfassungspartei" Schmerling's, verkauft wurde.

„October-Erinnerung 1848".
Sereschaner im Lager vor Wien. (Aquarell, Privatbesitz)

Die Stellung der Polizeibehörde

Zum Nachfolger Peter v. Muths, der am ersten Revolutionstage zum Rücktritt gezwungen wurde, ernannte die Polizei-Hofstelle den Zensur-Oberdirektor August Martinez. Sedlnitzky trat am 17. März zurück, die Leitung der Polizei-Hofstelle erhielt Anton v. Vogel, der sie bis zum 28. März innehatte. An diesem Tag trat sie vom Schauplatze des öffentlichen Geschehens ab, lebte aber als II. Sektion der Hofkanzlei, die zum Ministerium des Inneren wurde, weiter.

Die allgemeine Situation machte sich der Wiener Magistrat zunutze, die Polizei in seine Gewalt zu bringen und sich zum Leiter des Sicherheitswesens aufzuschwingen. In der Sitzung des Gemeindeausschusses vom 5. Juni wurde über die Reorganisierung der Polizei verhandelt. Dieser Sitzung war eine Besprechung von Abgeordneten des Sicherheitsausschusses und des Leiters der Polizei-Oberdirektion vorausgegangen. Dr. Bach gab in der erwähnten Sitzung bekannt: „Wir haben uns in unserer Beratung dafür vereinigt, die Polizei unter den Sicherheits-Ausschuß zu stellen und diese Verfügung dem Publikum bekanntzugeben. Der Sicherheits-Ausschuß hat den Wunsch geäußert – und die Polizei-Oberdirektion ist hierhin dem Ausschuß entgegengekommen – daß künftighin bei den Polizei-Verhandlungen unbedingte Öffentlichkeit herrsche. Haussuchungen können nur auf Begehren der Gerichts-Behörden vorgenommen werden. Die Verhaftungen und Untersuchungen sollen unter öffentlicher Kontrolle geschehen und binnen 24 Stunden der Gerichts-Behörde zugewiesen werden. Die Organe der Polizei, insoweit dieselben für den jetzigen Zustand des Staates geeignet sind, wären beizubehalten und zu restaurieren und jede geheime Funktion derselben habe ein- für allemal aufzuhören. Die sogenannten Zivildiener der Polizei müßten im Dienste mit einer Legitimationskarte und einer Dienstkokarde versehen sein. Die Polizeiorgane werden unter den Schutz der Nationalgarde gestellt. Nur auf diese Weise kann die Sicherheit des Eigentums, des Lebens, der persönlichen Freiheit, der Ehre und Gesundheit aller Staatsbürger auf dauernde Weise garantiert werden." Präsident des Sicherheitsausschusses war Dr. Adolf Fischhof, der am 13. März durch seine Rede im Hofe des Landhauses die Revolution „eröffnet" hatte.

Der Sicherheitsausschuß verlor aber schon im Juli den Boden unter den Füßen; nach seiner Auflösung ging die Leitung der Polizei in die Hände des Gemeindeausschusses über.

Die Stadthauptmannschaft, wie die Polizei-Oberdirektion seit dem 20. Juli genannt wurde, unterstand nunmehr drei Behörden: dem Ministerium des Innern, der n.-ö. Regierung und der Gemeinde Wien. Vom Bürgertum verhöhnt, von der Arbeiterschaft gehaßt, von Militär und Adel mißachtet, die in ihrem Versagen die Schuld an den chaotischen Zuständen erblickten, von Formationen, die aus der Revolution hervorgegangen waren, hochmütig beiseite geschoben, von der Gemeinde mitleidig bemuttert, auf Wandzeitungen täglich verhöhnt und verspottet, geriet die Polizei in einen Zustand tiefster Erniedrigung (Oberhummer I., S. 206f, 219).

Aber auch in den Provinzhauptstädten war die Polizei in ein Schattendasein gedrängt. Den Exekutivdienst vollzogen Nationalgarden und Bürgerwehr.

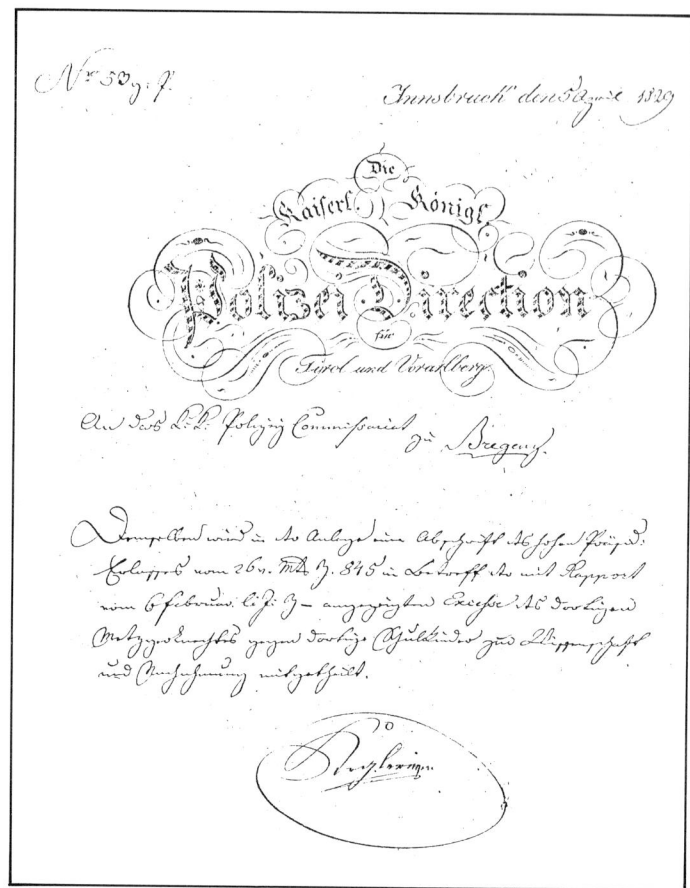

Schwieriger ist die Frage zu entscheiden, welche „Hypotheken" entstanden waren, die im Jahre 1848 zum Abtragen gelangten. Dabei ist sicher, daß sich die Argumente der Malcontenten in erster Linie gegen das „System" als solches und gegen die Handhabung der Zensur richteten, personell gesehen gegen die Zensoren und gegen die „Polizei- und Zensurhofstelle" und deren Chef. Der Mißkredit, in dem die Zensureinrichtungen bei weiten bürgerlichen und studentischen Kreisen standen, hat sich zwangsläufig durch die Personalunion an der Spitze, weiters durch die Zensur der Tageszeitungen, mit der die Polizeibehörden betraut waren, und als Folge der polizeilichen Ermittlungstätigkeit, die angesichts der Schedengesuche und hinsichtlich der „Clubs" angeordnet war, auf die Polizei übertragen, namentlich auf die „geheime". Dabei handelte es sich eher um einen summarischen Ausdruck von Unbehagen, denn es kam nie zur

Abhandlung konkreter „Untaten". Dies überrascht nicht, denn der Geist der staatlichen Verwaltung war zu sehr von Sonnenfels und Justi geprägt, und namentlich die von Josef II. geschaffene Polizei stand unter dem Eindruck seiner Liberalität und Demut. Darüber vermittelt uns die Tiroler-Vorarlberger Polizeigeschichte ein gutes Beispiel. Voranzustellen ist, daß Vorarlberg im Jahre 1782, unbeschadet seiner ständischen Verfassung, mit Tirol vereinigt wurde und in administrativer Beziehung bis zum Jahre 1918 vereinigt blieb. Im Jahre 1829 beschäftigte sich das Landespräsidium in Innsbruck mit einem Vorfall in Bregenz und beauftragte hierauf seine Polizeidirektion, dem ihm unterstellten Bregenzer Polizeikommissariat eine ausstellige Bemerkung und Belehrung zukommen zu lassen. Anlaß dazu bot eine verfehlte polizeiliche Amtshandlung, die offensichtlich vom Druck der öffentlichen Meinung beeinflußt war, so daß der Polizeikommissär glaubte, vom mittelalterlichen „Haftgrund der öffentlichen Beunruhigung" Gebrauch machen zu sollen. Der Text dieser Korrespondenz (Vorarlberger Landesarchiv) ist schwer lesbar, so daß der erwähnte Präsidialerlaß wörtlich wiedergegeben wird:

„Aus Veranlassung des mit Bericht vom 10. Februar l. J. Z. 17 vorgelegten, und in der Anlage zurückfolgenden Rapportes des Bregenzer Polizeykommissariates vom 6. Februar, womit der Vorfall, daß der Metzgerknecht Johann Georg Nagel zu Bregenz einige Schulkinder auf offener Straße durch seinen Hund, wie Kälber vor sich her trieb, und hetzte, angezeigt wurde, habe ich mir die diesfalls beim Landgerichte Bregenz aufgenommenen Untersuchungsakten samt dem Urtheile vorlegen lassen. Ich überzeugte mich daraus, daß die Angaben des Rapport Erstatters überhaupt übertrieben, insbesonders aber die Umstände unrichtig dargestellt worden sind, daß die Kinder von dem Metzgerknechte wie Kälber mittels des Hundes gehetzt wurden, daß er dieselben, wenn eines fliehen wollte, wirklich wieder durch den Hund auf die Straße führen ließ, daß die Kinder am ganzen Leibe zitternd, und vor Anstrengung und Angst halb tod nach Hause kamen, daß dieser Metzgerknecht nach zweitägigem Arreste wieder entlassen, und erst nach erfolgtem Tod eines dieser Kinder wieder arretiert wurde.

Indem durch dergleichen übertriebene Angaben die Behörden irregeführt, der richtige Gesichtspunkt bei Beurtei-

lung . . ., Mißtrauen und Vorurteile erzeugt werden, so sehe ich mich veranlaßt, der K.K. Polizey Direction den Auftrag zu ertheilen, den Amtsvorstand beim Bregenzer Polizeykommissariate, Röth, hierauf aufmerksam zu machen, und ihm auf eine belehrende Art zu bedeuten, daß er in Zukunft die Wahrheit der Facta und deren Nebenumstände genauer prüfe."

Aus diesem Beispiel ist erkennbar, daß auch im Vormärz die höheren Amtsträger die Tätigkeit ihrer Dienststellen peinlich überwacht und Unzukömmlichkeiten abgestellt haben. Einen in die gleiche Richtung wirkenden biedermeierlichen Schreibtischfleiß entdeckte übrigens Bibl beim Polizeiminister Sedlnitzky (Bibl/Polizei, S. 324ff).

Welche Wirkungen brachte nun die Revolution und ihr gewaltsames Ende in die weitere Geschichte ein? Nicht bloß die allgemeine geistig-politische Entwicklung, auch die „ungarische Frage" ist entscheidend beeinflußt worden. Die nationale Erhebung wurde schließlich auf den Schlachtfeldern niedergeworfen. Daraufhin wurden die Beziehungen der beiden „Reichshälften" keiner akzeptablen Lösung zugeführt, die ungarischen Verfassungsrechte wurden für verwirkt erklärt. Die Zentralgewalt war damit dem guten Willen der Madjaren ausgeliefert, sobald sie einen Rückschlag erlitt. Dieser blieb nicht aus, so daß man sagen kann, daß damals der Samen zum unglücklichen Dualismus gelegt worden ist.

Außerhalb Ungarns hatten zwei Grundkräfte die Revolution zur Entfaltung gebracht: die liberal-individualistisch-konstitutionelle Weltanschauung des freisinnigen Adels und des gehobenen Bürgertums, andererseits die demokratisch-nationalistisch-republikanische Richtung der erwachenden Nationen und der breiten Massen. Zur letzteren Gruppe hatte sich durch die zunehmende Radikalisierung das Schwergewicht der Aktionen verlagert. Gegen diese Kräfte, und zwar zur Rettung des Gesamtstaates vor dem nationalen Separatismus, verbündete sich zwangsläufig die liberale Mitte, die „Reformpartei", mit den Mächten der „alten Ordnung". Sie konnte die letzteren nie überspielen, gewann aber zunehmenden Einfluß auf die öffentlichen Angelegenheiten.

V. Die konstitutionelle und neuabsolutistische Reform-Ära (1849–1859)

Die Polizeireform des Jahres 1850 und die Einführung der Gendarmerie

Die auf die Ereignisse des Jahres 1848 folgende Periode war für die geistige und politische Entwicklung eminent bedeutsam. Unter der Führung von Schwarzenberg, Stadion und Bach bekannte man sich zu den Reformen, deren langes Ausbleiben den Ausbruch der Revolution begünstigt hatte. Das damalige „Gesetzespaket" fand bis in die Gegenwart Ausstrahlung. Es entstand ein auf liberalen Ideen fußender Rechtsstaat, der sich trotz mancher Rückschritte weiterentwickelte. Da die Länder der ungarischen Krone Teil des „Kaisertums Österreich" waren und von „Wien" – zentralistisch – regiert wurden, blieb die Lage in Ungarn unerfreulich. Die vom Kaiser einseitig erlassene Reichsverfassung vom 4. März 1849, RGBl. Nr. 150, sprach ihm das Übergewicht in Gesetzgebung und Vollziehung zu. Sein Repräsentant in den Kronländern war gemäß § 92 der Landeschef (Statthalter), dem die Überwachung der Vollziehung der Reichs- und Landesgesetze sowie die Leitung der inneren Angelegenheiten oblag. Die Wahrung der inneren Sicherheit des Reiches bildete gemäß § 36 lit. i) eine Reichsangelegenheit.

Das Programm des neuen Staates zeichnet das Patent vom 7. Dezember 1848, worin von einer „kräftigen vollziehenden Centralgewalt im freien constitutionellen Staate" gesprochen wird. Der Regierungskurs darf insgesamt als „liberal-konservativ" bezeichnet werden. Josefinischen Prinzipien folgte er insoweit, als das ständisch-föderalistische Liberalitätsstreben der „Adelspartei" zugunsten des bürokratischen Zentralismus verdrängt wurde. Die Ausschaltung der Altkonservativen und eine vermehrte Abstützung bei den Militärs entsprach auch dem Mißtrauen bzw. der persönlichen Vorliebe des jungen Kaisers. Daraus, sowie aus dem Gefühl der noch nicht ausgestandenen Revolution, ergaben sich Unsicherheiten bei der Führung der Politik

und „Rangeleien" zwischen der „liberalen Zivilverwaltung" (mit Bach als ihrem Exponenten) und der „Militärgesellschaft". (Von einer „Militärpartei" zu sprechen wäre unzutreffend, da ihr gemeinsamer Nenner in der Hingabe für den Kaiser und nicht in der Verfolgung spezifisch politischer oder Klasseninteressen bestand.) Den bürgerlichen Schichten war der Weg zwar nicht zur politischen Macht freigegeben, aber zur ungehinderten Entfaltung ihrer wirtschaftlichen Kräfte und zum sozialen Aufstieg.

Zu dem erwähnten „Gesetzespaket" zählt insbesondere das Provisorische Gemeindegesetz des Grafen Stadion vom 17. März 1849, RGBl. Nr. 170, die Grundzüge der neuen Gerichtsverfassung unter Einführung von Staatsanwaltschaften (RGBl. Nr. 278), denen 1850 die Strafprozeßordnung folgte, das Vereins- und Versammlungsgesetz vom 17. März 1849, RGBl. Nr. 171, und vor allem das Kais. Patent vom 4. März 1849, RGBl. Nr. 151, über die „politischen Rechte" (Grundrechtskatalog).

Der § 5 dieser Norm bestimmte die Aufhebung der Zensur und sah als einzige Einschränkung der „Pressefreiheit" ein Repressivgesetz „gegen den Mißbrauch der Presse" vor. Dieses wurde mit Patent vom 13. März 1849, RGBl. Nr. 164, erlassen und regelte das „Verfahren in Preß-Übertretungsfällen". Es hob alle vor dem 14. März 1848 erlassenen, die Zensur betreffenden Bestimmungen auf, weiters das provisorische „Preßgesetz" vom 18. Mai 1848 und die Normen vom 20. Dezember 1848, die insbesondere das Plakatierverbot enthielten und die Abgabe von Pflichtstücken periodischer Druckschriften politischen Inhaltes im Zeitpunkte ihrer Verbreitung regelten. Das Patent vom 13. März 1849 sah den Erlag einer „Kaution" für periodische Druckschriften politischen Inhalts vor. Die Höhe der Kaution war gestaffelt, einerseits nach der Einwohnerzahl des Erscheinungsortes, andererseits nach der Häufigkeit des Erscheinens. Als „politisch" galten Druckschriften, die, „sei es auch nur nebenher, die politische Tagesgeschichte, religiöse oder soziale Themen behandeln, oder überhaupt politischen Inhalts sind". Auf die Kaution konnte bei einer Verurteilung gegriffen werden.

Die neue Polizeiorganisation baute auf den josefinischen Grundzügen auf, aber in einer geschlosseneren Form und mit Bedachtnahme auf die neue Gemeindeverfassung. Die

Kaiserliches Patent vom 4. März 1849,

für die Kronländer Oesterreich ob und unter der Enns, Salzburg, Steiermark, Kärnthen, Krain, Görz und Gradiska, Istrien, Triest, Tirol und Vorarlberg, Böhmen, Mähren, Schlesien, Galizien und Lodomerien Krakau, Bukowina und Dalmatien,

über die, durch die constitutionelle Staatsform gewährleisteten, politischen Rechte.

Wir Franz Joseph der Erste, von Gottes Gnaden Kaiser von Oesterreich; König von Ungarn und Böhmen c. c.

Verordnen für die nachbenannten Kronländer des österreichischen Kaiserreiches, nämlich für das Erzherzogthum Oesterreich ob und unter der Enns, das Herzogthum Salzburg, das Herzogthum Steiermark, das Königreich Illirien, bestehend aus dem Herzogthümern Kärnthen und Krain, der gefürsteten Grafschaft Görz und Gradiska, der Markgrafschaft Istrien und der Stadt Triest mit ihrem Gebiete — für die gefürstete Grafschaft Tirol und Vorarlberg, das Königreich Böhmen, die Markgrafschaft Mähren, das Herzogthum Ober- und Nieder-Schlesien, die Königreiche Galizien und Lodomerien mit den Herzogthümern Auschwitz und Zator und dem Großherzogthume Krakau, für das Herzogthum Bukowina; endlich für das Königreich Dalmatien — in Anerkennung und zum Schutze der den Bewohnern dieser Länder durch die von Uns angenommene constitutionelle Staatsform gewährleisteten politischen Rechte über Antrag Unseres Ministerrathes, wie folgt:

§. 1.

Die volle Glaubensfreiheit und das Recht der häuslichen Ausübung des Religionsbekenntnisses ist Jedermann gewährleistet. Der Genuß der bürgerlichen und politischen Rechte ist von dem Religionsbekenntnisse unabhängig, doch darf den staatsbürgerlichen Pflichten durch das Religionsbekenntniß kein Abbruch geschehen.

§. 2.

Jede gesetzlich anerkannte Kirche und Religionsgesellschaft hat das Recht der gemeinsamen öffentlichen Religionsübung, ordnet und verwaltet ihre Angelegenheiten selbständig, bleibt im Besitze und Genusse der für ihre Cultus-, Unterrichts- und Wohlthätigkeitszwecke bestimmten Anstalten, Stiftungen und Fonde, ist aber wie jede Gesellschaft den allgemeinen Staatsgesetzen unterworfen.

§. 3.

Die Wissenschaft und ihre Lehre ist frei. Unterrichts- und Erziehungs-Anstalten zu gründen und an solchen Unterricht zu ertheilen, ist jeder Staatsbürger berechtigt, der seine Befähigung hierzu in gesetzlicher Weise nachgewiesen hat. Der häusliche Unterricht unterliegt keiner solchen Beschränkung.

§. 4.

Für allgemeine Volksbildung soll durch öffentliche Anstalten, und zwar in den Landestheilen, in denen eine gemischte Bevölkerung wohnt, der Art gesorgt werden, daß auch die Volksstämme, welche die Minderheit ausmachen, die erforderlichen Mittel zur Pflege ihrer Sprache und zur Ausbildung in derselben erhalten. Der Religionunterricht in den Volksschulen wird von der betreffenden Kirche oder Religionsgesellschaft besorgt. Der Staat führt über das Unterrichts- und Erziehungswesen die Oberaufsicht.

§. 5.

Jedermann hat das Recht, durch Wort, Schrift, Druck oder bildliche Darstellung seine Meinung frei zu äußern. Die Presse darf nicht unter Censur gestellt werden. Gegen den Mißbrauch der Presse wird ein Repressivgesetz erlassen.

§. 6.

Das Petitionsrecht steht Jedermann zu. Petitionen unter einem Gesammtnamen dürfen nur von Behörden und gesetzlich anerkannten Körperschaften ausgehen.

§. 7.

Die österreichischen Staatsbürger haben das Recht sich zu versammeln und Vereine zu bilden, in soferne Zweck, Mittel oder Art und Weise der Versammlung oder Vereinigung weder rechtswidrig noch staatsgefährlich sind. Die Ausübung dieses Rechtes, so wie die Bedingungen, unter welchen Gesellschaftsrechte erworben, ausgeübt oder verloren werden, bestimmt das Gesetz.

§. 8.

Die Freiheit der Person ist gewährleistet. Die Verhaftung einer Person soll, außer im Falle der Ergreifung auf frischer That, nur in Kraft eines mit Gründen versehenen Befehles geschehen, welcher von dem Richter oder einer richterliche Functionen gesetzlich ausübenden Behörde ergangen ist. Jeder solche Verhaftbefehl ist dem Verhafteten sogleich bei seiner Anhaltung, oder spätestens vier und zwanzig Stunden nach derselben zuzustellen.

§. 9.

Die Sicherheitsbehörde muß Jeden, den sie in Verwahrung genommen hat, binnen acht und vierzig Stunden freilassen, oder dem zuständigen Gerichte überweisen.

§. 10.

Das Hausrecht ist unverletzlich. Eine Durchsuchung der Wohnung und der Papiere oder eine Beschlagnahme der letzteren ist nur in den gesetzlich bestimmten Fällen und Formen zulässig.

§. 11.

Das Briefgeheimniß darf nicht verletzt, und die Beschlagnahme von Briefen nur in Kriegsfällen oder auf Grund eines richterlichen Befehles vorgenommen werden.

§. 12.

Im Falle eines Krieges oder bei Unruhen im Innern können die Bestimmungen der vorstehenden §§. 5 bis einschließlich 11 zeitweilig und örtlich außer Wirksamkeit gesetzt werden. Ein Gesetz wird das Nähere hierüber bestimmen.

Polizeireform des Jahres 1850, wie überhaupt die Neuordnung der staatlichen Verwaltungsverhältnisse, ist das Werk des „Barrikadenministers" Dr. Alexander Bach. Durch die gleichzeitige Errichtung der Gendarmerie wurde eine entscheidende Verbesserung der Sicherheitsverhältnisse erzielt. Sie stellte sich schon durch die Auflassung der Patrimonialverwaltung als notwendiger Arm der Staatlichen Bezirksverwaltung dar, noch ungeachtet der mit Mühe niedergeschlagenen Rebellionen in Ungarn und Oberitalien. Zur Dienstverrichtung der Gendarmerie konnten der Statthalter, der Kreispräsident, der Bezirkshauptmann sowie die Gerichte und Staatsanwaltschaften auffordern, außerdem – namens des Statthalters – der Polizeidirektor.

Dem Wunsche des Monarchen entsprechend, war die Gendarmerie militärisch zu organisieren. Sie war ein Körper sui generis insoferne, als ihr Generalinspektor dem Kaiser unmittelbar berichten konnte, und sie hinsichtlich des Sicherheitsdienstes dem Innenminister, ansonsten dem Kriegsminister untergeordnet war. Die Gendarmerie gliederte sich

zunächst – einschließlich Ungarn, Kroatien, der Lombardei und Venetiens – in 16 Regimenter zu je 900 Mann, wofür ein Aufwand von jährlich 5 Millionen Gulden vorgesehen war. Auf jeden Kreis entfiel ein „Flügelkommando" des Regiments. [Die Kreisbehörden wurden 1860 aufgelassen. Im Jahre 1849 gliederte sich beispielsweise die Steiermark in drei (bisher fünf) Kreise: Bruck, Graz, Marburg, wobei die Landeshauptstadt der Statthalterei unmittelbar untergeordnet war.]

Die Funktion des Gendarmeriekorps ergibt sich aus dem Genehmigungsantrag des damaligen Innenministers Bach vom 30. Mai 1849 und aus dem Provisorischen Gendarmeriegesetz vom 18. Jänner 1850.[1]) Demnach sollte es sich um

---

1 Der Charakter auch anderer Normen dieser Ära als „provisorisch" ist dem Umstand zuzuschreiben, daß es sich um eine mit provisorischer Gesetzeskraft ausgestattete Norm (§§ 80, 87, 120 Reichsverfassung) und nicht um ein von einer gesetzgebenden Körperschaft erlassenes Gesetz handelte.

einen Elitekörper handeln, denn auch der einfache Gendarm war vorzüglich besoldet und einem Korporal der Armee gleichgestellt. Das Ministerium brachte zum Ausdruck, daß „der Rechtsstaat, in dessen Formen die Monarchie in Folge der jüngsten Ereignisse immer mehr einzutreten berufen ist, einer Kräftigung der richterlichen Gewalt bedürfe, daß aber auch die vollziehende Gewalt einen solchen Arm umso mehr nötig habe, als durch die gewährte politische Freiheit die Angriffe gegen die öffentliche Ordnung bedenklicher werden können, da Vorbeugungsmaßregeln nur in geringer Zahl und unter den drohendsten Verhältnissen zulässig erscheinen" (RGBl. Nr. 272/1849 sowie Neubauer, S. 539ff).

Die Allerhöchste Entschließung vom 10. Juli 1850 über die „Grundsätze für die Organisation der Polizeibehörden" hat erstmals von den Begriffen Staats- und Lokalpolizei Gebrauch gemacht. Letztere war unterteilt in eine solche, die gleichfalls den politischen Behörden oblag, andererseits in die eigentliche Lokalpolizei, die zum Wirkungskreise der Gemeinde gehörte. Die ortspolizeiliche Geschäftsführung war von den politischen Behörden zu überwachen. Diese (auch „Behörden für die Polizeiverwaltung" genannt) waren: der Bezirkshauptmann im Bezirk, der Kreispräsident für die Oberleitung im Kreise bzw. mehrerer Bezirke, der Statthalter als Zentralstelle des Kronlandes, schließlich der Minister des Innern. Qualifizierte Behörden für die Polizeiverwaltung waren die „eigenen Polizeibehörden" in den größeren Städten. Am Sitze des Statthalters führten sie (bis 1852) die Bezeichnung „Stadthauptmannschaft und Polizei-Direktion" (siehe Anm. 3 auf S. 66), die übrigen die Bezeichnung „Polizeikommissariat". Erstere gab es insbesondere in Wien, Graz, Linz, Klagenfurt und Innsbruck, Polizeikommissariate in Bregenz und Salzburg. (Salzburg ab 1853 „Polizeidirektion". Der Amtstitel „Stadthauptmann" kommt seit der Zwischenkriegszeit den Leitern der Wiener Bezirkspolizeikommissariate zu. Seit 1976 führen alle bisherigen Bundespolizeikommissariate die Bezeichnung „Bundespolizeidirektion", was insoferne verständlich ist, als es schon lange keinen Unterschied mehr hinsichtlich der sachlichen Zuständigkeiten zwischen beiden Behördentypen gab.)

Die damaligen Polizeikommissariate waren ursprünglich dem Kreispräsidenten untergeordnet, hatten aber über alle wichtigen Vorfälle und Wahrnehmungen dem Statthalter im Wege des Stadthauptmannes zu berichten (§ 41), wie überhaupt alle politischen Behörden des Kronlandes verpflichtet waren, die in politischer Hinsicht wichtigen Vorkommnisse dem Statthalter unter der Adresse des „Stadthauptmannes" anzuzeigen, der diese Berichte mit seinem „Gesehen" und mit seinen allfälligen Bemerkungen dem Statthalter vorzu-

Gendarmen des lombardischen Gendarmeriekorps (hier mit Pallasch, nach 1821). Dieses von Napoleon I. aufgestellte Korps wurde vom Kaisertum Österreich übernommen und förderte später die Organisierung der k.k. Gendarmerie. Es verteilte sich mit 5 1/2 Eskadronen zu je 1000 Mann auf die lombardischen Provinzen und auf den militärisch wichtigen südlichen Teil Südtirols (Trient/Rovereto). Ab 1850 bildete es das k.k. Gendarmerieregiment Nr. 14 (Mailand).

Gendarmen des Postens Eberndorf in Kärnten werden bei der Eskortierung mehrerer Arrestanten am 15. Dezember 1851 meuchlerisch überfallen.

bestellt waren, der polizeilichen Wachkörper bedienen konnten.

Die Bedingungen der Bestellung uniformierter Gemeinde-Polizei-Organe und der Errichtung organisierter Gemeinde-Polizeiwachkorps waren einem Erlaß des Innenministeriums vom 17. Dezember 1850 zu entnehmen.

Gleichzeitig mit der ah. Entschließung vom 10. Juli 1850 über die Organisationsgrundsätze wurde der „Wirkungskreis der k.k. Polizeibehörden" vom 10. Dezember 1850 mittels Erlaß vom 14. Februar 1851 den Statthaltern zur Kundmachung in den Landesgesetz- und Regierungsblättern, markiert als Beilagen I und II, intimiert.[2] Funktionell

2 Dieser Norm kommt noch heute die Kraft eines Gesetzes zu, wenngleich sie im Hinblick auf die geänderte Verfassungslage sowie auf später erlassene Gesetze entsprechender Interpretation bedarf. Sie wurde nicht im Reichsgesetzblatt kundgemacht, sondern aufgrund eines Erlasses des Ministers des Innern vom 14. Februar 1851 von den Statthaltern in den Landesgesetzblättern verlautbart, so in Niederösterreich im LGBl. Nr. 39/1851, in der Steiermark im Landesgesetz- und Regierungsblatt Nr. 80/1851 (Oberhummer II., S. 262, 275, Liehr-Markovics I., S. 64ff), Kärnten: LGBl. Nr. 6/1852 und Oberösterreich: LGBl. Nr. 108/1851. Eine Ergänzung erfolgte mit ah. Entschließung v. 13. April 1858 („ah. Anordnungen über die allgemeine Einrichtung und Bestimmung der Polizeiverwaltung"; Intimierungserlaß Zl. 2845 v. 17. April 1858).

K.k. Gendarmerie zu Fuß und zu Pferd 1850–1860.

legen hatte (§ 32). Konnte der Stadthauptmann von den politischen Behörden Auskünfte verlangen, so waren die Kommissariate ihm gegenüber weisungsgebunden. Den Polizeidirektoren in den Hauptstädten der Kronländer kamen also auch die ungefähren Aufgaben zu, die den heutigen Sicherheitsdirektor kennzeichnen. Mit der Auflassung der meisten Polizeidirektionen im Jahre 1866 fand diese Doppelfunktion im großen und ganzen ein Ende. [Wenngleich stellvertretend die Polizeiabteilungen bei den Statthaltern bzw. Landespräsidenten geschaffen wurden (deren Wirksamkeit noch in die Erste Republik reichte), so erlitt doch die Straffheit des Polizeiwesens eine erhebliche Einbuße.]

Betrachten wir die den „eigenen Polizeibehörden" beigegebenen Exekutivkörper, so finden wir, daß dem Stadthauptmann „Zivilpolizeiwache" (§§ 9, 30) und „Militär-Polizeiwache" (§ 28) beizugeben war. Die den Polizeikommissariaten beigegebene „Wachmannschaft" (§ 39) bildete bloß eine Unterabteilung des nächsten Militär-Polizeiwache-Korps. Die Verfügungsgewalt des Stadthauptmannes über die Militär-Polizeiwache schloß auch ein – und zwar im Rahmen seiner Pflicht, die Gemeinde in Handhabung der ihr zustehenden Lokalpolizei zu unterstützen –, der Gemeinde die benötigte Militär-Polizeiwache zu stellen. Sohin ergibt sich, daß sich die Magistrate zur Vollziehung ihrer ortspolizeilichen Aufgaben, soweit hiezu nicht eigene Gemeindeorgane

Allgemeines

Landesgesetz- und Regierungsblatt

für das

Kronland Steiermark.

—

I. Stück.

Ausgegeben und versendet am 11. Jänner 1851.

—

1.

Erlaß der Statthalterei vom 21. December 1850,
an die Kreisregierungen und das Commando des 12. GenSd'armerie-Regiments, in Betreff der Adjustirung und Bewaffnung der Gemeinde-Polizei-Organe, dann der Errichtung förmlich organisirter Gemeinde-Polizeiwachcorps.

Der Herr Minister des Innern hat zu Folge Erlasses vom 17. December d. J., Z. 25,235, über die von einer Gemeinde in Betreff der Adjustirung und Bewaffnung der Gemeinde-Polizei-Organe gestellte Anfrage zu verfügen befunden, daß es zwar den Gemeinden überlassen bleibe, die Bestimmungen über die Adjustirung und Bewaffnung der Polizei-Organe zu treffen, daß sie jedoch hierbei die allgemeinen Verbotsgesetze und die besonderen, den Gebrauch militärischer Auszeichnungen oder das Tragen von Staatsbeamten-Uniformen untersagenden Vorschriften genau im Auge zu behalten und keine Adjustirung zu wählen haben, die der k. k. Armee, der Gensd'armerie oder der k. k. Militär-Polizeiwache eigen ist.

Die Gemeinden haben die Zahl, die Adjustirung und Armirung der aufgestellten Polizei-Organe zur Kenntniß des Bezirkshauptmannes zu bringen, der das Regiments-Commando der Gensd'armerie hiervon zu verständigen hat.

Die von einer Gemeinde allfällig beabsichtigte Errichtung eines förmlich organisirten Polizeiwachcorps ist an die besondere Zustimmung des Herrn Ministers des Innern gebunden.

---

wurden die Polizeibehörden auf drei Ebenen wirksam: Administrative Polizei – gerichtliche Polizei – Mitwirkung bei der Lokalpolizei der Gemeinde. Diese „Administrative Polizei" bestand in einer beobachtenden, vorbeugenden und verhütenden Tätigkeit, im Gegensatz zur repressiven Tätigkeit (Ahndung aufgrund besonderer Polizeivorschriften oder Überweisung an die zuständigen Verwaltungsbehörden oder an die Gerichte).

Für die „Administrative Polizei" ergab sich organisatorisch eine Dreiteilung, etwa so wie heute: Staatspolizei – Kriminalpolizei – Öffentliche Ordnung. (Heute wird die letztere als „Administrativpolizei" bezeichnet.) Staatspolizei bedeutete Aufrechterhaltung der öffentlichen Sicherheit und der inneren Ruhe, Sicherheitspolizei (Kriminalpolizei) die Sorge für die Sicherheit der Person und des Eigentums. Im gleichen Sinne sprach die kaiserliche Entschließung vom 25. April 1852 über den Wirkungskreis der „Obersten Polizeibehörde" (Polizeiministerium = ehem. Polizeihofstelle) von Staatspolizei und Sicherheitspolizei und überließ „die übri-

gen Zweige der administrativen Polizei als politisch-administrative Angelegenheiten" dem daneben bestehenden Innenministerium (als Nachfolger der ehem. Hofkanzlei).[3]

Dieser „Trias" entsprach in organisatorischer Hinsicht ungefähr die Sektionseinteilung des Polizeipräsidenten in Wien, Le Monnier (1872), die heute Allgemeingut ist.

Die Definitionen in der Entschließung vom 10. Juli 1850 über die „Grundzüge für die Organisation der Polizeibehörden" lauteten: Die „staatliche" Polizei umfaßte die Staatspolizei im engeren Sinne einschließlich des Evidenzwesens (Meldungswesen, Paßwesen und Fremdenpolizei), und unter dem Titel „Lokalpolizei" alle übrigen Agenden (insbes. die Kriminalpolizei), soweit sie nicht den Gemeinden – nach Maßgabe der Gemeindestatuten – überlassen waren. Über das Verhältnis der „staatlichen" Polizei zur Lokalpolizei im engeren bzw. heutigen Sinne (Gemeindepolizei, Ortspolizei) befanden die §§ 31 bis 33 des „Wirkungskreises".[4]

---

3 Die AE vom 25. April 1852 (vgl. RGBl. Nr. 166) bestimmte, daß diese Polizeibehörden fortan die Bezeichnung „Polizeidirektion" zu führen hatten. Die Bezeichnung „Stadthauptmannschaft" wurde vermutlich aufgegeben, weil sie für den Bereich der Polizeidirektion Wien in der revolutionären Phase des Jahres 1848 (siehe Anm. 1 auf S. 26) geschaffen wurde, woran der Chef der neuen Obersten Polizeibehörde nicht erinnert sein wollte. (Nur in Prag waren schon seit langem die Bezeichnungen „Stadthauptmannschaft" und „Stadthauptmann" eingeführt, da der Kreishauptmann auch Polizeidirektor war.) Im Rahmen der Bachschen Verwaltungsreform war der Titel „Polizeidirektor und Stadthauptmann" (auch in umgekehrter Reihenfolge oder bloß „Stadthauptmann") insoferne erklärbar, als die Hauptstädte der Kronländer der Statthalterei unmittelbar untergeordnet waren, also keinen Kreishauptmann bzw. Kreispräsidenten fanden. Daraus ergibt sich, daß die „Stadthauptmannschaft" auf die Polizeifunktion im Stadtgebiet bezogen war, die „Polizeidirektion" auf die Ausübung der Polizeifunktionen innerhalb des Kronlandes. Mit der AE vom 25. April 1852 ging diese Doppelstellung nicht verloren, zumal der Wirkungskreis des „Polizeidirektors" gegenüber dem des „Stadthauptmannes" der umfassendere war.

4 § 31: Wenn der Gemeinde auch die Verwaltung der Lokalpolizei in dem in den Gemeindestatuten näher beschriebenen Umfange zusteht, so ist gleichwohl Pflicht der Polizeibehörde, auf Mängel und Gebrechen in dieser Verwaltung ein wachsames Auge zu haben, sich wegen Abstellung derselben mit den dazu berufenen Gemeindeorganen in einem freundlichen Einvernehmen und bereitwilligen Entgegenkommen zu erhalten, insbesondere aber in Fällen größerer Kalamitäten, wie bei Feuersbrünsten, Überschwemmungen und dergleichen mit den Gemeindeorganen Hand in Hand zu gehen und soweit es tunlich ist, sich bereits früher über die zu ergreifenden Maßregeln zu vereinigen.

§ 32: Sollte die Gemeinde dem Ansinnen der Polizeibehörde nicht entsprechen, so hat diese dringende, keinen Aufschub gestattende Maßregeln, insofern solche aus Rücksichten des öffentlichen Interesses erforderlich sind, sogleich selbst zu treffen und zur Kenntnis der vorgesetzten Behörde zu bringen. Sonst ist Anzeige an diese Behörde zu erstatten.

§ 33: Die Polizeibehörde ist verpflichtet, mit ihren Organen die Gemeinde in Handhabung der ihr zustehenden Lokalpolizei auf das kräftigste zu unterstützen und Übertretungen der Lokalpolizeivorschriften, deren Ahndung der Gemeinde zusteht, sogleich zur Kenntnis derselben zu bringen.

Im Sinne des § 33 der Reichsverfassung vom 4. März 1849 verstand das provisorische Reichsgemeindegesetz vom 17. März 1849 unter Lokalpolizei diejenigen polizeilichen Aufgaben, die das Interesse der Gemeinde zunächst berühren und innerhalb ihrer Grenzen durch ihre eigenen Kräfte besorgt und durchgeführt werden können. Was im Einzelfall darunter zu begreifen war, bestimmten konkret die Gemeindeordnungen der Länder bzw. die Statute der Städte. In Graz beispielsweise waren diese Agenden laut der Stadtverfassung von 1850 dürftig, und zwar wegen der noch ungenügenden personellen und organisatorischen Kapazität des Magistrates. Laut Prov. Gemeinde-Ordnung für die Stadt Graz 1850 fehlte im Vergleich zur späteren Regelung die örtliche Sicherheitspolizei und die Sittenpolizei. Die maßgeblichen §§ 69 bis 71 korrespondierten übrigens hinsichtlich des Primat der landesfürstlichen Polizei und der sehr eingeschränkten örtlichen Sicherheitspolizei mit dem § 91 bzw. § 218 des Bach'schen Gemeindegesetzes vom April 1859, RGBl. Nr. 58.

Erst die Grazer Gemeindeordnung vom Jahre 1869 enthält die Zuweisung sicherheitspolizeilicher Angelegenheiten, nun im Sinne des Art. V Reichsgemeindegesetz 1862:

. . . 2. die Sorge für die Sicherheit der Person und des Eigentums (örtliche Sicherheitspolizei);
3. sowie für die Sicherheit und Leichtigkeit des Verkehrs auf Straßen . . .
7. die (örtliche) Sittlichkeitspolizei . . .

Im Schlußsatz des Art. V war zwar vorgesehen, daß „aus höheren Staatsrücksichten" bestimmte Geschäfte der Ortspolizei in einzelnen Gemeinden besonderen landesfürstlichen Organen im Wege der Gesetze zugewiesen werden können, doch wurden solche Gesetze nie erlassen. Jedenfalls waren damit die §§ 31 bis 33 des „Wirkungskreises" unanwendbar geworden.

Was aber an den zitierten Regelungen der §§ 31 bis 33 des „Wirkungskreises der k.k. Polizeibehörden" besticht, ist die Elastizität und die deutliche Befugnis, ohne Zeit- und Reibungsverluste im Sinne des Publikums wirksam zu werden und die mangelnde Präsenz der Gemeindeorgane zu neutralisieren. Es würde zu weit führen, die einschlägigen Bestimmungen des Gemeindegesetzes 1849 zu zitieren. Die Präambel sagte aus, daß „die Grundfeste des freien Staates die freie Gemeinde ist", und schied deren Wirkungskreis in einen „natürlichen" und einen „übertragenen". Dabei hat man übersehen, daß die in den damaligen Landgemeinden vorhandene geistige Kapazität den vorgesehenen Aufgaben meist nicht gerecht werden konnte. Zum Teil waren die Bestimmungen derart idealistisch, daß die Ausführung nicht in dem vorgesehenen Maße gelingen konnte. Besonders auffallend war die Bestimmung des § 86:

„Die Gemeinde hat im Falle einer in ihrer Gemarkung verübten öffentlichen Gewalttätigkeit durch boshafte Beschädigung des Eigenthumes den Beschädigten Ersatz zu leisten, wenn der Thäter nicht zu Stande gebracht wird, und

die Gemeinde nicht nachweiset, daß es nicht in ihrer Macht lag, die begangene Gewaltthätigkeit zu verhindern."

Minister Bach schuf ein praktikableres Gemeindegesetz, doch hat er es – wegen der absolutistischen Einflüsse – verstanden, dessen Fertigstellung bis zum Jahre 1859 hinauszuzögern, so daß es kaum mehr wirksam wurde.

Beim „Wirkungskreis" handelte es sich, obgleich als „Instruktion" bezeichnet, folgt man seinem durch § 43 der „Grundzüge" bestimmten Inhalt, nach heutigen Begriffen um eine allgemeinverbindliche Durchführungsverordnung. Soweit der „Wirkungskreis" die Aufgaben der Sicherheitsbehörden im Sinne ihrer allgemeinen sachlichen Zuständigkeit regelte (die „Grundzüge" befaßten sich bloß mit der organisatorischen Struktur, an der übrigens das Behördenüberleitungsgesetz 1945 festhielt), ist er durch die bundesverfassungsgesetzlichen Zuständigkeitsregelungen und die einfachgesetzlichen Aufgabenzuweisungen überholt. Einschränkungen der Zuständigkeiten konnten sich auch von Fall zu Fall aus den Verordnungen ergeben, mit denen neue Polizeibehörden errichtet oder zwischenzeitig aufgelöste wiedererrichtet wurden. (Von den heutigen 14 Bundespolizeibehörden wahrte nur die Polizeidirektion Wien einen ununterbrochenen Fortbestand.) Heute sind die sachlichen und örtlichen Zuständigkeitsregelungen in der Verordnung der Bundesregierung über den Wirkungsbereich der Bundespolizeibehörden vom 7. Dezember 1976, BGBl. Nr. 690, für alle Bundespolizeibehörden zusammengefaßt.

Eingriffe in Individualrechte im Rahmen der gesetzlichen Aufgabenstellung (Befugnisse im engeren bzw. eigentlichen Sinne) waren gemäß § 43 der „Grundzüge" bloß „im gesetzlichen Wege" möglich. Das heißt mit anderen Worten – und mangels einer anderweitigen Regelung –, daß sich, wie auch heute, die Einzelbefugnisse primär nach dem jeweiligen Materiengesetz, welches die Aufgabenvollziehung einer Sicherheitsbehörde zuweist, zu richten hatten. Aber mit Rückblick auf die Verfassungslage zur Zeit des Inkraftsetzens der Bach'schen Bestimmungen, hat man selbst nach Wirksamkeit der Bundesverfassung 1920 den „Wirkungskreis", vor allem die im § 1 des „Wirkungskreises" enthaltene Generalklausel – obgleich die Grenzen der Polizeigewalt nicht bestimmt waren (siehe Dehmal, S. IXf und XV) – als ausreichende Basis für polizeiliche Zwangsbefugnisse zur Aufrechterhaltung der öffentlichen Ordnung und Sicherheit sowie zur sogen. Gefahrenabwehr angesehen. Diese Auffassung fand im Art. IV des Einführungsgesetzes zu den Verwaltungsverfahrensgesetzen, BGBl. Nr. 273/1925, Niederschlag. Ein solideres Fundament lieferte schließlich die Generalklausel des Art. II, 4 §, Abs. 2 des V-ÜG 1929, welche Sofortmaßnahmen zum Schutze der körperlichen Sicherheit und des Eigentums zuläßt. Hinsichtlich der spontanen „Anordnungen" (Maßnahmen) von Einzelorganen ist diese Wirkung zwar nicht unbestritten (siehe bei Blum, S. 63), wird jedoch vom Verfassungsgerichtshof (Erkenntnis Slg. 8928/1980) bejaht. Eine eindeutige Regelung in diesem Sinne suchte die Regierungsvorlage vom 6. Mai 1969 zu einem

„Polizeibefugnisgesetz" (Bundesgesetz über die Befugnisse der Sicherheitsbehörden und deren Exekutivorgane auf dem Gebiete der allgemeinen Sicherheitspolizei) in ihrem § 5 Abs. 3 zu erwirken und zugleich den „Wirkungskreis" zu beheben. Solange der „Wirkungskreis" nicht formell behoben ist, kommt ihm zumindest die Bedeutung einer Instruktion im eigentlichen Sinne zu. Also eines innerorganisatorischen Leitfadens, der die polizeilichen Aufgaben erläutert und die Sicherheitsorgane motiviert. Er ist bisher durch keine den geänderten Verhältnissen entsprechende umfassende Direktive ersetzt worden.

Zeitlich vorausgreifend ist die kaiserliche Entschließung vom 25. April 1852 über den „Wirkungskreis der Obersten Polizeibehörde" nochmals zu erwähnen. Die Errichtung der Obersten Polizeibehörde war auf eine vorübergehende Abspaltung der staats- und sicherheitspolizeilichen Agenden vom Innenministerium zurückzuführen. Der Aufgabeninhalt ist knapper dargestellt als im „Wirkungskreis der k.k. Polizeibehörden". Soweit er nicht anderen Gesetzen widerspricht, ist er noch immer gültige Aufgaben- und Organisationsnorm für das Bundesministerium für Inneres – Generaldirektion für die öffentliche Sicherheit. Als solche wurde ihm auch durch das „Bundesministeriengesetz 1973" nicht derogiert, da dieses bloß über die Geschäfte und allgemeinen Sachgebiete der Bundesministerien abspricht. Die oben erwähnte Regierungsvorlage zu einem Polizeibefugnisgesetz sah die Aufhebung dieser kaiserlichen Entschließung vor. Möglicherweise bloß infolge einer Verwechslung mit der Entschließung vom 10. Juli 1850 („Grundzüge"); ansonsten würde es nämlich keine gesetzliche Begriffsbestimmung der Staatspolizei und Sicherheitspolizei geben, welche auch in dieser Vorlage zu einem Polizeibefugnisgesetz fehlte. Die prägnanteste Definition findet sich im § 1 des „Wirkungskreises". Sie lautet:

„Die Polizeibehörden haben den Gefahren, womit die gesetzliche Ordnung, sowie überhaupt der Rechtsbestand und die Wohlfahrt des Staates sowie der einzelnen bedroht sind, auf den gesetzlichen Wegen vorzubeugen und zu begegnen, die öffentliche Ruhe und Ordnung zu erhalten, die Angriffe gegen dieselbe und die Verletzungen der Person und des Eigentums, mögen sie vom Zufall herrühren oder durch menschliche Tätigkeit absichtlich oder unabsichtlich veranlaßt werden, zu hindern, bei vorfallenden Störungen der Ordnung und Sicherheit dem Umsichgreifen des Schadens Einhalt zu tun, die eingetretenen nachteiligen Folgen zu beseitigen, endlich die Übertreter des Gesetzes auszuforschen, anzuhalten und den berufenen Behörden zu überliefern."

Hinsichtlich der Bachschen Polizeireform ist hervorzuheben, daß mit ihr die Polizei wieder ein Teil der allgemeinen politischen Verwaltung wurde, mithin die im Jahre 1793 erworbene Selbständigkeit des Polizeiressorts verloren ging. Diese Ordnung der Dinge kann als Zugeständnis an die konstitutionellen Forderungen der Zeit angesehen werden. Der Liberalismus ist in seinem innersten Wesen gegen die

Bevormundung durch staatliche Organe eingenommen; er ist das Mißtrauen gegen die Polizei nie losgeworden. Obwohl dem Föderalismus abgeneigt und zentralistischen Gedanken verbunden, tritt er im Polizeiwesen für Dezentralisation, Verländerung und Vergemeindlichung ein. Diesen Verlangen kam Bach entgegen. Die Entschließung vom 25. April 1852, womit vorübergehend eine vom Ministerium des Innern unabhängige polizeiliche Zentralstelle errichtet wurde, war daher auch eine Kampfansage gegen die Grundzüge Bachs. Gegenüber der vormärzlichen Polizeihofstelle Sedlnitzkys wurde die Macht des neuen Chefs der Obersten Polizeibehörde ausgedehnter, da ihm auch Ungarn unterstellt war und die Gendarmerie hinzutrat.

Abschließend – und gleichzeitig der Zeit weit vorausgreifend – muß erwähnt werden, daß alle noch zuletzt gültig gewesenen Dienst- und Einrichtungsnormen der Polizei der Monarchie, nach allgemeiner Auffassung jedenfalls, durch den § 16 des Beschlusses der Provisorischen Nationalversammlung über die grundlegenden Einrichtungen der Staatsgewalt vom 30. Oktober 1918 und § 1 V-ÜG 1920 in die geltende Verfassungsordnung übergeleitet wurden.

Wiederkehr einer zentralen Polizeistelle (1852–1859)

Die Tendenzen des Jahrzehnts zwischen 1849 und 1859 sind ambivalent, widersprüchlich daher auch die Beurteilungen durch die Geschichtsschreibung. Die einen sprechen von einer „finsteren" Periode, in der nur der „Militärrock" zählte, andere wieder verweisen auf die Blüte der liberalen Nationalökonomie, auf die Entfaltung von Handel, Verkehr und Gewerbe, auf die gesetzliche Regelung der Forst- und Jagdwirtschaft und andere Fortschritte im geistigen wie wirtschaftlichen, aber auch im politischen Bereich. Kein Zweifel besteht, daß die Vollziehung der Grundentlastung zusammen mit dem Überführen der Patrimonialverwaltung in die des Staates (Kreis- und Bezirksämter) erhebliche Anstrengungen erforderte und daß die vom Grafen Leo Thun in Angriff genommenen Reformen des höheren Schul- und des Hochschulwesens (Lehr- und Lernfreiheit) bedeutsam waren. Das Urteil, das neuabsolutistische Experiment, einen modernen Staat „von oben" zu schaffen, wäre an seiner Diskrepanz mit der weitgehenden liberalisierten Gesellschaft gescheitert, wird in diesem Umfang nicht anzuerkennen sein. Die Weltwirtschaftskrise des Jahres 1857 war ein kaum zu steuerndes Faktum, das sich umsomehr auswirkte, als die Kosten der Reformen und der imperialen Politik die Staatsschuld innerhalb dieser zehn Jahre verdoppelte. Vermutlich war hier, in Verbindung mit den halsstarrigen Ansprüchen gegenüber Ungarn und Italien, der Keim des Übels zu finden.

Die „neuabsolutistische Periode" leitet sich vom kaiserlichen Patent vom 31. Dezember 1851 (Silvesterpatent) ab, womit der 21jährige Monarch die von ihm selbst gegebene Märzverfassung sistierte und einen Teil der Grundrechte aufhob. Praktisch bedeutete dies aber keine „Rückkehr zum Vormärz". Die exekutive Gewalt handelte weiterhin nach den Geboten des Rechtsstaates, bewegte sich doch das Beamtentum auf dem Boden des josefinischen bzw. humanitären Josefinismus (Franz, S. 85ff). Der Rückschritt zeichnete sich eher in einer Unsicherheit und Planlosigkeit der Staatspolitik ab, was auf die noch ungereifte Persönlichkeit des Kaisers und auf die heterogene Zusammensetzung des „Ministeriums" zurückzuführen war. Dieser zwangsläufigen und am Ende unheilvollen Koalition von liberalen und konservativen Elementen fehlte seit dem Tode des Fürsten Felix Schwarzenberg (5. April 1852) die Führerfigur. Bach war politisch zu umstritten, um diese Rolle zu übernehmen, wenngleich man wegen seines Einflusses und seiner Leistungen vielfach von der „Ära Bach" sprach.

Schon im August 1850 hatte der Kaiser die Ministerverantwortlichkeit aufgehoben. Diese Entscheidung wurde als Angleichung an eine staatsphilosophische Erkenntnis und als Beseitigung eines widersprüchlichen Dokuments bezeichnet, welches „aus der liberalen französischen Schule, aus einer phantastischen und insbesondere auf Österreich nicht anwendbaren Ideologie hervorgegangen". Ohne Zweifel zeigt sich hier die antikonstitutionelle Grundhaltung des Kaisers, der sich von dieser Entscheidung bloß nebenbei ein Einlenken der frustrierten Altkonservativen erhoffte (Kempen, S. 224, 248). Das Handicap des forcierten Zentralismus bzw. „absolutistischen Bürokratismus" hat Metternich vorausgesehen. In seiner Stellungnahme zum Entwurf des Silvesterpatentes stimmte er zwar der Einheit der Regierung zu, nicht aber der Einheit der Verwaltung: Hier sei vielmehr die Vielheit und Verschiedenheit der Nationen zu beachten! (Srbik II., S. 182, 444f, 451f.) In der Tat machte sich die Unzufriedenheit der nichtdeutschsprachigen Nationalitäten auch außerhalb Ungarns an dem „deutschsprachig geführten Einheitsstaat" nachteilig bemerkbar. Denn der übernationale Österreich-Begriff (Föderalistische Reichsidee – Reichisches Denken) war dem Durchschnittsbürger ebensowenig verständlich wie die Notwendigkeit zu den Reformen, die nur durch ein leistungsstarkes und auf e i n e Sprache gestütztes Element („innere Amtssprache") herbeigeführt werden konnten. Tatsächlich ging es hier, ebensowenig wie beim Zentralismus Josefs II., nicht um die Prärogative des Deutschen an sich, sondern um die Durchsetzung einer einheitlichen Verwaltung (Megner, S. 245ff), schon gar nicht um Germanisierung. Solche Bestrebungen waren freilich allenthalben, vor allem in Böhmen, vorhanden, konnten aber doch – ebenso wie der wachsende Einfluß der übrigen Nationalitäten auf die Verwaltung – erst mit der zunehmenden Demokratisierung und mit dem Entstehen des „Massenbeamtentums" gegen Ende des Jahrhunderts wirksam werden.

Der Anteil der einzelnen Nationalitäten an den Beamtenposten (1910)

Nationalität	von 1000 Staatsbürgern waren	von 1000 Beamten waren
Deutsche	357	479 (+122)
Tschechen	232	232
Polen	165	125 (−40)
Ruthenen	132	29 (−103)
Slowenen	46	32 (−14)
Serbokroaten	27	12 (−15)
Italiener	28	35 (+7)
Rumänen	9	4 (−5)

(aus: Megner, S. 254)

Die Zerfahrenheit an der Staatsspitze zeigte sich deutlich an der Lösung der kirchlichen Angelegenheiten. So ist es kaum verständlich, daß die kostitutionelle und die neuabsolutische Regierung das josefinische Staatskirchensystem in den entscheidenden Punkten aufhob (Franz, S. 415ff). Hier wirkten liberale Gedankengänge in Richtung einer Trennung von Staat und Kirche (Bach) mit der schon unter Kaiser Franz entwickelten katholischen Restaurationsbewegung, die im Sinne der ganzstaatlichen Idee Großösterreichs verwertet werden sollte (Thun), zufällig zusammen. Das Produkt, das Bündnis von „Thron und Altar", fand in dem vom Kaiser betriebenen Konkordat des Jahres 1855 vor allem durch den der Kirche eingeräumten Einfluß auf Ehe und Schule unglücklichen Niederschlag. Es erregte die Abneigung von weiten Teilen des Bürgertums und des Adels, gleichviel ob eigentlich liberaler oder josefinischer Richtung (Grillparzer, Auersperg [Anastasius Grün], so auch des Chefs der obersten Polizeibehörde, Kempen). Gerade die antiklerikale Sammlung erwies sich später, als sich vom deutschliberalen Bürgertum ein deutschnationales Lager abspaltete, als folgenschwer.

Die Armee mit ihrem Stand von 630.000 Mann verschlang Unsummen. Hinzu kam noch die Kritik wegen der bevorzugten Stellung der Armee. Diese „Bevorzugung" war im System gelegen, da sich der Kaiser als Soldat fühlte und vorzüglich der Armee vertraute, verdankte er ihr doch den Bestand des Reiches und die Wiedererlangung der Herrschaft über Ungarn und Lombardo-Venetien. Der „nachrevolutionäre Zustand" brachte es mit sich, daß diese beiden Königreiche durch Militärgouverneure verwaltet wurden und die Militärjustiz unnötig lange ihre rigorosen Urteile sprach, ja sogar der „Belagerungszustand" in Wien (sowie in Prag und den böhmischen Festungsstädten) erst im September 1853 aufgehoben und in Lombardo-Venetien gemäßigt wurde. Auf das militärische Element führte man auch zurück, daß Beamtenuniformen mit Degen und Zweispitz vom Minister bis hinab zum Subalternen zu tragen waren, aber auch von den Mitgliedern der Akademie der Wissenschaften! Der Volksmund sprach von „Bach-Husaren", doch wurde auf die Uniformierung der Beamten schon früher, wie auch wieder später, Wert gelegt (Megner, S. 238ff). Die Rolle, die den hohen Militärs bei der Administration des Reiches zuteil wurde, zeigt sich deutlich bei der Karriere des Generals Kempen von Fichtenstamm und seinem Wirkungs-

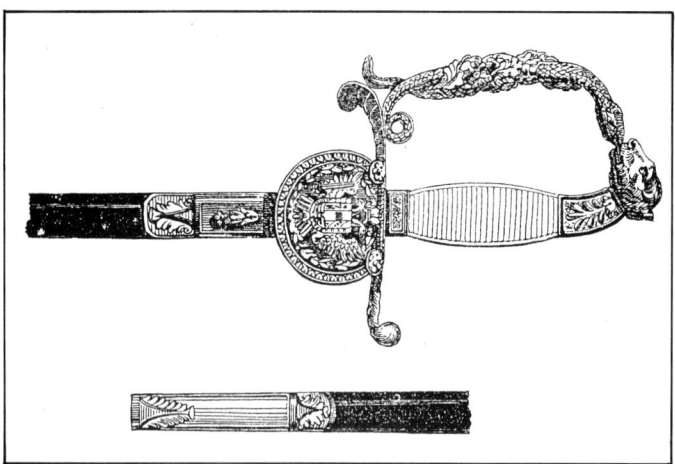

Degen nach Muster F, Gefäß mit Perlmutter ausgelegt.

Uniform für Staatsbeamte vom Ministerpräsidenten bis zur XII. Rangklasse.
Der Uniformrock dunkelgrün zu weißer Hose, die Aufschlagsfarbe für Beamte des Innenministeriums pompadourrot (Uniformierungsvorschrift RGBl.Nr. 377/1849).

kreis als erster Generalinspektor der Gendarmerie, ab 1852 zugleich auch „Chef der obersten Polizeibehörde" und außerdem (zwischen 1851 und 1853) Militärgouverneur von Wien.

Kempen, ein geradliniger, gerechter und gebildeter Soldat, war seit 1844 Brigadier an der kroatischen Militärgrenze. Von hier aus nahm er am eigentümlichen Feldzug des Banus Jellachich gegen das revolutionäre Ungarn und gegen Wien (Oktober 1848) teil, und wurde anschließend Kommandant des Militärdistriktes Preßburg, dann Ofen (Budapest). Als solcher auch mit politisch-polizeilichen Angelegenheiten befaßt, lag es nahe, ihn im Herbst 1849 mit dem Aufbau und der Leitung der Gendarmerie zu betrauen. Das neue Korps errang schon bald die Sympathie der Bevölkerung, konnte es doch beispielsweise bereits nach einem Jahr mit seinen bis dahin kaum 13.000 Mann Verhaftungen von 320 Straßenräubern und 6455 Dieben nachweisen. Gestützt auf die Förderung durch den Kaiser und dessen Generaladjutanten sowie auf ihre Privilegien auch gegenüber der übrigen Armee, formte sich die Gendarmerie aber andererseits, und zwar schon vor dem Jahre 1852, zu einem „Staat im Staate". Die vom Gesetz vorgesehene Überwachung der Gendarmerie durch die Zivilbehörden entwickelte sich just in das Gegenteil, und zwar über „allerhöchste" Ermunterungen (Kempen, S. 170, 179, 190, 192, 208f, 221, 480). Trotz vielem Lob für das Korps, zogen die nur für den Kaiser und den Generalinspektor bestimmten „Stimmungsberichte" und Einzelrapporte über behördliche Verfügungen, Truppenkörper, einzelne Beamte und Offiziere, sowie das als überheblich empfundene Auftreten der Gendarmerie – verbunden freilich auch mit Mißgunst und Neid – diesem Körper bald den Haß auch der Armee zu (Oberhummer I., S. 248ff, Neubauer, S. 571, 575ff). Wenn Innenminister Lasser (selbst im Innenministerium zwischen 1849 und 1859 tätig gewesen) anläßlich der Debatte zum Gendarmeriegesetz 1876 vor dem Abgeordnetenhaus zu berichten wußte, daß beispielsweise der Gendarmerieoberst in Prag ein einflußreicherer Mann war als der Statthalter, so war dies keineswegs eine Übertreibung. Schließlich ist im Kempenschen Tagebuch (S. 197, 452) verzeichnet, daß der Kaiser noch im Jahre 1857 den größten Teil der höheren Funktionäre des Innenministeriums und der Justiz als „freisinnig" und die Gerichtsstellen mit „Republikanern" besetzt empfand, und im Jahre 1851 aussprach, „daß man sich nur auf die Gendarmerie verlassen könne". Der Mißbrauch mit dem ohnedies noch jungen Gendarmeriekorps war zugleich ein grober Mißgriff. Denn Offizier wie Mannschaft waren in den Bahnen der Armee aufgewachsen, daher politisch eher verständnislos und staatspolizeilich weder begabt noch geschult, und auch nicht allzusehr mit Takt und Intelligenz ausgerüstet (Kempen, S. 24f, 209). Auf derlei Dienste wollte der Kaiser aber nicht ganz verzichten, selbst als er – etwa ab dem Jahre 1854 – Skepsis zeigte, den Körper als zu umfangreich befand und die Gendarmerieorgane zu informativen Polizeidiensten nicht verwendet und geschmeidiger gegenüber den Statthaltern sehen wollte.

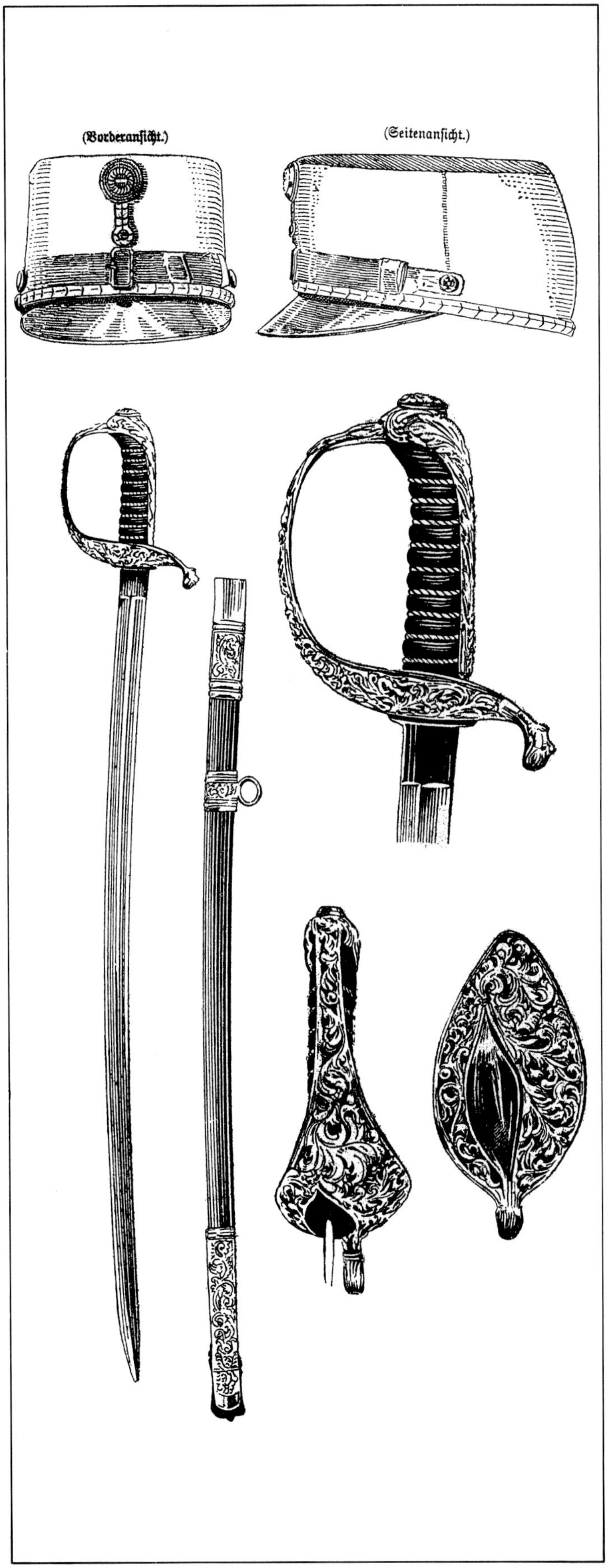

(Vorderansicht.)　　　　(Seitenansicht.)

Feldmarschall-Leutnant Johann Franz Frh. v. Kempen-Fichtenstamm (1793–1863). (Bildarchiv der Österreichischen Nationalbibliothek)

Die Uniformierungsvorschrift für k.k. Staatsbeamte, RGBl.Nr.176/1889, sah gleichfalls Dienst- und Gala-Uniform vom Ministerpräsidenten bis zum Beamten der XI. Rangklasse vor. Für Gala ein Zweispitz, zur Dienstuniform dunkelgrüne Kappe nach Schnitt und Form der Offizierskappen. Wie schon 1849 dunkelgrüner zweireihiger Rock, aber nach Schnitt dem Militär nachgebildet; graue Hosen. Statt dem Degen ein Säbel: vergoldetes Korbgefäß, mit geschwärztem Pferdeleder überzogene Holzscheide, kein Portepee; Klingenlänge 73 cm.

Zufolge der Verordnung der Bundesregierung vom 7. Dezember 1933, BGBl.Nr.536, betreffend Uniformen für Bundesbeamte der allgemeinen Verwaltung, durfte dieser Säbel aufgetragen werden. Diesem war der Säbel M. 1933 getreu nachgebildet, nur fehlte auf dem Bügel des Korbes der Doppeladler. Zu führen war er bloß von Beamten der Verwendungsgruppen 5 und 6 sowie 7 und 8, und zwar mit offenem Portepee (Quaste mit Fransen) von Silber bzw. von Gold. Zum dunkelgrünen doppelreihigen Rock wurde eine schwarze Hose und die schwarze „Offizierskappe" getragen. Die Adjustierungsvorschriften von Polizei und Gendarmerie wurden davon nicht berührt, so daß auch die Konzeptsbeamten der Bundespolizeibehörden die Säbel des Heeres trugen.

Was geschah wirklich, wenn der Generalinspektor der Gendarmerie beispielsweise im Jahre 1851 die „Individualität" eines amtierenden Polizeidirektors (Kempen, S. 208) „erheben" lassen mußte? Da der Generalinspektion die Kompetenz fehlte, mußten die kompetenten Stellen und Personen umgangen und die verlangten Informationen über die „Hintertreppe" besorgt werden. Auch aus diesem Grunde war die Qualität des Resultates von vorneherein zweifelhaft. Das Unbehagen über solche Praktiken, die vor allem dem Offiziersstand fremd waren, erbrachte den Vorwurf des „Spitzeltums". Dies war der Grund, warum nach dem Wechsel des Systems im Jahre 1860 der Gendarmerie die „Rechnung präsentiert" und das verhaßt gewordene, aber eher unschuldige Werkzeug bedeutungslos gemacht wurde, wodurch freilich die Sicherheitsverhältnisse in Mitleidenschaft gerieten.

Unter dem Datum des 11. April 1852 wurde mit der Errichtung einer „obersten Polizeibehörde" die Staatspolizei und die Sicherheitspolizei im großen und ganzen aus dem Bereiche des Innenministeriums herausgeschält. Die Selbständigkeit der neuen Zentralstelle wurde insoferne eingeschränkt, als in legislativen und organisatorischen Fragen das Einvernehmen mit dem Innenministerium herzustellen war. Ihr wurden zwar die Polizeiwachkorps unterstellt, nicht aber die Gendarmerie. Aber im Wege der „Personalunion", nämlich dadurch, daß Feldmarschalleutnant Kempen „Chef" der obersten Polizeibehörde wurde und Generalinspektor der Gendarmerie blieb, entstand der Eindruck der formellen Unterstellung. Kempen ist es also auch nun nicht gelungen, sich den zweifachen Einflüssen von Kriegs- und Innenminister gänzlich zu entziehen. Er reagierte mit einer „Flucht nach vorne", indem er, unter Berufung auf eine Sonderstel-

Vergrößerung der österreichischen Polizei nach dem Jahre 1848

	1848				1856			
	Kommissariate	Exposituren	Konzeptsstellen	Kanzleistellen	Kommissariate	Exposituren	Konzeptsstellen	Kanzleistellen
Wien	13	5	66	27	21	–	139	52
Mailand	4	15	61	3	7	21	81	86
Venedig	–	7	42	3	6	9	59	49
Prag	–	–	18	3	10	–	52	24
Lemberg	–	5	15	5	–	1	20	14
Linz	–	–	10	1	–	–	12	10
Graz	–	–	7	1	–	–	12	13
Triest	–	–	6	–	–	–	13	12
Brünn	–	–	6	1	–	1	15	14
Innsbruck	–	–	3	1	–	2	10	4
Laibach	–	–	3	–	–	–	5	4
Zara	–	–	3	–	–	1	4	3
Salzburg	–	–	2	1	–	–	5	1
Klagenfurt	–	–	2	–	–	–	4	2
Trient	–	–	2	–	–	–	–	–
Bregenz	–	–	1	–	–	–	–	–
Troppau	–	–	1	–	–	–	3	4
Pest	–	–	–	–	6	2	52	28
Krakau	–	–	–	–	–	2	15	12
Temesvár	–	–	–	–	–	2	10	5
Großwardein	–	–	–	–	–	2	8	10
Preßburg	–	–	–	–	–	2	8	5
Kaschau	–	–	–	–	–	1	5	4
Hermannstadt	–	–	–	–	–	–	5	5
Kronstadt	–	–	–	–	–	–	5	4
Ödenburg	–	–	–	–	–	2	5	3
Czernowitz	–	–	–	–	–	1	5	3
Agram	–	–	–	–	–	–	4	1
Klausenburg	–	–	–	–	–	–	3	2
Esseg	–	–	–	–	–	–	3	1
Fiume	–	–	–	–	–	–	3	1
	17	32	248	46	50	49	565	376

(aus: Oberhummer II., S. 96)

lung, der Ministerkonferenz (wie der Ministerrat nunmehr hieß) fernblieb. Dabei kam ihm zustatten, daß seit dem Tode Schwarzenbergs das Amt des Ministerpräsidenten unbesetzt blieb.

Für die Teilung des Innenressorts war eine Reihe von Umständen maßgebend. „Systemgemäß" war der Schritt zurück in die vorkonstitutionelle Zeit mit ihrer „Polizeihofstelle" in Verbindung mit den politischen Verhältnissen. Aber auch der Gedanke, für die zentralisierte Staatsverwaltung eines modernen Einheitsstaates ein Spezialressort zu schaffen, war nicht ohne Konsequenz (Srbik II., S. 448f). Die Begründung hiefür lieferte eine Denkschrift des damaligen Präsidenten des Reichsrates, Baron Karl Kübeck, eines angesehenen Verwaltungsfachmannes, der – ursprünglich ein gemäßigt liberaler Bürgerlicher – die skeptische Auffassung des greisen Metternich über den Regierungskurs Schwarzenberg-Bach teilte. Die Tendenz zur Entmachtung Bachs kam auch den langgehegten Wünschen mancher ultrakonservativer Spitzenmilitärs entgegen, die oberste Leitung der Polizei einem General anzuvertrauen (Kempen, S. 33ff, 223, 238–247). Freilich wurde dabei übersehen, daß die nicht organische, sondern bloß „zufällige" Einordnung der Gendarmerie in das Polizeiministerium, wie überhaupt ihre Fortführung als Teil der Armee, den Ansprüchen eines modernen Staates nicht entsprach.

Es entstand denn auch – trotz der ansonsten gut durchdachten Entschließung vom 25. April 1852 über den Wirkungskreis der obersten Polizeibehörde – ein auch kostspieliges Durcheinander, welches die Wirksamkeit der Bachschen Polizeireform behinderte. Kempen stützte sich „staatspolizeilich" weiterhin – von Konfidenten abgesehen – vorwiegend auf „seine" Gendarmerie. Auf die Polizeidirektionen wirkte nach wie vor der Einfluß von Bach, sei es im Wege der Statthalter oder im Wege der „Polizeisektionen" bei den Militärgouverneuren, weshalb ein ständiger Kampf darüber stattfand, ob die Polizeisektion dem Ziviladlatus oder dem Militäradlatus des Gouverneurs zu unterstellen sei. Von der zivilen („liberalen") Beamtenschaft wurde Kempen wegen seiner militärischen Allüren und seiner mangelnden polizeilichen Talente nicht geschätzt. Mit der Zeit entstand sogar trotz der an sich beliebten kräftigen Erhöhungen der Personalstände der Polizeibehörden gegen ihn eine Opposition (Kempen, S. 383, Oberhummer I., S. 256f). Dem suchte Kempen durch die Übernahme von Offizieren als Polizeidirektoren entgegenzuwirken, was aber hinsichtlich der wichtigsten Positionen (insbes. Wien und Mailand) an der Haltung des Kaisers scheiterte (Kempen, S. 73, 284, 300, 337, 340, 350, 362, 479). Immerhin gelang es ihm zwischen 1852 und 1856 nicht weniger als 31 Offiziere der Armee oder Gendarmerie in den Konzeptsdienst (höherer bzw. rechtskundiger Dienst) der Polizeibehörden zu übernehmen, um dort teilweise führende Positionen einzunehmen, zum Beispiel: Polizeidirektoren in Klausenburg, Kronstadt, Temesvár, Agram und Esseg; Vizedirektor der Polizeidirektion Wien (Major-Auditor Adolf Straub), Leiter der staatspolizeilichen Abteilung der Polizeidirektion Wien (Gend.

Oberstleutnant Schroth v. Rohrberg). Die Generale Hartmann und Langenau wurden Sektionsleiter der obersten Polizeibehörde. Beachtlich ist das Schauspiel der Versetzungen von Konzeptsbeamten von einer Polizeibehörde zur anderen, das kein Beispiel besitzt und auch keine Wiederholung in diesem Maße gefunden hat (Oberhummer I., S 252f, II., S. 93ff). Es wurden nämlich von den im heutigen Gebiete Österreichs gelegenen Polizeibehörden, die damals zusammen 182 Konzeptsbeamte aufwiesen, 104 Beamte abberufen und 78 zugewiesen. (Die Differenz ergibt sich aus Neuaufnahmen.)

Auf diese Weise wurden im ganzen Reiche zwischen 1852 und 1859, bei einem Stande von 565 Konzeptsbeamten, 263 Versetzungen vorgenommen. Auf die Gediegenheit der Arbeit wird sich das nicht günstig ausgewirkt haben. Sicherlich darf nicht übersehen werden, daß die im Jahre 1849 einsetzenden Reformen zwangsläufig zur „Mobilität" der Beamten der gesamten Verwaltung führten (was auch sein Gutes im Vergleich mit dem späteren seßhaften und auch aufsässigen nationalistischen Beamtentyp hatte: Megner, S. 247ff), doch waren die organisatorischen Veränderungen im Bereiche der Polizei – von Ungarn abgesehen – eher begrenzt. Das Ziel dieser Versetzungen wird – im Gegensatz zu den Transferierungen von Offizieren – weniger darin zu sehen sein, ergebene, wenn auch weniger qualifizierte Personen an wichtige Schaltstellen zu bekommen, als lokale Vertrauensbindungen zu unterbrechen.[5]

Der Personalaufwand der obersten Polizeibehörde wuchs innerhalb von sechs Jahren von 64 auf 97 Beamte, der Finanzbedarf von 44.000 auf 155.000 Gulden. Der Geschäftsgang erhöhte sich von 15.676 Aktenstücken im Jahre 1852 auf 56.267 im Jahre 1854 (Kempen, S. 39). Die Hypertrophie der Militär-Polizeiwache (worüber noch gesprochen wird) stellte erhebliche Ansprüche an den Staatshaushalt; zu Reduktionen auch bei der Gendarmerie mahnte der Kaiser noch vor der Wirtschaftskrise des Jahres 1857. In Ungarn verschlang die Gendarmerie fast die Hälfte der Kosten der gesamten politischen Verwaltung, Gendarmerie und Polizei zusammen im Jahre 1857 über 10 Millionen Gulden, das doppelte ihres Aufwandes des Jahres 1850 (Kempen, S. 28). Die Finanzlage des Jahres 1857 zwang zu

---

5 Nicht bloß in Ansehung des Spitzelsystems, der Beamtenversetzungen, des persönlichen Engagements und der Neigung zur Hypertrophie, zeigt die kurze Ära des Innenministers Franz Olah (1963/64) auffallende Parallelen. Entstand im Schoße der Behörde Kempens eine Opposition, so erzeugten auch die Maßnahmen Olahs Kopfschütteln und Widerspruch, namentlich bei der Staatspolizei, bei der von Polizeipräsident Holaubek geführten Wiener Polizei und unter den gewerkschaftlichen Kräften. Beide Minister wurden von der Presse heftig angegriffen, jedoch nach ihrem unfreiwilligen Abgang mit Wohlwollen behandelt. (Hinsichtlich Olah siehe insbes. die Schrift „Informationen über Franz Olah", herausgegeben von der Fraktion sozialistischer Gewerkschafter im Österreichischen Gewerkschaftsbund, Wien 1966, sowie Konrad, „Zur politischen Kultur der Zweiten Republik am Beispiel des ‚Falles Olah'", in: „Geschichte und Gegenwart", Heft 1/1986.)

Reduktionen bei der Gendarmerie und Polizeiwache um etwa eine Million Gulden und ein Jahr später abermals um denselben Betrag (Kempen, S. 450, 454, 465).

Es war nur natürlich, daß die Lebhaftigkeit des Geschäftsbetriebes die Kräfte des auch nachts tätigen Chefs überstieg und Mängel an dem überstürzt aufgeführten Riesenbau offenbar wurden, die den Dienstbetrieb mit seinem bunten Neben- und Durcheinander von Zivil und Militär zeitweilig stocken ließen (Kempen, S. 39, 72). Es muß überraschen, daß Kaiser Franz Joseph erst eines unglücklichen Feldzuges bedurfte, um sich von seinem Polizei- und Gendarmeriechef zu trennen. Denn seit dem Jahre 1854 hat sich der Kaiser gegen den Mißbrauch der Gendarmerie zu polizeilichen Informationsdiensten und für eine organisatorische Trennung ausgesprochen, sowie die Notwendigkeit der Leitung der Polizeibehörden durch Nichtmilitärs betont. Kempen hat indessen in einer Art von Sendungsbewußtsein, und den Anfeindungen seiner Ministerkollegen zum Trotz, seinen Kurs beharrlich weiterverfolgt (Kempen, S. 60, 344, 356, 381, 445, 525f).

Abschließend sei noch der Gestaltung des Pressewesens gedacht. Hier ist zu bemerken, daß es noch während der Geltungszeit des am 13. März 1849 unter der Ägide der „Pressefreiheit" erlassenen Gesetzes gegen den Mißbrauch der Presse zu einer Regelung bezüglich der inländischen periodischen und aller ausländischen Druckwerke kam. Die Verordnung vom 6. Juli 1851, RGBl. Nr. 163, bestimmte, daß die Herausgabe inländischer periodischer Druckschriften – nach erfolglosen Ermahnungen – kurzfristig durch den Statthalter und längerfristig durch den Ministerrat eingestellt und ausländische Druckschriften durch den Innenminister verboten werden konnten. Im Jahre 1851 wurde davon zweimal Gebrauch gemacht, und zwar hinsichtlich einer in Berlin bzw. Hamburg erscheinenden Zeitung wegen regierungsfeindlichen bzw. revolutionären Inhaltes.

Das Gesetz vom 13. März 1849 wurde durch die „Preß-Ordnung" vom 27. Mai 1852, RGBl. Nr. 122, ersetzt. Darin fand das Institut der Einstellung und des Verbotes in analoger Weise Aufnahme, doch trat an die Stelle des Ministerrates die oberste Polizeibehörde, die nun auch die Herausgabe inländischer nichtperiodischer Druckwerke einstellen konnte, in gravierenden Fällen auch für ständig (§§ 29, 30). Praktisch gab es aber bloß „Ermahnungen". Von längerfristigen Maßnahmen wurden fünf ausländische Zeitungen und fünf Bücher betroffen.[6]

Zur Sicherung der Nach-Zensur bestimmte § 3 PO, daß Pflichtexemplare von allen periodischen Druckwerken spätestens eine Stunde vor ihrem Erscheinen, die anderer Druckschriften spätestens drei Tage vorher, der Behörde abzuliefern sind.

Die Kaution wurde ähnlich geregelt wie im Pressegesetz 1849. An Orten mit mehr als 60.000 Einwohnern betrug sie 10.000 Gulden, an Orten mit mehr als 30.000 Einwohnern 7000 Gulden, ansonsten 5000 Gulden. Erschien die periodische politische Schrift aber weniger als dreimal in der Woche, so halbierte sich der jeweilige Betrag. (Zum Vergleich: Der Jahresgehalt des Präsidenten eines Oberlandesgerichtes betrug 5000, des Präsidenten eines Landesgerichtes 4000, des Polizeidirektors in Graz 3000 Gulden.)

Erlaß des Statthalters vom 20. Februar 1851.

Beilage zu Nr. 86.

Personal- und Besoldungs-Etat
für die k. k. Polizeidirection und Stadthauptmannschaft in Graz.

Zahl der Angestellten	Dienstes-Eigenschaft	Gehalt einzeln	Functions-zulage	Zusammen	Diäten-Classe	Anmerkung
1	Polizeidirector und Stadthauptmann .	2500	500	3000	VI.	Hat Naturalwohnung.
2	Ober-Commissäre 1 à / 1 à	1400 / 1200	—	2600	VIII.	
4	Commissäre 2 à . . / 2 à . .	1000 / 800	—	3600	IX.	
4	Concepts-Adjuncten 2 à / 2 à	400 / 300	—	1400	XI.	
1	Secretär	800	—	800	IX.	
5	Kanzlisten 1 à . . . / 2 à . . . / 2 à . . .	600 / 500 / 400	—	2400	XI.	
1	Amtsdiener	300	—	300	—	.
8	Polizeidiener 4 à . . / 4 à . .	300 / 250	—	2200	—	

Summe . 16,300 Gulden.

Wien den 14. Februar 1851.

Bach mp.

27*

6 1. Fränkischer Courir, Nürnberg, RGBl. 178/52,
  2. Berlinische Nachrichten von staats- und gelehrten Sachen, Berlin, RGBl. 188/52, aufgehoben RGBl. 47/53,
  3. L'unione soziale, Turin, RGBl. 201/52,
  4. Budelmeyer Zeitung, Berlin, RGBl. 209/52,
  5. La voce della Liberta, Turin, RGBl. 231/52,
  6. „Commenti e reflessione sulle condizioni della Lombardia e Venezia", Vercelli 1854, sowie „Avvisi agli Italiani ed agli emigrati per la futura rescessa", Turin 1854, RGBl. 25/55,
  7. „La Russie et le vieux monde par Alexandre Hertzen", Jersey 1854, RGBl. 83/55,
  8. „Der Krieg im Orient in den Jahren 1853 und 1854 bis Ende Juli 1855", von Georg Klapke, Genf 1855, sowohl die deutsche als auch die französische und englische Ausgabe, RGBl. 169/55,
  9. „The Austrian Dungeons in Italy by F. Orsini", London 1856, RGBl. 179/56.

Eine Einschränkung der Pressefreiheit bestand in dem nun eingeführten „Konzessionssystem". Zur Herausgabe einer periodischen Druckschrift bedurfte es nämlich einer Bewilligung, die hinsichtlich der politischen bzw. kautionspflichtigen Druckwerke die oberste Polizeibehörde, ansonsten der Statthalter erteilte, – oder nicht erteilte.[7] Da die Vollziehung des Gesetzes ansonsten den Gerichten und politischen Behörden bzw. Polizeidirektionen oblag, blieb die schon seit dem Vormärz bestehende Animosität zwischen der Presse und der Polizei erhalten. Allerdings ist zu bemerken, daß der Chef der obersten Polizeibehörde mit der liberalen Presse auf gutem Fuße stand, was mit seiner Kampfstellung gegen die ultramontanen Kreise und gegen das Konkordat zusammenhängt. Ein Teil der Presse bedauerte seinen Abgang und lobte seine Menschlichkeit und soldatische Geradheit.

Die tragische Note im Wollen und Wirken des Generals Kempen wird nicht zu übersehen sein. Ähnliches kennzeichnet auch die damalige oberste Polizeibehörde. Denn so begrüßenswert der Gedanke der Wiedererrichtung einer eigenen zentralen Polizeistelle an sich gewesen sein mochte, so fruchtlos verlief ihr Dasein unter den Bedingungen ihres Bestandes und unter dem Dilettantismus ihres Chefs.[8]

---

7 Mit Art. 13 des Staatsgrundgesetzes vom 21. September 1867, RGBl. Nr. 142, wurden die Zensur (Vorzensur), das Konzessionssystem und die administrativen Postverbote aufgehoben, mit Beschluß der Provisorischen Nationalversammlung vom 30. Oktober 1918, StGBl. Nr. 3, auch die Postverbote hinsichtlich ausländischer Druckwerke. (Siehe auch Art. 149 B-VG sowie Art. 13 der Menschenrechtskonvention, BGBl. Nr. 210/1958.)
Das Mediengesetz 1981, welches das Pressegesetz 1922 ablöste, schützt die Presse vor einschneidenden Geldstrafen und behindert die Nachzensur sowie den Informationsdienst insoferne, als auf die Ablieferung von Pflichtstücken bei der Behörde verzichtet wird. Das Plakatieren ist nach wie vor so geregelt, daß es dazu hinsichtlich öffentlicher Orte keiner Bewilligung bedarf, daß aber aus Rücksichten der öffentlichen Ordnung die Behörde bestimmte Plätze bestimmen kann. Mangelhaft blieb die Bestimmung, wonach nur der Plakatierer selbst zur Verantwortung gezogen werden kann, nicht aber ex lege derjenige, in dessen Namen oder Interesse die „Wildplakatierung" erfolgt. Dieser Mangel macht in den meisten Fällen das Verbot illusorisch.

8 Die Oberste Polizeibehörde hatte ihr Quartier in der Vorderen Schenkenstraße 45. Dieses Gebäude, das „Palmsche Freihaus", wurde 1875 demoliert und durch einen Neubau ersetzt: Palais Liechtenstein, Löwelstraße 12.

Capitel	Titel	Paragraph	Staatsausgaben Voranschlag für die 12monatliche Periode vom 1. November 1863 bis letzten October 1864		für 1866.
40			**XIV. Ministerium der Polizei.**		
	1		Centralleitung	158.067	150.211
	2		Auslagen für die Staatspolizei	360.000	360.000
	3		Oeffentliche Sicherheit:		
		1	Oesterreich unter der Enns	473.270	
		2	ob der Enns	44.306	
		3	Salzburg	24.428	
		4	Tirol	63.136	
		5	Steiermark	42.636	
		6	Kärnthen	6.406	
		7	Krain	16.287	
		8	Küstenland	85.160	
		9	Dalmatien	16.703	
		10	Böhmen	122.497	
		11	Mähren	34.292	
		12	Schlesien	7.562	
		13	Ostgalizien	61.798	
		14	Westgalizien und Krakau	47.243	
		15	Bukowina	7.589	
		16	Lomb. venet. Königreich	346.380	
		17	Ungarn und die Woiwodina	234.720	
		18	Croatien und Slavonien	21.509	
		19	Siebenbürgen	32.492	
				1,688.414	1,553.137
	4		Militärpolizeiwache	803.631	773.106
			Zusammen . .	3,010.112	2,836.454

GENDARMERIE		
Generalinspektorat	46.893	43.349
Landesgendarmerie	1,582.559	1,779.409
Gendarmerie in den Ländern d. Stephanskrone		
Ungarn	1,301.574	
Siebenbürgen	453.589	
Croatien und Slavonien	98.945	

VI. Im Schatten der Nationalitätenkämpfe

Die frühliberale Periode und der Marsch durch die Konstitutionen (1860–1866)

Das Hauptanliegen des Liberalismus als geistige und politische Strömung ist die Freiheit des Individuums. Oberster politischer Programmpunkt ist die Sicherung der Menschenrechte (Grundrechte) unter Verwirklichung des verfassungsmäßig verankerten Rechtsstaates. Für die Wirtschaft fordert er uneingeschränkten Freihandel, jedenfalls in seiner radikalen Ausprägung („Manchestertum“). Im kirchenpolitischen Bereich besteht der Liberalismus auf Glaubensfreiheit (Toleranz) und staatlicher Schulaufsicht. Träger seiner Gedanken war das gebildete Bürgertum, schon im Hinblick auf seine geistige und wirtschaftliche Entfaltung.

Der Liberalismus hat seine Wurzeln in der Aufklärungsphilosophie, die als oberste Autorität die Vernunft des freien Individuums einsetzte und die überkommene Feudalaristokratie unterhöhlte. Als politische Bewegung, wenngleich nicht in Form programmatisch festgelegter Parteien, kommt er erst im Vormärz vor, wobei er mit dem nationalstaatlichen Gedanken und der demokratischen Idee Berührung fand. Liberalismus und demokratische Idee sind aber keineswegs wesensgleich, denn letztere fragt nach dem Träger, ersterer nach den Grenzen der Staatsgewalt, die vom „Nachtwächterstaat“ bestimmt sein sollen. Nach den bürgerlich-liberalen Revolutionen von 1830 und 1848 und nach der Eroberung der öffentlichen Meinung durch die „Pressefreiheit“ erlebte der Liberalismus seine Blüte um die Mitte des 19. Jahrhunderts, worauf sich vom älteren, nationalen und humanitären, aber sozial reaktionären Liberalismus eine radikalere Richtung mit kosmopolitischen, pazifistischen und sozialen Tedenzen schied. Beiden Richtungen blieb eine eigenständige Zukunft versagt, da sie sowohl durch die nationalistischen wie sozialistischen Massenbewegungen überspült wurden, welche allerdings auf die Übernahme liberalen Gedankengutes meist nicht verzichteten. Diese gegen die Jahrhundertwende abfallende Entwicklung erklärt sich aus der allgemeinen Zeittendenz des Übergangs vom Idealismus zum Realismus und Materialismus in dem Sinne, daß die alten Freiheitsideale gegenüber dem Machtgedanken zurücktraten, wobei – wohl unter dem Einfluß des Darwinismus – der ethische Nationalismus Herders durch einen biologisch begründeten integralen Nationalismus abgelöst wurde (Wandruszka, S. 375).

Im alten Österreich nahm die Entwicklung einen vom westlichen Europa abweichenden Verlauf. Hier erwies sich der dynastische und übernationale Gedanke gegenüber der „Volkssouveränität“ überlegen, wodurch das liberale Lager von Anfang an in zwei ungleiche Teile zerfiel. Diese Spaltung bewirkten weniger die üblen Begleiterscheinungen der französischen Revolution mit der Angst vor der „Pöbelherrschaft“, als vielmehr der Umstand, daß die Ideen der Aufklärung ihre Umsetzung durch den Josefinismus erfahren hatten, wodurch der „Revolution von unten“ manches vorweggenommen war. So war die Führungsschicht jedenfalls in der frühliberalen Periode (bis 1865) überwiegend „akademisch“, „staatsbejahend“, zentralistisch-josefinisch, vornehmlich von der höheren Beamtenschaft und Rechtsberufen getragen. Mit zunehmender Erfolglosigkeit des Kabinetts Schmerling zeigte sich, daß ihm aus den eigenen Reihen eine kräftige Opposition erwuchs. Bei dieser Entwicklung darf nicht übersehen werden, daß der Wechsel des politischen Systems, der mit dem „Märzpatent“ und dem „Oktoberdiplom“ des Jahres 1860 zwar begann, aber erst mit dem „Februarpatent“ des Jahres 1861 im liberalen Sinne vollzogen wurde, von der Krone selbst veranlaßt wurde, zwar unter dem Druck der Verhältnisse, aber doch so, daß die Krone sogar hinsichtlich der Gesetzgebung gegenüber dem Reichsrat das Übergewicht behielt.

Dieser Druck resultierte aus dem unglücklichen Verlauf des Krieges um die Lombardei im Sommer 1859, der weniger aus militärischen Gründen als wegen dem Verhältnis zu den deutschen Staaten, sowie wegen der schwelenden ungarischen Frage, zu einem eiligen und ungünstigen Friedensschluß zwang. Die unbefriedigenden innenpolitischen Verhältnisse und die ausweglose Finanzlage gaben darüberhinaus den Ausschlag, das Staatsschiff wieder in konstitutionelle Bahnen zu lenken, in erster Linie um Anschluß an die westeuropäischen Staaten und an die maßgeblichen Finanzbarone zwecks Kreditbeschaffung zu finden (Franz, S. 117ff).

Der erste Akt des Umbruches vollzog sich ähnlich wie im März 1848: Die Träger des Absolutismus-Zentralismus traten noch im Sommer 1859 ab, nämlich der Minister des Innern, Bach, und der Chef der Obersten Polizeibehörde, Kempen. Sie wurden durch den bisherigen Statthalter Galiziens, Goluchowski, als Innenminister, bzw. durch den bisherigen Botschafter in Paris, Baron Alexander Hübner, als Polizeiminister ersetzt. Das ständische feudalföderalistische System der ungarisch-böhmischen „Adelspartei" Goluchowskis setzte die „historisch-politischen Individualitäten" in den Mittelpunkt seiner vom „verstärkten Reichsrat" geprägten Oktoberverfassung. Die absolut notwendigen Einsparungen im Bereiche der Verwaltung waren zum Teil sachlich gerechtfertigt, wie etwa die Auflösung der Kreisbehörden, zum größeren Teil waren sie aber ökonomisch wenig akzentuiert, sondern in erster Linie auf die Zerschlagung des Zentralismus als solchen gerichtet. Hiedurch wurde auch die Polizei betroffen, und zwar nicht bloß durch weitere Verminderungen bei der Polizeiwache, so daß beispielsweise im Bereich der engeren Erblande bald nur noch die Polizeidirektionen Wien und Linz über Militär-Polizeiwache verfügten. Vor allem wurde der verhaßt gewordenen Gendarmerie „die Rechnung präsentiert", indem der Personalstand um zwei Drittel gekürzt und die Besoldung verringert wurde. Diesem Konzept entsprach auch die Maßnahme, den Gendarmerieoffizieren die Leitung des Sicherheitsdienstes zu entziehen und die politischen Behörden unmittelbar damit zu betrauen, was freilich den praktischen Möglichkeiten dieser Behörden ebensowenig entsprach wie den Realitäten des Sicherheitsdienstes (Neubauer, S. 54ff). Wenn auch in der Folge, insbesondere bereits mit dem Gendarmeriegesetz 1876, manches abgeschliffen und auch die Personalstände langsam normalisiert wurden, so hat sich doch ein Negativum erhalten: In den politischen Bezirken ist nämlich der Kommandant der Gendarmerie auch heute kein Offizier. Wir finden ihn erst auf einer Ebene, von der aus er den Dienst der Gendarmeriemannschaft zweier oder mehrerer Bezirke zu kontrollieren (§ 2 GG 1918), aber ihren Sicherheitsdienst nicht zu leiten hat (§ 4 GG 1894). Wenn man bedenkt, daß die Juristen der Bezirkshauptmannschaften – im Gegensatz zu jenen der Polizeidirektionen – mit den kriminalistischen Fächern und dem übrigen „Polizei-Handwerk" kaum vertraut sind, andererseits die Gendarmerieoffiziere aufgrund ihrer gesamten Ausbildung als Organe des Bezirkshauptmannes verwendbar wären, zeigt sich Tag für Tag ein Minus, das angesichts der „Bildungsexplosion", der kriminellen Geschehensformen und der massierten Siedlungen in den Landbezirken, befremdlich erscheint.

Gleichfalls im Sommer 1860 erfolgte die allerdings bloß vorübergehende (nur für Krakau/Westgalizien bleibende) administrative Vereinigung einiger Kronländer, und zwar von Kärnten mit Steiermark, von Krain mit dem Küstenland, von Schlesien mit Mähren, sowie des Herzogtums Krakau und der Bukowina mit Galizien. An Stelle der in Klagenfurt, Laibach und Troppau befindlichen Polizeidirektionen wurden Kommissariate mit bloß „staatspolizeilichem Wirkungskreis" errichtet und den nächsten Polizeidirektionen (Graz, Triest, Brünn), die Polizeidirektionen Krakau und Czernowitz dem Statthalter in Lemberg, unterstellt.

Es muß sich die Frage erheben, mit welchen Mitteln nun, also nach Auflassung der meisten Militär-Polizeiwach-Abteilungen, der Exekutivdienst in den Hauptstädten verlaufen ist. Den Statthaltereiakten in Graz ist zum Beispiel zu entnehmen, daß von den 26 Zivilwachmännern (Polizeiagenten) 16 mit sicherheitspolizeilichen Agenden befaßt waren und zehn derselben Nachtdienste versahen, und zwar gemeinsam mit dreißig Mann „Militär-Assistenz". Der Entfall der Wache wurde durch eine Vermehrung der Zivilwachmänner von 8 auf 26 zu kompensieren gesucht. Der Statthalter Guido von Kübeck spricht in einem an den Innenminister Frh. v. Lasser gerichteten Bericht aus dem Jahre 1875 (Präsidialakt der Statthalterei) von einer effektiven „Machtlosigkeit" der Polizeidirektion Graz in der Zeit zwischen 1860 und 1866. Mangels eines regulären uniformierten Wachkörpers wurde im Juli 1866 das Bürgerkorps zum Wachdienst aufgeboten und durch die „Stadtfahne" nach mittelalterlichem Vorbild ergänzt.

Dem feudalföderalistischen Rezept des Oktoberdiploms entsprach die Wiederherstellung der ungarischen und der siebenbürgischen Hofkanzlei, so daß die bisherigen Ministerien des Innern, der Justiz und des Kultus als gesamtstaatliche Zentralbehörden aufgehoben wurden. Die oberste Leitung der administrativ-politischen Angelegenheiten der nicht-ungarischen Länder wurde einem „Staatsministerium" übertragen, das nun Graf Goluchowski – bis zu seinem bereits im Dezember folgenden Sturz – übernahm. Das Justizressort übergab man Ritter von Lasser, neben Finanzminister Ignaz von Plener nun das zweite liberale Regierungsmitglied. Trotz der weitgehenden Zugeständnisse an Ungarn (insbesondere Einführung der Komitatsverfassung, der nationalen Rechtsprechung und der nationalen Amtssprache, wobei die deutschen Beamten aus Ungarn abberufen wurden), steigerte sich der Nationalismus zu reichsfeindlichen Kundgebungen, da das Erreichte bloß den Wünschen der ständischen Altkonservativen entsprach, während die liberale Mehrheit unter Deaks Führung die Wiedereinführung der Märzerrungenschaften von 1848 verlangte. Dies und andererseits der wachsende Widerstand der deutschliberalen Elemente und der zentralistischen Bürokratie führte zu einem unerwartet raschen Systemwechsel.

Die Kabinettsumbildung vom 4. Februar 1861 brachte eine von deutschliberalen Zentralisten dominierte Regierung mit Erzherzog Rainer als Ministerpräsident und Schmerling als Staatsminister an der Spitze, mit dem Kurs einer freisinnigen Politik zur Aufrechterhaltung des theresianisch-josefinischen Gesamtstaates. Am 26. Februar wurde das kaiserliche Patent erlassen, welches das Oktoberdiplom zusammen mit dem Reichsratsstatut und den siebzehn Landesordnungen als „Verfassung des Reiches" proklamierte. Eine Reihe grundlegender Gesetze wurde rasch geschaffen, insbesondere zum Schutz der persönlichen Freiheit, des Hausrechtes und der Immunität der Abgeordneten, sowie das „Protestantengesetz". Die Strafgesetznovelle 1862 richtete sich gegen Angriffe auf die Verfassung, den Reichsrat und die Armee und trat auch Auswüchsen der „Pressefreiheit" entgegen. Es waren die beiden „Lasser'schen Artikel" (die in abgeschwächter Form auch in das Mediengesetz 1981 Aufnahme fanden), welche die Erörterung gewisser Fragen in noch anhängigen gerichtlichen Strafverfahren untersagten. Auch das Reichsgemeindegesetz 1862 wurde erlassen, nachdem das Bach'sche Gemeindegesetz sistiert und jenes von Stadion vorübergehend wieder in Kraft gesetzt worden war.

Der Verfassungspartei Schmerling's war jedoch kein langes Glück beschieden, da sich Ungarn nach wie vor abseits hielt und auch andere Nationalitäten bzw. Kronländer den Reichsrat nicht mit ihren Abgeordneten beschickten. Schließlich kam es auch zum Konflikt zwischen den „Februaristen" und dem „linken" bzw. „rein liberalen" Flügel der Verfassungspartei (Franz, S. 278–292), weil letztere keine Aussicht auf Erfüllung des liberalen Programms sahen (Grundrechte, Ministerverantwortlichkeit, Einfluß auf Staatsausgaben etc.) und kaum Teilnahme an den darüberhinausgehenden Staatsaufgaben zeigten (Franz, S. 269). Dies, sowie ein gewisses Einlenken auf ungarischer Seite, führte zum Systemwechsel vom Juli 1865, und zwar im Sinne der Kronlandsföderalisten des Oktoberdiploms, wobei der neue Staatsminister, Graf Belcredi, auch das Polizeiministerium von Mecsery übernahm. Mit Patent vom 20. September 1865 wurde die Februarverfassung sistiert, hiemit auch der „engere Reichsrat" entmachtet und somit der Hoffnung auf eine einvernehmliche Lösung der ungarischen Frage Raum gegeben. Aber die gewaltige Zinsenlast und die hohen Militärausgaben trieben zum außenpolitischen Hasardieren, das heißt zur Unnachgiebigkeit gegenüber den preußischen und italienischen Aspirationen, somit zum Krieg vom Sommer 1866.

Aber noch zuvor, nämlich mit Entschließungen vom Dezember 1865 und Jänner 1866, wurde bestimmt, daß im Laufe des Jahres 1866 die meisten Polizeibehörden aufzulösen seien, und zwar die in Graz, Linz, Innsbruck, Salzburg, Klagenfurt, Laibach, Zara, Troppau, Czernowitz, Preßburg, Ödenburg, Großwardein, Hermannstadt, Kronstadt, Klausenburg, Agram und Fiume, selbstverständlich samt ihren Exposituren, wie beispielsweise Bozen und Trient von Innsbruck.[1]) Somit verblieben: Wien, Budapest, Triest, Prag, Brünn, Lemberg und Krakau, von denen nur Wien, Budapest, Triest, Lemberg und Krakau weiterhin über Militär-Polizeiwache verfügten. Über Übertretungen „staatspolizeilicher" (gemeint nicht-lokalpolizeilicher) Vorschriften hatten in Hinkunft die politischen Behörden I. Instanz zu entscheiden, die Bezirksgerichte aber hinsichtlich jener

Übertretungen, deren Ahndung den Polizeibehörden gemäß §§ 2 und 3 des Gesetzes vom 22. Oktober 1862, RGBl. Nr. 72, überlassen worden war (RGBl. Nr. 36 und 38/1866).

Fortan existierten statt den aufgelassenen Polizeidirektionen bloß „Abteilungen in Staatspolizei-Angelegenheiten" bei den Statthaltereipräsidien. Es handelte sich um Büros, die namens des Statthalters Direktiven erteilten, denen aber außer ein paar Zivilwachmännern kein Exekutivapparat zur Verfügung stand, obgleich diesen Abteilungen zugleich in den ihnen zugewiesenen Aufgaben (öffentliche Sicherheit und innere Ruhe, Paßwesen, Theater-, Fremden-, Vereins- und Pressepolizei) die Stellung einer Sicherheitsbehörde I. Instanz für den Stadtbezirk der aufgelösten Polizeidirektion zukam. Daneben hatten hinfort die Magistrate als staatliche Sicherheitsbehörden zu fungieren.

Diese Entscheidung war ein gewaltiger Tiefschlag gegen die Reichseinheit, der auch das sicherheitspolizeiliche Interesse traf. Mit „Einsparungen im Staatshaushalt" war diese Änderung der Polzeiorganisation nicht zu begründen, da die Staatsausgaben für das Jahr 1866 höher veranschlagt wurden als für das Jahr 1865 (nämlich mit 531 anstatt 523 Millionen Gulden), wobei die einzelnen Ausgabepositionen für das Sicherheitswesen zwischen den Jahren 1864 und 1866 bloß geringfügig verändert worden waren. Die „Einsparung" durch die Auflösung der Polizeibehörden schlägt erst im Voranschlag für 1867 zu Buche, und zwar mit der relativen Bagatelle von 518.137 Gulden aus der Position „Öffentliche Sicherheit". (Die rückläufige Bewegung der Position „Militärpolizeiwache" war schon seit 1858 strukturell und findet für die Zeit ab 1866 überdies im Gebietsverlust Venetiens Begründung.)

Alle übrigen Ausgabekürzungen für das Jahr 1867, und zwar um insgesamt 20 Prozent gegenüber 1866 (nämlich von 531 auf 434 Millionen Gulden!), resultierten aus dem Krieg und der Niederlage von Königgrätz. Betroffen waren hiedurch beispielsweise Armee und Marine mit 15 Millionen (von 96 auf 81), die „Landesgendarmerie" mit ca. 340.000 und das Polizeiministerium mit ca. 652.000 (einschließlich der obigen 518.137) Gulden.

Hervorzuheben ist, daß es keienswegs „die Liberalen" waren, die in dieser Periode am Sicherheitsapparat rüttelten, wiewohl ihnen gerne die Rolle des „Nagers am Staat" zugeschoben wird, nur weil sie mehrfach (vor allem Giskra) Kritik am Militärbudget geübt haben, ohne die außenpolitische Zwangslage zu berücksichtigen.

---

1 Schon gegen Ende der neuabsolutistischen Ära sollten acht Polizeikommissariate aufgelöst werden (Kempen, S. 497). Vermutlich wurden damals die Behörden in Bregenz, Esseg, Trient, Kaschau und Temesvár aufgelöst. Über die im Sachregister angeführten Polizeibehörden hinaus gab es bis längstens 1866 noch k.k. Polizeibehörden in: Bielitz (Bielsko), Olmütz, Neusatz (Ujvidék, Novisad) und Cattaro (Kotor); in der Lombardei in Como, Brescia, Cremona und Pavia; in Ungarn in Ödenburg (Szopron), Schemnitz (Selmecbanya, slowak.: Banska Stiaunica), Stuhlweißenburg (Szekesfehervar), Szegedin, Eperies und Großwardein (Nagyvárad, Oradea); in Venetien in Verona, Vicenza, Belluno, Treviso, Padua und Rovigo.

Staats-Voranschlag
für das Verwaltungs-Jahr 1867.
Erster Theil. — Erforderniß.

Capitel	Titel	Staats-Ausgaben	Ausgaben		
			Ordentliche	Außerordentliche	Summe
			Gulden in österreichischer Währung		
1		I. Allerhöchster Hofstaat	4,435.000	630.000	5,065.000
2		II. Cabinets-Kanzlei Seiner Majestät des Kaisers .	62.000	. . . . .	62.000
3		III. Reichsrath	200.000	. . . . .	200.000
4		IV. Staatsrath	148.000	. . . . .	148.000
5		V. Ministerrath	17.000	. . . . .	17.000
6		VI. Ministerium des Aeußern			
	1	Central-Leitung	428.000	10.000	438.000
	2	Diplomatische Auslagen	986.000	82.000	1,068.000
	3	Auslagen der Consular-Aemter	586.000	8.000	594.000
		Summe (Capitel 6, Titel 1—3) .	2,000.000	100.000	2,100.000
7		VII. Staats-Ministerium.			
	1	Central-Leitung	565.000	. . . . .	565.000
		A. Politische Verwaltung.			
	2	Preßleitung, Direction der Wiener-Zeitung und Reichs-gesetzblatt	53.000	. . . . .	53.000
	3	General-Inspection der Gendarmerie	36.000	. . . . .	36.000
	4	Akademie der Wissenschaften . .	63.000	. . . . .	63.000
	5	Geologische Reichsanstalt	39.000	3.000	.000
	6	Politische Verwaltung in den Kronländern (mit Einschluß der Rechnungs-Departements der politischen Landesbehörden) .	8,632.000	218.000	8,850.000
	7	Staatsbeitrag zu Findel-Anstalten	425.000	. . . . .	425.000
	8	Baubehörden . .	374.000	10.000	384.000
	9	Straßenbau	4,593.000	377.000	4,970.000
	10	Wasserbau	744.000	504.000	1,248.000
	11	Landes-Gendarmerie	1,361.000	79.000	1,440.000
10		D. Ministerium der Polizei.			
	1	Central-Leitung	141.000	5.000	146.000
	2	Auslagen für die Staats-Polizei . . .	340.000	. . . . .	340.000
	3	Oeffentliche Sicherheit . . .	866.000	169.000	1,035.000
	4	Militär-Polizeiwache	523.000	71.000	594.000
	5	Bezüge der Polizei-Beamten, Diener und Civilwache aus dem lombardisch-venetianischen Königreiche	. . . . .	69.000	69.000
		Summe (Capitel 10, Titel 1—5) .	1,870.000	314.000	2,184.000
11		VIII. Ungarische Hofkanzlei.			
	1	Gesammt-Erforderniß	10,950.000	986.000	11,936.000
12		IX. Siebenbürgische Hofkanzlei.			
	1	Gesammt-Erforderniß	2,837.000	163.000	3,000.000
13		X. Croatisch-flavonische Hofkanzlei.			
	1	Gesammt-Erforderniß	1,460.000	140.000	1,600.000

K.k. Gendarmerie 1860–1899. An die Stelle des Helms trat der Jägerhut mit Federbusch und flammender Granate. Bis 1869 war der Waffenrock doppelreihig. Gleichzeitig entfiel für Offiziere die Kartusche (Patrontasche) mit dem über die Schulter gehenden Lederriemen.

K.k. Gendarmerie 1899–1918. Von links: Vizewachtmeister vollkommen gerüstet und in Sommeradjustierung, Offizier, Bezirkswachtmeister und Vizewachtmeister vollkommen gerüstet.

K.k. Gendarmerie im Weltkrieg 1914–1918. Von links: Gendarm im Kriegsgebiet, zwei Offiziere im Kriegsgebiet, Ersatzgendarm, Feldgendarm zu Fuß.

Reichsteilung und Hochliberalismus (1867–1879)

Die Niederlage Österreichs auf den böhmischen Schlachtfeldern war seit Waterloo das folgenreichste Ereignis für Europa. Für das Kaisertum bedeutete sie den Verlust der Vormachtstellung, die Aufgabe des Gesamtstaatsgedankens und den Sieg des madjarischen Dualismus. Dieser „ungleiche Ausgleich" mit Ungarn wurde von der Krone – hinter dem Rücken Belcredi's – ins Werk gesetzt und seitens der „linken" Liberalen zunächst ebenso bejubelt wie zuvor die Entscheidung zum Kriege gegen den „Bismarck-Absolutismus". Wiederum war es das Versagen der feudalen Führung und die katastrophale Finanzlage, die den Anschluß an den Westen und daher wieder konstitutionelle Verhältnisse sowie bedeutende Zugeständnisse an das liberale Lager nahelegten. Sehr rasch wurden auch für die zisleithanische Reichshälfte die parlamentarischen Rechte verstärkt, das Vereins- und Versammlungsgesetz und mehrere Grundgesetze (richterliche Gewalt, Reichsgericht, staatliche Schulaufsicht) und schließlich das „Staatsgrundgesetz über die allgemeinen Rechte der Staatsbürger" vom 21. Dezember 1867 beschlossen, das auch in der Bundesverfassung verankert ist. Am 30. Dezember 1867 erfolgte die Ernennung des ersten parlamentarischen Ministeriums, des sogenannten „Bürgerministeriums", in welchem die deutschliberale Verfassungspartei das Übergewicht besaß. Einen Wermutstropfen für die Liberalen stellte die Ernennung des feudalklerikalen Grafen Taaffe zum Chef des nun gebildeten „Ministeriums für Landesverteidigung und öffentliche Sicherheit" (Polizei und Gendarmerie) dar, zumal er gleichzeitig Stellvertreter des freisinnigen Ministerpräsidenten Fürst Carlos Auersperg wurde und dessen Funktion nach einem Jahr übernahm. Hier ist nachzutragen, daß das „Polizeiministerium" am 11. Mai 1867 (kurz nachdem Beust von Belcredi auch die Leitung der Innenpolitik übernommen hatte) unter Übertragung seiner Agenden an die „Polizeiabteilung des Ministerratspräsidiums" aufgehoben worden war. Erst im Zuge der Regierungsumbildung im Jahre 1870 wurde das Sicherheitswesen dem Innenminister unterstellt, wobei aber die Gendarmerie beim Landesverteidigungsminister verblieb.

Da das Sicherheitswesen keine „gemeinsame Angelegenheit" bildete, wurde es nunmehr in den beiden Reichshälften getrennt vollzogen. Die Organisation der Gendarmerie stimmte im wesentlichen überein, da auch die Königlich-ungarische Gendarmerie dem ungarischen Ministerium für Landesverteidigung (Honvéd) untergeordnet wurde. Territorial gliederte sie sich in acht Distriktskommanden, Kroatien-Slavonien nicht einbezogen. Hingegen existierten in

den Provinzen bzw. Komitaten und Städten keine „eigenen Polizeibehörden", sondern nur in Budapest eine Polizeidirektion. Ein eigenes Instrument war die „Staats-Grenz-Polizei", die dem Innenministerium in Budapest unmittelbar zugeordnet war. Die Stadt Fiume (Rijeka) wurde vom Gouverneur des „Königlich ung. Guberniums in Fiume" verwaltet.

Die Dezemberverfassung machte dem Föderalismus ein wichtiges Zugeständnis. Der Wirkungskreis des (zisleithanischen) Reichsrates wurde nämlich auf 14 Punkte beschränkt und alle übrigen Gegenstände den Landtagen zugewiesen. Gemäß § 11 des Gesetzes vom 21. Dezember 1867, RGBl. Nr. 141, blieben von den Polizeigeschäften dem Reichsrat bloß vorbehalten: Fremdenpolizei, Paßwesen, Vereins-, Versammlungs- und Pressewesen, Polizeistrafgesetzgebung sowie Organisation der Gerichts- und Verwaltungsbehörden.

An der Polizeiorganisation, die mit der Auflösung des Gros der Polizeibehörden im Jahre 1866 eine Wende erfahren hatte, wurde auch durch das Gesetz über die Einrichtung der politischen Verwaltungsbehörden (RGBl. Nr. 44/1868) nichts geändert. Die Magistrate blieben „Staatssicherheitsbehörden". Für die Kosten mußten die Gemeinden aufkommen, obwohl keine einzige den Wunsch nach „Polizeihoheit" ausgesprochen hatte. Diese Zersetzung des Polizeiapparates wurde zwar von den Föderalisten Goluchowski und Belcredi 1860 bzw. 1865/66 in die Wege geleitet, entsprach aber auch dem mit Gemeindeautonomie und „Nachtwächterstaat" befangenen Denken der antizentralistischen Hochliberalen. Auch der im Jahre 1860 geschaffene Typ der Polizeibehörde mit eingeschränktem bzw. „staatspolizeilichem" Wirkungskreis fand Bestätigung, als die sachlichen Wirkungskreise der Polizeidirektionen Prag und Brünn im Jahre 1868 eingeschränkt wurden (Oberhummer II., S. 286), weiters bei der Wiedererrichtung der Polizeidirektion Graz im Jahre 1876, worüber noch gesprochen wird.

In dieser Ära wurde, wie schon erwähnt, ein für das Sicherheitswesen bedeutsamer Gesetzesrahmen geschaffen, zu dem noch Ergänzungen des Strafgesetzbuches 1852 in Richtung von Milderungen im Strafvollzug und hinsichtlich der Rechtsfolgen von Verurteilungen und vor allem die Strafprozeßordnung 1873 traten. Erwähnenswert sind vor allem die Koalitionsfreiheit (1870) und die Einrichtung des Verwaltungsgerichtshofes (1875), alles Errungenschaften, die im Grunde bis in die Gegenwart bestimmend geblieben sind. Trotz der vermehrten Einflüsse, die sich aus dem Parlamentarismus, der Ministerverantwortlichkeit (samt Ministerpensionen) und der Pressemacht ergaben, trat im Wesen der Polizei kein Wandel ein, da ihre substantiellen Tätigkeiten längst in den Bahnen der Aufklärung und der 1849er Reformen verliefen.

Mit Frh. v. Lasser als Innenminister (1871–1879) trat wieder ein Liberaler an die Spitze des Polizeiressorts. Als Repräsentant der „hochliberalen Ära" ist er indessen nicht anzusprechen, denn in der Zwischenzeit hat sich in der Führungsschicht der Verfassungspartei infolge des Scheiterns des zentralistischen Experiments der Regierung Schmerling ein soziologischer Wandel vollzogen: die „Intelligenz" des dritten Standes löste die Routiniers der Bürokratie ab, der „Advokat" trat innerhalb der „Partei" an die Stelle des adeligen und bürokratischen Dieners der Krone. Ein doktrinärer kleinbürgerlicher Wesenszug, Spitzfindigkeit und Pedanterie beherrschten nun das politische Getriebe. Das Verhältnis zum Staate war nicht schöpferisch, sondern introvertiert, rechthaberisch, nörgelnd und letztlich verantwortungsscheu, im großen und ganzen eingeschränkt auf privatkapitalistische Interessen und auf die Entkirchlichung des öffentlichen Lebens, nachdem der hervorragende Durchbruch im rechtsstaatlichen Bereich im ersten Anlauf erzielt worden war. Trotz dieser Gewinne scheiterte die liberale Partei an den rege gewordenen Massen, kraft des Mißtrauens gegenüber den Auswüchsen der liberalen Gesellschaftsmächte, als die man Finanzwelt, Parlament, Presse, Judentum und Freimaurerei bezeichnete. Daß sie bei einem „patriotischen" Thema ihre Einheitlichkeit noch mehr verlor und zum Sturz kam, nämlich wegen der Kritik ihres Parteiführers Herbst an der Außenpolitik, bzw. an der Okkupation Bosniens und der Hercegovina (1878), war politisch gesehen folgerichtig. Von da ab trat die liberale Partei dem „konservativen Element" gegenüber zurück. Neue und mächtige Gruppierungen in Form der „Sozialdemokratischen Arbeiterpartei Österreichs" (1888) und der „Christlich-sozialen Partei" (1891) erwuchsen. Die ebenfalls neuen, wenngleich inferioren deutschnationalen Gruppierungen zogen liberale Randschichten an sich, vor allem seit mit dem Sturze des Ministerpräsidenten Badeni (1897) die vielleicht letzte Chance eines nationalen Ausgleiches verlorenging.

Die städtischen Sicherheitsbehörden und der Trend zur Wiederkehr staatlicher Polizeibehörden (1876–1918)

Was nach dem Ausgleich mit Ungarn übrig blieb, war weniger ein Staat als vielmehr ein Reich, ein Vielvölkerreich, das hauptsächlich durch die dynastische Idee und die sich bewußt von jeder Politik fernhaltende Armee und Beamtenschaft Zusammenhalt fand, wobei die bürokratische Herrschaft an Dominanz gewann. Denn – sobald der

Kulturkampf im Sinne der Liberalen beendet war – zeigten sich Parlament und Parteien durch den Nationalitätenstreit gelähmt (Megner, S. 211). So mußten auch die kräftigen, die slawischen Völker einbeziehenden Einigungsversuche der Ministerpräsidenten und Innenminister Taaffe (1879–1893) und Badeni (1893–1897) versagen. Wenn Friedrich Heer (S. 262ff, 285ff) von einer „Identitätskrise" und von der eminenten Zerstörung des Österreich-Bewußtseins in der franzisco-josephinischen Epoche spricht, so klingt es wie ein Widerspruch, wenn andererseits über allen Hader hinweg der Bestand dieser Monarchie und der Zusammenhang ihrer Völker wegen der hohen Rechtskultur und der wirtschaftlichen Prosperität im großen und ganzen, und bis tief in den Weltkrieg hinein, bejaht worden ist. Verständlich ist aber, daß kaum daran zu denken war, das Polizeiwesen aus der Lage, in die es zwischen 1860 und 1868 geraten war, rasch wieder herauszuholen.

„Ein Fund", Ölgemälde von Carl Zewy (um 1898). (Polizeimuseum der Bundespolizeidirektion Wien)

Die „kleinen Schritte" zu einer Verbesserung bestanden darin, da und dort, wo es am notwendigsten und am leichtesten möglich schien, wieder staatliche Polizeibehörden zu errichten. Auf diese Weise wurden nach der Polizeidirektion Graz (1876) die Polizeidirektionen in Czernowitz, in Laibach (beide mit Sicherheitswache) und in Troppau, weiters das Pol. Kommissariat in Trient errichtet. Außerdem wurden bis zum Jahre 1914 eine Reihe bloßer Grenz-Polizei-Kommissariate sowie im Bereich der Polizeidirektion Triest die Kommissariate Görz und Pola, in Schlesien das Kommissariat Mährisch-Ostrau (1898), weiters das Kommissariat Przemysl, dem – wie den beiden übrigen galizischen Polizeibehörden – „Militär-Polizeiwache" beigegeben war, schließlich das Polizeikommissariat Boryslaw (Bezirk Drohobycz/Ostgalizien) errichtet. In Bosnien entstand unter dem Namen „Regierungskommissär für die Landeshauptstadt Sarajevo" eine staatliche Sicherheitsbehörde mit Sicherheitswache und schließlich noch im Februar 1918 ein Polizeikommissariat in Wiener Neustadt. Die Vorteile, die diese Errichtungen einbrachten, wurden freilich durch den Mangel eines beigegebenen Wachkörpers sowie durch den „eingeschränkten Wirkungskreis" verringert. Was war an dieser Entwicklung auszusetzen?

Zunächst wirkte sich das Reichsgemeindegesetz 1862 durch seinen Artikel V dahin aus, daß „lokalpolizeiliche" Angelegenheiten in stärkerem Umfang dem „selbständigen Wirkungskreis" der Gemeinde zugeschlagen wurden, und zwar auch an Orten, an denen sich landesfürstliche (staatliche) Polizeibehörden befanden (Oberhummer II., S. 285–288).

Der „grüne Heinrich" war der mit zwei Pferden bespannte Wagen zum Transport von Arrestanten, mit dem auch die interne Geschäftspost („mittels Tasche") mitbefördert wurde. (Vorbildgetreue Nachbildung im SW-Museum Wien) Die Umstellung auf Kraftfahrbetrieb erfolgte 1925, nach Anschaffung von Arrestanten-Automobilen von den einheimischen Saurer-Werken, die bis zu 16 Insassen aufnahmen, sowie von „Sanitätswagen" für den Transport von betrunkenen oder exzedierenden Personen.

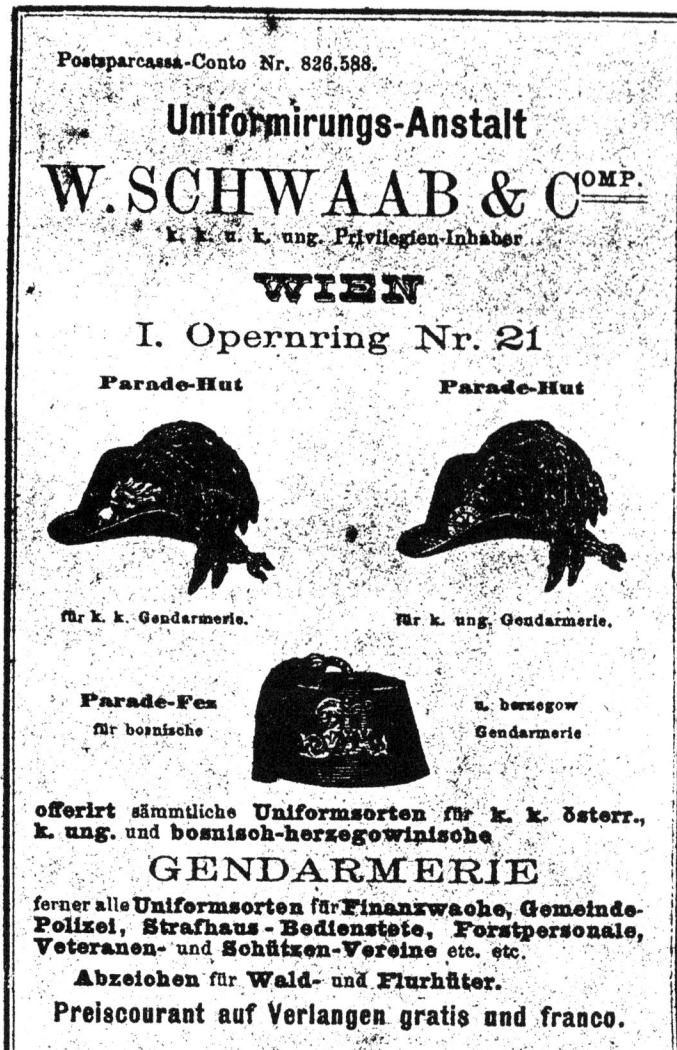

Reklame im Gendarmerie-Jahrbuch 1898.

Weiters entfielen die diesen Behörden noch zufolge der Gemeindegesetze 1849 und 1859 zugekommenen Aufsichtsrechte in den gemeindepolizeilichen Angelegenheiten, worüber in Zusammenhang mit der Bach'schen Reform gesprochen worden ist. Die Problematik dieses „Dualismus" wird, soweit sie in die Gegenwart reicht, im letzten Abschnitte beleuchtet werden. Die Meinung des Publikums war bald, daß die Betrauung der Gemeinden mit polizeilichen Geschäften kein guter Griff gewesen sei. Man hörte Klagen über die neuen Verhältnisse, die den Widerspruch zwischen dem Wesen der Selbstverwaltung mit seinen lokalpolitischen Interessen und der strikten polizeilichen Aufsicht, Gewaltübung und Rechtsanwendung aufzeigte. In dieser Richtung ist das Zeugnis des für seine Rechtsstaatlichkeit bekannten liberalen Innenministers Lasser bemerkenswert. Gelegentlich der Verhandlungen um die Wiedererrichtung der Polizeidirektion Graz legte er dem Statthalter die Durchsetzung der §§ 11 und 12 des sogenannten „Prügelpatentes" [Verordnung vom 20. April 1854, siehe Seite 100; im wesentlichen in die Verwaltungsverfahrensgesetze des Jahres 1925 (Art. VIII und IX EGVG) aufgenommen] mit dem

Tiroler Polizei Anzeiger
Nr.122 vom 22. 10. 1909.

A u s w e i s u n g .

Art. 4899. M u s s o l i n i Benito, Sohn des Alexander, 1883
zu Predappio geb. u. nach Forli in Italien zust., led.Elementar-
lehrer, reger sozialistischer Agitator u. Antimilitärist, bereits
aus Genf als Anarchist ausgewiesen u. zuletzt als Sekretär der
Camera del Lavoro, Redakteur der periodischen Druckschrift "Con-
venire del Lavoratore" u. Mitarbeiter der Druckschrift "Il Popolo"
in Trient tätig, 167 cm groß, mit dunkelbraunen Haaren und Schnurr-
bart, dunklen Augen, breitem Mund, Adlernase und scharfem Blick,
wurde mit h.ä. Erkenntnisse vom 13.9.1909. Nr. 8615, bestätigt
mit Statthalterei-Erlass vom 16.9. l.J. Nr. 5968, aus Rücksichten
der öffentlichen Ordnung in Grunde des § 2 des Gesetzes vom 27.7.
1871 R.G.Bl. Nr. 88, aus allen im Reichsrate vertretenen König-
reichen u.Ländern für immer ausgewiesen. Polizei-Kommissariat
Trient, 9.10.1909.

Mussolini, in Trient im Fahrwasser des irredentistischen Sozialdemokraten Dr. Cesare Battisti, schreibt über die österreichische Polizei in seinem Buch „Il Trentino, veduto da un socialista, note e notizie", Florenz 1911 (S. 72f, 80):
„In den Versammlungen könnt ihr das sagen, was man vielleicht in Italien nicht dulden würde...Die Aufmärsche in den
Straßen sind erlaubt. Sollten sie improvisiert sein, ist die Polizei in deren Auflösung weniger brutal und blutdürstig als die
italienische...Die Polizei setzt sich aus Trientinern zusammen, sie stammen also aus den dortigen Tälern. Die hohen Beamten
sind insgesamt Deutsche. Die Polizeiagenten haben fast alle Familie und sind nicht, wie in Italien, vom Rest der Bevölkerung
ungern gesehen und gehaßt. Die österreichisch-trientinische Polizei ist nicht wild, wie es jene vermuten, die im 1848er Jahr
steckengeblieben sind. Die von den Polizisten in Österreich verübten Gewalttaten erreichen sicher nicht die Zahl der von
italienischen Polizisten verübten. Die Handschellen sind abgeschafft, so wie in den Gerichtssälen die Käfige fehlen...Die
Herrschaft in den Kerkern von Trient und Rovereto ist unendlich besser als die italienische...
Der Staat, das ist das Heer und die Beamtenschaft. Jetzt ist der österreichische Staat, der über ein sehr treues Heer und über
eine kaiserliche Beamtenschaft verfügt, die nicht aus Pflichtgefühl, sondern aus Begeisterung dient, der Staat par excellence. Er
kann deshalb nicht bloß durch den Tod eines Herrschers zerteilt und vernichtet werden. Wenn das Heer kompakt bleibt,
besteht der Staat und widersteht er."

Bemerken ans Herz, daß „alle kommunalen Instanzen hier ihre Pflicht und Unparteilichkeit schuldig geblieben sind". Minister Lasser hatte die Überzeugung gewonnen, daß die Organe einer staatlichen Behörde den stabileren Faktor insoweit darstellen, als sie sachfremden Einflüssen weniger ausgesetzt sind als Organe, die den Repräsentanten politischer Parteien unterstehen. Diese vor hundert Jahren geäußerte Alteration ist uns im Laufe der Jahrzehnte noch begreiflicher geworden.

Soweit bei der Auflösung der Polizeibehörden oder der Beschränkung ihrer Wirkungskreise Einsparungen im Staatshaushalt ins Treffen geführt wurden, ist diesem Argument entgegenzuhalten, daß der Sicherheitsapparat sein Geld auf alle Fälle kostet, gleichgültig ob es nominell der „Staat", ein Land oder die Gemeinde aufbringt. Verwunderung und Warnung angesichts der Absicht der Regierung im Jahre 1865, die Polizeibehörden aufzulösen und ihre Agenden teils den Gemeinden, teils den Präsidien der Statthaltereien zu übertragen, ist der Stellungnahme des Schmerling'schen Polizeiministers und damaligen Statthalters in Graz, Carl Freiherr Mecséry de Tsoor, zu entnehmen. Doch sein Gutachten vermochte an der vorgefaßten Meinung nichts zu ändern. Erläutert man die Folgewirkungen am Beispiel von Graz, so zeigt sich, daß die „Abteilung in Staatspoli-

Karl Frh. v. Mecséry de Tsoor (1804–1886). (Bildarchiv der Österreichischen Nationalbibliothek)

zeiangelegenheiten" beim Statthalter aus vier Konzeptsbeamten und vier Zivilwachmännern, und die Polizeiabteilung des Magistrates aus sieben Konzeptsbeamten und dreißig Zivilwachmännern bestand, wohingegen die Polizeidirektion bis dahin ebenfalls elf Konzeptsbeamte und 30 Zivilwachmänner im Stande hatte. Als im Jahre 1876 die Polizeiabteilung beim Statthalter durch die Polizeidirektion wieder abgelöst wurde, gestaltete sich das Zahlenverhältnis noch ungünstiger, da der Personalstand der Polizeidirektion bald sieben und sogar zehn Konzeptsbeamte und anfänglich sechs Zivilwachmänner (Polizeiagenten) umfaßte, der Magistrat sein Polizeipersonal aber kaum verminderte. Die Befürchtungen Mecséry's sind also eingetreten, wozu auch die üblen Folgen gespaltener Kompetenzen gehörten.

Bei der Übergabe der „staatlichen" Polizeigeschäfte – oder eines Teiles derselben – tat sich die Regierung leicht, da schon das Bach'sche Gemeindegesetz (§ 228) den Magistraten diese Kompetenz für den Fall einräumte, als keine landesfürstliche Polizeibehörde am Ort errichtet ist oder wird. Zu wenig bedacht war aber, daß es mit der Übernahme des staatlichen Apparates nicht getan ist, wenn die Gemeinden, man kann sagen naturgemäß, nämlich in Übereinstimmung mit der historischen Entwicklung, wenig Neigung zeigen, wenigstens die Sorge für die Sicherheit der Person und des Eigentums in ihren Wirkungskreis einzubeziehen. Diese „negative" Haltung kommt bei den Verhandlungen über die Errichtung von Bundes-Polizeibehörden zwischen 1918 und 1938 – wie im nächsten Abschnitt näher beschrieben – regelmäßig zum Ausdruck. Als es um die Wiedererrichtung einer Polizeidirektion in Graz im Jahre 1876 ging, hätte die Gemeinde am liebsten sämtliche Polizeigeschäfte abgegeben, was aber nicht im Sinne des Regierungskurses lag. Hier der Standpunkt der Gemeinde:

„Die Regierung stellte an die Gemeinde die Anfrage, wie sich diese zur Wiedererrichtung einer k.k. Polizeidirektion verhalte und zu welcher Beitragsleistung sich die Gemeinde in diesem Falle verstehe. Der Gemeinderat prüfte die Frage vom Standpunkte der Autonomie und sagte sich, daß die Führung der Polizeigeschäfte mit dem natürlichen Wirkungskreise, mit der freien Selbstbestimmung in Sachen der Gemeinde sehr wenig zu tun habe und daß...", wie der damalige Bericht sagt, „...die Sorge für die Sicherheit der Person und des Eigentums doch Sache des Staates ist; auch habe die Gemeinde von vornherein die Polizeiverwaltung an sich zu bringen durchaus nicht angestrebt." Der Gemeinderat äußerte sich also zu einer allfälligen Wiederverstaatlichung der Polizei zustimmend, ja er erbot sich noch zu einer Jahresleistung von 45.000 fl., kostete die Polizei der Gemeinde damals doch schon über 91.000 fl. im Jahre. („Die Stadt Graz 1128–1928", Graz, 1928, S. 181)

Wenn die Gemeinden über den unfreiwilligen „Machtzuwachs", den sie ab 1860 bzw. 1866 erfahren hatten, zwar wenig erfreut waren, so bemühten sie sich doch unter dem Zwang der Tatsachen, ihrer neuen Aufgabe gerecht zu werden. Sieht man von den meist unzulänglichen städti-

Staatsvoranschlag

für die

im Reichsrathe vertretenen Königreiche und Länder für das Jahr 1895.

Erster Theil. — Erfordernis.

Capitel	Titel	Paragraph	Staatsausgaben	ordentliche mit der Verwendungsdauer bis Ende December 1895	ordentliche 1896	außerordentliche 1896	Summe
				Gulden in österreichischer Währung			
1			I. Allerhöchster Hofstaat	4,650.000			4,650.000
2			II. Cabinets-Kanzlei Seiner Majestät 50%)	77.065			77.065
3			III. Reichsrath.				
	1		Herrenhaus	35.044			35.044
	2		Abgeordnetenhaus	585.991			585.991
	3		Gemeinsame Auslagen beider Häuser des Reichsrathes	90.062		4.000	94.062
	4		Delegation	11.000			11.000
	5		Staatsschulden-Controlcommission	9.255			9.255
	6		Herstellung von Büsten hervorragender Parlamentarier			6.000	6.000
	7		Bau des Parlamentshauses			15.000	15.000
	8		Neubau eines Gebäudes für die österr. Delegation in Budapest			130.000	130.000
			Summe (Capitel 3, Titel 1—8)	731.352		155.000	886.352
			VII. Ministerium des Innern.				
7	1	1	Central-Leitung	588.800			588.800
		2	Kosten des Reichsgesetzblattes	62.160			62.160
	2	1	Politische Verwaltung in den einzelnen Ländern	6,398.499	36.100	18.000	6,452.599
		2	Epidemie- und Epizootie-Auslagen	220.000			220.000
	3		Öffentliche Sicherheit:				
		1	Auslagen der Staatspolizei	120.000			120.000
		2	Öffentliche Sicherheit in den einzelnen Ländern (hierunter 6.191 fl. in Gold)	4,787.980		2.222	4,790.202
		3	Außerordentliche Polizei-Auslagen			4.000	4.000
8			VIII. Ministerium für Landesvertheidigung.				
	1		Central-Leitung	464.000		2.000	466.000
	2		Landwehr (hierunter 7.500 fl. und 400 Ducaten in Gold, zusammen 9.420 fl. in Gold)		13,959.436	319.212	14,278.648
	3		Retrutirungskosten, Commissionskosten in Einquartirungs-Angelegenheiten, Reiseauslagen der politischen Beamten aus Anlaß der Controlversammlungen der nichtactiven Mannschaft des Heeres und der Kriegsmarine, dann der Pferdeclassification; Reiseauslagen aus Anlaß der Militärtax-Bemessungen und Auslagen für Drucksorten zu Amtshandlungen in Militärtax-Angelegenheiten; Kosten für die zwangsweise Einlieferung renitenter nichtactiver Mannschaft des Heeres und der Kriegsmarine; Verpflegskosten für in Militär-Spitäler abgegebene Stellungspflichtige; endlich Auslagen für Mobilisirungs-Vorarbeiten	79.920			79.920
	4		Militär-Stiftungen	38.200			38.200
	5		Militär-Polizeiwache	160.870			160.870
	6		Gendarmerie	5,987.990			5,987.990
			Summe (Capitel 8, Titel 1—6)	6,730.980	13,959.436	321.212	21,011.628

schen Sicherheitswachen ab, so war ihr Aufwand im Verhältnis zur relativ bescheidenen räumlichen und teilweise auch sachlichen Entfaltung beträchtlich. (Am Sitze eines Landeschefs übernahm ja dessen Polizeiabteilung die staatspolizeilichen Agenden.) Es war schließlich nicht die Schuld der Gemeinden, daß die Teilung der polizeilichen Kompetenzen zwischen der zentralen Potenz des Staates und den dekonzentrierten Potenzen der Gemeinden eine Schwächung herbeiführte und die Wirksamkeit in Anbetracht der zunehmenden Formen und Methoden der Kriminalität herabsetzte, bzw. auf die Dauer die Ausschöpfung der technischen Möglichkeiten zur Kriminalitätsbekämpfung behindert hätte. Es waren aber nicht Überlegungen solcher Natur, die – sogar noch während der liberalen Ära – einen

Städtischer Sicherheitswachmann, Graz 1880–1900. Schwarze Montur, violett passepoiliert, Landwehrhut, „Ringkragen" als Dienstabzeichen.

Trend zur Wiedererrichtung staatlicher Polizeibehörden erkennen lassen, sondern eine Reihe der Öffentlichkeit in die Augen springende Straßenkrawalle, wie die „Alfonso-Affäre" im Jahre 1875 in Graz (siehe Seite 97f), die für die erste Wiedererrichtung einer aufgelösten Polizeidirektion den Ausschlag gab. Selbstverständlich war zunächst daran gedacht, den sachlichen Wirkungskreis der neuen Behörde im seinerzeitigen Umfange auszumessen und ihr vor allem einen entsprechenden uniformierten Wachkörper beizugeben, verfügte doch die städtische Sicherheitswache damals bloß über 111 Mann. Beide Absichten scheiterten aber an grundsätzlichen Erwägungen und an der Sparsamkeit des Staates.[2]

So wurde die Polizeidirektion Graz also mit 1. September 1876 (Vdg. des Ministers des Innern RGBl. Nr. 109 bzw. Statthaltereikundmachung LGBl. Nr. 26 und 31) mit dem schon erwähnten „staatspolizeilichen" Wirkungskreis wiedererrichtet. Mangels eines eigenen Wachkörpers mußte im Notfall auf die Städtische Sicherheitswache gegriffen werden (Präsidialakt der Steierm. Statthalterei ex 1876).

Es war also die berühmte halbe Lösung mit halben Mitteln. Die Polizeidirektion ersetzte hinfort die Polizeiabteilung des Statthalters und hatte vom Magistrat als „Staatlicher Sicherheitsbehörde" auch eine Reihe kriminalpolizeilicher Agenden zu übernehmen, denn in drei Beilagen waren 95 gerichtlich strafbare Handlungen angeführt, welche die Polizeidirektion im Sinne der Strafprozeßordnung zu verfolgen hatte. Diese Tatbestände berührten zwar spezifisch staatliche Interessen, ihr Kreis war aber doch so weit gezogen, daß sich die Bezeichnung „staatspolizeilicher Wirkungskreis" als irreführend erweist. Die Ingerenz war beträchtlich weiter als die einer staatspolizeilichen Abteilung einer Polizeidirektion heutigen Zuschnitts:

1. Alle Angelegenheiten, welche Gefahren für den Monarchen, das kaiserliche Haus, für den Rechtsbestand des Staates überhaupt, dann für die öffentliche Sicherheit und innere Ruhe zum Gegenstande haben.
2. Das Meldungs- und Fremdenwesen, Paßangelegenheiten.
3. Preßpolizei.
4. Versammlungs- und Vereinswesen.
5. Theaterangelegenheiten.

---

2 Im Hinblick auf den steigenden Bevölkerungszuwachs (1857: 63.000, 1869: 81.000, 1880: 97.000 Einwohner) und auf die rege politische Aktivität, insbesondere in Verbindung mit den Hochschulen, begehrte der Statthalter ein Sicherheitswachkorps von 1:30:170 Mann, wobei er Vergleiche mit Brünn (100) und Triest (220) herstellte. Die Regierung fand im allgemeinen übereinstimmende Verhältnisse mit Triest, wendete aber ein, daß Brünn über einen kommunalen Wachkörper verfüge und daß ein Plus von 79 Mann gegenüber dem Stand der Grazer städtischen Sicherheitswache (die übernommen worden wäre) eine überhöhte Forderung darstelle.

6. Erteilung von Bewilligungen zu allen öffentlichen (deklamatorischen, musikalischen etc.) Produktionen und Schaustellungen, Genehmigung der vorzulegenden Programme und Texte, Bewilligung von Maskenbällen.

7. Handhabung des Waffenpatentes, Ausstellung von Waffenpässen, Waffen- und Munitionsgeleitscheinen.

8. Überwachung des Eisenbahnbetriebes.

9. Das polizeiliche Strafrecht innerhalb des Wirkungskreises, insbesondere auch rücksichtlich der im § 11 der Kaiserlichen Verordnung vom 20. April 1854, RGBl. Nr. 96, bezeichneten Handlungen.

10. Fällung von Abschaffungserkenntnissen (§ 2 Abs. 5 des Gesetzes vom 27. Juli 1871, RGBl. Nr. 88) gegen Personen, welche in dem Geltungsgebiete dieses Gesetzes nicht heimatberechtigt sind.

11. Polizeiliche Amtshandlungen nach den Bestimmungen der Strafprozeßordnung rücksichtlich der in den Beilagen I, II und III verzeichneten Verbrechen, Vergehen und Übertretungen, Unterstützung der Strafgerichte und Staatsanwaltschaften.

12. Redaktion und Herausgabe des Polizeianzeigers.

Wachtmeister der Grazer Städtischen Sicherheitswache 1900–1919. Helm, statt „Ringkragen" rundes Dienstabzeichen auf der Brust.

Daktyloskopie („Fingerschau") ist die Lehre von den menschlichen Hautleisten (Papillarlinien) auf den Fingern und Handflächen, schließlich von der Verwertung der aus diesen Papillarlinien gebildeten Figuren (Muster) zum Zwecke der Identifizierung von Personen. Der Ausdruck stammt von Juan Vucetich, einem Österreicher aus Dalmatien, der bei der Zentralpolizei in Buenos Aires tätig war und an Hand eines aufgefundenen Fingerabdruckes (Blutspur) schon 1892 einen Mörder überwies. Der erste, der Fingerabdrücke für polizeiliche Zwecke regulär verwendete, war der Engländer William Herschel (1853–1878). Vor allem der Anthropologe Francis Galton hat sich in London mit dem Problem der Fingerabdrücke befaßt. Edward Henry (1899), Kollege und Nachfolger Herschels in Bengalen, später Chef der Kriminaluntersuchungsabteilung in London, hat mit den Grundlagen von Herschel und den theoretischen Erkenntnissen Galtons ein zuverlässiges Klassifikationssystem ausgearbeitet und 1899 einer wissenschaftlichen Kommission vorgelegt.

Das nach Henry und Galton benannte Klassifizierungssystem wurde um die Jahrhundertwende von vielen Staaten übernommen und 1902 in Wien eingeführt. Es wird in seinen Grundzügen auch heute noch von den meisten europäischen Identifizierungszentralen verwendet. Moderne Forschungsergebnisse bestätigen

1. die Einmaligkeit des Papillarlinienbildes mit seinen anatomischen Merkmalen, selbst in den Fingern der gleichen Person. (Es gibt keine zwei Menschen mit gleichen Fingerabdrücken.)

2. die Unveränderlichkeit des Papillarlinienbildes von der Geburt bis zum Verfall des menschlichen Körpers.

Johann Tarnawski, Posten-führer in Žurawno (LGK Lemberg), wurde mit dem silbernen Verdienstkreuz ausgezeichnet. Er verhinderte die Ausbreitung eines am 28. September 1896 ausgebrochenen Brandes, rettete die Sahra Eisenscher aus den Flammen und bewahrte den Gasthof des Nathan Beinzweig vor größerem Schaden. (Gendarmerie-Jahrbuch 1898, Seite 140)

Defensionskaserne der bosnisch-hercegovinischen Gendarmerie bei Barni do (Gebiet Trebinje/Grab). In dieser Weise waren die Wachhäuser entlang der montenegrinischen Grenze errichtet, um dem Waffenschmuggel und bewaffneten Banden entgegenzutreten. (Militärwissenschaftliche Mitteilungen, Wien 1936, Heft 10–12)

Die übrigen gerichtlich strafbaren Tatbestände (sie umfaßten gegen 400 Paragraphen des Strafgesetzbuches) und Polizeigeschäfte verblieben dem Magistrat als staatlicher Sicherheitsbehörde, ebenso wie die auf die Grazer Gemeindeordnung 1869 gegründeten Polizeibefugnisse (LGBl. Nr. 47/1869), deren § 37 P.3 die Lokalpolizei einschließlich der örtlichen Sicherheitspolizei und der Sittlichkeitspolizei anführte. Um diese Zeit war der städtische Polizeiapparat schon einigermaßen ausgebaut (siehe Seite 98), doch waren es die weiterhin steigenden Lasten, die den Gemeinderat im Jahre 1909 bewogen, bei der Regierung wegen gänzlicher Verstaatlichung vorstellig zu werden. Der Gemeinderat erneuerte dieses Begehren am 30. Dezember 1918. Die Verhandlungen führten rasch zu einem befriedigenden Abschluß, wobei sich die Stadtgemeinde zur Zahlung eines jährlichen Pauschalbetrages von 400.000 Kronen bereiterklärte. Die tatsächliche Übernahme der Geschäfte durch die Polizeidirektion erfolgte am 1. August 1919. Vom städtischen Sicherheitswachkorps, das zuletzt einen Stand von 334 Mann aufwies, traten 265 Mann in den Staatsdienst über. Außerdem überließ die Gemeinde ihre Polizeiräume im städtischen Amtshaus. Es bedurfte noch voller acht Jahre, bis die neuen Kanzleien der Polizeidirektion in den hiezu adaptierten ehemaligen Gebäuden des Paulustorspitales die Übersiedlung gestatteten.[3]

Mit Gesetz der provisorischen Landesversammlung für Steiermark vom 25. April 1919, LGBl. Nr. 79, und mit der Vollzugsanweisung des Staatsamtes für Inneres und Unterricht vom 28. Juni 1919, StGBl. Nr. 333, wurde der sachli-

che Wirkungskreis der Polizeidirektion umschrieben (siehe Seite 98f). Er umfaßte nun insbesondere auch die gesamte Kriminalpolizei („Sicherheit der Person und des Eigentums" und alle Amtshandlungen nach den Bestimmungen der Strafprozeßordnung) sowie – und zwar aufgrund der Übertragung lokalpolizeilicher Agenden – die Sittlichkeitspolizei, die Gesinde- und Arbeiterpolizei sowie die Handhabung der Dienstbotenordnung, die örtliche Sicherheitspolizei und die Verkehrspolizei (Sicherheit und Leichtigkeit des Verkehrs in den Belangen der örtlichen Sicherheitspolizei).

Zur Handhabung des Exekutivdienstes wurde dem Polizeidirektor außer dem Sicherheitswachkorps von 565 Wachebeamten (17 Wachzimmer) auch ein Kriminalbeamtenkorps von 80 Beamten beigegeben. Diese Personalstände wurden bis 1929 auf 617 bzw. 100 erhöht. Der übrige Beamtenstand wurde auf 25 Konzeptsbeamte, 3 Polizeiärzte und 41 Verwaltungs- und Kanzleibeamte gebracht. Im Jahre 1921 wurde eine berittene Sicherheitswachabteilung von 27 Reitern aufgestellt, die im Jahre 1928 von der Rösselmühl-Reitschule in das Kasernenareal in der Karlauerstraße verlegt wurde.[4]

Wir haben an diesem Beispiel, der Geschichte teilweise vorausgreifend, den Reaktionsverlauf auf den seinerzeitigen Abbau der zentralisiert geführten Polizei verfolgt. Diese Reaktion manifestierte sich zunächst in Wiedererrichtungen staatlicher Spezialbehörden mit eingeschränktem („staatspolizeilichem") Wirkungskreis, und später, nach 1918, in den Errichtungen einer wachsenden Zahl von Polizeibehörden,

3 „Die Stadt Graz 1128–1928", S. 182. Den weitläufigen Gartengrund nächst dem äußeren Paulustor erwarb 1690 Johann Graf Wildenstein zur Errichtung eines Barockpalastes. Den Schmuck der Außenfassade bildet die Wildensteinische geflügelte Greifenklaue mit einer Kugel in vielfacher Wiederholung. 1732 erwarb das Stift St. Lambrecht die Liegenschaft, die seit der Aufhebung des Stiftes im Jahre 1786 als Krankenhaus diente (Popelka I., S. 579).

4 Dieser Personalstand wurde im wesentlichen bis zum Jahre 1938 aufrechterhalten. Während des Zweiten Weltkrieges hielt die „Schutzpolizei" den gleichen Stand, wegen Kommandierungen in die Kriegsgebiete allerdings zur Hälfte mit „Reservisten" aufgefüllt, obgleich die Bevölkerungszahl durch Eingemeindungen erheblich gewachsen war.

denen nun aber die gesamten staatlichen Polizeigeschäfte und überdies ein wesentlicher Teil der prinzipiell ortspolizeilichen Agenden im Wege von Einzelübertragungen zugewiesen waren.

Einen Sonderfall stellte die Errichtung des Polizeikommissariates Wiener Neustadt im Februar 1918 dar, dessen Radius sogar (bis 1935) Teile der Bezirkshauptmannschaften Baden und Mödling einschloß. Diese Behörde erhielt gleichfalls bloß den „staatspolizeilichen Wirkungskreis" und verfügte über keine eigene uniformierte Wache. Den Anlaß zur Errichtung boten Streiks, bzw. die kriegswichtige Industriekonzentration in der Stadt und ihrer Umgebung (Wöllersdorf, Blumau, Hirtenberg). Die immer personalstarke städtische Sicherheitswache (z. B. 78 Mann im Jahre 1921) bestand bis zum Jahre 1938 und dann wieder ab 1945, wurde aber bereits 1946 durch die Sicherheitswache des Bundespolizeikommissariates abgelöst. Lokalpolitische Wirrnisse unmittelbar nach dem Ersten Weltkrieg dürften den vorübergehenden Gedanken an eine Verstaatlichung der Gemeindepolizei geweckt haben. (Siehe das Memorandum der Gewerkschaft der Polizeiangestellten Niederösterreichs vom 20. März 1920, Seite 226.)

Seit dem Jahre 1918 war es, von lokalbedingten Ausnahmen abgesehen, keine Frage mehr, den Polizeibehörden wieder eigene uniformierte Wachkörper beizugeben (staatliche Sicherheitswache bzw. Bundes-Sicherheitswache). In den letzten Dezennien der Monarchie erwies sich nämlich bei Streiks und unfriedlichen Kundgebungen auf den Straßen der größeren Städte als sehr nachteilig, daß man gezwungen war, die städtische Sicherheitswache durch das Militär zu verstärken. Ein instruktives Beispiel liefert – neben den Ausschreitungen im Jahre 1893 in Prag – der Krawall anläßlich der „Badeni-Unruhen" im Jahre 1897 in Graz, der zu dem vielbesprochenen „Bosniaken-Einsatz" führte. Den groben Sachverhalt schildert die Chronik der Sicherheitswache der Polizeidirektion Graz (siehe Seite 99), doch kommt darin nicht zum Ausdruck, daß die schwankende Haltung des Statthalters und des Bürgermeisters zum Übel beigetragen hat. Die von den Deutschnationalen beeinflußte Öffentlichkeit suchte den Korpskommandanten verantwortlich zu machen, nicht aber den Bürgermeister, der schließlich das Militär angefordert hatte (Bramreiter, S. 80). Die Präsenz eines mit der staatlichen Polizeibehörde organisch verbundenen Wachkörpers hätte vermutlich die Heranziehung von Militär illusorisch gemacht und parteipolitischen Einflußnahmen Wirkung genommen.

Diese wilden Ausschreitungen nicht nur gegen den Staat, sondern gegen Ordnung und Vernunft überhaupt, führten mit dem erbitterten Widerstand eines Teiles der Deutschen der Alpenländer („Alldeutsche Partei") gegen die von den Tschechen begrüßten Sprachenverordnungen zum Sturze der Regierung Badeni und zu jahrelangen parlamentarischen Kämpfen, die jede Hoffnung auf einen nationalen Ausgleich begruben (Heer, S. 285ff). Von da an begannen Teile der Tschechen, Südslawen, Polen und Ruthenen ihre

Gedanken auf einen eigenen nationalen Staat zu richten. Es wurde schon erwähnt, daß die zunehmenden nationalen Auseinandersetzungen und Obstruktionen, die Folgen der Magyarisierungspolitik und der ständige erpresserische Druck seitens der ungarischen Reichshälfte, weiters die sozialen Reformen (einschließlich der Besserstellungen der wachsenden niederen Beamtenschaft) und die sonstigen Beanspruchungen der Finanzkraft, der notwendigen Aufmerksamkeit gegenüber dem Polizeiapparat kaum Raum ließen. Das Hintertreffen, in welches der Staat durch diese Vernachlässigung geraten war, wird am Vorabend des Weltkrieges besonders deutlich. Nach der Ermordung des Thronfolgers am 28. Juni 1914 in Sarajewo wurden überspitzte und amateurhafte Maßnahmen staatspolizeilicher Natur gegen die serbische Agitation vom Landeschef Bosniens und der Herzegowina, Feldzeugmeister Potiorek, sowie vom Kriegsministerium vorgeschlagen. Sie konnten nur durch die den beiden Reichshälften gemeinsamen Ministerien des Äußern und der Finanzen einer Mäßigung unterzogen werden. Der Innenminister, wenngleich im Hinblick auf die staatsrechtliche Konstruktion für Bosnien nicht zuständig, wurde nicht einmal zur Stellungnahme aufgefordert, obzwar sich die erwähnten Anträge des Kriegsministeriums vom 2. Juli 1914 zum Teil auf die gesamte Monarchie erstrecken sollten. Ebenso folgenschwer erwies sich in der gleichen Schicksalsstunde die verspätete Vorlage des Dossiers über die großserbische Wühlarbeit an die europäischen Regierungen, welche die Notwendigkeit des an Serbien gerichteten Ultimatums dokumentieren sollte. Das Verfassen dieses 57seitigen Memoires durch das k.u.k. Außenministerium beanspruchte nämlich 14 Tage, weil das Grundlagenmaterial, zumal für ein derart zentrales Thema der österreichischen Politik, teilweise erst bei den Statthaltereien erhoben werden mußte![5])

Sarajewo, 28. Juni 1914: Verhaftung eines der Mittäterschaft Verdächtigen.

5 Gooss, Roderich, „Das Wiener Kabinett und die Entstehung des Weltkrieges", Wien 1919, S. 47f, Würthle, „Die Spur führt nach Belgrad", Wien 1975, S. 215f, 304.

Eskortierung eines Spions durch Feldgendarmen.

Die Aufklärung des Mordkomplotts von Sarajewo gelang dem aus Czernowitz gebürtigen Polizeireferenten Dr. Viktor Ivasiuk. 1919 änderte er seinen Familiennamen auf Ingomar und gehörte fortan der Polizeidirektion Salzburg an, zuletzt als Leiter der Staatspolizei und Polizeidirektor. Am 17. März 1938 von der Gestapo verhaftet, wurde er in das Konzentrationslager Dachau verbracht, was die serbische Presse mit Befriedigung feststellte, obgleich Unfairness an der Verfahrensführung nie ernsthaft behauptet worden war. Das Foto zeigt Dr. Ingomar als Oberpolizeirat, 1932 oder später.

Kundmachung des russischen Gouverneurs in Czernowitz vom 17. September 1914, fünf Wochen vor der Rückeroberung.

Von der unglücklichen Entwicklung des Polizeisektors kaum berührt fühlte sich indessen in den letzten Dezennien vor dem Weltkriege das Korps der Gendarmerie. Dieses konnte, gestützt auf sein Näheverhältnis zur Armee, eine Art Eigenleben führen. Die moralische wie organisatorische Stärke der Gendarmerie erwies sich hervorragend unter den zusätzlichen Ansprüchen, die der Krieg stellte: Im Etappen- bzw. Feldpolizeidienst, sowie im Kundschafts- und Grenzschutzdienst und sogar als Kader nichtregulärer Kampfverbände. Die Kraft des Gendarmeriekorps zeigte sich am deutlichsten bei der Erstürmung der Lovcenhöhe in Montenegro (Rittm. Franz Perhauz, 1945–1949 Stellv. d. Gend. Zentralkommandanten) und bei der Verteidigung der Bukowina durch ihren Landesgendarmeriekommandanten, den späteren Generalmajor und Ritter des Maria-Theresien-Ordens Dr. h. c. Eduard Fischer, der der zehnfachen russischen Übermacht einen ideenreichen Kleinkrieg lieferte, in welchem die Gendarmeriewachtmeister die Landsturmkompagnien befehligten.[6]

6 Neubauer, 99ff, 134f.
  „Die Gendarmerie in Österreich 1849–1974", S. 33, 92f, sowie Fischer, Eduard, „Krieg ohne Heer", Wien 1935 und Conrad, Franz, v. Hötzendorf, „Aus meiner Dienstzeit", Wien 1923, Bd. IV, S. 809, V, S. 259, 961.

Der „Landesbefehlshaber für Galizien und die Bukowina" mit Offizieren des Landesgendarmeriekommandos für die Bukowina (Czernowitz 1918). Vorne von links: Rittm. Ladislaus Kuczynski, Mjr. Ladislaus Zurkowski, GMjr. Eduard Fischer, Rittm. Josef Jezek, ?; stehend 4. von links: vermutlich Rittm. Jakob Jaskiewicz, 2. von rechts Rittm. Carl Jäger, der Vater des Verfassers. (Gendarmerie-Museum Wien)

Gerichtliche Polizei und Strafprozeßordnung

Die Strafprozeßordnung 1873

Die Strafprozeßordnung 1873 verdient nähere Betrachtung, da, trotz mancher Novellen, ihre Bestimmungen über die Beteiligung der Sicherheitsorgane an der Strafgerichtspflege, namentlich über Vorerhebungen und Verhaftung (§§ 24, 36, 84, 177, 452), ein Jahrhundert überlebten. Vom Standpunkt der Rechtspflege machte schon die StPO vom 17. Jänner 1850, RGBl. Nr. 25 (1853 geringfügig novelliert), die bedeutsamen Schritte, indem sie den Grundsatz der freien Beweiswürdigung und das Anklageprinzip (Einführung von Staatsanwaltschaften als von den Gerichten getrennte weisungsgebundene Behörden) verwirklichte. Die ab 1861 erarbeiteten liberalisierenden Vorschläge des Prof. Julius Glaser führten schließlich, nachdem er Justizminister wurde, zu einem neuen Gesetz.

Wie schon das Patent über die politischen Rechte vom 4. März 1849, RGBl. Nr. 151, sowie das Gesetz zum Schutze der persönlichen Freiheit vom 27. Oktober 1862, RGBl. Nr. 87, vorsahen, durfte, bzw. darf, eine Verhaftung grundsätzlich nur aufgrund eines richterlichen Befehls erfolgen. Festnehmungen durch Sicherheitsorgane sind nur nach Maßgabe der Gesetze – sei es über Anordnung oder aus eigenem Antrieb – zulässig, und zwar unter der weiteren Einschränkung, daß die in Verwahrung genommene Person innerhalb von 48 Stunden freizulassen oder dem Gericht (1849), bzw. dem Gericht oder der Behörde (1862), zu übergeben ist.

Nachdem das erwähnte Gesetz ex 1862 den Verwahrungsgrund des „verursachten großen öffentlichen Ärgernisses" (eingeführt durch StPO 1853, RGBl. Nr. 151) abgeschafft hatte, wurden im § 175 StPO 1873 die Wiederholungs- bzw. Ausführungsgefahr als vierter „klassischer" Verwahrungsgrund den bisherigen (Ergreifung nach frischer Tat, Fluchtgefahr, Verdunkelungsgefahr) hinzugefügt. Auf die obligatorische Haft (§ 175 Abs. 2) und den 1971 außer Kurs gesetzten Haftgrund wegen Beteiligung an einem Massendelikt (§ 181), soll hier nicht eingegangen werden. Die Formulierungen der einzelnen Gründe (Bedingungen) für die richterliche Anordnung, bzw. „spontane" Vornahme durch Sicherheitsorgane, einer (vorläufigen) Verwahrung sind seit der StPO 1850 im wesentlichen unverändert geblieben, ausgenommen Fluchtgefahr, die gleichfalls im Jahre

1971 eine Milderung erfahren hat. Regelmäßiger Zweck der Verwahrung ist die Verfahrenssicherung und Vorführung zum Untersuchungsrichter, die allerdings bei Wegfall des Verwahrungsgrundes zu unterbleiben hat.

Unberührt von den für die Strafgerichtspflege geltenden Regelungen durch die Strafprozeßordnungen bleiben, bzw. blieben, anderweitige Festnahmebestimmungen, wie der heutige § 35 des Verwaltungsstrafgesetzes oder der § 13 des ersten Gendarmeriegesetzes (RGBl. Nr. 19/1850), welcher lautete:

„...verhaftet sie den Übertreter der Gesetze, welchen sie auf frischer Tat betritt, hält Landstreicher und sonstige Verdächtige, ausweislose Personen an, und hat jedes verhaftete oder angehaltene Individuum ohne Verzögerung und längstens binnen 24 Stunden an die nächste Sicherheitsbehörde abzugeben..." Schon seit der sogenannten Amtsinstruktion Josefs II. aus dem Jahre 1785 (siehe Seite 30, § 4) kannte man nur die Arretierung wegen Fluchtgefahr und bei Betretung auf frischer Tat. Die Vollmachten der Sicherheitsorgane waren somit vor Eintritt der „revolutionären Errungenschaften" eingeschränkter als später, sieht man von der prinzipiellen Bindung an einen richterlichen Befehl ab, die die StPO 1873 ausdrücklich, die StPO 1850 (Ermächtigungsklausel im § 49) mit den Worten „wenn Gefahr am Verzuge haftet", einbrachte. Denn seither haben die Sicherheitsorgane von den Verwahrungsgründen der Flucht-, Verdunkelungs- und Wiederholungsgefahr bloß Gebrauch zu machen, „...soferne die Einholung eines richterlichen Befehls wegen Gefahr im Verzuge untunlich ist" (das heißt durch Zeitablauf jener Nachteil eintreten würde, den der Gesetzgeber vermieden sehen will). „Betreten auf frischer Tat" (was auch „unmittelbar nach der Tat" einschließt) blieb naturgemäß von dieser weiteren Bedingung ausgenommen (§ 177).

Die „frische Tat" wurde bei den Sonderregelungen für die strafbaren Handlungen, die den Bezirksgerichten zur Ahndung überlassen sind (strafbare Handlungen „minderen Grades"), in der StPO 1853 (§ 424) und in der StPO 1873 (§ 452) übergangen, so daß angenommen wird, daß dieser Verwahrungsgrund in solchen Fällen nicht anwendbar ist. Warum, ist allerdings nicht recht erfindlich. Die sich aus dieser „Lücke" ergebende Situation, sie mag in diesem Ausmaß vielleicht gar nicht beabsichtigt gewesen sein, ist von der Praxis wie vom System her nicht glücklich. Dazu soll einiges gesagt werden: Für die Zuweisung, ob das strafbare Verhalten „minderen" oder nicht minderen Grades ist, bzw. der bezirksgerichtlichen Zuständigkeit unterliegt oder nicht, sind vielfach nicht nur präzise Gesetzeskenntnisse, sondern vor allem Umstände maßgeblich, wie etwa Schwere bzw. Folgen einer Körperverletzung, Höhe des Vermögensschadens, „Gewerbsmäßigkeit" oder Beteiligung mehrerer Täter, also Tatumstände, die vom einschreitenden Sicherheitsorgan oft beim besten Willen nicht augenblicklich beurteilt werden können. Daß im Zweifelsfall Freiheit vor Haft geht, ist eine begrüßenswerte Lebensregel. Es

steht aber dagegen, daß die Entscheidung keineswegs fakultativ (willkürhaft) sein darf, sondern verhaftet werden „muß", wenn die gesetzlichen Bedingungen gegeben sind (Lohsing-Serini, S. 234). Aber das „Publikum", nämlich Geschädigte und Zeugen, werden sich in ihrer Erwartung enttäuscht finden, wenn sie den „strafbaren Akt" nicht auch „optisch beendet" und einer unverzüglichen Klärung zugeführt sehen. Vor Dezennien freilich war es kaum denkbar, daß der ertappte Dieb oder Raufbold nicht freiwillig „mitgeht". Doch heute, „aufgeklärt" (um nicht zu sagen aufgehetzt), ist er frech und lästig, und ist, wenn er will „früher im Bett" als die an der Aufklärung mitwirkenden Geschädigten und Zeugen; unter Umständen selbst dann, wenn er eine Pistole mit sich führte. Wenn er nicht bis zu ein paar Stunden verfügbar gehalten werden kann, um am Gendarmerieposten oder am Wachzimmer, falls erforderlich unter Beiziehung eines Dolmetschers, sogleich befragt zu werden, kann die Verdachtsprüfung (Aufklärung) erheblich beeinträchtigt werden. Auch die Identität des Täters kann unter Umständen nicht mit Sicherheit festgestellt und eine Hausdurchsuchung kaum rechtzeitig durchgeführt werden. Man komme jetzt nicht mit dem Einwand, eine Freiheitsbeschränkung wäre bei Bagatell-Delikten nicht angemessen. Die „Bagatelle" kann beim Verletzten eine Berufsunfähigkeit von 24 Tagen, im Falle einer Sachbeschädigung oder eines Diebstahls – seit dem Jahre 1987 – den Verlust von S 25.000,– bedeuten. Bagatelle?! Die analogen Wertgrenzen lagen im Jahre 1947 bei S 500,–, im Jahre 1952 bei S 1500,–, bei S 2500,– im Jahre 1971, und 1975 noch bei S 5000,–. Trotz bedeutender Zunahme der Eigentumskriminalität wurden sie also zuletzt um das Fünffache erhöht, eine Progressionsstufe, welche die durch die Inflation geprägten Einkommenssteigerungen beträchtlich überbietet.

Auf den Haftgrund des Betretenwerdens „auf frischer Tat" zu verzichten, ist auch vom System her befremdlich. Dies in erster Linie deshalb, weil die Anwendung der für die Sicherheitsorgane geschaffenen generellen Ermächtigungsklausel des § 24 StPO – wie bereits angedeutet – zunehmend schwieriger geworden ist. Wenn nun, um die Folgen dieser Lücke zu vermeiden, sich die Sicherheitsorgane veranlaßt sehen, Tatbestände des Verwaltungsrechtes heranzuziehen, was gelegentlich möglich ist (Polizeistrafrecht, Fremdenpolizei), so ist das vom System her ein fragwürdiger Zustand. Denn was gerichtlich strafbar ist, ist doch schwerwiegender, weshalb das Strafprozeßrecht eher das durchgreifendere Instrumentarium liefern sollte (gegenüber dem § 35 Verwaltungsstrafverfahrensgesetz, der auch im Art. 2 des Verfassungsgesetzes über den Schutz der persönlichen Freiheit, BGBl. Nr. 684/1988, Deckung gefunden hat), anstatt den Sicherheitsorganen „Drahtseilakte" zuzumuten und sie Unterstellungen auszusetzen, wie etwa: die Haft diene der Geständniserzwingung. Man stelle sich doch vor, jemand wirft in einer Wirtsstube wild mit Bierkrügeln herum und hat einen Gast bereits verletzt. Ist es nicht widersinnig, daß der die strafbare Handlung fortsetzende Rowdy – Flucht- oder Verdunkelungsgefahr wird ja kaum gegeben sein –

nicht festgenommen werden kann, bzw. daß ihm bloß im Wege des (zufälligen) Verwaltungstatbestandes „Störung der Ordnung" Einhalt geboten werden kann, weil nach diesem Delikt die Festnehmung auf frischer Tat gemäß § 35 VstG möglich ist?!

Warum der Schöpfer der StPO 1853 das „Betreten auf frischer Tat" bei den minderen Straftaten nicht mehr als „Verwahrungsgrund" anführte, kann damit erklärt werden, daß er eine allein auf diesen Anlaß gestützte längerwährende Freiheitsbeschränkung (Verwahrung), insbesondere ihre Aufrechterhaltung zwecks Vorführung zu Gericht, ausschließen wollte. Obgleich expressis verbis nur die – auf den ersten Blick nicht logisch erscheinende[7]) – richterliche Anordnung zur Vorführung oder Verwahrung eliminiert wurde, hat man den Schluß gezogen, daß damit auch das Recht und die Pflicht der Sicherheitsorgane behoben wurde, einen auf frischer Tat betretenen Verdächtigen in Verwahrung zu nehmen. Diese Gesetzesauslegung ist nicht ganz schlüssig, weil die Grundbestimmung über das spontane Einschreiten der Sicherheitsorgane bei diesem Verwahrungsgrund (§ 152 StPO 1853, § 177 Z. 1 StPO 1873) durch die im Hauptstück für das bezirksgerichtliche Verfahren erlassenen speziellen Bestimmungen (bei § 424 StPO 1853 bzw. § 452 StPO 1873) nicht aufgehoben worden ist. Aber angesichts der Jahrzehnte hindurch geübten Praxis ist es überflüssig, dieser Frage weiteren Raum zu widmen.

Da erscheint es angemessener, sich damit zu befassen, ob sich nicht ein Mißverständnis herausgebildet hat, nämlich dahin, den „Verwahrungsgrund frische Tat" mit einem haftähnlichen Zustand aufgrund des Anhalterechtes in Verbindung mit der sogenannten Ermächtigungsklausel zu verwechseln. Das allgemeine Anhalterecht (vormals § 93 StG, seit 1975 im § 86 StPO geregelt) bedeutet, daß jedermann berechtigt ist, eine insbesondere auf frischer Tat angetroffene Person anzuhalten (zu ergreifen), mit der Maßgabe der unverzüglichen Anzeige (Übergabe) an das nächste Sicherheitsorgan. Daß die daraufhin gegenüber dem „Festgenommenen" zu übende physische Gewalt umfangreicher sein darf (muß), ist evident, denn den Täter laufen lassen, hätte auch der „Jedermann" vermocht. In diesem Augenblick greift die heute sogenannte „Ermächtigungsklausel" des § 24 StPO ein, die nahezu übereinstimmend bereits die StPO 1850 formuliert hatte. Sie verlangt von den Sicherheitsbehörden insbesondere, „... die keinen Aufschub gestattenden vorbereitenden Anordnungen zu treffen, die zur

Aufklärung der Sache dienen oder die Beseitigung der Spuren ... oder die Flucht des Täters verhüten können. Hausdurchsuchungen und die vorläufige Verwahrung von Personen dürfen die Sicherheitsbehörden und deren Organe ... nur in den in dieser StPO vorgesehenen Fällen unaufgefordert vornehmen..."

Bereits darin, daß zwischen „vorläufiger Verwahrung" und anderen Maßnahmen, die „die Flucht des Täters verhüten können", unterschieden wird, zeigt sich, daß der Gesetzgeber an eine „Haft sui generis" gedacht hat, welche eine Anhaltung über einen angemessenen Zeitraum deckt. Eine konkrete zeitliche wie auch sonstige Abgrenzung zur „Verwahrungshaft" wird nicht getroffen. Klar scheint nur zu sein, daß eine „Gefangenhaltung" (Verwahrung in einer Haftzelle) nicht in Frage kommt, wohingegen die sonstigen Umstände und die absolute zeitliche Kürze von den notwendigsten „keinen Aufschub gestattenden" Maßnahmen abzuleiten sind. Darunter fallen die Stellungnahme des Angehaltenen zu den Verdachtsgründen und die Feststellung seiner Person und seines Aufenthaltes. Eindeutig ist auch, daß eine anschließende Vorführung zu Gericht zu unterbleiben hätte, es sei denn, die Verdachtsgründe würden sich erhärten und einer der Verwahrungsgründe hervorkommen, worüber in der Regel das Einvernehmen mit dem Gericht tunlich sein würde.

Ein Einschreiten im Sinne der „Ermächtigungsklausel" ist selbstverständlich nicht auf die „frische Tat" begrenzt. Ansonsten wäre ein guter Teil der Fahndungsmaßnahmen undenkbar, beispielsweise ein paar Tage nach der Tat sich eines bloß nach Personsbeschreibung oder Lichtbild ausforschbaren Täters zu versichern, der nichts anderes als „nein" oder „muh" sagt und sich nicht ausweisen kann oder will.

Daß diese Gesetzesstelle die Anhaltebefugnis einschließt, dürfte nicht zu bezweifeln sein. Doch ist es auffallend, daß die Kommentare zum Strafprozeßrecht diesen auf die Praxis übergreifenden Fragen keinen Raum widmen, wohl deshalb, weil der Stoff vom Tische des Richters und Staatsanwaltes aus gesehen wird und bloß die Resultate, nicht aber die formalen Fragen des „ersten Zugriffs" für diese von Bedeutung sind. Auch der Verfassungsgerichtshof durchleuchtet nicht diese Probleme an sich, sondern ist im Zuge seiner Rechtsprechung auf die Feststellung des Haftbegriffes und der jeweiligen Haftzulässigkeit (insoweit keine richterliche Anordnung erfolgt ist) beschränkt. Hierbei wird „Haft" einerseits weit ausgelegt (Haft ist beispielsweise gegeben, wenn der Betroffene zu telefonieren gehindert wird), andernorts aber enger: Haft sei (nur) gegeben, wenn das Bestreben des Sicherheitsorgans primär auf die Freiheitsbeschränkung gerichtet ist, nicht wenn sie eine Sekundärfolge der Amtshandlung, etwa zur Identitätsfeststellung, darstellt. Das scheint dafür zu sprechen, daß ein „Mitkommen" zur nächsten Sicherheitsdienststelle – auch wenn keine Haftbedingungen im Sinne des § 175 StPO gegeben sind – erzwungen werden könnte. Der Rechtszustand ist

---

7 Die im Einleitungssatz des § 175 der geltenden StPO (nach Vorbild § 186 StPO 1850 und § 151 StPO 1853) verankerte Vorstellung, daß der Untersuchungsrichter – neben der Vorführung – die Verwahrung eines auf frischer Tat betretenen Verdächtigen „anordnen" kann, klingt theoretisch. Der Praxis entspricht dieser Gedanke dann, wenn der Verdächtige vom Sicherheitsorgan bereits „spontan" angehalten bzw. in Verwahrung genommen worden ist und seitens des Sicherheitsorgans bzw. seiner Behörde die Entscheidung erbeten wird, ob Anzeige auf freiem Fuß oder im Stande der Haft erfolgen soll, wobei die Frage nach anderen Verwahrungsgründen mit dem Untersuchungsrichter im Wege des Staatsanwaltes zu erörtern wäre.

unklar genug, so daß die Sicherheitsorgane im Hinblick auf den verfassungsmäßig gesicherten Schutz der persönlichen Freiheit (Art. 8 Staatsgrundgesetz 1867, Art. 149 B-VG) größte Zurückhaltung üben. So wäre es hoch an der Zeit, diesen unbefriedigenden Zustand im Rahmen einer künftigen „Reform des Vorverfahrens", von der schon so lange – aber nicht unbedingt in sachkundiger Weise – gesprochen und geschrieben wird, in vernünftiger und klarer Form zu lösen. Dies schließlich auch im Hinblick auf die Neufassung der „Fluchtgefahr" im Jahre 1971, welche eine wesentliche Erschwernis bei der Konfrontation mit einem nicht „gutwilligen" Verdächtigen mit sich brachte. Diesbezüglich schafft auch das „Bundesverfassungsgesetz über den Schutz der persönlichen Freiheit", BGBl. Nr. 684/1988, welches mit 1. Jänner 1991 in Kraft tritt, keine Lösung. Aber seine auf den Haftgrund „frische Tat" bezogene Definition im Art. 2 Abs. 1 Z. 2 lit. a) sei wegen ihrer Prägnanz erwähnt. Sie lautet: „. . . zum Zwecke der Beendigung des Angriffes oder zur sofortigen Feststellung des Sachverhaltes, sofern der Verdacht im engen zeitlichen Zusammenhang mit der Tat oder dadurch entsteht, daß er einen bestimmten Gegenstand innehat . . ." Immerhin sah die Regierungsvorlage zu einem „Polizeibefugnisgesetz" aus dem Jahre 1969 eine mehrstündige Anhaltemöglichkeit zur Identitätsfeststellung vor, die, wäre sie realisiert worden, den Mangel des „Verwahrungsgrundes frische Tat" neutralisiert hätte.

Die Stellung der Sicherheitsorgane

Wenden wir uns nun der Stellung zu, die die Sicherheitsbehörden/Sicherheitsorgane im Rahmen der „Gerichtlichen Polizei" einnehmen. Da ist zunächst zu bemerken, daß zufolge StPO die Sicherheitsbehörden einerseits über Auftrag des Gerichtes oder der Staatsanwaltschaft, andererseits aus eigenem Antrieb („spontan") wirksam werden können. Auch hinsichtlich der ersteren Gruppe handelt es sich in der Regel um Tätigkeiten im sogenannten Vorverfahren, wobei für die (vom Staatsanwalt allenfalls beantragte) richterliche „Voruntersuchung" der Untersuchungsrichter initiativ auftritt. Einzelne richterliche Akte, wie etwa Anordnung einer Hausdurchsuchung oder der vorläufigen Verwahrungshaft, können auch bereits in der Phase der „Vorerhebungen" erfolgen (Lohsing-Serini, S. 345ff).

Die Befugnisse, von denen die Sicherheitsbehörden und ihre Organe im Rahmen dieser Tätigkeiten jeweils Gebrauch machen, sind nur zum Teil in der StPO angegeben. Sie können also auf Befugnisse zurückgreifen, die ihnen das Gesetzesmosaik überhaupt zur Verfügung stellt, wie etwa die Handhabung der Straßenpolizei, wenn eine richterliche Tatortbesichtigung zu gewährleisten ist. „Gerichtliche Polizei" – sie ist enger und funktionell anders gerichtet als die „Sicherheitspolizei" – besteht in der Ausführung der seit dem Jahre 1850 in der StPO getroffenen Regelungen über das gegenseitige Verhältnis zwischen Strafjustiz und Sicherheitsbehörden. Das ist den Hauptstück-Titeln vor dem je-

weiligen „Ermächtigungsparagraph" zu entnehmen. Dieser Paragraph fehlte nur in der StPO 1853, vermutlich weil der „Wirkungskreis der K.K. Polizeibehörden" vom 10. Dezember 1850 in seinem § 28 unter der Überschrift „Gerichtliche Polizei" ohnedies den deckungsgleichen Inhalt formuliert und im übrigen auf die einschlägigen Regelungen in der StPO 1850, und zwar eingehend auch hinsichtlich des Verhältnisses zur Staatsanwaltschaft, verwiesen hat.[8]

Der Ermächtigungsparagraph hat die „spontane" polizeiliche Vorerhebungstätigkeit zum Gegenstand. Was Vorerhebung ist, definiert § 88 StPO 1873 als das Gewinnen von Anhaltspunkten zur Veranlassung des Strafverfahrens gegen eine bestimmte Person oder zur Zurücklegung der Anzeige (etwa mangels aussichtsreicher Beweise oder weil überhaupt keine strafbare Handlung vorliegt). So knapp der Wortlaut der Ermächtigungsklausel ist, so ist doch das Wesentlichste, allerdings bloß vom Standpunkte der Strafjustiz, grob umfaßt. Klar ist jedenfalls, daß die Tätigkeit der Sicherheitsbehörden, auch wenn sie aufgrund eigener Wahrnehmungen einschreiten, stets zur Unterstützung der Gerichte und Staatsanwaltschaften bestimmt ist und diese Tätigkeit daher auch deren Weisungen unterliegt. Hier, sowie im anschließend zu erwähnenden § 84, haken heute die „Legalisten", „Neo-Humanisten" und jene „kritischen Fortschrittler" ein, die – aus welchen Motiven immer – unter Vorgabe eines erhöhten „Rechtsschutzes" die Begriffsinhalte ins Gegenteil verkehren und den entscheidenden „ersten Zugriff" der Sicherheitsorgane am liebsten abschaffen, wenigstens aber verlangsamen und ineffektiver gestalten möchten, wodurch letztlich Gesetzesbrüche gefahrloser würden. Sie übersehen, daß der im § 24 enthaltenen Wendung „. . . wenn das unverzügliche Einschreiten des Untersuchungsrichters nicht erwirkt werden kann . . ." keine normative Bedeutung in dem Sinne zukommt, daß die Sicherheitsbehörden etwa grundsätzlich alle Ermittlungen einvernehmlich mit dem Untersuchungsrichter zu gestalten hätten. Dem Anklageprinzip folgend, sind ja die sicherheitsbehördlichen Vorerhebungen in erster Linie an den Staatsanwalt (§ 84ff) und nur fallweise an den Untersuchungsrichter gewiesen. Diese „Fortschrittler" argumentie-

---

8 Die Wiederaufnahme in die StPO im Jahre 1873 erfolgte vermutlich nicht bloß aus Gründen der Übersichtlichkeit zugunsten der Organe der Strafjustiz, sondern auch im Hinblick auf die geänderte Verfassungslage, nämlich um entstehenden Zweifeln hinsichtlich der generellen Verbindlichkeit gerade dieser Norm (Befugnisse im engeren Sinne: Eingriffe in die persönliche Rechtssphäre) zu entgehen. Als solcher Eingriff stellt sich beispielsweise das Abnehmen von Fingerabdrücken dar, soferne es unmittelbar Beweiszwecken dient. Das über den Anlaßfall hinausreichende Sammeln von Fingerabdrücken ist aber nicht mehr „Gerichtliche Polizei", sondern erfolgt im Rahmen der „Aufrechterhaltung der öffentlichen Sicherheit", bedarf also einer gesonderten Gesetzesbefugnis.
Von dieser Auffassung ging richtigerweise die Regierungsvorlage vom 6. Mai 1969 zu einem „Polizeibefugnisgesetz" aus, obzwar der VerfGH im Jahre 1964 festgestellt hatte, daß die gerichtliche Polizei unter den Begriff der Aufrechterhaltung der öff. Ruhe, Ordnung und Sicherheit zu subsumieren sei. Mit der erwähnten RV war unter dem Titel der „allgemeinen Sicherheitspolizei" unter anderem beabsichtigt, den Erkennungsdienst, Durchsuchungen sowie die Anhaltung zur Identitätsfeststellung zu regeln.

ren auch gerne mit dem Hinweis, daß von sämtlichen Haftfällen bloß etwa der vierte Teil über richterliche Initiative zustandekommt, während das Gros auf „spontanes" Einschreiten der Sicherheitsorgane zurückzuführen ist – ein Teil davon allerdings mit fernmündlicher Zusicherung eines richterlichen Haftbefehles. Weiters daraus, daß von den „Spontan-Festgenommenen" im Durchschnitt die Hälfte vor Ablauf der 48stündigen Verwahrungsfrist wieder auf freien Fuß gesetzt wird, sei das „freie Schalten" der Sicherheitsbehörden erkennbar. Diesen Argumenten kann einiges entgegnet werden: Zunächst zeigt die Spruchpraxis des Verfassungsgerichtshofes, daß die „Verhaftungspraxis" der Sicherheitsbehörden durchaus gesetzeskonform verläuft. Die Überprüfbarkeit der Maßnahmen von nicht mit den richterlichen Privilegien ausgestatteten Organen durch den Verfassungsgerichtshof ist – rechtsstaatlich gesehen – gewiß kein Nachteil gegenüber der Überprüfung richterlicher Haftentscheidungen durch einen Senat desselben Gerichtes. Wenn es den Sicherheitsbehörden gelingt, innerhalb von Stunden den Sachverhalt so weit zu klären, daß ein möglichst hoher Prozentsatz der festgenommenen Personen wieder auf freien Fuß gesetzt werden kann, so wird zugleich vom Standpunkt der persönlichen Freiheit wie der Verfahrenssicherung ein Maximum erfüllt. Befindet sich hingegen jemand in gerichtlichem Gewahrsam, steht ihm schon wegen des naturgemäß langsameren gerichtlichen Verfahrensganges eine länger währende Haftzeit bevor. Es darf ja doch nicht übersehen werden, daß die Sicherheitsbehörden einen gleichfalls mit Juristen dotierten Apparat darstellen, einen Apparat aber, der in personeller und technischer Hinsicht unvergleichbar leistungsfähiger und rascher ist, als die auf sich allein gestellten Staatsanwälte und Untersuchungsrichter. Es kommt aber noch das sehr ausschlaggebende Moment hinzu, daß die Sicherheitsorgane ihre Nachforschungen über ein Netz noch im Dunkel verstreuter unentdeckter Spuren anzustellen vermögen, von denen sich in der Regel nur ein Teil als brauchbar herausfiltern läßt. Eine solche, auf individuelle Initiative gegründete Tätigkeit läßt sich nicht „gängeln". Sie könnte sich nicht entfalten, würde man die Sicherheitsbehörden ihrer relativen Selbständigkeit berauben. Zwar heißt es im § 84 StPO, daß alle Behörden verpflichtet sind, bekanntgewordene strafbare Handlungen „sogleich" dem Staatsanwalte anzuzeigen. Naturgemäß trifft die Praxis eine Unterscheidung zwischen einer Sicherheitsbehörde und sonstigen Behörden. Dieser Unterscheidung folgt, daß die von den Sicherheitsbehörden und Gendarmeriedienststellen den Staatsanwaltschaften übermittelten Strafanzeigen bereits durch Erhebungsergebnisse und Beweisaufnahmen unterstützt sind (Lohsing-Serini, S. 343), bzw. die Strafanzeigen im allgemeinen erst erstattet werden, wenn der Fall geklärt erscheint oder Anhaltspunkte für weitere Erhebungen fehlen, was im Hinblick auf die kriminalistische Ausbildung und Ausrüstung der Sicherheitsorgane zweckmäßig ist (Foregger-Serini, S. 46f). Die ungeprüfte Weitergabe einer Anzeige würde doch keinen Sinn ergeben, sie würde im Gegenteil verzögernd wirken und die Aufklärung beeinträchtigen. Diese Frage war auch in die Untersuchung des parlamentarischen „Lucona"-Ausschusses einbezogen und bildete am 10. Jänner 1989 das Thema der Befragung des wenige Tage später zurückgetretenen Innenministers Karl Blecha (Beilage der Zeitschrift „Profil" Nr. 3 v. 16. Jänner 1989). Bekanntlich führte die 5½ Jahre zurückliegende Weisung des Innenministeriums, noch vor Abschluß der Ermittlungen Anzeige an die Staatsanwaltschaft Salzburg zu erstatten, zum Vorwurf der Behinderung der Aufklärung des Unterganges des Frachtschiffes „Lucona". Das Verfahren vor dem Untersuchungsausschuß hatte sich auch mit dem Vorwurf zu befassen, daß, sobald die Initiativen der tätig gewordenen Sicherheitsbehörden, Staatsanwälte und des Untersuchungsrichters beschnitten und diese durch Zentralstellen „gegängelt" wurden, der Freiraum für „Freunderlwirtschaft" und parteiische Weisungen und Einflußnahmen den Verfahrensgang beeinträchtigte. Dennoch war eine Nebenwirkung sehr bemerkenswert, bemerkenswert allerdings vom Standpunkte fehlender Logik. Es fehlte nämlich anfangs nicht an Polemiken in der Richtung, den „Schwarzen Peter" der weisungsgebundenen Polizei zuzuspielen, erhöhte Kontrolle und Einschränkung des staatspolizeilichen Wirkungsfeldes zu fordern und die exekutiven Polizeibefugnisse einer Regelung bzw. Neuregelung zu unterziehen, bei der selbstverständlich das, was gewisse Kreise und naive Funktionäre unter „Rechtsschutz" verstehen, nicht zu kurz kommen dürfe. Eine ähnliche Reaktion nach der falschen Richtung zeigt ein Umfrageergebnis des IMAS-Institutes vom 4. April 1989, wonach das Vertrauen der Bevölkerung in die Justiz erheblich gesunken ist, nämlich von 40 Prozent auf 19 Prozent im Vergleich zum Jahre 1976. Falls die bis damals vorgelegenen Ergebnisse der Lucona-Untersuchung von Einfluß waren, ein erstaunliches Bild, denn kaum einen Monat später hat die Polizei weit besser abgeschnitten. Erst gegen Ende der um den 20. Juni abgeschlossenen Ausschußtätigkeit hat sich zunehmend gezeigt, daß – von den Karrieristen und „Lakaien" an der Spitze der Hierarchien abgesehen – die Richter und Staatsanwälte Pflichtbewußtsein und Courage an den Tag gelegt haben.

Daß es aber hoch an der Zeit ist, die Polizeibefugnisse einer Regelung zuzuführen, wurde soeben, sowie im Zusammenhang mit dem „Wirkungskreis" ex 1850 im Abschnitt V, erörtert. Man kann nur hoffen, und zwar im Interesse der Bevölkerung, daß der Inhaltsvergleich des künftigen Befugnisgesetzes („Sicherheitspolizeigesetz") mit der Regierungsvorlage ex 1969 nicht zeigen wird, daß man den abschüssigen Weg eingeschlagen hat.

Die „Alfonso-Affäre" (1875)

Der bourbonische Thronprätendent, der spätere König Alfons XII. von Spanien, lebte in Graz im Exil. Die „Affäre" ist in der Chronik der Sicherheitswache der Polizeidirektion Graz folgend beschrieben:

„Ein aufregendes Jahr war auch 1875 mit der bekannten Alfonso-Affäre, bei der Militärassistenz ausrückte. Als Don Alfonso de Bourbon in seiner Villa in Graz, Körblergasse, Aufenthalt nahm, machte man im freisinnigen Teil der Bevölkerung aus der Unerwünschtheit seines Aufenthaltes kein Hehl. Ein Besuch in der Domkirche, wo Don Alfonso mit seiner Gemahlin Donna Blanca Maria dem Gottesdienst beiwohnte, brachte den Stein ins Rollen.

Am 27. April 1875 kam es vor dem Dom und bei der alten Universität zu lebhaften Straßenkundgebungen, begonnen von Italienern, und an den folgenden Abenden vor der Villa zum ersten heftigen Zusammenstoß mit der städtischen Sicherheitswache und dem aufgebotenen Militär. Eine Studentenvertreterversammlung erhob am 29. April 1875 Einsprache gegen das „übermütige" Benehmen der Wachleute und verlangte die Enthaftung der festgenommenen Studenten sowie die Auslieferung der mißliebigen Prinzenfamilie. Die Statthalterei löste daraufhin am 5. Mai 1875 sämtliche 15 Grazer studentischen Körperschaften, auch den „Orion" und die nichtdeutschen Vereinigungen, auf. Die Auftritte auf der Universität dauerten bis 8. Mai weiter. Erst allmählich verlor sich die Erregung.

Der Grund der Demonstrationen war, daß Don Alfonso seinen Bruder Don Carlos im Kampfe um die spanische Königskrone unterstützt hatte und sich dabei – so besagten wenigstens Gerüchte – Grausamkeiten gegen Kriegsgefangene zuschulden kommen ließ. Jedenfalls betrachtete man ihn als mitverantwortlich für die barbarische Kriegführung seines Bruders."

Der Magistrat Graz als staatliche Sicherheitsbehörde (1867–1876–1918)

Mit 1. Jänner 1867 übernahm die Gemeinde von der Polizeidirektion 15 Zivilwachmänner und stellte 15 weitere neu an. Den Straßendienst besorgten zunächst Militärpatrouillen (Militär-Assistenz, wie schon ab 1860), zu deren Kosten die Gemeinde zur Hälfte beitragen mußte. Für das neuerrichtete „Bureau" schuf der Gemeinderat die Stelle eines Magistratsrates, die er dem Kommissär der Grazer Polizeidirektion, Ludwig Gröbl, übertrug, und sechs weitere Konzeptsbeamtenstellen. Auch diese Stellen besetzte er zum Teil mit Kräften, die bereits im Polizeidienste tätig waren. Als die Militärpatrouillen eingestellt wurden, erwies sich der Stand

von 30 Wachmännern, die damals weder uniformiert noch bewaffnet waren, als zu gering. Es ist begreiflich, daß der Gemeinderat nur zögernd an die Vermehrung des Wachkorps schritt und Versuche machte, von der Regierung eine teilweise Entschädigung zu erhalten. In den bezüglichen Eingaben wurde darauf verwiesen, daß in anderen Städten mit kommunaler Polizei eine verhältnismäßig viel größere Anzahl von Wachmännern in den Dienst gestellt sei, so in Prag 300 Mann, in dem mit Graz ungefähr gleich großen Brünn 100 Mann, und daß diese Städte vom Staate Beiträge erhielten, Prag z. B. 50.000 Gulden. Alle diese Petitionen fanden aber kein Gehör. Unter dem Zwang der Verhältnisse kam es 1869 zu einer Erhöhung des Standes auf 80 Mann unter gleichzeitiger Uniformierung und Ausrüstung mit einer kurzen Seitenwaffe nach Art eines Hirschfängers. Auch die Errichtung von drei weiteren Wachstuben (außer dem Rathause in der Reitschule, in der Wickenburggasse und im städtischen Ökonomiegebäude „auf der Lend") fällt in dieses Jahr. 1873 wurde der Stand des Wachkorps auf 111 Mann (ein Wachinspektor, elf Führer und 99 Wachmänner) und bis 1918 auf 330 Mann erhöht.

Im Jahre 1872 wurde, einem Wunsche der Bevölkerung entsprechend, zum ersten Male der Straßendienst durch Stehposten an besonders wichtigen Verkehrspunkten des Stadtgebietes – es waren ihrer acht – eingeführt.

In den Berichten dieser Jahre lesen wir häufig von nächtlichen Ruhestörungen, bei denen sich besonders die Studentenschaft hervortat. Die Sache scheint ernstere Formen angenommen zu haben, da schließlich das Unterrichtsministerium und der akademische Senat einschritten, um den jugendlichen Übermut zu dämpfen. Verschiedene Vorkommnisse ließen es dem Gemeinderat im Jahre 1873 geboten erscheinen, die Wache für besondere Anlässe auch mit Gewehr und Bajonett auszurüsten, sowie mit Säbeln, wie sie die Wachführer trugen. Die städtische Polizei versuchte auch Schritt mit den technischen Anforderungen zu halten, indem eine Hundestaffel errichtet und von der Daktyloskopie und Fotografie Gebrauch gemacht wurde (Auszug aus Hanss).

Sachlicher Wirkungskreis der Polizeidirektion Graz 1919

Der Wirkungskreis umfaßte folgende Agenden (wozu noch Zuständigkeiten auf dem Bahnhof Spielfeld – ähnlich wie heute – kamen):

1. Die Aufrechterhaltung der öffentlichen Sicherheit sowie der öffentlichen Ruhe und Ordnung;

2. das Meldungs-, Paß- und Fremdenwesen;

3. die Vereins- und Versammlungspolizei;

4. die Preßpolizei;

5. die Sorge für die Sicherheit der Person und des Eigentums;

6. die Sorge für die Sicherheit und Leichtigkeit des Verkehrs auf Straßen in den im vorhergehenden Punkte bezeichneten Belangen sowie die polizeilichen Angelegenheiten beim Eisenbahnbetriebe;

7. die Handhabung der Waffen- und Munitionspolizei sowie der sicherheitspolizeilichen Bestimmungen der Sprengmittelvorschriften;

8. die Theater- und Kinopolizei, Erteilung der Bewilligung zu öffentlichen Produktionen und Schaustellungen (mit Ausnahme von Theater- und Kinokonzessionen und der Bewilligung von Singspielhallen sowie von Zirkusvorstellungen), Genehmigung der vorzulegenden Programme und Liedertexte, Bewilligung von öffentlichen Bällen und Maskenbällen sowie von öffentlichen Tanzmusiken;

9. die Aufsicht über Schenken, Gast- und Einkehrhäuser, Kaffeehäuser, Herbergen, öffentliche Versammlungs- und Belustigungsorte u. dgl., ferner die Beaufsichtigung der Spiele an öffentlichen Orten und die Handhabung der Ministerialverordnungen vom 3. April 1855, RGBl. Nr. 62, betreffend die Regelung der Polizeistunden;

10. die Sittlichkeitspolizei;

11. die Gesinde- und Arbeiterpolizei sowie die Handhabung der Dienstbotenordnung;

12. die Handhabung der Vorschriften betreffend das öffentliche Lohnfuhrwerk und den Betrieb von Kraftfahrzeugen;

13. das polizeiliche Strafrecht aufgrund der Kaiserlichen Verordnung vom 20. April 1854, RGBl. Nr. 96, nach Maßgabe des der Polizeidirektion zugewiesenen Wirkungskreises;

14. das polizeiliche Strafrecht nach § 5 des Gesetzes vom 24. Mai 1885, RGBl. Nr. 89 (Landstreichereigesetz);

15. die Fällung von Erkenntnissen auf Abschiebung und Abschaffung im Sinne des Gesetzes vom 27. Juli 1871, RGBl. Nr. 88, sowie die Verhängung der Polizeiaufsicht;

16. die polizeilichen Amtshandlungen nach den Bestimmungen der Strafprozeßordnung.

Badeni-Unruhen 1897, „Bosniaken-Einsatz" in Graz

In den Abendstunden des 26. Novembers 1897 machte sich der Unwille der Deutschnationalen gegen das „polnische Regime", hervorgerufen durch die Regierung Badeni wegen Erlassung der Sprachenordnung, im Absingen nationaler Lieder und in großen Ansammlungen Luft. Wie immer bei solchen Anlässen kam es zuerst zu Reibereien mit dem Wacheaufgebot, das die Menschenmenge von der Herrengasse abzudrängen suchte. Als das 2. bosnisch-hercegovinische Infanterie-Regiment eingesetzt wurde und Kavallerie die Plätze säuberte, stieg die Erregung noch mehr. Die Demonstrationen wiederholten sich am folgenden Tage, es gab wieder Ausschreitungen gegen die Wache und abermals mußten die Bosniaken eingesetzt werden. Bei einem Zusammenstoß in der Murgasse gab die Truppe eine Salve ab, die einen Demonstranten mit einem Kopfschuß zu Boden streckte und einen Arbeiter schwer verletzte, der einige Tage darauf seinem Nierendurchschuß erlag. Eine Entspannung trat erst in den Nachmittagsstunden des 28. November ein, als die ersten Telegramme die Nachricht vom Rücktritt des Kabinettes Badeni und von der Vertagung des Reichsrates brachten. Das Begräbnis der beiden Toten gestaltete sich zu einer deutschnationalen Kundgebung.

Die nachfolgenden Maßnahmen der Regierung Gautsch waren nicht geeignet, die „Besorgnisse der Deutschen in Österreich" zu beseitigen. Im Gemeinderat machten sich diese in dem Dringlichkeitsantrag Luft, der in der Sitzung vom 25. Mai 1898 mit Majorität zum Beschlusse erhoben wurde und die Zurücknahme der Ernennung des Grafen Gleispach zum Präsidenten des Oberlandesgerichtes – weil er ein „Verräter am Deutschtum" sei – verlangte und sich neben der Forderung auf Verlegung des in Graz garnisonierten 2. bosnisch-hercegovinischen Inf.-Regimentes auch gegen die Disziplinierung von 33 Reserve-Offizieren wegen Beteiligung an den Begräbnisdemonstrationen wendete.

Die Antwort darauf bildete das Dekret des neuen Statthalters, des späteren Ministerpräsidenten Clary-Aldringen, vom 25. Mai 1898, mit dem der Gemeinderat der Stadt Graz aufgrund des § 29 der Gemeindeordnung für aufgelöst erklärt und der Bezirkshauptmann Heinrich Frh. von Hammer-Purgstall als Regierungskommissär bestellt wurde. Der Gemeinderat habe, so hieß es in der Begründung der Maßnahme, durch seine Beschlüsse Angelegenheiten der Staatsregierung in einer Weise in den Bereich seiner Tätigkeit gezogen, die für eine den öffentlichen Interessen entsprechende Besorgung wichtiger Verwaltungsaufgaben des Gemeinderates keine Gewähr biete. Die Führung der Amtsgeschäfte durch den Regierungskommissär, dessen erste Maßregel die Berufung einiger hundert Mann Gendarmerie nach Graz war, dauerte bis zur Beeidigung des vom neuen Gemeinderat in der Sitzung vom 25. Oktober einstimmig wiedergewählten Bürgermeisters Dr. Franz Graf, die aufgrund der kaiserlichen Bestätigung am 16. November 1898 vor sich ging.

Daß der gleiche Gemeinderat geschmacklos genug war, einen der größten Plätze, den Platz Am Eisernen Tor, im Jahre 1899 in „Bismarckplatz" zu benennen, durfte nicht erstaunen.

Das „Prügelpatent“

Die §§ 11 bis 13 der kaiserlichen Verordnung vom 20. April 1854, RGBl. Nr. 96; vergleichbar mit den heutigen Tatbeständen „Ordnungsstörung“, „Anstandsverletzung“, „Lärmerregung“ und „ungestümes Benehmen“.

§ 11

„Jedes polizeiwidrige Verhalten an öffentlichen Versammlungsorten, namentlich in Hörsälen, Theatern, Ballsälen, Wirths- und Kaffeehäusern usw., dann auf Eisenbahnen, Dampfschiffen, Postwägen u. dgl., wodurch die Ordnung und der Anstand verletzt, das Vergnügen des Publikums gestört oder sonst ein Aergernis gegeben wird, ferner jede demonstrative Handlung, wodurch Abneigung gegen die Regierung oder Geringschätzung ihrer Anordnungen ausgedrückt werden soll, wird unvorgreiflich der etwa eintretenden strafgerichtlichen Behandlung, mit einer Ordnungsbuße von Einem bis einschließig Einhundert Gulden Conventions-Münze oder von sechsstündiger bis vierzehntägiger Anhaltung geahndet, je nachdem die eine oder die andere Buße nach Umständen angemessener oder wirksamer erscheint.

Bei den im § 248 Strafgesetz erwähnten Personen und unter den dort bestimmten Beschränkungen, kann statt der Anhaltung oder in Verschärfung derselben, auch körperliche Züchtigung in Anwendung kommen. [1867 aufgehoben]

In Hinsicht der zu verhängenden Strafe ist jedoch von dem Grundsatze auszugehen, daß die Strafe nie höher, als der kleinste Grad jener Strafe zu bemessen sei, welche nach dem allgemeinen Strafgesetze hätte verhängt werden müssen, wenn die in Frage stehende Handlung die Eigenschaft eines Vergehens oder einer Uebertretung im Sinne dieses Strafgesetzbuches gehabt hätte.“

§ 12

„Sowie den politischen und polizeilichen Organen unter strenger Verantwortlichkeit im ämtlichen Verkehre mit Jedermann ein anständiges Benehmen zur Pflicht gemacht ist, eben so ist auch denselben bei ihren Amtshandlungen von Jedermann mit Achtung zu begegnen.

Wer sich daher

a) gegen einen politischen oder polizeilichen Beamten in Ausübung gesetzlicher Amtshandlungen, oder gegen Wachen und obrigkeitliche Diener, welche an öffentlichen Orten oder in Privatwohnungen ämtliche Aufträge zu vollziehen haben, ungestüm und beleidigend benimmt, und ungeachtet vorausgegangener Ermahnung in einem, den ämtlichen Charakter verletzenden Betragen beharrt, wer sich

b) gegen einen Gemeindevorsteher bei Vollziehung eines Auftrages, welcher ihm nach dem Gesetze, oder Kraft einer besonderen Weisung einer Behörde zu vollführen obliegt, beharrlich ein ungestümes und beleidigendes Verfahren zu Schulden kommen läßt, oder wer

c) in einer, von ihm selbst, oder über seinen Auftrag von einem dritten verfaßten Eingabe an eine Behörde sich einer, dieselbe beleidigenden Schreibart bedient, oder eine solche Eingabe für einen Dritten verfaßt, verfällt der im § 11 festgesetzten Strafbehandlung.“

§ 13

„Der Tatbestand ist auf die möglichst einfache Art zu erheben.

In den Fällen des § 12, lit. a) und b) kann die mit Berufung auf den Diensteid abgegebene Äußerung des politischen oder polizeilichen Beamten oder Dieners, sowie die gleichartige Aussage des Gemeindevorstehers, insoferne dieselbe nicht durch irgendeinen Umstand zweifelhaft gemacht wird, zum rechtlichen Beweise als hinreichend angesehen werden.“

VII. Die Polizei im Bundesstaat

Die ersten Jahre der Republik

„Die noblichen Herr'n
mit die goldenen Stern'
die wer'n die Straß'n jetzt kehr'n!"
(Gassenlied)

„Auch die Revolution war keine Revolution. Sie war nur das, was übrigblieb, als alles andre vergangen war."
(Alexander Lernet-Holenia, „Die Standarte")

Der als „österreichische Revolution" bezeichnete Übergang von der Monarchie zur Republik, eingeleitet durch den Zusammenbruch der Fronten und den Abfall der Nationalitäten, vollzog sich nicht ohne Gewalt. Aber es waren nicht Gewalttätigkeiten selbst, die die politischen Veränderungen herbeiführten, zumal die abtretende Staatsmacht infolge faktischer Auflösung nicht bloß keinen Willen durchzusetzen vermochte, sondern angesichts der Lage sogar in Richtung eines friedlichen Überganges tätig wurde. Es fanden zwar, vor allem in Wien und Linz, Ende Oktober/Anfang November stürmische Demonstrationen der Arbeiterschaft und der deutschnationalen Studenten statt (Proklamierung der Republik, Anschluß an Deutschland), doch gingen politisch gezielte gewalttätige Unternehmungen ausschließlich von Kommunisten, namentlich der „Roten Garde" und Teilen der „Volkswehr" aus, so insbesondere am 12. November 1918 in Wien, am 22. Februar 1919 in Graz und am 17. April („Gründonnerstagputsch") und am 15. Juni 1919 in Wien, die blutig endeten. Diese Periode war gekennzeichnet durch soziale Unsicherheit, Armut und Hunger, durch Raub, Plünderungen und Überfälle auf Lebensmitteltransporte sowie durch Gewaltaktionen gegen „Requisitionen". Die „revolutionäre Gewaltanwendung", von der man sprechen kann, fand ihren Ursprung in der Gewalt des Weltkrieges. Otto Bauer, der führende Theoretiker der „Sozialdemokratischen Arbeiterpartei Österreichs", beschrieb die Verhältnisse auf folgende Weise: „Der Krieg hatte die Struktur und die Geistesverfassung des Proletariats wesentlich verändert. Er hatte die Arbeiter aus Fabrik und Werkstatt herausgerissen. Im Schützengraben litten sie Unsägliches. Im Schützengraben füllten sie ihre Seelen mit Haß gegen die Drückeberger und Kriegsgewinner... und gegen die Generale und Offiziere... Die Jahre im Schützengraben hatten sie der Arbeit entwöhnt, sie an gewalttätige Requisitionen, an Raub und Diebstahl gewöhnt..., sie mit dem Glauben an die Gewalt erfüllt. Nun kam die Revolution, kam der Tag der Heimkehr... Jetzt heischten sie Rache an all denen, von denen sie vier Jahre lang mißhandelt worden waren. Jetzt forderten sie, die Revolution, die den Kaiser verjagt, solle alle die Großen, die Reichen, die Schuldigen stürzen" (Bauer, S. 120).

Beim Vergleich mit politisch-sozialen Umwälzungen ähnlichen Ausmaßes ist es verwunderlich, daß die Gewalt in der „österreichischen Revolution" eine so geringe Rolle spielte. Die Ursachen hiefür sind einerseits in dem erwähnten Verhalten der alten Machtinstrumente, andererseits in einer zögernden und vorsichtigen Politik der sozialdemokratischen Funktionäre zu suchen. Wie der deutsche Reformismus, erwies der Austromarxismus eine aus soziologischen, organisatorischen und ethisch-humanistischen Gründen resultierende merkwürdige „Unfähigkeit zur Aktion", wenn man unter „Aktion" jene entschlossene, auch große Opfer und brutale Gewaltanwendung nicht scheuende Praxis vieler Revolutionäre in industriell unterentwickelten Gebie-

Einsatz der Stadtschutzwache bei der Universität am 15. Juni 1919.

ten, wie etwa Rußland, verstand. Stattdessen nahmen österreichische Sozialdemokraten für sich das Verdienst in Anspruch, die „demokratisch-nationale Revolution" im Verlaufe weniger Wochen ohne Straßenkampf und Bürgerkrieg, ohne Gewaltanwendung und Blutvergießen erreicht zu haben, indem sie „an jedem Tag immer nur das, was schon gereift war, forderten, immer nur das, was bereits ohne schwere Opfer durchsetzbar war, durchsetzten" (Botz, S. 24).

Diesen Geschehen standen in Wien die bloß 4000 Mann zählende Polizei und die „Stadtschutzwache",[1]) in den übrigen Städten und auf dem Lande die Gendarmerie und die

1 Die „Stadtschutzwache" sah sich am 15. Juni 1919 in der Hörlgasse zum Schußwaffengebrauch veranlaßt (Botz, S. 67). Ihr korrekter Name lautete „Stadtschutzabteilung der Polizeidirektion in Wien". Sie wurde im November 1918 mit 2700 Mann zur vorübergehenden Verstärkung der Sicherheitswache aufgestellt und ging 1932 in diese gänzlich über. Die Stadtschutzwachmänner waren Beamte des Staates bzw. Bundes (Dehmal, S. 415).

städtischen Sicherheitswachen, gelegentlich auch „Arbeiterhilfskorps" und „Studentenkorps", gegenüber. Das Militär zerrann buchstäblich noch im Oktober; es wurde durch „Volkswehr"-Bataillone ersetzt, die aber wenig diszipliniert und selbst den Kräften der neuen Ordnung nicht durchwegs loyal gesinnt waren, zumal der auf weitere Veränderungen abzielende Geist der Masse durch die Führung der Sozialdemokratie gebremst wurde. Dies haben manche Elemente nicht als „Rettung vor dem Chaos", sondern als „Verrat an der Revolution" eingestuft.

Staatskanzler Renner war – voll der Skepsis gegenüber der Volkswehr – zu einer Stärkung der Polizei als Ordnungsfaktor entschlossen. Hierbei setzte er sich gegen manche Bestrebungen aus der Sozialdemokratischen Partei durch. Er stellte somit das Staatsinteresse vor das „Parteiinteresse". Er klagte, daß die Partei meine, mit ihren herkömmlichen agitatorischen Mitteln die Ordnung garantieren und die „physische Autorität" (die Polizei), die sie dabei störe,

Dienstflugzeug der Polizei-Flughafeninspektion Graz-Thalerhof (1936). Nach dem Ersten Weltkrieg wurde die Fliegerstaffel der k.u.k. Armee in Aspern der Polizeidirektion Wien unterstellt: „Flugplatzinspektion Aspern". Neben den exekutiven Aufgaben wurden auch administrative (in Unterordnung unter das Verkehrsministerium) besorgt. Wichtige Aufgaben boten zunächst die Räteregierung in Ungarn, später die Burgenlandkämpfe. Zuletzt waren es Beobachtungen von Flugzeugen, die nationalsozialistisches Propagandamaterial einflogen oder abwarfen, speziell nächst der deutschen Grenze.

ausschalten zu können. „Dies sei aber ein Irrtum, denn immer bleibt ein Residuum von verbrecherischen, fanatisierten oder ehrlich ideologischen Momenten, das nicht überzeugt werden kann. Und gegen diese nützt nichts als Gewalt" (Renner an Schober, in: Hannak, S. 33).

Das „bürgerliche Lager" erwachte im Laufe des Jahres 1919 aus seiner Erstarrung, zunächst in den westlichen und südlichen Landesteilen, wo die Selbstbewaffnung der bäuerlichen Bevölkerung in gerader Linie zu den späteren „Heimwehren" führen sollte. Die Räte-Republiken in Bayern und in Ungarn, und deren Sturz, waren dabei von Einfluß, obgleich Anlaß der ersten „Bauernaufstände" die Ablieferungspflicht von Lebensmitteln und Vieh war. Stellte die erste sozialdemokratisch-christlichsoziale Regierung (15. März bis 17. Oktober 1919) ein „Organ der Vorherrschaft der Arbeiterklasse" dar, so herrschte in der zweiten Koalitionsregierung, an deren Spitze gleichfalls Karl Renner als Staatskanzler stand, bereits ein Gleichgewichtsverhältnis (Bauer, S. 214). Im Juni 1920 kam es zum Bruch der Koali-

tion und nach den Wahlen vom Oktober zum Ausscheiden der Sozialdemokraten aus der Regierung.

Im Jahre 1919 begannen bereits gegenseitige Verdächtigungen mit Gesinnungs- und Betriebsterror, und in den Städten kam es zu Hungerkrawallen, Plünderungen und Teuerungsdemonstrationen mit Besetzungen von Behörden und Entwaffnungen und Mißhandlungen von Exekutivorganen. Zu mehreren Toten führten vor allem eine kommunistische Demonstration am 10. Mai 1920 in Linz, die die Absetzung des sozialdemokratischen Landeshauptmannes verlangte, sowie der „Kirschenrummel" in Graz am 7. Juni 1920. (Botz, S. 78. In Linz schritten Gendarmerie und Volkswehr, in Graz Gendarmerie ein.)

Von politischer Tragweite, weil die Folge die Formierung gegenrevolutionärer Kräfte war, erwies sich der „Schaufensterturm" am 1. Dezember 1921 in Wien, der auch die „revolutionäre Phase" abschließt. Tausende durchzogen die Stadt, verlangten den Rücktritt der Regierung Schober und wüteten gegen „Schieber" und „Inflationshyänen". Der an-

Polizeiflugzeug, Type Hansa-Brandenburg C I (Umbau), Kennung A-5, Motor 200 PS Hiero, Zulassung: Viktor Grulich, Wien XXI. Inspektion des Polizeipräsidenten Schober (im Cockpit mit Hut) am Flugfeld Aspern am 10. April 1927; es wurden Flugfeld, Einrichtungen und die Flugplatzinspektion Aspern inspiziert. Am Steuer des Flugzeuges der Leiter der Flugplatzinspektion Aspern, Polizeirat Dr. Nikitsch. Foto/Sammlung W. Schroeder.

gerichtete Glasschaden wurde mit zwei Millionen Goldkronen geschätzt. Dank der übergroßen Zurückhaltung der Polizei waren bloß Verletzte zu beklagen. Allein am Schwarzenbergplatz wurden 400 Randalierer festgenommen. Bemerkenswert ist, daß am 10. Mai 1920, anläßlich einer sozialdemokratischen Massenkundgebung „für eine Vermögensabgabe und gegen die heimische und internationale Reaktion" in Wien, auch die Kommunalisierung der Polizei verlangt wurde. Das Verlangen war zweifellos gegen den damaligen Polizeipräsidenten Schober gerichtet, obwohl er sich besonderer Wertschätzung durch Staatskanzler Renner erfreute, der ihm im Dezember 1918 auch die Leitung des gesamten Sicherheitswesens übertragen hatte. Seine Polizei ist als der hauptsächliche Garant für Sicherheit und Ordnung angesehen worden. Der Wiener Polizei und ihrer Sicherheitswache, deren Kontinuität nie unterbrochen worden war, gelang es nämlich im allgemeinen, solange die Demonstranten nicht selbst von Waffen Gebrauch machten, die Ruhe in unblutiger Weise, allerdings unter eigenen schweren Verlusten, herzustellen. Anders gestaltete sich die Lage in den Straßen der übrigen Städte, denn die städtischen Wachen und die Magistrate erwiesen sich im Informationsdienst ebenso wie im großen Ordnungsdienst gegen-

über den von politischen Agitatoren aufgehetzten Massen überfordert. Die „Assistenzkorps" (Arbeiter- und Studentenwehren) stifteten eher Verwirrung und zusätzliches Unheil, und das Einschreiten von Gendarmerie und Volkswehr führte einerseits wegen ihres in der Unerfahrenheit gelegenen Unvermögens, städtische Haufen einzuschätzen und mit ihnen zu einem „Konsens" zu gelangen, andererseits wegen der nur zu einem rigorosen Einschreiten geeigneten Ausbildung und Ausrüstung, zwangsläufig zur Konfrontation mit blutigem Ausgang.

Die Bundesverfassung des Jahres 1920 (B-VG. vom 1. Oktober 1920, StGBl. Nr. 450) regelte das Sicherheitswesen nahezu ausschließlich vom Standpunkt der Kompetenzaufteilung, wobei dem „Bund" an Gesetzeskompetenz weniger zugemessen war, als dem Reichsrate nach dem Status des Jahres 1867. Der Art. 102 B-VG. sprach, wenn auch lakonisch, von „Bundespolizei" und „Bundesgendarmerie", woraus sich immerhin der Fortbestand der damaligen drei staatlichen Polizeibehörden und der Gendarmerie ableitete. Im übrigen wurden die alten Organisationsvorschriften rezipiert, so daß wenigstens für das allernötigste gesorgt war. Den Regierungen verblieb es, Verbesserungen

Polizeiflugzeug, Type Hansa-Brandenburg C I, Kennung A-47, Motor 200 PS Hiero, Zulassung: SWObKomm Otto Wehofer, Wien IX. Das Flugzeug wurde im Jahre 1927 fertiggestellt. Am 4. Juni 1936 stürzte der Flugschüler, Polizeiwachmann Mach, bei Essling, in der Nähe des Flugfeldes Aspern, ab. Da im Jahre 1936 eine Umregistrierung von A- auf OE-Kennung erfolgt war, trug die Maschine die Kennung OE-POA. Foto/Sammlung W. Schroeder.

Polizeiflugzeug, Type Hansa-Brandenburg B I, Kennung OE-POB, Zulassung: Pol.Dion Wien. Man beachte die rot-weiß-rote Kokarde am Leitwerk! Das Flugzeug wurde am 15. September 1936 durch Vergaserbrand in Aspern zerstört. Vor dem Flugzeug stehend Emmerich Gröbner. Foto/Sammlung W. Schroeder.

Panzerwagen Austin M17/nA. Kriegsbeute, dann im Kärntner Abwehrkampf verwendet. Eigentum des Landes Kärnten, bei der Gendarmerie eingeteilt und 1935 dem Bundesheer für Übungszwecke zugewiesen.

vorzunehmen. Dies geschah in der folgenden Periode relativer Stabilität (1921–1927) innerhalb des durch die Politik der Sanierung der Staatsfinanzen vorgegebenen Rahmens: Einzelne Bundespolizeibehörden wurden errichtet, das Jahr 1925 widmete sich Fragen der allgemeinen staatlichen Verwaltung, brachte die „Allgemeinen Verwaltungsverfahrensgesetze", richtete die „Ämter der Landesregierungen" ein und gab dem Bund weitere Kompetenzen auf polizeilichen Gebieten.

Entsprechend der lieblosen Behandlung, die die Polizeiangelegenheiten schon seit dem Jahre 1860 erfahren hatten, gab es – abgesehen von der Etablierung des Gendarmeriezentralkommandos im Staatsamt bzw. Bundesministerium für Inneres (als Abt. 15) – zunächst nur zwei Polizeiabteilungen. Die eine (Abt. 7/MR. Mell) befaßte sich mit den formellen Angelegenheiten, die andere (Abt. 5/MR. d'Elvert), zwar als „Staatspolizei" bezeichnet, war weniger eine staatspolizeiliche Zentralstelle als vielmehr die Organisationsabteilung für die staatliche Polizei.

Von 1923 bis 1925 (also mit der Eingliederung in das Bundeskanzleramt) wurden die Polizeiangelegenheiten in einer eigenen Sektion (Sektion III/Seydel) in drei Abteilungen geführt, und zwar:

Abt. 14 (d'Elvert): Organisation und Leitung des Polizeidienstes, Organisation der Bundespolizeibehörden und deren Personalangelegenheiten;

Staatspolizei und allgemeine Angelegenheiten der öffentlichen Sicherheit.

Die Abteilung hatte bereits vier Referenten, darunter den späteren Polizeidirektor in Graz, Norbert Ferraris (1934–1938);

Abt. 15 (Nusko): Organisation und Leitung des Gendarmeriedienstes;

Abt. 16 (Mell): Juridisch-administrative Angelegenheiten des Polizeidienstes (Vereins-Versammlungswesen, Theaterwesen, Pressewesen und Wirtschaftspolizei; letztere als Fortsetzung des 1917 gebildeten „Kriegswucheramtes"/ „Kriegswirtschaftliche Überwachungsämter").

Ab dem Jahre 1925 waren diese drei Abteilungen wiederum bloß Teile der allgemeinen Sektion mit den Nummernbezeichnungen 8 (14), 9 (16) und 10 (15), wobei die Kompetenz der Abt. 9 zufolge der V-ÜG-Novelle 1925 erweitert wurde. Erst mit der Verfassungsreform des Jahres 1929 wurden diese drei Elementarabteilungen wieder in einer eigenen Sektion (Sektion II/Mell, „Generaldirektion f. d. öff. Sicherheit") zusammengefaßt und als Abteilungen GD 1, GD 2 und GD 3 geführt.

Der Weg zur Polizeireform des Jahres 1929

Die Breitenwirkung der revolutionären Ideen begann sehr bald nachzulassen, während sich die steigende Radikalisierung auf immer enger werdende Gruppen beschränkte. Diesem Trend entsprachen eine Abnahme der Spontaneität und Massenhaftigkeit, aber eine Zunahme von Planungsele-

Gedenkfeier der Kärntner Gendarmerie an der vor der Volksabstimmung errichtet gewesenen Demarkationslinie bei der Gurkerbrücke (Chronik LGK Kärnten).

menten bei den gewaltsamen Auseinandersetzungen und eine steigende Gefährlichkeit der angewandten Mittel, und zwar sowohl in den Entwicklungsreihen linksradikal-kommunistischer (1918/1919) wie sozialdemokratischer (1918–1921) und bürgerlicher (1919–1921) Gewaltanwendung. Trotzdem sind massenhafte, spontane und parteipolitisch nicht einzuordnende Gewaltausbrüche (meist Gewalt gegen Sachen) des städtischen Proletariats (und manchmal von kleinbürgerlichen Schichten) sowie der Bauern eine durchgehende, wenn auch nicht immer gleich häufige Erscheinung zwischen 1919 und 1921.

Darüberhinaus zeichnete sich zufolge der Schwäche der staatlichen Autorität (die eine Folge der innerpolitischen Pattstellung zwischen „links" und „rechts" war) ein Vakuum ab, in dem die „Ordnergruppen" und bewaffneten „Selbstschutzorganisationen" zu einem bedeutenden Faktor aufsteigen konnten. Außerdem signalisierten die seit 1921 entstandenen mehr oder weniger faschistischen Bewegungen, daß in den gesellschaftlich bedrohten, oder sich bedroht fühlenden Schichten des „neuen Mittelstandes" und des Kleinbürgertums ein der parlamentarischen Demokratie reserviert bis feindlich gegenüberstehendes Potential vorhanden war.

15. Juli 1927: Die zerstörte Halle des Justizpalastes.

Als sich die Lage der österreichischen Wirtschaft gerade einigermaßen normalisiert hatte, leitete der „15. Juli 1927" einen tiefgreifenden Umschwung ein, wenngleich die Niederlage der Sozialdemokraten zunächst, das heißt bis 1933, eher bloß psychologische als politische Wirkungen hatte. Das Kräfteverhältnis, das sich bisher kontinuierlich zu Ungunsten der Arbeiterschaft verschoben hatte, wurde insbesondere unter den Auswirkungen der Weltwirtschaftskrise 1928, von einem immer deutlicher werdenden Übergewicht der Rechten abgelöst; auf der Straße durch die Anhänger der Hitler-Bewegung und der ländlich-katholischen oder nationalen Heimwehren, denen nun hauptsächlich die Ordnerorganisation des Republikanischen Schutzbundes gegenüberstand (Botz, S. 85ff). So ging dem Brand des Justizpalastes (15. Juli 1927) eine Reihe schwerer politischer Zusammenstöße und individueller Gewaltakte voraus. Was folgte, war der latente Bürgerkrieg, der unter der Regierung Schober die Polizeireform des Jahres 1929 notwendig und möglich machte.

Zu bemerken ist vielleicht noch, daß das Bundesheer mit Wehrgesetz vom 18. März 1920 (im Sinne des Staatsvertrages von St. Germain ein auf 30.000 Mann beschränktes Freiwilligenheer) die „Volkswehr" ablöste, die anfangs 1919 über 56.000 Mann verfügte, aber über Forderung der Entente einer erheblichen Restriktion unterworfen wurde, was übrigens der Angelpunkt der „Proletarierrevolution" vom 15. Juni 1919 war[2]). Die Wehrgesetznovelle 1923 verdrängte den starken Einfluß der Sozialdemokratie. Sie schaffte die Soldatenräte ab, wies den Vertrauensmännern einen abgegrenzten Wirkungskreis zu und beschränkte die parteipolitische Aktivität der Heeresangehörigen. („Österreichs Bundesheer", herausgegeben vom Bundesministerium für Heereswesen, Wien 1929, S. 14f, Goldinger, S. 108)

Über den 15. Juli 1927, seine Vorgeschichte und den Ablauf der Ereignisse, gibt es viele Darstellungen. Die meisten erweisen sich als einseitig, weil ihren Verfassern die Einsicht in die Verhältnisse und Mechanismen der jeweiligen Gegenseite – und vielleicht auch der Wille hiezu – fehlte. Im Gegensatz dazu schätzen wir die Untersuchung von Gerhard Botz, „Die Juli-Demonstranten, ihre Motive und die quantifizierbaren Ursachen des 15. Juli 1927".

---

2 Ursprünglich war die Aufstellung eines Milizheeres mit viermonatiger allgemeiner Dienstpflicht und einem Präsenzstand von 24.000 Mann beabsichtigt (StGBl. Nr. 91/1919). Der Stand des nun aufgrund des Friedensvertrages zu errichtenden Freiwilligen- bzw. Berufsheeres von 30.000 Mann (einschließlich 1500 Offizieren) wurde nicht ausgeschöpft. Er sank von 24.000 Mann (1922) auf 20.500 Mann (1928, 1933) und erreichte im Jahre 1935 einen Truppenstand von 24.500 Mann einschließlich 1430 Offizieren.
Am 1. April 1936 wurde entgegen den Beschlüssen von St. Germain die „Allgemeine Bundesdienstpflicht" und der Übergang zu einem „Rahmenheer" mit im allgemeinen einjähriger Präsenzdienstpflicht dekretiert. Das Heer wurde statt in 6 Brigaden zu je 2 Infanterieregimentern nun in 7 Divisionen zu je 2 bis 3 Infanterieregimentern zuzüglich einer „Schnellen Division" gegliedert und auch sonst nachgerüstet.

15. Juli 1927: Sicherheitswachebeamte werden von Demonstranten verfolgt.

Diese Untersuchung markiert folgende Elemente als für die politische Ausgangssituation maßgebend:

1.) Das gesteigerte Selbstgefühl der Arbeiterschaft (sozialpolitische Erfolge, insbes. in Wien, gewichtiges Mitspracherecht in Parlament und Interessenverbänden), Glaube an Unbesiegbarkeit eines Generalstreiks und an ausreichende Verankerung in Heer, Polizei und Gendarmerie;

2.) Politisierung der trotz guter Wirtschaftslage zunehmenden wirtschaftlichen Unzufriedenheit („Rationalisierungsarbeitslosigkeit");

3.) Desillusionierung, da keine Teilnahme an der Regierung trotz Stimmenanteil von 42 Prozent zugunsten der Sozialdemokratischen Partei bei Nationalratswahlen vom 24. April 1927;

4.) Pressepolemiken anläßlich des am 5. Juli begonnenen „Schattendorfer-Prozesses", die milde Gerichtsurteile hinsichtlich von Zusammenstößen, bei denen sozialdemokratische Anhänger den Tod fanden, in Erinnerung riefen („Klassenstaat"–„Klassenjustiz").

Die Führungslosigkeit der Massen am 15. Juli resultierte aus der Inaktivität der führenden Parteifunktionäre, die letztlich vor dem Dilemma standen, gegen ein Geschworenenurteil zu protestieren, ohne zugleich die Schwurgerichtsbarkeit mit dem Odium des Versagens zu belasten. (Die Laiengerichtsbarkeit ist mit der Wahrscheinlichkeit von Fehlurtei-

Statistik

über die im Zusammenhange mit den Ausschreitungen am 15. und 16. Juli 1927 von der Polizeidirektion in Wien durchgeführten Amtshandlungen, bzw. Beanständungen.

Ursache der Anhaltung, bzw. Beanständung	Verfügung					Summe
	dem Strafgerichte eingeliefert	dem Strafgerichte auf freiem Fuße angezeigt	polizeilich bestraft	abgeschafft	Polizeiliche Vorerhebung mangels Tatbestandes eingestellt	
Verbrechen	222	193	—	—	19	434
Vergehen	39	82	—	—	7	128
Übertretung	4	56	—	—	12	72
Verwaltungsübertretung .	—	—	79	—	16	95
Fremdenperlustrierung bzw. Amtshandlung gem. § 2 des Gesetzes v. 27./7. 1871, RGBl. Nr. 88 (Schubgesetz) . . .	—	—	—	52	64	116
Summe . . .	265	331	79	52	118	845

Statistik

über die bei den Ausschreitungen am 15. und 16. Juli 1927 in Wien getöteten und verletzten Polizeiorgane.

A		Tote 4			
B	V e r l e t z t e	Art der Verletzung	Grad der Verletzungen		Zusammen
			schwer	leicht	
		Schußwunden	13	14	27
		Hiebwunden	40	261	301
		Stichwunden	13	12	25
		Schlagwunden durch Steinwürfe und dergleichen	4	79	83
		Verschiedene andere Verwundungen . .	41	140	181
		Summe der Verletzungen .	111	506	617

15. Juli 1927, 11 Uhr, nahe dem Wiener Justizpalast.

len zwingend behaftet, – ein Beispiel dafür, wie für den Bereich der Politik vorteilhafte Kompromisse auf dem Rechtsboden böse Folgen zeitigen. Vgl. im übrigen Botz, S. 144ff).

Die allgemeine politische Situation war der Polizeidirektion Wien bewußt, denn sie hat noch einen Monat vor den Ereignissen ihre Warnungen vor dem Überhandnehmen von Straßenkundgebugen wiederholt, angesichts des „Schattendorfer Prozesses" auch umfangreiche Sicherheitsvorkehrungen getroffen, diese aber wieder aufgegeben, nachdem klargestellt schien, daß die sozialdemokratische Führung und auch die Kommunisten den Schattendorfer Freispruch nicht zum Anlaß von Protestdemonstrationen nehmen werden. Unorganisierte bzw. spontane Aktionen größeren Umfanges wurden nicht in Betracht gezogen. Zum Verständnis der Wucht der Ereignisse ist nachzutragen, daß es, trotz der nicht genug hervorzuhebenden Verdienste der sozialdemokratischen Parteiführung um Ruhe und Ordnung, Teile ihrer Anhängerschaft waren, die, offenkundig durch den „Verbal-Radikalismus" Otto Bauer's bewogen, immer wieder an der Polizei, als dem sichtbaren Exponenten staatlicher Autorität, ihren Mut zu kühlen suchten.

Diese Jahre hindurch vollzogene feindselige Haltung zeigte am 15. und 16. Juli ihren Höhepunkt. Der aufgestaute und nun losgelassene Haß kommt in den Dokumenten zum Weißbuch der Polizeidirektion Wien vom Oktober 1927 „Die Ausschreitungen in Wien am 15. und 16. Juli 1927" zum Ausdruck, schließlich auch in der Zahl und Art der den Polizeibeamten zugefügten Verletzungen.

Für den Umfang und die Schwere der Ausschreitungen wurde wiederholt die „vorzeitige" Reiterattacke zwischen Parlament und Justizpalast verantwortlich gemacht. Dabei wurde aber übersehen, daß Teile der Demonstranten bereits mit Wurfgeschoßen verschiedener Art ausgerüstet in die Innenstadt gezogen waren, weiters, daß Ausschreitungen nicht minder schwerer Art (Angriffe, Brandlegungen, Plünderungen und Verwüstungen von Zeitungsredaktionen, Waffenhandlungen, Wohnungen und einer Reihe von Wachzimmern) auch weitab vom Justizpalast stattfanden und zum Tod von drei Sicherheitswachebeamten führten. Der bekannte Leitartikel des Chefredakteurs Austerlitz in der „Arbeiter-Zeitung" vom 15. Juli 1927 wird vielfach – mangels einer Stellungnahme der sozialdemokratischen

Parteiführung zum „Schattendorfer Urteil" – als Startsignal für die Demonstration bezeichnet. Sein Wortlaut ist indessen ebensowenig „aufrührerisch", wie der Einsatz berittener Polizei ungewöhnlich war. So könnte also doch der Umstand, daß die Gewalt noch immer von einem nicht geringen Teil der Arbeiterschaft als ein Mittel der Politik angesehen wurde (Botz, S. 143), die Hauptursache für die Ausschreitungen gebildet haben; eine Gewalt, die sich sogar dem Ordnungsdienst des Schutzbundes und sozialdemokratischen Spitzenfunktionären widersetzte. Den Umfang der Ausschreitungen hat allerdings die Polizeidirektion mitzuverantworten, aber nicht allein wegen des Schußwaffengebrauches, sondern weil sie am Vorabend der Ereignisse die Lage nicht richtig beurteilt hat, folglich in der ausschlaggebenden Erstphase einfach nicht stark genug am Platze war, um präventiv wirken zu können.

Die folgende „latente Bürgerkriegssituation" darzustellen, würde zu weit führen. Immerhin sei bemerkt, daß die politischen Gewalttaten zwischen 1918 und 1933 insgesamt 217 Tote und 642 Schwerverletzte forderten, wovon etwa ein Fünftel auf die Exekutive entfällt (Botz, S. 154, 238, 253), einschließlich der 89 Toten des 15. Juli 1927. Der tragische „12. Februar" des Jahres 1934, der effektive Bürgerkrieg im Gefolge des 15. Juli 1927, forderte 314 Tote, wovon 118 auf die Exekutive und ihre Assistenzen entfielen, der Nazi-Putsch vom Juli 1934 abermals 269 Tote. (Siehe im übrigen Botz II., S. 307ff sowie die Chronik der politischen Gewalttaten 1918–1938 in: Botz II., S. 345–378) Am 7. Oktober 1928 fand in Wiener Neustadt eine der üblich gewordenen „Kraftproben" zwischen der Heimwehr (18.500) und der sozialdemokratischen Arbeiterschaft (35.000) in Form von Demonstrationen für das „Recht auf der Straße" statt. Der Einsatz der Exekutive (2500 Mann plus 14 Bataillone Bundesheer) kostete dem Staat ein Vermögen. (Goldinger, S. 159, Botz, S. 164f, 135, 171ff.) An einem einzigen „ruhig" verlaufenen Wochenende kostete der verstärkte Polizeieinsatz S 60.000,–, was dem Wert von drei Einfamilienhäusern entsprach („Neue Freie Presse" v. 6. Oktober 1929, Seite 7).

Am 18. August 1929 ereignete sich das „Feuergefecht in St. Lorenzen", bekannt auch durch die intrigante Rolle, die der damalige Landeshauptmann der Steiermark, Dr. Anton Rintelen, ein Exponent des nationalen Heimwehrflügels, spielte. Diese Rolle geht aus dem Bericht des Ministerialrates Dr. Friedrich d'Elvert hervor, der zur Untersuchung der folgenschweren Vorfälle in die Steiermark entsendet wurde. Zur Abrundung des Persönlichkeitsbildes soll erwähnt sein, daß Rintelen von den Hitler-Putschisten am 25. Juli 1934 als neuer Bundeskanzler ausgerufen wurde. Im Zuge seiner Inhaftnahme beging Rintelen einen Selbstmordversuch, wurde zu lebenslänglichem Kerker verurteilt und 1938 in den „Deutschen Reichstag" berufen. (Siehe auch Botz II., S. 318, sowie Jagschitz, S. 76, 132, 173) Dem Bericht d'Elverts sind auch strukturelle Mängel des Sicherheitswesens und dilettantische Auffassungen bei den Bezirkshauptmannschaften und Gendarmeriedienststellen zu entnehmen, die freilich auch bei anderen Anlässen dieser Periode, etwa dem Zusammenstoß in Hötting bei Innsbruck, zu Tage traten (Botz, S. 312ff, 322f). Die Sicherheitsbehörden wurden damals in operativer Hinsicht nicht zentral gesteuert. In den Ländern wurde das Sicherheitswesen, je nach den Traditionen des Landes und der persönlichen Einstellung des Landeshauptmannes, in unterschiedlicher Weise betrieben. Waren schon die seinerzeitigen Statthalter keine polizeilichen Fachleute (Graf Pergen bezeichnete sie als „Pfuscher": Oberhummer I., S. 106), so waren sie immerhin Staatsbeamte und Repräsentanten der Gesamtstaatsverwaltung. Der Landeshauptmann hingegen, in erster Linie „Landes"- und Parteipolitiker, war nicht immer geneigt, den Intentionen der Bundesregierung nachzukommen. Schon aus dieser Sicht war die spätere Einführung von Sicherheitsdirektionen in den Bundesländern notwendig. [Die heutigen Befürworter einer Reföderalisierung übersehen die Bedeutung der Homogenität und die Gefahr einer Polarisierung, die heute in der Bundesrepublik Deutschland („A- und B-Länder") zu registrieren ist. Vgl. Ahlf, S. 113f.]

An die Bevölkerung von Wr.-Neustadt!

Am 7. Oktober 1928 findet in Wr.-Neustadt der Sozialistische Arbeitertag statt. Am gleichen Tage veranstalten die Heimwehrverbände einen Aufmarsch durch die Stadt.

Die Tatsache, daß beide Veranstaltungen am gleichen Tage abgehalten werden, war Anlaß von Gerüchten und ernsten Besorgnissen in der Bevölkerung.

Ich sehe mich daher als Bürgermeister veranlaßt, zur Aufklärung und Beruhigung folgendes zu verlautbaren:

Am 3. Oktober hat bei der n.-ö. Landesregierung eine Besprechung zwischen den beteiligten Behörden und den beiderseitigen Veranstaltern stattgefunden, deren Ergebnis

eine Einigung der beteiligten Kreise über die Form der Durchführung beider Veranstaltungen war.

In einem Protokolle, welches die Richtlinien über die zeitlich und örtlich völlig getrennte Abhaltung beider Veranstaltungen enthält, haben sich

beide Parteien zur genauen Einhaltung aller Vereinbarungen unterschriftlich verpflichtet.

Die Behörden haben umfassende Sicherheitsvorkehrungen getroffen und Bundesheer, Gendarmerie und städtische Sicherheitswache aufgeboten, lediglich zum Schutze der Bevölkerung und beider Veranstaltungen vor gewaltsamen Störungen.

Diese Vorkehrungen im Zusammenhalte mit den bindenden Erklärungen der Veranstalter berechtigen zur sicheren Erwartung, daß der 7. Oktober in unserer Stadt in Ruhe verlaufen wird.

Ich wende mich daher im Vertrauen auf die oft bewährte Besonnenheit aller Bevölkerungskreise an die Bewohner unserer Stadt mit dem Ersuchen, die von den Behörden vorgeschriebenen Maßnahmen genauest zu beachten und die Sicherheitsorgane des Bundes und der Stadt bei ihrer schweren Aufgabe zu unterstützen.

Wr.-Neustadt, am 5. Oktober 1928.

Anton Ofenböck m. p.
Bürgermeister

Schober, seit September 1929 Bundeskanzler, gelang es im Rahmen der Verfassungsreform den Polizeiapparat der längst fälligen Reformierung zuzuführen und das Sicherheitswesen bis zu einem gewissen Grad zu zentralisieren, teilweise im Wege einer Dominanz der Wiener Polizeidirektion.

Die zentralistischen Bestrebungen liefen übrigens den Interessen der Sozialdemokratie nicht zuwider, denn diese konnte eher aus der legislativen Ebene Einfluß üben, da sie — von Wien abgesehen – in keinem Bundesland über eine Mehrheit verfügte. Das Bündnis Schobers und der Sozialdemokratie gestaltete sich im wesentlichen so, daß sich letztere streng jeder Aktion gegen die staatliche Autorität enthielt, schon allein um das gemäßigte Bürgertum von den Heimwehrextremisten fernzuhalten, wofür Schober den gegen die Demokratie gerichteten Anschlägen der Heimwehr entgegentrat. So fand auch die seit 1927 herrschende Fehde zwischen Polizeipräsidium und Wiener „Rathaus" ein Ende (Oberhummer II., S. 305).

Trotz des Erfolges auch dieser Kanzlerschaft Schobers, sie erzielte nämlich den ersten (und auch letzten) Konsens zwischen den beiden großen politischen Blöcken seit dem Ende der Koalition im Jahre 1920, blieb die Auffassung über die politische Tendenz im Wirken des langjährigen Wiener Polizeipräsidenten gespalten. Zu erklären ist dies mit dem „15. Juli 1927" und mit dem baldigen Sturz als Bundeskanzler im September 1930 durch seinen Vizekanzler, den reaktionären Bundesobmann der Christlichsozialen, Carl Vougoin, worauf Schober als Führer einer „bürgerlich-demokratischen Mitte" (Nationaler Wirtschaftsblock und Landbund/„Schober-Block") auftrat. (Wandruszka, „Struktur", S. 394ff, Hasiba, S. 47ff sowie Hannak, S. 119ff. Über die verfehlte Parteipolitik nach dem 15.

Februar-Unruhen 1934. Eines der vielen in Wien umkämpften Objekte: das Ottakringer Arbeiterheim (13. Februar 1934).

Februar-Unruhen 1934. Schweres Maschinengewehr der Alarmabteilung (SW-Abt. 28) vor dem Sandleitenhof in Wien-Ottakring (13. Februar 1934).

Juli 1927 siehe insbes. Norbert Leser, „Ignaz Seipel und Otto Bauer", in: „Geschichte und Gegenwart" Heft 4, Styria 1982, S. 276ff.)

Ungeachtet des Ansehens als „überparteilicher" Beamter und Mann des Ausgleiches, sowie als Garant des inneren Friedens und der Prosperität, vermochte sich Schober unter den herrschenden politischen Verhältnissen nicht mehr durchzusetzen. Nach der dem „Korneuburger Eid" folgenden Verhaftung und Abschiebung des „Stabschefs" der Heimwehren, Major Pabst, im Juni 1930, geriet Schobers Neutralität in den Verdacht zu großer Nachgiebigkeit gegenüber den Sozialdemokraten, wofür die Christlichsozialen seinen Sturz vorbereiteten. Sein politisches Schicksal gleicht dem des Erasmus von Rotterdam, der gleichfalls zwischen die Mühlsteine zweier großer Gegenbewegungen geriet. Mit Schobers Tod im Jahre 1932 schied der letzte Vertreter liberaler Tradition aus Österreichs Politik. Auf die Kennzeichnung dieser Periode durch Wandruszka sei hingewiesen: „... So befand sich der aus dem Parteileben schon völlig ausgeschaltete Liberalismus auch auf den ande-

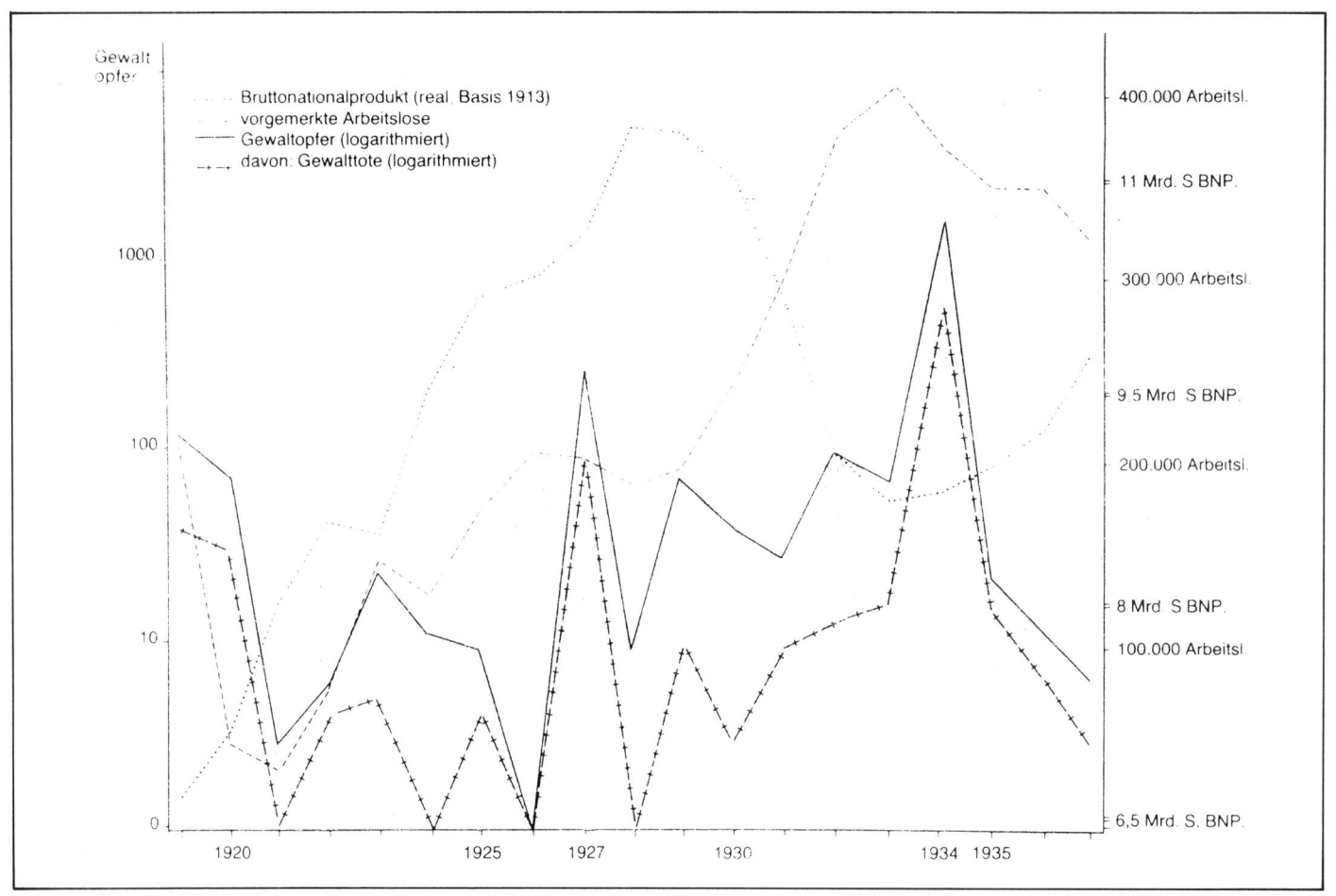

Der Verlauf von politischer Gewaltsamkeit, Arbeitslosigkeit und Bruttonationalprodukt in Österreich zwischen 1919 und 1937 (aus Botz II, Seite 309).

ren Gebieten überall im Rückzug. Das freie Feld zwischen den befestigten weltanschaulichen Lagern wurde durch Laufgräben und Drahtverhaue immer mehr eingeengt, bis es fast völlig verschwand. Auch darin ist einer der tieferen Gründe für die schließliche Katastrophe und das Scheitern der Demokratie in der ersten Republik zu suchen." (Wandruszka, S. 298–300) War es der Verfassungsnovelle des Jahres 1925 in erster Linie vorbehalten, sich den Fragen der allgemeinen staatlichen Verwaltung zu widmen, so war die Reform des Jahres 1929 eine politische.[3]) Beeinflußt von

<hr />

3 Laut Kelsen bestand der soziologische Sinn im Versuch der bürgerlichen Gruppen, ihrer Machtstellung, die sie innerhalb der Verwaltung dadurch errungen hatten, daß sich die Sozialdemokratie seit 1920 in der Opposition befand, auch eine bessere Position innerhalb der Legislative hinzuzufügen (Kelsen, „Der Drang zur Verfassungsreform – Eine Folge der politischen Machtverschiebung", in: „Neue Freie Presse" vom 6. Oktober 1929, S. 7).
Die Verfassungsreform bestand im Bundesverfassungsgesetz v. 7. Dezember 1929, BGBl. Nr. 392, womit das Bundes-Verfassungsgesetz v. 1. Oktober 1920, StGBl. Nr. 450, in der Fassung des BGBl. Nr. 367/1925, abgeändert wurde, sowie im Bundesverfassungsgesetz v. 7. Dezember 1929, BGBL. Nr. 393, wodurch das Übergangsgesetz v. 1. Oktober 1920, StGBl. Nr. 451, in der Fassung des BGBl. Nr. 368/1925, eine Änderung erfahren hat.

der neoromantischen Staatslehre Othmar Spann's (Wandruszka, S. 364, 412f) und überhaupt der antiparlamentarischen Zeitstimmung auf dem Kontinent folgend, brachte sie die Wandlung von der parlamentarischen Formaldemokratie zur Präsidentschaftsrepublik, gab dem Bundespräsidenten ein Notverordnungsrecht, bestimmte, daß unter außergewöhnlichen Verhältnissen der Sitz der Bundesregierung von Wien an einen anderen Ort verlegt werden kann, erweiterte die Kompetenzen des Bundes, verminderte den Parteieneinfluß auf den Verfassungs- und Verwaltungsgerichtshof und sah schließlich statt des Bundesrates die Einrichtung eines „Länder- und Ständerates" vor. Die letztere, allerdings programmatisch gebliebene Bestimmung, ist als Zeichen „guten Willens" gegenüber den Gegnern des parlamentarischen Parteienstaates zu interpretieren. Ein derartiges Postulat findet sich im Korneuburger Kurzprogramm der Heimwehrbewegung („Richtung und Gesetz der Heimatwehren") vom 18. Mai 1930, das von einer berufsständischen Selbstverwaltung spricht und – allerdings ohne praktischen Erfolg – der heterogen zusammengesetzten Bewegung eine klare ideenmäßige Ausrichtung vermitteln sollte. Nach seiner Konsolidierung als „vaterländische" Bewegung = Abschottung von nationalsozialistischen Elementen,

Bundeskanzler Schober trifft am 11. April 1930 auf dem Grazer Südbahnhof ein. Anlaß: Verleihung des Ehrendoktorates der Technischen Hochschule. Links von ihm Landeshauptmann Rintelen, dann vermutlich GMjr. Metzger, Kommandant der 5. Brigade.

Ehrenzeichen für Verdienste um die Republik Österreich (BGBl.16/1923). Die ersten zwölf Klassen bestanden in dem „Krückenkreuz", die weiteren vier in einer runden Medaille (BGBl.73/1930).

erzielte der „Österr. Heimatschutz" (Starhemberg) bei den Nationalratswahlen vom 9. November 1930 als „Heimatblock" acht Mandate, in Salzburg beispielsweise 7052 Stimmen gegenüber 4597 Nationalsozialisten.

Auf dem Gebiete des Sicherheitswesens brachte die Reform keine Wandlungen von Prinzipien, sondern eher den Grundstein einer Organisation im technischen Sinn, die im Jahre 1866 verlorengegangen und 1920 fernab eines systematischen Gedankens zwischen Bund und Ländern geteilt worden war. Schober erlangte im Rahmen der Verfassungsreform schon frühzeitig den Konsens der Sozialdemokraten zur Polizeireform. Er zeigte ein ernstes Bemühen, eine allgemeine Entwaffnung und die Untersagung aller „Selbstschutzverbände" zu erzielen und konnte den drohenden Bürgerkrieg vermeiden (Botz, S. 181, Goldinger, S. 164ff).

Dem Konsens fiel die mehr oder weniger faschistische Heimwehrbewegung zum Opfer. Der innenpolitischen Situation und der Persönlichkeit Schobers ist es zuzuschreiben, daß teils profunde Polizeinormen geschaffen, andernteils die formalrechtlichen Diskrepanzen der aus der Monarchie stammenden Grundnormen mit dem verfassungsrechtlichen status quo saniert worden sind (siehe Pernthaler, S. 215ff).

Die Polizeireform und ihre Weiterwirkung

Die gegenwärtig geltende „Polizeiverfassung" gründet sich – sieht man von den zwischen 1918 und 1920 bzw. in den Jahren 1945/1946 rezipierten Vorschriften ab – auf die Verfassungsnovelle des Jahres 1929. Durch diese haben einzelne Artikel der Bundesverfassung 1920/1925 eine Abänderung und Ergänzung erfahren. Im Verfassungs-Übergangsgesetz (V-ÜG) wurden gleichfalls Polizeinormen geschaffen. Die Aufmerksamkeit galt insbesondere einer Kompetenzerweiterung zugunsten des Bundes in Gesetzgebung und Vollziehung, der Regelung der örtlichen Sicherheitspolizei und der Errichtung und Führung von Bundespolizeibehörden und Wachkörpern, sowie formalen Bestimmungen über polizeiliche Anordnungen und Zwangsbefugnisse. Im einzelnen ergibt sich:

Kompetenzerweiterung

„Bundespolizei und Bundesgendarmerie" waren bereits gemäß Artikel 10 Z. 14 als Agende des Bundes in Gesetzgebung und Vollziehung vorgesehen. Der Kompetenzinhalt wurde nun durch die Worte „Organisation und Führung der Bundespolizei und der Bundesgendarmerie; Regelung der Errichtung und der Organisierung sonstiger Wachkörper, einschließlich ihrer Bewaffnung und des Rechtes zum Waffengebrauch" verständlich gefaßt.

Die in den alten Vorschriften (Wirkungskreis der Polizeibehörden und Wirkungskreis der obersten Polizeibehörde) enthaltene Generalkompetenz „Aufrechterhaltung der öffentlichen Ruhe, Ordnung und Sicherheit (ausgenommen die örtliche Sicherheitspolizei)" wurde nun (Art. 10 Z. 7) verfassungsrechtlich berücksichtigt.

Der Art. 10 Z. 3 sah schon bisher die Grenzkontrolle (Regelung und Überwachung des Eintrittes in das Bundesgebiet), das Einwanderungswesen, das Paßwesen sowie die polizeiliche Ausweisung (Abschiebung und Abschaffung) vor. Im letzteren erfolgte durch Art. I § 2 V-ÜG (1929) eine Änderung dahin, daß die allenfalls in der Zwischenzeit auf diesem Gebiete erlassenen landesgesetzlichen Vorschriften unwirksam werden.

Im Artikel 10 Z. 7 fanden neben dem „Vereins- und Ver-sammlungsrecht", sowie (erst seit 1925) der Fremdenpolizei und dem Melde- und Waffenwesen, nun auch das Munitions-, Sprengmittel- und Schießwesen Aufnahme, welche bisher gemäß Art. 11 Z. 4 bzw. Z. 5 zwischen Bund und Ländern nach Gesetzgebung und Vollziehung geteilt waren.

Die Novellierung des Artikel 15 sah durch den neuen Absatz 3 vor, daß die landesgesetzlichen Bestimmungen auf dem Gebiete des Veranstaltungswesens den jeweils errichteten Bundespolizeibehörden zumindest die Überwachung der Veranstaltungen im Rahmen deren sachlicher Kompetenz zu übertragen haben. (Diese Regelung ist notwendig, weil die Kriterien zwischen „Versammlung" und anderen Veranstaltungen unscharf sind und weil gelegentlich auch die Bestimmungen der Straßenverkehrsordnung zusätzlich anzuwenden sind.)

Grenzkontrolle durch Zollorgane. Seit dem Jahre 1967 ist vorgesehen, daß die Organe der Zollwache im Rahmen ihres Überwachungsdienstes auch die im Interesse der Strafrechtspflege gelegenen vorläufigen Maßnahmen zu treffen haben; weiters, daß ihnen die Grenzkontrolle an den vorgesehenen Grenzübergängen (an Stelle von Sicherheitsorganen) übertragen werden kann (BGBl.220/67, 527/74, 76/80). Von der Übertragungsmöglichkeit wurde ausgiebig Gebrauch gemacht, so daß derzeit (BGBl.447/81) grundsätzlich keine Straßenübergänge von Sicherheitsorganen überwacht werden, von Eisenbahnübergängen bloß Rosenbach, Spielfeld und Salzburg, und zwar durch Kriminalbeamte.

Die Kompetenznormen wurden schließlich dadurch ergänzt, daß die im Art. 10 angeführten spezifisch polizeilichen Materien im Art. 102 Abs. 2 nochmals, und zwar als solche angeführt wurden, die unmittelbar von Bundesbehörden vollzogen werden können ("unmittelbare Bundesverwaltung").

Örtliche Sicherheitspolizei

Aufsichtsrecht des Bundes

In den Angelegenheiten der örtlichen Sicherheitspolizei, wofür die Definition des Art. V des Reichsgemeindegesetzes 1862 wiederholt wurde, wurde dem Bund die Befugnis eingeräumt, die Führung dieser Angelegenheiten durch die Gemeinde zu beaufsichtigen und wahrgenommene Mängel durch Weisungen an den Landeshauptmann abzustellen und zu diesem Zweck auch Inspektionsorgane in die Gemeinden zu entsenden. (Art. 15 Abs. 2. Die Definition des selbständigen Wirkungskreises wurde durch die Gemeindeverfassungsnovellen 1962 und 1974 verändert.)

Verordnungsrecht

Vorbehaltlich einer anderweitigen landesgesetzlichen Regelung wurden die Gemeinden ermächtigt, sicherheitspolizeiliche Anordnungen vorübergehender Natur zu erlassen und deren Nichtbefolgung als Verwaltungsübertretung zu erklären (Art. II § 8 V-ÜG). In dieser Richtung wurden die Gemeinden den Sicherheitsbehörden gleichgestellt (Art. II § 4 Abs. 2 V-ÜG). Letztere konnten solche Anordnungen auch hinsichtlich der örtlichen Sicherheitspolizei treffen, freilich nur im Falle der Übertragung dieser ortspolizeilichen Agende. [Durch Aufhebung des Art. II § 8 im Zuge der Gemeinderechtsnovelle, BGBl. Nr. 205/1962, verbleibt nun auch im Übertragungsfalle dieses Verordnungsrecht der Gemeinde (Art. 118 Abs. 7 B-VG).]

"Übertragung" von Agenden

In Fortsetzung der auf Sparsamkeit und Effizienz gerichteten Haushaltspolitik wurde im Art. 102 Abs. 6 die Übertragung ortspolizeilicher Agenden an Bundespolizeibehörden vorgesehen. Die Voraussetzung bildet die Zustimmung der

Türkenbefreiungsfeier auf dem Wiener Heldenplatz am 22. Juli 1933. Von links: Polizeipräsident Dr. Seydl, Generalinspektor der SW Dr. Manda, Polizeivizepräsident Dr. Skubl. Die rechte "Hofratsgruppe" im "Flottenrock" der rechtskundigen Beamten im Konzeptdienst. (Rechtskundige Beamte waren bis 1938 auch bei den SW-Abteilungen eingeteilt.)

Bundesregierung zu einem entsprechenden (Übertragungs-) Gesetz des Landes. In gleicher Weise konnten – und können – auch Agenden aus dem selbständigen Vollziehungsbereich des Landes den Bundespolizeibehörden übertragen werden. (Die Übertragung ortspolizeilicher Agenden regelt heute Art. 118 Abs. 7 B-VG. Die „Übertragung" wurde schon vor dem Jahre 1929 geübt, und zwar mittels Landesgesetz und aufgrund des jeweiligen Gemeindestatutes.)

Wachkörper

Unbeschadet des Rechtes, ortspolizeiliche Exekutivorgane zu bestellen, wurde bestimmt, daß im örtlichen Wirkungsbereich einer Bundespolizeibehörde, der eine Sicherheitswache beigegeben ist, ein „Wachkörper" einer anderen Gebietskörperschaft nicht bestehen darf (Art. 102 Abs. 5). Die Neuerrichtung von Gemeindewachkörpern in den sonstigen Gemeinden bedurfte nun der Genehmigung des Bundeskanzlers (Art. II § 5 Abs. 2 V-ÜG i.d.F. Art. II BGBl. Nr. 490/84 sowie Art. II BGBl. Nr. 685/88).

Wie bereits angedeutet, war hiedurch politisch das Wiener „Rathaus" betroffen: Noch in der Nacht nach dem Brand des Justizpalastes stellte Bürgermeister Seitz eine „Stadtschutzwache" auf (aber nicht wie 1918 der Polizeidirektion unterstellt), die später in eine „Gemeindewache" zum Schutze des Eigentums der Gemeinde umgestaltet wurde. Endgültig wurde sie im Jahre 1934 aufgelöst.[4]) Gegenwärtig besteht sie in Form der „Rathauswache", die funktionell als Hauswache und organisatorisch als Teil der Feuerwehr anzusehen ist; sie ist kein Wachkörper im Sinne des Gesetzes. (Erben-Wagner, S. 32, 33, 62)

Art. II § 5 Abs. 1 V-ÜG spricht von „bewaffneten oder uniformierten oder sonst nach militärischem Muster eingerichteten Formationen, denen Aufgaben polizeilichen Charakters übertragen sind". Aus dem Worte „Formation" läßt sich ein bedeutenderer personeller Umfang mit der Möglichkeit verbandartigen Zusammenwirkens aufgrund mehrerer Funktions- bzw. Befehlsebenen ableiten – im Gegensatz zu einer bloßen Mehrheit einzelner Gemeindepolizisten. Ausdrücklich bestimmt aber das Gesetz, welches Wachpersonal nicht zu den Wachkörpern zu zählen ist: die Feuerwehr, die Organe der Marktaufsicht, des Jagd- und Forstschutzes etc.

Polizeizwang und Polizeiverordnungen

Das „provisorische Polizeistrafgesetz" des Art. VIII (heute auch Art. IX) des Einführungsgesetzes zu den Verwaltungs-

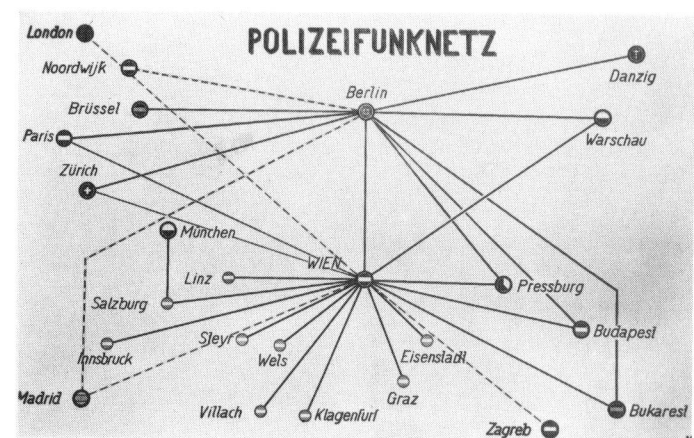

Schema des Polizei-Kurzwellenfunknetzes (1934). Der Betrieb begann am 15. November 1929 zwischen dem Deutschen Reich, Österreich, Polen und der Tschechoslowakei. Bis 1938 wurden angeschlossen: Ungarn (1930), Rumänien (1931), Belgien (1932), Frankreich (1934), Schweiz (1937), im Jänner 1936 Spanien, doch wurde die Verbindung am 20. September 1936 unterbrochen.

verfahrensgesetzen (EGVG) löste im Jahre 1925 das „Prügelpatent" des Jahres 1854 ab. Da man ein Gesetz über die Befugnisse der Polizei in diesem Rahmen nicht geben, andererseits diese Materie nicht weiter ignorieren konnte, konservierte man im Art. IV (heute auch Art. II) EGVG die Zwangsbefugnisse der Sicherheitsbehörden und der Sicherheitsorgane dahin, ohne formelles Verfahren sofortige Maßnahmen zur Gefahrenabwehr setzen zu können.

Ein eminenter Fortschritt ist im Art. II § 4 Abs. 2 V-ÜG zu sehen. Die Sicherheitsbehörden wurden nämlich ermächtigt, vorübergehend wirksame sogenannte gesetzvertretende Verordnungen sowie individuelle Anordnungen zum Schutz der körperlichen Sicherheit oder des Eigentums zu erlassen (allerdings bloß um über das normale Maß hinausreichenden neu auftauchenden Gefahren zu begegnen: VerfGH Erk. Slg. 3570/59). Als Vorbild diente Art. 11 des StGG vom 21. Dezember 1867 über die Ausübung der Regierungs- und Vollzugsgewalt (RGBl. Nr. 145). Diese Bestimmung des V-ÜG deckt auch sogenannte faktische Amtshandlungen (VerfGH v. 21. Oktober 1980, B 653/78-6; siehe auch oben zu „Wirkungskreis" ex 1850).

Allerdings ist diese Ermächtigung unzureichend, als sie die laufende Tätigkeit der Sicherheitsverwaltung, die auf gewisse typische, immer wiederkehrende Gefährdungen gerichtet ist, nicht erfaßt, so daß auf die überkommenen Organisationsvorschriften nach wie vor zurückgegriffen werden muß, deren unbestimmte Generalklauseln aber rechtlich nicht unproblematisch sind. Darüberhinaus hat es das V-ÜG nicht zustandegebracht, eine Ermächtigung angesichts von mindestens gleich dringenden Gefahren für die staatliche Grundordnung zu schaffen. (Siehe Pernthalter, S. 200)

---

4 Oberhummer II., S. 305, Botz, S. 153.
  Die im November 1918 aufgestellte „Stadtschutzwache" sollte primär die frühere „Gewölbewache" ersetzen, die für den Schutz der Geschäfte in den inneren Bezirken Wiens zuständig war. (So war der spätere Polizeipräsident Dr. Ignaz Pamer im Jahre 1914 Kommandant der Sicherheitswache und der Gewölbewache. Siehe auch Anm. 1 auf S. 102.)

Organisation und Führung

Die Errichtung von Bundespolizeibehörden war in der Verfassung 1920 nicht berücksichtigt, so daß auch die neuen Bundespolizeibehörden weiterhin aufgrund der „Grundzüge" vom 10. Juli 1850 errichtet wurden. Das Errichten dieser Behörden und das Festsetzen ihres örtlichen und sachlichen Wirkungsbereiches wurde nun der Bundesregierung übertragen (Art. 102 Abs. 6 B-VG). Als Maßstab für den Umfang des sachlichen Wirkungsbereiches hatten die Kompetenzen der bisherigen Bundespolizeibehörden (also Wien, Wiener Neustadt, Graz, Salzburg, Eisenstadt, Linz und Klagenfurt) zu gelten (Art. II § 19 Abs. 2 V-ÜG).

Inwieweit der Landeshauptmann über die Bundespolizei und Bundesgendarmerie verfügen konnte, blieb der Regelung durch ein besonderes Bundesgesetz vorbehalten. Dieses Gesetz wurde aber nicht erlassen, so daß man, um aus der Verlegenheit herauszufinden, dem Landeshauptmann faktisch die Stellung einräumte, die vor dem 12. November 1918 dem Statthalter bzw. Landespräsidenten zukam. Man lehnte sich dabei an die Übergangslösung des Gesetzes StGBl. Nr. 24/1918 an, wonach die neuen „Landesregierungen" – obgleich in dieser Phase die Länder die einzige Realität darstellten (Renner) – als Vollzugsorgane des zentralistisch geführten „Einheitsstaates Deutschösterreich" mit der Fortführung auch der ehemals „landesfürstlichen" Verwaltung betraut waren. Diese Struktur, und damit die Variante Landeshauptmann = „Statthalter", änderte sich aber mit der Bundesverfassung 1920. (Bis zur Verfassungsnovelle 1925 waren die Beamten der Landesregierungen „Staats"- bzw. Bundesbeamte, daher auch die „Landespolizei" als Nachfolger der Polizeiabteilungen bei den Statthaltern aufzufassen.) Erst im Jahre 1929 wurde im Art. 102 Abs. 1 bestimmt, daß dem Landeshauptmann hinsichtlich der Bundespolizeibehörden nur ein „fachliches" Weisungsrecht zukommt, wenn er also Angelegenheiten der mittelbaren Bundesverwaltung oder des Landes vollzieht. Gleichzeitig (Art. II § 4 Abs. 1 V-ÜG) wurden die Bundespolizeibehörden hinsichtlich Organisation, Führung und Ökonomie

Funkstation der Polizeidirektion Wien, Gehörlesekurs mit Major Weissmann (1936).

Funkwagen der Polizeidirektion Wien, umgestaltet aus „Überfallswagen" der Type Saurer, bereitgestellt zur Parade anläßlich der 10. Tagung der Internationalen Kriminalpolizeilichen Kommission (IKPK) am 21. September 1934.
Der Plan zu einer Interpol wurde 1919 vom Holländer van Houten wieder aufgegriffen und durch Initiative des Polizeipräsidenten Schober anläßlich des Internationalen Polizeikongresses in Wien im September 1923 verwirklicht. Sitz der IKPK war bis 1938 Wien („Polizeidirektion in Wien–Internationales Büro") und ihr Präsident war der jeweilige Polizeipräsident in Wien.

dem zuständigen Bundesminister unmittelbar unterstellt und das Erlassen von Dienstvorschriften der Bundesregierung übertragen (Art. 102 Abs. 6).

Für das Weisungsrecht des Landeshauptmannes gegenüber der Gendarmerie gab es indessen keine Zweifel: Davon abgesehen, daß er bis zur Einführung der Sicherheitsdirektionen „Chef" der Bezirkshauptmannschaft als Sicherheitsbehörde war, wurde nämlich laut Gendarmeriegesetz 1918, StGBl. Nr. 75, das Landesgendarmeriekommando dem „Landeshauptmann" untergeordnet. Vom Standpunkte der Bundesverfassung hätte freilich auch dieses Unterordnungsverhältnis das Schicksal der oben erwähnten Übergangslösung (StGBl. Nr. 24/1918) teilen müssen. Jedenfalls erfolgte die Ausschaltung des Landeshauptmannes erst mit der Einführung der Sicherheitsdirektionen im Jahre 1933. Wieder „aufgewertet" wurde der Landeshauptmann in der Zeit der ÖVP-Alleinregierung. § 16 des Bundesgesetzes vom 25. Mai

1966, BGBl. Nr. 70, gewährt ihm nämlich seither ein Mitspracherecht bei Betrauungen bzw. Abberufungen von der Leitung einer Gendarmeriedienststelle sowie bei Versetzungen von Gendarmeriebeamten, selbst wenn damit keine Änderung der dienstrechtlichen Stellung verbunden ist. (Diese Bestimmung fand ihre politische Motivation darin, daß Innenminister Olah (1963/64) eine Reihe willkürlicher Versetzungen zum Vorwurf gemacht worden war.)

§ 17 des zitierten Gesetzes sieht übrigens auch eine Einschränkung des Innenministeriums in der Führung von Polizei und Gendarmerie vor. Bestimmte Verfügungen über den Einsatz der Wachkörper bedürfen nämlich des Einvernehmens mit der Bundesregierung, zumindest mit dem Bundeskanzler.

Eine „Aufwertung" erfuhren schließlich Landesregierung und Landeshauptmann durch eine Änderung des Behörden-

![Funkwagen der Polizeidirektion Wien (1936), gebaut nach den Angaben von Major Weissmann.](#)

Funkwagen der Polizeidirektion Wien (1936), gebaut nach den Angaben von Major Weissmann.

Beiwagenkraftrad mit radiotelegraphischem Empfangsgerät (Polizeidirektion Wien 1936).

Überleitungsgesetzes 1945 im Wege des Art. V der Bundesverfassungsgesetznovelle, BGBl. Nr. 685/1988. Demnach ist vor der Bestellung eines Sicherheitsdirektors der Landesregierung Gelegenheit zu einer Äußerung zu geben. Weiters hat der Innenminister „staatspolitisch wichtige Weisungen" an den Sicherheitsdirektor auch dem Landeshauptmann mitzuteilen.

Bei der Polizeireform des Jahres 1929 ist der Zug zu einer ökonomischen Zentralisierung unverkennbar. Insbesondere wurden Zentralevidenzen zugunsten aller Sicherheitsbehörden bei der Polizeidirektion Wien eingerichtet (Vorstrafen, Erkennungs- und Fahndungsdienst, Mädchenhandel, Falschgeld, Suchtgift etc.), soweit sie nicht ohnedies bereits bestanden. Ein derartiges Frühwerk des Polizeipräsidenten Schober bildete die vielbewunderte staatspolizeiliche Zentralevidenz (ZEST).[5] Da es damals auf der Ebene des

5 Jagschitz, „Die politische Zentralevidenzstelle der Bundespolizeidirektion Wien – Ein Beitrag zur Rolle der politischen Polizei in der Ersten Republik", in: „Jahrbuch für Zeitgeschichte 1978". Die Bedeutung dieser ZEST schwand, nachdem 1933 im Bundeskanzleramt ein „Staatspolizeiliches Büro" mit einer „Staatspolizeilichen Evidenz – St. E." errichtet wurde.

Ministeriums keine Abteilungen gab, die sich mit der operativen Leitung des Exekutivdienstes befaßten (Staatspolizei und Kriminalpolizei), füllte die Polizeidirektion Wien dieses „Vakuum", womit wiederholt wurde, was Graf Pergen in der Erstphase seiner Reform entwickelte. So wurde auch bestimmt, daß die Polizeidirektion Wien zur Mitwirkung bei Amtshandlungen anderer Sicherheitsbehörden im Bundesgebiet herangezogen werden kann (Art. II § 19 Abs. 3 V-ÜG).

Die Reform trug insbesondere in Verbindung mit den Maßnahmen gegen die Bedrohung durch den Nationalsozialismus Früchte. Diese Bedrohung bestand nicht allein in der Gefahr des „Anschlusses" an das „Dritte Reich" durch den Einmarsch deutscher Truppen, sondern in der seit 1932 nahezu täglichen Entfaltung systematischen Terrors in Form von Sabotage, Attentaten und anderen Gewalttätigkeiten. (Übersicht siehe Botz II., S. 345ff.) Hierbei wirkten sich nicht bloß die beträchtliche Arbeitslosigkeit und die Machtergreifungsmethoden Adolf Hitlers nach dem 30. Jänner 1933 sowie die mangelnde Verständigungsbereitschaft zwischen Regierung und Sozialdemokratie äußerst nachteilig aus. Die Zersplitterung der Heimwehrbewegung führte zum

Teil zu einer Verstärkung der bis dahin unansehnlichen „Hitlerbewegung", die nun aus dem national-liberalen Lager Zustrom erhielt, sei es als „Contra" auf den klerikalen und Verfassungseinrichtungen mißachtenden Regierungskurs, sei es, weil der verbreitete politisch „wertfreie" Anschlußgedanke der Nachkriegszeit wieder zur Oberfläche trieb.

Die ab 1929 erfolgende Vermehrung von Bundespolizeibehörden in einzelnen Städten (Steyr, Wels, Villach, Innsbruck, St. Pölten) wurde bereits erwähnt und die sachliche Begründung zur Schaffung von Sicherheitsdirektionen als polizeiliche Mittelinstanzen in den Ländern angedeutet. Zunächst wurde unter Heranziehung des „Kriegswirtschaftlichen Ermächtigungsgesetzes" (G. v. 24. Juli 1918, RGBGl. Nr. 307) und des Art. 102 Abs. 2 B-VG mit Kundmachung des Bundeskanzleramtes vom 21. Juni 1933, BGBl. Nr. 226, die Bestellung von „Sicherheitsdirektoren des Bundes in den Bundesländern" jeweils für ein Jahr verfügt. Die Konsolidierung dieser Einrichtung erfolgte schließlich mit dem Gesetz BGBl. Nr. 437/1934 (Petrik, S. 1).

Polizeispalier auf der Wiener Ringstraße anläßlich eines nationalsozialistischen Propaganda-Aufmarsches 1932.

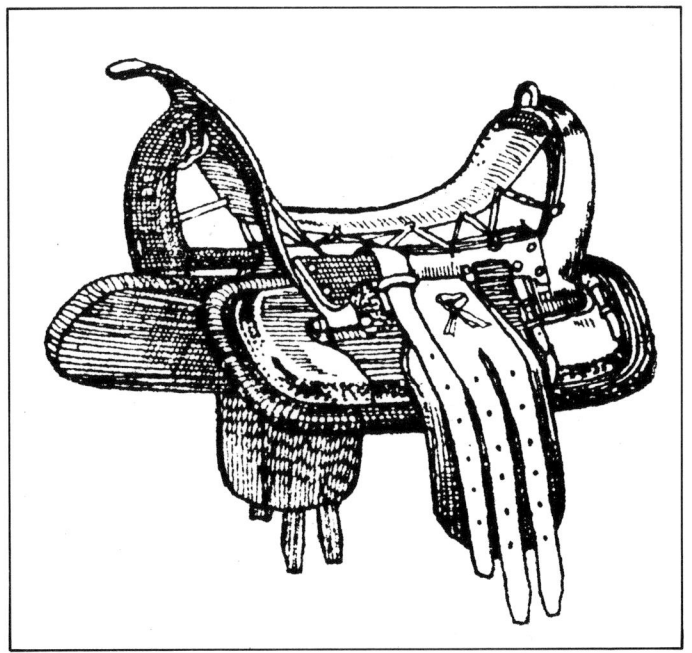

Bereitstellung wegen politischer Demonstration (Graz, 1. Mai 1933).

Als dem BKA unmittelbar unterstellte Bundesbehörden hatten sie die dem Landeshauptmann aufgrund allenfalls bestehender Vorschriften zustehenden Amtshandlungen insbesondere in folgenden Angelegenheiten zu besorgen:

Aufrechterhaltung der öffentlichen Ruhe, Ordnung und Sicherheit – ausgenommen die örtliche Sicherheitspolizei, Paßwesen, Meldewesen, Waffen-, Munitions-, Sprengmittelangelegenheiten sowie Fremdenpolizei. [Den im Jahre 1945 wiedererrichteten Sicherheitsdirektionen kommen dieselben Aufgaben zu (§§ 14, 15 Behördenüberleitungsgesetz, StGBl. Nr. 94/1945 sowie Verordnung BGBl. Nr. 74/1946, beide in der Fassung des Art. V der Bundesverfassungsgesetznovelle 1988, BGBl. Nr. 685), wobei die Unterordnung der Bezirksverwaltungsbehörden als Sicherheitsbehörden deutlich ausgedrückt ist.]

Dienstsattel (Untergestell). Die Ausbildungsvorschriften für Reiter und Pferd waren denen des Heeres (Abrichtungs-Reglement, zuletzt Kavallerie-Reglement 1925) nachgebildet. Geritten wurde auf Kandare, Zügelführung 3:1. Dienstsattel war nicht der (englische) Pritschensattel, sondern der (ungarische) Bocksattel. Dazu Vorderzeug. Ausrüstung vor 1938: Kavalleriesäbel M. 1904, langer Gummiknüppel, Karabiner. Der Mantel der Reiter war hoch tailliert bzw. rückwärts hoch geschlitzt. Der Pferdebestand wurde aus dem Bundesgestüt Piber und durch Ankauf von Warmblutpferden von heimischen Züchtern ergänzt. Die Polizeidirektion Wien verfügte vor 1938 über 300 Reitpferde.

Die Bundesgesetzblätter und „Österreichischen Amtskalender" weisen zwischen 1933 und 1938 als Sicherheitsdirektoren Generale und Oberste des Bundesheeres, Polizeidirektoren, Landesgendarmeriekommandanten und rechtskundige Beamte der Ämter der Landesregierungen aus, denen ein umfangreiches Personal, gebildet aus aktiven und reaktivierten Beamten und Offizieren, zur Seite stand.

Wesentlich erscheint auch die Einrichtung der „Generaldirektion für die öffentliche Sicherheit" als selbständige Sektion des Bundeskanzleramtes, deren Ausbau die faktische Dominanz der Polizeidirektion Wien ersetzen sollte. Dabei bemühte man sich übrigens, dem „Mißtrauen der Länder" dadurch zu begegnen, daß man Beamte aus den Bundesländern in die Generaldirektion holte. Zur Unterstützung des Bundeskanzlers taucht erstmals im Herbst 1932 ein „Staatssekretär für die Angelegenheiten des Sicherheitswesens" auf. Dies war zunächst, und zwar bis 10. Mai 1933, der Führer der „Wiener Heimwehr", Major i. R. Emil Fey, der anschließend, bis zu seiner Bestellung zum Vizekanzler im September 1933, als Bundesminister mit der Leitung der

Angelegenheiten der öffentlichen Sicherheit betraut war. Die zwischen September 1933 und Oktober 1935 amtierenden Staatssekretäre aus dem Beamtenstand, Carl Karwinsky (Oberregierungsrat der nö. Landesregierung und Sicherheitsdirektor) bzw. der Bezirkshauptmann und Sicherheitsdirektor für Oberösterreich, Hans Hammerstein-Equord, sollten hingegen den Heimwehreinfluß neutralisieren. Italien gegenüber mußten nämlich Konzessionen dahin gemacht werden, die rivalisierenden Heimwehrführer Starhemberg und Fey an den Regierungsgeschäften zu beteiligen und zeitweise auch mit der Führung der Angelegenheiten des Sicherheitswesens zu betrauen (Fey als Minister vom 1. Mai bis 10. Juli 1934, Starhemberg als Vizekanzler vom 30. Juli 1934 bis 17. Oktober 1935). Endgültig bereinigt wurde dieser Zustand mit der Auflösung der „Wehrverbände" und dem gänzlichen Ausscheiden von Fey und Starhemberg aus der Regierung im Jahre 1935 bzw. 1936, schließlich mit der Bestellung des Polizeipräsidenten Michael Skubl zum Staatssekretär für die Angelegenheiten der Sicherheit im März 1937.[6])

Inspizierung der Schul- und der Alarmabteilung in der Wiener Marokkanerkaserne am 23. Oktober 1932. Von links: **Staatssekretär Fey, Polizeipräsident Dr. Brandl, SW-Zentralinspektor Dr. Skubl, Polizeikommissär Gotzmann; im Hintergrund rechts: chinesische Gastschüler.**

Unter dem Generaldirektor für die öffentliche Sicherheit, Dr. Friedrich d'Elvert (bis 30. Juli 1934), rangierte vor den drei GD-Abteilungen ein personalstarkes „Staatspolizeiliches Büro" unter dem früheren Salzburger Polizeidirektor Bruno Hantsch (später Wilhelm Krechler), dem die Leitung der staatspolizeilichen Exekutive und die Nachrichtenauswertung oblag, wozu Generalmajor Ronge, der letzte Leiter des Nachrichtendienstes der K.u.K. Armee, reaktiviert wurde. Im Staatspolizeilichen Büro waren Beamte tätig, die

---

6 Im Mai 1934 wurde Fey durch Starhemberg als Vizekanzler ersetzt. Als er seine neuerliche Ingerenz auf das Sicherheitswesen schon nach zehn Wochen verlor, indem er mit 10. Juli 1934 zum Minister ohne Geschäftsbereich mit dem Titel „Generalstaatskommissär für außerordentliche Sicherheitsmaßnahmen", vorläufig ohne nähere Kompetenzregelung, wurde, ging die Leitung des Sicherheitsressorts abermals auf den Bundeskanzler und den Staatssekretär über. Diese noch frische Situation und die Verstimmung Feys dürfte zum unglücklichen Verlauf des 25. Juli beigetragen haben.

dafür mit KZ-Haft büßen mußten und nach 1945 am Wiederaufbau der Polizei wesentlichen Anteil hatten (Nagy, Ferraris, Krechler, Hantschk, Walterskirchen, Pammer, Rupertsberger, Roßmanith, Peterlunger). Im Jahre 1934 wurde noch eine Exekutivabteilung ins Leben gerufen, nämlich die GD 5 mit folgenden Agenden: Wirtschaftspolizei, Rauschgift, Preisüberwachung, Devisenstrafsachen und Bekämpfung staatsgefährlicher Bestrebungen in der Privatwirtschaft. Eine GD 4 war mit den Angelegenheiten der „Wehrverbände" befaßt, die aber 1936 – zugleich mit der Einführung der „Allgemeinen Dienstpflicht" (Wehrpflicht) – durch die „Front-Miliz" abgelöst wurden. Die Frontmiliz sollte zur Unterstützung der Exekutive aufgeboten werden können und war in der Regierung durch Feldmarschalleutnant Ludwig Hülgerth, dem Kärntner Abwehrkämpfer, als Vizekanzler vertreten. (Die Auflösung der Wehrverbände richtete sich in erster Linie gegen die Macht der Heimwehr und entsprach zugleich dem Gedanken geordneter rechtsstaatlicher Verhältnisse. Auf der anderen Seite beschnitt

Parade der Alarmabteilung über die Wiener Ringstraße (Frühjahr 1934). Die Alarmabteilung wurde 1928 aufgestellt. Sie war als erste Abteilung mit Stahlhelmen ausgerüstet und mit grauen Breeches und schwarzen Ledergamaschen bekleidet.

aber diese „Bürokratisierung" die wirksamere Entfaltung der gegen den Nationalsozialismus gerichteten emotionalen Kräfte.) Die Frontmiliz verfügte über mobile Einheiten und solche für den Objektschutz. Unmittelbarer Vorgänger war das „Kommando Freiwillige Miliz – Österreichischer Heimatschutz" unter Fürst Ernst Rüdiger Starhemberg, bis Mai 1936 zugleich Vizekanzler.

Im Jahre 1945 wurde die Generaldirektion für die öffentliche Sicherheit wiederum im Innenministerium errichtet (§ 3 Abs. 2 Z. 2 Behörden-Überleitungsgesetz, StGBl. Nr. 94/1945). Der Generaldirektor (Dr. Franz Nagy de Somlyo), der Chef der Staatspolizei (Dr. Maximilian Pammer), der Chef der Gendarmerie (Oberstleutnant Emanuel Stillfried), sowie der Wiener Polizeipräsident (Dr. Ignaz Pamer, als Vizepräsident seit 1930 im Ruhestand), wurden durch Staatskanzler Renner persönlich bestellt. An der Gliederung nach den drei substantiellen Branchen (Staatspolizei – Kriminalpolizei – Administrativpolizei) und den beiden organisatorisch-personellen Führungszentren (Bundespolizei,

Bundesgendarmerie) wurde festgehalten und schließlich dem Generaldirektor ein einziger Generalinspizierender, nämlich sowohl für Polizei wie für Gendarmerie zuständig, beigegeben, um die Koordinierung aller Einrichtungen des Sicherheitswesens zu gewährleisten. Nach langer Pause übte diese Funktion Josef Holaubek neben seinem langjährigen Amt als Polizeipräsident in Wien (1947–1972) von 1969 bis 1972 aus. Die gleiche Stellung genossen vorher nur Polizeipräsident Dr. Michael Skubl, allerdings bloß von Februar bis März 1938, sowie – von 1945 bis 1947 – Ministerialrat Dr. Norbert Ferraris. [Die Ernennung Skubls zum Generalinspizierenden war zugunsten des Bundeskanzlers gedacht, als – unter den Forderungen von „Berchtesgaden" – das Sicherheitswesen einem von Seyß-Inquart geführten Innenministerium unterstellt werden mußte. (§ 90 Abs. 4 Verfassung 1934; siehe auch Himmler-Bericht, Seite 7.)]

Nur kurze Zeit, nämlich von 1965 bis 1969, war die Generaldirektion in zwei Sektionen gegliedert, von denen die eine als Sektion II (Polizeipräsident Holaubek) die beiden oben

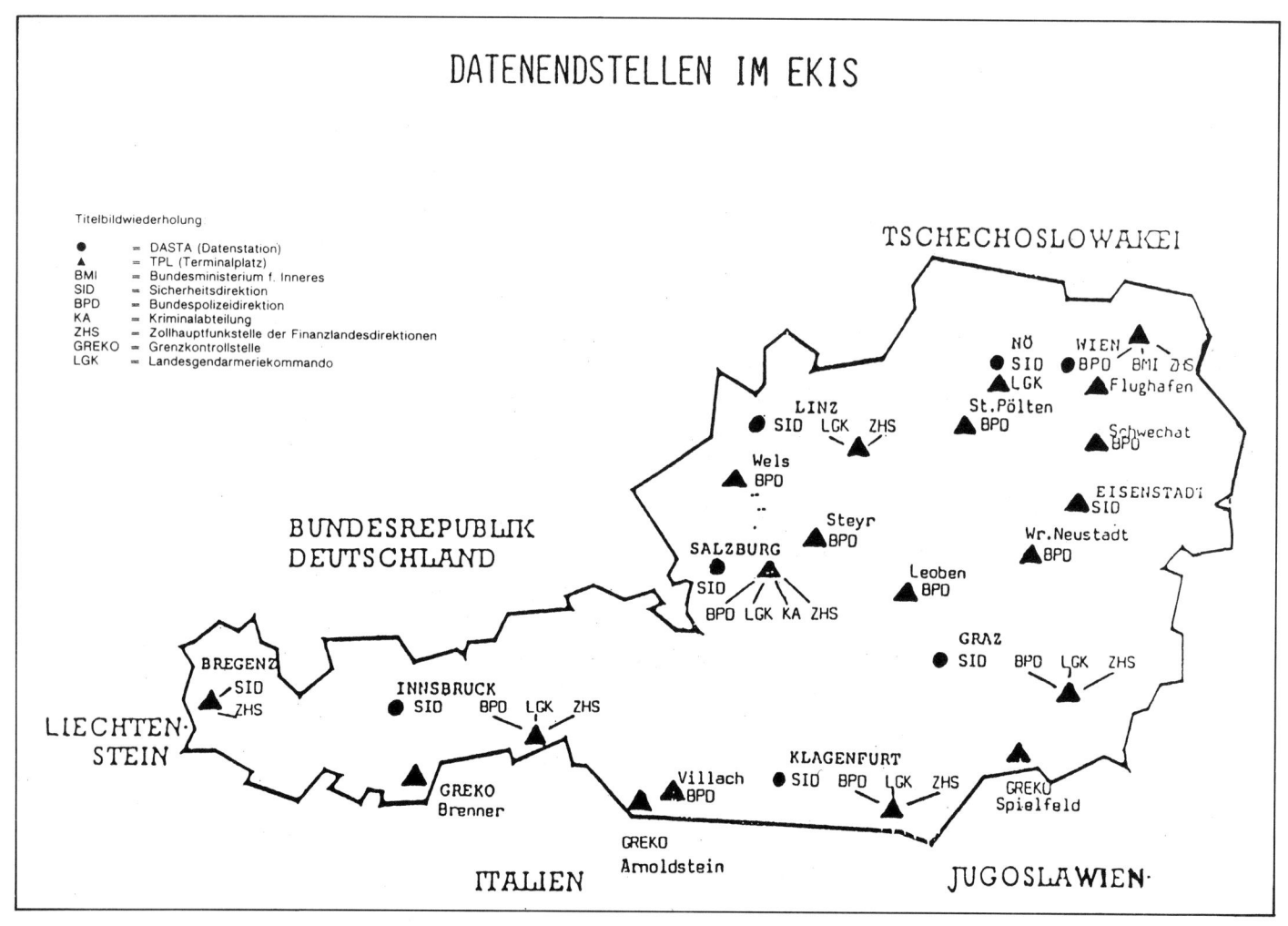

Kriminalpolizeiliches Informationssystem (1988).

angeführten organisatorisch-personellen Führungszentren umfaßte. Chef der Sektion III war der frühere Leiter der Gruppe Staatspolizei, Dr. Franz Rupertsberger.

Die organisatorische und rechtliche Struktur („Polizeibefugnisse") ist bis heute im wesentlichen unverändert geblieben. Die fortschreitende Technik hat allerdings das äußere Bild der Exekutive erheblich gewandelt. Man denke bloß an die Motorisierung und an die sich ständig weiter entwickelnde Funktechnik. Das enger gewordene Netz der „Interpol" tritt indessen nach außen nicht sichtbar in Erscheinung, ebensowenig wie die wesentlichen Fortschritte auf dem Gebiete der Kriminaltechnik, die in den frühen sechziger Jahren vehement eingesetzt haben, aber hier schon wegen des internen „Schutzbedürfnisses" nicht behandelt werden können. In organisatorischer Hinsicht haben vor allem in zusätzlichen Abteilungen die Veränderungen des „inneren Gefüges" einerseits, andererseits das Einbeziehen elektronischer Informationssysteme Niederschlag gefunden. Die ewige Problematik „Polizei und Gesellschaft" bzw. „Polizei und Publikum" ließ Pläne und Methoden unter Einbeziehung psychologisch-pädagogischer Erfahrungen vor allem bei der Ausbildung und Fortbildung erproben und die soge-

Wiens Polizeipräsident Josef Holaubek (1947–1972).

Fahnenübergabe an die Wiener Sicherheitswache in der Marokkanerkaserne. Von rechts: Innenminister Helmer, Staatssekretär Graf, Generaldirektor Dr. Krechler, Polizeipräsident Holaubek, Generalinspektor Täubler (18. Juni 1955).

nannte Öffentlichkeitsarbeit fördern.

Die elektronische Datenverarbeitung (EDV) wird nun, oder wird schrittweise demnächst, sowohl im Rahmen der Kriminalpolizei (EKIS), wie auch für administrativpolizeiliche Zwecke (Waffengesetz, Kraftfahrzeugzulassung, Fremdenpolizei, Verwaltungsstrafverfahren, zentrales Melderegister), verwertet bzw. verwertbar sein.

Das Kriminalpolizeiliche Informationssystem (EKIS) dient insbesondere dem Strafregisterwesen, der Fahndung nach Personen (Haftbefehle, Aufenthaltsermittlungen) und nach Sachen (Dokumente, Kraftfahrzeuge, Kulturgut), sowie dem Erkennungsdienst.

Die organisatorische Verbreiterung ist auch daran erkennbar, daß mit besonderen Sicherheitsaufgaben eine eigene Sektion befaßt ist, und zwar mit dem Zivil- und Objektschutz, der Flugpolizei und mit besonderen Fragen auf dem Gebiete der Verkehrspolizei.

Zwischen Verrat und Bewährung (1934–1938)

„... dieser riesige Riß geht quer durch jedes Land, jede Stadt, jedes Haus, jede Familie, jedes Herz."
(Stefan Zweig, Erasmus von Rotterdam)

Putschistische Aktivitäten

Einer Zerreißprobe war der Polizeiapparat ausgesetzt, als sich der Staat von innen wie von außen her einer außerordentlichen Bedrohung durch die revolutionären Kräfte des Hitlerismus gegenübersah. Zwei Ereignisse, die am besten Aufschlüsse vermitteln, seien skizziert: der 25. Juli 1934 und die letzten Tage vor dem „schwarzen Freitag" im März 1938.

Rom-Besuch einer Polizeidelegation im Sommer 1933. Vorne: Benito Mussolini und Dr. Skubl. (Damals war Italien noch ein Verteidiger der Unabhängigkeit Österreichs.)

Die Polizei-Straßenpanzerwagen (1929) der Polizeidirektion Wien, Škoda-Modell PA-2 (genannt „Schildkröte"), Zweiachser mit Vierradantrieb, 85 PS, 60 km/h, sieben Tonnen bei 8 mm-Panzerung, 4 sMG M.07/12. Die Anregung zur Beschaffung kam vom Bundesheer, gekauft wurden drei Stück und der Polizeidirektion Wien zugewiesen.

Beim Putschversuch vom 25. Juli 1934 ist vieles nur aus der faschisto-balkanischen Operettenhaftigkeit begreifbar, die die Zwischenkriegszeit kennzeichnet und den Handelnden das Bewußtsein über ihr Gangstertum trübte.

Die Merkmale dieses Putschversuches sind einzigartig. Wir vermissen sie bei gleichartigen Unternehmungen, die uns Curzio Malaparte in seinem „Coup d'Etat" vor Augen führt. Das Einzigartige liegt in mehreren Punkten: auf Seite der Aufständischen zunächst darin, daß die im Dritten Reich zu findenden Antriebskräfte nur zum Teil den Putschgedanken unterstützten und daß auch die entsprechende ideologische Führung in Österreich geteilter Auffassung und organisatorisch gespalten war. Hinzu kam, daß der an sich entschlossene und kühne Putschistenhaufen, trotz guter Ideen im Konzepte, schwach geführt war. Ein Beispiel dafür bildet die Figur des „militärischen Leiters" des Wiener Putschunternehmens, des SS-Untersturmführers Fridolin Glass, eines Maturanten, der nach dreijähriger Dienstzeit im Bundesheer nicht einmal die Charge eines Gefreiten erlangt hatte, der bei der Ausrückung seiner ca. 150 Putschisten das Aufspringen auf den letzten der acht LKW prompt verpaßte und von Kriminalbeamten festgenommen wurde. Ebenso erstaunlich ist es, daß ein Mitglied einer von Wien nach Kärnten entsandten „Trias" (sie sollte sich in Velden des Bundespräsidenten bemächtigen), in Klagenfurt die Hilfe der Polizei in Anspruch nahm, um seinen mitver-

schworenen Bruder suchen zu helfen, wobei nun beide verhaftet werden konnten; weder der flüchtige Dritte, noch die lokale illegale SS, verständigten die Putschführung vom Mißlingen dieses wesentlichen Putschelementes (Jagschitz, S. 97).

Fast eine Sensation ist der Rückgriff der Putschisten auf einen Plan, der ausgerechnet von einer nationalsozialistischen Zelle der Polizei ausgeheckt wurde, weiters die nicht unmaßgebliche Beteiligung einzelner aktiver Polizeibeamter, namentlich zu Erkundungen und zur Aufklärung. Kennzeichnend ist weiters das Gestrüpp von Verratshandlungen auf nationalsozialistischer Seite, vor allem aber die Tatsache, daß die Regierungsseite im wesentlichen und auch rechtzeitig in Kenntnis der Putschplanung war, aber dennoch so gut wie keine Vorkehrungen getroffen hat. Der Tod des Bundeskanzlers Dollfuß war die Folge, wobei nicht klargestellt ist, ob er aus Haß oder aus politischer Berechnung niedergeschossen wurde.

Der Plan, mit einer kleinen Anzahl von Exekutivangehörigen den Ministerrat gefangenzunehmen, entstand im Juli 1933 in Kreisen der Wiener Polizei. Die Planungen gingen auf Gespräche zwischen dem damaligen Kompaniekommandanten der Alarmabteilung der Wiener Polizei, Major Josef Heischmann, und dem Major des Bundesheeres, Rudolf Selinger, zurück, der von 1928 bis 1931 die Alarmabteilung aufgebaut hatte und als Instruktionsoffizier für die militärische Ausbildung verantwortlich war. Die Vorstellungen nahmen konkretere Gestalt an, als der Kommandant der Alarmabteilung, Polizeioberkommissär Leo Gotzmann (sein Lohn bestand darin, daß er im Jahre 1941 Polizeipräsident wurde) und der ebenfalls bei der Alarmabteilung tätige Polizeioberkommissär Paul Hönigl sowie Polizeimajor Viktor Friedrich zur Gruppe stießen. Man war sich zunächst einig, daß das Unternehmen mit Angehörigen der Alarmabteilung durchgeführt werden sollte. Doch noch bevor die Überlegungen weiter fortgeführt waren, wurde die organisatorische Basis zerschlagen. Im August 1933 wurden 30 bis 40 Mann aus der Alarmabteilung wegen Verdachtes der nationalsozialistischen Betätigung in andere Dienststellen transferiert, so auch Gotzmann, Hönigl und Heischmann. Die Putschplanungen wurden aber weitergeführt. Danach hatte Heischmann die Aufgabe, mit etwa 70 Mann Militär und ehemaligen Angehörigen der Alarmabteilung im Bundeskanzleramt einzurücken und die Regierung während eines Ministerrates gefangenzunehmen. Friedrich und Gotzmann sollten das Präsidium der Polizeidirektion am Schottenring mit Hilfe der dort dienstzugeteilten Teile der Alarmabteilung besetzen. Hönigl war für die Besetzung der Marokkanerkaserne ausersehen, um den Einsatz regierungstreuer Polizei zu verhindern. Schließlich sollten noch das Gebäude des Stadtkommandos und der Sender am Bisamberg durch ehemalige Militärangehörige und SA-Einheiten besetzt werden. Das politische Ziel war die Einsetzung einer provisorischen Regierung und die sofortige Ausschreibung von Neuwahlen.

Da Selinger nur geringe Erfolge bei der Werbung unter den Soldaten des Bundesheeres für die Aktion hatte und auch die Zahl der Polizeibeamten aus der Alarmabteilung nicht ausreichend war, nahm er Verbindung zu dem ehemaligen Wiener Gemeinderat Kriminal-Bezirksinspektor, Konrad Rotter auf. Rotter hatte 1930 eine Bezirksgruppe der NSDAP – „Gersthof 2" – gegründet, die nur Polizeibeamte umfaßte. Rotters Aufgabe war die Auswahl geeigneter Personen für den Putsch unter den Wache- und Kriminalbeamten. Als Mitarbeiter wurde auch der Kriminalbeamte Franz Kamba gewonnen, der im Bundeskanzleramt dienstzugeteilt war und die Lagepläne der Räumlichkeiten, Verzeichnisse von Beamten, Art der Bewachung und Angaben über die Bewaffnung der Militärwache beschaffte. Auf Rotters Vorschlag sollte nach der Besetzung des Bundeskanzleramtes der Bundespräsident gefangengenommen werden.

Nachdem die Bewaffnung aus Beständen der Polizeidirektion geregelt war, wurde das Unternehmen zunächst für den 18. September, dann für den 15. Oktober und für Anfang November 1933 festgesetzt, schließlich aber abgesagt. Einerseits gab es Schwierigkeiten, die Putschisten zu sammeln, andererseits berief sich Selinger auf ein Verbot durch das Deutsche Reich, da die außenpolitische Lage für ein derartiges Unternehmen ungünstig sei.

Die Verschiebungen der Aktion ließen in Rotter den Plan reifen, die Initiative zu übernehmen und die Gruppe Selin-

ger-Heischmann-Gotzmann-Hönigl zu überspielen. Er bezweifelte aber die Entschlußkraft des von der Putschführung designierten Polizeipräsidenten Otto Steinhäusl. [Steinhäusl, 1922 Polizeidirektor in Salzburg geworden, später wegen nationalsozialistischer Verbindungen nach Wien versetzt, war als Leiter der Approbationsgruppe II (Kriminalpolizei) einer der ranghöchsten Beamten. Als SS-Standartenführer wurde er am 13. März 1938 Polizeipräsident.] Theo Habicht, der „Landesinspekteur der NSDAP Österreich", untersagte vorläufig die Aktion aus innen- und außenpolitischen Gründen. Erst Anfang Juli 1934, als Habicht selbst ähnliche Vorbereitungen getroffen hatte, wurde Rotter wieder eingeweiht. Gotzmann war als Zentralinspektor der Wiener Sicherheitswache vorgesehen, konnte aber die ihm im letzten Augenblick zugewiesene Besetzung der Marokkanerkaserne nicht durchführen. Der für den 25. Juli aus seinem Urlaub nach Wien berufene Heischmann hatte keine Funktion; er wurde Anfang August, ebenso wie die anderen Mitglieder der alten Gruppe, verhaftet. Die Polizeibeamten, die am Putsch beteiligt waren, entstammten größtenteils der alten Alarmabteilung (Jagschitz, S. 70–73).

Das „Überfallskommando" (1936) war der funktionelle Vorläufer des heutigen MEK. (SW mit MP ausgerüstet; MTW Type Saurer spezieller Bauart: beidseitig je zwei Einstiege, hinterer Teil geschlossen, für Aufnahme von Gerät und Werkzeug sowie von Gefangenen.)

Die Zahl der am Putsch im Bundeskanzleramt beteiligten Personen ist nicht genau feststellbar. Sie wurde in den Polizeiprotokollen mit 144 bis 154 angegeben, 96 bis 106 davon waren ehemalige Angehörige des Bundesheeres, meist wegen NS-Betätigung im Disziplinarwege entlassen. Neun aktive Wachebeamte und ein aktiver Wehrmann des Bundesheeres wurden im Bundeskanzleramt verhaftet, fünf davon hingerichtet. Insgesamt waren etwa 25 Kriminal- und Sicherheitswachebeamte der Gruppe Rotters beteiligt. Einige Putschisten waren erst wenige Tage vorher angeworben worden, manche wurden erst in der Turnhalle in der Siebensterngasse mit ihren Aufgaben vertraut gemacht.

In der Turnhalle in der Siebensterngasse erhielten die Putschisten Uniformen, Pistolen und Munition. Es wurde ihnen eingeschärft, nur im Notfall von der Schußwaffe Gebrauch zu machen. Waffen und Munition, und zwar neun schwere Maschinengewehre, drei Fliegermaschinengewehre, 34 Mannlichergewehre, zehn Maschinenpistolen und eine Anzahl Pistolen und Munition, sollten mit einem Lastwagen ins

Bundeskanzleramt gebracht und dort verteilt werden. Offiziersdistinktionen hatten nur jene, die an der Putschplanung teilgenommen hatten, und zwar der Oberleutnant a. D. Paul Hudl als Major (der seine Kriegsdekorationen mit dem Orden der Eisernen Krone angelegt hatte und optisch das Kommando führte), der ehemalige Wachtmeister des Infanterieregiments Nr. 4, Franz Holzweber, als Hauptmann, der die faktische Kommandogewalt hatte, der ehemalige Stabswachtmeister des Infanterieregiments Nr. 4, Otto Planetta, der als Mörder des Bundeskanzlers gilt, als Oberleutnant, und fünf Putschisten als Leutnants. Die Putschisten trugen Infanterieuniformen, in der Mehrheit mit Aufschlägen des Deutschmeisterregiments. In der Siebensterngasse kam es zur ersten Panne, da das Umkleiden so lange dauerte, daß der vorgesehene Termin der Besetzung des Bundeskanzleramtes (12.30 Uhr) nicht eingehalten werden konnte. Erst um 12.45 Uhr hatten die Putschisten die Lastwagen bestiegen.

Links und unten: sMG-Trupp der Polizei (1934). Beiwagenmaschine der Verkehrskontrolle mit Anhänger mit montiertem sMG („Karrete"). Über größere Distanz war das Schießen vom Anhänger aus möglich.

8 mm M.07/12, schweres Maschinengewehr, System Schwarzlose. Der Lauf ist von einer drei Liter fassenden Wasserjacke umgeben. Diese hat die Aufgabe, den Lauf, der beim raschen Schießen sehr erhitzt wird, zu kühlen. Die in einer Hanfgurte gelagerten Patronen werden durch den Zubringer zugeführt. Vorne am Lauf ist der Mündungsfeuerdämpfer eingeschraubt, der die besonders bei Nacht stark sichtbare Mündungsflamme dämpft. Mit dieser Waffe wurde die Polizeidirektion Wien bereits Anfang 1919 ausgestattet, ebenso die Gendarmerie.

Zwischen 12.53 und 12.55 Uhr fuhren der Personenwagen und vier Lastwagen ins Bundeskanzleramt ein. Die restlichen vier Lastautos blieben am Ballhausplatz stehen, die Putschisten sprangen herunter und eilten ebenfalls ins Gebäude. Die Ehrenwache des Bundesheeres in der Stärke von zweimal 15 Mann war in einem Hof zur Ablöse angetreten. Ihre Gewehre und Pistolen waren nach der Dienstvorschrift für Ehrenwachen ungeladen. Weder der Kommandant der Wache, noch Staatssekretär General Zehner kamen auf die Idee, die Ehrenwache ausnahmsweise mit Munition zu versehen, obwohl diese ausreichend in der Nähe vorhanden war. Zehner ging zwar um etwa 12.20 Uhr in sein Büro, um die Garnison Wien zu alarmieren, unterließ es aber, eine entsprechende Bereitschaft der Wache des Hauses anzuordnen. Der Vorteil für die Putschisten war der Überrumpelungseffekt: Polizisten, Beamte und Bundesheer standen zunächst unter dem Eindruck, Verstärkungen vor sich zu haben. Die Putschisten, die sich auf den Bundespräsidenten und den neuernannten Bundeskanzler Rintelen beriefen, entwaffneten schnell die Wache. Während die Putschisten sich in Gruppen im Haus verteilten, wurde das Tor gegen den Ballhausplatz geschlossen und ein Maschinengewehr in der Einfahrt in Stellung gebracht.

Während die Aktion im Bundeskanzleramt begann, wurde das Unternehmen gegen das Sendehaus der RAVAG (Österreichische Radio-Verkehrs AG) in der Johannesgasse 4 b durchgeführt. Das Haus sollte besetzt und laufend sollten Nachrichten in enger Verbindung mit der Putschführung

im Bundeskanzleramt gesendet werden. Etwa um 12.30 Uhr erschienen zwei Wachebeamte im Auftrag Rotters und gaben vor, zur Verstärkung der Bewachung kommandiert zu sein. (Nach einem Sprengstoffattentat einige Tage vorher waren die Schutzmaßnahmen verstärkt worden, ein Polizist und ein Schutzkorpsangehöriger bewachten den Haupteingang, während im Haus für jeden Besucher Ausweispflicht bestand.) Wenige Minuten vor 13.00 Uhr drangen 15 Putschisten in das RAVAG-Gebäude ein. Während ein Putschist den Widerstand leistenden Schutzkorpsposten überwältigte, eilte von der gegenüberliegenden Straßenseite Polizei-Bezirksinspektor Peter Fluch zu Hilfe und wurde von einem Putschisten erschossen. In der Verwirrung wurden die beiden nationalsozialistischen „Wachebeamten" entwaffnet. Die Putschisten erzwangen vom Sprecher die Durchgabe der Erklärung: „Die Regierung Dollfuß ist zurückgetreten. Dr. Rintelen hat die Regierungsgeschäfte übernommen!" Spätestens um 13.10 Uhr trafen die ersten Polizeieinheiten in der Johannesgasse ein und erzwangen mit Waffengewalt den Eintritt in das RAVAG-Gebäude (Jagschitz, S. 103, 112ff).

Neben dem Putschplan für Wien bestand ein Aufstandsplan für die Bundesländer. Er war aber mit dem ersteren nicht entsprechend konzertiert. Der Aufstandsplan beinhaltete eine Kombination von Putsch und Revolution. Die staatlichen Schaltstellen sollten handstreichartig in den Besitz der SA gelangen, während durch Märsche auch unbewaffneter Massen der Anschein einer spontanen Volksbewegung erweckt werden sollte. Dieser Plan lief teilweise in diesen Formen an, mangels entsprechender Befehlslinien allerdings meist erst am 26. und 27. Juli. Zu ausgedehnteren Kämpfen kam es nur in der Steiermark und in Kärnten, zu begrenzten Gefechten in Oberösterreich und in Salzburg. Das Bundesheer brachte gelegentlich auch schwere Infanteriewaffen und Artillerie zum Einsatz. Die Opfer auf beiden Seiten waren beträchtlich; sie hielten sich ungefähr die

Geschoßeinschläge in einem Senderaum der RAVAG.

Polizei-Einsatz bei der RAVAG.

Im RAVAG-Gebäude festgenommene Putschisten werden abtransportiert.

Waage (Jagschitz, S. 167). Die Aufstandsbewegung entwickelte sich nicht im geplanten Umfang, weil die Gegenkräfte bereits Verhaftungen durchgeführt und andere Vorsorgen getroffen hatten, weil die SA regional sehr unterschiedlich gerüstet und auf ihrer Seite zwar die Liebe zu Exerzier- und Schießübungen im Walde, vielfach aber nicht der Wille zu wirklichem Kampfe vorhanden war. Von der geplanten „revolutionären Volkserhebung" – das Lavanttal ausgenommen – war nichts zu bemerken.

Nur in der Steiermark wurde schon am Nachmittag des 25. Juli im Sinne des Aufstandsplanes die SA („Steirischer Heimatschutz") alarmiert. Zu Gefechtshandlungen (mit insgesamt 88 Toten) kam es in den Bezirken Radkersburg, Deutschlandsberg, Weiz, Judenburg und Leoben, sowie im Ennstal, Ausseerland und am Pyhrnpaß.

In Graz sollte der Aufstand erst nach der Eroberung des umliegenden Landes beginnen. Hier erfolgte nur der Versuch, das Anhaltelager Messendorf zu stürmen, um die Gefangenen zu befreien.

An die Bevölkerung!

Das Volk ist aufgestanden! Wir wollen frei sein! Wir verlangen die freie Volksabstimmung! Wir wollen ein freies,

unabhängiges Oesterreich!

Heute um 4 Uhr nachmittag haben wir die Macht übernommen. Der Rechtsstandpunkt ist bei uns. Wir sind die Herren der Lage und wer sich gegen uns auflehnt verfällt dem Standrecht. Wir verlangen von der Bevölkerung nichts als Ruhe und Ordnung, sowie Achtung vor der neuen Staatsgewalt.

Wir ordnen an:

1. Ab heute sofort unbedingtes Alkoholverbot auf drei Tage.
2. Jeder verdächtige deutsche Volksgenosse hat sich sofort bei der nächsten S.A.-Stelle zu Dienste zu melden.
3. Häuser u. Wohnungen sind sofort mit Fahnen u. Wimpeln zu beflaggen.
4. Wir verbieten jede größere Ansammlung auf der Straße.
5. Gast- und Kaffeehäuser sind um 10 Uhr abends zu sperren.
6. Jeder Verdacht reaktionärer Strömungen bei sofort gemeldet zu werden. Wer sich an solchem beteiligt, wird mit dem Tode bestraft.
7. Die Gendarmerie und Polizei fordern wir auf volle Neutralität zu wahren. Wer sich gegen diese Forderung auflehnt, wird entwaffnet und mit schärfster Konsequenz zur Verantwortung gezogen.

Nochmals:

Ruhe, Ordnung und Disziplin

Siegheil einem freien deutschen Österreich!

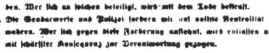

Plakat der nationalsozialistischen Aufrüher („Machtübernahme" in Wolfsberg/Kärnten).

Moral und Haltung der Exekutive

Stellen wir die Frage nach der Bewährung der Polizei, ihrer Mechanismen und ihrer Moral, wird man sie trotz der am 25. Juli 1934 in Wien zu Tage getretenen Schatten und Pannen bejahen müssen. Dies ergibt sich insbesondere aus der von Jagschitz zusammengefaßten, mehrfach erwähnten Dokumentation, sowie aus den Protokollen des Hochverratsprozesses gegen Dr. Guido Schmidt, hier namentlich aus der Zeugenaussage des seinerzeitigen Polizeipräsidenten in Wien und Staatssekretärs für Sicherheit, Dr. Michael Skubl. Man darf hervorheben:

Der staatspolizeiliche Informationsdienst funktionierte vorzüglich, nur hat die Führung in Wien davon keinen sinnvollen Gebrauch gemacht. Sobald allerdings die Polizeiaktionen anliefen, wurden sie klaglos vollzogen. In den Bundesländern setzten die Aktionen der Sicherheitsdirektionen, der Polizei und der Gendarmerie frühzeitig ein, wodurch der Ausdehnung des Putsches wirksam vorgebeugt war. Die kleinen Gendarmeriedienststellen erwiesen auch dort, wo sie von großer Übermacht bedrängt wurden, eine erstaunliche Kraft und Moral.

Es ist nicht zu übersehen, daß außerhalb der Hauptstädte das Vorhandensein und Auftreten des Schutzkorps, bzw. der darin aufgenommenen Wehrverbände (Ostmärkische Sturmscharen, Christlichdeutsche Turner, Freiheitsbund und Frontkämpfer, namentlich aber die Heimwehr), animierend gewirkt hat und daß der Erfolg der Regierungsseite vielfach den Wehrverbänden zuzuschreiben ist, weil sie – da an keine bürokratischen Mechanismen und rechtlichen Bedenklichkeiten gebunden – rascher als Exekutive und Bun-

Das Schutzkorps stürmt den Bahnhof Lavamünd am 29. Juli 1934.
Angesichts der ns. Umtriebe wurden zwischen Mai und Juli 1933 das „Freiwillige Assistenzkorps" zur Verstärkung der Gendarmerie- und Zollwachposten aufgestellt und die „Wehrverbände" nach Kompagnien, Bataillonen und Regimentern im „Schutzkorps" zusammengefaßt und den Sicherheitsdirektionen unterstellt. Am 25. Juli 1934 wurden über 52.000 Mann für das Schutzkorps mobilisiert, 60.000 allein vom Heimatschutz, der auch selbständige Formationen bildete. Von den 103 Toten auf Regierungsseite gehörten 66 den Wehrverbänden an (23 Bundesheer, darunter 2 Offiziere, 10 Gendarmerie, 4 Polizei, 1 Zollwache, 56 Heimatschutz, 6 Ostmärkische Sturmscharen, 3 Freiheitsbund, 1 Christlichdeutscher Turner). Die Schwerpunkte der Julikämpfe zeigt die Totenliste der Heimatschutz-Landesverbände mit Wien 1, Tirol 1, Niederösterreich 3, Oberösterreich 2, Salzburg 4, Kärnten 18 und Steiermark 27, wobei in Vorarlberg, Tirol und Niederösterreich keine Kämpfe stattfanden, der Wiener Assistenzmann in der Steiermark fiel. 1936 wurden die Wehrverbände aufgelöst; die Schutzkorps-Aufgaben übernahm die „Frontmiliz" als Zusammenfassung der wehrfähigen Freiwilligen in der „Vaterländischen Front".

desheer operieren konnten. Sie sind zur Entwicklung größerer Eigeninitiativen fähiger als beamtete Körper, was unter außerordentlichen Verhältnissen von entscheidendem Nutzen sein kann.

Die junge Institution der Sicherheitsdirektionen bewährte sich außerordentlich. Ihr sind die rechtzeitigen Reaktionen in den Bundesländern zuzuschreiben, da die zentrale Steuerung aus Wien versagte. Es ist bemerkenswert, daß die bezüglichen Versäumnisse des Bundesheeres — im Gegensatz zu jenen der Sicherheitsbehörden — nicht untersucht wurden. So hat das Verteidigungsministerium am 25. Juli um 14.30 Uhr die Alarmierung aller Garnisonen zwar angeordnet, Oberösterreich aber erst um 16.00 Uhr, Tirol um 16.10 Uhr und Salzburg und Steiermark überhaupt nicht verständigt. Glücklicherweise wurde in der „Provinz" selbständig gehandelt (Jagschitz, S. 167).

Was die Ereignisse im Jahre 1938 anlangt, bezeugt Dr. Skubl, daß selbst nach der Berchtesgadener Zusammenkunft, als es in jedem Amt schon unruhig geworden war, innerhalb der Polizeidirektion Wien kein einziger Fall vorkam, daß ein Polizist mit dem Hakenkreuze erschienen ist; die Verläßlichkeit der Exekutive stand bis zur Abschieds-

Graz, 11. März 1938 vormittags: Gelenkte „Spontan"-Demonstration in der Herrengasse.

rede Dr. Schuschniggs am Abend des 11. März außer Zweifel. Der Regierungsstandpunkt war schließlich der, ein unnötiges Blutvergießen zu vermeiden und die Berufung auf direkte äußere Gewalt einem Nachgeben gegenüber dem Druck auf der Straße vorzuziehen. Die in Anbetracht der Provokationen und Demonstrationen erwachsenen schweren Aufgaben wurden seitens der Exekutive mustergültig gelöst.

Aussage Dr. Skubl (Schmidt-Prozeß, S. 326): „Es war ja mittlerweile auf der Straße ziemlich lebendig geworden, da der Rücktritt Schuschniggs und die Betrauung Seyß-Inquarts mit der Kanzlerschaft schon bekanntgeworden war und die Mobilisierung aller national ausgerichteten Kreise ausgelöst hatte.

Vorher schon war der Gedanke erwogen worden, ob man dem Druck der nationalen Elemente etwa mit der Mobilisierung der Arbeiterschaft begegnen könne. Insbesondere Schmitz hatte sich in dieser Richtung bemüht. Die linksgerichteten Kreise wären wohl unter gewissen Bedingungen bereit gewesen, mitzutun. Praktisch allerdings hätte eine Mitarbeit von Elementen außerhalb der Exekutive das zu erwartende Blutbad nur vergrößert. Schmitz richtete noch am Abend desselben Tages die Frage an mich, ob ich imstande sei, den in Ausbreitung begriffenen Aufstand niederzuwerfen. Ich bejahte dies, fügte aber hinzu, ich könne nicht verhindern, daß nach dem ersten Zusammenstoß die bereitstehenden deutschen Truppen über die Grenzen marschieren.

Ich erwähne in diesem Zusammenhang, daß nach den Rundfunkansprachen Hitlers und Schuschniggs (9. März) die nationalsozialistische Bewegung sich insbesondere in der Steiermark außerordentlich stark entwickelte. Gerade von dort ging die Parole aus, es müsse unter allen Umständen zu einem blutigen Zusammenstoß mit der Exekutive kommen, denn dann würde Deutschland einschreiten. Diesen Zusammenstoß haben wir mit schwerer Mühe verhütet. Insbesondere bei dem geplanten Aufmarsch in Graz ('Stadt der Volkserhebung') wurden außerordentlich starke Polizei-

Schnell-Laster (MTW) der Gendarmerie „AFL" (Austro-Fiat), Zweiachser, Bänke in Fahrtrichtung, sMG montiert in Fahrtrichtung (Juli 1934). Ansonsten verfügte die Gendarmerie über Autobusse.

Graz, 11. März 1938 nachmittags: Nach Räumung der Herrengasse Absperrung durch Bundesheer.

kontingente aufgeboten, und zwar unter militärischer Assistenz. So gelang es uns, das Blutvergießen zu verhindern." Die militärische Assistenz leistete in der Grazer Innenstadt das Alpenjägerregiment Nr. 9, nachdem schon am Vormittag die Stadt durch Demonstrierende, darunter ganze Schulklassen, erfüllt war. Dem war am 10. März ein mächtiger Fackelzug der Arbeiterschaft im Zusammenwirken mit der „Vaterländischen Front" vorangegangen. (Siehe auch Botz II., S. 292.)

Eine Bluttat sei erwähnt, weil sie trotz ihrer Ungeheuerlichkeit kaum bekannt geworden ist. Am 12. März 1938 wurden in Linz der Polizeidirektor, der Leiter der staatspolizeilichen Abteilung und zwei Kriminalbeamte durch aus dem Deutschen Reich zurückgekehrte „Legionäre" kaltblütig ermordet.

Es ist natürlich, die Frage nach dem Geist und nach der Verläßlichkeit der Exekutive zu stellen. Dabei wird davon auszugehen sein, daß ihre personelle Zusammensetzung ein ungefähres Spiegelbild der Bevölkerung darstellte. Sie wies daher ebenso sozialdemokratisch wie nationalsozialistisch beeinflußte Beamte auf, wie solche, die den mehr oder weniger faschistisch gesinnten Heimwehren oder den „nationalen" oder den katholisch, monarchistisch oder sonst demokratisch gesinnten Gruppierungen bzw. Wehrverbänden nahestanden. Der Großteil hielt sich aber gewiß politischen Ideologien fern (Zeugenaussage Dr. Skubl, Schmidt-

Prozeß, S. 330 sowie Information der Generaldirektion f. d. öff. Sicherheit vom 4. April 1936, Zl. GD 319.439-St.B., Schmidt-Prozeß, S. 468, 473). Das Statement Dr. Skubls, wonach das „unpolitische" Element überwog, überzeugt umso mehr, als das von Schober zitierte englische Beispiel, daß zuerst der Staat und dann erst Parteien und Parteizugehörigkeit zu kommen haben (Hasiba, S. 50), dem Gefühl der großen Masse entsprach, weniger vielleicht, weil der „Beamtenstaat" noch fortwirkte, sondern weil die Krise des parlamentarischen Parteienstaates und die Stilisierung und Überschätzung der Partei („Parteipatriotismus"/Otto Bauer) auf Unverständnis, wenn nicht gar auf Mißtrauen stießen. Diese Auffassung fand im Staate Hitlers ihre Fortsetzung, als die Wehrmacht als Zuflucht vor dem Braunhemd und vor der Herrschaft der Bagage empfunden wurde. Als bezeichnend für die weite Abneigung den Parteien gegenüber mag das Beispiel gelten, daß Hitler anläßlich des „Reichswehrprozesses" im Jahre 1930 im Zeugenstande erklärte, daß eine parteipolitische Zellenbildung in der Reichswehr nie seine Billigung finden würde. Das war gute Taktik, doch hielt es „der Führer" auch nach der Machtübernahme für angebracht, zwischen Partei und Wehrmacht Distanz zu halten und sich anderer Mittel zu bedienen, seine Widersacher, als die er Generalstab und Generalität empfand, zu neutralisieren. (Jehuda L. Wallach, „Das Dogma der Vernichtungsschlacht", Frankfurt 1967 S. 431ff.)

Der provokative Wien-Besuch des deutschen Außenministers Konstantin von Neurath am 22. Februar 1937. Oben: Reiterpatrouillen halten die Demonstranten im Spalier zurück. Unten: Um möglichst lebhafte Beteiligung vorzutäuschen, stören die Nationalsozialisten die Ordnung, hier durch Dazwischenfahren eines Taxis in die Autokolonne sowie durch einen schwer kriegsgeschädigten Demonstranten.

Freilich kann man nicht daran vorbeisehen, daß die Sozialdemokratische Partei in der Aufbauphase des Bundesheeres mit Erfolg versuchte, personellen Einfluß im Heer zu gewinnen, worauf der langjährige Heeresminister (1922–1933) und Obmann der Christlichsozialen Partei, Vaugoin, unter dem Titel „Entpolitisierung" offensichtlich nichts anderes als eine „Umpolitisierung" durchzuführen suchte (siehe S. 107). Das beträchtliche sozialistische Übergewicht schien auf diese Weise bereits im Zeitraum 1927/1928 neutralisiert. Das folgende Schema, das die Verhältnisse im Bereich der 4. Brigade/Oberösterreich zwischen 1923 und 1928 zeigt (siehe Tweraser, S. 234), läßt zugleich erkennen, daß von den ca. 4000 Soldaten dieser Brigade kaum mehr als die Hälfte an den Vertrauensmännerwahlen teilgenommen bzw. gültig gewählt haben, und daß sich dieser Anteil im Jahre 1928 noch verringerte.

Bei der Sicherheitsexekutive sind die Verhältnisse im Endeffekt (wobei die Einflußnahme der Sozialdemokraten selbst in den ersten Jahren der Republik weit geringer war) gleich gewesen. Die erste regulierte Übernahme von 540 Heeresangehörigen nach Absolvierung der sechsjährigen Präsenzdienstzeit in die Exekutive erfolgte im Zeitraum 1927/1928, was bei Tweraser (siehe oben) nicht zum Ausdruck kommt.

Zwangsläufig erhebt sich die Frage, ob die Ergebnisse solcher Vertrauensmännerwahlen, sowie die Art der Rekrutierung (die „günstige" Wahlresultate garantieren soll), als Gradmesser für eine zumindest an der Grenze der disziplinären Legalität liegende „parteipolitische Bereitschaft" gewertet werden darf. Man wird diese Frage letztlich auch deshalb verneinen müssen, weil – abgesehen davon, daß gerade die Berufe bei Heer, Polizei und Gendarmerie überwiegend aus Neigung und Idealismus gewählt werden – in Rechnung zu ziehen ist, daß in der damaligen Zeit großer Arbeitslosigkeit ein berufliches Unterkommen und Weiterkommen ohne Protektion undenkbar war. Die Parteifunktionäre scheinen die überparteiliche Denkweise nicht erkannt und weiters verkannt zu haben, daß die einer Notlage entsprungenen Lippenbekenntnisse keine ernstere Bedeutung haben. Umsoweniger ist von einem zur Unparteilichkeit erzogenen Exekutivbeamten zu erwarten, daß er, gesetzt den Fall, bei ihm läge eine Neigung für eine in die Illegalität gedrängte politische Bewegung vor, den Boden der Gesetzlichkeit verlassen und ein Risiko eingehen würde.

Mit Blick auf die für die NSDAP erfolgreichen Landtags- und Gemeinderatswahlen des Jahres 1932 bzw. Anfang 1933 (Tirol: 16 Prozent, Innsbruck: 41 Prozent, gegenüber den Wahlen von 1930, bei denen die Nationalsozialisten 3 Prozent bzw. 108.000 Stimmen erzielten) wird der Anteil der nationalsozialistischen Wähler insgesamt mit maximal 20 Prozent anzunehmen gewesen sein. Allerdings bloß Wähler und nicht Gesinnungsgenossen. Die Protestlust und die Anziehungskraft der Hitlerbewegung hat in der Folge wieder abgenommen, weil die Terroranschläge, die sich übrigens vorwiegend noch gegen die Sozialdemokratie richteten, sowie das Verbot der NSDAP und der Juliputsch ernüchternd gewirkt haben. Einen Annäherungswert vermittelt uns eine Liste über die Organisierung von Offizieren und Fähnrichen (Militärakademikern) des Bundesheeres im sogenannten Nationalsozialistischen Soldatenring (NSR), die nach (!) dem 11. März 1938 mit maximal 200 Angehörigen 7 Prozent des Offizierskorps umfaßte. Dem steht eine Bemerkung im Himmler-Bericht (S. 10) gegenüber, wonach eine im Auftrage des Bundeskanzlers im Jahre 1937 von Generalmajor Ronge betriebene Ermittlung ergeben habe, daß 75 Prozent der österreichischen Bevölkerung nationalsozialistisch „denkt und fühlt". Woher der Verfasser des Berichtes sein Wissen bezog, ist nicht angegeben. Seltsamerweise wird im gleichen Bericht auf den Seiten 46, 55, 66ff und 109f auf einen hohen Widerstandswert der österreichischen Bevölkerung, selbst nach einer „Eingliederung" in das Dritte Reich, hingewiesen. Weitere Annäherungswerte liefert das Jubiläumswerk „80 Jahre Wiener Sicherheitswache", Wien 1949, auf Seite 101. Demnach haben vor dem März 1938 etwa 65 Prozent ihres Personalstandes parteipolitische Bindungen abgelehnt, 25 Prozent standen in schroffem Gegensatz zu den Nationalsozialisten, denen etwa 10 Prozent als Anhänger oder Sympathisanten zuzurechnen waren.

	Militärverband (SD)	Wehrbund (CS)	Nationalverband/Deutsche Soldatengewerkschaft (GD)
1923	2058	51	5
	97,4	2,4	0,2
1926	1567	511	–
	75,4	24,6	–
1927	1201	1028	46
	52,8	45,2	2,1
1928	652	1189	197
	32,0	58,3	9,7

Eine Untersuchung hinsichtlich des Bundesheeres weist bei den steirischen Garnisonen einen 10 Prozent-Anteil an Nationalsozialisten auf; die stärkste Zahl, nämlich 27 Prozent aller 3460 Angehörigen des illegalen österreichischen „Nationalsozialistischen Soldatenringes". – Von den 1415 aktiven Offizieren wurden unmittelbar nach dem März 1938 pensioniert: 55 Prozent der Generale, 40 Prozent der Oberste und 14 Prozent der restlichen Offiziere. (Schmidl E. „Bundesheer und Wehrmacht in Graz 1938", in: „Historisches Jahrbuch der Stadt Graz", Bd. 18/19, Graz 1988.)

Die Beispiele die uns der Juliputsch, aber auch die Ereignisse des „März 1938" liefern, lassen hinsichtlich der „Verläßlichkeit" der Beamtenschaft zu der Formel finden, daß kleinflächige oppositionelle Strömungen nur ausnahmsweise zum Loyalitätsbruch führen und in größerem Umfang erst virulent werden, wenn die Organisation nicht funktioniert oder die Führung nicht in der Lage ist, sinnvolle Aufträge und Befehle an Offizier und Mannschaft zu erteilen.

Die Hoffnung der Juliputschisten, Bundesheer und Sicherheitsexekutive würden abseits stehen und sich schließlich ihnen anschließen, blieb ein frommer Wunsch, der letztlich an der wertfreien beruflichen Disziplin scheiterte. (Siehe Jagschitz, S. 9f, 100, 172, 176, 197.) Fest steht, daß der hohe Blutzoll und die Hälfte der Aufregungen erspart geblieben wären, wäre nur einer auf die jedem Indianer geläufige Idee gekommen, das Tor des Bundeskanzleramtes zu schließen. Daß dies nicht geschah, ist umso erstaunlicher, als aufgrund der von Minister Fey (siehe Anmerkung 6 auf Seite 123) dem Bundeskanzler Dollfuß vorgetragenen Informationen, letzterer den Ministerrat verschob und die Kabinettsmitglieder anwies, das Bundeskanzleramt zu verlassen. Mit dieser Entscheidung war dem Putsch das Gelingen in politischer Hinsicht bereits verstellt. Auf Seite der Polizei war eine Reihe folgenschwerer Unterlassungen und Instinktlosigkeiten zu verzeichnen. Es ist die Mühe wert, sich damit auseinanderzusetzen.

Bis zu einem gewissen Grad ist als „entlastend" anzuführen, daß Putschgerüchte schon seit Wochen und Monaten durch die Stadt schwirrten, begleitet von Vorbereitungshandlungen, wie Terrorakte und Ansammlungen von Kampfmitteln.

Die ständige Aufmerksamkeit und Bereitschaft führte zur Ermüdung und mündete darin, die auf das gegenständliche Putschvorhaben weisenden Nachrichten „routinemäßig", um nicht zu sagen nachlässig, zu behandeln. Hier mag sich die üble Gepflogenheit ausgewirkt haben, daß ein an sich kompetenter Beamter keine Maßnahmen trifft, sondern die Meldung einfach weitergibt, obgleich wegen der Kette von Vorgesetzten beachtliche Verzögerungen eintreten. So finden wir auf der Seite der Polizeidirektion Wien am 24. und 25. Juli trotz Informiertheit keine initiativen Maßnahmen. (Unverzüglich gehandelt hat das Kommissariat Innere Stadt zur Rückeroberung der RAVAG.) Die einzige vorbeugende Maßnahme suchte der Polizeipräsident Eugen Seydel anzuordnen. Daß er das Opfer einer bewußt

Gesprengte Eisenbahnbrücke bei Vöcklabruck (Juni 1934).

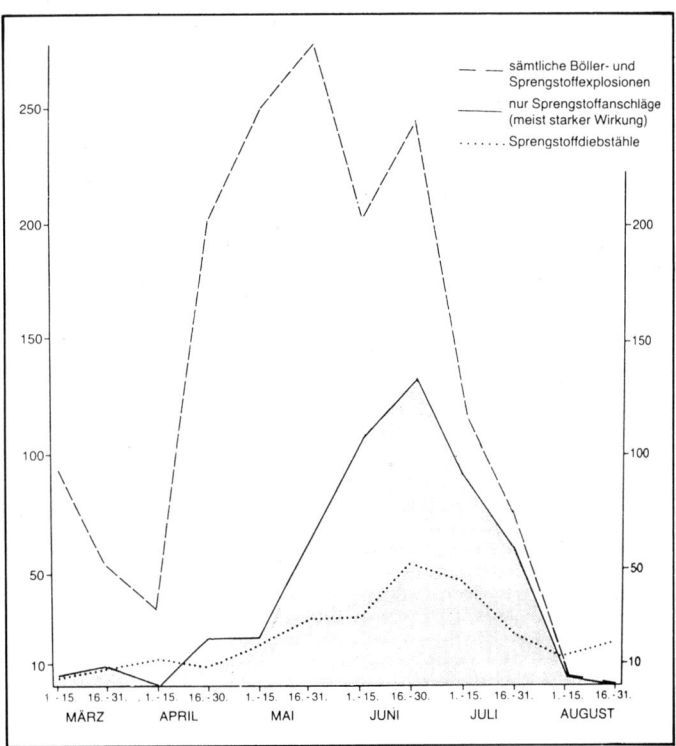

Verlauf der nationalsozialistischen Terrorwelle im Frühjahr und Sommer 1934 (aus Botz II., S. 259, 260).

irreführenden Information wurde, wäre nicht so schlimm; aber teils unter Mißachtung, teils in Unkenntnis der auf das Bundeskanzleramt als Schauplatz weisenden Informationen, konzentrierte er die Kräfte auf den Michaelerplatz, da, laut Desinformation, dort ein Attentat gegen den Bundeskanzler bevorstehe. Diese Maßnahme war taktisch abwegig, da die Sicherheit dadurch erzielbar gewesen wäre, daß der Bundeskanzler sein Amt nicht verläßt und daß hier entsprechend gesichert wird.

Die falsche Beurteilung der Lage, der die Polizeidirektion unterlag, hing mit eigenartigen Verhältnissen in der Ressortspitze zusammen, die die Führung der Wiener Polizeidirektion nachteilig beinflußten. Daß im Zeitpunkt der Krise diese Verhältnisse die Katastrophe einleiten, entspricht den Gesetzmäßigkeiten eines Verwaltungsapparates. Die Regierung gestand dies nachträglich ein, denn sie ließ einer Welle von Pensionierungen beamteter Spitzenfunktionäre (auch wenn diese keine Schuld traf), Revirements und Organisationsänderungen auf Regierungsebene folgen, die den „Wiener Dualismus" zwischen Polizeidirektion bzw. Generaldirektion für die öffentliche Sicherheit einerseits und „Pfuscher-Büros" auf Regierungsebene andererseits beendigen sollten.[7]

Folgt man den Untersuchungen von Jagschitz, zeigt sich die verderbliche Unart des „Hineinkommandierens" durch den Staatssekretär, der einmal den einen, dann den anderen (und nicht immer gerade den zuständigen) Funktionär der Polizeidirektion Wien anrief und Einzelweisungen für den Einsatz von Exekutivkräften gab, anstatt dem Polizeipräsidenten oder seinem Stellvertreter die Ausführung zu überlassen. Der „Krebs" schlich sich dadurch ein, daß Fey – als Theresien-Ordens-Ritter sicherlich ein tapferer Offizier, aber machtpolitisch ambitioniert und auf polizeilichem Gebiet ein Amateur – zwei Instanzen nach unten kletterte, eine Art Polizeibüro unterhielt und Kriminalbeamte, die ihm zum persönlichen Schutz zugewiesen waren, zwecks Verifizierung einer ihm (und nicht der Polizei) zugekommenen Information zur bereits erwähnten Turnhalle in der Siebensterngasse entsendete (Jagschitz, S. 100ff). Auch das Ergebnis der erfolgreichen Aufklärung gegen Mittag des 25. Juli durch die beiden Kriminalbeamten wurde der Polizeidirektion zunächst nicht bekannt. Die direkte Berichterstattung an das „Büro Fey" führte nicht nur zu Verzögerungen, sie führte auch zu den schon erwähnten bruchstückhaften Anweisungen durch den Staatssekretär, wobei der Schutz der RAVAG überhaupt unter den Tisch fiel. Ist eine Schlacht „ein großes Durcheinander", wie Julius Caesar in seinem Gallischen Krieg bekundet, so wurde von der Regierungsebene aus zur Größe der Schlacht mannhaft beigetragen.

Die Krone der Tragik kann man aber darin erblicken, daß die gegenständliche Information an das „Büro Fey", die über den gegen den Ministerat gerichteten Putschplan Aufschluß gab, von einem zum Putschteilnehmer ausersehenen

Revierinspektor der Sicherheitswache stammte. Am Vormittag des 25. Juli verriet er sein Wissen, das auch die RAVAG-Besetzung und die Rolle Rintelens und Steinhäusls einschloß, an einen Heimwehr-Offizier. Wegen der Beteiligung von Polizeifunktionären wollte er nämlich kein Polizeigebäude betreten bzw. sich an keine Polizeidienststelle wenden, da er im Falle eines Gegenverrates Fememord fürchtete. (Tatsächlich hat dieser Beamte, der sich noch in letzter Minute seiner Pflicht besann, am 31. Juli Selbstmord begangen. Jagschitz, S. 101, 131.)

Von den 13 hingerichteten Putschisten gehörten 4 der Polizeidirektion Wien an, 5 weitere, die im Bundeskanzleramt festgenommen wurden, erhielten schwere Kerkerstrafen, ebenso die am ersten Putschplan beteiligten Juristen Steinhäusl, Gotzmann und Hönigl, sowie Major Heischmann. Gegen 31 weitere Polizeibeamte wurden Anzeigen wegen Hochverrates erstattet. Polizeipräsident Seydel wurde pensioniert, obgleich er in politischer Hinsicht über jeden Zweifel erhaben war. Alles in allem kein rühmliches Resümee. In Erfüllung ihrer Pflicht verloren 10 Gendarmeriebeamte und 4 Beamte der Bundespolizei das Leben.

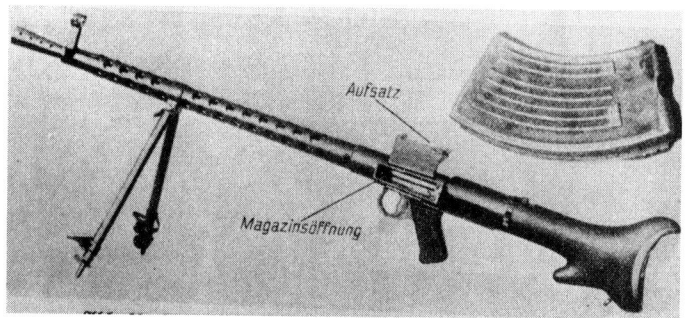

Leichtes Maschinengewehr M.30 (Steyr-Solothurn), Kaliber 8 mm, luftgekühlter Lauf, Patronenzufuhr von links durch ansteckbares Magazin zu 25 Patronen. Hauptfeuerwaffe der Schützengruppe des Bundesheeres, bei der Gendarmerie 1936 zur Ausrüstung von Gendarmerieposten eingeführt, ferner Ausrüstung der Panzerwagen von Polizei und Gendarmerie. Theoretische Schußfolge 600 Schuß/min.; auch Einzelfeuer; Gewehrmunition. Gewicht 9 kg.

„Die Polizei des heutigen Österreich bietet ein typisches Bild dafür, wie eine Polizeiorganisation nicht aufgebaut sein soll", heißt es im Bericht des Reichsführers SS über das österreichische Sicherheitswesen vom Februar 1938 („Himmler-Bericht", S. 44). Begründung: „Nicht nur, daß durch das Nebeneinanderarbeiten von Bundespolizei, Gendarmerie und Stadt- bzw. Gemeindepolizei ständig Anlaß zu Kompetenzstreitigkeiten gegeben ist (ein Fehler, der auch durch die Schaffung der Sicherheitsdirektionen nicht

---

7 Davon war der bisherige Staatssekretär für öffentliche Sicherheit, Karwinsky, betroffen, sowie der „Generalstaatskommissär" Fey (siehe Anm. 6, S. 123). Hinsichtlich Fey trat noch der Gegensatz zwischen dem „katholischen Lager" (Dollfuß/Schuschnigg) und der Heimwehr, und in persönlicher Hinsicht hinzu, daß Fey im Verdachte von Konspirationen stand, die sich allerdings nicht klären ließen, so wie man auch heute nicht weiß, ob Fey und seine Familie im März 1938 durch Mord oder Selbstmord endeten.
Die Generaldirektion f. d. öff. Sicherheit kam am 24./25. Juli nicht „ins Spiel". Der Leiter ihres Staatspolizeilichen Büros (Hantsch) mußte abtreten, ebenso der Generaldirektor (d'Elvert), obwohl er sich auf Urlaub befunden hatte.

Geländegängiger Panzerwagen „ADGZ". Entwicklung 1932 bei Austro-Daimler begonnen und von Steyr-Daimler-Puch fortgesetzt. Vierachsiger Allrad-, Vor- und Rückwärtsfahrer (zwei Fahrersitze), 6-Zylinder-Steyr-Triebwerk M.612, 150 PS, 11 mm Panzerung, 12 Tonnen. Drehturm mit 360° Schwenkbereich, bestückt mit einer 2 cm KwK („Tankgewehr") M.35 L/45 System Solothurn (Einzelschüsse, 10-Schußmagazin), und einem sMG 07/12. In der Wanne zwei lMG M.30. Sechs Mann Besatzung. Unter der Bezeichnung „Austro-Daimler mittlerer M 35 ADGP" wurde ab 1935 das Bundesheer und die Exekutive beliefert. Die Sicherheitswache erhielt sechs Stück, acht die Gendarmerie, die sich auf die LGK, einschließlich BGK Neusiedl, verteilten. (Übung der Exekutive am Übungsplatz Kaisersteinbruch, 13. Mai 1936, Alarmabteilung Polizeidirektion Wien mit Wagen Nr. 17 und 19.)

Funkeinrichtung eines Panzerwagens (Polizeidirektion Wien 1937). Letzte Funkgeräte waren die Kapsch 1 W M38p Kleinfunkstationen.

behoben werden konnte), die selbständige Bearbeitung von Polizeiangelegenheiten durch Nichtfachleute kann der Unsicherheit nur Vorschub leisten." Es ist kein Zweifel, daß der Verfasser dieses Berichtes mit der Struktur des österreichischen Sicherheitswesens und seiner Interna bestens vertraut war und sein Wissen vorbildlich dargestellt hat, sieht man von einzelnen persönlich motivierten Bocksprüngen ab. (Als Mitverfasser wird wohl Dr. Ernst Kaltenbrunner anzunehmen sein, der der österreichischen Polizei zwar nicht angehörte, aber den eigentlichen Nachrichtendienst für Himmler in Österreich so gut betrieb, daß er auf der Ministerliste vom 11. März 1938 als Staatssekretär für das Sicherheitswesen vorgesehen war.) Das Gutachten ist insoferne richtig, als die gesetzliche Konzeption zu Friktionen Anlaß geben kann, doch war es nicht diese, die sich im Juli 1934 so nachteilig ausgewirkt hat. Selbst der Perfektionismus des deutschen Polizei- und SS-Staates vermochte keineswegs den Faktor „Kompetenzen" ohne neue Wirrnisse zu lösen.

Genesis der Errichtungen von Bundespolizeibehörden in der Ersten Republik

Verfolgt man die innenpolitischen Verhältnisse der Ersten Republik, wird man kaum erwarten, daß die Errichtung staatlicher Polizeibehörden zielstrebig betrieben wurde. Von dieser Teilnahmslosigkeit der Zentralregierung heben sich bloß die zwei kurzen Kanzlerschaften des Polizeipräsidenten Schober (1921/22 und 1929/30) ab. War unmittelbar nach dem Weltkriege die Frage der endgültigen Staatsverfassung noch ungelöst, so traten danach die gewaltigen finanziellen Probleme des Staatshaushaltes hinzu. Andererseits waren es gerade finanzielle Überlegungen und Schwierigkeiten, nämlich solche der Stadtgemeinden, die das Thema der „Verstaatlichung" der Polizei nicht ruhen ließen und somit zur Verwirklichung eines dichteren staatlichen Polizeinetzes beitrugen.

Nur ausnahmsweise spielten die gemeindebudgetären Momente keine Rolle, nämlich in Eisenstadt/Rust, wo es der Landesregierung daran gelegen war, mit gewissen dörflich-magyarischen Traditionen zu brechen, und in Innsbruck, wo die Bedrohung durch den Hitlerismus zu einem entsprechenden Schritt (entgegen den Intentionen der Stadtverwaltung) zwang. Schließlich hat auch die oberösterreichische Landesregierung den Plan der Stadtgemeinde zur Errichtung der Polizeidirektion Linz begünstigt, weil sich die städtische Polizei bei Unruhen unzureichend erwies.

Die Stadt Graz machte in allgemeiner Beziehung insoferne keine Ausnahme, als der mit 1. August 1919 erfolgten Errichtung der Polizeidirektion mit „vollem" Wirkungskreis finanziell motivierte Initiativen des Gemeinderates im Jahre 1909 und im Dezember 1918 vorausgingen.

Der Gemeinderat bekundete, daß die Sicherheit der Person und des Eigentums in erster Linie Sache des Staates sei. Wie schon bekannt ist, wurden im Jahre 1866 die Provinz-Polizeidirektionen ein Opfer der wenig ausgewogenen Sparpolitik. (Wiedererrichtungen und Neuerrichtungen: Graz 1876/1919, Wiener Neustadt 1918, Salzburg 1922, Eisenstadt 1924, Linz 1927, Klagenfurt 1928, Steyr 1930, Wels 1931, Villach 1931, Innsbruck 1933, St. Pölten 1937, Leoben 1948, Schwechat 1954.) Die näheren Umstände, die die Errichtung der Polizeibehörde in Klagenfurt begründet haben, entziehen sich leider der Darstellung, da nicht bloß die bezüglichen Akten im Österreichischen Staatsarchiv – Allgemeines Verwaltungsarchiv unauffindbar sind, sondern auch bei den örtlichen Behörden keine geeigneten Unterlagen ermittelt werden konnten. Im folgenden werden innerhalb der zeitlichen Reihenfolge der Errichtungen zunächst jene in den Landeshauptstädten behandelt.

Landeshauptstädte

Sogleich nach dem Weltkriege wurde die Frage einer Verstaatlichung der Polizei in den Landeshauptstädten mit eigenen Wachkörpern angeschnitten. Dies erfolgte mit Erlaß des Staatsamtes des Innern vom 28. Februar 1919, Zl. 7594, der sich an alle Landesregierungen und an den Finanzminister richtete. Letzterer befand sich aber in einer Situation, die es nicht gestattete, dieser Frage näherzutreten, so daß der Bundeskanzler in seiner Funktion als Innenminister (nun war es Schober) am 22. Februar 1922 diese Frage abermals stellte, worauf am 2. Mai die erste Reaktion erfolgte.

Salzburg (1. Juli 1922)

Die soeben erwähnte Reaktion des Finanzministers vom 2. Mai 1922 auf die Frage des mit der Funktion des Innenministers betrauten Bundeskanzlers gab die Möglichkeit, die bereits eingeleiteten Verhandlungen mit der Gemeinde Salzburg fortzuführen. Diese Verhandlungen wurden in kürzester Zeit abgeschlossen. Dabei wurden mehrfach Vergleiche mit der Polizeidirektion Graz gezogen.[8]

Der Gemeinderat der Stadt Salzburg hatte schon zu Ende des Jahres 1919 zu verstehen gegeben, daß die Stadt die steigenden Lasten des Polizeiwesens auf die Dauer nicht tragen könne; dies sei der Stadt auch nicht zuzumuten, da die Aufrechterhaltung von Ruhe, Ordnung und Sicherheit im Interesse des ganzen Staates gelegen sei. Der Gemeinderat bezog sich auf die Regelung in Graz, wonach der Anteil der Stadt 16 Prozent des Gesamtaufwandes betrage; hiezu sei auch die Stadt Salzburg bereit, hielte es aber für sinnvoller, gegen einen Kostenbeitrag des Staates von 84 Prozent die Polizei der Stadt zu belassen, denn die Polizeigewalt stelle ein Vorrecht einer autonomen Gemeinde dar. Die Regierung konnte damit freilich nicht einverstanden sein, da es ihr darum ging, ein straffes Polizeinetz zu gestalten.

Der Grund für die Auffassungsänderung der Gemeinde im Jahre 1922 ist nicht klar. Er dürfte auf die finanziellen Erwägungen angesichts der bevorstehenden Eingemeindungen von Umgebungsgemeinden zurückzuführen sein, denn es war offenkundig, daß die Stadt für ihre 37.000 Einwohner mit ihrem 120 Köpfe zählenden Stadtpolizeiamt (85 SW, 10 Krb) nicht das Auslangen finden werde.

---

8 Zum Beispiel Vergleich der Einwohnerzahlen bei Bestimmung der Zahl der Wachzimmer (Graz 20, Salzburg 7) und der Personalstände; Festsetzung der Besoldungsgruppen, z. B. Gruppe 18 für den Behördenleiter in Salzburg, Gruppe 17 für den Leiter der staatspolizeilichen und Gruppe 16 für den Leiter der kriminalpolizeilichen Abteilung (Erlaß Zl. 33828-22 der Abt. 5 des BMf Inneres und Unterricht).

Der Personalstand der Wachkörper der neuen Bundespolizeibehörde wurde mit 123 SW und 24 Krb fixiert, gebildet aus dem tauglichen Teil der städtischen Polizei, aus Übernahmen von der Gendarmerie und durch Zutransferierungen von der Polizeidirektion Wien.

Wie schon erwähnt, gingen die Verhandlungen rasch vor sich, wobei allerdings manches einer späteren Regelung vorbehalten blieb. So wurde seitens der Bundesregierung auf Fragen der Organisation nicht näher eingegangen, um der Frage einer Unterstellung des Polizeidirektors unter den Landeshauptmann aus dem Wege zu gehen (Akt Zl. 38.118-22 der Abt. 5).

Bezeichnend für die damalige Einstellung gegenüber der „Wiener Bürokratie" ist der § 4 des Übereinkommens vom 19. Mai 1922, der unter der Überschrift „Wahrung des deutschen Wesens der Stadt Salzburg" lautet:

„Die Bundesverwaltung wird im Polizeidienste stets nur Personen deutscher Volkszugehörigkeit anstellen und verwenden; die innere und äußere Amtssprache der Bundespolizeibehörde wird stets die deutsche sein."

Eisenstadt (25. November 1924)

Die Errichtung dieser Behörde ist mit der Landnahme des Burgenlandes aufgrund des Friedens von St. Germain und mit dem vorübergehenden Bestand der ungarischen „Räterepublik" verknüpft. Im Sommer 1919 wurde – mit Sitz in Wiener Neustadt – die „Gendarmeriegrenzschutzleitung" aufgestellt, die bald darauf ihren Wirkungsbereich auf das steirische Grenzgebiet ausdehnte, nachdem sich hier der sogenannte Offiziersgrenzschutz auflöste. Die Grenzschutzleitung bildete den Kern für das künftige Landesgendarmeriekommando für das Burgenland. Es sollte mit 28. August 1921 die Angliederung des Landes vollstrecken.

Es ist bekannt, daß der kräftige Widerstand durch nationale („weiße") ungarische Freischärler die sofortige Besetzung vereitelte und den Verlust Ödenburgs (Szopron) nach sich zog. Dieser Widerstand fand erst ein Ende, als die Entente massiver intervenierte und das Bundesheer eingreifen durfte, andererseits der zweite Restaurationsversuch des Königs (Kaisers) Karl am 21. und 22. Oktober gescheitert war. Weniger bekannt dürfte sein, daß man die Abstimmungsniederlage von Ödenburg (65 Prozent zu Gunsten Ungarns) nicht zur Kenntnis nehmen wollte: Der „Ödenburger Heimatdienst", der kommandierende Brigadier Vidossich, Oberleutnant Steinacher („Kärntner Heimatdienst") und Vizebürgermeister Püchler, Kommandant der Wiener Neustädter Arbeiterwehr, planten nach dem 14. Dezember 1921 einen Handstreich gegen Ödenburg, dessen Ausführung aber die Wiener Regierung vereitelte. Einen wirksamen Nachrichten- und Abwehrdienst gestaltete der Major a. D. Polizeioberkommissär Paternos-Pabenburg des Kommissariates Wiener Neustadt. (Neubauer, S. 231ff, Gerhartl, sowie Botz, S. 45f, 72, 81.)

Auch nach der Vollziehung der Landnahme wurde die

Freischärler- und Bandentätigkeit fortgesetzt. Sie stieß teilweise auf Sympathien unter der ansässigen Bevölkerung, zwar weniger aus nationalen Gründen als aus solchen, die als Nachbrenner der revolutionären Strömung der Nachkriegszeit, genährt durch die unsicheren politischen Verhältnisse und durch die Einflüsse der 133tägigen Räteherrschaft vom Sommer 1919 im benachbarten Ungarn, zu deuten sind. Die Inaktivität der Zentralregierung in Wien führte dazu, daß die burgenländische Landesregierung von sich aus zwei „Grenzpolizei-Kommissariate" mit mehr oder weniger staatspolizeilichem Wirkungskreis einrichtete, für den Norden in Bruckneudorf, für den Süden in Jennersdorf, wozu dann – für die Mitte und als Zentrale – die „Burgenlandabteilung beim (nö.) Polizeikommissariate Wiener Neustadt" trat, die – was es weder bisher noch seither gab – auch über ein Zentralmeldeamt für das Burgenland verfügte.

Über diese Einrichtungen berichtete die Polizeiabteilung bei der Landesregierung am 18. August 1922 (Zl. 4-673/1/22) an das Bundesministerium für Inneres und Unterricht zwecks nachträglicher Genehmigung.

Pr.-Z. 251 Presse.

Regierungsrat Dr. Alfred Rausnitz; Bestellung zum Beauftragten des Landeshauptmannes im Grenzgebiete.

Der Oberpolizeirat der Wiener Polizeidirektion, Regierungsrat Dr. Alfred Rausnitz, wurde auf Grund der Verordnung vom 29. September 1921, LGBl. für Niederösterreich-Land Nr. 287, zum „Beauftragten des Landeshauptmannes" im n.-ö. Grenzgebiete bestellt und vom Landeshauptmann in Steiermark mit der gleichen Funktion für das steiermärkische Grenzgebiet betraut. Die von im geleitete Stelle führt den Namen „Niederösterreichisch-steiermärkischer Grenzschutzdienst" und hat ihren Sitz in Wr.-Neustadt; einschlägige Zuschriften sind daher an diese Adresse zu richten.

Zwei bei Kirchschlag von der Gendarmerie gefangene ungarische Freischärler.

„nicht im entferntesten im Stande sind, ihren via facti ausgeübten Obliegenheiten in befriedigender Weise nachzukommen". Man kann also annehmen, daß es in der Polizeifrage zumindest keine gravierenden parteipolitischen Gegensätze gab, obgleich einer Anregung des Einsparungskommissärs vom 25. Februar 1923 und einem Schreiben des Landesamtsdirektors vom 14. Oktober 1924 zu entnehmen ist, daß eine „unterschwellige" Opposition gegen die Verstaatlichung der Polizei existiert hatte.

Linz (1. April 1927)

Schon im März 1919 wurden Verhandlungen zwischen dem Magistrat der Stadt Linz und dem Innenressort zwecks Errichtung einer Polizeidirektion aufgenommen, offensichtlich aufgrund des bereits erwähnten Runderlasses des Staatsamtes des Innern vom 28. Februar 1919. Diese Verhandlungen führten zum Antrag des Magistrates vom 23. Juli 1919 (Zl. 870 Praes) an das Staatsamt, die gesamten Polizeigeschäfte zu übernehmen und eine Sicherheitswache von sogleich 200 und später 300 Mann aufzustellen, wofür die Gemeinde zu den Personalkosten 300.000 Kronen (Steyr 80.000 Kronen) pro Jahr leisten und als Amtsgebäude vorläufig das Hotel Krebs oder das Preßvereinsgebäude in der Rathausgasse zur Verfügung stellen würde.[9]

Dieser Antrag wurde von der Landesregierung unterstützt, wobei zum Ausdruck kam, daß sich die städtische Polizei bei den Unruhen im Februar 1919 (ähnlich auch Steyr, 9./ 10. Jänner 1919) als unzureichend erwies.

Mit der Überprüfung dieses Antrages wurde Hofrat Dr. Gottfried Kunz (damals Polizeidirektion Wien, von 1920 bis 1929 Polizeidirektor in Graz) betraut, der im September eine umfangreiche Stellungnahme verfaßte. Als schwierig wurde darin hauptsächlich die Vorstellung der Gemeinde empfunden, auch die mindertauglichen Beamten des städtischen Polizeiamtes und der städtischen Sicherheitswache zu „mindestens gleichen Bedingungen" in den Bundesdienst zu übernehmen, zumal die städtischen Bediensteten – wie auch heute – weit besser besoldet waren und in jungen Jahren Rangklassen erreichten, von denen die Staatsbeamten nur träumen! (Derartige Schwierigkeiten ergaben sich nahezu bei allen Verhandlungen zwischen Gemeinden und Bund.)

Wie bereits skizziert, scheiterte der Plan am staatlichen Desinteresse und am Widerspruch des Finanzministeriums, obgleich der Gemeinderat nochmals am 1. Dezember 1919 sowie in den Jahren 1922 und 1923 Beschlüsse gefaßt hat, wonach die Polizeigeschäfte dem „Staate" übergeben werden mögen, da die budgetäre Lage der Stadt dazu zwinge.

Da diese Konstruktion in rechtlicher Beziehung mangelhaft war, wurde mit Wirksamkeit vom 15. Oktober 1923 das Bundespolizeikommissariat Eisenstadt mit drei Grenzexposituren und schließlich – mit 25. November 1924 – das Bundespolizeikommissariat Eisenstadt mit dem sogenannten staatspolizeilichen Wirkungskreis mit vier Exposituren errichtet und die Freistadt Rust eingeschlossen. Verfassungsrechtlich bedeutete dies eine Convalidation des bestehenden Zustandes, weil Eisenstadt aufgrund alter Privilegien eine „Stadt mit geregeltem Magistrat" war, die ungarische Regierung sogleich nach dem Sturz der Räteherrschaft Kompetenzen zu Gunsten einer staatlichen Sicherheitsbehörde (állami rendörség) abzweigte, und Österreich staatsvertraglich verbunden war, derartige Strukturen anzuerkennen. Darüberhinaus war der Apparat der Magistrate Eisenstadt/Rust ungeeignet, mehr als die vitalsten lokalpolizeilichen Agenden zu verrichten. (Allgemeines Verwaltungsarchiv, BMf Inneres und Unterricht, Abt. 16, Zl. 15260 ex 1923 und BKA Zl. 107947-14/24.)

Schließlich wurde mit 1. März 1927 das Bundespolizeikommissariat Eisenstadt mit „vollem Wirkungskreis" ausgestattet, d. h. ihm auch die örtliche Sicherheitspolizei etc. übertragen und ein Sicherheitswachekorps beigegeben (8 SWB für Eisenstadt und 2 SWB für Rust). Diese Maßnahme gründete sich auf Anträge der Landesregierung und der Stadträte beider Freistädte. Im bezüglichen Antrag vom 10. Mai 1925 (Zl. V-43/7) betonte der sozialdemokratische Landeshauptmann Ludwig Leser, daß die städtischen Organe

---

9 Die einzige Unterlage aus dem Allgemeinen Verwaltungsarchiv war im Akt zu finden, der die Errichtung der Bundespolizeibehörde in Steyr betrifft. Für die übrige Dokumentation gebührt dem Magistrat der Landeshauptstadt Linz (Archiv) der Dank.

Im Frühjahr 1926 hat sich die Stadtgemeinde neuerlich mit diesem Plan befaßt, nunmehr aufgrund einer Anregung der Landesregierung. Dabei ist nicht zu verkennen, daß die Verstaatlichung der Polizei ein Anliegen der damaligen bürgerlichen Parteien darstellte, daß aber die sozialdemokratische Fraktion zustimmte, einerseits weil die Ausgaben für die Polizei damals schon ungefähr zehn Prozent des Stadtbutgets ausmachten, andererseits weil – insbesondere unter dem Eindruck des „Linzer Programms" von 1926 – die Hoffnung bestand, daß „die Tage der bürgerlichen Regierung gezählt seien". So wurde am 30. November 1926 die Übernahme der Polizeigeschäfte einstimmig beschlossen und das bezügliche Übereinkommen mit dem Bundeskanzleramt genehmigt. Es sah einen Jahresbeitrag der Stadt von S 300.000,– vor (der sich bei Bevölkerungszuwachs um S 3,– pro Kopf vermehrt), sowie die Übernahme des Gros des städtischen Polizeipersonals, Räumlichkeiten etc.

Guten Einblick in die politischen Verhältnisse und Denkweisen dieser Zeit vermittelt die Debatte im Gemeinderat vom 30. November 1926 zur Frage der Errichtung. (Amtsblatt der Landeshauptstadt Linz vom 15. Dezember 1926.) Ebenso aufschlußreich ist der Artikel von Tweraser, „Der Linzer Gemeinderat 1914–1934", in dem auch die von den beiden großen politischen Parteien betriebene Verpolitisierung der Exekutive beleuchtet wird, wenngleich die dort geschilderten Bemühungen nicht die erwarteten Früchte getragen haben, wie im vorangehenden Kapitel erläutert worden ist.

Zum Polizeidirektor wurde der bisherige Leiter des Wiener Bezirkspolizeikommissariates Währing, Hofrat Dr. Rudolf Scholz, ernannt. In den Konzeptdienst wurden 12 Beamte übernommen, 4 davon aus dem Stande des Magistrates. Der Stand der Sicherheitswache wurde zunächst mit 233 Wachebeamten festgelegt, wovon 171 aus der städtischen Sicherheitswache übernommen wurden. Das Kriminalbeamtenkorps hatte zunächst aus 39 Beamten zu bestehen, wovon bisher 18 Beamte dem städtischen Polizeidienst und 3 Beamte dem Dienst der oberösterreichischen Landesregierung angehörten. Für die in den Bundesdienst übergetretenen Beamten genehmigte die Stadt eine Entschädigungssumme (Abfertigung) von insgesamt S 225.000,–. Der Linzer Polizeirayon umfaßte damals ca. 102.000 Einwohner.

Innsbruck (10. März 1933)
Die Verhältnisse in Innsbruck waren insoferne kompliziert, als der Magistrat über ein Polizeiamt mit einer städtischen Sicherheitswache (zuletzt 170 Mann) verfügte, aber die sehr aktive Landespolizeistelle (teils mit Bundes-, teils mit Landesbediensteten besetzt) auch in der Stadt operierte. Die spezifischen „unhaltbaren Zustände" brachten es mit sich, daß der Landeshauptmann wiederholt die Errichtung einer Bundespolizeibehörde wünschte, das Bundeskanzleramt dem Plan zwar nähertrat (zuletzt 1929), ihn aber wegen der Bedenken des Finanzressorts wieder fallen ließ. Erst im Jahre 1933 erfolgte die Errichtung des Bundespolizeikommissariates mehr oder weniger über Nacht, und zwar unter dem Druck der politischen Verhältnisse, insbesondere wegen des generellen Versammlungsverbotes. Laut Akt waren die Leistungen der städtischen Polizei unzulänglich. Vor allem die oppositionelle Einstellung der Leitung des städtischen Polizeiapparates gegenüber der Landesregierung und die unverläßliche Führung der städtischen Sicherheitswache, die seitens der Gemeindevertretung Unterstützung empfing, wirkten sich entsprechend nachteilig aus (Zl. 221.313-GD 1/1932 im Allgemeinen Verwaltungsarchiv). Dies brachte es mit sich, daß die städtische Sicherheitswache wiederholt die Weisungen des Landeshauptmannes, der sogar I. Instanz war (§ 16 VersG), in Versammlungsangelegenheiten nicht befolgte, oder anläßlich einer Saalschlacht zwischen Nationalsozialisten und Heimwehr ihr Einschreiten ausschließlich gegen die Schädel der Heimwehrleute richtete.

So entschloß man sich zur Errichtung eines „Bundespolizeikommissariates mit staatspolizeilichem Wirkungskreis", der praktisch alle Agenden umfaßte, mit Ausnahme der örtlichen Sicherheitspolizei, der Veranstaltungs- und Straßenpolizei und des Meldewesens. Gleichzeitig wurde der Polizeirayon auf die Gemeinden Hötting und Mühlau erstreckt. Da dem Polizeikommissariat aber keine Sicherheitswache beigegeben wurde, ist nicht ohne weiteres vorstellbar, wie den Intentionen des Landeshauptmannes entsprochen werden sollte. Für die „halbe Lösung" war offensichtlich maßgebend, daß bei den Wahlen zum Innsbrucker Gemeinderat vom April 1933 mehr als 40 Prozent auf die Liste der NSDAP entfielen, so daß es nicht gut möglich schien, das Korps der städtischen Sicherheitswache einfach „abzuräumen". So behalf man sich damit, ihren Leiter durch den Polizeistabshauptmann Franz Hickl (er wurde am 25. Juli 1934 ermordet) aus Wien zu ersetzen und die Wache umzuorganisieren, was nach dem Verbot der NSDAP (Juni 1933) leichter fiel. Noch im gleichen Jahre wurde die Errichtung einer Bundespolizeidirektion mit „vollem" Wirkungskreis beantragt, das Projekt allerdings erst mit 1. Jänner 1936 verwirklicht.

Der Personalstand des im Jahre 1933 errichteten Kommissariates (die Stadt zählte damals 56.400 Einwohner) rekrutierte sich im wesentlichen aus zur Dienstleistung zugewiesenen Beamten der Landespolizeistelle, nämlich 3 Juristen und 8 Kriminalbeamten. Auch das Quartier wurde vom Land beigestellt und in dieser Angelegenheit mit der Stadtverwaltung überhaupt nicht verhandelt.

Die Polizeidirektion, die nun auch einen größeren Rayon zu betreuen hatte, verfügte im Jahre 1937 über 8 rechtskundige Beamte und 40 Kriminalbeamte. Der Stand der Bundessicherheitswache betrug schließlich 4 Offiziere, 11 Bezirksinspektoren, 16 Revierinspektoren und 223 weitere Beamte, die sich auf 8 Wachzimmer und auf die Bahnhof- und die Flughafeninspektion verteilten.

Unmittelbar nach dem Ersten Weltkrieg neigte die sozialdemokratische Opposition im Land Tirol, geführt vom Landeshauptmannstellvertreter Dr. Grüner, dem Verstaatlichungsgedanken zu, die Mehrheitspartei in Stadt und Land indessen nicht, und zwar aus Prinzip und auch im Hinblick auf die in Erwägung gezogene Vereinigung Nordtirols mit Bayern. Dies ergibt sich aus einem Bericht des Hofrates Dr. Gottfried Kunz, der im April 1919 über Auftrag des Staatsamtes des Innern die Verstaatlichungsfrage in Innsbruck sondieren sollte. Die Stadtpolizei beschäftigte damals drei Juristen, zehn Zivilwachmänner und 94 Wachleute, die sich auf fünf Wachstuben verteilten. Wegen des unzureichenden Personals wurde eine „Bürgerwehr" ins Leben gerufen. (Akt Zl. 17571 bzw. 7594/19 der Abt. V des Staatsamtes des Innern im Allgemeinen Verwaltungsarchiv.)

Andere Städte

Sieht man von Bregenz (wo bis heute keine Bundespolizeibehörde errichtet ist) und der im Jahre 1933 errichteten Polizeibehörde in Innsbruck ab, ergibt sich, daß die Polizeibehörden in den Landeshauptstädten im Zeitraum zwischen 1919 und 1928, also noch vor der Schober'schen Polizeireform, entstanden sind. Damit wurde dem Status, wie er vor 1866 war, ungefähr nachgezogen. Vergleichsweise neu (sieht man von Wiener Neustadt ab) waren die Errichtungen von Bundespolizeibehörden in den anderen Städten; sie wurden zwar erst nach der erwähnten Polizeireform durchgeführt, aber in der Regel schon Jahre früher von den jeweiligen Gemeinden beantragt.

Die meisten derartigen Stadtgemeinden sind solche mit „eigenem Statut"; Ausnahmen davon sind Leoben und Schwechat. Umgekehrt gibt es Städte mit eigenem Statut, in denen keine Bundespolizeibehörde errichtet ist, wo also der Magistrat (anstelle der Bezirkshauptmannschaft) Sicherheitsbehörde ist (Krems und Waidhofen/Ybbs).

Steyr (1. Juli 1930)
Nachdem die Landeshauptstadt Linz im Juli 1919 die Übernahme der Polizeigeschäfte durch eine staatliche Sicherheitsbehörde (Polizeidirektion) beantragt hatte, ersuchte der oberösterreichische Landeshauptmann das Staatsamt für Inneres, womöglich schon mit 1. Jänner 1920, um die Durchführung der „Verbundlichung" der Polizei in den Städten Linz und Steyr. (Akt Zl. 107.632-8/30 des BKA im Allgemeinen Verwaltungsarchiv.) Das Staatsamt für Inneres befürwortete diesen Antrag gegenüber dem Staatsamt für Finanzen, doch wurde das Projekt aus finanziellen Erwägungen – was Steyr betrifft bis zum Jahre 1929 – nicht weiterverfolgt. Der Magistrat Steyr sah sich vor die Notwendigkeit gestellt, angesichts der Einwohnerzahl (27.000) den Stand seiner Sicherheitswache von 24 auf 60 Mann zu erhöhen und mit Schreiben vom 18. Dezember 1919 (Zl. 406) dafür einen entsprechenden finanziellen Zuschuß vom Staatsamt für Inneres für den Fall zu erbitten, daß es nicht zur Verbundlichung kommt.

Anfang 1929 haben sowohl der Bürgermeister wie auch die Landesregierung die Verstaatlichung der Polizei unmittel-

bar beim Finanzminister betrieben. Die Gründe für diese Initiative stehen nicht eindeutig fest, doch war dafür zweifellos die schlechte finanzielle Lage der Stadt maßgebend, in der es nun über 5000 Arbeitslose gab, also eine katastrophale Situation, wenn man bedenkt, daß die Steyr-Werke im Jahre 1918 über 6000 Arbeiter und Angestellte beschäftigten. Die Frage der Verstaatlichung der Polizei kreuzte sich damals auch mit dem Projekt der Errichtung einer Gendarmeriekaserne, dem die Stadt wohlwollend gegenüberstand.

Der ablehnenden Haltung des Finanzministers, auf die das Bundeskanzleramt noch im Mai 1929 stieß, widersprach der damalige Bundeskanzler Dr. Schober scharf, so daß in der Folge vermögensrechtliche Verhandlungen zwischen Bund und Gemeinde eingeleitet wurden, wobei die Wirtschaftslage von Steyr Berücksichtigung finden sollte (Schreiben des Bundeskanzlers vom 19. April 1930 an Finanzministerium).

Gegen Ende des Jahres 1929 wurden die sachlichen Verhandlungen durch unschöne parteipolitische Polemiken in Mitleidenschaft gezogen, wozu mehrwöchige Ausschreitungen Jugendlicher Anlaß boten. Dies führte dazu, daß der radikale bürgerliche Flügel (Starhemberg) die „Entpolitisierung" der Stadtverwaltung begehrte, die Mißwirtschaft und die verhältnismäßig hohen Bezüge der Gemeindebediensteten scharf kritisierte, von Straßenterror sprach und nach „law and order" rief. Es wurde auch der Vorwurf erhoben, daß die Gemeindepolizisten nicht entsprechend energisch eingeschritten sind, um sich keiner Ungnade durch ihre (sozialdemokratischen) Vorgesetzten auszusetzen. Das sozialdemokratische Organ „Steyrer Tagblatt" vom 20. Dezember 1929 wiederum nahm die Gelegenheit wahr, die Verbundlichung der Polizei als unnötigen und unseriösen parteipolitischen Akt zu bezeichnen, womit es den Verstaatlichungswillen der sozialdemokratischen Gemeinderatsfraktion und ihres Bürgermeisters desavouierte.

Die aus Anlaß dieser Vorfälle gebildete Untersuchungskommission kam in einem Kommuniqué vom 21. Dezember 1929 zur Auffassung, daß der städtische Polizeiapparat auch bei redlichem Bemühen der verantwortlichen Personen für nicht ausreichend gehalten wird, bei möglicherweise noch ärgeren Ruhestörungen die Wiederherstellung der Ordnung zu gewährleisten; aus diesem Grunde „werden im Einvernehmen mit dem Bürgermeister, bis zur Durchführung der Verstaatlichung, Maßnahmen zur Verstärkung des Polizeiapparates getroffen".

Der Stand des mit 1. Juli 1930 errichteten Bundespolizeikommissariates Steyr umfaßte 3 rechtskundige Beamte, 12 Kriminalbeamte und 77 Sicherheitswachebeamte, die sich je zur Hälfte aus ehemaligen Beamten des Magistrates Steyr und aus zukommandierten Wiener Beamten zusammensetzten.

Wels (1. Juli 1931)
Die Stadt Wels verfügte im Jahre 1930 mit ihren 14.000 Einwohnern bei 6,4 km^2 Fläche über eine „Polizeiabteilung"

Gendarmerie mit aufgepflanztem Bajonett löst eine nationalsozialistische Demonstration auf, Wels 1933. (Oberösterreichisches Landesarchiv)

mit einer 16 Mann starken Sicherheitswache und einer aus 2 Beamten bestehenden „Kriminalpolizei". Die kriminalpolizeilichen Agenden betreute allerdings überwiegend der aus 14 Beamten bestehende Gendarmerieposten Wels. Mit Errichtung des Bundespolizeikommissariates bestand die kriminalpolizeiliche Gruppe aus 9 Kriminalbeamten (Transferierungen aus Wien und Übernahmen aus dem Welser städtischen und Gendarmeriedienst) und die Sicherheitswache aus 47 Beamten [Übernahmen aus dem Dienst der städtischen Sicherheitswache und Transferierung von 30 Beamten aus Wien. Personalstand 1982 (bei 55.000 Einwohnern und 46 km² Fläche): 37 Kriminalbeamte und 182 Sicherheitswachebeamte].

Das gegenständliche Übereinkommen mit der Stadtgemeinde Wels, bei dem das Bundeskanzleramt durch Sektionsrat Ferraris vertreten war, besagte im wesentlichen, daß das neue Kommissariat auch die Agenden der örtlichen Sicherheitspolizei übernimmt, daß die Gemeinde sämtliche Amtsräume, Wachzimmer etc. einschließlich der Betriebskosten unentgeltlich zur Verfügung stellt und dem Bund jährlich S 49.000,– in Anbetracht der Personalkosten leistet, im Falle eines 1000 Köpfe übersteigenden Bevölkerungszuwachses weitere S 3,– pro Kopf.

Die Verbundlichung der Polizei wurde von der Gemeinde Wels schon seit 1922 betrieben, aber vom Finanzministerium zögernd behandelt und erst durch Bundeskanzler Schober (1929) weitergebracht. In der Gemeindeausschußsitzung vom 21. November 1929 wurde der Beschluß gefaßt, die Übernahme der Polizei in den Bundesdienst ab 1. Juli 1930 zu erwirken. Der Beschluß erfolgte gegen die Stimmen der sozialdemokratischen Fraktion, die den Zeitpunkt (Verfassungsreform) nicht günstig fand und zusätzliche Belastungen des Gemeindebudgets befürchtete. Im Zeitpunkte der endgültigen Entscheidung indessen anerkannte der sozialdemokratische Bürgermeisterstellvertreter den Trend zur Verbundlichung der Polizei und nahm die nicht unbeträchtliche finanzielle Belastung insoferne mit Erleichterung auf, als in Anbetracht der Sicherheitsverhältnisse eine bedeutende Standeserhöhung unumgänglich gewesen wäre. Trotz des Bedauerns, „einen Teil der Hoheitsrechte aufzugeben", wurde die mit dem Bundeskanzleramt abgeschlossene vorläufige Vereinbarung vom Gemeinderat einstimmig genehmigt.

Villach (1. September 1931)
Der Wunsch der Gemeinde auf Übernahme der Polizeigeschäfte durch den Staat ging auf das Jahr 1912 zurück und

wurde 1919, 1921 und 1928 wiederholt. Der Staat bzw. Bund verhielt sich zunächst zögernd (Weltkrieg, Verfassungsfrage, Bedenken des Finanzministeriums). Diese Haltung gab er erst nach 1928 auf, wobei staatspolizeiliche Erwägungen (Grenze zu Jugoslawien und Italien) und die Möglichkeit der Errichtung von Grenzexposituren in Arnoldstein und Rosenbach eine Rolle spielten.

Für die Initiative der Gemeinde waren immer finanzielle Erwägungen maßgebend, vor allem die Notwendigkeit, den Personalstand der städtischen Wache (zuletzt 26 Mann) erhöhen zu müssen, sowie die Einsicht, daß die Leistungen der Gemeinde auf diesem Gebiet in keinem Verhältnis zu den Personalkosten standen und daß seit Errichtung der Polizeibehörde in Klagenfurt die kriminellen Elemente nach Villach siedelten. Die sozialdemokratische Fraktion verfolgte keine Sonderinteressen, wenngleich ihre Presse den Übergang vom 1. September 1931 reserviert behandelte.

Das Übereinkommen zwischen Bund und Gemeinde bewegte sich auf den Linien zu Klagenfurt und Wels: Jahresbeitrag der Gemeinde S 3,– pro Kopf der 22.000 Einwohner. Die neue Sicherheitswache erhielt einen Stand von 66 Mann (Übernahmen von den beiden Villacher Gendarmerieposten, vom Bundesheer und 15 Mann der städtischen Wache). Von der Bezirkshauptmannschaft Villach wurden 2 Kriminalbeamte des staatspolizeilichen Dienstes übernommen. (Akten des Bundeskanzleramtes im Allgemeinen Verwaltungsarchiv, insbes. Zl. 120549-8/29.)

St. Pölten (17. Dezember 1937)

Die Verbundlichung der städtischen Polizei wurde zu Ende der zwanziger Jahre von der Stadtgemeinde initiiert. Der Plan wurde von allen politischen Fraktionen getragen, insbesondere von dem sozialdemokratischen Finanzreferenten Dr. Julius Fischer vertreten, zumal die städtischen Polizeiorgane mangelhaft ausgerüstet waren und einer personellen Ergänzung bedurften. Nachdem die Verhandlungen mit der Bundesregierung zu Ende des Jahres 1929 bereits positiv verlaufen waren, trat im Frühjahr 1930, in Zusammenhang mit einem großen Heimwehraufmarsch in St. Pölten, eine Wende ein, und zwar so, daß die Gemeinderatsmehrheit eine Verbundlichung ablehnte. Grund dazu war die Befürchtung einer politisch einseitigen Ausübung der Polizeigewalt durch die in den Händen der christlichsozialen Partei befindliche Bundesregierung, obgleich ohnedies dem Bezirkshauptmann (als Sicherheitskommissär des Bundes) mit der Gendarmerie Polizeifunktionen in der Stadt übertragen waren. Als die Verhandlungen wieder aufgenommen wurden, scheiterten sie zunächst im Jahre 1932 an der Finanzlage des Bundes, der nun immer höhere Ansprüche stellte, die schließlich einen Neubau erforderlich machten.[10]

Das Bundespolizeikommissariat St. Pölten wurde am 1. März 1938 mit „vollem Wirkungskreis" errichtet und ihm ein Sicherheitswachkorps und ein Kriminalbeamtenkorps beigegeben. Zum Leiter wurde der bisherige Vorstand des Stadtpolizeiamtes, Dr. Johann Haushofer, bestellt.

Die Geschichte zur Errichtung der Bundespolizeibehörde St. Pölten vermittelt einen Rückblick auf die eigentümlichen politischen Verhältnisse der Zwischenkriegszeit, die auch bei der Errichtung der meisten Bundespolizeibehörden zu Tage traten. Daß der damalige Bürgermeister der Stadt St. Pölten, Dr. Heinrich Raab, schon wenige Tage nach dem 1. März 1938 einer der ersten Gefangenen im neuen Polizeiarrest war, mag als symbolischer Schlußstein dieser Phase gelten.

---

10 Über die Errichtung dieser Polizeibehörde finden sich im Allgemeinen Verwaltungsarchiv keine Unterlagen. Dem Stadtarchiv des Magistrates St. Pölten gilt Dank.

VIII. Die uniformierten Wachkörper (Sicherheitswache und Gendarmerie)

Waren die Verhältnisse auf dem offenen Lande leicht überblickbar, namentlich seit der Einführung der Gendarmerie, so gestaltete sich die Entwicklung der Wachkörper in den Städten abwechslungsreich und kompliziert. Gelegentlich gesellten sich zu den „staatlichen", das heißt dem unmittelbaren landesfürstlichen Einfluß unterliegenden Wachen, rein städtische Wachkorps. Diese haben die ersteren entweder zeitweise ersetzt oder bloß hinsichtlich der lokalpolizeilichen Aufgaben ergänzt. Auf diese näher einzugehen scheint nicht lohnend, da trotz äußerlicher Vielfalt keine Wesensunterschiede bestehen.[1]

Die wichtigsten sicherheitspolizeilichen Agenden, so auch die Führung der staatlichen (ehem. landesfürstlichen)

Wachkörper, übernahm zufolge der Bundes-Verfassung vom Oktober 1920 der „Bund". Es handelt sich bei den Sicherheitswachen, die den Bundespolizeibehörden beigegeben sind, ebenso wie bei der Gendarmerie, um Zivilwachkörper in dem Sinne, daß sie ausschließlich den Verwaltungsbehörden („zivile Gewalt") zur Verrichtung polizeilicher Aufgaben zur Verfügung stehen, wenngleich sie grundsätzlich uniformiert, bewaffnet und nach militärischem Muster eingerichtet sind (§ 1 GG 1918, StGBl. Nr. 75 und Art. II § 5 V-ÜG 1929). Durch besondere „Ermächtigungen" ist sichergestellt, daß sich einzelne Organe sowohl der Gendarmerie wie der Sicherheitswachen für spezielle Ausforschungs- oder Erhebungsdienste vorübergehend der Zivilkleidung bedienen.

Nicht berührt von dieser Sonderregelung sind die Gendarmerieorgane der Kriminalabteilungen, die bei den Landesgendarmeriekommanden errichtet sind, da diese ständig – folglich in Zivil – Kriminaldienst ausüben.

Als eigener Zivilwachkörper sind schließlich die Kriminalbeamtenkorps bei den Sicherheitsdirektionen und Bundespolizeibehörden zu nennen, deren Entwicklungsweg im 18. Jahrhundert beginnt. Ursprünglich waren es einzelne Organe der uniformierten Polizeiwachen, die – um bestimmte Erfolge eher zu gewährleisten – einzelne Ausforschungen, Ermittlungen etc. nicht in Uniform besorgten. Später gab es fixbesoldete schematisierte Organe bei den Polizeibehörden, die unter der Bezeichnung „Polizeidiener" die typisch kriminalpolizeilichen Geschäfte besorgten. Im § 30 der „Grundzüge" vom Juli 1850 wurden diese Organe Zivilwache („Zivilwachmänner") genannt. Den Dienst regelte eine mit Erlaß des Ministeriums des Innern vom 20. April 1852 intimierte Instruktion. Dem folgte nach französischem Vorbild die Formierung eines „Polizeiagenten-Korps" für die Polizeidirektion Wien im Jahre 1872, im Jahre 1914 endlich das „Organisationsstatut der K.K. Polizeiagenten" und im November 1919 die Bezeichnung Kriminalbeamte bzw. Kriminalbeamten-Korps, zugleich mit dem Einfall der Katego-

---

1 Einzelne Ausführungen sind in vorangehenden Abschnitten enthalten. Die Personalstärken der meisten städtischen Wachen zur Zeit der Übernahme durch Bundespolizeibehörden wurden soeben berücksichtigt.
Einer Dokumentation der Polizeidirektion Innsbruck ist zu entnehmen, daß dort im Jahre 1866 ein magistratisches Polizeiamt mit einem Wachkörper (12 Mann) eingerichtet wurde, der im Jahre 1878 in einer Dienstinstruktion die Bezeichnung „Städtische Sicherheitswache" (1 Wacheführer und 18 Mann) erhielt. Der Stand wurde 1897 auf 40, im Jahre 1902 auf 70, im Jahre 1921 auf 140 und 1927 auf 170 Mann erhöht.
Salzburg: Dem Artikel „50 Jahre Bundespolizeidirektion Salzburg", in: „Öffentliche Sicherheit", Heft 11/1972, ist zu entnehmen:
Erst unter dem letzten regierenden Erzbischof, Hieronymus Graf Colloredo (1772–1803), wurde eine ständige Wache, und zwar aus Militärangehörigen, aufgestellt. Diese bestand auch in der anschließenden Zeit des „Kurfürstentums", nach Einverleibung in die österreichischen Erblande (1805), unter der bayrischen Herrschaft (1809–1814), und zunächst auch wieder nach der Rückkehr zu Österreich, bis im Jahre 1825 das k.k. Polizeikommissariat errichtet wurde. Salzburg bildete zunächst allerdings den „Salzachkreis" innerhalb Oberösterreichs, bis 1849 ein eigenes Kronland wurde. Im Jahre 1863 wurde die k.k. Militär-Polizeiwache aufgelöst, worauf von der Stadtgemeinde eine Stadtwache eingeführt wurde („Stadt- und Gewölbewache"). Dieses Institut bestand bis zum 30. April 1866 (Auflösung der K.K. Polizeibehörde). Anschließend kam die „Städtische Wache" und 1872 die „Städtische Sicherheitswache". Ihr Stand betrug drei Führer und 24, zuletzt 48 Mann.
1875 erhielt die Wache Waffenröcke, niedere zylindrische Kappen, für Paradezwecke Jägerfilzhüte mit Federbusch. Als Waffe war der Säbel in schwarzer Lederscheide eingeführt worden. Ersetzt wurde die Kappe 1885 durch einen schwarzen Lederhelm.

Die „Kokarde". Die beiden Dienstmarken der im Kriminaldienst stehenden Beamten der Polizeidirektionen und Sicherheitsdirektionen bzw. der Kriminalabteilungen der Gendarmerie sowie die Dienstmarke der Beamten des rechtskundigen („höheren") Dienstes der Sicherheits- und Polizeidirektionen sind aus Metall und können angesteckt getragen werden. Ihre Verwendung geht auf das Jahr 1848 zurück. Im § 30 der „Grundzüge 1850" als „Plaque" bezeichnet. (Ältere Muster bei Dehmal, S. 83)

rie der „Diener" innerhalb der Beamtenschaft. Das Organisationsstatut ex 1914 war „reichs-einheitlich", galt also nicht nur für Wien, sondern auch für die nach 1866 verbliebenen oder wieder ins Leben gerufenen Polizeidirektionen sowie für die Polizeiagenten-Korps der Statthaltereien, namentlich in Innsbruck. (Oberhummer I., S. 65ff, 138ff und 286f, sowie Dehmal, „Geschichte des Kriminalbeamteninstitutes", in: „Der österreichische Bundes-Kriminalbeamte", Wien 1933.)

Die Wachkorps der Polizeibehörden

Die Polizeiwachen bis zum Jahre 1848

Die erste Polizeiwache war die Wiener „Stadtguardia". Sie unterstand der nö. Regierung und bestand im Jahre 1569 aus 150 Mann. Im Jahre 1582 wurde sie „Kaiserlich" („Kaiserliches Fändl", später „Regiment"), mit einem Stand ab Beginn des Dreißigjährigen Krieges von 1000 Mann, von denen einzelne Kompanien an Feldzügen teilnahmen. Die Änderung des Befehlsverhältnisses war auf die Gegenreformation zurückzuführen. Die Wache unterstand nun dem Hofkriegsrat, vollzog aber den Sicherheitsdienst, wofür die Stadt einen Beitrag zu zahlen hatte. Befriedigend dürfte der Zustand nicht gewesen sein, sonst hätte die nö. Regierung nicht im Jahre 1646 für Wien eine „Rumorwache" aufgestellt, die seit 1706 ein sehr militärisch gehaltenes Reglement besaß. Es kam zu ernsthaften Reibereien zwischen den beiden Korps, so daß schließlich 1722 die Auflösung des

schlechter besoldeten und polizeilich auch weniger wirksamen „Stadtguardia-Regiments" verfügt wurde. Dies hinderte aber nicht dessen Fortbestand bis zum Jahre 1741.

Wiener Stadtguardisten 1612. In diesem Jahre wurde für die Stadtguardia der weiße Rock eingeführt.

Erklärbar ist dies damit, daß die Regimentsinhaber, zugleich Stadtkommandanten von Wien, besonders angesehene Generale waren (Wrede II., S. 561f), andererseits der immer schuldige Sold der Truppe hätte ausgezahlt werden müssen (vgl. Tuma, 1683 – „Die Wiener Stadtguardia vor, während und nach der Belagerung", in: „Öffentliche Sicherheit", Heft 10/1983). Um diese Zeit existierte noch daneben die sogenannte Sicherheits-, Tag- und Nachtwache, der das Einfangen von Bettlern und Müßiggängern oblag. Auch ihre „Dienstbehörde" war die nö. Regierung. Der Unzufriedenheit mit ihren Wachkörpern gab die nö. Regierung im Jahre 1773 in einem Schreiben an die Hofkammer Ausdruck: Sie seien zahlenmäßig zu schwach, die erforderliche Ordnung mangle, sie seien nicht zuverlässig und beim „Publico" verachtet und verhaßt. Dies führte zum Entschluß, die beiden Wachen aufzulösen und – mit März 1776 – eine neue „Polizey-Wache" zu gründen, sie besser zu besolden und weiterhin der nö. Regierung zu unterstellen, obgleich kurz zuvor (1757) für Wien ein „Polizeiamt" geschaffen worden war. Ihr Reglement aus dem Jahre 1775 ist eine Nachbildung des Reglements der Rumorwache von 1706. Unter Josef II. wurde das Reglement in mancher Hinsicht, entsprechend den aufklärerischen Zeittendenzen, verändert. Vor allem wurde nun ausgesprochen, daß der Wachkörper der neugeschaffenen Polizeidirektion zu unterstehen hat. Von diesem „josefinischen" Reglement ist nur die Fassung erhalten geblieben, die im Jahre 1787 für die reorganisierte Polizeidirektion Lemberg gedacht war. Es ist aber anzunehmen (Oberhummer I., S. 38), daß dieses Reglement allen in dieser Periode errichteten Polizeibehörden für ihre Wachen mitgegeben wurde.

Das Sicherheitsproblem war damit zwar verbessert, aber nicht zufriedenstellend gelöst, da die personelle Zusammensetzung nicht den spezifischen Erfordernissen entsprach. Die Wachen rekrutierten sich nämlich aus Soldaten der Linienregimenter, die sich freiwillig meldeten oder dahin einfach abkommandiert wurden. Der Dienst litt unter ständigen Ab- und Zukommandierungen und die Soldaten standen den an sie gerichteten Anforderungen fremd und teilnahmslos gegenüber.

Zumal auch der Personalstand den Wiener Verhältnissen nicht entsprach (zunächst 250, ab dem Jahre 1791 immerhin 375 Mann), wurde im Jahre 1791 eine 64 Mann starke „Zivil-Polizeiwache" aufgestellt, die auf die Bezirke verteilt wurde und gezieltere polizeiliche Amtshandlungen – teils in Uniform, teils in Zivil – durchzuführen hatte. 1793 wurde sie wieder aufgelöst, aber 1807 neuerlich aufgestellt und im Jahre 1850 als „Zivil-Wache" organisiert. Somit ist die „Zivil-Polizeiwache" gleichfalls – nämlich neben den „Polizeidienern" – als Vorläufer der Kriminalbeamtenkorps anzusprechen.

Wiener Rumorwache um 1770.

Die Weiber in cahsernen betreff.
In jeder Quasi Cahserne erlauben Wir 4 Weiber, daß also in den sämmtlichen Quartieren in allen 48 Weiber zu rechnen sind; dieses ist also die Zahl, wie viel unter der Polizeywache verheurathet seyn dürfen; Jedoch soll auch diesen 48 nicht etwa Willkühr zu heurathen erlaubt, sondern die Erlaubniß hiezu bey unserer Regierung an zu suchen seyn; Wenn dahero ein Mann sich unterfangen sollte ohne die angesuchte Erlaubniß zu heurathen, der wird auf der Stelle ab zu schaffen seyn; Die 4 Weiber aber welche Wir in jedem Quartier erlaubt haben wollen, sind verbunden für das zu geniessen habende Dach, und Fach das Quartier rein zu halten, und einzuheitzen, auch der Mannschaft das Essen nach Thunlichkeit und Erforderniß auf den Posten zu bringen nicht aber zu waschen, und zu kochen, anderst als gegen die Bezahlung, über welche sie sich mit der Mannschaft verstehen mögen.
(Reglement der Polizeiwache 1775.)

Im Jahre 1791 erfolgte mit Allerhöchstem Handbillet vom 7. August eine Umwandlung aller „Polizei-Wachen", woraus der Charakter eines „Militär-Corps" und die Bezeichnung „K.K. Militär-Polizei-Wache" abgeleitet wurden. An der dienstlichen Unterstellung unter die jeweilige Polizeidirektion änderte sich nichts, doch knüpfte sich daran der Streit, ob die Mannschaft der zivilen oder der Militärgerichtsbarkeit unterworfen ist. Der Militär-Charakter stand nur für jene außer Streit, die als Armee-Offiziere zur Wache übergetreten waren (Wrede, Bd. V, S. 676).

Immerhin waren die Wachkörper bei allen Polizeibehörden in gleicher Weise organisiert, obgleich kein Zentral-Kommando auf ministerieller Ebene eingerichtet war. Sie wiesen 1801/1803 folgende Personalstände auf: Wien 534, Prag 157, Brünn (mit Troppau) 75, Linz 18, Laibach 23, Klagenfurt 18, Graz 36, Lemberg und Krakau 230 (Wrede, Bd. V, S. 677). Wien beherbergte damals 300.000, Graz 30.000 Einwohner. Die in den Provinzen Mailand und Venedig eingerichteten Corps wurden als Bataillone aufgestellt, hatten rein militärischen Charakter und waren auch anders uniformiert.

Über die Militär-Polizeiwache, die im wesentlichen in unveränderter Form bis zum Jahre 1860, in Wien bis zum Jahre 1869 bestand, waren weder die Polizeibehörden noch die Bevölkerung entzückt. Ein etwas kursorischer – und daher erklärungsbedürftiger – Befund besagt:

„Die Militärpolizisten, die im Volksmund wegen ihres unhöflichen und barschen Einschreitens ‚Zarrucks' genannt wurden, beherrschten vielfach nicht die deutsche Sprache, so daß sie die meisten Parteien mit der sterotypen Auskunft ‚nix Daitsch' abweisen mußten, was schließlich zu einer allgemeinen und bequemen Formel für die Ablehnung einer Amtshandlung wurde. Viele Militärpolizisten hatten, abgesehen von der Unlust zu dienen, gar nicht die Fähigkeit dazu. Was in den Linienregimentern nicht taugte, wurde zur Militärpolizeiwache abgeschoben, so daß sich dort ein Kader für Halbinvalide oder sonst unbrauchbare Elemente bildete. Der Dienst war erst dreiteilig, später zweiteilig, daher anstrengend, aber trotzdem schlecht bezahlt, so daß sich in dem Bestreben zur Auflösung dieses ‚Strafregiments' Polizei und Wiener Bürger auf halbem Wege trafen – sicherlich der einzige Schnittpunkt sonst diametraler Interessen. Daraus mag sich auch erklären, daß der Wiener Gemeinderat am 9. Juli 1866 beschloß, für den I. Bezirk eine Polizeiwache von 200 Mann aufzustellen, ein Projekt, das am 7. August 1866 wieder fallengelassen wurde" („80 Jahre Wiener Sicherheitswache", S. 14). Zweifellos war damit seitens des Gemeinderates (in Ausnützung der geschwächten Lage der Regierung nach der Niederlage von Königgrätz) geplant, die Polizei in seine Hand zu bekommen.

Die obigen Differenzen resultierten vor allem daraus, daß sich die Militär-Polizisten als „Militär" fühlten, jedenfalls wenn es ihnen vorteilhaft schien, einem Auftrag der Behörde nicht oder nicht gehörig nachzukommen. Um das mangelnde Niveau der Mannschaft auszugleichen, war die

Polizeibehörde bestrebt, deren Dienst auch in concreto in die Hand zu nehmen, was als Einmischung empfunden wurde, so daß das Verhältnis zwischen den Wache-Offizieren und der Polizeibehörde selten ein gutes war. Im Gegensatz zur vorjosefinischen militärischen Stadtguardia gab es, ausgenommen die Beförderung der Offiziere, keine Ingerenz der Armee, doch erwuchsen Streitigkeiten in bezug auf die Ausübung der Gerichtsbarkeit und hinsichtlich der Rücknahme nichtverwendungsfähiger Militärpolizisten (Oberhummer I., S. 131f). Bei Beurteilung der Militär-Polizeiwache im ganzen darf nicht übersehen werden, daß die Vorschrift bestand, nur „Halbinvalide" im Polizeidienst zu verwenden. Die Armee vertrat naturgemäß die Tendenz, soweit nicht genügend freiwillige Meldungen vorlagen, solche Soldaten abzugeben, die schon dem Ende ihrer zwölfjährigen Dienstpflicht (die 1801 eingeführt wurde) entgegensahen. Erst das Hofkanzleidekret vom 26. Mai 1813 bestimmte, daß als Polizeiwachmänner nicht bloß Halbinvalide sondern auch andere „rüstige, gesunde und junge geeignete Leute" heranzuziehen sind. Maßgeblich dafür war das Bemühen, die aus den napoleonischen Kriegen heimkehrenden Soldaten nach Tunlichkeit zu versorgen. Diese Verbesserung hielt der Hof-Kriegsrat mit Dekret vom 6. April 1846 aufrecht, wonach das Militär-Polizeiwache-Korps, insoweit mit gesunden Halbinvaliden das Aulangen nicht gefunden werden könne, durch Transferierung von zum Felddienste minder geeigneten Leuten zu ergänzen sei.

Mit der Revolution des Jahres 1848 schließt die erste Phase der Geschichte der Polizeiwache ab. Die Wache umfaßte damals in Wien, bei einer Einwohnerzahl von 412.000, samt der Zivil-Polizeiwache (120 Mann) 1323 Köpfe, und zwar: neun Offiziere mit einem Oberstleutnant an der Spitze, 124 Unteroffiziere und 1070 Gemeine, einschließlich der aus 48 Mann bestehenden berittenen Abteilung.

In den Provinzen gab es im Vormärz bei den Polizeidirektionen Graz, Innsbruck, Linz, Triest, Brünn, Krakau und Lemberg „Militär-Polizeiwach-Kommanden" und bei den Polizeidirektionen Mailand (1827), Venedig (1833) und Prag, ebenso in Wien, „Militär-Polizeiwache-Corps". Die verschiedene Bezeichnung war bloß auf die unterschiedliche Dimension der Personalstände zurückzuführen. Von „Kommanden" sprach man, wenn dem Kommandanten gegen Zurücklegung einer Armee-Offiziersstelle eine Wache-Offiziersstelle eingeräumt wurde. Das war in Graz im Jahre 1826, in Innsbruck im Jahre 1841 der Fall. Die neuen Kommandanten (Oblt. Franz v. Mottoni bzw. Oblt. Enzinger) traten als Armee-Offiziere in den Ruhestand. Diejenigen Wachkörper, deren Kommandanten keine Offiziersstellen verliehen wurden, wurden schlicht als Polizey-Wachen, Polizey-Hauptwachen oder Militärpolizeiwachen bezeichnet. Zum Verständnis der rechtlich-ökonomischen Verhältnisse mag die Bemerkung in der Innsbrucker Polizeigeschichte beitragen, wonach der Magistrat für die Kosten der Erstausstattung der Wache der im Jahre 1814 wiedererrichteten Polizeidirektion aufzukommen hatte, wobei ein Teil der Erstausrüstung, nämlich Gewehr, Säbel, Lederzeug,

Kartusche (Patronentasche), Tornister, Bettgestell und Bettwäsche, im Dezember 1816 vom Generalkommando in Graz zu liefern war. Dazu ist zu bemerken, daß das seit 1744 bestehende „Generalkommando für Innerösterreich" in Graz mit September 1816 seinen Zuständigkeitsbereich auf Tirol ausdehnte und bis 1849 „illyrisch-innerösterreichisches Generalkommando" hieß (Bramreiter, S. 70).

Hinsichtlich der Wachkörper der Grazer Polizeibehörde sind folgende Daten bekannt:

Die Polizeiwachmannschaft wird in der Präambel der Kurrende vom 31. Mai 1786 des inner-österreichischen Guberniums als „Sicherheitswache" bezeichnet, doch lautete die reguläre Bezeichnung (bis 1793) „K.K.i.ö. Polizey-Hauptwache zu Graetz", mit dem damaligen Stand von drei Unteroffizieren und 24 Mann unter dem Kommando eines „Polizey-Wachtmeister-Leutnants" (etwa „Offiziers-Stellvertreter"/„Vizeleutnant").

Die Diensteinteilung war folgend geregelt: Täglich standen ein Unteroffizier und 12 Gemeine im Hauptdienst und ein Unteroffizier und sechs Gemeine im Reservedienst, während ein Unteroffizier und sechs Gemeine dienstfrei hatten, so daß der einzelne nach je zwei Diensttouren einen dienstfreien Tag hatte. Die Ablösung der Posten erfolgte alle zwei Stunden, bei strenger Kälte nach einer Stunde.

Im Jahre 1807 betrug der Personalstand: ein Feldwebel, zwei Korporäle, 28 Gemeine; 1811: ein Feldwebel, drei Korporäle, 24 Gemeine; 1827: ein Oberleutnant, ein Feldwebel, vier Korporäle, 55 Gemeine („Militär-Polizey-Corps"); 1846: ein Offizier, ein Feldwebel, sieben Korporäle und 63 Gemeine; 1851: ein Offizier, zwei Feldwebel, zwölf Korporäle und 88 Gemeine; 1854: ein Oberleutnant, zwei Feldwebel, zwölf Korporäle, ein Hornist und 88 Gemeine; 1859 bis 1860: ein Offizier, ein Feldwebel, fünf Korporäle, ein Hornist und 45 Gemeine.[2]

Die Neuordnungen 1850 und 1869

Nach der Revolution ist das Erscheinungsbild der Militär-Polizeiwache modifiziert. Von einer einheitlichen Führung der den Polizeidirektionen beigegebenen Wachkorps ist zwar nicht die Rede, doch ergab sie sich aus den „Grundzügen" vom 10. Juli 1850 und äußerlich aus der allen Korps gleichen neuen und von der Armee deutlicher unterscheidbaren Uniform.

Geklärt wurde die bis dahin strittige Frage, ob die Angehörigen der Militär-Polizeiwache der Militärgerichtsbarkeit unterliegen, und zwar im Zuge einer Aufzählung jener der

ordentlichen Militärgerichtsbarkeit unterstehenden Personen (Kaiserliches Patent vom 22. Dezember 1851, RGBl. Nr. 255/1851, § 2 P. 6: „Die militärisch organisierten Polizeiwachen"). Als Zeugen vor Gericht waren sie wie die Gendarmerie, nämlich als „Sicherheitswache" im Sinne der StPO vom 17. Jänner 1850, zu behandeln (Verordnung des Justizministeriums vom 6. Jänner 1850 im Einvernehmen mit dem Kriegsministerium, RGBl. Nr. 8/1851). Hier soll erwähnt sein, daß laut § 44 GG. 1850 die diensteidliche Zeugenaussage eines Gendarmen „volle Glaubwürdigkeit" genoß. Die 1852 geschaffene „Oberste Polizeibehörde" bot größere Möglichkeit zu einer einheitlichen Führung. So wurde mit ah. Entschließung vom 25. Juli 1852 (Verordnung des Kriegsministeriums vom 1. August 1852, Steiermärkisches LGBl. Nr. 305) dem Chef dieser Behörde das Straf- und Begnadigungsrecht über alle zum Stande des Militär-Polizei-Wachkorps gehörigen Individuen vom Oberstleutnant abwärts, und in der Ausdehnung wie dasselbe den Regimentsinhabern zustand, weiters diesen Ehebewilligungen zu erteilen, verliehen. Ausgenommen blieben bürgerliche Rechtssachen und die dem Polizei-Wachkorps zur Probedienstleistung zugeteilten Armeeoffiziere. Der Dienst der Offiziere war zwar in erster Linie auf das „Militärische", auf den „inneren Dienst" sowie auf die Schulung gerichtet, aber darauf nicht beschränkt (§ 28/Abs. 2 der „Grundzüge" vom Juli 1850). Zur Führung des Sicherheitsdienstes erscheinen sie später — im Gegensatz zur Gendarmerie ab 1860 – sogar ausdrücklich berufen (§ 66 Organisationsstatut 1914).

Was für die Wirksamkeit des Polizeidienstes außerordentlich wichtig ist, nämlich die Art der Rekrutierung, blieb aber unverändert. So blieb trotz mancher Verbesserungen und trotz der Vermehrung der Personalstände (1851 in Wien auf 1668 Mann) der Geist der Wache derselbe, da das Organisations-Statut vom Jahre 1857, das erst eine besondere Qualifikation verlangte, nicht mehr zum Tragen kam. Der Vorschlag der Wiener Polizeidirektion aus dem Jahre 1868, eine Wache anderer Art aufzustellen, wurde mit den bekannten Mängeln begründet. Der Bericht warf ihr Unbeholfenheit, Unanstelligkeit, Mangel an Umsicht, Takt und Befähigung vor und machte sie für die Widersetzlichkeiten und den zu häufigen Waffengebrauch verantwortlich. Im Jahre 1867 seien 322 Fälle von wörtlichen und tätlichen Wachebeleidigungen vorgekommen, in 17 Fällen machten Polizeiwachsoldaten von der Waffe Gebrauch. Dadurch seien 14 leichte und drei Körperverletzungen mit tödlichem Ausgang herbeigeführt worden. An diesen Übelständen sei die Ergänzung der Militär-Polizeiwache mit meistens untauglichen Leuten schuldtragend.

Die Vorstellungen und Bemühungen des Polizeipräsidenten hatten schließlich Erfolg, wozu allerdings auch der Umstand beigetragen hat, daß soeben die Präsenzdienstzeit des Heeres auf drei Jahre herabgesetzt wurde (Bibl/Polizei, S. 347). Hingegen konnte er die Einführung des Hutes nicht verhindern, so viele Gründe er auch dagegen ins Treffen führte. So meinte er unter anderem: „Es würde bei der hier herrschenden Unsitte bald zur Regel werden, daß er bei Exzessen usw. eingeschlagen oder dem Träger über die Augen gezogen würde." (Das bekannte Hutantreiben.) Der Helm, für den er sich entschieden einsetzte, wurde erst 1884 eingeführt, 20 Jahre später als bei der Londoner Polizei. Am 15. Juni 1869 trat die Wiener Sicherheitswache vorerst mit 122 Mann ihren Dienst an.

Das neue System wurde auch für die künftig zu errichtenden Polizeibehörden bestimmend. In diesem Sinne wurde aufgrund kaiserlicher Entschließung und mit Erlaß des Ministeriums des Innern vom 26. Februar 1914 das Organisationsstatut der Sicherheitswache dekretiert. (Siehe Liehr-Markovics I., S. 334).

Kehren wir aber zur Kempen'schen Reform des Jahres 1852 sowie zum Reformplan des Jahres 1857 zurück und verfolgen wir den alsbaldigen Abstieg, der teilweise noch vor dem unglücklichen Krieg 1859 aus budgetären Erwägungen einsetzte. Wrede (Band V, S. 679f) skizziert folgend:

Im Jahre 1852 wurde angeordnet, daß alle Polizei-Wach-Abteilungen in ein eigenes Militär-Polizei-Wach-Corps mit einem Gesamt-Concretual-Status an Offizieren zu vereinen seien, welches dem Chef der Obersten Polizei-Behörde, damals FMLt. Freiherr von Kempen, untergeordnet wurde, wobei letzterem auch die Inhabers-Rechte über dieses Corps (Beförderung der Offiziere usw.) zukamen. Jeder von der Armee in das Corps übertretende Offizier mußte eine dreimonatige Probe-Praxis ablegen.

Nachdem noch in den Jahren 1851 bis 1857 Abteilungen dieses Corps in einigen Städten von Ungarn und Kroatien sowie in einigen Städten der übrigen Provinzen aufgestellt worden waren, wurde der Stand durch das Organisations-Statut vom Jahre 1857 neu geregelt. Nach diesem hatten Abteilungen zu bestehen in:

1. Nieder- und Oberösterreich, in Wien (mit 1 Cavallerie-Abteilung), Linz, Salzburg (mit Exposituren zu Schärding, Braunau und Engelhartszell).
2. Tyrol, in Innsbruck (Detachement in Trient).
3. Inner-Österreich, in Graz, Laibach (Detachements in Klagenfurt und Triest).
4. Böhmen, in Prag (Expositur in Bodenbach).
5. Mähren, in Brünn (Detachements in Ölmütz und Troppau).
6. Galizien mit Bukowina, in Lemberg, Krakau (Exposituren in Szczawnica und Chrzanow), Czernowitz (Detachement in Suczawa).
7. Lombardei, in Mailand, mit Unter-Abteilungen in Pavia, Lodi, Cremona, Mantua, Como, Bergamo, Brescia und Sondrio.
8. Im Venezianischen, in Venedig, mit Unter-Abteilungen zu Padua, Treviso, Udine, Rovigo, Vicenza, Verona.
9. Ungarn, in Pest (Detachements in Szegedin und Stuhlweissenburg), Pressburg, Kaschau, Oedenburg, Grosswardein (Detachements zu Debrecen und Arad).
10. Siebenbürgen, in Hermannstadt (Detachements zu Kronstadt und Klausenburg).
11. Croatien, in Agram (Detachements zu Esseg und Fiume).

Militär-Polizeiwache 1791 bzw. 1801–1837. Von links: Fußmannschaft, Offizier und Mannschaft der berittenen Abteilung. Die erste berittene Abteilung wurde in Wien im August 1801 mit 28 Mann aufgestellt und bis zu den 40er-Jahren auf 48 Mann verstärkt.

12. Banat, in Temesvár (Detachements zu Maria-Theresiopol und Neusatz).
13. Dalmatien, in Zara.

Der Gesamtstand des Corps bezifferte sich auf 5 Stabs-Officiere, 88 Oberofficiere (inklusive Rechnungsführer und Ärzte), dann 5854 Mann vom Feldwebel abwärts (hievon 125 beritten), zusammen 5947 Köpfe.

Der sich beim Corps ergebende Abgang wurde durch Transferierungen aus Truppenkörpern der Armee gedeckt. Die Leute sollten nicht unter zwei und nicht über vier Jahre gedient haben, gesund und rüstig sein und eine Körpergröße von mindestens fünf Schuh zwei Zoll aufweisen. Die Gemeinen mußten der betreffenden Landessprache (die Unteroffiziere auch der deutschen Sprache) sowie des Lesens und Schreibens kundig sein; ferner sollten die Betreffenden ledigen Standes und von moralischem Charakter sein, anerkannten Dienst- und Pflichteifer sowie Gewandtheit und Benehmen besitzen; sie durften nie wegen einer unehrenhaften Handlung in Untersuchung gestanden sein.

Mit ah. Entschließung vom 16. Dezember 1857 wurde der früher geschilderte Stand einer bedeutenden Restringierung unterzogen, indem nicht nur eine größere Anzahl von Abteilungen ganz aufgelassen, sondern auch bei den verbleibenden der Personalstand herabgesetzt wurde. Vorläufig blieben nur bestehen die Abteilungen in: Wien (vier Kompagnien mit Kavallerie-Abteilung), Linz, Graz, Salzburg, Innsbruck, Prag, Brünn, Mailand, Venedig, Triest, Pest (mit Kavallerie-Abteilung), Lemberg, Krakau und Czernowitz, mit einem Gesamtstande von vier Stabs-Officieren, 57 Oberofficieren, dann 3357 Mann vom Feldwebel abwärts

Militär-Polizeiwache 1850–1869.

Wiener Sicherheitswache 1869. Von links: Bezirksinspektor zu Fuß, Wachmann zu Fuß, Wachmann berittene Abteilung.

(darunter 126 beritten), zusammen 3412 Köpfe.[3]) Infolge Abtretung der Lombardei und Venetiens wurden die Abteilungen in Mailand und Venedig nach dem Feldzug 1859 bzw. 1866 aufgelöst. Im Jahre 1860 verloren Graz und Innsbruck und 1863 Salzburg ihre Militär-Polizeiwache. Nach der Umwandlung der Militär-Polizei-Wach-Abteilung in Wien in eine „Sicherheitswache" (1869), sowie nach Auflösung der Militär-Polizeiwache in Triest (1872), erhielt sich das Militär-Polizeiwach-Korps nur noch in Lemberg und in den Festungsstädten Krakau und (seit 1893) Przemysl. Für die fachliche Ausbildung und für die Dienstüberwachung dieser zwar weiterhin den Polizeidirektionen unterstehenden, aber seit dem Jahre 1894 dem k.u.k. Heere angehörenden drei Wachkörper, wurde der Gendarmerie-Inspektor zuständig. 1894 war dies FMLt. Heinrich Giesl v. Gieslingen, der von 1866 bis 1869 Kommandant der Wiener Polizeiwache war.

Die Uniformierung, Ausrüstung und Bewaffnung der Militär-Polizeiwache war mit der Armee zwar verknüpft, aber nicht in voller Deckung. Ergaben sich schon bei der Armee der finanziellen Schwierigkeiten wegen bei den Anschaffungen zeitliche Verzögerungen, so war davon die Polizeiwache noch mehr betroffen. Die Daten vermitteln daher bis zum Jahre 1850 bloß Annäherungswerte. Gegen Ende des 18. Jahrhunderts wurde bei der Infanterie das hechtgraue Tuch eingeführt, weiters (1791) ein lederner „Römerhelm", dessen Kamm mit einer Wollraupe versehen war. So erhielten auch die Polizei-Wachkörper diese Monturen mit grasgrünen Aufschlägen. Der Römerhelm kam bei der Infanterie wegen der hohen Kosten bald außer Verwendung, erhielt sich aber bei der Militär-Polizeiwache bis 1837. Sie übernimmt dann gleichfalls den Infanterietschako (die Offiziere behielten bis 1853 den dreieckigen Hut), und das kurze graue „Röckl" wird zum „Frack" (wohingegen die Infanterie zu ihrem weißen Röckl blaue Hosen erhält). Als die Zeit nach 1848 der Infanterie den weißen zweireihigen Waffenrock bringt, erhält auch das 1850 reorganisierte Militär-Polizei-Wachkorps den Waffenrock, allerdings dunkelgrün und mit blaugrauer Hose (Aufschläge und Passepoils auf Rock und Hose pompadourrot), zum schwarzen Tschako. Der Berittene behält den „Römer"- bzw. Dragonerhelm, dessen Kamm, vorerst bei den Kürassieren und Dragonern, im Jahre 1837 seine Raupe verliert. Die Uniform stimmte mit der der Gendarmerie zunächst überein, nur daß der Gendarm den Helm (Pickelhaube) zu Fuß und zu Pferd trug. Das dunkelgrüne Tuch erhielt sich bis zum Jahre 1918 bei der Gendarmerie (soweit sie nicht das Feldgrau der Armee annahm) und bei den wenigen verbleibenden Körpern der Militär-Polizeiwache. Die Wachkörper der staatlichen Polizeibehörden haben diese Uniformfarbe erst ab 1924 wieder angenommen. Wieso man im Jahre 1850 dieses dunkel- bzw. flaschengrüne Tuch wählte, ist nicht überliefert. Den Ausschlag dürfte ein entsprechend großer, in den Feldzügen 1848/1849 erbeuteter, piemontesischer Uniformposten gegeben haben.

Die Uniformierung der im Jahre 1869 aus der Taufe gehobenen Wiener Sicherheitswache war zwar malerisch, aber unpraktisch. Sie bestand aus einem graugrünen Waffenrock mit pompadourrotem „Vorstoß", einer langen grauen Hose mit ebenfalls pompadourroter Passepoilierung, einem schwarzen Mantel mit abnehmbarer Kapuze und einem niederen Hut aus schwarzem steifen Filz. An der Vorderseite des Hutes befand sich ursprünglich die Dienstnummer des Trägers, die später durch die aus Weißmetall geprägten Initialen des Kaisers ersetzt wurde. Die Dienstnummer wurde dann in den Ringkragen („Halbmond") gestanzt, der

1884.

Neue
Freie Presse.
Morgenblatt

POLIZEI-SIGNALE (31. März). Auf Veranlassung der Polizeidirection wird eine sehr zweckmäßige Neuerung ins Leben treten, durch welche es den Sicherheitswachleuten bei Unglücksfällen, Excessen udgl. ermöglicht werden soll, schleunigst Hilfe zu requiriren.

Es werden nämlich eigene Telegraphenleitungen nach den Sicherheitswachstuben geführt, in welchen eine Morse-Telegraphen-Station etablirt ist. Nun werden an bestimmten Häusern „Straßen-Telegraphen-Stationen" angebracht; das sind einfache Morsetaster und Knöpfe, welche fast unbemerkt in Mauernischen eingelegt sind, und die mit der erwähnten Leitung in Verbindung stehen.

Benöthigt nun ein Wachmann rasch eine Hilfe, so benützt er, je nach dem er des Telegraphirens kundig ist oder nicht, den nächsten ihm zur Verfügung stehenden Morsetaster oder den Knopf, um nach einer Wachstube das Hilfsaviso abzugeben.

In der Inneren Stadt bestehen bereits neun der oben erwähnten Straßen-Telegraphen-Stationen, und dürften solche demnächst in sämmtlichen Bezirken etablirt werden.

---

3 Aufgelöst wurden die Abteilungen in Trient, Olmütz, Troppau, Laibach, Klagenfurt, Szegedin, Stuhlweißenburg, Preßburg, Kaschau, Ödenburg, Großwardein, Debrecen, Hermannstadt, Klausenburg, Kronstadt, Temesvár, Agram, Fiume, Esseg und Zara.

Verkehrsregelung nahe der Wiener Staatsoper (1912).

Korpsabzeichen der Bundessicherheitswache, eingeführt 1934. Es wird am Kragenaufschlag und auf der linken Seite der Kappe getragen.

um den Hals getragen wurde. Es galt also auch äußerlich die Parole: „Weg vom Militär!" Im Jahre 1884 wurde der 49 dkg schwere Helm („Pickelhaube") eingeführt, den sich daraufhin auch die meisten städtischen Wachen zu eigen machten und auch die Gendarmerie wieder annahm. Der Übergang zu einer praktischeren – und zwangsläufig „militärischeren" – Uniformierung erfolgte phasenweise und begann bereits 1874 mit der schwarzen Offizierskappe und dem Offizierssäbel für die leitenden Beamten. Auch Hose und Stiefel der Berittenen wurden bald „kavalleristisch", und man griff wieder zum Kavalleriesäbel. Die Waffenröcke wurden allgemein kürzer, und als Farbe für die Egalisierung griff man 1884 wieder auf das bereits 1868 eingeführt gewesene Krapprot zurück, bei dem es bis heute verblieb. (Pompadourot erhielt sich als Aufschlagfarbe bei den Konzeptsbeamten.) Ab 1912 konnte schließlich – neben dem Helm – die österreichische Beamtenkappe (aber schwarz; siehe unter „Beamtenuniform") getragen werden, der sich auch die Gendarmerie bediente.

Die Bundes-Sicherheitswache

Es ist bereits erwähnt worden, daß die Sicherheitswachen aller (Bundes-)Polizeibehörden auf dem Fuße der Wiener SW des Jahres 1869 organisiert worden sind. Der Wandel der Zeit, der sich nicht bloß in einer Reihe von Gesetzen reflektiert, hat das Bild der Wache naturgemäß verändert. Das bezieht sich erst in letzter Linie auf die Uniformierung und Bewaffnung, obgleich freilich auch hier Änderungen eingetreten sind. Hinsichtlich der Adjustierung ist zu erwähnen:

1918/19 mußte man mangels Stoffen auf Heeresuniformen zurückgreifen, woraus die „adaptierte Felduniform" entstand, zu der die schwarze „Beamtenkappe" getragen wurde. Die Stoffe hielten jedoch nicht stand, so daß von den Siegermächten Khaki-Uniformsorten beschafft wurden. Gleichzeitig wurde die „Tellerkappe" eingeführt, vermutlich wegen des „deutschen Vorbildes". Zwischen 1924 und 1927 fand die „Umadjustierung" statt, nämlich zum grünen Tuch, bei gleichzeitiger Einführung einer schwarzen Hose.

Die leitenden Beamten werden seit 1919 ausschließlich dem eigenen Personalstande entnommen, die Übernahme von Offizieren der Armee entfiel. Ihre Berufstitel, die bei der SW Beamtentitel waren – bei der Gendarmerie erst ab 1918 – wurden 1933 in Offizierstitel umgewandelt und (zusätzlich zur Tellerkappe) die altösterreichische Offizierskappe eingeführt.[4] Gleichzeitig, nämlich im Juni 1933, legte das Bundesheer die „Reichswehruniform" ab und griff zur an-

gestammten Adjustierung. Der politische Hintergrund zu diesen Veränderungen lag in der Betonung eines dem Deutschen Reich gegenüber eigenständigen Österreich. Dies resultierte aus der Erklärung des Bundeskanzlers Dr. Dollfuß vom 3. September 1932, womit die Christlichsozialen als erste Partei, sieht man von den Monarchisten ab, dem Gedanken eines Anschlusses an das Deutsche Reich endgültig absagten. Zu erwähnen ist hier noch, daß im Jahre 1935 eine Offiziersakademie mit zweijähriger Unterrichtsdauer geschaffen wurde, ebenso bei der Gendarmerie.

Beamtengeschichtlich ist erwähnenswert, daß im Jahre 1919 die Beamten der Sicherheitswache, des Polizeiagentenkorps und der Gendarmerie „Staatsbeamte" geworden sind (Polizei- bzw. Gendarmeriedienstgesetz, StGBl. Nr. 157 bzw. 519 sowie Besoldungsgesetz BGBl. Nr. 376/1921). Bis dahin kannte die Dienstpragmatik die Kategorien der „Diener" und „Unterbeamten", die auch in sozialer Hinsicht dem „Beamten" gegenüber benachteiligt waren. Ab der zweiten Hälfte des 19. Jahrhunderts wurde allerdings die besoldungsrechtliche Benachteiligung in erster Linie für die Angehörigen des Sicherheitsdienstes wesentlich gemildert und auch eine echte Pensionsfähigkeit eingeführt (Megner, S. 144, 158, 291ff).

Hinsichtlich der Rekrutierung der Sicherheitswache (und der Gendarmerie) ist das Institut der „Zertifikatisten" von Bedeutung gewesen. Sah schon eine kaiserliche Verordnung aus dem Jahre 1853 eine bevorzugte Aufnahme ausgedienter Soldaten in den Zivilstaatsdienst und namentlich in den Polizeidienst vor, so wurde eine derartige Regelung nach Einführung der allgemeinen Wehrpflicht (mit dreijähriger Dienstzeit) im Jahre 1868 umso dringender, als keine Pen-

---

4 Diese Kappe war bei der Polizei schwarz, bei der Gendarmerie grau und – zum grünen Waffenrock – schwarz.

Gehaltsschema 1898
Quelle: RGBl. 172/1898, 255/1899

1. Rangklasse	12.000 fl.	8. Rangklasse	2.000 fl.
2. Rangklasse		Oberkomm.	1.800 fl.
Minister	10.000 fl.	(Major)	1.600 fl.
3. Rangklasse		9. Rangklasse	
Statthalter etc.	8.000 fl.	Kommissär	1.500 fl.
4. Rangklasse	7.000 fl.	Revident	1.400 fl.
Sekt. Chef	6.000 fl.	(Hauptmann)	1.300 fl.
5. Rangklasse	5.000 fl.	10. Rangklasse	1.200 fl.
Hofrat	4.000 fl.	Kommissär	
6. Rangklasse	3.600 fl.	Offizial	1.000 fl.
Oberrat	3.200 fl.	(Ob. Leutnant)	
	3.000 fl.	11. Rangklasse	900 fl.
7. Rangklasse	2.700 fl.	Praktikant, Assistent	800 fl.
Rat	2.400 fl.	(Leutnant)	800 fl.

Sicherheitswache und Polizeiagenten	700 fl. / 400 fl.
Gendarm	400 fl.
	+ 100 fl. Dienstzulage

sionsfähigkeit für Berufsunteroffiziere vorgesehen war. Ein Reichsgesetz (RGBl. Nr. 60/1872) brachte nun für Unteroffiziere (ebenso für Gendarmen), die mindestens 12 Jahre gedient hatten, ein subjektives Recht auf eine angemessene Anstellung als Beamter oder „Diener" im Staatsdienst. Dem Gedanken, mittels der Versorgungsaussicht den notwendigen Heereskader sicherzustellen, trat noch der sowohl für die konservativen wie für die deutsch-liberalen Kräfte wichtige herrschaftsorganisatorische Wert hinzu, einen Teil der „Klammer" im Sinne des übernationalen Österreich-Begriffes zu bilden. Denn die Zivilverwaltung erhielt hiedurch disziplinierte, sozialkonform handelnde und territorial mobile Nachwuchskräfte, die auch die deutsche Sprache, selbst wenn sie von Haus aus einer anderen Nation angehörten, in dem für subalterne Stellen notwendigen Ausmaß erlernt hatten (Megner, S. 228ff).

Eine ähnliche Einrichtung wurde für alle Präsenzdiener des Freiwilligenheeres der Ersten Republik im Jahre 1927 im Wege von Ressortübereinkommen geschaffen. So wurden im Laufe des ersten Jahres 1400 Dienstposten Soldaten vorbehalten, die ihre sechsjährige Präsenzdienstzeit erfüllt hatten; 430 Dienstposten entfielen auf die Sicherheitswache und 111 auf die Gendarmerie. („Österreichs Bundesheer", Wien 1928, S. 145f.) Heute findet die Wehrpflicht insoweit Berücksichtigung, als die Ableistung des Präsenzdienstes eine Voraussetzung für die Aufnahme in einen Wachkörper bildet.

Der Wiederaufbau der Sicherheitswache im Jahre 1945 erfolgte im wesentlichen nach dem alten Muster. Die Schwierigkeiten unter den Verhältnissen der ersten Besatzungszeit sowie die außerordentlichen Belastungen gegen Ende des Krieges sind im Anhang II („Die Grazer Polizei im Jahre 1945") beispielsweise skizziert. Nach wie vor gliedert sich die Sicherheitswache einerseits in Sonderabteilungen (Schulabteilung, Technische Abteilung, Verkehrsabteilung, Funkstreifenabteilung, Diensthunde, Gefangenenhaus etc.), andererseits in „Bezirksabteilungen", welche flächenmäßig das gesamte Stadtgebiet (den „Polizeirayon") im Wege der Wachzimmerrayone erfassen. Das Kommando über alle Abteilungen führt das Zentralinspektorat (in Wien: Generalinspektorat), welches der Behörde, also dem Polizeidirektor, untersteht und insbesondere für die Anpassung des Dienstes an die Ansprüche der behördlichen Fachabteilungen (Kriminalpolizei etc.) zu sorgen hat. Dem Stab

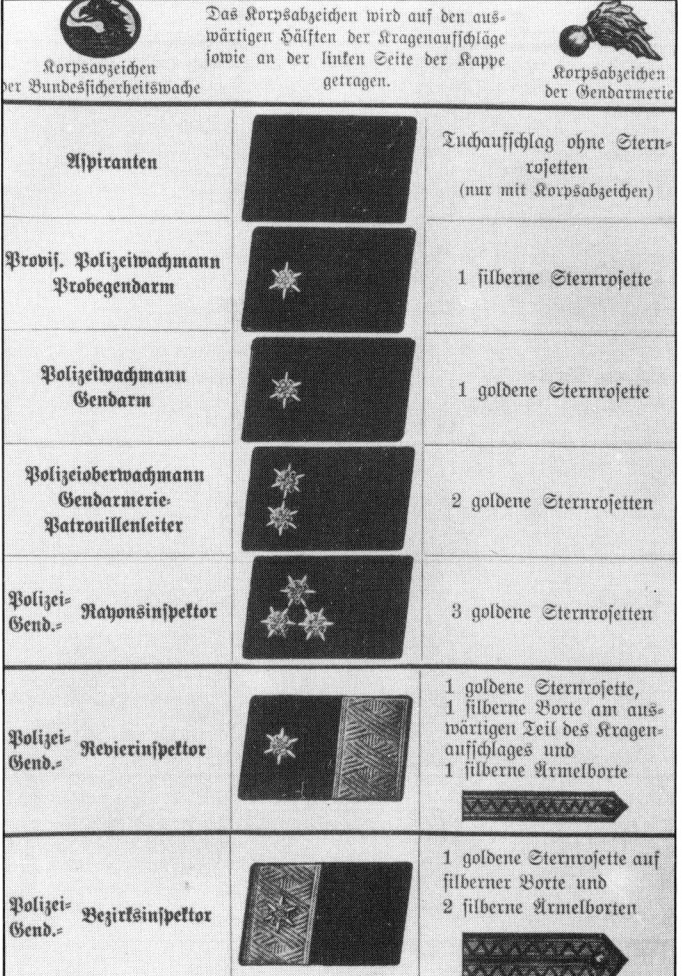

Links und rechts: Gradabzeichen der Gendarmerie und Polizei (1925/1934–1938, 1945 wieder eingeführt, später modifiziert).

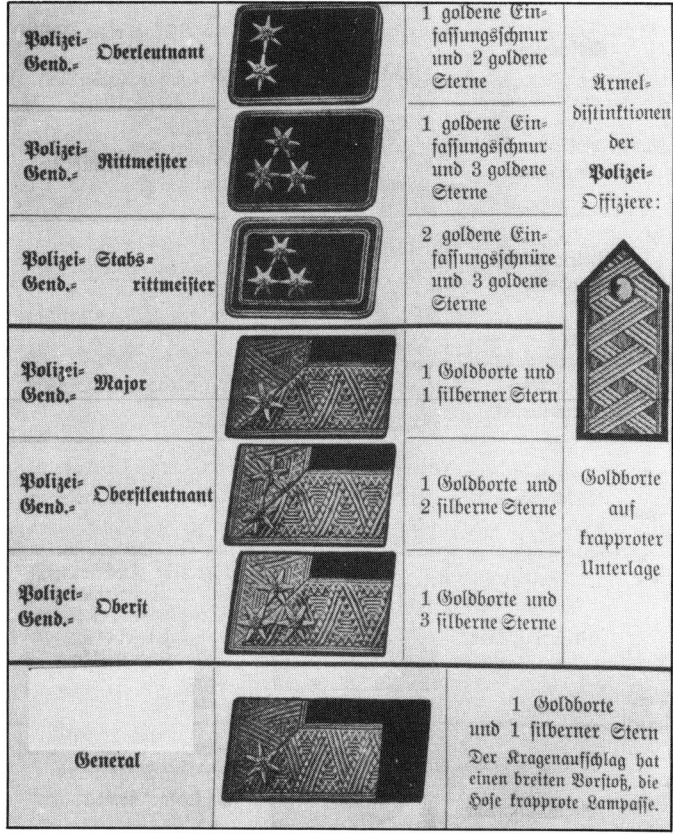

157

Diensthundevorführung (Polizeidirektion Graz 1957). Die Polizeidirektionen verfügen – je nach ihrem Umfang – über bis zu zehn Diensthunde (PD Schwechat: 17, PD Wien 90, im Jahre 1929: 40). Überwiegend handelt es sich um den Deutschen Schäferhund, aber auch um den Rottweiler, Dobbermann, Riesenschnauzer und Airdale Terrier. Nach Art der Ausbildung und des Einsatzes unterscheidet man Schutzhunde, Fährtenhunde und Suchtgiftspürhunde, wobei der einzelne Polizeidiensthund in der Regel zwei dieser Bereiche abdeckt. Die Haltung der Polizeidiensthunde erfolgt grundsätzlich im Hause des Polizeidienst-Hundeführers (Heimhaltung).

Bundes-Polizeidirektion Wien   **Generalinspektorat der Bundes-Sicherheitswache**

Tages- ✠ Befehl

Nr. 55   Wien, am 15. Juni 1949   73. (4.) Jahrgang

    Mitten im Wiederaufbau unserer Heimat, nach einem nie gekannten Zusammenbruch, wie ihn der zweite Weltkrieg hinterlassen hatte, begeht die Bundes-Sicherheitswache in Wien den Tag ihres 80-jährigen Bestandes.

    Dieser Gedenktag wird durch die gegenwärtig historische Situation zu einem bedeutenden Markstein in der Geschichte unseres Korps, das immer alle seine Kräfte in den Dienst des Vaterlandes gestellt hat.

    Wenn auch im Jahre 1938 unter dem Druck der Verhältnisse die Bundes-Sicherheitswache aus den Straßen Wiens verschwand, so wirkte doch der gute Geist dieses Korps weiter. Das bewies vor allem das Jahr 1945: Als die fremde Zwangsherrschaft fiel, waren jene Beamten, wegen ihrer treu-österreichischen Gesinnung sieben Jahre lang aus dem Polizeidienst ausgeschlossen, als die ersten zur Stelle. Sie bildeten den Grundstock des wiedererstandenen Korps und um sie scharte sich die junge Generation, welche Verantwortungsbewußtsein und Liebe zu unserer demokratischen Republik in die Reihen der Bundes-Sicherheitswache führten.

    Treue zu unserer demokratischen und republikanischen Verfassung, aufrichtiges Bekenntnis und Liebe zu unserer Heimatstadt waren und sind die innere Begründung unserer Dienstauffassung. Allen Beamten gilt treueste Pflichterfüllung als oberstes Gebot eines oft sehr schweren Dienstes.

    Für diese hohe Pflichtauffassung zeugen übrigens auch viele Opfer an Leben und Gesundheit unseres Korps. Auch all dieser Männer sei an diesem Tage in Ehrfurcht gedacht.

    Solche Berufstradition verpflichtet aber weiterhin. Die Bundes-Sicherheitswache wirke auch in Zukunft als treuer Hüter des Rechtes, als Freund und Helfer des Volkes, zur Ehre unserer Heimatstadt.

Der Polizeipräsident:

Holaubek

---

des Zentralinspektors obliegt die Verantwortung für die Organisation, den Einsatz und die Disziplin, aber auch für den personellen und technischen Bedarf.

Ab dem Jahre 1955 haben sich tiefergreifende Wandlungen vollzogen. Die politische Ruhe, der zunehmende Wohlstand und die bedeutende Zunahme des Straßenverkehrs haben das innere wie äußere Bild der Wache verändert: Ihr militärisches Element hat abgenommen, zugleich fand eine Verlagerung zugunsten der Verkehrsaufgaben statt. Die Auflösung der berittenen Abteilungen (Wien, Graz, Linz, Innsbruck), die mit Ende des Jahres 1950 verfügt wurde, dürfte nicht allein mit dem Motorisierungsgedanken und den Kosten in Verbindung zu bringen sein, zumal man selbst heute in Groß- und Weltstädten auf berittene Polizeistreifen stößt. Es dürften auch Ressentiments vorgelegen haben, die – etwa in Erinnerung an den 15. Juli 1927 – die Entscheidung beeinflußten.

Sieht man vom Verkehrsdienst ab, so zeigt sich die Strukturwandlung am nachdrücklichsten beim eigentlichen Sicherheitsdienst, der in den Händen der Wachzimmer, ihrer Streifen und Funkstreifen, sowie eines zentral gesteuerten Funkstreifendienstes liegt. Hier resultiert die Strukturwandlung überwiegend aus der erst ab 1955 möglich gewordenen Einführung des Sprechfunks in Verbindung mit der Motorisierung, woraus sich die Möglichkeit zu einer Verdünnung der Zahl der Wachzimmer, zu einer Reduzierung der Fußstreifen und somit (für diesen Bereich) auch zu einer willkommenen Verminderung des Personals ergab. Dem einen wie dem anderen Reduzierungsargument sind jedoch Grenzen gesetzt. Lassen wir zunächst das allgemeine Problem des „gerechten Personalstandes" beiseite und beschäftigen wir uns mit den taktischen Gesichtspunkten des Sicherheitsdienstes:

Wir stoßen dabei auf das Phänomen, daß erfreulicherweise zwar die gute Ausstattung der Sicherheitswache mit Fahrzeugen und fernmeldetechnischen Mitteln zu einer gegenüber der Zeit vor 20 Jahren erheblich gesteigerten Schlagkraft des Sicherheitsdienstes geführt hat, daß aber dennoch die Bevölkerung vielfach das Empfinden ausspricht, die Verhältnisse hätten sich verschlechtert. Richtig ist, daß die Raschheit eines polizeilichen Einsatzes durch kurzfristige Konzentration von Kräften an bestimmten Einsatzorten notwendigerweise auf Kosten der „allgemeinen Präsenz"

Rayonsinspektor der SW 1928–1938 (Pistole, Stecksäbel mit geschlossenem Beamtenportepee, Gummiknüppel, Signalpfeife; Erl. Zl. 250.944 GD-3 v. 20. Dezember 1933).

geht. Da diese Einsätze, die man als Feuerwehrfunktion der Polizei bezeichnen könnte, in erster Linie mit Fahrzeugen erfolgen, verschwand der „Wachmann zu Fuß", der herkömmliche Rayonsposten, aus dem Straßenbild. Dies vermittelt der Bevölkerung das Gefühl eines geringeren Schutzes, dem nicht bloß der Ruf nach dem „Wachmann zu Fuß" in der überlieferten dichten Form folgt, sondern auch der Ruf nach möglichst vielen Wachzimmern, auch wenn diese nur mit einem oder mit zwei Beamten besetzt sind. Hauptsache, ein Wachzimmer ist in der Nähe!

Solchen Rufen ist entgegenzuhalten, daß der Dienst umso wirksamer und ökonomischer vollzogen werden kann, je personalstärker die einzelnen Wachzimmer sind. Eine Verdünnung ihrer Zahl ist prinzipiell nicht von Nachteil, da die Anmarschwege im Stadtgebiet, insbesondere zur Nachtzeit, relativ „kurz" sind, abgesehen davon, daß sich ein Teil der Streifenwagen ohnedies ständig auf der Route befindet. „Klein-Wachzimmer" bringen zur Nachtzeit so gut wie keinen Effekt, da der „zweite" Beamte, wenn er überhaupt vorhanden und greifbar ist, für eine Ausrückung zu einer ernsthafteren Amtshandlung allein ungenügend ist, und der „erste" Beamte zurückbleiben muß, um das Wachzimmer „besetzt" zu halten. Letzterer hat praktisch die Funktion eines Telefonfräuleins, da die meisten Anforderungen im telefonischen Wege erfolgen. Er gibt diese Meldungen im Regelfall dem nächsten größeren Wachzimmer („Hauptwachzimmer") weiter, wodurch wertvolle Zeit vergeht, aber auch der nützliche unmittelbare Kontakt zwischen dem Anzeiger und der schließlich einschreitenden Dienststelle unterbleibt. Überlegt man, daß man mit den Beamten solcher „Klein-Wachzimmer" bereits flexibel einsetzbare Funkwagenbesatzungen bilden (oder temporäre Fußstreifen einsetzen) könnte, scheint sich zu erweisen, daß die Reverenz gegenüber den Unkenrufen aus dem oft durch profilierungssüchtige Lokalpolitiker angeheizten Publikum ein teurer Spaß ist. Er verhält sich überdies zum wahren Publikumsinteresse diametral. Nun ist aber mit einem noch so präzise arbeitenden Dienst wenig genützt, wenn nicht auch die Bevölkerung davon überzeugt ist, wenn sie unzufrieden ist oder – mit anderen Worten – wenn die halbwegs erfüllbare Rate an „Sicherheitsgefühl" nicht vorhanden ist. In dieser Richtung müssen also Konzessionen bewußt in Kauf genommen werden, weil auch die Befriedung bloßer Gefühle eine Aufgabe ist, zu der dem Staat um das nötige Kleingeld nicht leid sein dürfte. Die Polizeiführung steht solchen Momenten einsichtig gegenüber, doch meint sie, daß die dafür erforderlichen Mittel nicht das für die effektive Sicherheit gedachte reguläre Etat belasten dürften.

Als Ersatz für den „Wachmann zu Fuß" wurde zum Kompromiß der „temporären Fußstreifen" gefunden. Sie bestehen darin, daß Beamte entweder von Fahrzeugen abgesetzt werden oder sich vom Wachzimmer fortbewegen und nach Beendigung ihrer Streife von Fahrzeugen wieder eingesammelt werden. Eine Rückentwicklung zum Wachmann zu Fuß in seiner zwar vom Bevölkerungskontakt her begrüßenswerten alten Form wird kaum stattfinden. Von Ausnahmen abgesehen, ist seine Zeit schon durch die Mobilität der Bevölkerung, die veränderte Lebensweise und durch die häufige Isolierung in reinen Wohnvierteln und Wohnblökken vorbei. Und daß er ohnedies, „wenn man ihn braucht, nicht da ist", hat der Volksmund schon vor 60 Jahren bewitzelt.

Die Grenzen einer auf Funk und Motorisierung beruhenden Personalverminderung im Bereiche des reinen Sicherheitsdienstes überschneiden sich mit den allgemeinen Grenzen, die den polizeilichen Personalständen auferlegt sind. Im Verhältnis zur Zeit vor dem Kriege, und auch etwa vor dem Jahre 1955, beanspruchen vor allem der technische Dienst und der Verkehrsdienst unvergleichlich mehr Personal. Die

Personalstände haben aber nicht mit den gestiegenen Einwohnerzahlen in den Polizeirayonen, mit den Pendlern und Reisenden, sowie mit dem Mehr an polizeilicher Aufgabenstellung und der Produktion neuer Gesetze Schritt gehalten. Die entstandene Differenz wird im wesentlichen durch eine Verknappung des „Wachzimmerdienstes" getragen. Diese Entwicklung sei am Beispiel der Polizeidirektion Graz erläutert:

In der Vorkriegszeit (1934) wurden die 153.000 Einwohner von 638 Sicherheitswachebeamten (SWB) betreut, wohingegen im Jahre 1986 auf die 246.000 Einwohner bloß 888 SWB entfielen, wovon aber 70 als in Ausbildung begriffene Polizeischüler und 20 weibliche Verkehrsorgane abzuziehen

Allgemeine und Sommeradjustierung der Sicherheitswache (1953).

Ehrenkompanie der Sicherheitswache (Graz 1953). An den Helmen das zu Paraden aufgesteckte Eichenlaub; Karabiner mit aufgepflanztem Bajonett. Die Repräsentationspflichten, etwa bei Überreichung von Beglaubigungsschreiben der ausländischen Gesandten, fielen bis 1956 einer Ehrenkompanie der Polizeidirektion Wien zu.

waren.[5]) Kaum fünf Achtel des Personalstandes, nämlich 486 Beamte, entfielen auf den eigentlichen Sicherheitsdienst (Wachzimmer- und Funkstreifendienst) und fast der vierte Teil auf den technischen und den Verkehrsdienst. Der Rest ist durch Sonderdienste und durch die Administration gebunden, für die durch die allgemeine Bürokratisierung und durch dienstrechtliche Verfahrensregelungen (Personalverwaltung) ein erheblicher Aufwand unumgänglich ist. Es sind aber noch andere Umstände, die bei Beurteilung des gegen-

wärtigen Personalaufwandes wesentlich ins Gewicht fallen: Allzu leicht übersieht man die im letzten Jahrhundertviertel vollzogene Herabsetzung der 66 Wochenarbeitsstunden auf 40 Stunden, die bedeutende Zunahme der Urlaubszeit und andere soziale Besserstellungen, die die Einzeldienstzeiten wesentlich verringern. Wenngleich das Dienstsystem gegenüber dem früheren allgemeinen Dreierturnus verbessert wurde, zeichnet sich doch deutlich ein Minus ab. Die in den letzten Jahren einsetzende Erhöhung der Personalstände wird bedeutend sein müssen. Denn es muß auch bedacht werden, daß jene zeitaufwendigen Verfahrenskomplizierungen, die in letzter Zeit unter dem Titel „Ausbau des Rechtsstaates und der Rechtssicherheit" getroffen worden sind, weiterhin getroffen werden, somit einen enormen Teil der polizeilichen Kapazität in Anspruch nehmen – nehmen müssen, weil es das Gesetz erwartet. Aber nicht bloß das Gesetz, auch die „Publikumsorientierung" des öffentlichen Dienstes wird mehr Beamte und damit weitere finanzielle Opfer abverlangen. Denn die Ansprüche der Bevölkerung sind allgemein gestiegen. Sie zu befriedigen wird schwieriger. Schwieriger auch deshalb, weil zu den anerkennungswürdigen Ansprüchen noch Ansprüchlichkeiten hinzutreten, die aus dem komplizierter gewordenen Verfahrensinstrumentarium erwachsen, das in erster Linie einem gerin-

---

5 Die Polizeidirektion Wien verfügte im Jahre 1934 über 740 Kriminalbeamte und 7275 Sicherheitwachebeamte, welcher Personalstand als unzulänglich empfunden wurde.
Zwischen 1933 und 1937 wurden die Personalstände der Exekutive erheblich erhöht, und zwar:
Sicherheitswache: von 8388 auf 9136
Kriminalbeamte: von 1080 auf 1384
Gendarmerie: von 5854 auf 6754
Insgesamt waren sie geringer als heute, besonders bei der Gendarmerie. Die Polizeidirektion Wien verfügte 1988 bloß über 5832 Beamte bei der SW (hievon 2550 SWB bei den 23 Bezirksabteilungen) und über 1098 Kriminalbeamte, demgegenüber bei der SW im Jahre 1914: 4341, 1918: 4000 + 2700 Stadtschutzwache, 1929: 7167 (davon 105 Leitende). Um diese Zeit bestanden in Wien 209 Wachzimmer, 14 Stallposten und 61 Kasernunterkünfte, in denen 1776 unverheiratete Wachebeamte Quartier und Verpflegung fanden.

gen Bevölkerungsteil zugutekommt, nämlich jenen, die es auf Rechtsbeugung abgesehen haben und nun einen guten Teil der staatlichen Kapazität ausschöpfen dürfen, etwa schon allein, wenn sie sich der Zustellung einer Verfügung entziehen wollen. Die Klassiker der Politik warnten vor einer solchen Entwicklung mit dem Satz: „summum ius, summa iniuria", was bedeutet, daß zuviel an Recht schließlich Unrecht schaffe. Übertriebenes Reglementieren führt zum Chaos, meint auch die Gestaltungspsychologie („Gestaltismus").

Eine weniger problematische Teillösung der personellen Spannung im Bereiche des Sicherheitsdienstes könnte durch ein geringeres Engagement im verkehrspolizeilichen Bereich erzielt werden. Hier ist an eine Übernahme der Überwachung des ruhenden Verkehrs durch die Gemeinden zu denken, sowie an einen Rückzug von präventiven Verkehrsaufgaben, für die nach dem Gesetz ohnedies die Gemeinden und die Schulverwaltung zuständig sind. Vom Standpunkt der Sicherheitsexekutive sind solche Tätigkeiten überdies als „artfremd" zu bezeichnen. Die Leistung der Sicherheits-

Mannschaftstransportwagen (MTW) Steyr-Daimler-Puch Type 380b, Vierzylinder, 85 PS, 3.800 kg Eigengewicht, 5.800 kg Gesamtgewicht, Baujahr 1949, 22 Sitze ohne Fahrer, fünf Querbänke mit Klappdach. Preis S 117.000,-. Mit diesen MTW konnte die Polizeidirektion Wien im Jahre 1949 zugleich 900 Beamte transportieren.
Ab 1952 wurde diese Type mit sechs Querbänken (28 Sitze ohne Fahrer) erzeugt. Eigengewicht 3.900 kg, Gesamtgewicht 6.400 kg.
Dieser MTW kam Mitte der 70er-Jahre außer Kurs. Die Notwendigkeit, mit kleineren Gruppen und schnell auch schmale Straßen zu befahren, führte ab 1970 zur Anschaffung von Kombis (Ford und VW), andererseits von geschlossenen Omnibussen, die für Bereitstellungen und längere Routen geeigneter sind.
Der MTW Steyr war eine funktionelle Nachbildung des MTW Saurer, der 1928 in zwei Typen eingeführt wurde, einem größeren (außer Fahrerbank sechs Querbänke mit Seiteneinstiegen) mit festem Dach, einem kleineren mit nach vorne klappbarem Dach mit zwei Längsbänken für 10–12 Beamte und Einstieg hinten. Bis dahin war man auf wenige Transportautomobile aus der Demobilisierung 1918/19 angewiesen. Die ersten Kraftfahrzeuge schaffte die Polizeidirektion Wien 1912 an.

wache für verkehrspolizeiliche Aufgaben präventiver Art sei an Hand der Verhältnisse in Villach skizziert. Dem Tätigkeitsbericht der Polizeidirektion Villach („50 Jahre Bundespolizei Villach") aus dem Jahre 1981 ist darüber zu entnehmen:

„In Zusammenarbeit mit den zuständigen Stellen waren Beamte der Sicherheitswache als Ratgeber bei der Planung des Aus- und Neubaues von Verkehrsflächen und Straßen maßgeblich beteiligt. Sie haben auch bei der Planung der Verkehrsregelung entscheidend mitgewirkt. Zu erwähnen wären hier der Generalverkehrsplan und die Einbahnregelungen (Einbahnring) in der Innenstadt.

Der vorschulischen und der schulischen Verkehrserziehung wurde bereits ab dem Jahre 1960 eine besondere Bedeutung beigemessen. Jährlich wurden von Beamten der Sicherheitswache in etwa 17 Volksschulen zu Beginn des Schuljahres in Anwesenheit der Eltern kurze Einführungsvorträge über das richtige Verhalten auf dem Schulweg gehalten, in 29 Volksschulklassen durchschnittlich 800 bis 850 Schüler

und Schülerinnen über das richtige Verhalten als Fußgänger unterrichtet, durchschnittlich 1000 Schüler und Schülerinnen auf die freiwillige Radfahrprüfung vorbereitet und geprüft. Der Erfolg blieb nicht aus und es darf gesagt werden, daß es in der Stadt sehr wenig Unfälle aufgrund eines Fehlverhaltens von Kindern im Straßenverkehr gibt.

Unter maßgeblicher Mitwirkung von Sicherheitswachebeamten entsteht derzeit in Villach der modernste Schulverkehrsgarten Österreichs.

Das Bundesministerium für Unterricht und Kunst veranstaltete gemeinsam mit der Stadt Villach anläßlich der Eröffnung des Schulverkehrsgartens die Durchführung eines internationalen Symposiums über Verkehrserziehung in der Zeit vom 12. bis 14. Oktober 1981 im Kongreßhaus in Villach. Im Verlauf dieses Symposiums wurden Richtlinien für die Errichtung von Schulverkehrsgärten dargelegt und Übungsprogramme für die schulische Verkehrserziehung vorgestellt.

MTW Hanomag L 28, 50 PS, 16 Sitze (zwei Quer-, zwei Längsbänke). Wurde 1951 neben dem großen Steyr-MTW angeschafft, ab 1970 abverkauft. Der Hanomag L 28 wurde auch als Arrestantenwagen gebaut, um 1975 durch VW-Transportbus ersetzt.

Die Unterrichtsvorführungen in dem mustergültig ausgestatteten Schulverkehrsgarten werden von Sicherheitswachebeamten der Bundespolizeidirektion abgehalten.

An Schultagen versehen Sicherheitswachebeamte und Politessen Schulwegsicherungsdienst, und von Sicherheitswachebeamten ausgebildete Schülerlotsen sichern den Schulweg ihrer Mitschüler."

Diese Leistungen sind also nicht unbeträchtlich. Es stellt sich natürlich die Frage, wieso es überhaupt zu dieser teilweise nicht kompetenzgemäßen Tätigkeit der Sicherheitsorgane gekommen ist. Es war die Zeit, als der Autoverkehr das „Thema 1" war, als man glaubte, Alleen fällen zu müssen, um dem leichtsinnigen Autofahrer auch Gottes Strafe aus dem Wege zu räumen, und Häuser niederriß, um von Kuhdreckstetten nach Stinkenbrunn um 0.07 Minuten schneller zu gelangen. So setzte seinerzeit auch die Polizei Schritte, um das Vakuum auszufüllen. Angesichts der heutigen „gemeindefreundlichen" Kompetenzgesetze wäre es aber an der Zeit, diesen Zustand zu beheben.

Verkehrskindergarten in Graz, Eröffnung 1962.

Das Pauken-Pony der Grazer Polizeimusik (1954).

Ehrengeleit für Bundespräsident Dr. Schärf, 1960, ein Jahr nachdem die Sturzhelme eingeführt worden waren.

Die Signale der Exerzierreglements der k.u.k. Armee wurden vom Bundesheer übernommen. Ein Teil galt auch jeweils für Gendarmerie und Sicherheitswache.

Die Gendarmerie

Die Entwicklung der Gendarmerie setzt in Österreich erst um das Jahr 1849/1850 ein. Auf den großen Fortschritt, der in Anbetracht der außerhalb der Städte vernachlässigten Sicherheitsverhältnisse durch ihre Einführung erzielt worden ist, wurde bereits aufmerksam gemacht.

Es ist eine verbreitete Fehlmeinung, daß die „Gens d'armes" ihren Ursprung einer Idee Napoleon Bonapartes verdanken. Sie gab es in Frankreich bereits ab dem 15. Jahrhundert in Form der aus etwa 10.000 berittenen Edelleuten bestehenden „Ordonnanzcompagnien", zu deren Sold auch die Landbevölkerung und die Bürger beitrugen (Gendarmensteuer). Im Kriege waren sie eine Elite, und in Friedenszeiten sorgten sie für die Sicherheit auf den Landstraßen (Meynert, S. 203f, Neubauer, S. 25f). Wir haben bereits gehört, daß sich Joseph II. mit der Einführung einer Gendarmerie befaßte, aus budgetären Gründen aber den Plan fallen ließ.

Wie die historische Wurzel auch immer gewesen sein mag, wichtig ist, daß die Gendarmerie durch Napoleon neue Gestalt erhielt und im Zuge der Franzosenkriege in deutschen Fürstentümern und in Italien, vor allem in der Lombardei und in Teilen Südtirols, Eingang fand. Nach dem

Wiener Kongreß (1815) ließ die Wiener Regierung das starke lombardische Regiment bestehen und errichtete im Jahre 1846 in Galizien eine analoge „Landessicherheitswache". Als im Jahre 1849/1850 die für das gesamte Kaisertum einheitliche Gendarmerie eingerichtet wurde, erfolgte dies nach den in der Lombardei bewährten Grundsätzen: Sie war zunächst Bestandteil der Armee, besorgte aber feldpolizeiliche Aufgaben nur im Kriegsfall, wodurch die bisherigen Regimenter (Schwadronen) „Stabsdragoner" entfielen. Im Frieden hatte sie ausschließlich für die öffentliche Sicherheit zu sorgen und unterstand in dieser Richtung den Zivilbehörden, in den Kronländern im Wege des Landes-Polizeidirektors dem Statthalter und schließlich den politischen Behörden unterer Ebene (Kreispräsident, Bezirkshauptmann) sowie bedingt den Gerichten und Staatsanwaltschaften.

Bis zum Jahre 1918 durchzieht die geteilte Ressort-Unterstellung als roter Faden die Gendarmeriegeschichte, zumal ihre Offiziere „Offiziere des Soldatenstandes" blieben und der Gendarmerieinspektor (Gendarmeriegeneralinspektor) immer ein hoher Militär war. Wegen der politischen Zusammenhänge ist es aufschlußreich, die wechselnde Ressort-Unterstellung aufzuzeichnen:

Dem Innenministerium war sie bei ihrer Errichtung nur in bezug auf ihre sicherheitsdienstliche Verwendung (ansonsten dem Kriegsminister) unterstellt, bis zur Zeit der „Obersten Polizeibehörde" (1852–1859), als sie der dem Kriegsministerium zugehörige Generalinspektor, als er dieses faktische Ministeramt antrat, „mitnahm". Anschließend gab es bis 1867 neben dem Innenministerium ein Polizeiministerium, das vorübergehend von Hübner, dann von Thierry, schließlich von Mecséry (bis dieser 1865 die Statthalterschaft im Herzogtum Steiermark übernahm) und ab 1865 von Belcredi geleitet wurde. In dieser Phase ressortierte die Gendarmerie seltsamerweise nicht zum Polizeiminister, sondern zum Innenminister (Reaktion auf die in den Jahren 1852 bis 1859 genommene Entwicklung). Für die Begriffe dieser Zeit war diese Regelung weniger unnatürlich als man es heute empfinden würde. Die Gendarmerie war ja von Anfang an als selbständiger militärischer Körper zur Unterstützung der Behörden gedacht. Als im Zuge des Ausgleiches mit Ungarn ein vom Kriegsministerium gesondertes Landesverteidigungsressort entstand, war es zunächst, nämlich von 1868–1870, ein „Ministerium für Landesverteidigung und öffentliche Sicherheit", das für die Polizei zuständig war und vom Innenminister mit den Landwehrangelegenheiten auch alle Gendarmerieangelegenheiten übernahm. Als 1870 die Polizeiagenden an das Innenministerium fielen, verblieb die Gendarmerie bis zum Jahre 1918 beim Verteidigungsministerium (in Ungarn Honvèdministerium). Sie schied mit dem Gendarmeriegesetz 1876 aus dem Verbande des stehenden Heeres, ausgenommen die Gerichtsbarkeit und die chargenmäßige Gleichstellung. Gemäß Gendarmeriegesetz 1876 und Gendarmeriegesetz 1894 hatte das Landesverteidigungsministerium mit dem Innenministerium bloß das Einvernehmen zu pflegen, „wenn es sich um die Verfügung besonderer Sicherheitsmaßregeln handelt".

In Frage standen also Entscheidungen von besonderer politischer Tragweite, die man weder den Militärs noch den regionalen politischen Behörden überlassen wollte.

Eine Spezialität entstand mit der Okkupation Bosniens und der Hercegovina (1878). Da die Verwaltung Bosniens zur „gemeinsamen Angelegenheit" beider Reichshälften wurde, übernahm bis 1918 der für beide Reichshälften „gemeinsame" Finanzminister die ansonsten den Ministern der beiden Reichshälften zukommenden Funktionen für das „bosnisch-hercegovinische Gendarmerie-Corps", wohingegen die militärischen und administrativ-ökonomischen Agenden auf den „gemeinsamen" Kriegsminister übergingen.

Aufgrund des Gendarmeriegesetzes 1850 wurden 16 Regimenter errichtet. Davon entfielen:

Nr. 1 für Österreich ob und unter der Enns und Salzburg,
Nr. 11 für Illyrien (Kärnten, Krain, Küstenland),
Nr. 12 für Steiermark,
Nr. 13 für Tirol und Vorarlberg.

Über die Rolle, in die die Gendarmerie in der „neoabsolutistischen Ära" (1852–1859) gedrängt wurde, ist bereits gesprochen worden. Beachtlich war die Zunahme der Amtshandlungen wegen „Vergehen gegen den Staat" in der ersten Phase dieser Ära, nämlich von 1039 im Jahre 1852 auf 3693 im Jahre 1854. Die ebenfalls schon erwähnte, noch vom Feudal-Föderalisten Goluchowski im Jahre 1860 eingeleitete „Reaktion" führte zu einer Reduzierung auf 10 Regimenter bzw. von 18.985 auf 7923 Mann des Gesamtstandes. Für Niederösterreich, Oberösterreich, Salzburg, die Steiermark und Kärnten wurde ein einziges Regiment (Nr. 1 mit Standort Wien) zuständig!

1866 (gleichzeitig mit der Auflösung der meisten landesfürstlichen Polizeibehörden) wurden die 10 Gendarmerieregimenter in 15 Landesgendarmeriekommanden umgewandelt.

Nr. 1 für Niederösterreich, Oberösterreich und Salzburg in Wien,
Nr. 3 für das venetianisch-lombardische Königreich, Tirol und Vorarlberg in Venedig (ab 1. November 1866 nur noch für Tirol und Vorarlberg in Innsbruck),
Nr. 13 für Steiermark, Kärnten, Krain und das Küstenland (Istrien) in Laibach.

Der „Ausgleich" mit Ungarn (1867) und mit Kroatien (1868) brachte die Teilung der einheitlichen Gendarmerie mit sich, nämlich in die „K.K. Gendarmerie der im Reichsrat vertretenen Königreiche und Länder", andererseits in die „Königlich ungarische Gendarmerie" und das „Königlich ungarisch-kroatisch-slawonische Gendarmerie Commando" in Agram. Schließlich wurde 1872/1873 am Sitz jeder der 14 Landesbehörden ein Landesgendarmeriekommando errichtet, insbesondere:

Nr. 1 in Wien für Niederösterreich,
Nr. 3 in Innsbruck für Tirol und Vorarlberg,
Nr. 6 in Graz für die Steiermark,

Nr. 8 in Linz für Oberösterreich,
Nr. 11 in Salzburg für Salzburg,
Nr. 14 in Klagenfurt für Kärnten, wobei allerdings diese „Provinzen" meist einen größeren Gebietsumfang aufwiesen als nach dem Jahre 1918.

Ab 1872 wurden die Personalstände erhöht, so daß am Vorabend des Ersten Weltkrieges die 383 Bezirksgendarmeriekommanden über nahezu 15.000 Offiziere und Beamte verfügten. Auch sonst waren Bestrebungen in Richtung einer „stärkeren" Gendarmerie erkennbar. Sie fanden im Gendarmeriegesetz 1876 ihren Niederschlag. Diese Normen wurden durch die Gendarmeriegesetze der Jahre 1894 und 1918 sowie andere gesetzliche Einzelbestimmungen geringfügig modifiziert.

Gegenwärtig sind für die Organisation der Gendarmerie der § 20 des Behörden-Überleitungsgesetzes, StGBl. Nr. 94/1945, das Gendarmeriegesetz vom 27. November 1918, StGBl. Nr. 75, und das Gendarmeriegesetz 1894, RGBl. Nr. 1/1895, maßgebend, sämtliche in der Fassung des Bundesgesetzes vom 2. Februar 1972, BGBl. Nr. 59, weiters § 16 des Bundesgesetzes vom 25. Mai 1966, BGBl. Nr. 70, und die Gendarmerie-Dienstinstruktion.

K.k. Gendarmerie 1850–1860, Paradeadjustierung.

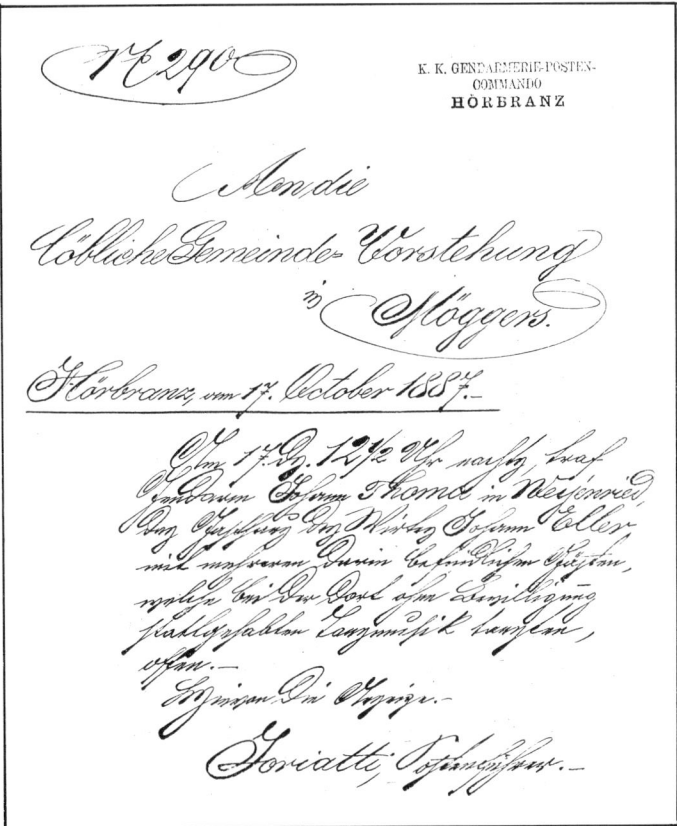

K.K. Gendarmerie-Posten-Commando Hörbranz „An die löbliche Gemeindevorstehung..."

Königlich-ungarischer Gendarm um 1898.

„In den so eigenartigen Verhältnissen der Bukowina habt ihr beileibe nicht Tag und Nacht herumzuschnüffeln und jede harmlose Fröhlichkeit im Namen des Gesetzes zu stören. Ganz im Gegenteil. In diesem äußersten Lande der Donaumonarchie, wo die stützende Hand westlicher Kultur bei jedem Zufassen immer wieder die ganz anders zu beurteilende Nähe des unmittelbaren Ostens fühlt, ist die Rolle des Gendarmen eine wesentlich verschiedene. Hier amtiert er als ständiger Berater, als Helfer in den tausend Nöten des Volkes. Hier ist er Freund und jene Instanz, an die man sich immer wieder und nie vergeblich wendet und wenden darf — ob es sich nun um persönlichen Zwist, um eine Auskunft in rechtlichen Fragen, um Schutz und Sicherheit oder bloß um das Schreiben einer Briefadresse handelt."

Instruktion des LGK für die Bukowina, 1910.

Absperrung des Grazer Tummelplatzes mit Schnellhindernissen durch Gendarmerie (Heimwehraufmarsch 1928).

Gendarmeriezentralschule Mödling. Übung im Kolonnenfahren, 1936. Im PKW vorne der langjährige Kommandant Oberst Ernst Sieber, dahinter der Adjutant, Rtm. Lukas.

Rechts: Der Mitverfasser dieses 700 Seiten umfassenden Lehrbehelfes, Dr. Arnold Lichem-Löwenbourg, war als Gendarmerie-Vizedirektor Leiter des ersten „Höheren Gendarmeriefachkurses" (für leitende Gendarmeriebeamte bzw. Gendarmerie-Offiziere), der 1924–1926 in Graz abgehalten wurde. Die 1930 gleichfalls in Graz errichtete „Gendarmeriezentralschule" (primär Fach- und Chargenkurse) übersiedelte 1935 nach Mödling bei Wien, wo sie sich auch heute befindet. Die Grundausbildung ist Sache der Landesgendarmeriekommanden. Seit 1976 erfolgt die Ausbildung zu leitenden Beamten von Gendarmerie, Sicherheitswache und Kriminalbeamten teilweise gemeinsam; jetzt „Sicherheitsakademie" genannt.

Die österreichische

Strafgesetzgebung

nach dem Stande bis Ende Dezember 1937.

Bearbeitet als Nachschlagebehelf für den praktischen Juristen und zu Lehrzwecken für Organe der öffentlichen Sicherheit

von

Richard Benda

Senatsvorsitzender

und

Dr. Arnold Lichem

Gendarmerieoberst im Bundeskanzleramt.

4., ergänzte und verbesserte Auflage.

1938

Leykam-Verlag / Graz

Ihrem Herkommen entsprechend hat sich die Gendarmerie der Ersten Republik im mehr oder weniger militärischen Bereich besonders bewährt, so im Kärntner Abwehrkampf, bei der Besetzung des Burgenlandes und im Zuge des Juliputsches 1934. Erwähnenswert ist, daß im Jahre 1925 – zugleich mit der eisengrauen Tuchfarbe – das Korpsabzeichen eingeführt wurde, nämlich die neben der Kragendistinktion und auf der Kappe zu führende „flammende Granate". In ähnlicher Form fand sich dieses Zeichen schon auf den allerersten Patrontaschen und später auf dem Hute der K.K. Gendarmerie, hatte aber keinen Zusammenhang mit dem gleichen Abzeichen der bis 1852 bzw. 1860 bestehenden Grenadiere. Eher ist eine lombardisch-napoleonische Wurzel erkennbar, denn auch die in den deutschen Staaten von Napoleon eingeführte Gendarmerie trug dieses Zeichen auf den Patrontaschen.

In der Zweiten Republik war die Bewährung der Gendarmerie zunächst durch die eigentümlichen Verhältnisse der Besatzungszeit und durch die Haltung der Gendarmerieposten in der sowjetisch besetzten Zone und im Grenzgebiet (vorübergehend gab es eine Grenzgendarmerie) markiert. Der Wiederaufbau lag in Händen teils der alten, teils der bis 1938 herangewachsenen Gendarmerieoffiziere und Inspektoren. In dieser Zeit war eine Abstützung in einer speziellen Alarmeinheit gefunden, nämlich in der in der Wiener Rennwegkaserne unter der Führung von Oberstleutnant Käs errichteten „Gendarmerieschule des Bundesministeriums für Inneres", sowie in der im Jahre 1951 gegründeten „B-Gendarmerie" (Bereitschafts-Gendarmerie), die auch den Kader für das spätere Bundesheer stellte. War es bei den

ausgedehnten kommunistischen Unruhen vom Oktober 1950 die Polizei, die der Lage in Wien bald Herr wurde, so stellten in Linz die Gendarmeriekräfte unter der Leitung des Sicherheitsdirektors Dr. Roßmanith und unter dem Kommando des Landesgendarmeriekommandanten Dr. Mayr die Ruhe wieder her.

Ehrenformation der B-Gendarmerie in Ebelsberg (1952). Von rechts: Sicherheitsdirektor Dr. Roßmanith, Landesamtsdirektor Dr. Rußegger, Oberst Dr. Mayr.

Verkehrsüberwachung (1974).

Links: Alpine Einsatzgruppe mit Puch-Haflinger (1974).

Die Bundesgendarmerie betreut heute mit ca. 11.600 Beamten zwei Drittel der ca. 7,550.000 Einwohner Österreichs, wohingegen den Bundespolizeibehörden insgesamt ca. 10.000 Sicherheitswachebeamte und 2400 Kriminalbeamte zur Verfügung stehen. Somit entfällt ein Sicherheitsorgan auf 316 Einwohner im Durchschnitt des Bundesgebietes; in den Gendarmerierayonen auf 397 und in den Polizeirayonen auf bloß 230 Einwohner. Dieses „Mißverhältnis" resultiert aus der polizeilichen Belastungskurve kraft der Massierung in den größeren Städten. Im Bundesgebiet sind 8 Landesgendarmeriekommanden (für jedes Bundesland, ausgenommen Wien), 40 Gendarmerieabteilungskommanden, 90 Bezirksgendarmeriekommanden und 1077 Gendarmerieposten tätig. Jedem Landesgendarmeriekommando stehen außerdem spezielle Abteilungen zur Verfügung; die Schulabteilung, die Verkehrsabteilung und die Technische Abteilung. Die Kriminalabteilungen der Landesgendarmeriekommanden unterstützen nicht bloß die Gendarmeriedienststellen der politischen Bezirke, sie sind auch berufen, und zwar im Namen der Sicherheitsdirektion, bestimmte Ermittlungen und Amtshandlungen im ganzen Bundesland durchzuführen, sogar im Rayon einer Bundespolizeidirektion (VerfGH vom 30. April 1964, V 11, 12/63).

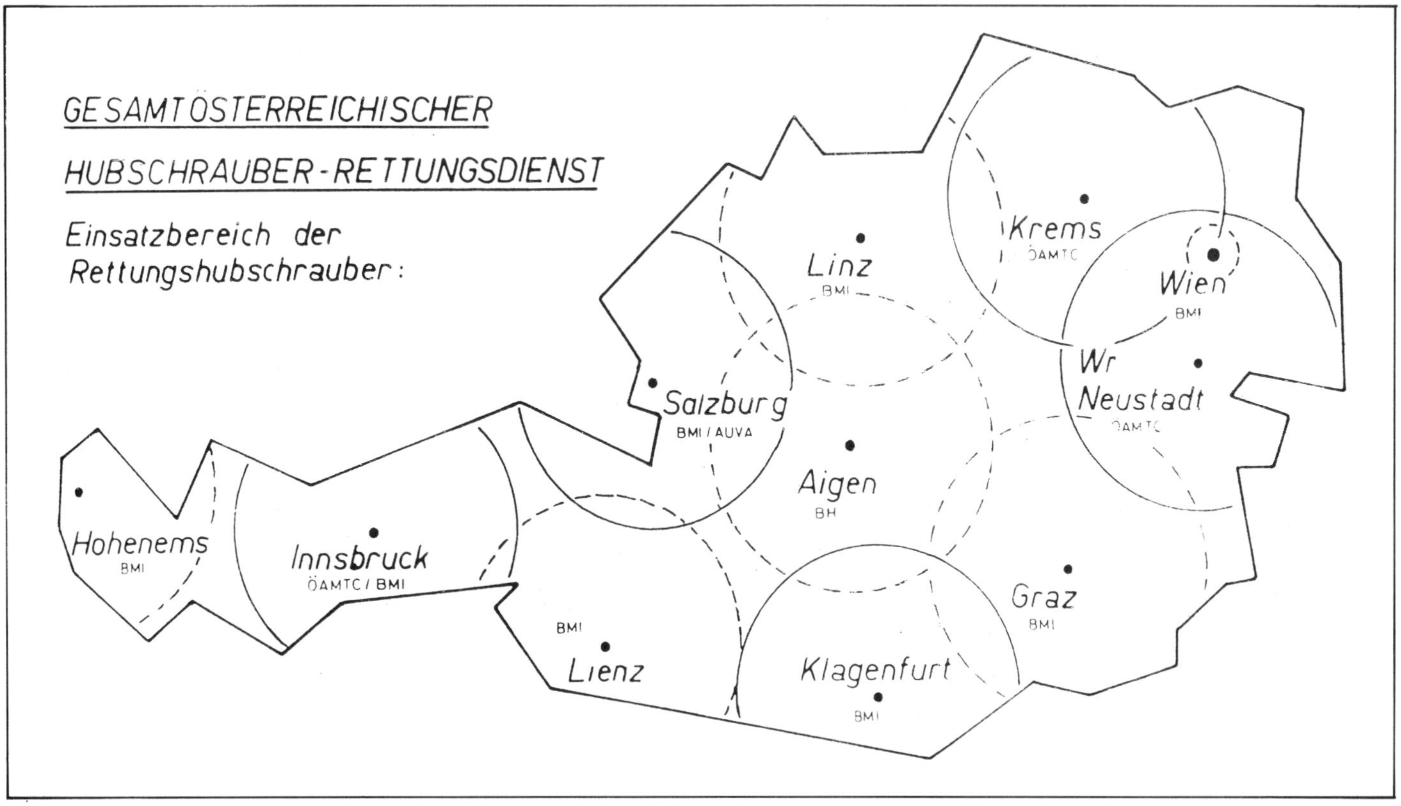

GESAMTÖSTERREICHISCHER
HUBSCHRAUBER-RETTUNGSDIENST

Einsatzbereich der
Rettungshubschrauber:

Krems
ÖAMTC

Wien
BMI

Linz
BMI

Wr
Neustadt
ÖAMTC

Salzburg
BMI/AUVA

Aigen
BH

Hohenems
BMI

Innsbruck
ÖAMTC/BMI

Graz
BMI

BMI

Lienz

Klagenfurt
BMI

Agusta Bell 47J-3B1 (links) und Agusta Bell 206B.

Vorgänger dieser Institution waren die „Ausforschungsabteilungen", die unmittelbar nach dem Ersten Weltkrieg bei den Landesgendarmeriekommanden errichtet wurden, aber trotz ihres ersprießlichen Wirkens im Jahre 1928 der Auflösung verfielen. Ihr Personal wurde den Polizeidirektionen zutransferiert, ansonsten wurden daraus bei den Landesregierungen errichtete Kriminal- bzw. Polizeiabteilungen formiert. Hierin manifestierte sich der Einfluß des Polizeipräsidenten Schober, die Kompetenzen der in den Landeshauptstädten gelegenen Polizeidirektionen zu erweitern.

Es wäre bequem, und überdies nicht richtig, Bundesgendarmerie und Bundessicherheitswache gleichzusetzen, bloß mit dem Unterschied, daß erstere dem Bezirkshauptmann, letztere dem Polizeidirektor zur Verfügung steht. Es zeigt sich nämlich, daß die Gendarmerie in ihren Territorien im Grunde das alleinige kriminalpolizeiliche Instrument darstellt, wohingegen in den größeren Städten die Kriminalitätsbekämpfung, sobald sie verfeinerter und komplizierter wird, den staats- und kriminalpolizeilichen Abteilungen mit ihren Kriminalbeamtenkorps überlassen ist. Aber nicht das allein. Ist der Polizeidirektor auch in den innerdienstlichen Angelegenheiten (Organisation, Ökonomie, Personal- und Disziplinarhoheit) Chef seiner Sicherheitswache, so ist dies der Bezirkshauptmann, wie übrigens auch der Sicherheitsdirektor, keineswegs hinsichtlich „seiner" Gendarmerie. Die Gendarmerie ist also nach wie vor ein „Korps" im Sinne dieses Wortes, welches – sieht man von der Leitung des Sicherheitsdienstes der Bezirke ab – einer „korpsfremden" Einflußnahme bloß durch den Innenminister und den Generaldirektor für die öffentliche Sicherheit (und in engen personellen Grenzen auch durch den Landeshauptmann) unterliegt. Hinsichtlich der Vollziehung des Sicherheitsdien-

stes ist zu erkennen, daß – vergleicht man die behördlichen Träger des Sicherheitsdienstes der untersten Verwaltungsebene, also den Bezirkshauptmann einerseits und den Polizeidirektor andererseits – der Gendarmerie praktisch die Rolle einer „dritten Kraft" zuteil wird. Denn die rechtskundigen Beamten der Bezirkshauptmannschaften, denen die Gendarmerie ihres Bezirkes untersteht, weisen keinen „handwerklichen" Werdegang als Kriminalisten oder Staatspolizisten auf, verfügen über keine persönlichen exekutivdienstlichen Befugnisse und keine sicherheitspolizeiliche Ausbildung. In der „Gerichtlichen Polizei" vollzieht sich der Kontakt der Gendarmerie mit den Gerichten und Staatsanwaltschaften direkt. Schließlich unterstehen die Beamten der Bezirkshauptmannschaften nicht der Diensthohheit des „Bundes", sondern der des jeweiligen Bundeslandes. Demgemäß, und weil die Bezirkshauptmannschaften für sämtliche Zweige der allgemeinen staatlichen Verwaltung zuständig sind, kann man sie trotz ihrer gesetzlichen Kompetenz nicht als „vollblütige" Sicherheitsbehörden ansprechen, zumal sie auch in dieser Funktion außerhalb der normalen Amtszeit nur eingeschränkt wirksam werden. Die Überbrückung des aufgezeigten „Vakuums" wird eben von der Gendarmerie, weiters von der Sicherheitsdirektion, gelegentlich auch in der Form einer intensiv ausgelegten „Rechtshilfe" durch die nächste Bundespolizeidirektion, gemanagt.

Das inhomogene Organisationsbild des Sicherheitswesens, welches schon vor der Bundesverfassung 1920 gezeichnet worden war, wurde im Verlauf der staatlichen „Schreckesekunden" in der Zwischenkriegszeit sowie 1945/46 bis zu einem gewissen Grad neutralisiert. Seltsamerweise wurde kaum etwas gegen den Widerspruch unternommen, der

Von links: Rayonsinspektor im Dienstanzug, Oberstleutnant im Dienstanzug, Kontrollinspektor im Gesellschaftsanzug, Bezirksinspektor des österreichischen Zypernkontingents im Dienstanzug, Rittmeister mit leichtem Mantel (1974).

Rock- und Ärmel-(Hemd-)Distinktionen

Bergmütze

Prov. Gendarm

Gendarm

Patrouillenleiter

Rayonsinspektor

Tellerkappe

Eingeteilter Beamter

**Absolvent des
Fachkurses**

Revierinspektor

Bezirksinspektor

Kontrollinspektor

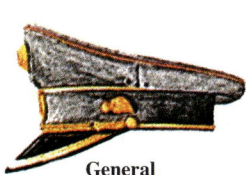

Verkehrsdienst

Leutnant

Oberleutnant

Rittmeister

Major

**Dienstführender
Beamter**

General

Schulterspange

**Dienstführender
Beamter**

Oberstleutnant

Oberst

General

Zusätzliche Ärmeldistinktion

a   b

a Frequentant des Fachkurses

b Frequentant des Gehobenen Fachkurses

Distinktionen der Bundesgendarmerie (1947–1978).

darin besteht, daß zwar die Offiziere der Sicherheitswache an der Führung des Sicherheitsdienstes unmittelbar beteiligt sind, die Gendarmerieoffiziere hingegen grundsätzlich nicht (§ 4 GG. 1894), obgleich ihre Einbindung schon wegen des umfassenderen Tätigkeitsfeldes der Gendarmerie nützlich wäre. Vor Jahren bestand allerdings der Plan, unter gleichzeitiger Auflösung der (im GG. nicht verankerten) Abteilungskommanden, mit der Führung der Bezirkskommanden Offiziere zu betrauen. Ein ähnliches Ziel verfolgte man bereits bald nach dem Ersten Weltkrieg, was dazu führte, daß eine Reihe von Gendarmerieoffizieren das Studium der Rechtswissenschaften absolvierte. Die Möglichkeiten, um aus den Gleisen herauszukommen, sind dadurch eingeschränkt, daß an der Funktion der Bezirkshauptmannschaft als „Sicherheitsbehörde I. Instanz" – ein Element des Föderalismus – nicht gerührt werden kann. Allerdings käme einer Änderung des erwähnten § 4 GG. 1894 (bzw. § 2 Abs. 3 GG. 1918) keine politische Tragweite zu.

Einem solchen „kurzen" Weg gegenüber sind auch andere Mittel vorstellbar, die gleichfalls die Kompetenzen der Bezirkshauptmannschaften nicht berühren würden. Man muß davon ausgehen, daß die ernstere Kriminalität einer großräumigen und spezialisierten „Betreuung" bedarf. Die Grenzen der Bezirke sind aber meist eng gezogen, und diese Betreuung wird erst von einer Stufe aus betrieben, die im Durchschnitt, oder häufig, sehr weit ab von den Geschehensorten liegt. Diese Stufe stellen die regionalen Dienststellen (Sicherheitsdirektion, LGK/Kriminalabteilung) dar. Umfang, Betriebsamkeit und Konfiguration der Bundesländer

Distinktionen der Bundesgendarmerie (1989).

Kragendistinktionen

| Inspektor | Revierinspektor | Bezirksinspektor | Gruppeninspektor | Abteilungsinspektor |

Ärmel- bzw. Schulterdistinktionen

Kragendistinktionen

| Leutnant | Oberleutnant | Hauptmann | Major | Oberstleutnant |

Ärmel- bzw. Schulterdistinktionen

Kragendistinktionen

| Oberst | Oberst der DKL. VIII | General | Gedarmeriezentralkommandant Gendarmeriegeneral |

Ärmel- bzw. Schulterdistinktionen

sind freilich unterschiedlich, aber es wäre doch überlegenswert, großflächige „Sicherheitsbezirke" einzurichten, etwa dadurch, daß die Zahl der bestehenden Gendarmerie-Abteilungskommanden verdünnt und ihnen die Funktion von Außenstellen der LGK-Kriminalabteilung (bzw. Sicherheitsdirektion) zugewiesen wird. Auf diese Weise könnte eine Förderung des Bezirksdienstes ebenso erwartet werden wie eine Verkürzung von Anmarschwegen, zugleich eine Entlastung und Straffung des Dienstes der regionalen Dienststellen.

Als im Jahre 1933 die Sicherheitsdirektionen eingerichtet wurden, war nicht die Zeit zu großzügigeren polizeiorganisatorischen Maßnahmen, etwa „Landespolizeibehörden" im Sinne der Ideen Schobers zu schaffen. Diese hätten ähnlich funktioniert wie die (Landes-)Polizeidirektionen in den Hauptstädten nach den von Pergen und Bach vorgesehenen Modellen. Ihr Vorteil lag in der Zusammenlegung von an sich „instanzenmäßig" verschiedenen Behörden. Die Dimensionen sind mit der Zeit freilich andere geworden, was im Prinzip gegen eine „Zusammenlegung" spricht. Andererseits aber bringen eben die wachsenden Dimensionen die Gefahr des Auseinanderdriftens mit sich, so daß schon deshalb an ein Gegensteuern gedacht werden sollte, wobei auch zu überlegen wäre, daß die Teilfunktion der Sicherheitsdirektion als verfahrensmäßige II. Instanz mit der bereits gesetzlich vorgesehenen Einrichtung von Landesstrafsenaten (BGBl. Nr. 685/88) möglicherweise ein Ende finden wird. Von Fall zu Fall, das heißt in einzelnen Bundesländern, hat eine wenigstens gebäudemäßige Vereinigung zwischen Sicherheitsdirektion, Polizeidirektion und/oder Landesgendarmeriekommando stattgefunden, in anderen aber nicht. Wenn sogar die Kriminalabteilung des LGK meilenweit entfernt von ihrer „Dienstbehörde", der Sicherheitsdirektion, logiert, so ist das gewiß nicht vorteilhaft. Einmal wird sicherlich, schon allein aus Ersparungsgründen, der Tag einer büromäßigen Zusammenlegung kommen müssen, denkt man bloß an die Vorteile gemeinsamer technischer Nachrichtenverbindungsmittel, Erkennungsdienst und Karteien. Eine weitergehendere Zusammenlegung – so schwierig zu lösen sie auch sein mag – legt das Problem der personellen Kapazität nahe. Mit anderen Worten: Es liegt auf der Hand, daß etwa acht leitende Beamte einer Behörde qualitativ das Doppelte zu leisten im Stande sind, als zweimal vier Beamte, die sich auf zwei Behörden mit sachlich kongruenten Aufgaben verteilen; schon deshalb, weil die Verteilung im ersteren Falle einen entsprechend höheren Grad an Spezialkenntnis zuläßt. Umso vorsintflutlicher muß das derzeitige System in einer Zeit anmuten, in der der Zustrom an allgemeiner und spezieller Information gewaltig ist, so daß es schon schwierig ist, das Angebot zu überblicken und das Wesentliche zu sortieren, geschweige denn auch aufzunehmen um es anleitend zu verwerten.

Gegenwärtig liegen die Dinge ja so, daß (das Verhältnis Wien–Niederösterreich selbstverständlich auszunehmen) hinsichtlich der Betreuung der staats- und kriminalpolizeilichen Agenden die Zahl an Juristen und Offizieren des Kriminaldienstes auf Seite der Polizeidirektionen jene der Sicherheitsdirektionen in den Schatten stellt. Hinzu tritt aber noch, daß die eine schwache „Handvoll" bildenden leitenden Beamten einer Sicherheitsdirektion (von denen fast jeder einer „Abteilung" vorsteht) nach Dienstalter, Rang etc. meist jünger sind als ihre „Untergebenen" bei den Polizeidirektionen und Bezirkshauptmannschaften, woran zwangsläufig das Erfüllen der an sich bedeutungsvollen Aufgabe der Sicherheitsdirektion, nämlich Koordination und fachliche Aufsicht hinsichtlich sämtlicher Sicherheitseinrichtungen im Bundeslande, leidet.

Waffen und Waffengebrauch

Die Waffenkunde wurde erst Ende des 19. Jahrhunderts geboren. Hat es sich nicht um Waffen besonderen künstlerischen Wertes gehandelt, wie die Ausrüstungsstücke mancher Fürsten und „Helden", wurden die nicht mehr dem Gebrauche dienenden Rüstungen weggeworfen, vergraben, in Flüssen versenkt oder umgegossen bzw. umgeschmiedet. Auf diese Weise sind nicht bloß Bestände verloren gegangen, es bedurfte auch lange Zeit, um sich im Wege von Sammlungen, bildlichen Darstellungen sowie von Dokumenten gewerblicher, wirtschaftlicher und militärischer Natur, Überblick über Form, Ursprung und Verwendung zu verschaffen. Aufklärung hinsichtlich der für den Gebrauch durch den „gemeinen Mann" bestimmten Massenware war am ehesten zu erzielen, wenn sich noch vollgestopfte Zeughäuser erhalten haben. Als solche sind das einzigartige landständische Zeughaus in Graz mit seinen 30.000 Inventarstücken und die Esterhazy'sche Sammlung auf der Burg Forchtenstein (fürstliches Zeughaus) zu nennen.

Über die ballistischen Wirkungen, die Wundballistik eingeschlossen, alter und – vergleichsweise – der neuesten Feuerwaffen wurde erst in allerjüngster Zeit eine bemerkenswerte Literaturlücke geschlossen, und zwar durch Zusammenwirken des Steiermärkischen Zeughauses mit dem Amt für Wehrtechnik. (Hinweise über diese Schießversuche siehe unter „Luntenmuskete", Seite 20.)

Daß in der Waffengeschichte der große Traditionsträger, nämlich das Heer, im Mittelpunkt stand und dem „Stiefkind der Nation", nämlich der Polizei, wenig Aufmerksamkeit gewidmet wurde, überrascht nicht. So ist ein Einblick in die Entwicklung der Bewaffnung polizeilicher Wachkörper nur bruchstückhaft überliefert worden. Verfolgbar ist die Entwicklung aber mit Hilfe des Heerwesens, weil bis ins 19. Jahrhundert hinein eine Verbindung dieser beiden staatlichen Elemente auf organisatorischer Ebene stattgefunden hat. Dafür war vor allem maßgebend, daß sich – ungeachtet regionaler wie zeitweiser Varianten – die Wachkörper aus Soldaten rekrutierten, oder auch organisch dem Militärressort unterstehende Verbände blieben.

Die Reform Josefs II. (1780–1790) ist die markanteste, weil sie in allen Hauptstädten den Statthaltern unterstehende Polizeidirektionen vorsah. Die gleichzeitige Beigabe von Wachkörpern führte zu einer „Demilitarisierung", denn zuvor hatte es Josef I. (1705–1711) durchgesetzt gehabt – und zwar im Rahmen seiner Politik, der Mißwirtschaft der landständischen und städtischen Obrigkeiten gegenzusteuern –, die Militärgarnisonen auch mit den Funktionen polizeilicher Wachen zu betrauen („Stadtgarnison", „Stadtwache"). Schließlich entstand mit der im Jahre 1852 einsetzenden Kempen'schen Reform ein einheitlich geführtes „Militär-Polizei-Wach-Corps", das sich, wie auch die neu geschaffene Gendarmerie, aus der Armee ergänzte. Die Grundausrüstung mit Schußwaffen wurde daher zur Selbstverständlichkeit, was hingegen beispielsweise in Großbritannien nie der Fall war. (Die Pistole ist auf der Dienststelle verwahrt und wird erst mit besonderer Ermächtigung ausgegeben. Über diese Prozedur sind die Beamten allerdings nicht glücklich.) Man darf dennoch nicht darüber verwundert sein, daß für den österreichischen Polizeibeamten die Waffe keineswegs ein „Fetisch" ist. Sein persönliches Interesse ist mit einer tadellosen Waffe mit entsprechender Munition zur Notwehr begrenzt. Denn: „Die gelindeste Waffe ist das Wort", und was darüberhinaus angewendet wird, oder angewendet werden muß, gräbt sich bereits als nahezu „tragisch" ins Polizeitagebuch. So wollen es auch die §§ 4 bis 6 Waffengebrauchsgesetz 1969. (Siehe auch Szirba, „Der Waffengebrauch der Exekutive im Lichte nationaler und internationaler Normen", in: „Öffentliche Sicherheit", Nr. 10/1989.)

Gebrauch der Waffe und Waffengebrauch

Die Kenntnis der historischen Entwicklung macht begreiflich, daß die Bewaffnung der uniformierten polizeilichen Wachkörper vom Militär geprägt wurde, denn an sich wäre die weitgehende Kongruenz, wenngleich eingeschränkt auf die Blankwaffen und die Handfeuerwaffen der Infanterie, nicht zu begründen. Verständlich ist allerdings, daß solche Waffen verfügbar sind, jedoch nur in Ansehung von Ausnahmefällen oder in Ausnahmezeiten. Unter außerordentlichen Verhältnissen wird sogar die Ausrüstung mit Straßenpanzerwagen nicht unangemessen sein, wie dies in Österreich vor 1938, angesichts der nationalsozialistischen Bedrohung der Fall war.

Daß die Bewaffnung der Polizei von heute „stark" ist – man denke bloß an die Schnellfeuerwaffen –, hat mit diesem Gesichtspunkt nichts zu tun. Denn diese „Stärke" wird der Polizei von den Gewaltverbrechern aufgezwungen. Heute ist die Bewaffnung im Grunde nicht „militärisch", mögen auch gelegentlich ein und dieselben Typen bei Polizei und Heer Verwendung finden. Der Gendarmeriebeamte rückte

bis zum Jahre 1938 zum Patrouillendienst routinemäßig mit dem Gewehr aus. Ansonsten stand ihm die Steyr-Repetierpistole zur Verfügung, und neben dem Gewehr war er auf das grundsätzlich aufzupflanzende Bajonett und auf einen kurzen Säbel angewiesen, sieht man vom Gummiknüppel ab. Anlaß zur Einführung des Knüppels boten die schlimmen Erfahrungen bei den Unruhen in Wien am 15. und 16. Juli 1927, die sich der Nachwelt mit dem „Justizpalastbrand" verbinden. Die Ausrüstung mit einer mindergefährlichen Waffe, die bis dahin ausschließlich in einem filigranen kurzen Säbel bestand (Klingenlänge 65 cm, Spangenkorbgefäß, Metallscheide an untergeschnallter Hängekuppel), erwies sich als unzureichend. Die Polizeibeamten wurden dutzendweise entwaffnet und ihre Säbel zerbrochen. Aber trotz des Gummiknüppels glaubte man, auf den Säbel nicht verzichten zu dürfen und ersetzte den „Spangenkorbsäbel" durch den kürzeren aber robusteren „Stecksäbel" (in einer Steckkoppel getragen), den die Gendarmerie seit 1919 führte. Die „Säbel-Tradition" ist erstaunlich, umsomehr als diese gewichtige Waffe beim „militärisch zu führenden Hieb" gegen bekleidete Körperteile so gut wie keine Wirkung auslöst, ansonsten eher gefährliche Verletzungen hervorrufen kann. Zum Stich (Stoß) durfte der Säbel nur im „ausnahmsweisen Bedarfsfall" gebraucht werden, der Hieb mit flacher Plempe war irregulär. Dem Stich mit dem aufgepflanzten Bajonett war der Vorzug zu geben (§ 65 Gendarmeriedienstinstruktion). Bei der Gendarmerie wurde der „Stecksäbel" erst im Jahre 1951, und zwar mit Wiedereinführung des Gummiknüppels, abgeschafft, wohingegen bei der Sicherheitswache zwischen 1947 und 1951 ein Holzknüppel eingeführt war.

Sehr oft wird unter Hinweis auf Abbildungen behauptet, die Polizei habe sich schon immer des Knüppels („Polizeistokkes") bedient. Dies ist ein Mißverständnis, das auf die „militärische Vergangenheit" der polizeilichen Wachkörper zurückzuführen ist. Beim „Stock" handelte es sich um ein in der Armee eingeführtes Würdezeichen, wofür zuvor das „Kurzgewehr" gedient hatte. Vom Korporal aufwärts führten ihn alle:

„Wer den Stock kann führen,
der darf commandieren."

Erzherzog Carl schaffte im Jahre 1803 den Stock für das Offizierskorps ab, er blieb aber den Unteroffizieren bis zum Jahre 1848 erhalten, um durch Distinktionsabzeichen auf dem Kragen ersetzt zu werden. Der Korporal führte einen Haselstecken, der Feldwebel ein spanisches Rohr, beide mit einer Riemenschlaufe mit Quaste versehen; bei ergriffenem Gewehr wurde die Schlaufe an den dritten Rockknopf gehängt.

Wir können begreifen, daß die Wachkörper bis zur Mitte des 19. Jahrhunderts im Prinzip „infanteristisch" ausgerüstet waren. Ihr Dienst war ja nicht eigentlich polizeilich, sondern erschöpfte sich in routinemäßigem Posten- und Streifendienst, eher nach den „repräsentativen" Grund-

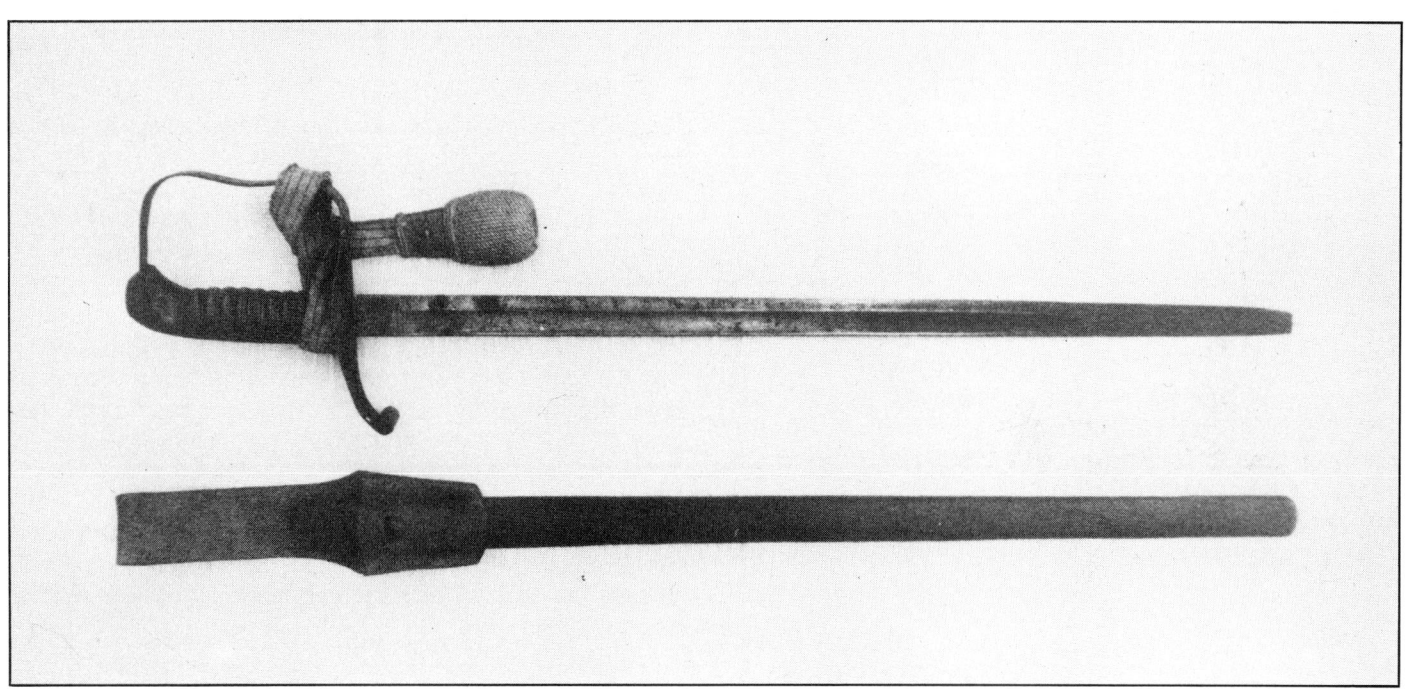

Gendarmeriesäbel 1919 („Stecksäbel"; Spitze abgebrochen, Länge der Klinge mit Spitze 58 cm).

sätzen für Festungen und Militärlager. Für diese „Soldaten" gab es keine polizeiliche Schulung, sie strebten diesen Dienst nicht an und vollzogen ihn auch verständnislos und widerwillig. So hätte es gar keinen Sinn gehabt, ihnen einen Knüppel in die Hand zu drücken. Sie hätten ihn wahrscheinlich auch nicht angenommen, weil das Führen eines Knüppels, nach den Begriffen dieser Zeit, als mit dem Soldatentum unvereinbar gegolten hätte. Dieses System erscheint dennoch erstaunlich, denn die zivilen Behörden, denen die Aufrechterhaltung von Ruhe und Ordnung am Herzen lag, wünschten naturgemäß kein Einschreiten, das mit Blutvergießen verbunden ist. Wozu dann aber ausschließlich blanke Waffe und „Feuergewehr"?! Durch Dokumente ist belegt, daß oft an sich harmlosen Tumulten, Handwerkerstreiks und Studentenkrawallen durch den Gebrauch der Schußwaffe ein blutiges Ende gesetzt wurde, obgleich die Behörden ein maßvolles Einschreiten verlangt hatten.

Dieses Bestreben von Regierung und politischen Behörden drückte sich auch in Normen aus. Am deutlichsten zuerst in dem theresianischen Reglement für die Wiener Polizey-Wache, dessen Artikel 52 sich im Kern in allen folgenden Waffengebrauchsbestimmungen wiederholt: lebensgefährdender Waffengebrauch nur zur Rettung eines Lebens oder zur Hinderung der Flucht eines allgemeingefährlichen Verbrechers. Dieser Artikel ist gut zu lesen. Er lautet:

„52.)
Bescheidenheit der Mannschaft gegen das Volk, item in Betref des Unter u. Obergewehrs.

Die Mannschaft von der Polizey Wache soll sich auf das Äusserste in Acht nehmen, damit sie nicht irgendwo durch grobes betragen sich den Haß des Volkes zu ziehen, oder durch irgend zu hiziges Verfahren zu einer Rauferey, und Handgemenge Gelegenheit gebe. Wir gebieten ihr daher bey allen Gelegenheiten, den möglichsten Glümpf, und Bescheidenheit zu gebrauchen, und eher sich zurückzuziehen, als es zu thätlichkeiten zwischen ihr, und dem Volke ankommen zu lassen: Wie wir ihr dann das blanke Gewöhr zu ziehen, und jemanden zu verwunden, wenn es nicht um die Rettung eines Lebens zu thun, oder der etwa ausbrechende flüchtig gehende schwere Verbrecher selbst ist, ausdrücklich und bey schärfester Straffe untersagen. Auf gleiche weise also solle sie bey einen Auflaufe, oder grösseren Aufrühre sich glümpflich betragen, und das Volk durch Unbesonenheit nicht noch mehr aufbringen, am allerwenigsten aber ohne ausdrücklichen von Unserer N.Oe. Regierung ihr gegebenen Befehl von ihrem sowohl Feyer als kurzem Gewöhr gebrauch machen."

Weil oft vom „Polizeistaat" und seiner „Willkür" gesprochen wird, erscheint es geboten, auch auf die Waffengebrauchsnormen aus dem „Vormärz" hinzuweisen. Im Hofkanzleidekret vom 15. Jänner 1833 wurde die Frage, ob es den Wachen erlaubt sei, nach dreimaligem Anruf auf einen Flüchtenden zu schießen, unter Hinweis auf das allgemeine Strafgesetz verneint. In einem Hofdekret vom 27. Mai 1837 wurde die Anwendung von Waffengewalt durch Assistenzkräfte des Heeres der Entscheidung eines Abgeordneten der Zivilbehörde unterworfen. Wenn man wollte, könnte man sagen, daß die heutigen gesetzlichen Regelungen über den Waffengebrauch längst praktiziert worden sind. Die Unterschiede sind tatsächlich geringfügig; sie erschöpfen sich hauptsächlich im Gebot einer wiederholten Aufforderung zur Herstellung des gesetzlichen Zustandes, sowie einer wiederholten Androhung des Waffengebrauches gegenüber einer Menschenmenge.

Hinsichtlich des Einsatzes „geschlossener Einheiten" (das sind unter einheitlichem Kommando exerziermäßig auftretende Formationen) hat das derzeit geltende Gesetz über den „Waffengebrauch von Organen der Bundespolizei, der Bundesgendarmerie und der Gemeindewachkörper" (Waffengebrauchsgesetz 1969) den bis dahin etwas verwirrenden Zustand beseitigt. Ursprünglich waren nämlich auch für die Sicherheitswache [ungeachtet des späteren (seit 1929) verfassungsgesetzlich verankerten Grundsatzes, wonach der Bundespolizei der Waffengebrauch im selben Umfang zusteht wie der Bundesgendarmerie – § 12 Gendarmeriegesetz 1894] in solchen Ausnahmefällen die Gendarmerievorschriften maßgebend, wobei die Gendarmeriedienstinstruktion (GDI) für Einsätze unter der Leitung eines Beamten einer Sicherheitsbehörde, oder unter dem Kommando eines Gendarmerieoffiziers, auf die den Assistenzfall regelnden Bestimmungen der (jeweiligen) Heeresdienstvorschrift verwies. Die maßgeblichen Bestimmungen der GDI (§§ 66, 66a) wurden erst geändert, bzw. „verselbständigt", als es – zwischen 1945 und 1955 – kein Heer gab.

Die Art der Regelung, wie sie vor dem Ersten Weltkrieg eingeleitet worden war, war in der Praxis nicht unzweckmäßig. Die althergebrachte „Dominanz" der Armee war aber unverkennbar, obgleich die einschlägigen Bestimmungen keinesfalls von der Armee einseitig beschlossen werden konnten. Bis zu einem gewissen Grad hat sich diese „Dominanz" noch bis 1969 bzw. 1979 erhalten, allerdings bloß zufällig, da die Allgemeine Dienstvorschrift für das Bundesheer (ADV) in dieser Rücksicht nichts anderes als eine Textverkürzung des § 72 des Dienstreglements für das Kaiserliche und Königliche Heer, I. Teil, bzw. des § 53 der ADV des Bundesheeres 1920 bis 1938, darstellte. So sah § 31 ADV ursprünglich vor, daß der Kommandant der Assistenztruppe von der Notwendigkeit des vom Behördenvertreter verlangten Waffengebrauches auch überzeugt sein müßte. Diesen Vorbehalt des Kommandanten enthielt wörtlich übereinstimmend auch der § 66a GDI, der nach dem Jahre 1945 eingefügt wurde und der letzten ADV entsprach. Einen solchen Vorbehalt läßt das Waffengebrauchsgesetz 1969 für den Kommandanten einer Polizei- bzw. Gendarmerieeinheit nicht mehr zu; stattdessen ordnet es eine Beratung durch „vorangehendes Anhören" des Kommandanten an. Eine übereinstimmende Regelung für Assistenztruppen wurde daraufhin durch eine Novellierung des § 31 ADV im Jahre 1979 getroffen, so daß im großen und ganzen „Gleichklang" besteht.

Es wäre ein Irrtum, die erwähnte „Dominanz" auf eine politische Suprematie der Armee zurückführen zu wollen. Letztere ist nämlich dem österreichischen Staatswesen fremd gewesen, seitdem Maria Theresia die „bürgerliche Tüchtigkeit" zu nobilitieren begann und den Beamtenstaat schuf. Eine bloß nebenher bestandene „dominierende" Rolle

des Offiziers gegenüber dem juridisch-politischen Beamten der Verwaltungsbehörde („schäbiger Zivilist") mochte auch einen sachlich vertretbaren Grund gehabt haben. Wer die Lage des kommandierenden Infanterieleutnants gegenüber den streikenden galizischen Fabriksarbeitern im Roman „Radetzkymarsch" von Joseph Roth im Gedächtnis hat, wird begreifen, daß das alleinige weittragende Entscheidungsrecht eines Beamten durchschnittlichen Zuschnitts einer Bezirkshauptmannschaft fragwürdig gewesen wäre. Ab dem Jahre 1866 gab es nur vereinzelt „Polizeidirektionen", also Behörden, denen polizeilich versierte „exekutive", nämlich bewaffnete und uniformierte, juridisch gebildete Verwaltungsbeamte zur Verfügung standen. Erst nach dem Ersten Weltkrieg sind nach und nach auch in anderen größeren Städten derartige Polizeibehörden errichtet worden. Da auch die in der Zwischenzeit geschaffenen Sicherheitsdirektionen in der Lage sind, ihre exekutiv geschulten Juristen in die Bereiche ihrer Bezirkshauptmannschaften zu entsenden, scheint die vom Waffengebrauchsgesetz 1969 vorgenommene Schwenkung vertretbar.

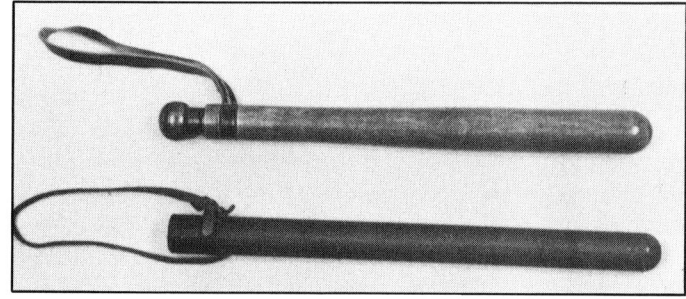

Oben: Holzknüppel, in Verwendung zwischen 1947 und 1951 bei der Sicherheitswache.
Unten: Gummiknüppel, Länge 38 cm, zwischen 1928 und 1938 bei der Sicherheitswache und Gendarmerie – neben dem Stecksäbel – eingeführt. Seit 1951 ist bei der Exekutive ein kurzer (38 cm), verdeckt zu tragender Gummiknüppel eingeführt; derzeit außerdem, zur neuen „Sonderausrüstung" (Visierhelm und Plastikschild), ein 76 cm langer „Schlagstock" aus Hartplastik.

Bei Betrachtung der Bewaffnung selbst haben wir noch keine Erklärung dafür gefunden, warum so viel Zeit verstreichen mußte, ehe der „Knüppel" als mindergefährliche Waffe eingeführt wurde, obgleich schon immer das Bestreben erkennbar war, mit Zurückhaltung und „Glimpflichkeit" vorzugehen. Wir haben Grund zur Annahme, daß die traditionelle Art der Rekrutierung der Wachkörper und ihre organisatorische wie geistige Bindung an die Armee, keinen ernsthaften Gedanken zuließ, soldatische Waffen gegen einen „Knüppel" zu tauschen. Hinzu trat noch die „doppelbündige hemmende Form der militärischen Organisation der Polizei", die der große Kriminalist Avé-Lallemant (1809–1892) so geißelte. Die in den meisten deutschen

Staaten frühzeitiger als in Österreich errichtete Gendarmerie bezeichnete er als „Waffenmänner", die die Räuberbanden bloß zersprengten, während es „nicht der soldatischen Taktik, sondern der gelegentlichen polizeilichen Umsicht gelungen sei, die verhältnismäßig wenigen Räuber zur Haft zu bringen". Ganz so kann es nicht gewesen sein, denn es mußte zunächst jemand „in den Wald" gegangen sein, bevor Abgesprengte ausgeforscht werden konnten. In Österreich fand jedenfalls der Sicherheitsdienst der Gendarmerie sehr bald allgemeine Anerkennung. Gewiß, die Memoranden dieses großen Polizeidenkers bezogen sich nur auf die Verhältnisse in den „deutschen Staaten". Aber war Österreich damals so weit ab vom „Prinzip der figuranten Repräsentation, das jeden Staatsdiener in einen Militärrock steckte"? Doch wohl nicht, sonst wäre nicht der Begriff des „Bach-Husaren" für die mit Zweispitz und Degen paradierenden Staatsbeamten geprägt worden. Sonst wäre auch nicht durch die Uniformierungsvorschrift des Jahres 1889 diese Uniform noch mehr dem Militär angeglichen und der Zweispitz durch eine Offizierskappe, der Degen durch einen Korbsäbel ersetzt worden (Megner, S. 239ff, 333). Zum Dilemma trug gewiß die Widersprüchlichkeit des ausklingenden 19. Jahrhunderts bei. Man scheute einen Knüppel, der zugibt, ein Knüppel zu sein, und zog es vor, die „soldatische Klinge" in wenig soldatischer Manier zu gebrauchen, nämlich gegen jemand, der selbst über keine Klinge verfügt!

Die Zeit für den Knüppel wurde erst reif, als nach dem folgenschweren Schußwaffengebrauch am 15. Juli 1927 in Wien die „einen" nichts dagegen haben konnten, den „verhaßten Militärsäbel" durch ein „humaneres Gerät" verdrängt zu sehen, während er für die „anderen" ja doch verblieb. Es wird nicht der letzte Witz in der Polizeigeschichte gewesen sein. Der Witz liegt schließlich auch darin, daß den Schlagworten vom „Polizeiknüppel" und der „Knüppelpolizei" auf die Beine geholfen worden ist.

Glücklicher verlief die Entwicklung bei den britischen Polizeikorps, die ohne Zusammenhang mit dem Heer und seiner Grundbewaffnung errichtet worden sind. Der Knüppel wurde dort bereits im Jahre 1829, bei Gründung der Metropolitan Police, eingeführt. So trägt der „Bobby" den Knüppel auch als „Würdestab", an dessen Stelle der österreichische Wachebeamte gerne sein Funksprechgerät schwingt.

Die Waffen

Die ersten Stadtwachen waren vorwiegend mit Blankwaffen ausgerüstet, und zwar mit einer Stangenwaffe (Langwaffe) und mit einer Seitenwehr. Die erste Seitenwehr war ein kurzes geradklingiges Hiebschwert, das uns von den Landsknechten her als „Katzbalger" bekannt ist. Die im wesentlichen gleiche aber einschneidige Waffe wurde im späteren 17. Jahrhundert häufig als „Pallasch" bezeichnet, seitdem die einschneidige Klinge des alten ungarischen Reiterschwertes (paloś) dem Haudegen der „deutschen Kavalle-

Musketier mit brennender Lunte, nach Jakob de Gheyn, 1606. Von Schuß zu Schuß waren 30 Handgriffe erforderlich.

rie" zum Vorbild wurde. Die geraden Klingen dieser „Pikenier- bzw. Musketierdegen" wurden im 18. Jahrhundert allgemein durch das Bajonett zur Flinte, ansonsten durch einen mäßig gekrümmten kurzen Säbel verdrängt. Dieser „Infanteriesäbel" („Grenadiersäbel") hat sich in verschiedenen Mustern als Repräsentativwaffe bis zum Ersten Weltkrieg erhalten. Gedacht war er für das Handgemenge, da er von jedermann ohne Übung in der Fechtkunst zu gebrauchen war. Diesen Säbel machte sich auch die Polizei zu eigen.

Als Stangenwaffen dienten die Helmbarte (Hellebarde) oder der Spieß (kurze Pike). Landsknechtspieß und Pike, die Hauptwaffen der Infanterie, wurden nur schrittweise durch die Muskete verdrängt, rascher nach der Erfindung des Radschlosses und schließlich durch das Feuersteingewehr (Flinte, nach dem oberdeutschen Worte Flins: Kiesel, Hornstein) gegen Ende des 17. Jahrhunderts. Innerhalb der Pikeniere gab es zunächst eine taktische Zweiteilung: Einheiten mit Spieß oder Pike als „lange Wehr", und anderer-

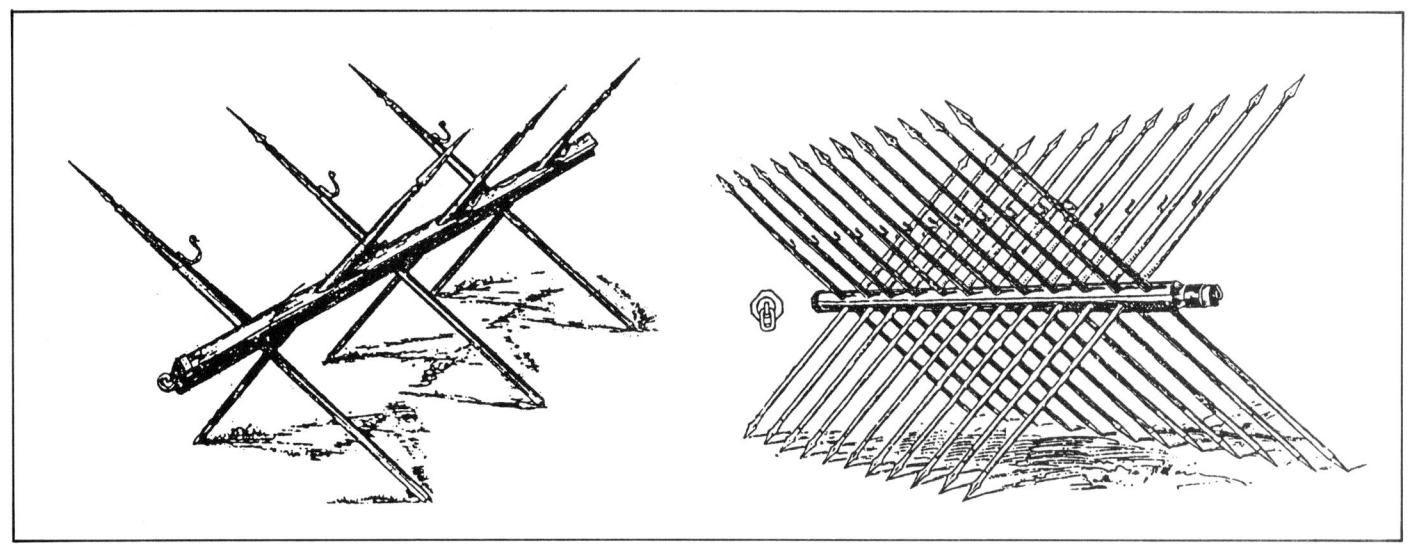

Links: Teil eines Spanischen Reiters, aus Schweinsfedern unvollständig zusammengesetzt (Landeszeughaus Graz). **Rechts:** Spanischer Reiter, aus Springstecken gebildet, 18. Jhdt. (Landeszeughaus Graz).

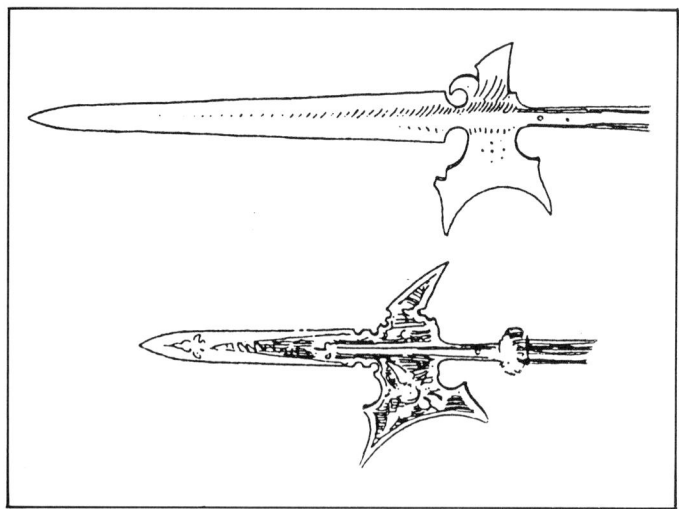

Deutsche Heimbarten, Ende 16. Jhdt.

seits solche mit „kurzer Wehr", nämlich Helmbarten und Schlachtschwerter (Biedenhänder). Die letzteren, etwa ein Drittel, bestanden aus Doppelsöldnern, deren primäre Aufgabe es war, die Fahne und den Hauptmann zu decken (Trabanten-Funktion). Über Einfluß der schwedischen Heeresorganisation – Verkürzung des Pikenschaftes von 5 auf 3 Meter – endete im 17. Jahrhundert diese Zweiteilung. Die frühere Unterscheidung wiederholte sich zu Ende des 17. Jahrhunderts, allerdings in anderem Sinn: die Helmbarte erhielt sich als „kurze Wehr" („Kurzgewehr"), wurde aber nur noch von Offizieren und Unteroffizieren geführt; die sogenannte Schweinsfeder erhielt die Bezeichnung „lange Wehr".

Dieser, der jagdlichen „Saufeder" ähnliche 180 cm lange Spieß sollte anfänglich sowohl die Pike wie die zum Aufle-

gen der Muskete mitgeführte Musketengabel ersetzen, wozu in 150 cm Schafthöhe ein Haken angebracht war. Die Schweinsfedern konnte man auch mittels eines Balkens zu einem Annäherungshindernis zusammenstellen. Den Namen „spanische Reiter" und „friesische Reiter" zufolge dürfte dieser Spieß auf den noch zu erwähnenden „Springstock" zurückzuführen sein. Dieser Vorläufer polizeilicher Hindernisse bediente sich die in Ungarn operierende Kaiserliche Infanterie gegen die türkische Reiterei noch unter Josef II.

Der ursprünglich etwas längere „Springstecken" ist in den niederländischen Befreiungskriegen entstanden, wo er in dem von Kanälen durchschnittenen Gelände zum Übersetzen dieser Terrainhindernisse diente, aber auch ein Auflager für die Muskete aufwies, daher auch Scharfschützenlanze genannt wurde. Der „Springstecken" (Schweinsfeder) ist als Bewaffnung für die Wiener Stadtguardia und Rumorwache nachgewiesen. Er ist auch in der Instruktion für die Innsbrucker „Statt-Wacht" vom Jahre 1717 angeführt („8 Mann mit Flinten und 16 Mann mit Springstecken").

Im österreichischen Heer führten vom 16. bis in die zweite Hälfte des 18. Jahrhunderts die Offiziere und einige Unteroffiziere Stangenwaffen, weil sie zum Aufrechterhalten der Ordnung im eigenen Truppenhaufen geeigneter waren als die Seitenwehr. Diese Stangenwaffen dienten überdies zur Unterscheidung der Chargengrade. So waren neben der „Hellebarde" zu unterscheiden: die Partisane, die jagdspießartige Corseke, die Gleve, die Couse, das Sponton und der Springstock des Fähnrichs.

Blickt man auf diese Entwicklung zurück, scheint es natürlich, daß die ersten „Polizeisoldaten" mit Spießen auf kurzer Stange und mit Helmbarten ausgerüstet waren. Mehrere Gesichtspunkte treffen zusammen: War der „gemeine" Stadtguardist auch kein Unteroffizier, so hatte er doch eine diesem vergleichbare Funktion: Autorität und Ordnung. Als Waffe waren die Stoßklinge wie der „Mond" („Barthe"), letzterer zum Hieb, geeignete Mittel zur Durchsetzung des Polizeizwanges wie zum Selbstschutz. Der Gebrauch der Hellebarde wird damit zu erklären sein, daß sie die von den Trabanten-Garden bevorzugte Waffe war, einerseits wegen ihrer Eignung, die Stange zum Absperren gegenüber Zudringlichen zu gebrauchen, andererseits wegen der Erinnerung an die römischen „fasces" als Symbol der öffentlichen Gewalt.

Die städtischen Wachen sind – wie schon erwähnt – zu Anfang des 18. Jahrhunderts durch das Militär in Form der „Stadtgarnisonen" verdrängt worden. In dieser Periode bildeten sich „Bürgercorps", die polizeiliche Aufgaben erfüllten, sich allerdings nur zu repräsentativen Anlässen und in Notzeiten aktivierten. Insbesondere zu Zeiten der Besetzung durch die napoleonischen Truppen haben sie wertvolle Dienste geleistet. Über die Bewaffnung der städtischen Wache in Graz zur Zeit ihrer letzten Periode gibt ein Inventar der Rüstkammer des Rathauses Aufschluß. Es bezieht sich zwar nicht ausdrücklich auf die Polizeiwache, deutet aber zufolge der jeweiligen Stückzahlen, die dem Mannschaftsstande entsprachen, darauf hin. Neben 402 „brauchbaren" Flinten weist dieses Inventar aus: 48 „unbrauchbare" (ältere?) Flinten, 48 Hellebarden, 50 Bajonette, 49 Degen, 57 Pallasche. (Das städtische Zeughaus wurde ca. 1757 aufgelöst, seine Bestände sind nicht erhalten.)

Die „ordinäre Flinte" M. 1722 hatte ein Kaliber von 18 mm. Nachdem der Oberste Land- und Hauszeugmeister, Feldmarschall Graf Wirich Daun, zugleich Inhaber des Wiener Stadtguardia-Regiments, 4000 solche Steinschloßflinten in Suhl eingekauft hatte, wurden sie die erste Standardwaffe der Infanterie.

Noch im 18. Jahrhundert unterschied man zwischen „Obergewehr" (ursprünglich „Überwöhr") und „Untergewehr" („Seitenwöhr"), wobei „Gewehr" nichts anderes wie „Wehr" („Waffe") ausdrücken sollte. „Überwöhr" bedeutete die Stangenwaffen, von denen sich die kurzen („Kurzes Gewöhr", „Kurzgewehr") länger erhalten haben. All diesem „blanken Gewöhr" stand das „Feyergewöhr" (Muskete, Flinte, Karabiner) gegenüber. Dem Art. 52 des Reglements der Wiener Polizey-Wache aus dem Jahre 1775 ist zu entnehmen, daß sich hier das „Kurze Gewöhr" länger erhalten hat als in der Armee; es gehörte zur allgemeinen Rüstung, und nicht bloß zu der der Chargen. Obgleich jüngeren Datums, hinkte dieses Polizeireglement naturgemäß dem „moderneren" ersten einheitlichen Infanteriereglement aus dem Jahre 1737 nach, welches mit „Obergewehr" das Feuergewehr und mit „Untergewehr" die Seitenwehr bezeichnete und die bereits selten gewordenen Stangenwaffen als Partisanen etc. anführte.

Im 19. Jahrhundert sehen wir polizeiliche Wachen in den Städten bloß mit Säbel ausgerüstet. Gewehre mit Bajonett standen nur für Ausnahmsfälle zur Verfügung. Faustfeuerwaffen, die bis dahin auch bei der Armee im allgemeinen den Berittenen vorbehalten waren, wurden nach einer Reihe Anarchistenattentate (1883/84) bei der Wiener SW eingeführt, zunächst bloß für Chargen und Berittene der sechsschüssige Revolver System Gasser, Kal. 11 mm. Bald darauf wurden 500 weitere Revolver angeschafft. Dabei handelte es sich um eine verbesserte Ausführung der leichteren Variante zum obigen, nämlich den sechsschüssigen Infanterie-Offiziersrevolver M. 1872 (System Gasser-Kropatschek, achtkantiger, bloß 120 mm langer Lauf, Kal. 9 mm, Gewicht 770 g). Im Jahre 1912 erfolgte die Einführung der Steyr-Kipplaufpistole 1909 (später der verbesserten Ausführung M. 1934) sowie der Steyr-Repetierpistole M. 12, welche der Gendarmerie bis zum Jahre 1938 verblieb. In den ersten Jahren nach 1945 waren Pistolen und Revolver verschiedener Herkunft und Kaliber gebräuchlich, am meisten die deutsche Pistole M. 38, bis im Jahre 1955 die Pistole Walther PP bei der Sicherheitswache, die Pistole Walther PPK (kurz), beide Kal. 7,65, für die Kriminalbeamten, und bei der Gendarmerie die Pistole M. 35 (FN), Kal. 9 mm Parabellum, eingeführt wurden. Die Beamten des rechtskundigen Dienstes der Bundespolizeibehörden gaben ihre Steyr-Pistole M. 1909 mit Kipplauf, Kal. 6,35 mm ab und übernahmen gleichfalls die Pistole Walther PPK. Schließlich erfolgte eine Umrüstung für sämtliche Exekutivbeamten der Bundespolizeibehörden auf die Pistole Glock 17, Kal. 9 mm, die im Jahre 1988 abgeschlossen wurde.

Über die Standardbewaffnung hinaus sind noch, insbesondere

beim Gendarmerieeinsatzkommando (GEK), in Verwendung: der Revolver Marke Manurhin, Type MR 73, Modell „Gendarmerie", Kal. 9mm, Patrone 357 Magnum, sowie das Steyr-Scharfschützengewehr (SSG), Kal. 7,62 mm.

Wir wenden uns nun der Gewehrbewaffnung zu, wobei wir von der Gendarmerie ausgehen. Zu nennen sind:

Das Gendarmerie-Gewehr M. 1846, für das damals in der Lombardei bestehende (ehem. napoleonische) Gendarmeriecorps, Kal. 17,6 mm mit dreikantigem Bajonett, aus alten Dragonerkarabinern umgewandelt (glatter Vorderlader; siehe Dragonerkarabiner M. 1798, Seite 182);

Extra-Corps-Gewehr M. 1854 und M. 1862 System Lorenz (gezogener Vorderlader mit Perkussionsschloß), für Gendarmerie und Sondertruppen, Konstruktion wie Infanterie-Gewehr M. 1854 (3 Schuß pro Minute), sogenanntes Conventions-Caliber (wie in den süddeutschen Staaten: 13,9 mm), Stichbajonett; seit 1867 Hinterlader-Klappenverschluß System Wänzel;

Repetiergewehr M. 1871, Drehkolbenverschluß System Frühwirth, Kal. 11 mm, für K.K. Gendarmerie und Tiroler berittene Landesschützen;

Repetierkarabiner M. 1874, Drehkolbenverschluß System Kropatschek, Kal. 11 mm, für Königlich-ungarische Gendarmerie, K.K. Gendarmerie und bosnisch-hercegovinisches Gendarmeriecorps;

Repetierstutzen M. 1890 und M. 1895, Geradezug-Kolbenverschluß System Mannlicher, Kal. 8 mm (45 Schuß pro Minute), analog Repetiergewehr M. 1888 für die gesamte bewaffnete Macht, für Gendarmerie ab 1892; zwischen den beiden Kriegen, bzw. zwischen 1930 und 1938, auch das Mannlicher-Repetiergewehr M. 1895/30 mit Messerbajonett und neuer Patrone M. 1930 für die Sicherheitswache, für deren Berittene der Repetierkarabiner M. 1895, weiters die MP 34 System Steyr-Solothurn mit Stangenmagazin für 32 Patronen (Steyr 9 mm), feststehendem Holzschaft und aufpflanzbarem Bajonett.

Nach 1945 waren zunächst gebräuchlich: der aus deutschen Kriegsbeständen übernommene Karabiner 98 K mit Bajonett, später der 15schüssige halbautomatische US-Karabiner M. 1, Kal. 7,62 (womit die Bajonettbewaffnung entfiel), sowie die israelische MP Uzi, Kal. 9 mm Parabellum mit 25-Schuß-Magazin.

Im Jahre 1985 erfolgte für die Bundespolizei eine allgemeine Umrüstung vom Karabiner und von der MP auf das Steyr-Sturmgewehr M. 1977, Kal. 5,56 mm. Es handelt sich um eine militärische Spitzenwaffe, die eine Schußfolge von 700 Schuß pro Minute leistet, allerdings wegen ihrer Weitwirkung, besonderen Durchschlagskraft (9 mm Stahlblech bzw. 287 mm Fichtenholz auf 100 Meter) und Beeinträchtigung des Gehörs des Schützen Nachteile gegenüber der auch, vor allem für Kriminalbeamte, handlicheren MP aufweist. Zwei Jahre später wurden Versuche gestartet, das SSG 77 mit einem „Umbausatz" für Kal. 9 mm auszurüsten. Außerdem wurde die geller- und abprallsichere Patrone 9 mm Para FL („Flachkopf") entwickelt, die bereits bei der Glock 17 Verwendung findet. Die Gendarmerie verblieb bei der Pistole M. 35 (Kriminalabteilungen Walther PPK), beim Karabiner M. 1 und bei der MP Uzi. Die beabsichtigt gewesene Umrüstung auf das SSG 77 hat wegen Schwierigkeiten im Gebrauche mit der 9 mm Patrone FL noch nicht

stattgefunden. (Die Steyr-Waffenfabrik entwickelt gegenwärtig eine neue Maschinenpistole.)

Die vielen Gewehrmodelle in der zweiten Hälfte des 19. Jahrhunderts erklären sich aus der Suche nach einem praktikablen Hinterlader-Verschlußsystem und nach einer möglichst rasanten und doch rückstoßfreien Munition geringeren Kalibers. Der im Jahre 1849/50 errichtete umfangreiche Gendarmeriekörper bot sich gewissermaßen als Experimentierwiese an. Demgegenüber zog die Gewehrbewaffnung der Polizeiwachkörper in den Städten erst nach dem ersten Weltkriege nach und vereinheitlichte sich mit den entsprechenden Waffen des Heeres und der Gendarmerie. Die Polizeiwachkörper spielten ja numerisch zwischen 1860 und etwa 1928 keine bedeutende Rolle. So wurde die Sicherheitswache der Polizeidirektion Wien im Jahre 1883 mit 300 Stück des Extra-Corps-Gewehres M. 1854/1862 ausgerüstet. Ursprünglich, nämlich mit der Reorganisation der Polizeibehörden im Jahre 1850, war das „Gewehr für die Polizei-Wache-Corps 1850" eingeführt worden, basierend auf geringfügig umgearbeiteten erbeuteten piemontesischen Infanteriegewehren, Kal. 17 mm mit dreikantigem Bajonett.

Bevor wir uns der Seitenwehr zuwenden, erscheint angesichts der nahezu unangemessen umfangreichen Ausrüstung mit „Feuerwaffen" die Bemerkung angebracht, daß sich zwischen diesen und dem Gummiknüppel eine weite Lücke findet, die auch gegenwärtig keine verläßliche mindergefährliche Waffe schließt. Der Bedarf ist namentlich bei tumultartigen Ereignissen bzw. „geschlossenen Einsätzen" der Exekutive gegeben. Denn der Gummiknüppel (wie lang er auch sein mag) ist „zu wenig", die Schußwaffe aber „zuviel". Und das aufgepflanzte Bajonett mit seiner beachtlichen abschreckenden Wirkung, ist dem unbedachten Streben nach „Technik und Neuerung" ebenso zum Opfer gefallen wie das Polizeipferd. Will man nicht auf alte Mittel zurückgreifen, werden Kompensationen unumgänglich sein,

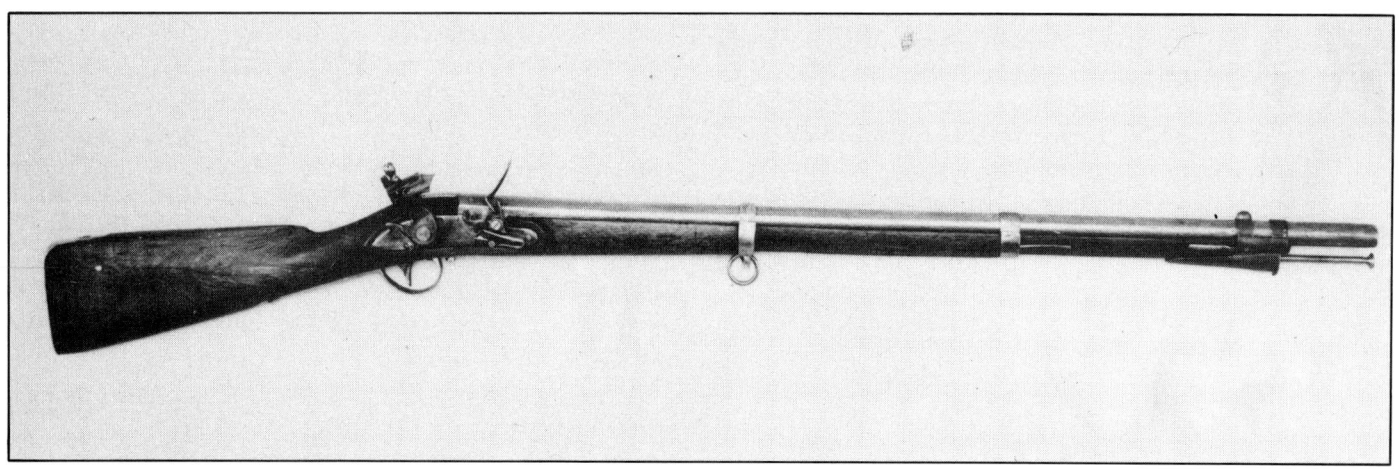

Dragonerkarabiner M. 1798.
Glatter Vorderlader mit Steinschloß (System Unterberger).
Runder Lauf mit Messingkorn am ersten Laufring. Auf der Schloßgegenseite Reitstangl mit Gewehrring, Messingmontierung.
Länge 1235 mm, Lauflänge 850 mm, Kaliber 17,6 mm, Gewicht 3250 g.

die uns die Technik, etwa in Form „mannschonender" bzw. mindergefährlicher Geschosse und Wurfkörper liefern könnte. Man muß schließlich von der Überlegung ausgehen, daß der Gebrauch von wirkungslosen „mindergefährlichen" Waffen bzw. Einsatzmitteln die Gefahr mit sich bringt, daß in der Krise zu der an sich bereits unangemessen schärferen Waffe mehr oder weniger zwangsläufig gegriffen wird. Deshalb ist es auch nicht recht verständlich, daß gegenwärtig keine Wasserwerfer zur Verfügung stehen. In den fünfziger Jahren gab es schon einen Typ und in den sechsziger Jahren

wurde ein sehr verwendbarer Typ von Steyr konstruiert, aber 1980 alle drei Werfer wieder verkauft. Gegenwärtig werden gelegentlich die Mittel der Feuerwehr aushilfsweise eingesetzt, ein Behelf, der ernste polizeitaktische Nachteile mit sich bringt. Bei Wasserwerfern würde es sich um eine „Distanzwaffe" handeln, deren Einsatz den immer unangenehmen Knüppelgebrauch vermeiden und manche Vorteile des polizeilichen „Gegenüber" (Steinwürfe, Stangen etc.) ausschließen ließe.

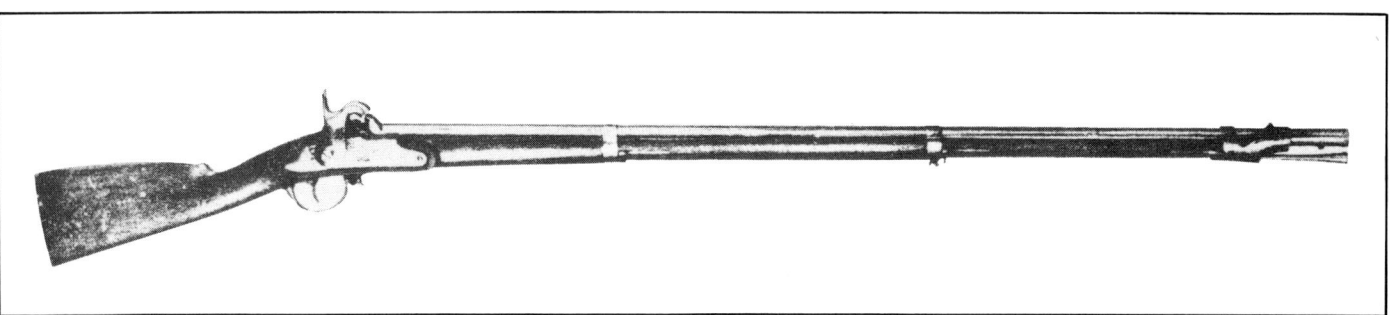

Gewehr für das Polizeiwachcorps 1850.
Es rekonstruierte sich mit geringen Veränderungen aus den 1848/49 erbeuteten piemontesischen Gewehren mit Kapselschloß und dreischneidigem Bajonett, hauptsächlich aus dem Gewehr der Linieninfanterie M. 1844 (Fucile da fanteria di linea Mod. 1844).
Länge o. B. 1510 mm, Länge m. B. 1950 mm, Lauflänge 1113 mm, Kaliber 17,5 mm, Gewicht o. B. 4460 g, Gewicht m. B. 4760 g.

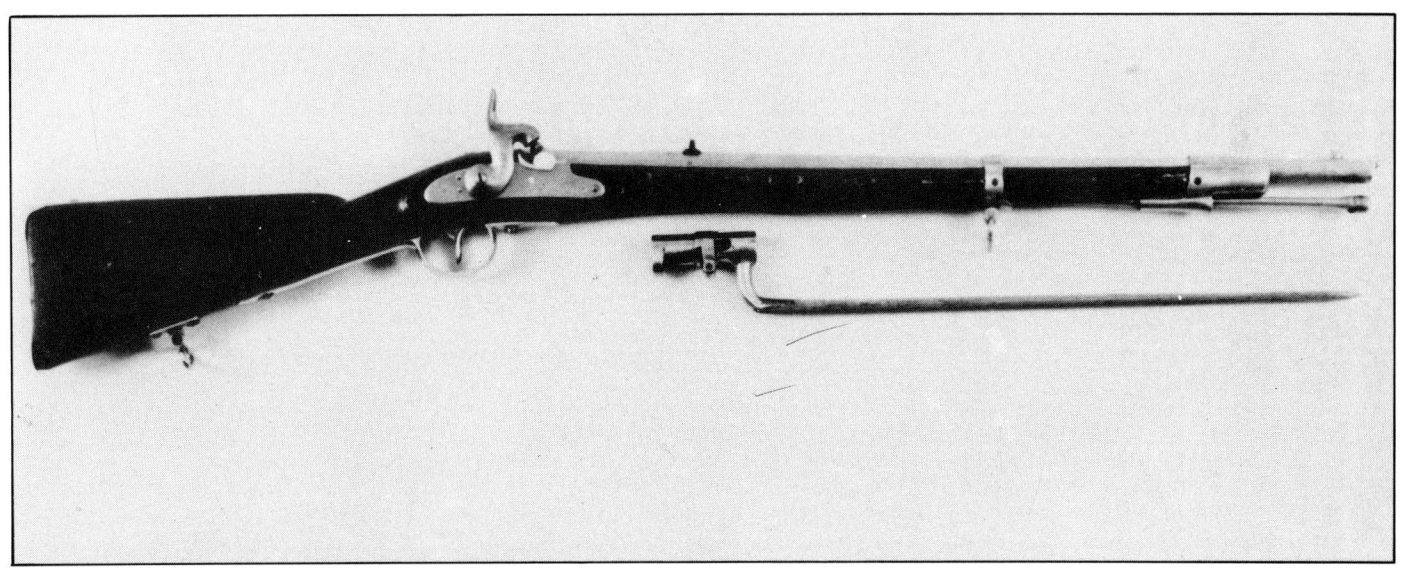

Extra-Corps-Gewehr M. 1854 mit Stichbajonett.
Gezogener Vorderlader mit Perkussionsschloß.
Runder Lauf mit achtkantigem Kammerteil, eingeschobenes Standvisier und Korn.
Laufkonstruktion nach System Lorenz.
Vierrippiges Stichbajonett mit Sperringpflanzung.
Die Waffe diente zur Ausstattung der Extrakorps (Genietruppe, Pioniere, Sappeure, Gendarmerie). Länge o. B. 1052 mm, Länge m. B. 1535 mm, Lauflänge 667 mm, Kaliber 13,9 mm, 4 Züge mit Rechtsdrall, Gewicht o.B. 3450 g, Gewicht m.B. 3870 g.

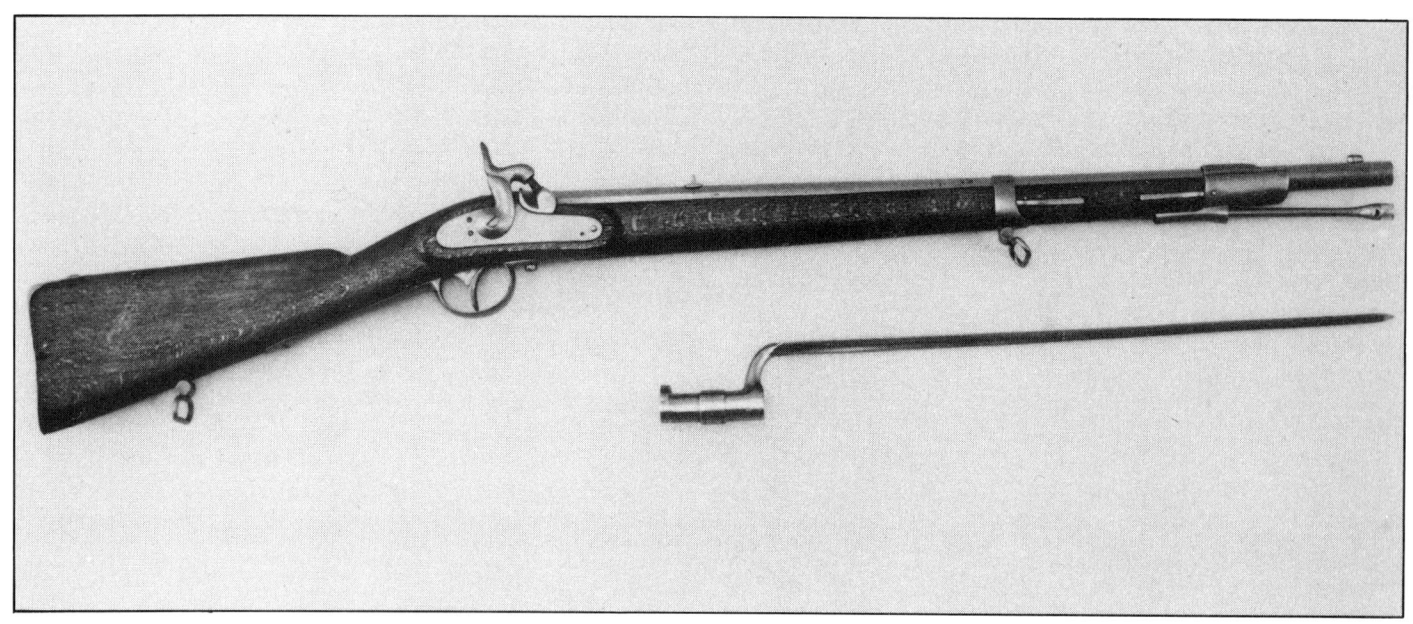

Extra-Corps-Gewehr M. 1862 mit Stichbajonett.
Gezogener Vorderlader mit Perkussionsschloß.
Runder Lauf mit achtkantigem Kammerteil, Standvisier und Korn. Laufkonstruktion nach System Lorenz.
Vierrippiges Stichbajonett mit Sperringpflanzung.
Länge o. B. 1052 mm, Länge m. B. 1535 mm, Lauflänge 667 mm, Kaliber 13,9 mm, 4 Züge mit Rechtsdrall, Gewicht o. B. 3500 g, Gewicht m. B. 3920 g.

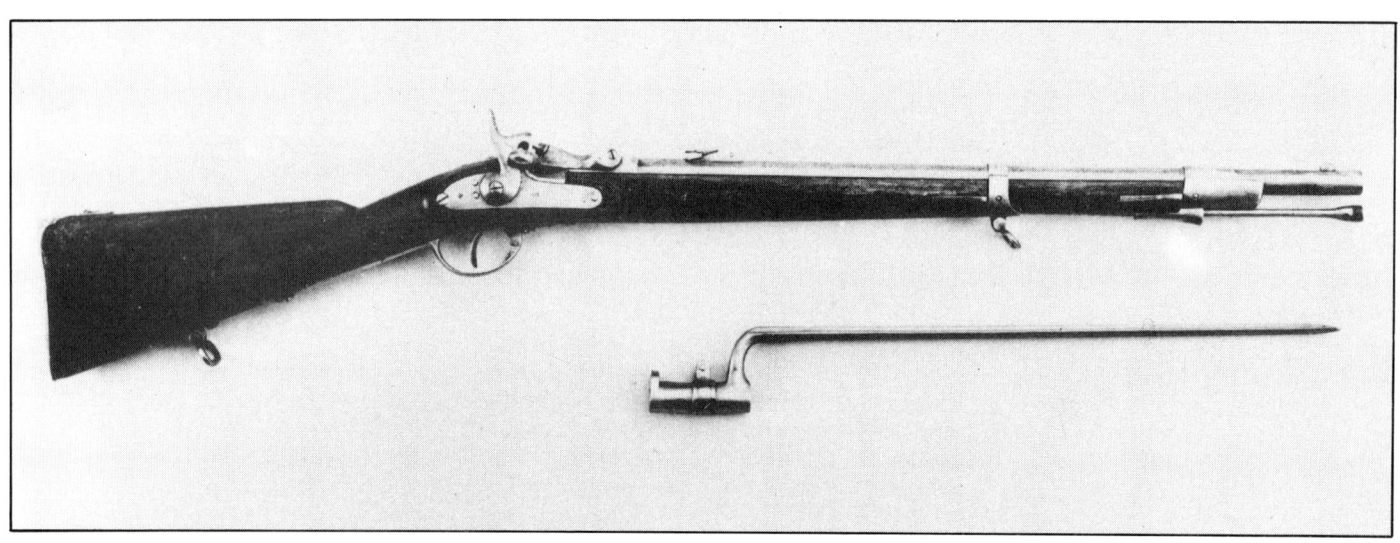

Extra-Corps-Gewehr M. 1867 (1862/67) mit Stichbajonett.
Gezogener Hinterlader mit Klappenverschluß System Wänzel.
Runder Lauf mit achtkantigem Kammerteil, Klappenaufsatz für 200–600 Schritt (150–450 m) und Korn. Zwei Laufringe, am zweiten ein Riemenbügel.
Vierrippiges Stichbajonett mit Sperringpflanzung.
Umbau des Extra-Corps-Gewehrs M. 1862 nach dem System Wänzel in Hinterlader mit Randzündung.
Länge o. B. 1052 mm, Länge m. B. 1585 mm, Lauflänge 604 mm, Kaliber 13,9 mm, 4 Züge mit Rechtsdrall, Gewicht o. B. 3700 g, Gewicht m. B. 4100 g.

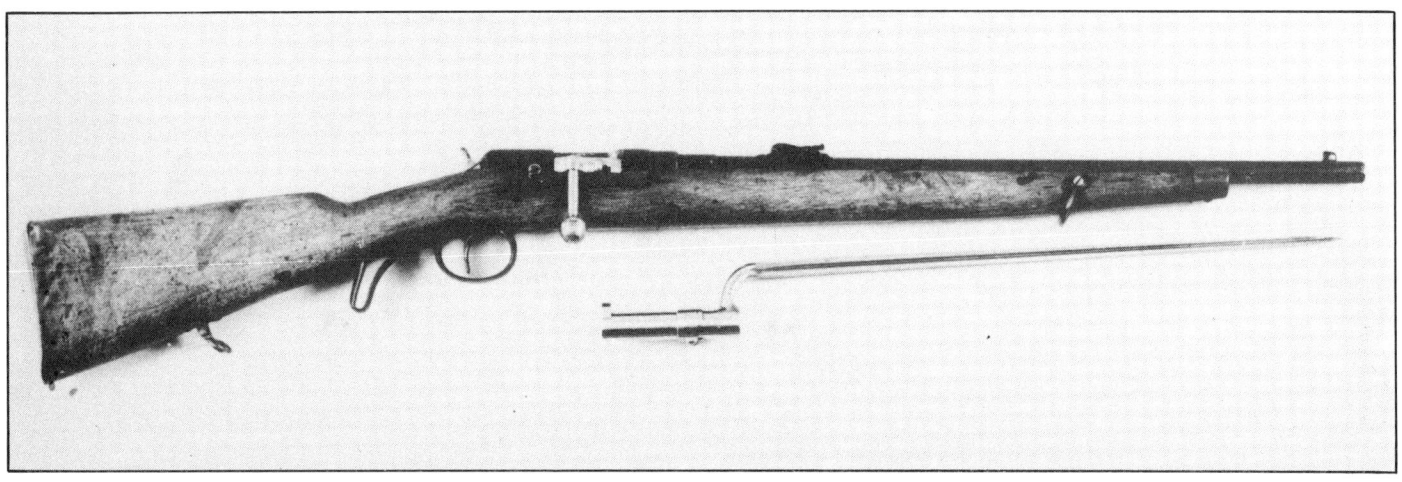

Repetiergewehr M. 1871 mit Stichbajonett.

Gezogener Hinterlader mit Vorderschaftsmagazin und Drehkolbenverschluß (System Frühwirth).

Runder brünierter Lauf mit Treppen- und Rahmenaufsatz für 100–600 Schritt (75–450 m) und Korn. Drehkolbenverschluß mit Schlagstückvorspannung und ausschaltbarem Zubringer. Nußholzschaft mit Schaftkappe und Vorderschaftsmagazinsrohr. Stichbajonett mit Sperringpflanzung.

Mit dieser Waffe waren die cisleithanische Gendarmerie und die berittenen Tiroler Landesschützen bewaffnet.

Länge o. B. 1035 mm, Länge m. B. 1560 mm, Lauflänge 560 mm, Kaliber 11 mm, 6 Züge mit Rechtsdrall, Gewicht o. B. 3150 g, Gewicht m. B. 3550 g.

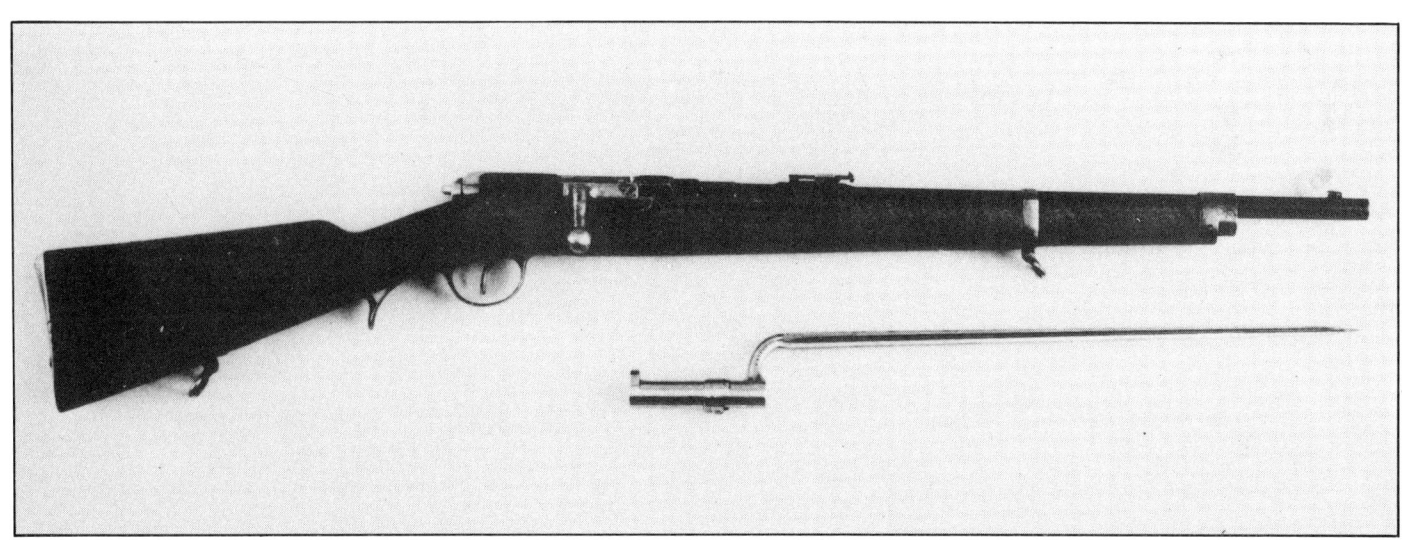

Repetierkarabiner M. 1874 mit Stichbajonett.

Gezogener Hinterlader mit Vorderschaftsmagazin und Repetiersperre (System Kropatschek).

Runder Lauf mit Treppen- und Rahmenaufsatz für 200–1400 Schritt (150–1050 m) und Korn. Drehkolbenverschluß mit Schlagstück, Vorspannung und ausschaltbarer Zubringervorrichtung. Schaft mit Schaftkappe, einem Laufring und Vorderschaftsmagazinsrohr. Handstütze am Abzugsbügel.

Stichbajonett mit Sperringpflanzung.

Mit dieser Waffe waren die Gendarmerie, das bosnische Reiterkorps und ab 1893 die Mannschaft der Torpedoboote ausgerüstet.

Länge 1044 mm, Lauflänge 560 mm, Kaliber 11 mm, 6 Züge mit Rechtsdrall, Gewicht 3400 g.

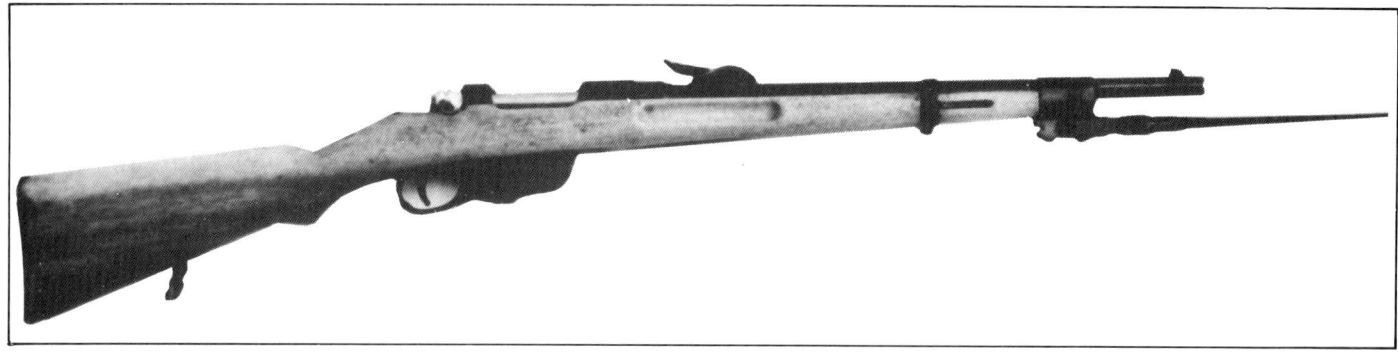

Repetierstutzen M. 1890 mit Klappbajonett.
Gezogener Hinterlader mit Geradezug-Kolbenverschluß, doppelseitiger symmetrischer Warzenverriegelung und Kastenmagazin für fünf Patronen im Mittelschaft (System Mannlicher).
Lauf mit Kornstöckel und Klappenvisier von 300–2400 Schritt (225–1800 m). Schaft mit seitlich angesetzten Riemenbügeln.
Diese nur in geringer Stückzahl gefertigten Waffen dienten zur Ausrüstung der Gendarmerie.
Länge o. B. 1005 mm, Länge m. B. 1260 mm, Lauflänge 498 mm, Kaliber 8 mm, 4 Züge mit Rechtsdrall, Gewicht 3500 g.

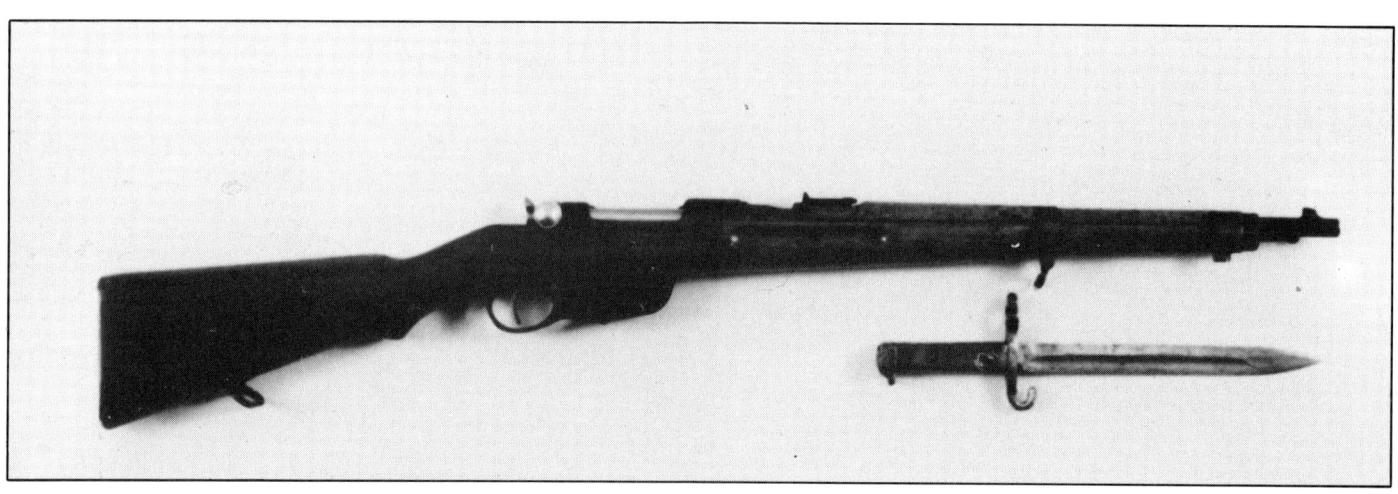

Repetierstutzen M. 1895 mit Messerbajonett.
Gezogener Hinterlader mit Geradezug-Kolbenverschluß, doppelseitiger symmetrischer Warzenverriegelung und Kastenmagazin für fünf Patronen im Mittelschaft (System Mannlicher).
Lauf mit eingeschobenem Korn und Rahmenaufsatz mit vier Grinseln für 300–2400 Schritt (225–1800 m).
Messerbajonett mit Stutzenkorn und Chargenhaken, an unterseitiger Haft befestigt. Der Stutzen diente zur Ausrüstung der Landwehr-Gebirgstruppen, der Radfahrtruppe und der Extracorps; im Ersten Weltkrieg wurde auch die Infanterie, besonders die Sturmtruppen, damit ausgerüstet.
Länge o. B. 1005 mm, Länge m. B. 1251 mm, Lauflänge 498 mm, Kaliber 8 mm, 4 Züge, Gewicht o. B. 3130 g, Gewicht m. B. 3445 g.

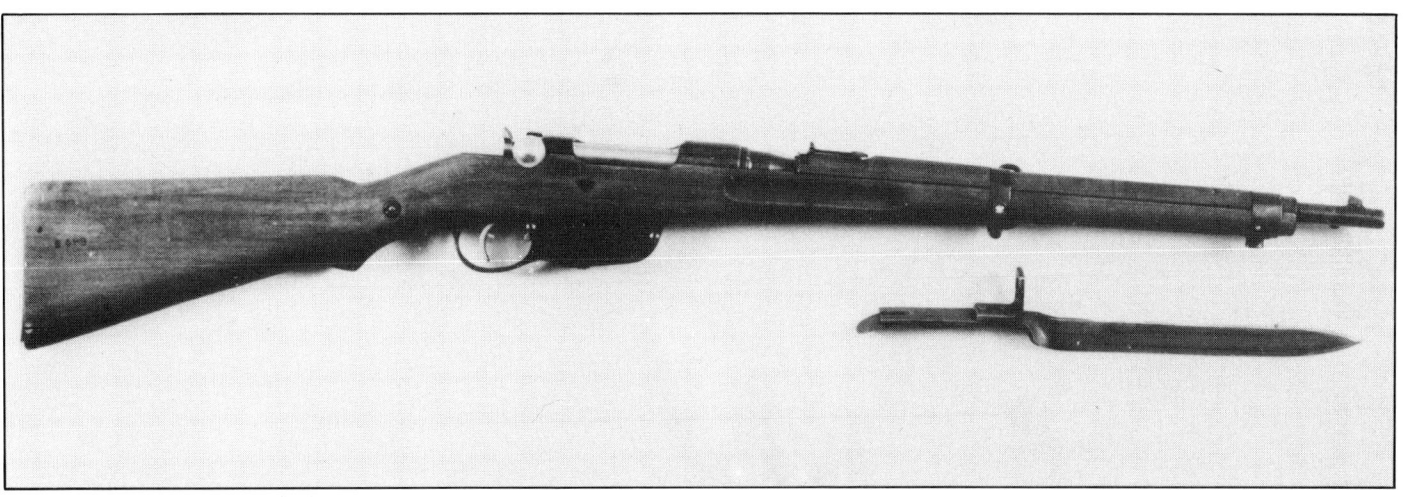

Repetierkarabiner M. 1895 (teilweise mit Notbajonett).

Gezogener Hinterlader mit Geradezug-Kolbenverschluß, doppelseitiger symmetrischer Warzenverriegelung und Kastenmagazin für fünf Patronen im Mittelschaft (System Mannlicher).

Lauf mit eingeschobenem Korn und Rahmenaufsatz mit vier Grinseln für 300–2400 Schritt (225–1800 m). Zwei linksseitig angesetzte Riemenbügel.

Der Karabiner diente zur Bewaffnung der Berittenen, der Fahrkanoniere und des Trains.

Länge 1005 mm, Lauflänge 498 mm, Kaliber 8 mm, 4 Züge mit Rechtsdrall, Gewicht 3060 g.

Repetiergewehr M. 1895/30 mit Messerbajonett.

Gezogener Hinterlader mit Geradezug-Kolbenverschluß, doppelseitiger symmetrischer Warzenverriegelung und Kastenmagazin für fünf Patronen im Mittelschaft (System Mannlicher).

Lauf mit aufgeschobenem Kornstöckel und Rahmenaufsatz mit vier Grinseln für 300–2600 Schritt (225–1950 m), durch Oberschaft abgedeckt.

Messerbajonett mit Chargenhaken an unterseitiger Haft befestigt.

Länge o. B. 1282 mm, Länge m. B. 1518 mm, Lauflänge 765 mm, Kaliber 8 mm, 4 Züge mit Rechtsdrall, Gewicht o. B. 3650 g, Gewicht m. B. 3960 g.

Das Gewehr diente zunächst („Repetiergewehr M. 1895 mit Messerbajonett") der Infanterie und der Jägertruppe, ab 1930 auch der Bundespolizei, und zwar mit der Patrone M. 1930, wozu der Laderaum des Laufes für S-Patrone aufgebohrt und auf dem Verschlußgehäuse ein „S" eingeschlagen war.

Die Anfangsgeschwindigkeit der Patrone M. 1930 S betrug 795 m/sec. gegenüber 580 m/sec. der Patrone Muster 93.

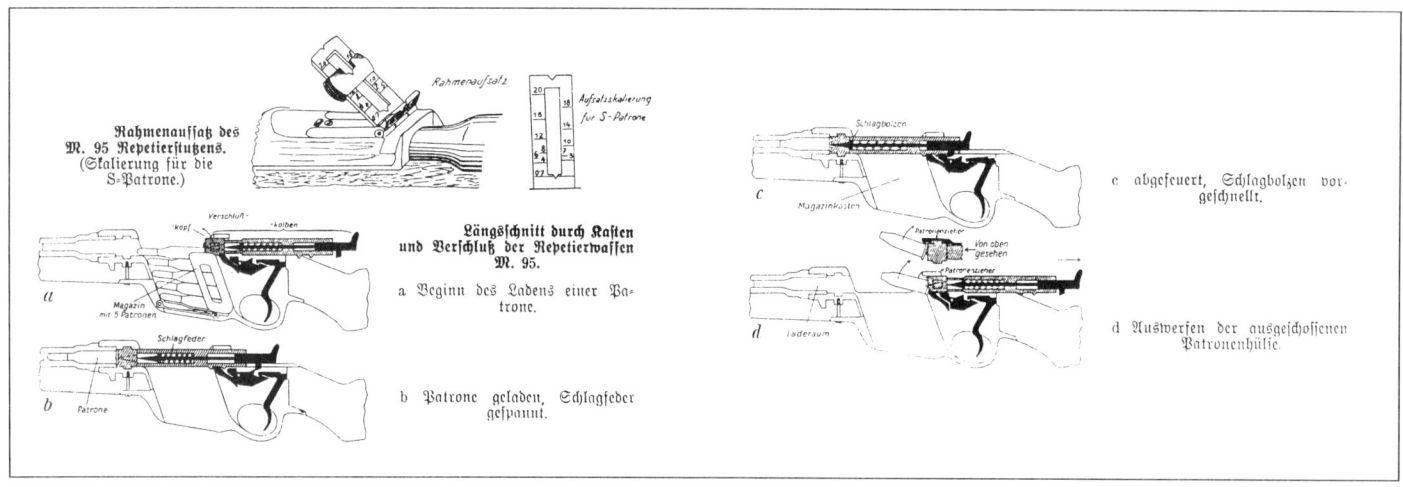

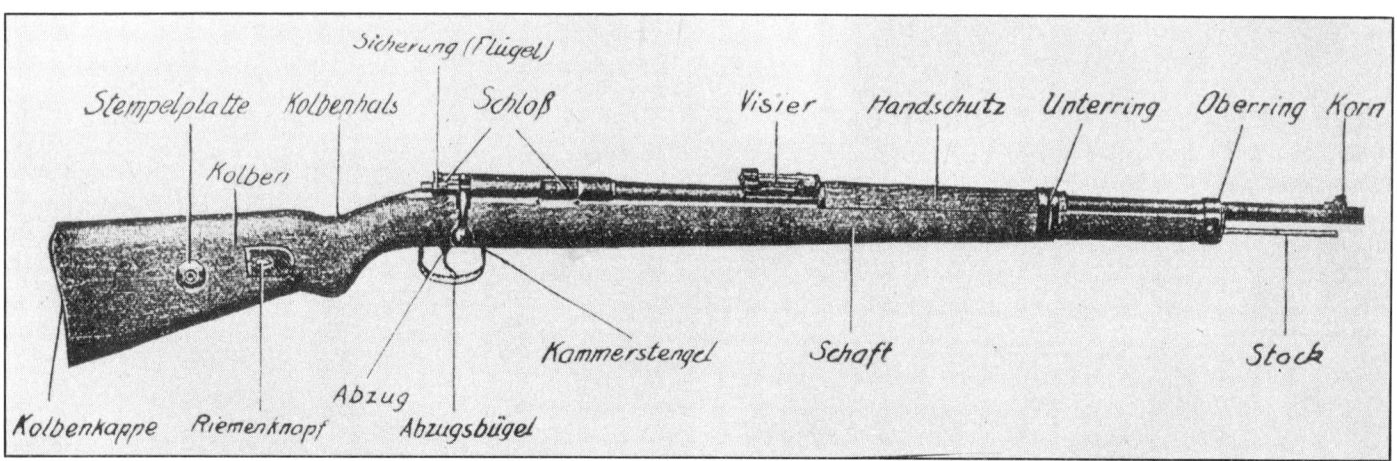

Karabiner 98 k, Kaliber 7,9 mm, deutsche Armee- und Polizeiwaffe für den Feuerkampf bis zu 400 m.
Länge o. B. 1110 mm, Lauflänge 600 mm, Gewicht 3,9 kg.

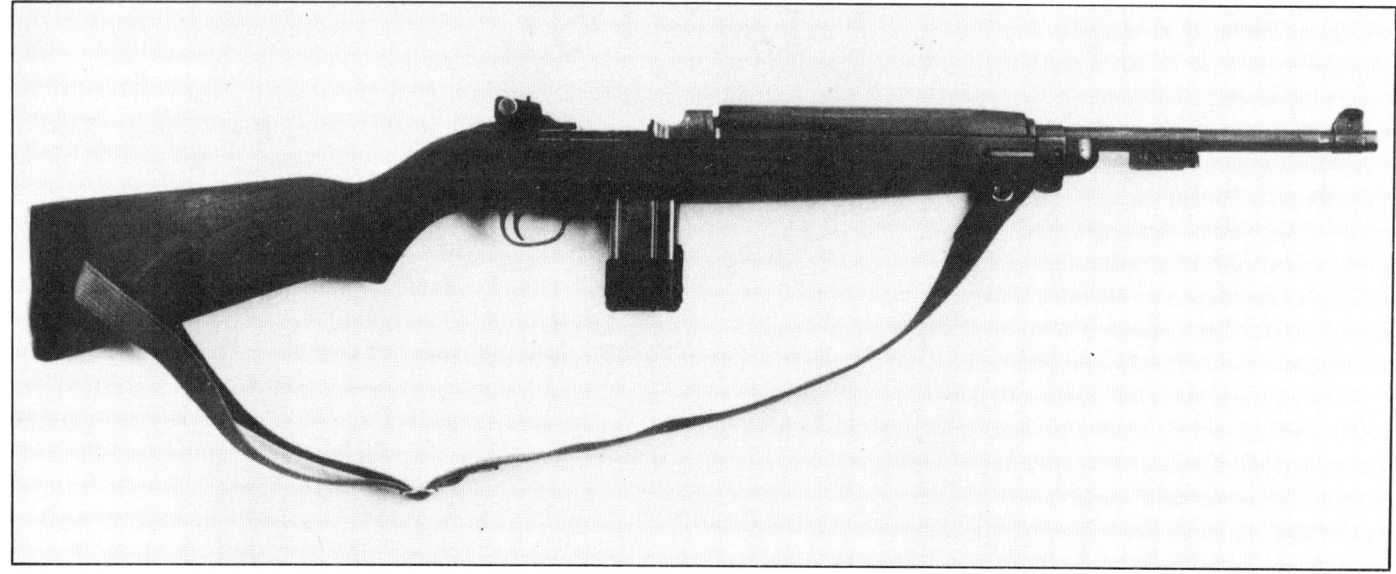

Karabiner M. 1.
Starr verriegelter halbautomatischer Gasdrucklader mit Magazinzuführung, Magazin 15schüssig, Kaliber 7,62 mm, Herkunft USA.

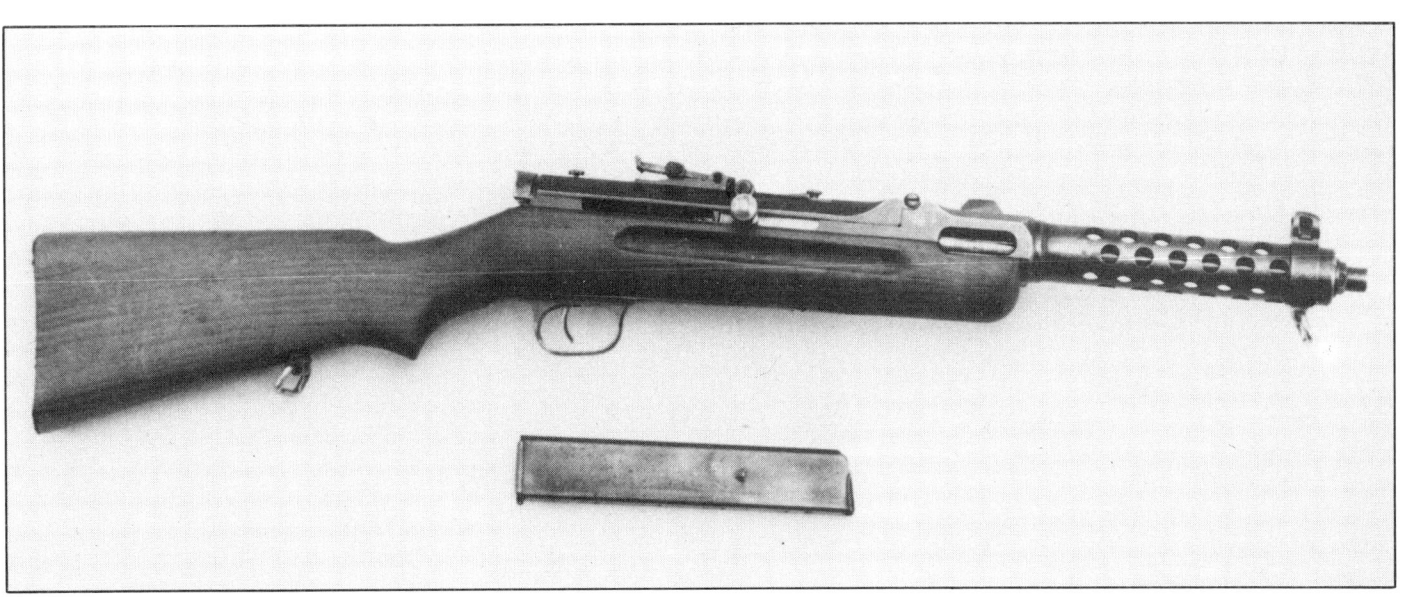

Maschinenpistole M. 1934.
Automatischer, massenträgheitsverriegelter Rückstoßlader mit feststehendem Lauf (System Steyr-Solothurn). Patronenzuführung durch links ansteckbares Stangenmagazin für 32 Patronen. Klappenaufsatz von 50 bis 500 m. Laufmantel zunächst mit Bajonetthaft.
Die Maschinenpistole war beim Bundesheer, bei Gendarmerie und Polizei ab 1936 eingeführt und wurde nach 1938 von der deutschen Polizei verwendet.
Länge 810 mm, Lauflänge 205 mm, Kaliber 9 mm (Steyr), 6 Züge mit Rechtsdrall, Gewicht ohne Magazin 4250 g, Gewicht mit Magazin 4430 g.

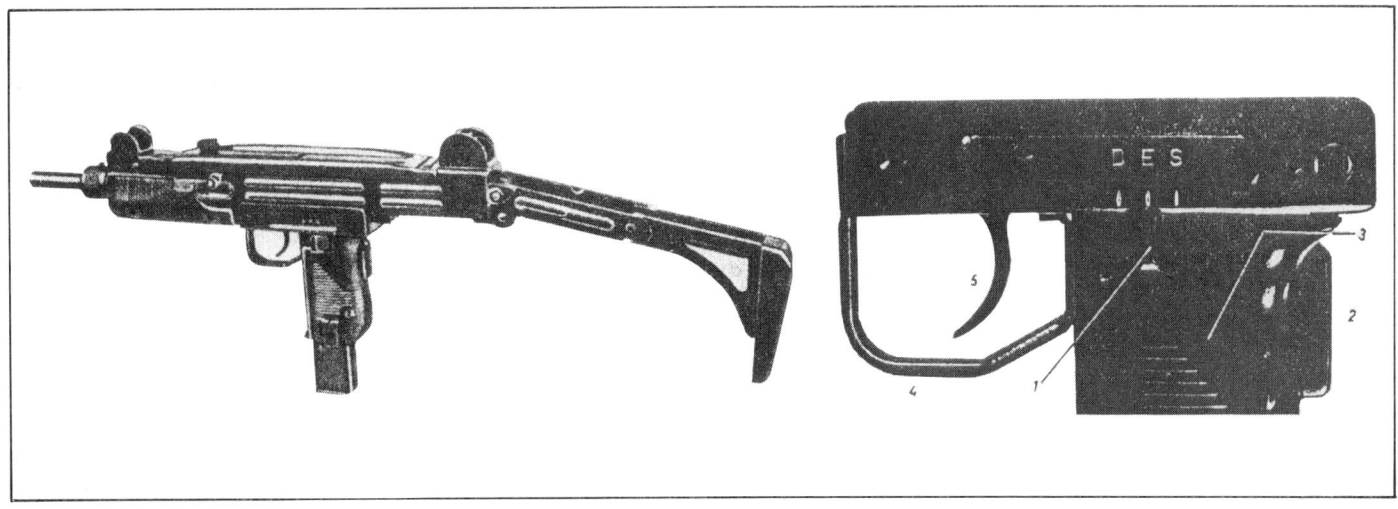

Maschinenpistole, Marke FN, Kaliber 9 mm („Uzi").
Die MP wird in Lizenz nach dem israelischen Modell „Uzi" in Lüttich von der Fa. Fabriques nationale d'armes de guerre hergestellt.
Luftgekühlter Rückstoßlader mit feststehendem Lauf, klappbarer Schulterstütze, Bajonetthalter für kurzes Bajonett. Für Einzelschüsse und kurze Feuerstöße (auch Dauerfeuer) geeignet (Hebel). Visierklappe auf 100 und 200 m. Theoretische Feuerfolge 650 Schuß/min., V 10 ca. 400 m/sec., vier rechtsgängige Züge. Von unten ansteckbares Magazin für 25 Patronen (Parabellum).
Gesamtlänge bei auf- bzw. angeklappter Schulterstütze 650 bzw. 460 mm, Lauflänge 260 mm, Gewicht ohne Magazin 3570 g, Gewicht des gefüllten Magazins 500 g.
1 Drücker der gewöhnlichen Sicherung in Stellung „E = Einzelfeuer".
2 Handhabe der automatischen Sicherung.
3 Griffstück und Griffschale.
4 Abzugsbügel.
5 Abzug.

Steyr Sturmgewehr M. 1977 (SSG 77).
Automatischer Gasdrucklader mit starrer Verriegelung, optische Visiereinrichtung, einstellbar für Einzelfeuer und Feuerstöße, Kolben aus Kunststoff, Patronenzuführung von unten aus Stabmagazin zu 25 Patronen. Theoretische Schußfolge 700 Schuß/min., Vo 950 m/sec. (Bundesheertype 990 m/sec.), Länge 800 mm, Lauflänge 508 mm, Kaliber 5,56 mm, Gewicht ohne Magazin 3600 g.

Tankspritzwagen (Polizeidirektion Graz, 1952).

Der Säbel ist als langzeitiger Gefährte der Wachkörper bereits charakterisiert worden. Er begleitete sie bis zum Jahre 1938 bzw. 1951. Bis zum Jahre 1850 bediente man sich der gängigen Heerestypen und entwickelte erst später „eigenständige" Muster, zum Teil aus Beutewaffen. Die Berittenen und die Offiziere führten überwiegend den Kavalleriesäbel bzw. die Offizierssäbel (vor 1850 die Offiziersdegen) des Heeres, die Beamten des rechtskundigen Dienstes mitunter auch den „Beamtensäbel".

Etwa um 1700, nämlich mit der Einführung des Bajonettgewehres (Bajonettflinte) als allgemeine Infanteriewaffe, sind die geradklingigen bzw. degenartigen Seitenwehren der (ehemaligen) Musketiere und Pikeniere entfallen. Bis zum Jahre 1765 (Einführung eines „Füsiliersäbels", wiederabgeschafft 1798, kenntlich durch ein bügelloses Gefäß) verblieb einzig den Mannschaften der Grendierkompanien sowie Unteroffizieren ein Säbel, nämlich der alte „Grenadiersä-

Wasserwerfer Marke Steyr-Rosenbauer, Type 69, bei der Abgabe von Wasserregen mit den beiden Höhenstrahlrohren im Hof der Wiener Rossauerkaserne. Daten: 11.500 kg Eigengewicht, 8.800 kg Nutzlast (8.500 l Fassungsvermögen), 12 Vorwärts-, 2 Rückwärtsgänge.

bel": kurz (Klinge zunächst 58 cm), mäßig gekrümmt, einfaches Bügelgefäß, Lederscheide. Mit diesem Säbeltyp (spätere Muster: M. 1777, messingmontiert; M. 1802, M. 1809, M. 1824, M. 1836, M. 1851, M. 1862, alle eisenmontiert) waren auch die Polizeiwachkorps bis zum Jahre 1850 ausgerüstet.

Trotz mehrerer geringfügiger Änderungen bewahrte dieser „Infanterie-Mannschaftssäbel" seinen Charakter. Allmählich wurde er zur Seitenwehr von „Stabsparteien" bzw. Nichtcombattanten, als nämlich die selbständigen Grenadierbataillone 1852 in die Linienregimenter eingegliedert und 1867 die Unteroffiziere mit dem Hinterladgewehr mit Bajonett ausgerüstet wurden. Die Militär-Polizeiwachen wurden ab der Polizeireform von 1850 teilweise wie die Gendarmerie, nämlich mit dem „Gendarmeriesäbel", grundsätzlich aber mit dem 1850/51 von der Artillerie abgelegten „Artilleriesäbel" ausgerüstet. Dieser war anfangs nichts anderes als der seit 1777 mit einer 67er-Klinge versehene Grenadiersäbel. Jedoch – konservativ wie die Artillerie schon ist – wollte sie 1802/ 1809 beim Verzicht auf die Messingmontierung und auf die hübschen rhombischen Griffstege nicht mitmachen. So erhielt sich der an und für sich bedeutungslose Artilleriesäbel – sogar mehrfach modifiziert – bis zum Jahre 1851, bis die Polizeiwache dem eigenen Konservativismus auch die Messingmontierung hinzufügte.

Als erste eigenständige „Polizeisäbel" stellen sich der Pallasch für die K.K. berittene lombardische Gendarmerie und der Säbel für ihre Fußmannschaft dar. Beide waren, wie dieses Gendarmeriekorps selbst, ein Erbstück der napoleonischen Verwaltung, ersterer nichts anderes als der im Jahre 1821 geringfügig modifizierte, messingmontierte Pallasch der Kürassiere Napoleons I. Angesichts der vorhandenen Kriegsbeute war es ein Luxus, im Zuge der Einführung der Gendarmerie im gesamten Kaisertum im Jahre 1851, einen eigenen Säbel für die Berittenen zu konstruieren. (Vergleiche die Abb. auf Seite 64.) Dieser, mit mäßig gekrümmter, 84 cm langer Klinge, mit Spangenkorb aus Messing und messingmontierter Lederscheide versehen, machte bereits im Jahre 1863 dem bei der berittenen Militär-Polizeiwache bereits eingeführt gewesenen Kavalleriesäbel Platz, von dem es – in dieser experimentierfreudigen Periode zwischen 1845 und 1904 – nicht weniger als sechs Mannschaftsmuster gab.

Auch der Säbel der Genadiere Napoleons I. kam wieder zu Ehren. Nachdem er seit dem Wiener Kongreß zu Tausenden in den kaiserlichen Zeughäusern dahinrostete, wurde er im Jahre 1850/51 bei der Fußmannschaft der gesamten Gendarmerie und teilweise bei der Militär-Polizeiwache eingeführt. Die 58 bis 66 cm langen Klingen waren mit denen des Infanteriesäbels ohne weiteres austauschbar. Kennzeichnend waren die messingmontierte Lederscheide und das formschöne komplette Messinggefäß mit einfachem Bügel, dessen Unverwüstlichkeit den Gebrauch dieses Säbels bis zum Jahre 1918 erlaubte. Dieser napoleonische Säbel wurde daher in verschiedenen Armeen verwendet. Auch von der schleswig-holsteinischen Armee, von der er im Jahre 1851 zum dänischen Leibgardesäbel wechselte, um im Jahre 1864 von Österreichern und Preußen neuerlich erbeutet zu werden!

Für die im Jahre 1869 neu organisierte Wiener „Sicherheitswache" wurde – entsprechend der von „bürgerlicher" Tendenz getragenen Uniformierung – ein eigener eisenmontierter, für die Mannschaft kürzerer (Klingenlänge 74 cm), für leitende Beamte und Berittene längerer (84 cm) Säbel konstruiert. Die Scheiden waren aus schwarzem Leder, offenbar wegen der beabsichtigten „Distanz zum Militär", das ja längst (sieht man von dem zum Nichtcombattantensäbel gewordenen „Grenadiersäbel" ab) auf Metallscheiden übergegangen war. Diese Säbel erhielten sich aber nur bei der „Fußmannschaft" bis zum Weltkrieg.

Schließlich sei noch des Jatagan gedacht, der oft mit dem Handschar/Handjar verwechselt wird. Charakteristisch für diese orientalische Waffe ist die 50 bis 70 cm lange geschwungene Klinge, die zum Hieb mit nachfolgendem Stoß geeignet ist. Der Knauf ist in der Form eines Schenkelknochens gebildet. Der Jatagan war die Waffe der Balkanvölker schlechthin und spielte noch in den bosnischen Aufständen 1875/1878 eine Rolle. Im kroatisch-slawonischen Militärgrenzgebiet diente der Jatagan in seiner nationalen Form den „Sereschanern" als reguläre Waffe. Diesen, auch als „Rotmäntler" bekannten Eliteabteilungen der k.k. Grenzregimenter, oblagen der Aufklärungs- und Verbindungsdienst, Kommandounternehmungen, ebenso Aufgaben einer Landessicherheitswache, Militärpolizei und Leibwache. Die letzten Sereschaner legten den Jatagan ab, als sie im Jahre 1871 in die Gendarmerie übernommen wurden.

Säbel für die Fußmannschaft.

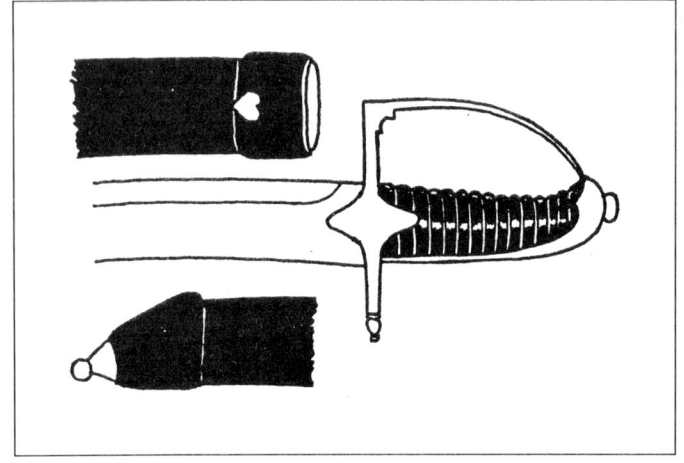

Grenadiersäbel M. 1765/77.
Bügelgefäß aus Messing, Lederscheide mit Messingbeschlägen, leicht gekrümmte 58 cm (später 67 cm) lange Klinge.

Säbel für die Fußmannschaft.

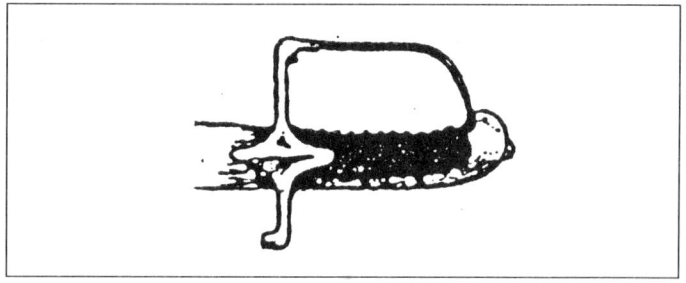

Artilleriesäbel M. 1828 (der k.k. Polizeiwache M. 1852).
Messinggefäß mit schmalem Bügel und rhombischen Mitteleisen, Lederscheide, 66 oder 67 cm lange Klinge.
Getragen wurde er – wie der Grenadiersäbel – an einem weißen sämischledernen Gehänge.

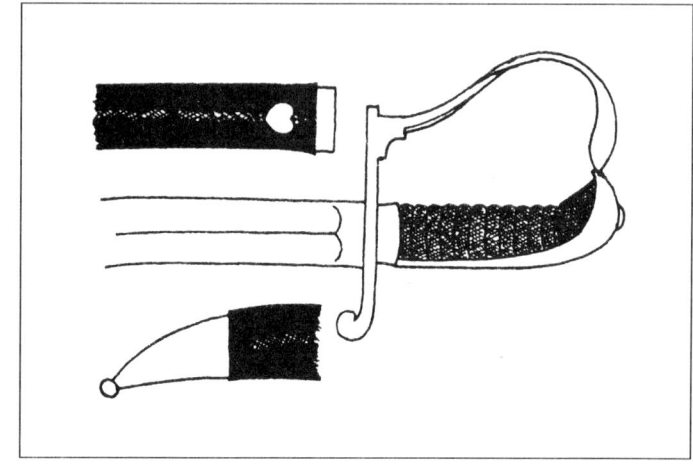

Infanteriesäbel M. 1836.
Eisenmontierung, Lederscheide, Klingenlänge 66 cm.

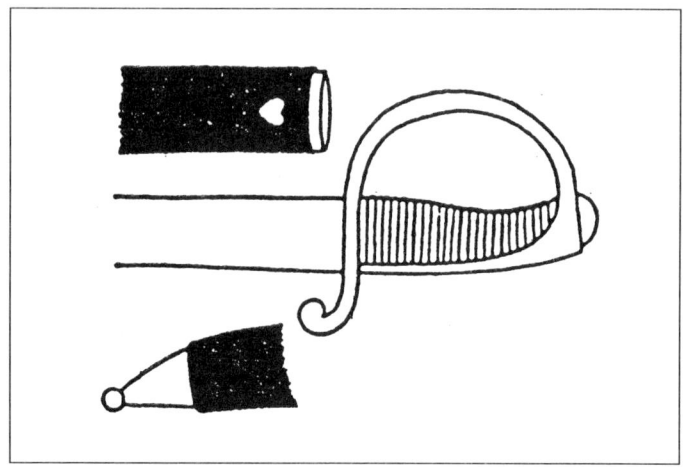

Gendarmeriesäbel M. 1851.
Messinggefäß, Griff nicht beledert, beiderseits glatte Klinge, Beutewaffe (französischer Infanterie-Säbel „sabre briquet" Mod. AN IX aus der Zeit 1802–1812). Klingenlänge 58 bis 66 cm, Scheide aus schwarzem Brandsohlenleder mit Messingspitze.

Säbel für Fußmannschaft.

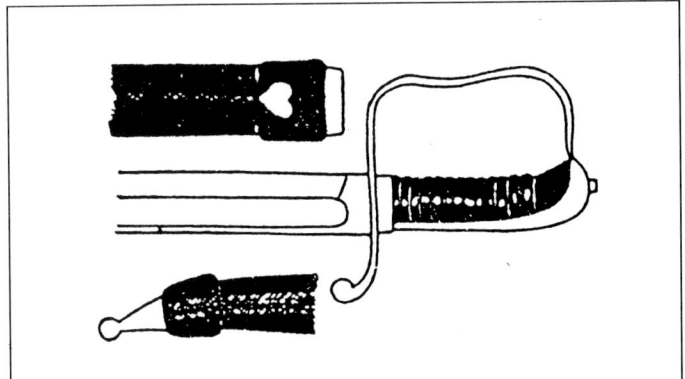

Infanteriesäbel M. 1862.
Eisernes Gefäß mit leicht gewelltem Bügel. Eisenbeschlagene Lederscheide. Beiderseits gekehlte, leicht gekrümmte 66 cm lange Klinge. Dieser Säbel konnte – als Ersatz für den „Gendarmeriesäbel" – bis 1918 von der Gendarmerie und den in Lemberg, Krakau und Przemysl bis dahin bestandenen Militär-Polizeiwachkorps getragen werden.

Reitersäbel.

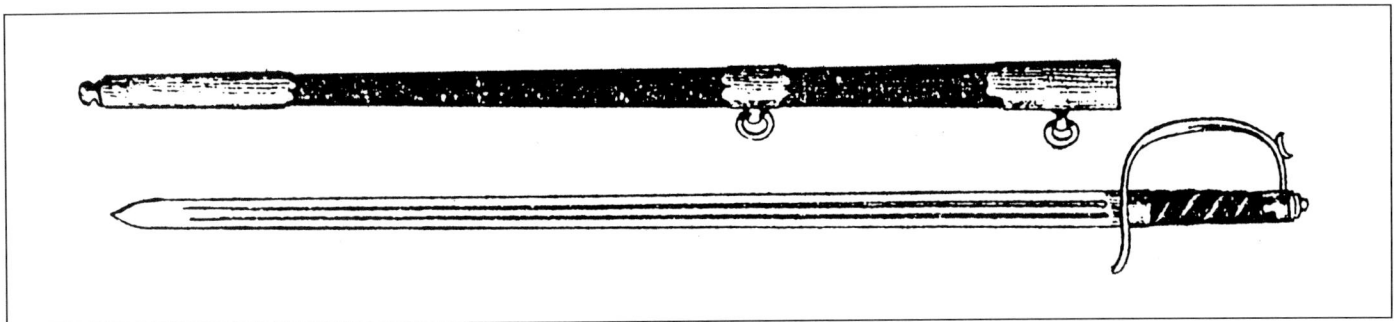

Pallasch für die berittene k.k. lombardische Gendarmerie M. 1821. In Brescia aus Pallaschen der Kürassiere Napoleons umgestaltet. Messinggefäß mit flachem Bügel und Stichblatt. Gerade, 86 cm lange Klinge.

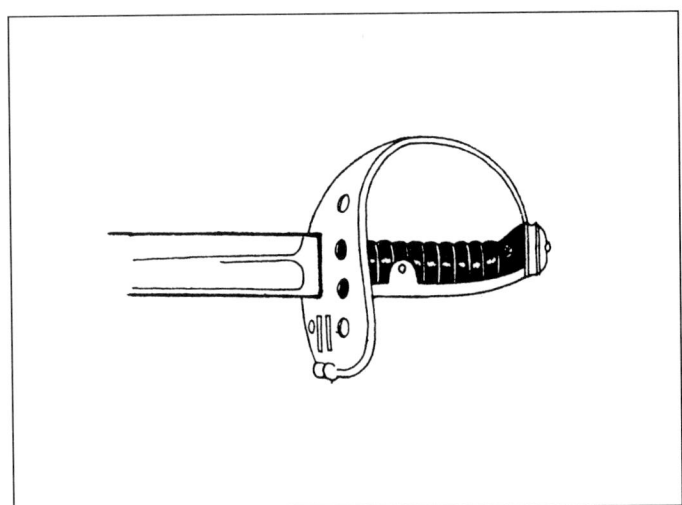

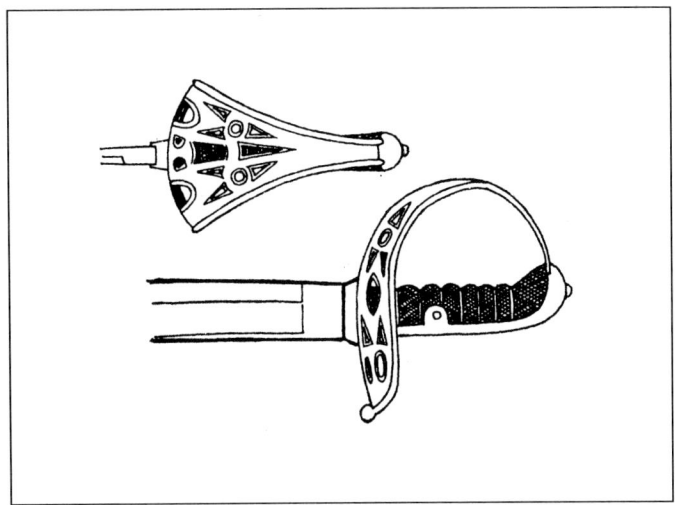

Kavalleriesäbel M. 1850.
Eiserner durchlöcherter Korb mit zwei Faustriemenschlitzen, Eisenscheide, Klingenlänge 84 bis 92 cm.

Kavalleriesäbel M. 1861.
Eisernes Korbgefäß mit runden und dreieckigen Ausschnitten, Klingenlänge 87 cm. Je nach Klingenbreite gab es – nach der jeweiligen Reitergattung – ein „leichtes" und ein „schweres" Muster.
Dieses, sowie die folgenden Muster erhielten im Weltkrieg teilweise einen grünen Feldanstrich.

Reitersäbel.

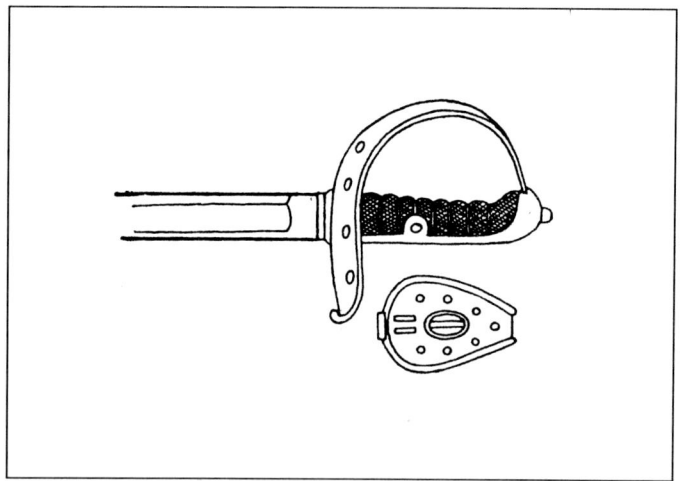

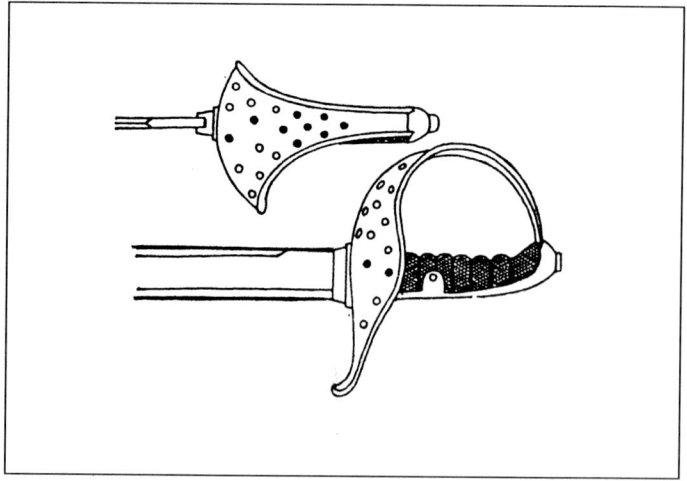

Kavalleriesäbel M. 1869.
Durchlöcherter Eisenkorb mit Faustriemenschlitzen, Klingenlänge 84 cm, eiserne Scheide.

Kavalleriesäbel M. 1904.
Eiserner, asymmetrischer Korb mit 27 kreisrunden Löchern und zwei Faustriemenschlitzen. Klingenlänge 86 cm, Gewicht 1,04 kg, mit Eisenscheide 1,74 kg.
Diesem Muster entsprach der Säbel der Dragoner des Bundesheeres und daher auch der der berittenen Sicherheitswache. Im ersten Bundesheer wurde er von allen Berittenen und allen Unteroffizieren getragen.

Seitengewehre für Offiziere.

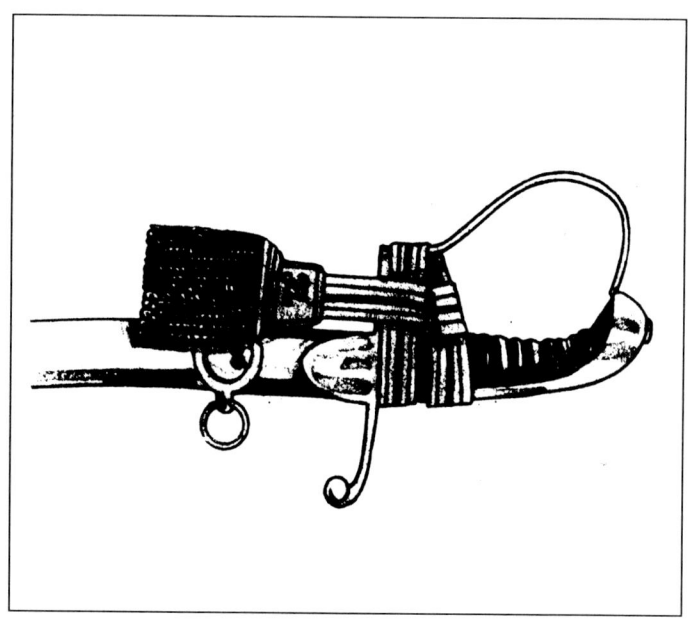

Offiziersdegen M. 1827.
Ab 1740 gab es mehrere fast unterschiedslose Degentypen mit Klingenlängen zwischen 75 und 85 cm. Gefäße immer Messing, Lederscheiden.

Fußtruppen-Offizierssäbel M. 1837.
Eisernes schmales Bügelgefäß mit lappenförmigem Mitteleisen, Eisenscheide, 84 cm lange, beiderseits gekehlte Klinge.
(Abb. aus: Eduard Wagner, „Hieb- und Stichwaffen", Verlag Werner Dausien, Hanau, 2. Aufl. 1985)

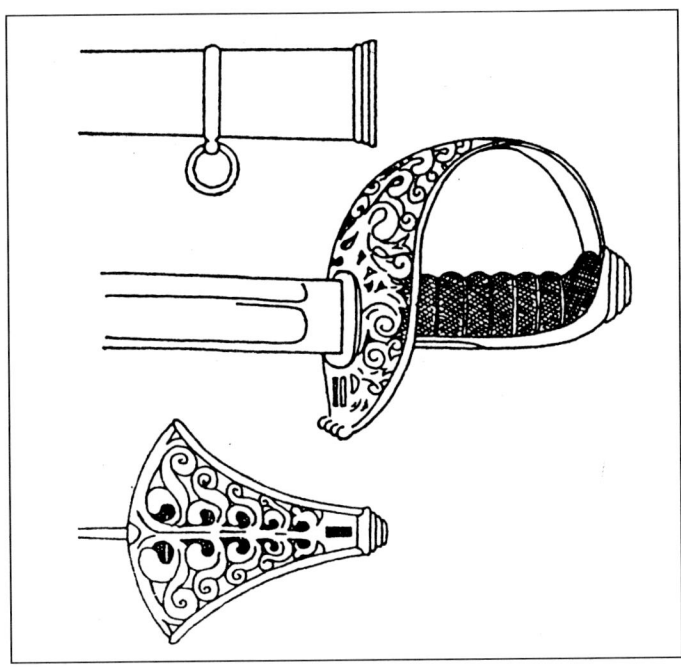

Kavallerie-Offizierssäbel M. 1850.
Ornamental durchbrochener Eisenkorb nach britischem
Vorbild.
Zwei Faustriemenschlitze, Klingenlänge 84 cm. Das anson-
sten übereinstimmende Muster 1845 weist einen Faustrie-
menschlitz am oberen Teil des Bügels auf.

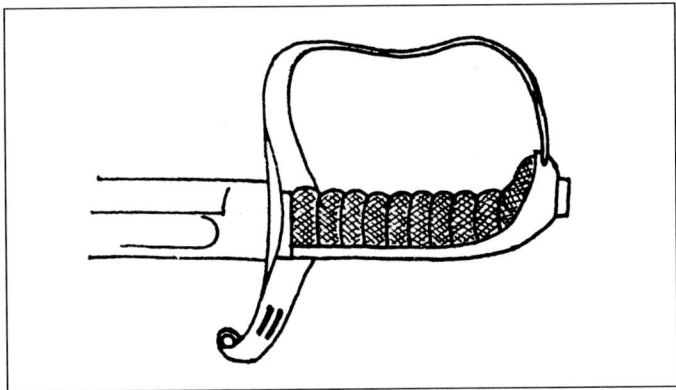

Infanterie-Offizierssäbel M. 1861.
Eisengefäß mit leicht gewelltem Bügel, an der Parierstange
hinten zwei Faustriemenschlitze, Eisenscheide, beidseitig gekehlte 79 bis 84 cm lange Klinge.
Mit (goldenem) Offiziersportepee war er bis 1938 auch
(wahlweise neben dem „Hegedüs"-Säbel) die Seitenwaffe der
leitenden Beamten der Gendarmerie und der Sicherheitswache sowie der Beamten im Konzeptdienste (ausgenommen
1889–1918: „Beamtensäbel").
Bei der Gendarmerie durften ihn auch die Bezirkskomman-
danten und gleichgestellte dienstführende Beamte im Dienst
tragen, und außer Dienst (allerdings auf eigene Kosten) jeder
Gendarmeriebeamte.
Gendarmerieoffiziere ab 1914, sowie ab 1933 die Offiziere
der Polizei, führten dem Anlaß entsprechend statt dem Säbel
das Offiziersbajonett mit geschlossenem Portepee.

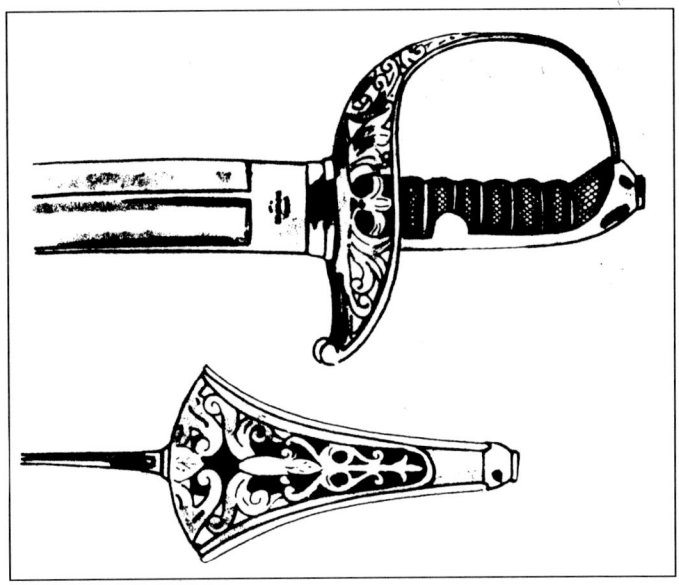

Kavallerie-Offizierssäbel M. 1869.
Dekorativ durchbrochener Eisenkorb mit zwei Faustriemenschlitzen, Klingenlänge ca. 84 cm, Eisenscheide.

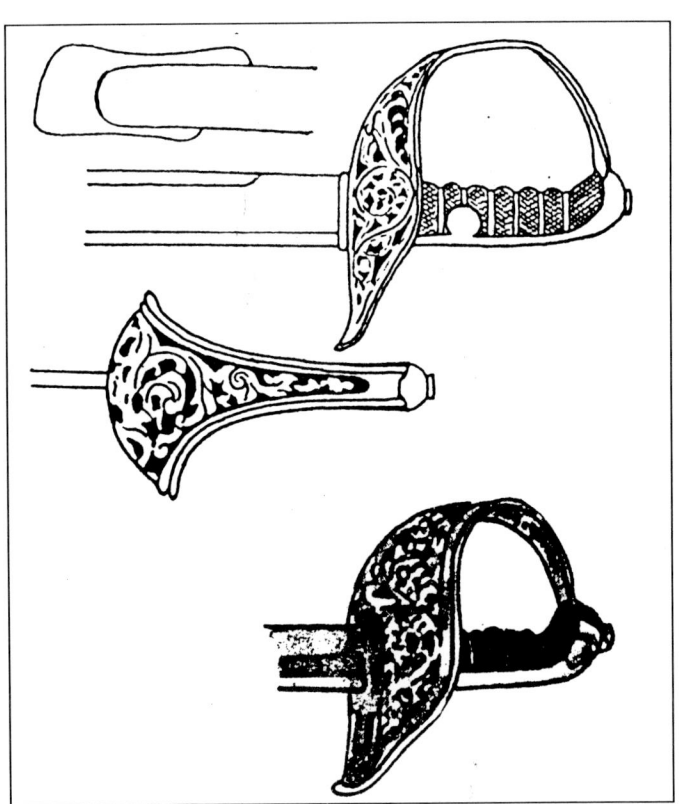

Kavallerie-Offizierssäbel M. 1904.
Asymmetrischer, ornamental durchbrochener Eisenkorb mit
zwei Faustriemenschlitzen, Klingenlänge 82 cm, Eisenscheide.
Ähnlich, nur in geringerer Dimension, war der Korb des
Offiziers-Einheitssäbels des Bundesheeres, welcher, ebenfalls
wahlweise neben dem Infanterie-Offizierssäbel M. 1861, ab
1933 von allen leitenden Beamten der Polizei und Gendarmerie getragen wurde (Hegedüs-Säbel).

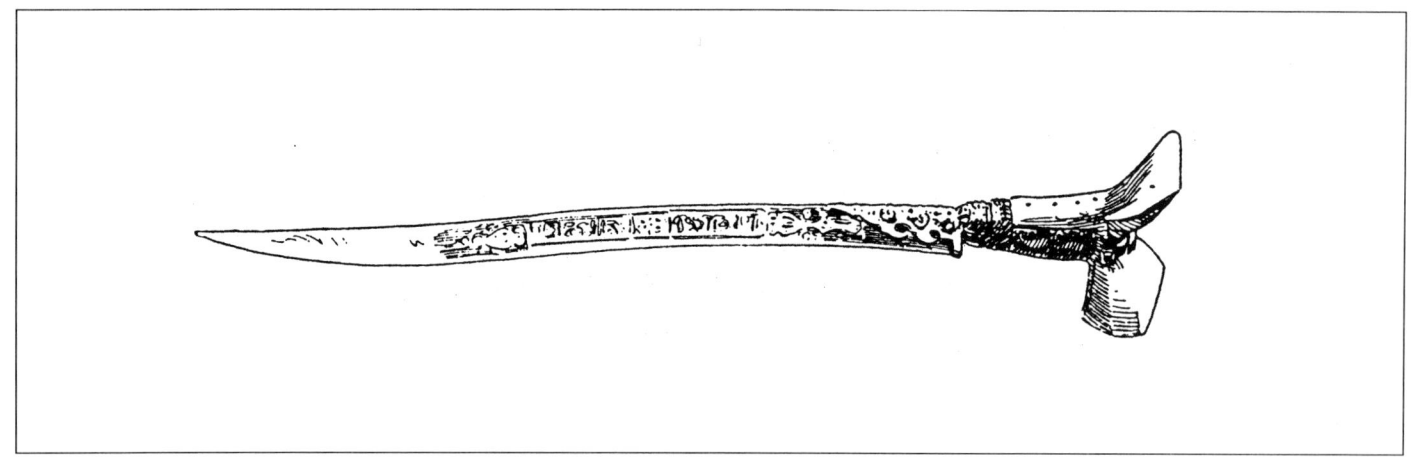

Jatagan, in nationaler Form (gebraucht insbesondere von den Sereschanern und slawonischen Panduren).

Revolver und Pistolen.

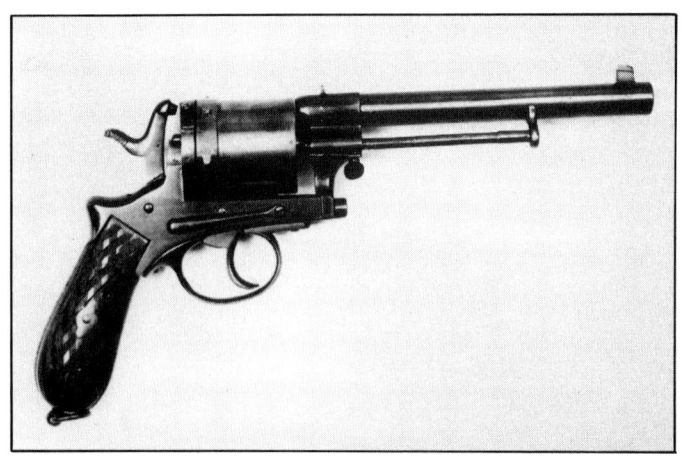

Armeerevolver M. 1870.
Sechsschüssiger Revolver mit Zentralzündung (System Gasser).
Runder Lauf mit Standvisier und Korn, Hahn und Abzugsspannung (double action). Offener Rahmen aus Eisen; Lauf und Trommel aus Stahl. Die Waffe war primär zur Ausstattung der Unteroffiziere und der nicht mit dem Karabiner ausgestatteten Soldaten der Kavallerie und für alle berittenen Unteroffiziere der Artillerie bestimmt. Sie hatte sich im Feldzug 1878 bewährt.
Länge 324,5 mm, Lauflänge 184,3 mm, Kaliber 11 mm, 6 Züge mit Rechtsdrall, Gewicht 1347,6 g.

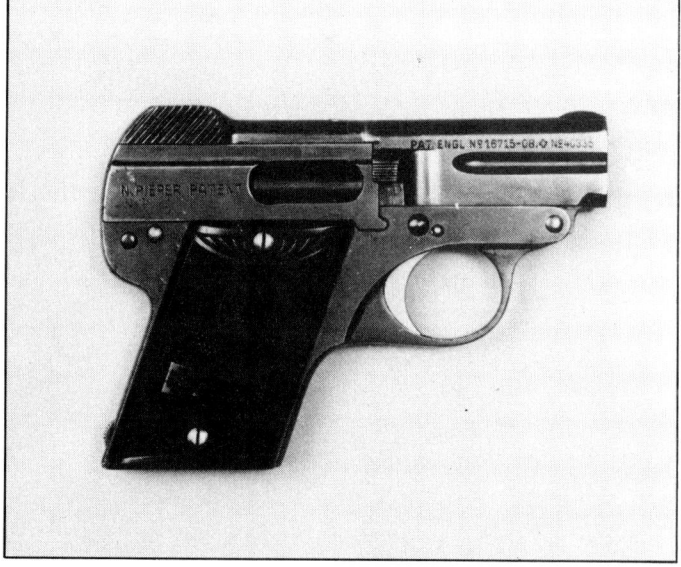

Steyr-Pistole M. 1909.
Siebenschüssiger Rückstoßlader mit Federmasseverschluß, kippbarem Lauf und Magazinsladung im Griff.
Länge 110 mm, Kaliber 6,35 mm, Gewicht 330 g.
Die technisch gleiche und der Form nach übereinstimmende Waffe, aber mit Kaliber 7,65 mm und achtschüssig, war vor und nach dem Ersten Weltkrieg bei SW (sowie Bundesheer) in Verwendung. Länge 160 mm, bei den Ausführungen ex 1934 unterschiedliche Längen.

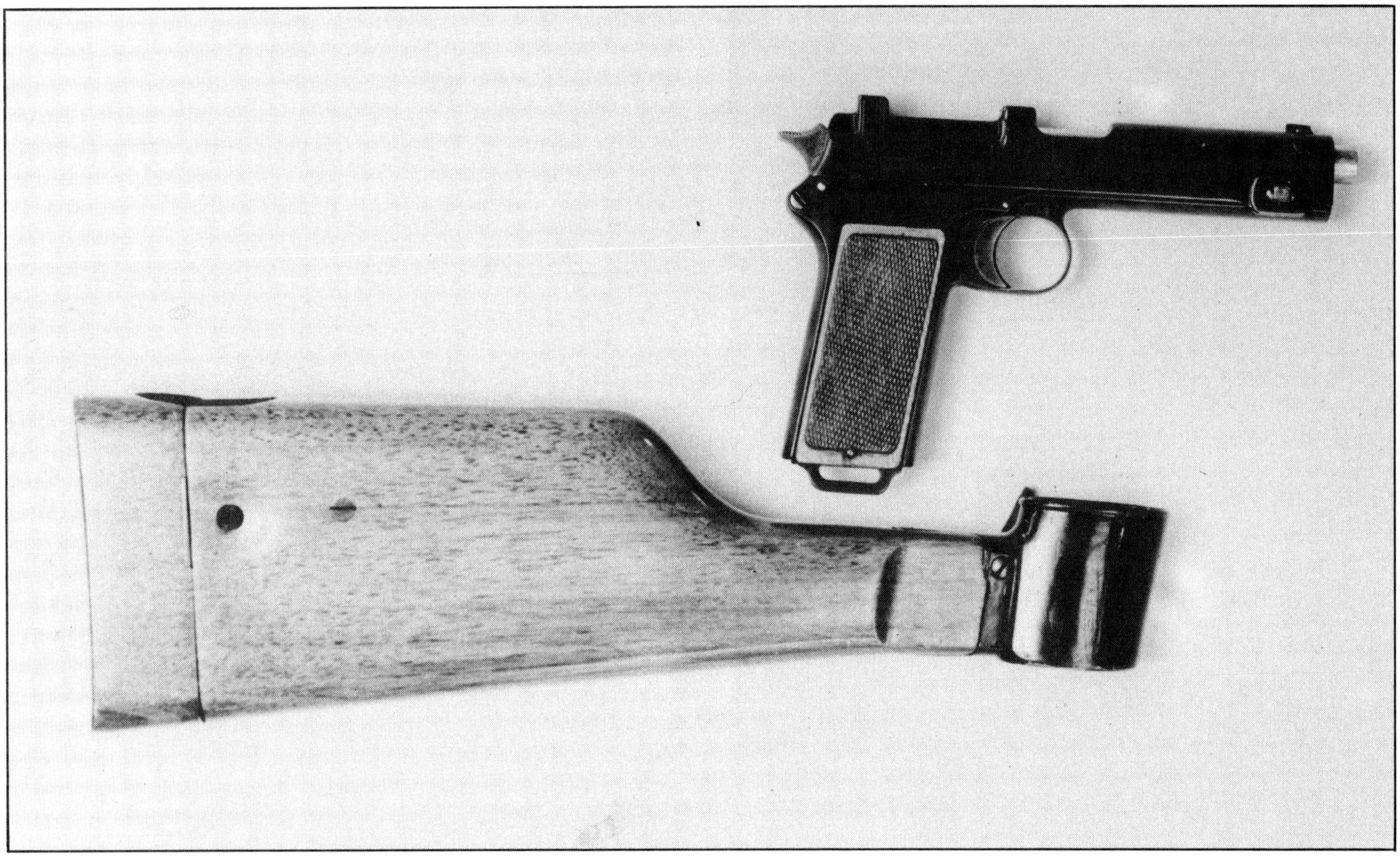

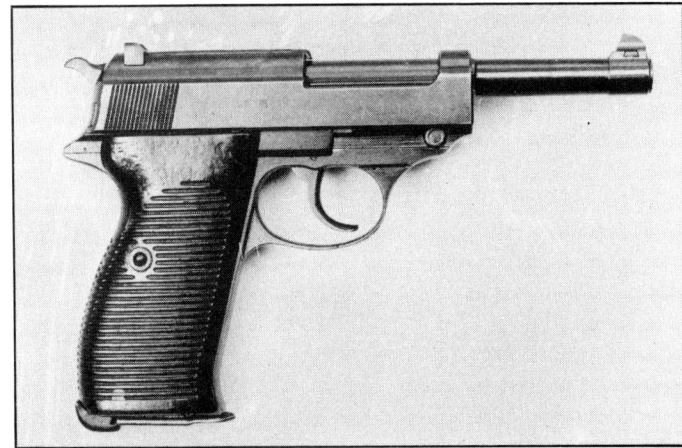

Repetierpistole M. 1912 (ohne Anschlagkolben).
Gezogener, starr verriegelter Rückstoßlader mit festem Magazin für acht Patronen im Griff (Streifenladung), System Steyr.
Die Waffe stand auch bei der k.u.k. Armee und dem ersten Bundesheer, später bei der deutschen Wehrmacht in Verwendung.
Länge 205 mm, Lauflänge 129,5 mm, Kaliber 9 mm (Steyr), 4 Züge mit Rechtsdrall, Gewicht 980 g.

Pistole M. 1938 (deutsche Wehrmacht).
Gezogener, starr verriegelter Rückstoßlader mit Hahnabfeuerung, Magazin für acht Patronen, Wiederspannabzug (System Walther).
Die Waffe war seit 1956 im österreichischen Bundesheer eingeführt und wurde durch die Glock-Pistole ersetzt.
Länge 215 mm, Lauflänge 125 mm, Kaliber 9 mm, 6 Züge mit Rechtsdrall, Gewicht ohne Magazin 870 g, Gewicht mit vollem Magazin 1040 g.

Pistole PPK (PP) – ehemalige deutsche Polizeipistole.
Gezogener achtschüssiger Rückstoßlader mit Federmasseverschluß, feststehendem Lauf und Wiederspannabzug (System Walther, französische Lizenzherstellung Manurhin).
Kaliber 7,65 mm, Länge 150 (170) mm, Lauflänge 83 (98) mm, PPK siebenschüssiges, PP achtschüssiges Magazin.

Pistole M. 35 (FN-Hochleistungspistole, System Browning). Es handelt sich um eine vollständig verriegelte, halbautomatische Waffe mit beweglichem Lauf.
Kaliber 9 mm (Patrone Parabellum), Vo 350 m/sec., Länge 197 mm, Lauflänge 118 mm, Gewicht mit Magazin 900 g, Magazin für 13 Patronen.
Bei der Gendarmerie seit 1955 eingeführt.

VM-RK=Vollmantel-Rundkopf VM-KSt=Vollmantel-Kegelstumpf TM-FK=Teilmantel-Flachkopf	Type	g	BL-RK=Blei-Rundkopf MC=Bleigeschoß mit Metallkappe WC=Blei-Scheibengeschoß
6,35 mm (.25 Auto)	VM-RK	3,2	
7,65 mm (.32 Auto)	VM-RK	4,6	
9 mm kurz (.380 Auto)	VM-RK	6,2	
9 mm Police (9x18)	VM-KSt	6,5	
9 mm Parabellum (9 mm Luger)	VM-RK	8,0	
9 mm Parabellum Combat Sport	VM-RK	7,5	
9 mm Steyr	VM-RK	7,5	
45 AUTO (ACP)	VM-RK	14,9	
32 S & W	BL-RK	5,7	
32 S & W long	BL-RK	6,4	
357 Magnum	TM-RK	10,2	
38 S & W	BL-RK	9,5	
38 Special	WC	9,6	
38 Special	BL-RK	10,2	
38 Special	MC	10,2	
38 Special	TM-FK	10,2	

Munition für Faustfeuerwaffen der Hirtenberger Patronenfabrik.

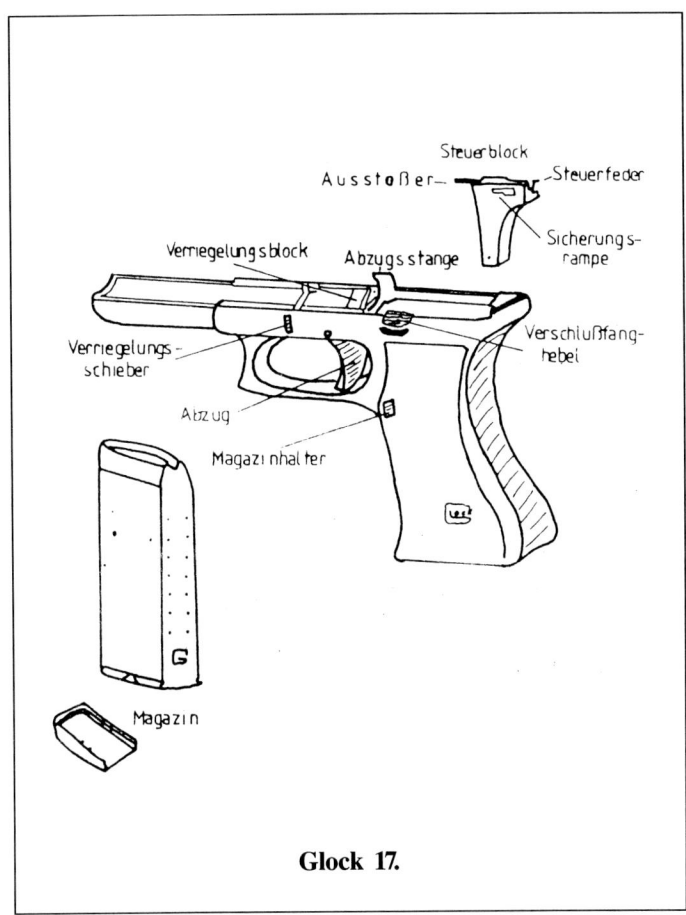

Glock 17.

Pistole Glock 17.
Starr verriegelter Rückstoßlader mit automatischer Schlag-
bolzen- und Abzugssicherung und 17schüssigem Magazin im
Griff (System Glock).
Die Pistole besitzt keinen Sicherungshebel, sie ist infolge der
Abzugsicherung jedoch stets gesichert. Der Schlagbolzen ist
nach Abgabe des Schusses automatisch teilgespannt und
vollkommen gesichert. Griffstück aus Kunststoff mit Stahl-
führungen.
Länge 188 mm, Lauflänge 114 mm, Kaliber 9 mm, sechsflä-
chiges Profil mit Rechtsdrall. Gewicht mit leerem Magazin
660 g, Gewicht mit vollem Magazin 870 g, Vo 360 m/sec.,
Polizeipatrone 9 mm Para FL (Flachkopf).

„Wer's nicht edel und nobel treibt,
lieber weit weg von dem Handwerk bleibt!"
(Friedrich Schiller, Wallensteins Lager)

IX. Staatssicherheit und Staatspolizei

Den staatspolizeilichen Aufgabenkern definiert der § 5 der kaiserlichen Entschließung vom 28. April 1852 über den „Wirkungskreis der obersten Polizeibehörde" folgend: „Die oberste Polizeibehörde hat ihre Wirksamkeit vorzugsweise auf die Vorbeugung, Entdeckung und Hintanhaltung der Gefahren zu richten, welche die staatlichen Einrichtungen und überhaupt die bestehende staatliche Ordnung bedrohen."[1]

Daß diese Bestimmung mit der Wirkung eines einfachen Bundesgesetzes in die heutige Rechtsordnung aufgenommen ist, wurde bereits erwähnt. Der Begriff „staatliche Ordnung" wurde später durch den Ausdruck „Staatsverfassung" ersetzt, und zwar im § 10 des „Wirkungskreis der Polizeiabteilung des Ministerratspräsidiums" vom Mai 1867. Im § 17 des Bundesministerienkompetenzgesetzes 1966 (BGBl. Nr. 70/1966) findet er sich wieder: „Schutz der verfassungsmäßigen Einrichtungen (und Unterdrückung staatsgefährlicher rechtswidriger Vorgänge)".

Die Sorge für die staatliche Ordnung deckt der Verfassungsbegriff „Aufrechterhaltung der öffentlichen Ruhe und Sicherheit", wenn man die Einzelsicherheitspolizei (Sorge für die körperliche Sicherheit der Person und für die Sicherheit des Eigentums) ausscheidet. Der verantwortliche Apparat wurde ursprünglich „Geheime Polizei", schließlich „Staatspolizei" genannt. Die integrierten verwaltungspolizeilichen Schwerpunkte sind die Preß-, Vereins-, Versammlungs- und Fremdenpolizei. Der Präventivcharakter führt notwendigerweise zur Ausbildung eines Informationsapparates (staatspolizeilicher Informationsdienst/Nachrichtenpolizei).

Wahrnehmung der Volksstimmung

Der „Wirkungskreis der Polizeibehörden" aus dem Jahre 1851 zeichnet im § 8 eine Präventivaufgabe, die im Verfassen periodischer „Situations- und Stimmungsberichte" bestand.

„Die Wahrnehmung der Volksstimmung gehört zur wesentlichen Aufgabe der Polizeibehörden.

Sie haben in dieser Beziehung die politischen und sozialen, in das Staatsleben eingreifenden Zustände sorgfältig zu beobachten und ihre besondere Aufmerksamkeit auf die öffentliche Stimmung bei Erlassung neuer Reichs- oder Landesgesetze über politische und administrative Einrichtungen zu richten, wobei es aber nicht genügt, bloß einzelne Stimmen zu hören und ihren Ansichten den Wert des allgemeinen Urteiles beizulegen.

Die Polizeibehörden haben sich von den Bedürfnissen und Wünschen der Bevölkerung Kenntnis zu verschaffen, die tatsächlichen Verhältnisse, welche dem Bedürfnis neuer Einrichtungen und dem Wunsche nach Änderungen in den bestehenden Einrichtungen zugrunde liegen, sorgfältig zu prüfen und gerechte Wünsche und Beschwerden ungeschminkt zur höheren Kenntnis zu bringen.

Ungerechten Wünschen und Beschwerden haben sie durch Berichtigung der denselben zugrunde liegenden irrigen Vorstellungen und Begriffen zu begegnen und böswilligen Einflüssen, die sich zur Erregung unbegründeter Mißstimmung und Aufreizung geltend zu machen suchen, ist mit Entschiedenheit entgegenzutreten."

Solche Berichte, die nicht bloß die durch die Presse geprägte „öffentliche Meinung" verwerteten, waren von Josef II. als Hilfsmittel der Staatsführung gedacht. Im Lauf der Zeit, mit der Verdichtung der Lebens- und Verwaltungszonen und mit entsprechender Abnahme der Überschaubarkeit, wurde diese Einrichtung unanwendbar. Im Mai 1963 wurde sie schließlich als spezielles Mittel des staatspolizei-

---

1 § 1 des „Wirkungskreis der Polizeibehörden" (1851) sprach vom „Rechtsbestand des Staates" und knüpfte an die Kompetenzbestimmung des § 36 der Reichsverfassung v. 4. März 1849 an: „...alle die Wahrung der inneren Sicherheit des Reiches betreffenden Einrichtungen und Maßregeln". Über die Notwendigkeit einer derartigen Generalklausel siehe Reidinger, S. 51.

lichen Informationsdienstes abgeschafft. Etwa gleichzeitig traten die demoskopischen Unternehmungen von Verbänden und Parteiführungen vermehrt auf den Plan. So wertvoll die Tätigkeit von Meinungsforschungsinstitutionen sein kann, um auch die Gedanken der „schweigenden Mehrheit" zu erfassen, so sind sie allein doch nicht geeignet, die Wechselwirkungen und Berührungspunkte mit Umtrieben extremer politischer Gruppen aufzuklären. In dieser Richtung erscheinen für die Regierung, unter Berücksichtigung der Theorien kollektiven Verhaltens, namentlich folgende Momente prüfungsbedürftig:

1. langfristige strukturelle Ungleichheit, Spannungen im wirtschaftlichen, sozialen und politischen Sektor einer Gesellschaft, die insbesondere

2. zu einem starken Gefühl der Benachteiligung, zur sogenannten „relativen Deprivation", führen.[2])

3. Bewußtwerden und Politisierung dieses Spannungszu-

standes, sobald er mit einer konkreten Ursache oder einem Urheber in Verbindung gebracht wird, was etwa durch Gerüchte, politische Propaganda, rassistische oder andere Vorurteile, Ideologien und religiöse Überzeugungen geschehen kann, wobei Protestverhalten und gewaltfördernde Traditionen eine wichtige Rolle spielen können.

4. Kurzfristiges Auftreten von sogenannten „Beschleunigungsfaktoren", die die längerfristigen Ursachen und politischen Vorstellungen bestätigen und radikalisieren, die solidarisierend wirken und den Prozeß gewaltsamer Handlungen, wenn er einmal im Gang gekommen ist, weitertreiben und verstärken (plötzliche Preiserhöhungen, Lohnkürzun-

2 „Relative Deprivation" entsteht durch ein Auseinanderklaffen von stärker steigenden ökonomischen, sozialen und politischen Ansprüchen einerseits und dem nur mäßig nachziehenden oder gar kurzfristig sinkenden Erfüllungsgrad (und den Zukunftseinschätzungen dieses Erfüllungsgrades) andererseits, wobei Massenarbeitslosigkeit als Hauptursache von „relativer Deprivation" in Frage kommt.

Parade von Gendarmerie und Sicherheitswache am 21. Juni 1951 vor dem Wiener Parlament anläßlich der Angelobung des erstmalig vom Volk gewählten Bundespräsidenten, General i. R. Dr.h.c. Theodor Körner. Die letzte gemeinsame Parade fand 1965 anläßlich der Feiern zum 10. Jahrestag des Abschlusses des Staatsvertrages statt.
Bei der Defilierung 1951 fielen besonders die Einheiten der „B-(Bereitschafts-)Gendarmerie" auf. Es handelte sich dabei zunächst um bei Gendarmerieschulen außerhalb der sowjetischen Besatzungszone formierte Alarmkompanien, die nach den kommunistischen Unruhen in den sowjetischen Zonen „Ostösterreichs" vom Oktober 1950 ausgestaltet wurden. Mit Abschluß des Staatsvertrages 1955 bildeten sie als „Grenzschutzabteilungen" den ersten Kader des Bundesheeres.

Motorisierte B-Gendarmerie in Kärnten (1951).

Inspizierung von Polizei und Gendarmerie durch Innenminister Oskar Helmer (1945–1959) am 4. Mai 1953 im Eggenberger Stadion in Graz. Von links: Minister Helmer, Generaldirektor Dr. Krechler, Polizei-Oberleutnant Traer.
Die kommunistische „Volksstimme" berichtete zu Fotos von der anschließenden Defilierung: „Demonstrative Militäraufmärsche der Rekruten der angeblichen Gendarmerieschulen in Westösterreich, die Helmer in Graz und Klagenfurt veranstaltete, haben die Friedensbeteuerungen der Regierung Raab-Schärf treffend illustriert . . ."

gen, Akte offensichtlichen Unrechts, insbesondere auch Gerichtsverfahren, Prestigeverluste, Gewalttaten, die somit selbst wiederum zum verursachenden Faktor werden, etc.).

5. Faktoren gesellschaftlicher Kontrolle, die ein Wirksamwerden der genannten Gewaltursachen vorbeugend verhindern oder nach dem Einsetzen von Gewalthandlungen eindämmend wirken (Kontrollinstanzen wie Gerichte, Polizei, politische und religiöse Autoritäten, Gewerkschaftsorganisationen, Verbände).

Erst im Zusammenwirken all dieser verursachenden oder bremsenden Faktoren können Protestäußerungen vorausgesehen und beurteilt werden. (Vgl. Botz, 15. Juli, S. 18f.) Zur Vorbereitung befriedender Maßregeln ist eine enge Koordination zwischen der Polizeispitze und polizeifremden Institutionen geboten. Beispielsweise in Frankreich wird das Problem auch derart behandelt, daß sich die Nachrichtenpolizei von Fall zu Fall der demoskopischen Institute bedient.

Allgemeine Staatssicherheit

Eine weitere Präventiv-Aufgabe verkümmerte im Laufe des 20. Jahrhunderts. Im § 1 des „Wirkungskreis der Polizeibehörden" war sie durch die Begriffe „gesetzliche Ordnung und Wohlfahrt des Staates" markiert. § 10 des „Wirkungskreis der Polizeiabteilung des Ministerratspräsidiums" vom Mai 1867 hat die „allgemeine Staatssicherheit" folgend definiert:

„Die Überwachung der genauen Beobachtung und Handhabung der bestehenden Gesetze, sowie die wahrgenommenen Gebrechen, deren Abstellung nicht im eigenen Wirkungskreis gelegen ist, an die dazu berufene Behörde zur geeigneten Verfügung anzuzeigen."

Man erkennt, daß es sich um eine „Über-Kompetenz" handelt, die in das Aufgabenfeld anderer Ressorts einschneidet; an sich eine dem 18. Jahrhundert entspringende Tätigkeit, die größeren Unzukömmlichkeiten in der Verwaltung und damit verbundenen Unzufriedenheiten vorbeugen sollte, die Josef II. folgend formulierte: „Nicht minder muß die Polizey nachforschen, was im Publikum von dem Monarchen und seiner Regierung gesprochen werde; wie das Publikum in diesem Punkte von Zeit zu Zeit gestimmt sey; ... es ist daher überflüssig, hier zu erinnern, daß allen dem, so auf das allgemeine Wohl des Landes schädliche Wirkung haben könnte, mittels der geheimen Polizey auf den Grund zu sehen ..." (§§ 2 und 10 der „Geheimen Instrukzion an alle Länderchefs", 1786, in: Oberhummer II., Seite 171f.)

Bei entsprechender Handhabung dieses Instrumentes müßten die obersten Organe der Verwaltung, gegebenenfalls auch die der Gesetzgebung, reagieren. Wenn „nichts" geschieht, handelt es sich um einen Staat, der „nicht regiert sondern bestenfalls verwaltet" wird. Zufolge der Staatslehre des 18. Jahrhunderts führt eine solche Phase zur „Revolution" (vgl. Bibl/Polizei, S. 266, 273 und Bibl/Kaiser Franz, S. 291). Dieses Instrument mußte an Wirkung verlieren, sobald sich die bis dahin im Innenministerium konzentrierte „innere Verwaltung" auf mehrere Ministerien verteilte. Das Fehlen eines solchen Instrumentes wurde fühlbar, als der Föderalismus und die entwicklungsbedingte Überorganisation und Spezialisierung, verbunden mit Normenflut, zur Unübersichtlichkeit, zu Lücken und zu einer inhomogenen, den

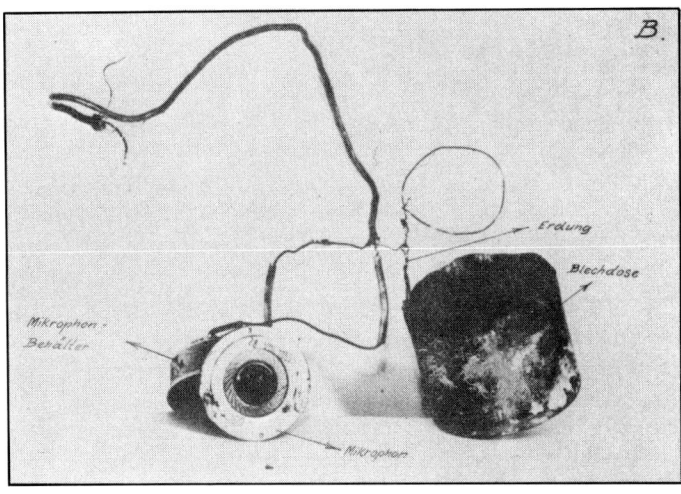

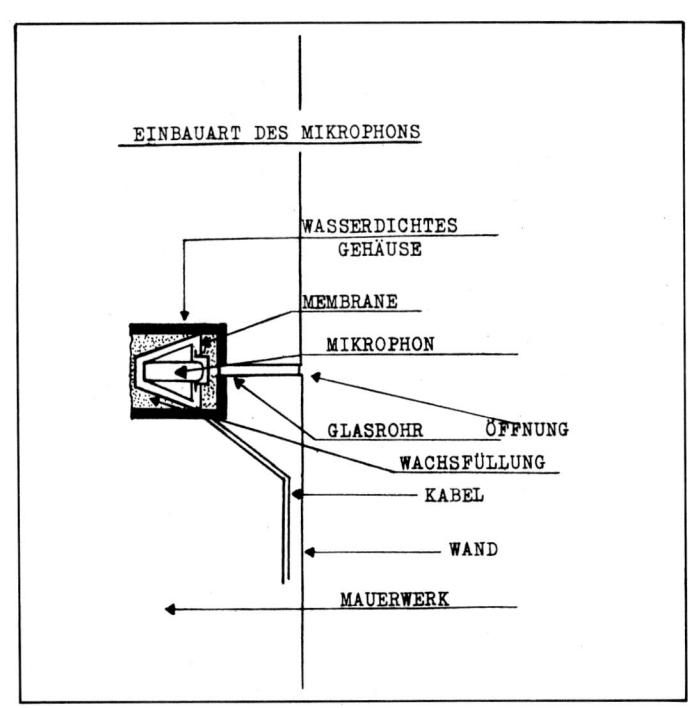

EINBAUART DES MIKROPHONS

WASSERDICHTES
GEHÄUSE

MEMBRANE

MIKROPHON

GLASROHR   ÖFFNUNG

WACHSFÜLLUNG

KABEL

WAND

MAUERWERK

**Abhöranlage, entdeckt 1957 in der österreichischen Gesandt-
schaft in Bukarest. Diese Abbildung zeigt das Gehäuse
(Blechdose) mit dem darin befindlich gewesenen Mikrophon.**

Bedürfnissen des einzelnen vielfach nicht entsprechend
scheinenden Vollziehung führten. So ist es nicht uninteres-
sant zu entdecken, daß die im Jahre 1977 eingerichtete
„Volksanwaltschaft" teilweise ähnliche Aufgaben übernehmen soll (Volksanwaltschaftsgesetz, BGBl. Nr. 121/1977 i.
d. Fassung des Art. 148a B-VG, BGBl. Nr. 350/1981). So ist
die Volksanwaltschaft nicht bloß zur Überprüfung von Beschwerden nach Abschluß konkreter Verwaltungsverfahren
berufen, sondern auch zur Prüfung „vermuteter Mißstände
in der Verwaltung". Soweit die Tätigkeit der Sicherheitsbehörden berührt ist, ist das praktische Ergebnis allerdings
häufig dadurch überschattet, daß sich – trotz des ohnedies
ausgedehnten Rechtsmittel- und Beschwerdesystems – den
Klagen einzelner, aber auch einzelner Querulanten, ein
zusätzliches Forum eröffnet. Entwickelt sich das Forum zur
Fernseh-Show, entsteht in Beamtenkreisen ein Unbehagen,
weil sie meinen, daß durch einseitige Regie das Vertrauen
und das „Sicherheitsgefühl" des Durchschnittsbürgers Schaden nimmt, und daß der Sinn der Volksanwaltschaft weniger darin bestehen sollte, Einzelfälle publik zu machen, als
vielmehr zur Verbesserung genereller Rechtszustände beizutragen. Erfreulicherweise zeichnet sich in letzter Zeit ab,
daß die nach dem Proporz zu Volksanwälten berufenen,
höchstens zufällig rechtskundigen Parteigranden erkannt
haben, daß das Vertrauen in die Behörden gefestigt und
nicht zerstört werden soll, das heißt, daß mit den Praktiken
des TV-Moderators („Wenn der TV-Volksanwalt fad wird,
wird er Seher verlieren. Dann wird aber auch die Volksanwaltschaft selber bald ein Schattendasein führen") gebro-
chen werden sollte.

Die negativen Wirkungen der Rechtsentwicklung bestehen
zum Teil in der quantitativen Überforderung der Verwal-

tung, wobei letzterer notgedrungen die Selektion überlassen
bleibt, in welchen Bereichen, mit welchen Mitteln, mit
welcher Intensität, vielfach auch gegen welchen Personenkreis sich die gesetzlich vorgesehenen Verwaltungstätigkei-
ten konzentrieren sollen. Bei vernunftgemäßer Anwendung
wäre das nicht schlimm. Aber schon die weitgehende normative Erfassung vieler Lebensbereiche führt zur Neigung,
die positiv-rechtliche Lösung als ausschließliche Verhaltens-
norm zu betrachten, ohne außerrechtliche (ethische) Maßstäbe anzuerkennen. Dies führt – zwecks Wahrung der
Gemeinschaftsinteressen – zu neuen staatlichen Normen.
Das Ergebnis ist eine endlose Spirale der Mittelmäßigkeit.
(Gerold Stoll, Kurzfassung des Vortrages „Das Unbehagen
im Rechts- und Verwaltungsstaat" vor dem 8. Österreichischen Juristentag, in: „Die Presse" vom 12./13. Juni 1982.)
Eine Bestätigung, wie sehr die ethischen Maßstäbe abhanden gekommen sind, liefern die Rufe nach immer neuen
„Kontrollinstanzen", nach Verstärkung der bestehenden
und nach „Verfeinerung" in der Antikorruptionsgesetzge-
bung. Dem obigen Befund zufolge wird solchen Lösungs-
versuchen auch weiterhin wenig Erfolg beschieden sein.

Was nun das „ius inspectionis", also die der Polizei zuge-
schobene allgemeine Aufsichtspflicht anlangt, ist festzustellen, daß die Polizei in Vollzug ihrer Tätigkeit, direkt oder
indirekt, von Zeit zu Zeit Gepflogenheiten wahrnimmt,
welche, mit System betrieben, geeignet scheinen, das Ge-
meinwohl zu beeinträchtigen, obgleich sie nicht unbedingt
oder direkt gegen Gesetze verstoßen. Solche „Usancen"
werden üblicherweise den zuständigen Behörden oder Gre-
mien zur Kenntnisnahme gebracht. Aber oft genug wird das
als unerwünschte Einmengung betrachtet. Tatsächlich fehlt
es an der Bekanntheit einer Norm, wonach Auffassungen

oder Methoden, die vom „Schlendrian" bis in den Vorhof der Korruption reichen, mit Energie entgegenzutreten ist, und Unzukömmlichkeiten, die das Gesamtwohl, schließlich den Staatshaushalt und den Steuerzahler unnötig belasten, aufzugreifen sind. In dieser Hinsicht ist auch das Beamtendienstrechtsgesetz 1979 nicht glücklich formuliert, denn der Beamte ist bloß zur Erfüllung seiner dienstlichen Aufgaben verpflichtet (§ 43) und hat nicht mehr „jederzeit auf die Wahrung der öffentlichen Interessen bedacht zu sein", wie es noch § 21 der Dienstpragmatik 1914 vorsah. Die „freiwillige Leistung" scheitert gelegentlich nicht bloß am Vorurteil der „Einmengung", sondern auch am Mißtrauen. Das Schlagwort der „Spitzel- und Schnüffeltätigkeit" steht als kettenrasselnder Krampus dahinter. Zur Makulatur ist der § 4 des „Wirkungskreis der obersten Polizeibehörde" geworden, obwohl er Teil der geltenden Rechtsordnung ist und bestimmt: „Der obersten Polizeibehörde (Bundesministerium für Inneres) liegt es ob, darüber zu wachen, daß die bestehenden Gesetze gehörig beachtet und gehandhabt werden und die diesfalls wahrgenommenen Gebrechen, soweit deren Abstellung nicht in ihrem eigenen Wirkungskreise gelegen ist, der dazu berufenen Behörde zur geeigneten Verfügung anzuzeigen." Dieser Bestimmung nähern sich die §§ 4 und 5 des Bundesministeriengesetzes, BGBl. Nr. 389/1973 in der derzeitigen Fassung, doch werden Mißstände außerhalb des jeweils eigenen Ressorts nicht in Betracht gezogen. Gegenwärtig scheint die Praxis dahin zu treiben, ein „ius inspectionis" den diversen „Ombudsmännern" und dem Journalismus zu überlassen. Freilich, der Aufdeckungs-Journalismus hat seine Meriten, und er ist auch weniger leicht zu gängeln als behördliche Einrichtungen.

„Spitzeltätigkeit"

Stößt schon die Polizei schlechthin auf manches Vorurteil, so trifft das auf die „politische Polizei" noch mehr zu. Diese Einstellung ist nicht an Orte und Zeiträume gebunden, in denen Machtmißbräuche an der Tagesordnung sind, wir begegnen ihr ebenso im Rechtsstaat autoritärer wie liberaler Prägung. Die einstige regelrechte Institution des Denunzianten hat hiezu sicherlich Vorschub geleistet. Finden wir zwar einerseits, daß seit Begründung des theresianischen Beamtenstaates durch Belehrungen und Instruktionen an die Behörden dafür gesorgt wurde, „Macht-Eskalationen" vorzubeugen und „Freiheit und Ehre des einzelnen" zu achten, so war doch andererseits der „Denunciant" eine geförderte Einrichtung. Die althergebrachten Ergreiferprämien („Taglia") wurden noch in der ersten Hälfte des 19. Jahrhunderts den Sicherheitsorganen geleistet, und der „Denunciant" hatte Anspruch auf den dritten Teil der verhängten Geldstrafe. Auf die Antinomie zwischen dem staatsbürgerlich anerkennenswerten Anzeiger und Helfer der Behörde und abträglichem Spitzeltum andererseits, hat der Polizeiminister Pergen hingewiesen und seinen Monarchen zur Vorsicht gemahnt.

Er drückte aus, daß der Informationsdienst nur differenziert, behutsam und mit Niveau und Anstand betrieben werden dürfe. Aber es ist erstaunlich, daß die „öffentliche Meinung" den staatspolizeilichen Dienst schlechthin mit einer Spitzel- bzw. Schnüffeltätigkeit verbindet. Und noch erstaunlicher ist es, wenn eine Parlamentarierin, zugleich

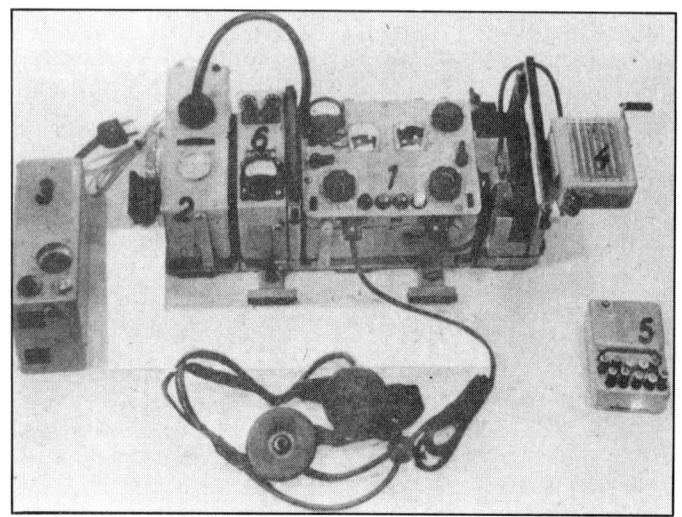

Entdecktes Agentenfunkgerät (Schnellgerät). In einen Filmstreifen können Ziffern laut Morsecode gestanzt werden, worauf der Streifen mit hoher Geschwindigkeit „abgespielt" wird, um der Peilung zu entgehen. Reichweite 1000 km.

Chiffriermaterial eines Agenten.

eine verdienstvolle Richterin, soferne Zeitungsberichte vom 11. April 1989 richtig waren, über Gerichtsauftrag geführte kriminalpolizeiliche Ermittlungen als „Schnüffeln" bezeichnete. Wie ist dies zu erklären?

Eine unangefochtene Definition dieses Begriffes gibt es nicht. Das Wort „Spitzel", in Österreich und Süddeutschland gebräuchlich, bedeutet soviel wie Geheimpolizist (Meyers Koversationslexikon 1897, 5. Auflage, 16. Band, S. 249). Dies ist kein Zufall. Denn in diesen Ländern wirkte die Gegenreformation, hier beherrschten die Jesuiten die Zensur, woraus sich der Haß des gebildeten, dem Protestantismus nahestehenden Bürgertums gegen die inquisitorische Schnüffelei erklärt. Diese Opposition war auch antidynastisch und damit „antiösterreichisch".

Im Gutachten einer Kommission, das in einem Bericht des Bundesministeriums für Inneres vom 24. Juni 1965 an den Ministerrat enthalten ist, werden unter „Spitzel"-Berichten solche verstanden, die Kenntnisse aus dem privaten Leben anderer Menschen mit dem ausschließlichen Ziele lancieren, diesen Personen letzten Endes moralische, berufliche und finanzielle Schäden zuzufügen.

Anlaß für die Tätigkeit dieser Kommission bildeten aus dem Zusammenhang gerissene Eröffnungen und demagogische Behauptungen des Innenministers Franz Olah (1963–1964) via Fernsehen über die Art der Führung der staatspolizeilichen Geschäfte in der Zeit seiner Amtsvorgänger. Nach Sichtung des Aktenmaterials gelangte die Prüfungskommission hinsichtlich der Jahre 1947 bis 1960 zu folgendem Urteil:

„A) Wesentlicher Inhalt der gesichteten Akten:
a) Berichte der Sicherheitsbehörden über Vorkommnisse in ihren Zuständigkeitsbereichen, darunter insbes. Berichte über öffentlich zugängliche Versammlungen und Veranstaltungen unter freiem Himmel, Stimmungsberichte über die Einstellung der Bevölkerung zu wirtschaftlichen, politischen und kulturellen Problemen, über die Tätigkeit der politischen Parteien, soweit diese in der Öffentlichkeit hervortrat und das allgemeine Interesse berührte.
b) Personalerhebungen aus bestimmten Anlässen zum Beispiel über:
Personen, die für den Antritt wichtiger Ämter ausersehen waren,
Personen, die um die Verleihung der österr. Staatsbürgerschaft angesucht hatten,
Personen, die für Ernennungen, Auszeichnungen, Titelverleihungen usw. vorgesehen waren.
c) Zum geringen Teil Berichte, die in der Wiedergabe von echten Gerüchten oder auch nur unkontrollierten Redereien bestanden, ohne daß nähere Überprüfungen erfolgt wären.
d) Akten über staatspolizeiliche oder staatspolitische Vorgänge in aller Welt, die auch das Staatsleben in Österreich und damit auch die Staatssicherheit beeinflussen konnten.

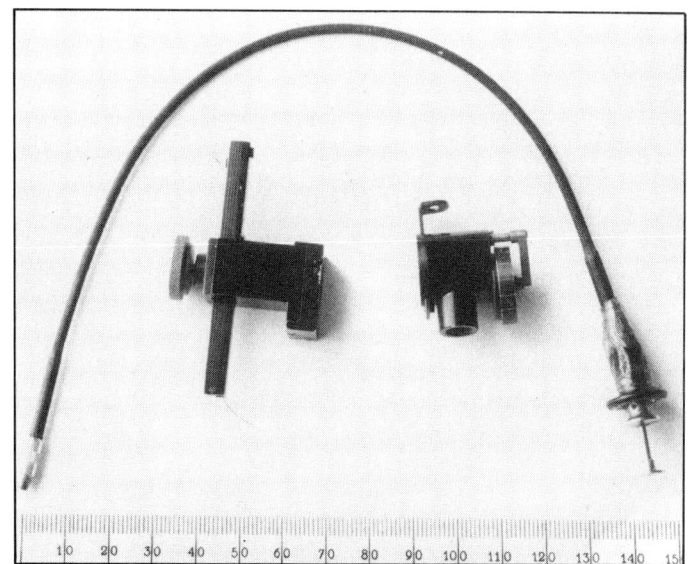

Kleinbildkameras eines verhafteten Agenten.

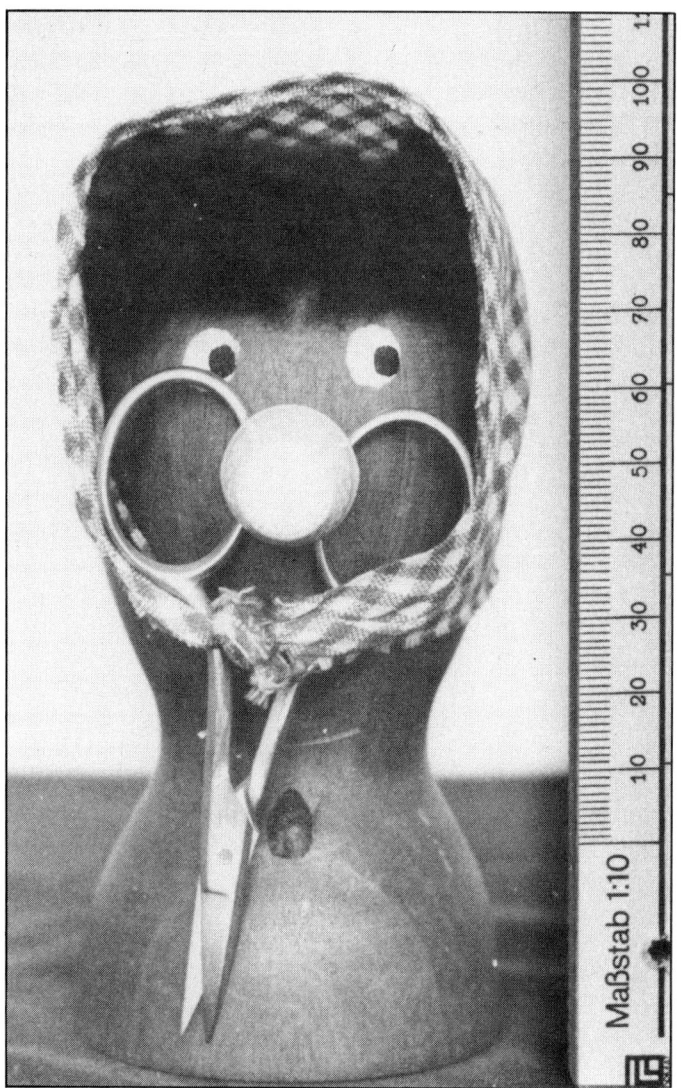

„Nähsusi" als Nachrichtenversteck.

e) Meldungen und Informationen über Personen, die gegenüber der Republik Österreich eine staatsfeindliche Einstellung bekundeten.

f) Meldungen und Informationen über Personen, die überwiesen oder verdächtig waren, in einem Nachrichtendienst tätig zu sein, sei es im Auftrage fremder Mächte zum Nachteile Österreichs, sei es gegen andere Mächte auf österreichischem Staatsgebiet.

g) Auswertung von Zeitungsartikeln über bestimmte Institutionen, Bewegungen, Personengruppen oder Einzelpersonen in Beziehung auf die staatliche Sicherheit.

B) Nach diesem Versuch einer Begriffsbestimmung darf festgestellt werden, daß unter dem gesichteten Material – mit Ausnahme einzelner Fälle – keine Akten festgestellt werden konnten, die sich **ohne begründeten Anlaß** etwa nur mit persönlichen Angelegenheiten oder gar mit der Intimsphäre einzelner Persönlichkeiten befaßt hätten.
Festgestellte Mängel nach Form und Inhalt sind im wesentlichen darauf zurückzuführen, daß den Sicherheitsbehörden nach dem Wiedererstehen unserer Republik die auf staatspolizeilichem Gebiete qualifizierten und geschulten Kräfte keineswegs in ausreichendem Maße zur Verfügung standen. Daraus erklärt sich auch das Zustandekommen mancher Berichte, die nach heutigen Gesichtspunkten unbegründet und überflüssig erscheinen mögen.
Unabhängig von diesen Feststellungen besteht aber unter den Mitgliedern der Prüfungskommission Übereinstimmung darüber, daß die überprüften Akten in ihrer Gesamtheit dem Ziele jeder staatspolizeilichen Tätigkeit und damit der Wahrung der Staatssicherheit dienten."
(Auszug aus Vortrag des Innenministers an den Ministerrat vom 22. Februar 1965, Zl. 475-BM/1965.)

Diese von der Kommission gewählte Definition schließt an den Begriff des „Denunzierens" an, der vom Gehässigen oder Heimtückischen, jedenfalls von „Beweggründen niederer Art" ausgeht (Meyers Konversationslexikon 1895, 5. Auflage, 4. Band, S. 741). Sie befriedigt aber nicht: Der Vorwurf, der sich in den Worten „spitzeln/schnüffeln" ausdrückt, begreift nämlich nicht verwerfliche Beweggründe, sondern eine „Unfairneß", die darin erblickt wird, daß das Objekt polizeilicher Ermittlungen über die Tatsache, daß solche geführt werden und wurden – geschweige denn über deren Resultat – uninformiert bleibt und daher nicht Stellung beziehen kann. Solche „vertraulich" geführten Ermittlungen und ein ebenso sorgsames Hüten ihrer Ergebnisse sind selbstverständlich auch – und sogar in größerem Umfang – im kriminalpolizeilichen Bereich an der Tagesordnung, je nach dem Gehalt und der Tragweite des kriminellen Geschehens, wobei wir nicht soweit gehen müssen, bloß an Geldfälschung, Schmuggel und Rauschgift zu denken. Der einzige Unterschied zwischen Kriminalpolizei und Staatspolizei besteht in dieser Beziehung darin, daß für die erstere die Distanz zwischen der Vorbereitungsphase und der Deliktsvollendung „kürzer" und kalkulierbarer ist, während im zweiten Bereich individuell kaum überschaubare Gruppen vorliegen, de-

Dr. Oswald Peterlunger übernahm 1947 die Leitung der Staatspolizei der Polizeidirektion Wien. Er war zuletzt, bis 1975, Generaldirektor für die öffentliche Sicherheit. (Foto: „Die Presse")

ren Tätigkeit entweder überhaupt nicht, oder in nicht konkreter Weise auf bestimmte Delikte gerichtet sind, sondern eher in der Zukunft und nach Hinzutritt äußerer Umstände zu Wirkungen gelangen. Da die Ergebnisse staatspolizeilicher Arbeit also in weit höherem Maße vorbeugender Natur sind und nur ausnahmsweise „ans Licht treten", bzw. sich vor den Schranken der Gerichte entfalten, ist diese Tätigkeit dem Außenstehenden „unheimlich", „unsympathisch" und „verdächtig". (Mit den rechtlichen Gesichtspunkten befaßte sich der Nationalrat am 5. Februar und 18. März 1964. Siehe auch Pernthaler, S. 201, 211.) Daß die diskrete Behandlung zugleich im Interesse der „Betroffenen" gelegen ist, wird ignoriert; das erwähnte Odium ist unabänderlich. Wir finden es am wenigsten dort verbreitet, wo die politische Entwicklung kontinuierlich verlaufen ist, etwa in Großbritannien, am stärksten dort, wo die politische Gesinnung an Strafparagraphen meßbar ist. Österreich ist weder für das eine noch für das andere typisch. Das Vorurteil ist durch die in Österreich verbreitete Fehlmeinung, wonach sich Staatsapparat und Demokratie (sowie Monarchie und Demokratie) feindlich gegenüberstehen, erklärbar. Diese Malaise findet ihre Wurzel im unglücklichen Vormärz. In der anschließenden Zeit der Austragung nationaler und sozialer Gegensätzlichkeit wurde sie nicht abgetragen, sie empfing sogar neue Nahrung.

Eine Basis erwächst dem Vorurteil auch dadurch, daß sich der in der Polizei schlechthin manifestierte Appell zur Ordnung diametral zu den menschlichen Leidenschaften und Eigeninteressen verhält. Die Allgemeinheit wird sich zwar zur Ordnung bekennen, aber geheimen Groll hegen und diesen mit beeinträchtigter „Freiheit" bemänteln. Der vielfach notwendige, aber zeitweise als zu intensiv empfundene Gebrauch von Konfidenten und zivilen Polizeiorganen erregte, wie alles Nichtgreifbare, die Phantasie und erweckte Angst. Falsche Vorstellungen verfestigten sich selbst im Denken des unbeteiligten Durchschnittsbürgers. Man möge an das Klischee des „freiheitsliebenden" und „demokratischen" Erzherzogs Johann denken: Auch er war ein durch die „geheime Polizei Metternich's Verfolgter und Bespitzelter", dem man den Aufenthalt in seinem geliebten Tirol verwehrte, als der Kaiser gegen den Erzherzog wegen des verschwörerischen „Alpenbundes" (1812/1813) eingeschritten war. In diesem Verstande bleibt es unwesentlich, ob des Erzherzogs Absichten tatsächlich so verworren, romantisch und weltfremd waren, wie er selbst kundgibt („Erzherzog Johann von Österreich", Katalog zur Landesausstellung in Stainz, 1982, Bd. I, S. 117, Bd II, S. 13 u. 68), oder ob sie auf einen Volksaufstand zielten, um den Kaiser zu einem vorzeitigen bzw. unzeitigen Losschlagen gegen Napoleon zu drängen (Kissinger, S. 79). Daß sich die Sympathien des Volkes, schon gar der „liberalen" und der deutschtümelnden Kreise, dem einsamen Talente Metternichs zuwenden würden, anstatt dem älplerischen Reichsverweser, darf wohl nicht erwartet werden. Solche Stellungnahmen mußten naturgemäß auch das Verhältnis zur Polizei mitgestalten.

Charakteristisch ist das Spottgedicht „Geheime Polizei" aus den Märztagen 1848. War das so sehr geschmähte Österreich der Metternich-Ära in Wirklichkeit eine auch kulturell führende Macht Europas, so ist das weitverbreitete Mißverstehen gegenüber diesem Staat und seiner Polizei nicht zuletzt auf die systematisch betriebene Geschichtsfälschung durch eine Clique „liberaler" Professoren zurückzuführen. „Die kleindeutsche Geschichtsschreibung, die das Geschichtsbild und die öffentliche Meinung des deutschen Volkes nicht nur im 19. Jahrhundert sondern auch im 20. Jahrhundert bis in die jüngste Gegenwart beherrscht, hat die abfällige Beurteilung Österreichs sogar deutsch-österreichischen Geschichtsschreibern einzuflößen verstanden", schreibt Georg Franz in seinem Werk über den Liberalismus in Österreich.

Geheime Polizei

Oh, du geheimnisvolle Macht,
Jüngst noch gefürchtet, nun verlacht,
Du hast den freien Sinn vernebelt,
Und unser treues Herz geknebelt.

Sprich, schämst du dich nicht selber jetzt,
Daß du das schöne Recht verletzt,
Gefühle, die ein Herz getragen,
Mit lauten Worten auszusagen?

Du warst ein Narr der schnöden Pflicht,
Dich floh, was du verhüllt, das Licht;
Du wärmtest tief versenkt im Schlamme,
Dich nie an edler Seelen Flamme.

Die Schale sahst du, nicht den Kern,
Der Menschen Wesen blieb dir fern,
Du blöder Wicht, dein ruchlos Lauschen
Hat übertäubt des Sturmes Rauschen.

Thu' Busse, heuchlerischer Schuft,
Hörst du, wie Volkes Stimme ruft:
Ein Gott verzieh dem linken Schächer,
Verächter ist das Volk, nicht Rächer!

Und wenn du unser Herz gehöhnt,
Dein Unverstand hat uns versöhnt,
Denn waren lang nicht deine Ohren,
Wär uns die Freiheit nicht geboren.

Der an sich geschmeidige und Reformen zugeneigte Wiener Polizeidirektor Josef v. Strobach (1860–1870) wurde wegen seines Festhaltens an der Verwendung von Konfidenten von der Presse schonungslos kritisiert. Sein vorzeitiger Abgang resultierte aus diesen Vorwürfen „vormärzlicher Methoden", Vorwürfen, die überwiegend übrigens aus jenem germanophilen Lager kamen, das sich 70 Jahre später gegen-

Mordanschlag am 29. August 1981 gegen jüdische Gläubige vor der Synagoge in der Seitenstettengasse in Wien durch zwei Angehörige der Terrororganisation Al-Asifa mittels Handgranten und Maschinenpistolen: Zwei Tote und 21 Verletzte, darunter zwei Sicherheitswachebeamte. Beide Täter (hier Husham Rajih) wurden nahe dem Tatort verhaftet. Der „Chef" wurde nach langwierigen Ermittlungen der Staatspolizei in einer Salzburger Wohnung „ausgehoben".

über Methoden unvergleichbarer Tragweite bestenfalls unwissend stellte. Im Jahre 1870, als die Militär-Polizeiwache durch die „Sicherheitswache" eben ersetzt worden war, rief man neuerlich nach einer „englischen Polizei". Ein laienhafter Wunsch, den auch der neue Polizeidirektor, Anton Ritter v. Le Monnier, eine der profiliertesten Erscheinungen der Polizeigeschichte, nicht erfüllen konnte.[3]

Denken wir an „allgemeine Staatssicherheit", wie sie im 18. und 19. Jahrhundert zu üben war, so sehen wir, daß sich die „internal espionage" nicht gegen weite Bevölkerungskreise richtete, sondern sich auf „Funktionäre", nämlich Beamte, Offiziere und Klerus, erstrecken sollte. (Siehe insbes. §§ 1, 3 und 4 der „Geheimen Instruction an die Länderchefs" aus dem Jahre 1786, Oberhummer II., S. 168ff.) Zu prüfen war nicht deren politische Gesinnung, sondern das fachliche und ethische (charakterliche) Wirken. In dem Augenblick, in dem die feudalen Rechte der Stände verdrängt, der mehr oder weniger zentralistische Beamtenstaat verwirklicht und in den Provinzen durch den mit weitesten Vollmachten ausgestatteten Landeschef (Statthalter) repräsentiert war, wurde ihm als Apparat die „geheime" Polizei beigegeben. Dieses Institut diente als Regulativ zu den großzügigen Regierungsmaximen der damaligen Zeit: Ab Maria Theresia stoßen wir nämlich wiederholt auf Verfügungen, die – zur Beschleunigung des Geschäftsganges – den Wirkungskreis der Länderstellen erweiterten. Ebenso können wir Weisungen nachlesen, wonach allen Instanzen aufgetragen war, mit der die Verwaltung verzögernden „Vielschreiberer und Anfragerei" innezuhalten und den Großteil der Arbeit nach den an Ort und Stelle vorliegenden Gegebenheiten selbständig zu erledigen. Wegen des großen Vertrauensvorschusses und des weiten Ermessensspielraumes, die den höheren Beamten eingeräumt waren, war es gerechtfertigt, im Hinblick auf Nachlässigkeit oder einen Mißbrauch solcher Freiheit Wachsamkeit zu üben.

Aufgabe und Moral

Es ist bedauerlich, daß sich auch die neuere mehr oder weniger wissenschaftliche Literatur mit den unmittelbaren polizeilichen Quellen kaum vertraut macht und Wortwendungen und Urteile der Klischee-Literatur ungeprüft übernimmt. Sicherlich wäre die Annahme absurd, die Staatspolizei hätte niemals Übergriffe begangen. Doch wird in Rechnung zu stellen sein, daß ihre Übergriffe eher Früchte des Übereifers als des Übermutes waren. Sie forderten weder Blut, noch verletzten sie nach den Begriffen ihrer Zeit die Menschenwürde. Was sie ernteten war eher Unmut.

Die österreichische Geschichte kennt keine „lettres de cachet", die Monarchen waren keine Autokraten. So ergab es sich von selbst, daß die Staatspolizei ein Instrument der auf Wohlfahrt gerichteten Verwaltung darstellte – und nicht der Macht. Dies trifft sogar auf die Regierungszeit des Kaisers Franz zu, dem autokratische Züge nachgesagt werden. Denn das Recht wurde respektiert und die „liberale" Haltung gerade der Präsidenten der Polizeihofstelle ist bekannt. In dieser Beziehung trifft auch den „allgewaltigen" Polizeiminister des Vormärz, Josef Graf Sedlnitzky, kein Tadel. (Präsident der „Polizei- und Zensurhofstelle" von 1817 bis zum 17. März 1848. Charakteristik siehe Oberhummer I., S. 256ff und Bibl/Polizei, S. 324ff.)

In der Phase zwischen 1848 und 1859 waren Rechtsstaatlichkeit und die positiven Früchte des Jahres 1848 bereits verankert. In diese Phase fällt das Bestreben eines Militärs an der Spitze der Obersten Polizeibehörde, den militärischen Standard auf die zivile Ebene zu transponieren und ein empfindliches Instrument, wie es die Staatspolizei ist, nicht leiten sondern kommandieren zu wollen. Die staatspolizeilichen Büros lagen damals in Händen einer liberal denkenden Führungsschicht, die keine politischen Eigeninteressen verfolgte und sich auf das „Wahrnehmen und Berichten" beschränkte. Wie schon beschrieben, kam es zwischen den traditionsbewußten Polizeibehörden und der eigenwilligen Amtsführung ihres Chefs, des FMLt. Kempen, zur Austragung von Gegensätzlichkeiten, wohingegen die Offiziere des eben erstandenen und politisch ahnungslosen Gendarmeriekorps sich eher als Werkzeug mißbrauchen ließen.

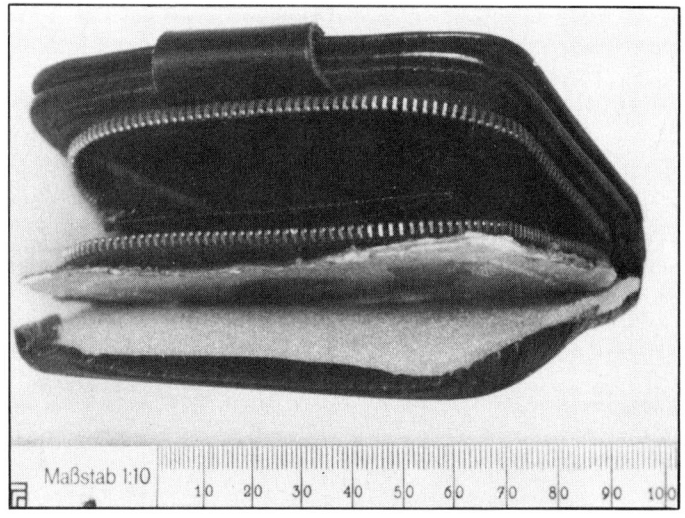

Geldbörse als Versteck von geheimem Nachrichtenmaterial.

---

3 Dr. Karl Giskra, ein „1848er", Bürgermeister in Brünn, brachte Le Monnier aus Brünn nach Wien. Giskra war von 1868–1870 Innenminister, doch unterstand ihm nur im letzten Jahre die Polizei. Er geriet in den Verdacht der Korruption. Um diese Zeit war es Mode, sich um englische Vorbilder zu bemühen, auch wenn sie wegen der hiesigen Strukturen unanwendbar waren (Franz, S. 254f, Oberhummer I., S. 266).
Auch die englische Polizei ist keine der Gemeinden. Die Polizeiforces sind großräumig eingerichtet und der Chief-Constable ist selbständig. Die organisatorische Steuerung erfolgt durch regionale Komitees, an denen mehrere Gebietskörperschaften, in letzter Stufe auch der Innenminister, beteiligt sind. Der einfache Constable fühlt sich nicht als Organ seiner Gebietskörperschaft, sondern, entsprechend dem Emblem auf seiner Uniform, als Repräsentant der „Krone", aber nicht im Sinne der Dynastie sondern der nationalen Gemeinschaft.

Zur „moralischen Entlastung" der damaligen Gendarmerie sei eine generelle Bemerkung erlaubt: Kein Geringerer als Staatskanzler Renner drückte die Befürchtung aus, daß eine auf Bezirksebene betriebene politische Polizei zu unterschiedlichem Vorgehen und zur Willkür führe (Brief an Schober vom 30. Dezember 1919, Polizeidirektion Wien/Schober-Archiv). Dieses Urteil ist ohne Frage richtig, denn die Gediegenheit dieses Dienstes hängt außerordentlich vom Niveau, von der persönlichen Integrität seiner Träger und von einer strikten Führung ab. Dies ist bei einer starken Verzweigung nicht erzielbar.

Ein vorzüglicher Garant für die Gesetzestreue der Staatspolizei liegt heute in ihrer Organisation, nämlich in ihrer Einbettung in den allgemeinen Sicherheitsapparat, einerseits dadurch, daß ihre Hauptträger Abteilungen innerhalb der Sicherheits- und Polizeidirektionen bilden, andererseits in der Mitwirkung von Bezirkshauptmannschaft, Gendarmerie und Sicherheitswache.

Im Gegensatz dazu finden wir in manchen Staaten Staatsschutzbehörden, die von Polizeibehörden getrennt tätig sind und über keine polizeiliche Zwangsgewalt verfügen. Dies erlaubt zwar eine konzentriertere Arbeitsweise, führt aber zu Reibungsverlusten. Pate zu dieser Organisationsform stand gelegentlich der Wunsch, Assoziationen mit der Geheimpolizei totalitärer Staaten zu vermeiden. Aber gerade durch die damit verbundene „Anonymität" und „Perfektion" werden Mißtrauen und Vorurteile geweckt. So erging es jedenfalls dem Amerikanischen C.I.A. und in der Bundesrepublik Deutschland dem Bundesnachrichtendienst wie dem Verfassungsschutz.

So war auch das im Sommer 1963 bestandene Projekt, den „Geheimen Dienst" (Abt. 2 B) aus der „Gruppe Staatspolizei" und der Generaldirektion für die öffentliche Sicherheit herauszunehmen und dem Innenminister direkt zu unterstellen, bedenklich oder unüberlegt. Das Projekt wurde zwar nicht realisiert, doch haben stattdessen personelle

Gendarmerie-Grenzpatrouille am „Eisernen Vorhang".

Veränderungen und der schon erwähnte Fernsehauftritt des Ministers Olah vom 29. Jänner 1964 Unsicherheiten erzeugt und den Apparat in Mißkredit gebracht. Die mit der Art der Führung verbundene besondere Empfindlichkeit, die auch den bloßen Anschein vermeiden müßte, die Staatspolizei wäre als verlängerter Arm zu einseitigem parteipolitischen oder rein persönlichem Taktieren zu gebrauchen, hat sich erst jüngst bei der parlamentarischen Untersuchung zum „Fall Lucona" erwiesen. Hier hat sich auch der Wert des herkömmlichen Berufsbeamtentums gezeigt, gegenüber dem „Politbeamten", den der absolute Parteienstaat selbstverständlich gerne systematisieren möchte, wofür er als Übergangslösung bereits die weitläufigen „Ministerbüros" (sogar als „Kabinette" bezeichnet) geschaffen hat, welche eine verfahrensverzögernde zusätzliche „Instanz" darstellen. (Die Krankheit beim Namen genannt hat bisher bloß der Abgeordnete Peter Pilz.)

Die bestehende Organisationsform bildet einen sicheren Riegel vor einer Entwicklung zu einem „Staat im Staate". Je breiter die personelle Basis eingebettet ist, umso eher wird die Staatspolizei auch zu einer „bremsenden" Wirkung finden. In der Geschichte tritt dies freilich nur unter außergewöhnlichen Verhältnissen zu Tage. So war selbst die „Geheime Staatspolizei", die zwar einen eigenen Körper bildete, unter den verschiedenen Spezialdiensten des nationalsozialistischen Deutschland ein vergleichsweise sicherer Ort. Wir müssen aber nicht so weit gehen. In unserer ersten Republik wurde ein Ausgleich zwischen den bis an die Zähne bewaffneten politischen Lagern durch den aus der Schule der Staatspolizei hervorgegangenen Bundeskanzler Schober herbeigeführt, und in der anschließenden autoritären Phase war es der in den rechtlichen Traditionen aufgewachsene Beamtenapparat, der dem einen oder anderen Unterfangen von der Regierung nahestehenden Organisationen (insbes. Heimwehr, Sturmscharen) entgegentrat. (Siehe hiezu auch Botz II., S. 282f.) Die bedeutende Rolle von Polizei und Gendarmerie in der Besatzungszeit

Zündspule als Versteck für geheimes Nachrichtenmaterial.

1945–1955 ist heute fast vergessen. Unter der Leitung von Innenminister Oskar Helmer widerstand die Exekutive den Anfechtungen, die mit einem Besatzungsregime verbunden sind und vertrat rückhaltslos und mit schweren Opfern die Interessen des Staates und seiner Bürger. Die Staatspolizei hatte den höchsten Anteil daran, daß Österreich nicht das Schicksal seiner östlichen Nachbarn teilte. Es werden noch Jahre ins Land ziehen, bis es möglich sein wird, diese Verhältnisse auszuleuchten. Hier mag bloß ein Dokument die Eigenartigkeit illustrieren:

„Es mag März oder April 1946 gewesen sein, als mich ein mit mir befreundeter Offizier der amerikanischen Besatzungsmacht im Vertrauen fragte, ob ich NS-Akten in Verwahrung habe, die ich den Alliierten vorenthalte. Aus London sei nämlich ein Beamter der ‚special branch‘ von Scotland Yard mit dieser Nachricht gekommen, und bei der britischen Besatzungsmacht erwäge man nun, ein ‚kriegsgerichtliches‘ Verfahren gegen mich einzuleiten. Bei dieser

Sachlage gab ich das Vorhandensein solcher Akten sofort zu und informierte den Amerikaner im Detail über den Sachverhalt, wie alles gekommen war. Ich vermochte ihn mühelos zu überzeugen, daß unser Vorgehen unter den Verhältnissen vom Mai 1945 die einzige Möglichkeit war, die Akten vor dem Zugriff der sowjetischen Besatzungsmacht und dadurch auch vor einem Mißbrauch durch die von der K.P. dominierte Staatspolizei in Wien zu bewahren. Die wurde von den Amerikanern auch den beiden anderen westlichen Besatzungsmächten verständlich gemacht, eine weitere Geheimhaltung vor der 4. schien nun allerdings auch nicht mehr möglich. Die Angelegenheit kam vor die Alliierte Kommission und wurde dort in einer Sitzung am 29. April 1946 verhandelt, wozu auch ich geladen war; ich besitze noch den Passierschein für das Gebäude der Alliierten Kommission am Schwarzenbergplatz 4 für diesen Tag, was mir ermöglicht, das Datum der Sitzung genau anzugeben. Das Ergebnis nach einer langen Debatte war folgender Beschluß der Alliierten Kommission:

„Die Vier im Jeep“. Patrouille der vier Besatzungsmächte (alliierte Militärpolizei) in Wien. (Erinnerung an Graham Greenes „Dritter Mann“ und Toni Karas)

Die Gauakten werden nicht der Bundespolizeidirektion Wien übergeben – was nämlich die sowjetische Besatzungsmacht angestrebt bzw. beantragt hatte – sondern bleiben unter der Verantwortung von Minister Helmer gegenüber der Kommission in Gewahrsam des Innenministeriums mit der Verpflichtung, jeder alliierten Dienststelle auf Verlangen Auskunft zu geben, wofür in bezug auf die Durchführung Ministerialrat Dr. Pammer haftbar gemacht wird. Damit waren die Gauakten jedem unliebsamen Zugriff entzogen, Auskünfte daraus mußten wohl gegeben werden, Einsicht wurde nur selten begehrt und schließlich war gar nicht sicher, ob in dem Archiv auch gefunden werden konnte, was verlangt worden war. Was in anderen Staaten den Kommunisten gelungen ist, obschon sie auch dort zunächst nur eine Minderheit waren, nämlich unter Ausnützung der sowjetischen Präsenz mit Hilfe des Polizeiapparates über die Säuberung von Nazis hinaus gleich alles entweder in den Griff zu bekommen oder auszuschalten, was hinderlich sein oder werden konnte, an die Stelle der NS-Diktatur eine andere zu setzen, ist ihnen in Österreich auch im sowjetisch besetzten Teil verwehrt geblieben und dem österreichischen Volk der Weg in die demokratische Freiheit damit ermöglicht und gesichert worden."
(Aus: „Die Gauakten", letztes Blatt eines Skriptums von Dr. Maximilian Pammer, März 1950).[4]

Nur selten hingegen wurde von sachkundiger Seite hervorgehoben, „daß die Organe des staatspolizeilichen Dienstes ihre Befugnisse im großen und ganzen in der gerade hier unumgänglichen Verbundenheit und Verantwortung gegenüber der demokratisch-rechtsstaatlichen Ordnung ausüben" (Pernthaler, S. 217). Hier ist es vielleicht am Platz zu erwähnen, daß – vor dem Jahre 1963 – aus den Reihen der staatspolizeilichen Zentralstelle (BMfI – Abt. 2 B) selbst die Anregung kam, für diese Angelegenheiten einen parlamentarischen Ausschuß zu schaffen, in der Hoffnung, daß durch Einblick und Vertrautheit mit den Problemen Vorurteil und Mißtrauen abgebaut werde; freilich in der Erwartung, daß die zum Teil gebotene strikte Geheimhaltung gewahrt, bzw. das „Staatsinteresse" vor das „Parteiinteresse" gehen werde.

Die oben angedeutete Brems- und Ausgleichswirkung ergibt sich aus der universalistischen Rolle der Polizei als Anwalt der Menschlichkeit, vielleicht im Sinne von Karl Marx, und als Anwalt des Landfriedens, vielleicht im Sinne

Kaiser Maximilians. Diese „Anwaltschaft" vollzieht sich unbewußt; sie fließt aus der täglichen Konfrontation mit der ewig gleichbleibenden Natur des Menschen und aus der Vertrautheit mit den primitiven sozialen Bewegungsgesetzmäßigkeiten.[5]

„Anwaltschaft" im oben skizzierten Sinne resultiert aus der Quantität der zwangsläufig strikten und unparteiischen Rechtsanwendung, der nicht bloß die Führung, sondern der gesamte Apparat, getragen vom „kleinen" Kriminalbeamten und Uniformierten auf der Straße, Tag und Nacht und pausenlos obliegt. Zwar ist nicht alles, was zur „bremsenden" Wirkung führt, „positiv": die „Bremse" resultiert zu einem guten Teil aus dem Gefüge und Verfahren, das man gemeiniglich „bürokratisch" nennt. Bei näherer Betrachtung zeigt sich aber, daß der verpönte bürokratische Mechanismus – zu Recht verpönt, soweit er den Keim zur Herrschaft des Mittelmäßigen und des Versagens in sich trägt – auch seine guten Seiten hat: Er bildet ein nicht unmaßgebliches Element des Rechtsstaates.

Andererseits ist dem bürokratischen Mechanismus, dem die gesamte staatliche Verwaltung unterliegt, zuzuschreiben, daß im Falle und gegenüber einer Revolution, sich auch der Polizeiapparat ähnlich verhält wie das Kaninchen gegenüber der Schlange. So „gut" oder so „bedenklich" dies sein mag, es ist eine Tatsache, daß auch in der Phase eines Regimesturzes die Mehrheit der Bevölkerung, aus materiellem Interesse oder aus Instinkt, die Ordnung liebt und einfach eine Regierung braucht – und nicht eine bestimmte. „Der politische Organismus bewegt sich in der gleichen Art, wer immer am Ruder ist." (Mosca, S. 184)

Wenn eine Regierung eine revolutionäre Bewegung, sie mag noch so verbrecherisch sein, durch Unentschlossenheit begünstigt (Deutsches Reich 1933), oder überhaupt wankend wird und zurückweicht (Österreich 1848, 1918 und 1938), ist auch ihre Exekutive gelähmt. (Siehe auch Botz II., S. 337.) Sogar in den Staaten des Ostblocks konnten wir seit 1956 beobachten (Ungarn, CSSR, Polen, DDR), daß die Polizeikräfte den großräumigen revolutionären Aufstandsbewegungen zunächst „Gewehr bei Fuß" gegenüberstanden. So heißt es schon im Korintherbrief (I. Kap. 14/8):

„Wer wird sich zum Streite rüsten,
wenn nur zaghaft die Trompete ruft?"

---

4 Es handelt sich um die geheime Verwahrung der etwa 300.000 „Gauakten" der ehem. NSDAP, wovon zunächst nur Staatskanzler Renner wußte. Die im Mai 1945 in der Heizanlage des Parlamentsgebäudes entdeckten Akten waren dem Zugriff durch die Besatzungsmächte entzogen, so daß viele Österreicher vor der Gefahr einer mißbräuchlichen Ausbeutung des Akteninhaltes für Zwecke des damaligen „Agentenkrieges" bewahrt blieben. Die Gauakten enthielten persönlich „belastende" wie „entlastende" Details sowohl über Nationalsozialisten wie über deren Gegner. Ihr Inhalt lieferte vielfach nicht das wahre Bild, was mit den Umständen, unter denen die Aufzeichnungen zustande kamen, darunter auch „Gefälligkeiten", zu erklären ist.

5 Prof. Ahlf betont, daß Polizei kein Politik-Ersatz ist und daß es deshalb keine allein waffentechnische Lösung politischer Konflikte oder sozialer Proteste geben kann. Er betont die Notwendigkeit ihrer parteipolitischen Neutralität als Folge des Gleichheits- und Gerechtigkeitsprinzips. Statt von einer Brems- und Ausgleichswirkung spricht er von einer „Gelassenheit" als Ausdruck echter Professionalität. (Ahlf, „Polizeitheorie? – Thesen zur Standortbestimmung", Seite 113–120.)

Die „Oktober-Unruhen" 1950 in Wien und Niederösterreich.
Die von den sowjetisch verwalteten USIA-Betrieben gestützten kommunistischen Unruhen scheiterten am Einsatz der Exekutive und der von Franz Olah, dem späteren Innenminister, geführten Bau- und Holzarbeiter.

Die Bekämpfung der „staatsgefährlichen Umtriebe" ist zeitlich beschränkt, bzw. vom Fortschritt einer revolutionären Bewegung abhängig. Sie ist aber auch inhaltlich begrenzt, da sie, vom Vorfeld des bloßen „Wahrnehmen und Berichten" abgesehen, nur zur Verfolgung und Unterdrückung rechtswidriger Aktionen legitimiert ist. „Eine geistige Bewegung selbst, so böser Natur sie auch sein mag, niederzuhalten, kann niemals Aufgabe der Polizei sein; sie ist mit Polizeimaßnahmen nicht aus der Welt zu schaffen und würde durch solche nur gestärkt werden." (Zeugenaussage Polizeipräsident Dr. Skubl am 10. April 1947 im Hochverratsprozeß gegen Dr. Guido Schmidt.) Nach einem Regimewechsel verzeichnet die Staatspolizei dennoch, man könnte ebensogut sagen selbstverständlich, die größten Opfer. Ihre Beamten verlieren nicht bloß die Stellung, sie bezahlen auch mit Freiheit, Gesundheit und Leben.

Es handelt sich bei der Staatspolizei jedenfalls um jene Einrichtung, die sich ihrer Aufgabe nach am weitesten mit dem Staat und zugleich mit dem Wohle des Volkes identifiziert. Ist der Sinn des Staates auf Gerechtigkeit, Ausgleich und Ruhe gerichtet, ergibt sich zwangsläufig, daß ihre schärfste Waffe der Ruf ihrer Unparteilichkeit ist. Dem Staate in Form der Reihe seiner Regierungen ist es anheim-

gestellt, in welcher Weise und in welchem Umfang er sich dieses „Mittels" bedient, mit anderen Worten, wie sich die Regierungen zur Überlegung verhalten, daß ihre Entscheidungen davon abhängen (sollen), wieweit man die Folgen von Maßnahmen erkennen kann, wozu die Beurteilungen durch einen leidenschaftslosen Nachrichtendienst fast die gleiche Bedeutung gewinnen können wie politische Empfehlungen (Henry A. Kissinger, Memoiren Bd. I, Goldmann 1981, S. 61).

Diese Idee, auf die gesamte Sicherheitsverwaltung projeziert, läßt sich so formulieren: Der demokratische Staat würde sich und seine Aufgabe mißverstehen, würde er die Polizei als von dem demokratischen Prozeß ausgenommen auf die ihr zugewiesene Vollzugsrolle beschränkt betrachten. Staatliche Organe sind nicht allein Endpunkt der von oben nach unten gerichteten Weisungsstränge, sondern Ausgangspunkte rückleitender, korrigierender und verbessernder Impulse, die der Gesellschaft neue Einsichten vermitteln und sie auf dem Kurs der Fortentwicklung halten. Die Pflicht der Polizei, die öffentliche Ordnung und Sicherheit zu erhalten, schließt die Befugnis ein, sie mitzugestalten (Herold).

*„Vielmehr siehet es bei solcher Beschaffenheit einem öster-
reichischen Miracul gleich, daß nicht bereits längst alles voll-
end bei uns zu Grund gegangen ist."*
(Philipp W. Hörnigk, „Österreich über alles, wann es nur will")

X. Polizei und Gesellschaft

Polizei und Publikum

Das heute mehr denn je angeschnittene Thema „Polizei und Gesellschaft" hat schon immer in irgendeiner Form Teilnahme gefunden. Wandlungen auf dem Gebiete der Polizei, nämlich ihrer Befugnisse und ihres „inneren Gefüges", ebenso die Stellung, die die Bevölkerung ihr gegenüber bezieht, werden vom wechselnden allgemeinen Zeitgeist mitgeprägt. Dieser schlägt sich entweder unmittelbar oder bloß mittelbar in Normen nieder, in Rechtsstaaten naturgemäß erst nach und nach; glücklicherweise, wie man häufig hinzufügen muß, auch wenn das Goethe-Wort, wonach zum Zeitpunkt des Todes Josefs II. „alles Gescheite schon gedacht war", nicht immer gilt. Denn neben den den Forderungen der Zeit entsprechenden allmählichen Wandlungen ist nicht selten ein Reformierungsdrang bloß um des Reformierens wegen bemerkbar, der freilich den von der Natur der Menschen sowie von Gegenkräften bestimmten „Parcours" nur mit besonderem Geschick und äußerster Energie halbwegs zu bewältigen vermag. So ist es nicht verwunderlich, wenn Kursänderungen steckenblieben oder sich von vorneherein mit allerlei „Organisierungen" und Äußerlichkeiten begnügten. Man denke an das Wechselspiel zwischen Beamten- und Offizierstiteln und Uniformen zwischen 1919 und 1933, an die Einführung „bürgerlicher" Uniformen oder an den Ersatz des Helmes durch einen Hut in der Zeit nach 1860, bis nach einigen Jahren der Kurs wieder zum „unideologisch Zweckmäßigen" steuerte. In näherer Zeit mag es bloß Gleichmacherei oder der Drang nach dem Löschen von Geschichts- oder Korpsbewußtsein (um nicht zu sagen „Traditionen") gewesen sein, der den Gedanken einer „Chinesisierung" gebar, nämlich gleiche Uniformen für Polizei, Gendarmerie und Zollwache einzuführen. Veränderungen dieser Art können bereits den Beifall des breiten Publikums finden, besonders wenn man sie mit billigeren Kosten begründet, mag auch unter dem Strich nichts herauskommen.

Wir wenden uns aber lieber den ernsthafteren Elementen zu, die das Verhältnis der Bevölkerung zu ihrer Polizei und das „gute Ansehen" der Polizei nachhaltiger beeinflussen. Im großen und ganzen dürften drei Faktoren bestimmend wirken, deren erster im Rüstzeug zu erblicken ist, welches dem einzelnen Beamten mitgegeben wird, also seine Ausbildung, die in Verbindung mit seiner Ausrüstung und entspre-

chender Organisation aufgrund zweckmäßiger Dienstvorschriften das Erfüllen der fachlichen Anforderungen gewährleisten soll. Das Produkt alldessen bestimmt das Leistungsvermögen des Polizeiapparates, welches wieder vom Rechtssystem abhängt. Obgleich der Faktor Rechtssystem

Gendarmerie im Hochwassereinsatz (1953).

nicht dem Schoße der Polizei entspringt, bestimmt er nicht bloß das faktische Leistungsvermögen des Apparates, er beeinflußt auch das subjektive Ansehen, nämlich die Anerkennung der Polizei in den Augen der Bevölkerung. Zum Teil Hand in Hand mit dem Rechtssystem bewegt sich ein dritter Faktor, den man als gesellschaftlichen Überbau bezeichnen könnte. Je nach seiner Gestaltung, und von Normen bloß mittelbar berührt, entscheidet er das Maß, die polizeiliche Tätigkeit überhaupt anerkennen oder begreifen zu wollen.

Es liegt auf der Hand, daß dieser letzte Faktor am schwierigsten regulierbar ist. Das Handicap der Polizei liegt darin, daß die strapazierte Formel (sie stammt übrigens aus dem „Dritten Reich") „Freund und Helfer" keineswegs in dem Maße zutreffen kann, wie bei der Feuerwehr. Denn die Polizei, obgleich vom Prinzip her „Helfer", nämlich Garant von Recht und Ordnung, gerät notwendigerweise in Konflikte, weil sie auch zwischen Gruppen von Bürgern und zeitweilig gegen bestimmte Gruppen einzelner Bürger agiert. Kritischer wird es, wenn das „Gegenüber" nicht der

kriminelle Außenseiter ist, sondern der „Jedermann", der, oft bloß fahrlässig, nur formale Vorschriften der bürgerlichen Ordnung verletzt. Vorschriften überdies, denen er Gewicht erst beilegt, wenn sie der Nachbar ignoriert. Noch kritischer wird es, wenn die Polizei zu Aktionen gelenkt wird, die dem „allgemeinen Bürgersinn" und zugleich auch dem Geist der Polizei widersprechen, oder – umgekehrt – von Aktionen zurückgehalten wird, die man gemeiniglich von ihr erwartet. (Wenn zum Beispiel für Leute, die Krawall machen oder ein Haus besetzt halten, das Gesetz außer Kraft gesetzt wird, oder wenn nicht einmal ein geeignetes Gesetz vorhanden ist (siehe S. 225), während um die Ecke der Autofahrer wegen einer Parksünde zur Kasse gebeten wird.) Man sieht, daß das Feld, auf dem sich herzliche Beziehungen zwischen der Bevölkerung und ihrer Polizei aufbauen können, nicht gerade breit ausgesteckt ist.

Eine weitere, ebenfalls nicht vorteilhafte Besonderheit scheint darin zu liegen, daß das wahre Leistungsvermögen von der Bevölkerung nicht überblickt werden kann, vielleicht auch gar nicht überblickt werden will. Anhaltspunkte,

Einsatzschwimmer (Alarmabteilung der Polizeidirektion Wien, 1988).

Ein Jet-Ranger der Einsatzstelle Innsbruck (1980). Foto H. Weishaupt.

wie etwa die Kriminalstatistik, sind selten und zeigen auch nur einen Ausschnitt. Der Rest wird bereits vom Ablauf von Großereignissen, Demonstrationen etc. und deren Behandlung durch die Medien beherrscht. Aus eigener Wahrnehmung schöpft der Staatsbürger im allgemeinen sein Urteil aufgrund der persönlichen Erfahrung und Begegnung, also aus Einzelereignissen, die er meist bloß in Zusammenhang mit Veranstaltungen, oder auf der Straße als Unbeteiligter oder als an einem Verkehrsgeschehen Beteiligter erlebt. Zu einem Teil erlauben solche Beobachtungen zwar Rückschlüsse auf die Wendigkeit oder Schwerfälligkeit des Apparates, vor dem Auge steht aber eher das Verhalten von Einzelorganen, im wesentlichen ihr Auftreten und ihr Takt. Dies sind auch die Momente, die regelmäßig den Ausgangspunkt sogenannter Dienstaufsichtsbeschwerden bilden. Im Verhältnis dazu sind Berührungen von durch Straftaten geschädigten Personen mit der Polizei weitaus seltener. Sie führen auch kaum – trotz erheblicherer Intensität – zu derlei Beschwerden, nicht einmal in Zusammenhang mit Hausdurchsuchungen oder Verhaftungen durch betroffene Verdächtige. Von interner Berühmtheit ist das Beispiel des Ministerialrates Dr. Seipka-Auenstaett, der im Jahre 1934 als junger Referent der Staatspolizei den späteren Innenmi-

nister Helmer zu verhaften hatte. Dieser war von dem gezeigten Takt so eingenommen, daß er nach 1945 Dr. Seipka in sein Ministerium zog.[1]

Die Wichtigkeit dieses Gegenstandes ist daran zu erkennen, daß man ihm in Normen Aufmerksamkeit gewidmet hat. So machte der § 12 der schon erwähnten Kaiserlichen Verordnung vom 23. April 1854 („Prügelpatent") den Organen „unter strenger Verantwortlichkeit ein anständiges Benehmen im amtlichen Verkehr mit jedermann" zur Pflicht.

Den Vorgänger dieser Norm finden wir, speziell für Wachen, im Dekret der Vereinigten Hofkanzlei vom 10. April 1802 (Gesetze und Verordnungen Franz II., Band 17, S. 90), wo es im § 9 abschließend heißt:

„Dagegen kann das Publikum sich überzeugt halten, daß sämtliche Behörden nicht nur ihren Wachen das gebüh-

---

1 „Die Beamten waren höflich und sachlich", berichtete Friderike Zweig über eine Suche nach Waffen des Republikanischen Schutzbundes am 18. Februar 1934 im Hause Stefan Zweig's auf dem Salzburger Kapuzinerberg. (Friderike Maria Zweig, „Spiegelungen des Lebens", Wien 1964, S. 166.)

rende bescheidene Betragen wiederholt einschärfen, sondern auch auf das strengste bestrafen werden."

Dies war zweifellos der Ausdruck eines Programms, das sich gegen ein übles Verhältnis zwischen Herrschenden und Beherrschten richtete, an dem auch die rüde Art der Diener und Wachen Anteil hatte. Der aufkommende aufgeklärte Beamtenstaat brauchte zu seiner Verwirklichung auch neue Formen des Verkehrs zwischen „Obrigkeit" und „Untertanen". Schwächer formulierte diese Forderungen die Dienstpragmatik 1914, die auf die Wacheorgane im Jahre 1919 anwendbar wurde. Sie stellte nämlich nur einen Verstoß gegen die Anforderungen, die der Verkehr des täglichen

Die „Politessen" formen mit ihren blauen Uniformen seit etwa 15 Jahren das Straßenbild der Städte. Vornehmliche Aufgaben sind die Schulwegsicherung und die Überwachung des ruhenden Verkehrs. Deshalb ist ihr Dienst – obgleich sie Verwaltungsbedienstete sind – in den der Sicherheitswache eingebunden.

Die Frau stellte aber auch sonst ihren „Mann". Ist sie schon seit Jahrzehnten als Kriminalbeamtin, dann auch als Sicherheitswachebeamtin bei den Polizeidirektionen tätig, so befinden sich 24 Kriminalbeamtinnen seit 1984 im Dienste der Gendarmerie und derzeit 66 bei der Polizei, 43 davon in Wien. In erster Linie obliegen ihnen Vernehmungen von Frauen, Jugendlichen und Kindern.

Lebens an jeden Gebildeten richtet, unter Strafe.[2] Unbefriedigender drückt sich das im Jahre 1979 an die Stelle der Dienstpragmatik getretene Beamtendienstrechtsgesetz aus:

§ 43 (2): Der Beamte hat in seinem ganzen Verhalten darauf Bedacht zu nehmen, daß das Vertrauen der Allgemeinheit in die sachliche Wahrnehmung seiner dienstlichen Aufgaben erhalten bleibt.

---

2 Bericht des Staatsangestelltenausschusses des Abgeordnetenhauses zum Entwurf des § 26/2 DP, der lautete: „Im dienstlichen Verkehr mit Parteien ist der gebotene Anstand zu wahren. In dienstlichen Anliegen ist den Parteien innerhalb der zulässigen Grenzen hilfsbereit entgegenzukommen".

Sicherheitswachebeamtin der Einsatzabteilung „Kranich".

§ 43 (3): Der Beamte hat die Parteien, soweit es mit den Interessen des Dienstes vereinbar ist, im Rahmen seiner dienstlichen Aufgaben zu unterstützen und zu informieren.

Derartige Gesetzesbestimmungen, „schwächere" wie „stärkere", sind nur als ultima ratio dienlich. Differenziertere Verhaltensregelungen setzen sich der Unanwendbarkeit oder Lächerlichkeit aus, wie etwa: „Ihr Benehmen soll jederzeit ernst, anständig und höflich sein" (§ 24 Organisationsstatut der Sicherheitswache 1914). So bleibt nur der Weg, einschlägige Normen durch Schulung und gutes Vorbild zu ergänzen.

Dies freilich ist leicht gesagt, denn der Polizei-„Rekrut" ist kein anderer Mensch als alle anderen seines Alters, er unterlag in seinem bisherigen Werde- und Bildungsgang keinem anderen Standard als dem, den Eltern, Lehrer und das Fernsehen vermitteln.

Der gesellschaftliche „Wertewandel", der eine Kampagne gegen die „altmodischen Tugenden" wie Pünktlichkeit, Ordnungsliebe, Höflichkeit und gute Manieren einschloß, hat sich hier bestimmt nicht günstig ausgewirkt.

Dieses Thema greift auf den Boden der beruflichen Ethik über. Als in den siebziger Jahren die Grundausbildungszeit für Gendarmerie- und Sicherheitswachebeamte verkürzt werden mußte, entfiel der Unterrichtsgegenstand „Ethik

und Anstandslehre". Nun, mit der kürzlich verfügten Verlängerung der Grundausbildung auf zwei Jahre, bot sich wieder mehr Raum, so daß insbesondere Grundzüge der Menschenbehandlung, praktisches Verhaltenstraining und Konfliktbewältigung in den Unterricht einbezogen werden. (Siehe Rudolf Erlbacher, „Politische Bildung", in: „Öffentliche Sicherheit", Heft 3/1989.) Nur durch Schulung ist die notwendige Beweglichkeit zu erzielen und eine ohnedies problematische Norm eines „Schikaneverbotes" vermeidbar, so daß von selbst das Durchgreifen des vorbildlich – nämlich auf Spezialprävention und Ökonomie der Verwaltung – angelegten § 21 des Verwaltungsstrafgesetzes herbeigeführt wird.[3] Für die österreichische Polizei an sich nichts Neues, denn schon die große Königin dekretierte im Sinne von Gelindigkeit der Mittel und taktvollem Auftreten „Glümpf und Bescheidenheit" (Reglement für die Polizey Wache 1775), und in der josefinischen „Amtsinstrukzion" (siehe Seite 30) wurde der § 3 mit den Worten eingeleitet: „Der Polizeybeamte soll sich auf unwesentliche Dinge nicht versitzen . . ."

Die „bürgernahe" Polizei ist – vom Werbeslogan abgesehen – gleichfalls nichts Neues. Das „Prinzip" der Polizei österreichischer Prägung wurde vor 200 Jahren geboren und blieb bis heute unverändert. Es lautet etwa: Im Zentrum steht der Mensch, wenn schon nicht der „glückselige", so doch der halbwegs zufriedene; die Polizei hat über jene Mittel zu verfügen, die den Störungen und den Störern entgegenwirken, den „Normal"-Zustand aufrechterhalten und gegebenenfalls wiederherstellen können. Diese „ewige Aufgabe" ist im § 1 des „Wirkungskreis der Polizeibehörden" – wie bereits dargestellt – hervorragend definiert. Dieser Aufgabe steht die „ewige Angst" gegenüber, die erteilten Vollmachten könnten – wo nicht heute, so doch morgen – mißbraucht werden. Auf dieser Route der Angst gedeiht eine unbehagliche Inkonsequenz. Sie führt nicht nur dazu, die Ausübung repressiver und vorbeugender Polizeibefugnisse einzuschränken, sondern auch dazu, den Ermessensspielraum der Polizeiorgane selbst dort zu beengen, wo es gälte, das bekannte „Auge zuzudrücken". Da es sich bei der Sicherheitspolizei dem Prinzip nach um Entscheidungen handelt, die aus dem Augenblick heraus getroffen werden müssen, und auch nur für den Augenblick zu gelten haben, sind sie weitgehend von den Zwängen eines förmlichen prozessualen Verfahrens zu befreien. Ein Abgehen vom Prinzip der Generalklausel nach Art der Bach'schen Regelungen ist daher undenkbar, sollte der „Normalbürger" von der letztlich von ihm besoldeten Polizei etwas haben wollen. (Siehe auch Reidinger, „Innere Sicherheit", S. 50.) Der

---

3 § 21 VStG: „Die Behörde kann ohne weiteres Verfahren von der Verhängung einer Strafe absehen, wenn das Verschulden des Beschuldigten geringfügig ist und die Folgen der Übertretung unbedeutend sind . . . Unter den . . . angeführten Voraussetzungen können die Organe der öffentlichen Aufsicht von der Verhängung einer Organstrafverfügung oder von der Erstattung einer Anzeige absehen; sie können den Täter in solchen Fällen in geeigneter Weise auf die Rechtswidrigkeit seines Verhaltens aufmerksam machen."

Abseilübung (Alarmabteilung der Polizeidirektion Wien, 13. April 1989).

gesellschaftliche Außenseiter mag, wenn er es bleiben will, mit der „Angst" leben.

Dies sollte man offen aussprechen. Man sollte auch dem Wiederkäuen des kakanischen Gedankenmusters „Obrigkeit" und „Obrigkeitsstaat" endlich Aufmerksamkeit versagen. Vielleicht genügt es, die Meinung des Gemeinderates Strasser aus der Debatte um die Errichtung der Polizeidirektion Linz im Jahre 1926 wiederzugeben. Er sagte, daß das Verhältnis zwischen Bevölkerung und Polizei langsam – und bereits auf die Zeit vor dem Ersten Weltkrieg zurückreichend – ein harmonisches geworden und der „Obrigkeitsstaat" bereits in Brüche gegangen ist (siehe Seite 143).

Es ist nicht zu übersehen, daß sich die Überkultivierung von „Verteidigungsrechten" überwiegend zugunsten des überlegt handelnden und trickreichen Rechtsbeugers auswirkt, nicht aber zugunsten des emotional, dumpf und sozialbedingt Handelnden, welcher allein Verständnis und Nachsicht verdiente. Ersterer aber findet immer wieder Gehör und besondere Beachtung, die er doch wahrlich nicht verdient. Es ist höchst bedauerlich, daß die Forderung weitergesponnen wird, wonach ein „polizeiliches Verhör" erst

nach oder unter Zuziehung eines Rechtsanwaltes stattfinden dürfe. Ein solches System würde zunächst zu einer Bevorzugung des Reichen gegenüber dem Armen führen, es sei denn, der Steuerzahler würde dazu aufgerufen, dieses System (nun in Gestalt eines sozialisierten „Not- oder Volks-Verteidigerstandes") zu berappen. Die nächste Frage gilt dem Wofür und Wozu. Die Praxis verweist auf die Gefahr, daß jeder Hinzugezogene den Verdächtigen bestärkt, sein Unrecht nicht einzugestehen und der in der Strafprozeßordnung statuierten Wahrheitsfindung gegenzusteuern, weiters selbst, wenngleich unbewußt, Verdunkelungshandlungen durch dritte Personen herbeiführt. Bei strafbaren Handlungen, die mehr oder weniger „jedermann einmal im Leben passieren", sind solche Gefahren gering, in der polizeilichen Erstphase der Rechtsanwalt auch gar nicht „gefragt". Aber sogleich zur Stelle wird er von den (nicht unbemittelten) Gewohnheits- und Berufsverbrechern gerufen, weiters, wenn es sich um Wirtschaftskriminalität handelt. Von den Folgen der unausbleiblichen Demotivierung und Demoralisierung der Sicherheitsorgane abgesehen, dürfte man sich bei Einführung dieses Systems nicht wundern, wenn die Aufklärung gerade der schwerwiegenden Delikte entscheidend nachlassen würde. Es ist erstaunlich, daß man sich damit zu einer Zeit befaßt, in der – nämlich seit 1987 – auch die schwere Kriminalität sprunghaft angestiegen (mehr Brutalität, mehr Perfektion, mehr Mobilität und verstärktes organisiertes, auch grenzüberschreitendes Verbrechen) und die Aufklärungsrate zurückgegangen ist. (Siehe etwa Geiger, „Aktuelle Kriminalitätsentwicklung und Strafrechtsreform", in: „Der Kriminalbeamte", Aug./Sept. 1989.) Selbst mit mehr Personal und verbesserter technischer Ausrüstung kann das fehlende rechtliche Instrumentarium nicht neutralisiert werden. Stattdessen wird weiterhin von einer angeblich wünschenswerten „Chancengleichheit" so gesprochen, als handle es sich bei Tatverdächtigen, Tatopfern, Gerichten, Polizei und Rechtsanwälten um Angehörige einer Fußballmannschaft, wobei sogar übersehen wird, daß es bei „Matchbeginn" bereits 1:0 für den Täter stand. (Siehe Szirba in: „Öffentliche Sicherheit", Heft 4/1985, S. 8f.)

Angeblich ernsthafte Gedanken zielen auch dahin, im Rahmen einer neuerlichen Novellierung der Strafprozeßordnung, in Haftfällen die für den vorläufigen Abschluß der polizeilichen Ermittlungen zur Verfügung stehende Zeitspanne von 48 auf 24 Stunden herabzusetzen. So, als wäre Entscheidendes getan, wenn sich die Haftzelle nicht in polizeilichem, sondern in gerichtlichem Gemäuer befindet. Unter vielem anderen (siehe die Ausführungen zur StPO in Abschnitt VI) wird übersehen, daß in den weit überwiegenden Fällen diese Frist ohnedies nicht ausgeschöpft wird, sondern nur dann, wenn der Umfang, oder Friktionen einem rascheren Ermittlungsabschluß entgegenstehen. Die Befürworter der Verkürzung argumentieren gerne damit, daß heute die „Postkutschenzeit" vorüber ist, ignorieren aber, daß davon auch die Verbrecherwelt profitiert. Was den Wettlauf mit der Zeit betrifft, sind, dem 19. Jahrhundert gegenüber, den Sicherheitsorganen Nachteile erwachsen, die sich aus der schwereren Erreichbarkeit von Zeugen etc. ergeben (mehr Freizeit, Mobilität, langes Wochenende, Zweitwohnsitz etc.). Seit Sommer 1989 tritt noch hinzu, daß Angehörige, Anwälte und Bewährungshelfer von Festgenommenen zu verständigen sind, was abermals Energie und Zeit für die eigentliche Arbeit schmälert. Stereotype Verkürzung der Haft- bzw. Ermittlungstätigkeit würde auf Kosten der Qualität der Arbeit gehen: Vorteil für den Schuldigen, Nachteile für Unschuldige und Geschädigte. Um zum eigentlichen Thema zurückzufinden: Das „Ansehen" der Polizei würde bedeutenden Schaden nehmen, ihr effektives

Eindringen in eine Wohnung.

Besteigen einer Hausfassade (Alarmabteilung der Polizeidirektion Wien).

Leistungsvermögen erheblich sinken. Denn die ausschlaggebenden Beweismittel werden in der Erstphase gefördert.

Bevor wir uns dem „Rechtssystem" zuwenden, soweit es in einschneidender Weise die Beziehungen Polizei – Gesellschaft berührt, wird es nicht zu umgehen sein, zumindest einige allgemeine Regelungen zu erwähnen, die das „innere Gefüge" modellieren und dadurch, zumindest im Laufe der Zeit, das Leistungsvermögen des Apparates und sein „Ansehen" in den Augen der Bevölkerung beeinflussen. Gendarmerie und Polizei sind Teile des „öffentlichen Dienstes" und unterliegen daher den allgemeinen beamtendienstrechtlichen Bestimmungen, obwohl eine Sonderstellung seitens der Bevölkerung erwartet wird, und zwar nach jeder Richtung hin. Das Disziplinarrecht beispielsweise stellt nicht sicher, daß ein Exekutivbeamter, der gestohlen hat, aus dem Dienst zu scheiden hat; eine einzige Stimme im Senat kann die Entlassung verhindern. Das Mitspracherecht der Personalvertretungen ist auch bei Beförderungen bzw. Ernennungen problematisch. Sind die Personalvertretungen eine bewährte Einrichtung zur Aufrechterhaltung des Arbeitsfriedens, so ist es doch vom Prinzip her wenig glücklich, wenn die „Unteren" über ihre „Oberen" entscheiden. Dazu tritt nämlich der Umstand, daß die Personalvertretungen

nach Dienstzweigen (Verwaltung, Gendarmerie, Sicherheitswache, Kriminaldienst) eingerichtet sind, nicht aber – im Sinne individueller Dienstinteressen – nach Verwendungsklassen [Eingeteilte, Dienstführende (Chargen), leitende Beamte (Offiziere), Höherer Dienst], wie das etwa in Großbritannien der Fall ist; und weiters, daß sie sich nach fraktionellen Listen gliedern, wodurch die partiellen „Befruchtungen" mit den politischen Parteien so gut wie institutionalisiert sind. Durchbrochen wird die Parteibuchwirtschaft (die ein Spitzenfunktionär jüngst als „zum Kotzen" befunden hat) nur von Cliquen, Klubs und Logen, soweit sich die Parteien deren Interessen öffnen.

Im Sinne einer „gerechten und leistungsstarken" Verwaltung wurde in den siebziger Jahren ein generelles Dienstpostenbewertungssystem geschaffen. Seine Darstellung wäre für den Leser zu ermüdend, so daß bloß ausgedrückt sei, daß die sogenannte Personalverwaltung umständlicher und inflexibel geworden ist. Die gute Absicht erfuhr durch die Realitäten Abbruch. Daraufhin wurden zur leichteren Steuerbarkeit nach oben hin zusätzliche Grade geschaffen und deren Posten vermehrt (beim Gruppeninspektor bis zum Sechsfachen, beim Hofrat bis zum Dreifachen). Zu diesem „mehr Titel und mehr Lametta" stellten sich zwar

Einen Gesichtspunkt des Problems „Polizei und Gesellschaft" hat der Kollege der Kantonspolizei Zürich, R. Leister, zeichnerisch charakterisiert.

insgesamt günstigere Besoldungsverhältnisse, außerdem durch eine günstigere Beförderungsautomatik eine Titelinflation ein, aber keine Leistungsanreize. Aber wenigstens wurde der ungleich günstigeren Besoldung der Landes- und vor allem der Gemeindebediensteten nachgezogen. (Ein Vergleich der Distinktionstafeln aus drei Perioden zeigt dies zum Teil an, wozu zu bemerken ist, daß in der „titelärmsten" Periode, nämlich in der Zwischenkriegszeit, die Realeinkommen am günstigsten und die Uniformstoffe am besten waren.) Die Gleichschaltung des Dienstpostenbewertungssystems und der Beförderungsrichtlinien der Verwaltungsbehörden des Bundes verstößt im Polizeibereich gelegentlich gegen die Natur, wenn nämlich bei den Wachkörpern ausgerechnet die Personalreferenten („Schreibtischhengste") besonders bevorzugt werden. Weiters hatten beispielsweise bei den Polizeidirektionen die Leiter der staats- und der kriminalpolizeilichen Abteilungen ursprünglich das günstigste Avancement (siehe Anm. 8 auf Seite 140), wohingegen heute die Leiter der Präsidial- und verwaltungspolizeilichen Abteilungen vorziehen, weil sie den Hebeln der internen Macht (Personalangelegenheiten) am nächsten sind, bzw. weil ihnen mehr Beamtenköpfe unmittelbar untertan sind. Der Gedanke, daß Staats- und Kriminalpolizei die substantiellen Elemente einer Sicherheitsbehörde darstellen, daß ihretwegen die eigenen Polizeibehörden überhaupt geschaffen worden sind – während der Präsidialist die personelle und ökonomische Hilfsfunktion für diese ausübt – ist offensichtlich dem sterilen Schablonismus unserer Tage zum Opfer gefallen. Wo ist hier Leistungsanreiz puncto Leistungsvermögen des Sicherheitsapparates?

Wie aber sieht der Österreicher „seine Polizei"? Nach einem Umfrageergebnis vom Mai 1989 stellt er ihr ein Zeugnis aus, welches als „günstig" bezeichnet wird. Die Zusammenfassung der Beantwortungen (1500 Befragte) zum Thema „Polizei als Hüterin der Sicherheit" lautet etwa:

„Während sich das Vertrauen in die Gerichtsbarkeit als Folge der Justizflucht von Udo Proksch und der übrigen Skandalaffären drastisch verminderte (IMAS-Report Nr. 8, April 1989), stellt die Bevölkerung der Exekutive ein überwiegend günstiges Zeugnis aus. Bei einer IMAS-Umfrage erklärten 41 Prozent, die Polizei sorge im großen und ganzen gut für unsere Sicherheit, lediglich 19 Prozent vertreten ausdrücklich die gegensätzliche Meinung. Eine relativ große Gruppe von 36 Prozent der Erwachsenen wich allerdings in ein von Vorbehalten durchsetztes ‚Teils/teils' aus.

Bereits 1973 hatte sich das IMAS nach dem Urteil über die Polizei erkundigt. Damals besaß noch nahezu ein Viertel der Österreicher einen nachteiligen Eindruck von den Ordnungshütern.

Die weitaus beste Meinung von der Polizei haben Personen über dem 50. Lebensjahr sowie die Wähler der Regierungsparteien ÖVP und SPÖ. Von diesen Gruppen äußerte sich fast jeder zweite vorteilhaft über sie. Ganz anders verhält es sich mit den Angehörigen der jungen Generation, insbesondere aber mit den Sympathisanten der Oppositionsparteien.

Der „Präsidialpintsch" (Zeichnung von Fritz Schönpflug, aus: „Die Muskete", 10. Bd., 1910).

IMAS-report

Umfrageberichte des Instituts für Markt- und Sozialanalysen Linz

Nr. 10

Mai 1989

GÜNSTIGES ZEUGNIS FÜR DIE POLIZEI

41 Prozent der Österreicher erklärten: "Die Polizei sorgt im großen und ganzen gut für unsere Sicherheit" - Laut IMAS-Trend hat sich das Bild von der Exekutive seit den frühen siebziger Jahren um eine Spur verbessert - Die stärksten Vorbehalte bestehen bei Personen unter dem 30. Lebensjahr sowie bei den Angehörigen der beiden Oppositionsparteien

FRAGE: "Eine Frage zur Polizei: Finden Sie, die Polizei sorgt im großen und ganzen gut für unsere Sicherheit oder nicht besonders gut?"

IMAS-Umfragen:	Sorgt gut %	Teils, teils %	Nicht besonders gut %	Unentschieden %
1973, Mai	39	33	23	5 = 100%
1989, Jänner	41	36	19	4 = 100%

Mantelparoli

Kragenaufschlag

Kappenkokarde

Kappenemblem
(Wachebamte)

Kappenemblem gestickt
(Wachebeamte)

Kappenemblem
(Konzeptsbeamte)

Behördenleiter

Oberst

Oberst (Dienstklasse VIII)

General

Hofrat

Polizeipräsident

Schulterspangen

Bundespolizei-Abzeichen

BUNDESPOLIZEI

Distinktionen der Bundespolizei ab 1978. Die Sicherheitswache allgemein ist gleich mit der Gendarmerie. 1947 wurde der „Gruppeninspektor" („Kontrollinspektor" bei der Gendarmerie) und mit 1. Jänner 1978 der „Abteilungsinspektor" (nun in zwei Dienstklassen) geschaffen und der „Rittmeister" durch den „Hauptmann" ersetzt, die Titel und Distinktionen der (bisher) nicht „dienstführenden" Beamten auf den „Inspektor" vereinigt, zugleich durch Zeitbeförderung Aufstieg bis zum Bezirksinspektor ohne Fachkurs (Chargenschule) ermöglicht. Der Absolvent des Fachkurses beginnt praktisch beim Bezirksinspektor; er ist an der silbernen Schulterspange erkennbar.

Die Laufbahn des Kriminalbeamten (der Kriminalbeamtin) beginnt in der Regel als „Bezirksinspektor im Kriminaldienst", ausnahmslos mit Fachkurs. Die Offizierstitel (bis Oberst) wurden 1967 eingeführt (zuvor: Abteilungsinspektor, Oberinspektor, Chefinspektor). Dafür wurden die Titel der Konzeptsbeamten „entpolizeilicht": aus dem Polizeikommissär wurde der schlichte „Kommissär" und für den Polizeirat wußte man keinen anderen Rat als den „Rat" usw.

Inspektor

Revierinspektor

Bezirksinspektor

Gruppeninspektor

Abteilungsinspektor

Leutnant

Oberleutnant

Hauptmann

Major

Oberstleutnant

Kommissär
(Dienstklasse III)

Kommissär
(Dienstklasse IV)

Oberkommissär

Rat

Oberrat

Diese sind durchwegs sehr sparsam mit Lob und akzentuieren die Kritik. Von den Anhängern der FPÖ und der Grünen bezeichneten sich sogar jeweils rund 30 Prozent unzufrieden mit den Leistungen der Exekutive."

Die Beurteilung als „günstig" scheint sich aus dem erwähnten Vergleich mit der Justiz zu ergeben, weiters aus einer „Verbesserung" gegenüber dem Jahre 1973. Das relativ günstige Allgemeinbild läßt sich darüberhinaus von einer weiteren demoskopischen Untersuchung, und zwar aus dem Jahre 1983, ableiten, wonach – immerhin – „Polizei und Gendarmerie unter allen staatlichen Einrichtungen am positivsten bewertet wurden". Zufriedenstellen können freilich – jedenfalls auf den ersten Blick – die bloß 41 Prozent positiven Stimmen nicht. Die Problematik, dieses Urteil wiederum zu beurteilen, wurde in mancher Hinsicht in diesem Abschnitt beleuchtet, wobei mehr oder weniger zufällige bzw. oberflächliche Berührungsflächen, weiters der Straßenverkehr (für den infolge der Optik die Polizei irrtümlich für hauptverantwortlich angesehen wird) besondere Bedeutung gewinnen. Die Differenzierung zwischen „dem raschen Urteil der Jugend" und dem von Personen mit gereifterer Erfahrung spricht insgesamt zugunsten der Polizei. Hier wird allerdings auch „Nachsicht" ins Kalkül zu ziehen sein, und der Umstand, daß man den Sicherheitsorganen nicht das anlasten kann oder will, wofür zunächst Gesetzgebung und Politiker verantwortlich sind. Ausländische Vergleichsunterlagen waren leider nicht eruierbar.

Auch so kann sich der Polizist „verstanden" fühlen, meint der Kollege P. Mäder der Stadtpolizei Zürich.

„Recht ist alles, was an sich gut ist, was nach seinen Verhältnissen und Folgen etwas Gutes enthält oder hervorbringt und zur allgemeinen Wohlfahrt beiträgt."
(Westgalizisches Gesetzbuch, 1786)

Problematik im Rechtssystem

Das föderalistische System und die Gemeindeautonomie führen zwangsläufig zu Friktionen, wenn die Kompetenzen organisch verbundener Rechtskomplexe aufgesplittert sind und den Polizeieinrichtungen des Bundes bloß die Vollziehung verbleibt. Geteilte Verantwortung ist kaum von Vorteil, umsoweniger hier, wenn sich die auftraggebenden Stellen zur Vollziehung von Landesgesetzen, Landesverordnungen oder Gemeindeverordnungen, an Stelle der ihnen organisatorisch und dienstrechtlich unterstehenden Beamten, „fremder" Sicherheitsorgane bedienen. Ein ähnlicher nachteiliger Effekt tritt auch dort ein, wo der Bund seine traditionelle Kompetenz aufgegeben hat und die Regelung (oder Nicht-Regelung) dem vielfältigen Geschmack anderer Gebietskörperschaften überläßt, wie es beispielsweise bei der Prostitution der Fall ist. In der Folge ein Ausschnitt der von Ort zu Ort teilweise unterschiedlich auftretenden Probleme.

Überschneidungen mit dem Gemeinderecht

In der Einleitung wurde bereits auf die Problematik der Abgrenzung zwischen der staatlichen und der örtlichen allgemeinen Sicherheitspolizei aufmerksam gemacht. Sie hat durch die Fiktion der „Durchschnittsgemeinde" keine praktikable Lösung erfahren. (Siehe insbesondere Oberndorfer sowie Stanek-Reidinger, S. 81ff.) Solange es üblich war, die örtliche Sicherheitspolizei den Bundespolizeibehörden zu übertragen, war diese Konstruktion bedeutungslos. Eine Änderung trat ein, seitdem um das Jahr 1969 die Stadtgemeinden, ausgenommen Wien, ihre Übertragungen rückgängig machten, womit sie sich die Bezahlung des „Polizeikostenbeitrages" (er war im Jahre 1967 mit S 80,– pro Einwohner festgesetzt) ersparten, offenbar von der Annahme ausgehend, die Bundespolizeibehörden würden „was nottut und was Gott gefällt" auch weiterhin leisten. Wie wir wissen, sieht Art. 102 Abs. 5 der Bundesverfassung vor, daß die Gemeinden keinen Wachkörper im Sinne des Art. II § 5 VÜG 1929 errichten dürfen, wenn in ihrem Bereich ein solcher einer Bundespolizeibehörde besteht. Aber auch in diesem Fall sind sie berechtigt, sich zur Lösung ihrer Aufgaben eigener Organe zu bedienen, so daß – vom Standpunkt des „publico" – die Frage übrig bleibt, ob dies in ausreichendem Maße geschieht. Die Präsenz solcher Gemeindeorgane (sieht man von Berufsfeuerwehren ab) bildet aber eher die Ausnahme. Regelmäßig werden seitens der Magistrate Anträge an die Polizeibehörden gerichtet, Überwachungen ortspolizeilichen Charakters, etwa zur Aufsicht in Parkanlagen oder zur Bewachung wegen vorübergehend auftretender Gefahren, durchzuführen. Solchen Anträgen wird zwar nachgekommen, soferne sie sich halbwegs in den Sicherheitsdienst einbinden lassen. „Räson geht vor Manier", aber verfassungsmäßiger und auch zweckmäßiger wäre es, diese ortspolizeiliche Agende den Bundespolizeibehörden zu übertragen, da durch die an sich gegebene Präsenz der Polizeikräfte diese zusätzlichen Aufgaben mit einem relativ geringen Mehraufwand gelöst werden könnten.

Es ist eine Frage für sich, ob die Vollziehung der „örtlichen allgemeinen Sicherheitspolizei" teilbar ist. Der Verfassungsgesetzgeber hat es im Jahre 1974 (BGBl. Nr. 444) für notwendig befunden, den Art. 15 B-VG dahin zu novellieren, daß das Wahrnehmen von Verletzungen des „öffentlichen Anstands" und von „Lärmerregungen" einen Teil der „örtlichen Sicherheitspolizei" bildet. (Diese Materien waren bisher bundesgesetzlich im Art. VIII EGVG geregelt.) Die Fortschrittlichkeit dieses im 50. Jahre österreichischer „Verwaltungsvereinfachung" zur „Tat" gewordenen Gedankens ist zu bezweifeln, da der praktisch einzige Unterschied gegenüber der bisherigen Regelung darin liegt, daß nicht die Sicherheitsdirektion, sondern die Landesregierung über Berufungen entscheidet, und daß vielfach – wegen Tatkonkurrenz mit einem verwandten Delikt (nun Art. IX EGVG) – die Akten doppelt angelegt werden müssen.

Die regelmäßige – wenngleich nicht zwingende – Übertragung der Verfolgung der beiden „Landes-Delikte" an Sicherheitsorgane des Bundes (sei es automatisch aufgrund des Art. XI der BVG-Novelle 1974, BGBl. Nr. 444, sei es aufgrund von eigenen Landesgesetzen) wurde als Ausweg befunden, womit erwiesen scheint, daß der Regelung vom Jahre 1974 eine Phrase zu Grunde lag.

Zur Groteske für den vielgepriesenen Bürger wird es aber, wenn er durch Geruch und Qualm, sowie durch „technischen" Lärm (Rasenmäher, Radio, Stereoanlagen) oder Musikinstrumente geplagt wird. Sein gewohnter Weg zum Wachzimmer ist dann illusorisch, was er kopfschüttelnd (oder schreiend) zur Kenntnis nimmt, nachdem ihm die Polizeiorgane die Rechtslage mit Mühe auseinandergesetzt haben. In der Szene der „Musikkultur" kann das so aussehen: Wird der „ungebührlicherweise störende Lärm" durch Gesang (oder gesangähnliche Geräusche) verursacht, ist im Sinne des steiermärkischen Landesgesetzes vom 25. Juni 1975 die Polizei zum Einschreiten zuständig. Zieht aber die Stadt kraft ihres ortspol. Verordnungsrechtes die Regelung an sich, wie das in Graz hinsichtlich des „technischen" und bis vor wenigen Wochen auch hinsichtlich des „Musiklärms" der Fall ist bzw. war, kann das dazu führen, daß der nächtliche Zecher, wenn er seinen Nachhauseweg mit einer Gitarre oder Trommel untermalt, ziemlich „sicher" ist, da der Gemeinde keine Exekutivorgane zur Verfügung stehen. Dafür kann sich aber der geplagte Bürger des „Umwelttelefons" des Magistrates bedienen, sich also „über Band" von seinen Nöten selbst lossprechen.

Eine Kompetenz der Gemeinde auf dem Gebiete der örtlichen Sicherheitspolizei ist in erster Linie im Erlassen von Verordnungen zu sehen, wobei die Gemeinden in bestimmten Grenzen mit ihren Landtagen konkurrieren. Dieses Verordnungsrecht verbleibt seit der Gemeinderechtsnovelle 1962 der Gemeinde, auch im Falle der Übertragung der Durchführung an eine Bundespolizeibehörde.

Hinsichtlich der örtlichen Sicherheitspolizei ist dieses Verordnungsrecht (Art. 15 Abs. 2 und Art. 118 Abs. 2 und Abs. 3 Z. 3 sowie Abs. 6 B-VG) mit Rücksicht auf die Notwendigkeiten des praktischen Lebens einer doppelbödigen Gestaltung geöffnet. Denn zur Frage, ob die Angelegenheit durch gemeindeeigene Kräfte besorgt werden kann, tritt das Vorhandensein eines für die Gemeinde jeweils spezifischen Mißstandes. So hat der VerfGH ausgesprochen, daß „Hausbesetzungen" nicht „gemeindespezifisch" sind, da sie „überregional" in Erscheinung treten, und daß sie auch nicht mit den Kräften der Gemeinde beherrschbar sind (VerfGH Slg. 7960/1976 sowie B 588/81 und B 490–495/81 vom 3. März 1983), folglich die Kompetenz des Bundes („allgemeine Sicherheitspolizei" gem. Art. 10 Abs. 1 Z. 7 BVG) gegeben ist.[4] Wieder eine Flucht aus der Phrase?

Man stößt auf die Frage, was etwa nach einem schweren Verkehrsunfall in einer Stadt, in der die „örtliche Sicher-

---

4 In diesem Zusammenhang hat sich der VerfGH auch mit der „Eigentumsgefährdung" im Sinne einer unmittelbaren Gefahr einer Beschädigung fremden Eigentums befaßt. Diese sei in der Regel mit einer „Hausbesetzung" verbunden, daher der Art. II § 4 Abs. 2 V-ÜG 1929 prinzipiell anwendbar.
Diese auf den ersten Blick erfreuliche Feststellung wiegt umsomehr, als die rechtlichen Voraussetzungen für ein Einschreiten nach den Regeln der gerichtlichen Polizei (Strafjustiz) vom Standpunkte der Praxis wenig griffig sind, was auch für die Ordnungsstörung nach Art. IX Abs. 1 Z. 1 EGVG insoferne gilt, als nicht bloß die objektive Eignung zur Ärgerniserregung an einem öffentlichen Ort gegeben sein müßte (bzw. daß mehrere Personen an dem Ärgernis Anteil genommen haben), sondern daß das strafbare Verhalten jedem einzelnen Täter nachgewiesen werden muß. Wir haben es mit einem Massendelikt zu tun, dem nur mit einer Norm sui generis mit Polizeizwang beizukommen ist.
Zwischen der zivilrechtlich zu lösenden Besitzstörung im engeren Sinne einerseits und der „Eigentumsgefährdung" (plus oben angeführter Delikte) andererseits, zeigt sich eine weite Lücke. So kann nämlich weitab irgendeines zivilrechtlichen Verhältnisses der Besitz grob gestört sein, etwa wenn Mann und Frau mit Kindern sich in einem fremden Garten niederlassen oder vor der Jagdhütte des allein residierenden Landtagspräsidenten ein Zelt aufschlagen und beschließen, bis auf weiters hier zu wohnen; Meldezettel liefern sie brav beim Bürgermeister ab! In diesem Fall scheint nur die Anwendung des § 26 der Ministerialverordnung vom 19. Jänner 1853, RGBl. Nr. 10, über die Amtswirksamkeit der Bezirksämter Erfolg zu versprechen. Sie lautet:
„Bei gewaltsamen oder in böser Absicht vorgenommenen Besitzstörungen hat das Bezirksamt alles vorzukehren, damit die öffentliche Ordnung erhalten und wieder hergestellt, und weitere Angriffe hintangehalten werden, mit Vorbehalt des gerichtlichen Einschreitens über die vorgekommenen Besitzstörungsklagen."
Diese Bestimmung wurde bisher nicht erörtert, obgleich sie Antoniolli („Allgem. Verwaltungsrecht", 1953, S. 173) als in Kraft stehend bezeichnet. Wie großzügig verfuhr hingegen der Gesetzgeber der StVO, als er das Abschleppen eines Fahrzeuges zuließ, bloß weil es die Zufahrt zu einer Garageneinfahrt behinderte.

heitspolizei" von der Gemeinde „ausgeübt" wird, zu geschehen hätte: Die Hilfeleistung ist Sache der Gemeinde (Feuerwehr und Rettung), aber auch der Sicherheitsorgane (§ 1 „Wirkungskreis" und Dienstvorschriften); das Einschreiten wegen Verletzung des Strafgesetzes und verkehrspolizeilicher Vorschriften ist Sache der Sicherheitsorgane des Bundes; was aber geschieht mit den beschädigten und nicht mehr versperrbaren Fahrzeugen und den darin befindlichen Fahrnissen, um die sich die verletzten Insassen nicht kümmern können? Was sonst, wenn nicht die primitive Sicherung des Eigentums, ist – in diesem Fall oder bei einem Wasserrohrbruch – Angelegenheit der „örtlichen Sicherheitspolizei"? Aber wo sind deren Organe, wer tritt wirklich in Erscheinung, wenn nicht die Sicherheitsorgane des Bundes unter „Verletzung" der Gemeindeautonomie?! Und wenn es dem Landesgesetzgeber nicht zufällig gefallen hätte, mit der Verfolgung von Anstandsverletzungen und „ungebührlicher störender Lärmerregung" (Art. IX EGVG, soweit nicht „technischer" Natur) die Sicherheitsorgane des Bundes zu befassen, was würde der zum Ort gerufene Beamte tun? Zum Ort ist er vielleicht wegen des ebenso trivialen „Bundes-Deliktes" „Störung der Ordnung" gerufen worden, aber hinsichtlich des von ihm festgestellten „Landes-Deliktes" der „Lärmerregung" müßte er „passen"!

Über die Problematik der Aufteilung von Polizeiagenden hat sich schon im Jahre 1865 der ehemalige Polizeiminister und spätere Statthalter in Graz, Mecséry de Tsoor, warnend geäußert. Und in der Tat, was auf diesem Gebiete die Bach'schen Regeln abgelöst hat, kann nicht gerade als vernünftig bezeichnet werden. Eine haarspalterische Normengebung kann nicht Glück bringen. Dies ist umso bedauerlicher, als zwischen Gemeinde und Sicherheitsbehörde nicht bloß ein gutes, sondern ein cordiales Einvernehmen herrschen muß.

Die Frage einer Reform der kommunalen Polizei wurde zuletzt im Jahre 1920 aufgeworfen. Damals kam es zu einem Memorandum der „Gewerkschaft der Polizeiangestellten Niederösterreichs", worin die Verhältnisse der Polizeiämter und der Wacheorgane jener Gemeinden beschrieben sind, die mit den Gendarmeriedienststellen konkurrieren. Nach Darstellung des Systems und seiner Unzulänglichkeiten wurde vorgeschlagen, in größeren Gemeinden „örtliche Polizeibehörden", und zwar unter Ausschaltung der Gendarmerie, zu schaffen, und in kleineren Gemeinden (unter 5000 Einwohnern) den gesamten Polizeidienst der Gendarmerie zu übergeben. (Ähnlich heute in den Niederlanden.) Die umfangreichen Klagen in dem Memorandum drehten sich darum, daß die Gemeinden wenig Interesse und daher auch kaum finanzielle Mittel für die Polizeiaufgaben aufbringen und daß sich diese „stiefmütterliche" Behandlung auch auf ihre Polizeiorgane persönlich erstreckt. Der obige Vorschlag sollte die Nachteile der herrschenden Doppelgleisigkeit beseitigen. Eine Erhöhung der Schlagkraft des Sicherheitsdienstes selbst, vor allem in technischer und überörtlicher Beziehung, wäre davon aber nicht zu erwarten gewesen, da die Führung der Polizeigeschäfte innerhalb der

politischen Bezirke (Bezirkshauptmannschaft/Bezirksgendarmeriekommando) noch zerklüfteter geworden wäre.

Das erwähnte, in mancher Hinsicht aufschlußreiche Gewerkschafts-Memorandum, in welchem auch nachteilige Wirkungen in Rücksicht auf das „Publikum" Berücksichtigung finden, wurde von der Polizeidirektion in Wien am 6. April 1920 dem Staatsamt für Inneres und Unterricht vorgelegt, wozu Polizeipräsident Schober ausführliche Bemerkungen und Gegenvorschläge anschloß, die bei der Beratung der neuen Verfassung Beachtung finden sollten. Manche Vorschläge dieser Studie sind in der Zwischenzeit verwirklicht worden, so insbesondere die „Landespolizeibehörden" in Gestalt der Sicherheitsdirektionen. Nur der Status der Polizeigeschäfte der Gemeinde hat sich seit dem Reichsgemeindegesetz 1862 nicht verbessert. (Beide Dokumente: Allgemeines Verwaltungsarchiv, Staatsamt des Innern, Abt. 4, Zl. 14517 ex 1920.)

„Liberalisierung" von Rechtsnormen

Der Inhalt der Strafrechtsreform des Jahres 1974 ist so vielfältig, daß in diesem Rahmen darauf nicht eingegangen werden kann. Vom Standpunkt gesellschaftsverändernder Faktoren und polizeilicher Geschichte ist die „Entkriminalisierung", und zwar nicht bloß des Gefährdungs- bzw. Verkehrsstrafrechtes, erwähnenswert. Dem Gedanken, daß kurzfristige Freiheitsstrafen den Verurteilten „entsozialisieren", kam das Prinzip der primären Geldstrafen entgegen (§§ 19, 37 StGB). Als ebenso bedeutsam entwickelte sich der Verzicht des Bundesgesetzgebers auf bisher bestandene Strafrechtsnormen sowie Prozeßnormen, sei es, daß sie abgeschwächt oder ersatzlos gestrichen wurden oder ihr Ersatz einer Regelung durch die Landesgesetzgebung oder durch gemeinderechtliche Normen geöffnet wurde.

Letzteres war hinsichtlich der Landstreicherei, Bettelei und Prostitution der Fall. Diese bisher gerichtlich strafbaren Handlungen fußen auf einer im wesentlichen gleichen schädlichen Neigung, sind an sich zwar nicht als „kriminell" anzusehen, aber doch im stillen Winkel mitunter sogar der schweren Kriminalität anzutreffen. „Müßiggang ist eine Pflanzschule und die erste Stufe aller Verbrechen" hieß es in einer josefinischen Amtsinstruktion.

Das Gesetz vom 24. Mai 1885, RGBl. Nr. 89 („Vagabundagesetz") hatte die drei Tatbestände Landstreicherei, Bettelei und Prostitution enthalten. Durch die Reform des Jahres 1974 sind die beiden ersteren ersatzlos entfallen, ebenso die Strafbarkeit der weiblichen Prostitution, die seither „geduldet" wird, soferne nicht die Bestimmungen zum Schutz der Sittlichkeit jugendlicher Personen (§§ 206ff StGB) oder verwaltungsrechtliche Tatbestände, wie die gesundheitspolizeilichen Vorschriften für Prostituierte, Platz greifen. Allfällige andere Reglementierungen bleiben im Sinne des Art. 15 B-VG den Ländern überlassen, wodurch die Möglichkeit zu einer vielfältigen Betrachtungsweise von

Materien kultureller und sozialer, aber eben auch kriminalpolizeilicher Bedeutung, und zu einer verschiedenartigen Vollziehung, gegeben ist.

Die Sicherheitsbehörde legte keinen Wert darauf, daß das Betteln oder die Landstreicherei (das hieß: „Wer arbeitslos umherzieht und nicht nachzuweisen vermag, daß er die Mittel zu seinem Unterhalt besitze oder redlich zu erwerben suche") strafbar ist. Allerdings sollten ihr zur Erfüllung ihrer kriminalpräventiven Aufgabe gesetzliche Hilfsmittel zur Verfügung stehen, um die Person und ihre Unterhaltsquellen in rechtlich einwandfreier und einfacher Weise überprüfen zu können. Der Bundesgesetzgeber liefert derzeit dafür keine Handhabe, Land und Gemeinde allenfalls erst im Falle und im Rahmen einer Ordnungswidrigkeit, wobei der Rahmen letztlich von den stärkeren oder schwächeren Bestimmungen des VSTG abhängt.

Dem Betteln wurde allerdings gelegentlich von der lokalpolizeilichen Ebene heraus Aufmerksamkeit gezollt. Es dürfte sich dabei um die Wiederholung josefinischer Gedankengänge sowie um eine Reaktion auf die Negierung der staatlichen Sozialleistungen handeln. Allerdings wird nur die Außenwirkung angegriffen, nämlich die „Verletzung des öffentlichen Anstands". Die „Anstandsverordnung" des Magistrates Klagenfurt vom 20. Dezember 1982 drückt dies folgend aus:

„... wer in ungebührlicher Form auf öffentlichen Flächen und in öffentlichen Gebäuden Personen anbettelt..."

Den Anstoß zu solcher Reaktion gab eine neue Erscheinung in den Städten, das sogenannte „Sandlertum". Es handelt sich überwiegend um Gruppen von Personen, die in der Regel zwar nicht als arbeitsam aber auch nicht als sozial unterversorgt angesehen werden können. Sie vertreiben ihre Zeit hauptsächlich in der Sommersaison auf frequentierten Plätzen, belästigen Fußgänger und Geschäftsinhaber, von denen sie das Geld einzutreiben suchen, das sie für ihren Alkoholkonsum an Ort und Stelle benötigen. Auch kleinkriminelle Handlungen und solche gegen das Suchtgiftgesetz sind an der Tagesordnung. In manchen Städten, wie zum Beispiel Salzburg, trifft man zeitweise mehrere hundert „Sandler", die von Stadt zu Stadt ziehen.

Solchem Treiben sucht die Klagenfurter Anstandsverordnung mit folgenden Bestimmungen zu begegnen:

„... wer sandlermäßig an exponierten Orten wie z. B. Kinderspielplätzen, Parks, öffentlichen Straßen und Plätzen, Verkehrsflächen oder in der Nähe von Fremdenverkehrseinrichtungen herumlungert; wer in einer Gruppe in anstößiger Weise Alkohol an Orten zu sich nimmt, an welchen dies nicht vorgesehen ist."

Mit der Strafrechtsreform des Jahres 1974 (Strafrechtsanpassungsgesetz BGBl. Nr. 422/74) wurde die Prostitution „entkriminalisiert". An der verwaltungsbehördlichen Beaufsichtigungs- und Verfolgungsmöglichkeit hat sich zwar theoretisch nichts geändert, doch sind die Vorzeichen jedenfalls umgedreht: Solange die gesundheitspolizeilichen Ansprüche erfüllt werden, ist die Ausübung der Prostitution geduldet und legal; nur in den Ländern bzw. Gemeinden, die von ihrer einschlägigen Kompetenz (örtliche Sicherheitspolizei, örtliche Gesundheitspolizei und Sittlichkeitspolizei) Gebrauch machen wollen, kann ihre Ausübung sowohl verboten, wie an bestimmte Voraussetzungen geknüpft werden. Durch den Kompetenzverzicht des Bundes ist allerdings die gleichmäßige Gegenstandsbehandlung in sicherheitspolizeilicher Hinsicht verloren gegangen. Eine Dominanz der Gemeinden war aber schon zuvor aufgrund ihrer Kompetenz „Sittlichkeitspolizei" zu verzeichnen.

Von der Übertragung der Sittlichkeitspolizei gingen die Polizeidirektionen Salzburg (1951) und Innsbruck (1956) aus, wohingegen die Polizeidirektion Linz im Jahre 1955 ihre bezügliche Verordnung dem Art. II § 4 des B-VÜG 1929 unterstellte. Inhaltliches Vorbild war das „Prostitutionsnormale" der Polizeidirektion Wien vom 5. April 1911, welches sich auf den „Grundzügen" und auf dem § 22 des „Wirkungskreis" ex 1850/51 abstützte. Dem hatte sich auch die „Verordnung für die polizeiliche Überwachung der Prostitution" der Stadtgemeinde Graz vom Jahre 1912 angeschlossen, die die Überwachung dem städtischen Polizeiamte und besonderen „Sittenpolizeiagenten" der städtischen Sicherheitswache übertrug.[5] Bei all diesen Regelungen stand nicht die „Repression" im Vordergrund, sondern die tunliche Rückführung der „Gestrauchelten" in das soziale Leben, woraus sich die unbestimmte Formulierung des Gesetzes erklärt. Aus den Vorschriften ergab sich deutlich, daß nur die unkontrollierte (geheime) gewerbsmäßige Prostitution der Verfolgung unterlag, die kontrollierte nur insoweit, als sie sich den auf Überwachung gerichteten Anordnungen entzog.

Die gegenwärtige Rechtslage nimmt in Kauf, daß dieser Komplex in sittlichkeitspolizeilicher und sicherheitspolizeilicher Hinsicht im Bundesgebiet verschiedenartig – oder auch gar nicht – reglementiert wird, je nach der Auffassung der Länder und Gemeinden. Von dieser Promiskuität ist nicht bloß die Frage berührt, ob die Sittlichkeitspolizei übertragen wird und mit der Überwachung die Sicherheitsbehörden befaßt werden (nur die Durchführung von Strafverfahren muß immer den Bezirkshauptmannschaften bzw. Bundespolizeibehörden oder Magistraten obliegen), sondern wie man überhaupt diesem Problem gegenüberstehen will: neigt man dem – irrealen – gänzlichen Verbot zu oder wünscht man eine Beschränkung auf bloß bestimmte öffentliche Örtlichkeiten und/oder auf Bordelle und bordellähnliche Betriebe, will man die Ausübung in Wohnungen zulassen oder untersagen, etc. Kein Zweifel, daß hier der Bogen des

---

5 In Graz gab es im Jahre 1885 284, im Jahre 1918 241 registrierte Prostituierte und im Jahre 1914 19 Bordelle. Im Jahre 1982 waren in Graz ca. 150 Prostituierte einer regelmäßigen sanitätspolizeilichen Kontrolle unterworfen, von denen etwa 120 ihrer Tätigkeit in legaler Form (Verordnung des Gemeinderates vom 27. Februar 1975) in 20 Bordellen bzw. Animierbetrieben nachgingen.

Geschmacks, aber auch einleuchtender lokaler Gegebenheiten, weit gespannt und spannbar ist. Angesichts der Mobilität der Prostituierten und der Verzahnung mit den sicherheitspolizeilichen Aspekten, die neben der Kleinkriminalität und dem Suchtgiftmißbrauch vor allem die Zuhälterei berührt, wäre es aber Sache des Bundes, die Kompetenz für grundsätzliche Regelungen und auch für den Fall auszuschöpfen, daß die Länder und Gemeinden keine Initiativen entfalten. Denn ohne Zweifel ist dieser Komplex nur zum Teil mit den Interessen der in der Gemeinde verkörperten Gemeinschaft verknüpft. Dies wird anscheinend auch von den Ländern und Gemeinden empfunden, da dort, wo man sich zu einschlägigen Normen entschloß, deren Handhabung regelmäßig den Bundespolizeibehörden überlassen wird. Die Wirksamkeit ist allerdings dann sehr begrenzt, wenn bloß niedrige Geldstrafen vorgesehen sind und eine Freiheitsstrafe nur im Falle der Uneinbringlichkeit der Geldstrafe ausgesprochen werden darf.

Freilich treffen Handicaps dieser Art nicht ins Herz der Nation. Aber sie könne zuweilen erbittern und – wovon hier eigentlich zu reden ist – in den Augen des Bürgers den Eindruck der Hilflosigkeit der Polizei erwecken. Von der Walze der „Liberalisierung" sind auch bedeutungsvollere Normen erfaßt worden. Hier einige augenfällige Beispiele:

Die Rechtsfigur des Gesellschaftsdiebstahles (§ 127 Abs. 2 Z. 1 StGB) ist durch das Strafrechtsänderungsgesetz 1987 entfallen. Wer also im Zusammenwirken mit einer anderen Person stiehlt, unterfällt nicht mehr einem höheren Strafrahmen, und zwar so, daß er nunmehr – wegen des bloß „minderen" Deliktes – dem bezirksgerichtlichen Verfahren unterliegt. Dadurch sind aber – und dies ist wesentlich – die Verfolgungs- bzw. Aufklärungsmöglichkeiten eingeschränkt, da zwei der ansonsten möglichen Haftgründe entfallen, nämlich „frische Tat" und Wiederholungsgefahr. (Siehe die Ausführungen zur StPO im Abschnitt VI.) Diese Art von Milderung ist deshalb auffallend, weil beim „Gesellschaftsdiebstahl" im besonderen kriminelle Energie bzw. überlegtes planvolles Handeln erkennbar ist. Auf diese Weise wird auch dem Ladendiebstahl der Weg zum „Kavaliersdelikt" geöffnet, dem sogar der „Sicherheitssprecher" einer Regierungspartei erst jüngst das Wort mit dem Vorschlag geredet hat, ihn wie ein geringes Verkehrsdelikt zu behandeln, nämlich mittels einer Organstrafverfügung zu ahnden.[Dies wäre allerdings immer noch besser, als den § 42 StGB (mangelnde Strafwürdigkeit) durch die Staatsanwaltschaften so großzügig zu handhaben, daß selbst Schadensbeträge von S 2000,– ungesühnt bleiben. Siehe Geiger a.a.O.]

Sonderausrüstung für Demonstrationen 1981 (wenig Schutz, kurzer Knüppel).

Sonderausrüstung 1988 – Sprung über das Tretgitter: Opernball-Demonstration vom 2. Februar 1989, 26 verletzte SW-Beamte, beträchtlicher Sachschaden, 12 Festnahmen. (Foto: „Polizeifunk")

Den Schwund dessen, was unter „staatlicher Autorität" zu verstehen ist, kennzeichnet der Entfall der Tatbestände „Aufruhr" („riot" bzw. „riot assamblage", „emeute") und „Aufstand" („insurrection") durch das StGB 1974. Hiedurch ist arge Verwirrung eingetreten, da sich nach wie vor beide Begriffe bzw. Bezeichnungen sowohl im Waffengebrauchsgesetz wie in der Menschenrechtskonvention finden. Darauf näher einzugehen wäre aber zu umständlich. Ebenfalls zu umständlich wäre es, sich mit den bloß teilweisen und komplizierten Tatbildübereinstimmungen auseinanderzusetzen, die das StGB 1974 als schwachen Ersatz geliefert hat, nämlich im § 269 („Widerstand gegen die Staatsgewalt") und im § 274 („Landfriedensbruch"), schwach nämlich im Sinne einer augenblicklichen repressiven Polizeiaktion. Denn mangels einer speziellen Norm wäre erst nach langwierigem „Tüfteln" rechtlich darüber entscheidbar. Noch bemerkbarer macht sich der Entfall einer Verhaftungsbestimmung zufolge der Neufassung des § 181 StPO (Strafrechtsänderungsgesetz 1971). Bis dahin konnten nämlich „bei einer öffentlichen Gewalttätigkeit oder bei einer anderen von einer großen Anzahl von Personen begangenen strafbaren Handlung", falls es nicht möglich war, die Schuldigen sogleich auszumitteln, „alle, welche dem Vorgange beigewohnt haben und von dem Verdachte der Teilnahme nicht völlig frei sind, einstweilen festgenommen werden". Dies ist bzw. war eine fundamentale Bestimmung, um Krawallen und Ausschreitungen wirksam zu begegnen. Derzeit sieht sich die Polizei bei solchen Massendelikten vor das Dilemma gestellt, mit den Haftgründen der §§ 175, 177 StPO und § 35 VStG nur gegen jene Personen vorgehen zu können, die in dem Getümmel eindeutig als Täter erkannt werden. Praktisch „greifen" diese Normen nicht. Dies erweist sich bei nachfolgenden Prozessen, wobei die Polizei und ihre Einzelorgane unverschuldet in die Rolle des „Verlierers" gerückt werden, sei es, weil Haftgrund bzw. Tat der Umstände halber nicht eindeutig erweislich sind, sei es, weil das – infolge mangelnden gesetzlichen Instrumentariums zurückhaltende – Einschreiten nicht den „gebührlichen Erwartungen" der Bevölkerung entsprochen hat. Dies erleben wir bei den traditionell gewordenen Opernball-Demonstrationen in Wien.

Dafür, daß der Staat von sich selber weniger hält als bisher, könnte die im Rahmen des Strafrechtsänderungsgesetzes 1987 erfolgte Novellierung des § 108 StGB („Täuschung") sprechen. Demnach genießen nämlich staatliche Aufsichtsrechte bzw. Hoheitsrechte – im Gegensatz zu anderen Rechten – gegenüber Täuschungshandlungen mit anderem als Vermögensschaden keinen strafrechtlichen Schutz. So wäre

„Queky von Felsbach", Suchtgiftspürhund des LGK Steiermark, erschnüffelte im Jänner 1989 1 kg Haschisch. Im Zuge dieser Ermittlungen wurden 45 kg Haschisch beschlagnahmt und 200 Personen nach dem Suchtgiftgesetz angezeigt. Durch Suchtgiftspürhunde der Bundesgendarmerie wurden im Jahre 1988 etwa 530 g Marihuana, 59 g Heroin, 37 g Kokain und 787 Cannabisprodukte sichergestellt. In diesem Zeitraum verfügte die Gendarmerie über 18 Suchtgiftspürhunde und 147 Fährtenhunde, wovon 34 als Lawinensuchhunde ausgebildet waren. Im Jahre 1988 waren in Österreich 86 Drogentote (1987: 49) zu verzeichnen. Insgesamt wurden durch Sicherheits- und Zollorgane beschlagnahmt: 60 kg Heroin, 16 kg Kokain und 80 kg Haschisch, davon durch Organe der Zollverwaltung 27 kg Heroin und 18 kg Haschisch, wobei an 45% der Aufgriffe Suchtgiftspürhunde beteiligt waren.

also beispielsweise die Ausweisleistung mit einem Führerscheinduplikat trotz erfolgtem Führerscheinentzug nicht strafbar, ebensowenig das Vortäuschen des Verlustes eines anderen Dokumentes, etwa eines Waffenpasses, um in die Gelegenheit zu kommen, nach allfälliger Entziehung dieses Dokumentes durch die Behörde, eine Waffe „legal" zu erwerben.

Nicht bloß die absolute, auch die relative Verniedlichung einer Gefahr kann sich nachteilig auswirken. So enthält das Fremdenpolizeigesetz i.d.F. BGBl. Nr. 575/1987 zwar eine Sanktion hinsichtlich der „Schleppertätigkeit" von Ausländern (Mitwirkung an der rechtswidrigen Einreise), macht aber den Nachweis der Entgeltlichkeit zur Voraussetzung, obgleich nach der Natur der Sache – ebenso wie bei Heranziehung des Sachwucher-Paragraphen – so gut wie keine Chance für eine prozessuale Beweisführung besteht. Nun bemüht man sich unter dem Druck der Ereignisse und der Interessen der Nachbarländer, eine passende Rechtsnorm zu schaffen. (Ähnlich verhält es sich mit dem § 216 StGB – Zuhälterei, sowie mit den Ausländerbeschäftigungsgesetz.)

Das Melderecht ist vor allem dadurch noch „freizügiger" geworden, als es die Meldepflicht grundsätzlich dem Unterkunftnehmer auferlegt. § 7 Abs. 5 des Meldegesetzes 1972 hatte noch vorgesehen, daß der Meldezettel vom Unterkunftgeber wenigstens mitzuunterfertigen ist und daß dieser seine Unterschrift zu verweigern habe, wenn die Unterkunft nicht tatsächlich bezogen wurde. Diese Bestimmungen sind mit der Meldegesetznovelle 1985 entfallen. Zwar unterliegt der Unterkunftnehmer im Falle unrichtiger Angaben, insbesondere bei Vornahme einer Scheinanmeldung oder Scheinabmeldung, einer Verwaltungsstrafe, doch ist die Wahrscheinlichkeit, daß dies in absehbarer Zeit bekannt und der „Missetäter" greifbar wird, außerordentlich gering. In der Zwischenzeit konnte er mittels des „liberalisierten" Meldezettels täuschen, düpieren, und sich mit den ungerecht kassierten Sozialleistungen in seine Heimat absetzen. Nicht selten wenden sich etwas verstört Leute an die Kriminalpolizei mit der Mitteilung, in ihrem Briefkasten einen Gerichtsbrief gefunden zu haben, gerichtet an eine ihnen völlig fremde Person, die – laut Meldeamt – in ihrer Wohnung „wohnt". (Erzählt wird, daß sich Journalisten spaßhalber beim Wiener Polizeipräsidenten als Untermieter angemeldet haben.)

In auffallendem Gegensatz zu der hier angedeuteten Tendenz, Normen aufzuheben, ihren Inhalt einzuschränken und die Vollziehung „schwächer", schwieriger und komplizierter zu gestalten, steht die jedermann erkennbare bedeutende Zunahme an gesetzlichen Regelungen und immer neuen Vorschriften. Gewiß, der Rechtsstaat, der wirkliche wie der sogenannte, verlangt Vorschriften. Aber wie sollte bei solchem Überfluß die Verwaltung an Raschheit und Flexibilität gewinnen und auch angesichts der Gesetzeslücken die Bevölkerung befriedigen? Wenigstens der „Überfluß" ließe sich teilweise so behandeln wie das alte „Wiener Gesatz" (welches schon Maria Theresia Sorgen bereitete), um dem

„Sinn der Gesetze" (Montesquieu) gerecht werden zu können.[6])

„Wir müssen für die Freiheit planen und nicht nur für die Sicherheit, wenn auch vielleicht aus keinem anderen Grund als dem, daß nur die Freiheit die Sicherheit sichern kann."
(Popper, „Die offene Gesellschaft und ihre Feinde")

Zwischen Freiheit und Sicherheit

Beginnend mit der Berliner, Pariser und Belgrader Studentenrevolte in den Jahren 1967/1968 wurden in den meisten Staaten Europas gesellschaftliche Bewußtseinsveränderungen sichtbar. Sie berühren zum Teil das Verhältnis zwischen Polizei und Gesellschaft.

Die erwähnte Protestbewegung der Jugend wird häufig von einem durch den Vietnamkrieg eingetretenen Unbehagen abgeleitet, dürfte aber auf Wurzeln zurückzuführen sein, die in einer umfassenderen gesellschaftlichen Einstellungsveränderung liegen. Ihre tragende Schicht war die Pseudointelligenz, die im 19. Jahrhundert – als „Randexistenzen" der liberalkonservativen Gesellschaftsordnung bezeichnet – den romantischen und radikalen Nationalismus begründet hat. Sie steht außerhalb des industriellen Wirtschaftsprozesses und neigt dazu, die durch technologische Vorgänge bedingte „Entfremdung" des Menschen (Marx) auf die „kapitalistische Wirtschaftsorganisation" und auf die „Bürokratie" zurückzuführen. Für sie entstand eine Gesinnung des Unbehagens gegenüber den herrschenden Autoritäten, Werten und Traditionen, die zu einer „großen Verweigerung" (Herbert Marcuse) herausfordert. Daß es sich um mehr als ein intellektuelles Spiel handelte, zeigt das Echo, welches Vorgänge gefunden haben, die über bloße Protestbewegungen hinausreichen und – in teilweiser Nachahmung der „Stadtguerilla" und ähnlicher „Befreiungsbewegungen" – revolutionäre Elemente enthalten (Schieder, S. 40f). Was sie von den meisten Revolutionen zu trennen scheint, war das Fehlen mit rationalen Kategorien erfaßbarer Ziele und der Mangel einer revolutionären Massenbasis. Da der relative Wohlstand der breiten Massen außerordentlich angestiegen ist, ist es den „Intellektuellen" – Italien vorübergehend ausgenommen – nicht gelungen, deren Unterstützung zu gewinnen. Gerade die Erkenntnis, daß die Marxsche Verelendungstheorie nicht stimme und mit der Arbeiterschaft nicht zu rechnen sei, war für die extremistischen Elemente der protestierenden Jugend ein Grund mehr, sich

„frustiert" zu fühlen. So stellte sich der demokratischen Gesellschaft bald die Frage, wie es ihr bei der Verteidigung ihrer Grundwerte (Gerechtigkeit und Freiheit) gelingt, ihre Defekte, nämlich Autoritätsverlust und Machtverfall – die Symptome eines revolutionären Prozesses – zu überwinden. (Siehe Ch. Johnson, Revolutionstheorie, Köln 1971.)

Bevor wir uns den Symptomen „Autoritätsverlust und Machtverfall" zuwenden, um jene Erscheinungen zu streifen, die in das polizeiliche Aufgabenfeld einschneiden, erscheint es angebracht, die sichtbarsten Produkte gesellschaftlicher Bewußtseinsveränderung in Erinnerung zu rufen: Die Bürokratie spielt eine erhebliche Rolle, weil sie in den komplizierter gewordenen Gesellschafts- und Wirtschaftsformen das Gefühl verleiht, der Mensch selbst werde durch einen ihm unverständlichen Apparat „verwaltet". Bürokratie und Bürokratismus sind Begriffe, die heute vorwiegend mit negativen Assoziationen verknüpft sind. Verbunden sind sie mit der Vorstellung von Umständlichkeit, Formalismus, Unproduktivität, Ineffizienz, Kostenaufwendigkeit, Arroganz und Lebensferne von Organisationen und deren Funktionären.

Versucht man die Dinge unvoreingenommen zu sehen, so stößt man im wesentlichen auf folgende Merkmale, Ursachen und Folgen: Bürokratie kann grundsätzlich als Begleiterscheinung jeder Form von arbeitsteilig organisierter Aufgabenbewältigung angesehen werden. Sie ist eine direkte Folge von verfahrensmäßig durchgebildeter und institutionell verfestigter Geschäftsbehandlung und steht in einem proportionalen Verhältnis zum Umfang und zur Komplexität der zu erfüllenden Aufgaben und der dazu erforderlichen Entscheidungsprozesse. Sie ist stets mit Spezialisierung der handelnden Personen, mit einem Bedarf an erhöhter Sachkunde, einer Vermehrung der in den Handlungsablauf eingeschalteten Stellen, einer Schematisierung von Entscheidungskriterien und Handlungsabläufen, sowie einer Erhöhung des Zeitbedarfs für die Aufgabenerledigung verbunden.

So gesehen ist Bürokratisierung an und für sich weder „gut" noch „schlecht", sondern einfach eine Begleiterscheinung von arbeitsteilig organisierten Prozessen im gesellschaftlichen Geschehen. Sie bedarf weder der Verteidigung noch der Schelte, sondern einer kritischen Analyse und Folgenkontrolle, um ihre spezifischen Versachlichungschancen zu nutzen, zugleich aber auch ihre negativen Auswirkungen möglichst klein zu halten.

Die Gemeinden gelten einerseits als Gegenkräfte und Alternativen gegenüber den Großbürokratien der Verwaltungen, etwa des Bundes und der Länder; andererseits aber bleiben die Gemeinden nicht von Bürokratisierungstendenzen verschont, weil ihr Bedarf nach arbeitsteilig ablaufender, organisatorisch verfestigter und professioneller Verwaltungsführung in Anbetracht des wachsenden Umfanges und der steigenden Kompliziertheit der Gemeindeaufgaben tendenziell größer wird. Das Auftreten basisdemokratischer Bewegungen und selbstorganisierter Inter-

---

6 Charles Montesquieu (1689–1755); Hauptwerk: „De l'esprit des lois", 1748.

essensgruppen mit dem Ziel der Partizipation an Verwaltungsentscheidungen signalisiert gewisse Entfremdungstendenzen im Verhältnis zwischen Gesellschaft und Organisation auch auf der Ebene der Gemeinden. (Funk, S. 48f.)

Dies erscheint nicht ohne Bedeutung, weil der Ruf nach „mehr Demokratie" trotz Dezentralisierung und Selbstverwaltung vor der Gemeinde als der „traditionellen demokratischen Gegenmacht" offensichtlich nicht haltmacht. Selbst auf dieser Verwaltungsebene und in diesem relativ engen Raume glaubt der Bürger Einflußlosigkeit und Ohnmacht gegenüber Politikern und Beamten bzw. gegenüber den Entscheidungsvorgängen zu spüren (Mantl, S. 485ff). So spricht man von Undurchschaubarkeit und Unüberschaubarkeit des Gemeinwesens und des Lebensraumes des einzelnen, schließlich vom Verlust des schon besprochenen „Sicherheitsgefühls" und von „Staats- und Demokratieverdrossenheit". Als Folge ist die Flucht in Absenz und Resignation (sinkende Wahlbeteiligung, Wehrdienstgegner) anzusehen, aber auch eine gewalttätige Artikulation, etwa in Form von Straßenblockaden, Krawallen und Hausbesetzungen.

Einstellungsveränderungen der Gesellschaft – und zur Gesellschaft – hat es immer gegeben. Die das menschliche Verhalten wirksam beeinflussenden „Werte" sind keine rationalen sondern gefühlsmäßige, „moralische". In den letzten Jahrzehnten hat sich in den westlichen Industrieländern ein schneller und einschneidender Wertewandel vollzogen. Als auslösende Momente werden die veränderten Lebensumstände, vorwiegend die technologische Revolution, Bevölkerungswachstum, Umsatzsteigerung, sowie eine Medien- und Bildungsrevolution bezeichnet, wobei die wahren Bildungselemente allerdings in den Hintergrund rückten. Nun haben die einen, die älteren, sich nicht mehr so richtig in ihrer gewohnten Welt zurechtgefunden, die anderen, die jüngeren, entdeckten eine Diskrepanz zwischen den ihnen als „Gut und Böse" überlieferten Werten und dem was wirklich „gespielt" wird. Als an einem kritischen Punkt zu erkennen war, daß die materiellen Ziele zwar weitgehend erfüllt waren, aber die erhofften Wirkungen ausblieben und sich sogar ein düsteres Zukunftsbild abzuzeichnen begann, breiteten sich Verdrossenheit und Pessimismus aus, am meisten dort, wo der Wohlstand am höchsten war. Die materielle, vielleicht aber auch eine politische Ziellosigkeit,

Einsatzschwimmer mit Sturmgewehr (Alarmabteilung Polizeidirektion Wien, 1988).

Der Fernlenk-Manipulator „Hadrian" ist ein ferngesteuertes Gerät, das mittels Videokamera und Monitor zum Enfernen – ohne direkten Personeneinsatz – von sprengstoffverdächtigen bzw. sprengstoffhältigen Gegenständen dient. Bei Bedarf können Zusatzeinrichtungen – z. B. das Wasser-Gewehr (siehe Bild) – aufgesetzt werden.

erzeugte den für dekadente Perioden typischen Weltschmerz – oder bloß Langeweile, die Ernst Jünger „verdünnten Schmerz" nannte. Aus dem Gefühl der „Unsicherheit" und aus der seelischen Leere erwuchsen Passivität, und diese, verbunden mit dem Wohlstand, erzeugte die Sucht nach mehr Freizeit und „Freiheit" an Stelle ideeller und beruflicher Leistungen.

Diese simplifizierte Skizze mag zur Erklärung jener Erscheinungen dienen, die man als Desorganisation der Gesellschaft bezeichnet. Verstanden wird darunter zunächst eine Verwilderung im weltanschaulichen Bereich, die sich bildhaft im Umsichgreifen totaler Heilslehren (destruktive Kulte/„Jugendreligionen"), dem Schrecken wehrlos gehaltener Eltern, ausdrückt, aber auch ein zynischer „Realismus" und eine Verwilderung der Alltagsmoral: Jemanden übers Ohr hauen, zumal eine Körperschaft oder eine Versicherungsgesellschaft, ist schick, Moralismus eine Form von Dummheit. Drittens, die Auflösung der Familie mit ihrer Geborgenheit im Gefolge der „Wohlstands- und Konsumgesellschaft" mit ihren „Kindeswegflegungen" als Folge

oft mutwilliger und á tout prix postulierter Frauenberuflichkeit und „Selbstverwirklichung". Diese Erscheinungen manifestieren sich in depressiven Störungen, in Alkoholismus, Medikamentenmißbrauch und in einer Sucht, „innere Erfahrungen" zu sammeln. Das mangelnde soziale Engagement wird durch Theorien ersetzt: je unrealistischer die Theorie ist, umso geeigneter scheint sie, die negative gesellschaftliche Umwelt, das „Establishment", auf den Kopf zu stellen oder doch „für alles" verantwortlich zu machen. So vielfältig die äußeren Erscheinungen sind – sie reichen von der Beatmusik, der Musik der „Geschlagenen", und von den Hippies zur Umwelt-, Atom- und Zukunftsangst –, sie treffen doch alle zusammen im Zweifel und im utopischen Charakter der Kritik, schließlich in der Diffamierung der Autorität durch den „kritischen und mündigen Bürger".

Es wäre falsch, die sogenannte Studenten- und Protestbewegungen mit der vorhin angedeuteten Entwicklung zu identifizieren oder dafür verantwortlich zu machen. Die gesellschaftlichen Bewußtseinsveränderungen und Wertewandlungen waren bereits eingetreten; die Jugend hat diese bloß artikuliert und hiedurch jenen bewußter gemacht, die schwerer hören, schlechter sehen und härter von Gefühl und Verstande sind. Der Protest hatte einen idealistischen Zug, auch wenn er keine Programme formte, sondern die Negation ins Zentrum setzte. Jedenfalls sind – wenn auch auf Umwegen – „positive" Wirkungen erwachsen, etwa eine vermehrte Öffnung der Gesellschaft und ein erhöhtes Bewußtsein für den Frieden, für die Achtung der menschlichen Umwelt und für eine Kontrolle der „Mächtigen". Darüberhinaus scheint unter dem Eindruck der Protestbewegung der Gesellschaft der Anstoß gegeben worden zu sein, sich den ethischen Werten vermehrt zuzuwenden, ja auch in höherem Maße die Disziplin als Erziehungsziel anzuerkennen (IMAS-Archiv, Umfrage 6606, August 1982). Obgleich einst Tausende durch die Straßen unserer Universitätsstädte zogen und Che Guevara, Ho Tschi Minh und Mao hochleben ließen, erwies sich der Verdacht der Selbstzufriedenen ganz falsch, hinter den weitläufigen Protesten „könne nur Moskau stecken".[7] Die durch die Protestbewegung eingeleitete Mobilisierung führte auch nicht zur Gewalt, obgleich Wurzeln von Gewalt und Radikalismus zu finden sind. Bemerkenswerter nach der „negativen" Seite hin scheint sich das Ideal der politischen Utopie darzustellen, das den Kern der Protestbewegung beherrscht und nach einer Weltordnung eines konfliktfreien Stillstandes sucht.

Utopisch-anarchische Ideen wären nicht so schlimm, sobald, wie es der Fall zu sein scheint, ihre gröberen Auswüchse wie der europäische Terrorismus sich selbst ad absurdum geführt haben und im Volke isoliert geblieben sind. Spuren haben sich allerdings erhalten: Die schreckliche Terroristenformel „auch Frauen und Kinder dürfen getötet werden – es gibt keine Unschuldigen" veranlaßt immer wieder „Diskussion" und „Suche nach Verständnis" anstatt kompromißlose Ablehnung. Das Reformierungs-Karussel ist noch nicht zur Ruhe gekommen. Seine Art von Eigengesetzlichkeit erinnert an die Strophe Qualtingers: „Ich weiß zwar nicht, wo ich hinfahr, aber dafür bin ich schneller dort." So scheint das Löschen nachteiliger Folgewirkungen neue Probleme zu wecken. Aus polizeilicher Sicht zeichnen sich namentlich vier Momente ab: Das Antiautoritäre, das Totalitär-Radikale, manche Liberalitätsbestrebungen, schließlich auch Gegenströmungen in Richtung eines „law and order".

Das antiautoritäre Element wurde schon erwähnt. Unter dem Motto „folgsame Kinder sind unglücklich" erfreut es sich sogar der Pflege durch Erzieher. Nicht zu übersehen ist ein Unverständnis und eine zunehmende Widerspenstigkeit gegenüber polizeilichen Anordnungen simpelster Art, wobei sich die Widerspenstigen auf ihre Steuerleistung und auf „demokratische Freiheit" berufen. Bei der Austragung solcher Gegensätzlichkeiten wird der Polizist nicht nur unflätig

beschimpft, sondern mit Vorliebe als „Faschist" tituliert. Der „Neuen Linken" scheint die Manipulation gelungen zu sein, den Totalitarismus-Begriff durch einen willkürlichen Faschismus-Begriff zu verdrängen, und zwar auf Kosten der Unterscheidung zwischen (links- wie rechts-)totalitärer und andererseits liberaler bzw. demokratischer Politik. Wenn auch freilich der „Mann auf der Straße" (und so mancher Literat und Kolumnist) kaum bedenkt, daß der von ihm nachgebetete Antifaschismus-Slogan geeignet ist, die Barriere zwischen dem freiheitlichen und dem totalitären Demokratie-Begriff zu verwischen, so trägt er doch zur Beseitigung des Kompromißprinzipes zugunsten der Gewalt bei, weil der Fall dieser Barriere Unrecht zu Recht macht und Gewalt rechtfertigt, wenn sie sich gegen die „repressive, faschistische, totalitäre Formaldemokratie" – und ihre Repräsentanten – richtet.

Meinhof

Peter-Paul Zahl

LIEBESLIED FÜR MEINE GROSSE SCHWESTER ULRIKE

Wir lieben dich doch
Sie breiten dein Gesicht
über ihre abgeholzten Wälder aus
und in dein Fahndungsportrait
packen Fleischer ihre blutige Ware
Was du gesagt und geschrieben
wurde vergessen verboten
unterdrückt und in Stammheim
führen sie euch vor
wie man im Dschungeldorf
den toten Löwen liegen läßt
auf dem Marktplatz
zur Abschreckung
ehe man ihn verscharrt
Sie breiten dein Gesicht
über ihre abgeholzten Wälder aus
und in dein Fahndungsportrait
packen Fleischer ihre blutige Ware
Jedes Wort über euch
ist Kriegsberichterstattung
geliebte Schwester
Gib nicht auf
nimm Kraft von uns
so wie man Küsse nimmt
die großen bürgerlichen
Revolutionen
die französische englische/
die russische
sie befreiten Mönche und Nonnen
die nächste die unsere, die soziale
Revolution
wird die Engel befreien
uns alle
bis dahin gib nicht auf
wir lieben dich doch

Aus einem Artikel in der „Kronen-Zeitung" vom 4. Juni 1989 über eine Veranstaltung im Wiener Akademietheater (Bundestheater) „Lieder und Texte 1789 bis heute".

---

7 Siehe den Beitrag des ehemaligen Präsidenten des Bundesamtes für Verfassungsschutz, Dr. Günther Nollau, „Politischer Terrorismus und Innere Sicherheit", in: „Terrorismus, Schriftenreihe der Bundeszentrale für politische Bildung", Band 123, Bonn 1977.

Hinsichtlich des dritten Punktes, der Konzessionen von Liberalität, wurde schon bemerkt, daß der Protestbewegung auch dort ein „kritisches Engagement" zugebilligt wird, wo ein Engagement im Sinne einer evolutionären Verbesserung unserer Gesellschaftsstrukturen nicht zu erkennen ist. Den tragenden Schichten unserer Gesellschaft ist offensichtlich der Begriff von Freiheit, der das Ordnungselement einschließt, in ihrer allgemeinen Permissivität abhanden gekommen. Vielen scheint es lieber, den Rechtsstaat zu einer habeas corpus-Akte für Außenseiter und zur Spielwiese für Rechtsbeuger zu machen, anstatt zu einer Schutzmacht für die Mehrheit. In diesem Zusammenhang ist das oft diskutierte Parteiengesetz erwähnenswert.

Der § 1 des Parteiengesetzes (Bundesgesetz vom 2. Juli 1975, BGBl. Nr. 404) sieht keine Instanz vor, der die Entscheidung darüber übertragen ist, ob eine politische Partei gesetzeskonform ist.

§ 1. „(1) Die Existenz und Vielfalt politischer Parteien sind wesentliche Bestandteile der demokratischen Ordnung der Republik Österreich (Art. 1 B-VG).
(2) Zu den Aufgaben der politischen Parteien gehört die Mitwirkung an der politischen Willensbildung.
(3) Die Gründung politischer Parteien ist frei, sofern bundesverfassungsgesetzlich nichts anderes bestimmt ist. Ihre Tätigkeit darf keiner Beschränkung durch besondere Rechtsvorschriften unterworfen werden.
(4) Die politischen Parteien haben Satzungen zu beschließen, die in einer periodischen Druckschrift zu veröffentlichen und beim Bundesministerium für Inneres zu hinterlegen sind. Aus der Satzung hat insbesondere ersichtlich zu sein, welches ihre Organe sind und welche hievon zur Vertretung nach außen befugt sind, sowie welche Rechte und Pflichten die Mitglieder besitzen. Mit der Hinterlegung der Satzung erlangt die politische Partei Rechtspersönlichkeit."

Das Parteiengesetz sieht insbesondere weder vor, die Parteibildung aufgrund der Statuten, etwa wegen deren staatsabträglichen oder gesetzwidrigen Inhaltes zu untersagen, noch wegen späterer Tätigkeit, wie immer diese auch sei, die Partei aufzulösen. (Vgl. Erkenntnisse des VerfGH vom 1. März 1983, B 195/82-11, vom 9. Juni 1983, B 477/79-8, sowie – hinsichtlich der Vereinbarkeit mit verfassungsrechtlichen Bestimmungen, insbesondere mit dem Verbotsgesetz – vom 29. November 1985, G 175/84-34.) In der Annahme, daß die Ausschaltung extremer Gruppen vom demokratischen Wettbewerb ihnen die Legitimation gäbe, die Spielregeln der Demokratie zu überspringen, soll die Rechtsordnung nur den Zugriff auf den einzelnen Rechtsbrecher gestatten. Der Gesetzgeber beabsichtigte, daß die Parteien keiner Administration durch die Bürokratie unterworfen werden. [Siehe Wortmeldung des Abgeordneten Dr. Herbert Kohlmeier (S. 14601 des sten. Protokolls über die 150. Sitzung des NR. XIII. GP) sowie die Ausführungen des Abgeordneten Dr. Heinz Fischer (S. 14596 des sten. Protokolls über die 150. Sitzung des NR. XIII. GP)] Es ergibt sich

Titelblatt der Zeitschrift „Der Kriminalbeamte", Heft Jänner/Februar 1989.

daraus (siehe die eben zitierten Erkenntnisse des Verfassungsgerichtshofes), daß bei Nichterfüllung der im § 1 Parteiengesetz aufgezählten Voraussetzungen das Bundesministerium für Inneres bloß in der Lage ist, für seinen eigenen Wirkungsbereich (und „unverbindlich"), nicht aber „allgemeinverbindlich" (bescheidmäßig) festzustellen, daß trotz Hinterlegung der Satzung die Rechtsfolge der „Rechtspersönlichkeit" nicht eingetreten ist. (Dies wurde bisher in acht Fällen festgestellt.) Dem folgt, daß jede einzelne Behörde im Rahmen ihrer Zuständigkeit zur (neuerlichen) Prüfung der Frage der Rechtspersönlichkeit berufen und verbunden ist! Diese Gelegenheit stellt sich freilich nur ein, wenn die „Partei" etwas „wünscht", wenn sie rechtlich hervortritt, insbesondere zu Veranstaltungen und Versammlungen, und es nicht vorzieht – wie es bereits üblich geworden ist – hierzu einen „Strohmann" voranzustellen. Aber diese Komplizierung, die auch den Keim zu tagespolitischen Auseinandersetzungen in sich trägt (wie zuerst hinsichtlich der „Aktion Neue Rechte/ANR"), gilt nichts im Vergleich damit, daß eine behördliche Aufsicht über die Organisation selbst, sowie eine Inhibierung derselben, grundsätzlich ausgeschlossen ist, obgleich sie doch nichts anderes vermöchte, als den demokratischen Rechtsstaat zu erhalten. Die Fassung des § 1 Parteiengesetz machte es auch möglich, daß sich – als 137. politische Partei – im November 1983 eine „Partei zur sexuellen Ausschweifung" bilden konnte. Ein Teil der ca. 260 „politischen Parteien" sind übrigens laut ihren Statuten „Nichtwählerparteien".

Wollte man mit dem Parteiengesetz – nebst der erstmaligen rechtlichen Verankerung der Parteien – die Parteienfinanzierung sicherstellen, um allmählich aus den Gerichtssaalspalten herauszufinden, hätte es der aufgezeigten korporationsrechtlichen Provisionen nicht bedurft. Am herkömmlichen undurchschaubaren Subventionsmechanismus hat sich nichts geändert, etwa zugunsten von „Vereinen", die die Subvention an „ihre" Partei abliefern. Dies ist freilich nur mit entsprechend nachsichtiger Kontrolle durch den Subventionsgeber zu erzielen, wofür durch die Formel „Partei = Staat" gesorgt ist. Schon „legalisiert" scheint diese Formel durch die Rücktrittsbegründung des Innenministers im Jänner 1989. Als „Opfer eines Medienfeldzugs" berief er sich nämlich auf das „Parteiinteresse"; vom Staatsinteresse wurde nicht gesprochen, wiewohl nur dieses für die Öffentlichkeit maßgebend ist. Die lückenlose Durchführung des Prinzips „Partei = Staat" auf nahezu allen Gebieten, sei es mit oder neben dem Gesetz, erregt zunehmend den Widerwillen der Bevölkerung. (Siehe etwa Norbert Leser, „Die Zwei in der Mangel", in: „Die Presse" v. 3. April 1989.) Hievon ist aber auch die Haltung der Polizei gegenüber betroffen, weil der Bürger den einschreitenden Gendarmen oder Polizisten mit der „Regierung" identifiziert und auf ihn all seinen Groll abládt.

Unter dem Eindruck der aufgekommenen „Protestbewegung" hat der vollziehende Arm des Staates eine Haltung

Der harte Einsatz, aus dem manche eine „Gaudi" machen wollen (Gendarmerie-Einsatzkommando).

„Wenn Sie die Geiseln freilassen und herauskommen, kann ich Ihnen noch einen Auftritt in den Sieben-Uhr-Nachrichten versprechen!"

Kronenzeitung vom 8. März 1984.

angenommen, die von Kritikern als „weiche Welle" bezeichnet wird. Diese Politik ist wohl niemandem verständlicher als der Polizei, der das „Abwarten", die „maßhaltende Gewalt" und der Vorzug der Prävention gegenüber der Repression zur Natur geworden ist. Die „weiche Welle" ist darüberhinaus angesichts der Wertverschiebungen verständlich, die sich breitgemacht haben; sie ist eine Folge natürlicher Unsicherheit gegenüber neuen Problemen, die ohnedies nicht von der Polizei, sondern von der Politik zu lösen sind. Wenn in diesem Bereich etwas zu wünschen ist, so wäre es: Toleranz nicht mit Naivität zu verwechseln, sowie Gradlinigkeit im Handeln der Politik, weil sich ihr Mangel auf das polizeiliche Verhalten überträgt und zu „Verunsicherungen" führt. Nicht das allein: es zerbricht auch etwas im Rechtsbewußtsein der Bevölkerung und stellt die Autorität des Rechts in Frage.

Vom Trend zur harten Kriminalität ist Österreich vorläufig noch verschont geblieben. Allerdings spricht das Kriminali-

Einsatz des GEK.

tätswachstum dafür, daß es bald Probleme geben wird. Der Terrorismus hat auch in diesem Lande Opfer gefordert, doch kann man wenigstens sagen, daß der Terror weder von hier gesteuert wurde, noch im österreichischen Staate selbst sein Ziel gesucht hat. (Siehe auch Bertl, „Österreich: Kein ‚hausgemachter' Terrorismus", in: „Öff. Sicherheit", Nr. 9/1989.) In Gegensatz zum Schlagwort von der „weichen Welle" scheint sich äußerlich die physische „Aufrüstung" der Polizei zu befinden, die in Gestalt mit Helmen und Schilden bewehrter Formationen sichtbar wird. Posten mit Maschinenwaffen gehören zum Straßenbild und bevölkern in aller Welt die Flugplätze.

Den rasch zunehmenden Vorteilen und „Qualitäten" der politischen und kriminellen Verbrecherwelt mußte begegnet werden. Dies geschah durch organisatorische Maßnahmen, wie stärkere Motorisierung und bessere Ausrüstung, Bewaffnung und Zweckbekleidung, was sich in erster Linie auf die regelmäßigen Nachtstreifen durch Kriminalbeamte, sowie auf die Funkstreifen von Gendarmerie und Sicherheitswache auswirkte. Gleichzeitig wurde die Ausbildung im „Großen polizeilichen Ordnungsdienst" (GPOD bzw. GSOD) intensiviert.

Eine besondere Institution in dieser Richtung stellt – neben der Alarmabteilung der Polizeidirektion Wien – das „Gendarmerie-Einsatzkommando" dar. Nach mehreren Anläufen wurde im Jahre 1978 zur Bekämpfung von Terror und schwerer Gewaltkriminalität das „Gendarmerie-Einsatzkommando" (GEK) errichtet. Es steht in ständiger Bereitschaft, plant und trainiert für mögliche Einsatzsituationen und vollzieht auch routinemäßig bestimmte sicherheitsdienstliche Aufgaben. Ein nicht zu unterschätzender Begleiteffekt liegt darin, daß die GEK-Beamten, die etwa nach zwei Jahren wieder zu ihren heimatlichen Landesgendarmeriekommanden einrücken, dort teilweise für analoge Aufgaben zu „Sondereinsatzgruppen" (SEG) zusammengefaßt werden. Außerdem wird hiedurch mit der Zeit der spezielle höhere Ausbildungsstand allen Gendarmeriedienststellen vermittelt.

An Ausbildung und Ausrüstung hatte das GEK sehr bald den internationalen Standard erreicht. Bereits 1985, bei einem in der BRD von der GSG 9 veranstalteten internationalen Wettkampf von 26 Antiterroreinheiten (die seit „Mogadischu" berühmte GSG 9 startete außer Konkurrenz) erkämpfte das GEK-Team den vierten Platz nach der „SEK Südbayern" und den beiden USA-Teams „Delta Force" und „ST 6". Im Juni 1988 veranstaltete das GEK den „Internationalen GEK-Triathlon" an dem sich 29 Mannschaften aus 16 Nationen und 4 Kontinenten beteiligten. Erfreulicherweise erwies sich nicht bloß das GEK als führend, auch die Teams der SEG und Polizeidirektionen zeigten beachtliche Leistungen. (Siehe „Kasten" sowie „Öffentliche Sicherheit" Nr. 8/1985 und Nr. 1/1988, weiters die beiden Broschüren „Die Bundesgendarmerie", Wien 1988.)

Es wäre falsch, in der relativen „Aufrüstung" der Polizei ein Zeichen von „law and order" zu sehen. Die Maßnahmen waren von der Notwendigkeit diktiert, den gewandelten Geschehensformen zu entsprechen und die zunehmenden Vorteile der Rechtsbrecher, die gewöhnlich eine Nasenlänge voraus sind, nach Tunlichkeit zu neutralisieren. Auf der einen Seite wurden Wünsche aus den eigenen Reihen, die Gewerkschaft eingeschlossen, befriedigt, weil es auch um den Schutz des einzelnen Beamten geht. Auf der anderen Seite hat das als ramponiert empfundene „Sicherheitsgefühl" zu Verbesserungen beigetragen. Wenn es sich auch nicht exakt nachweisen läßt, so scheint doch die Annahme richtig zu sein, daß das einst als beklagenswert angeführte Sicherheitsgefühl nicht unmittelbar die „öffentliche Ruhe, Ordnung und Sicherheit" ins Auge faßte, sondern in erster Linie Bestandteil der allgemeinen Enttäuschung und Lebensangst war, die nach den sechziger Jahren an die Oberfläche traten. Von diesem Phänomen scheint sich bis heute bloß die „Umweltangst" erhalten zu haben, die allerdings auch in radikalen Formen Ausdruck findet.

„Law and order" bedeutet soviel wie „gesetzliche Ordnung" oder „Gesetz und Ordnung". Law enforcement ist etwas so Selbstverständliches, daß man keine Zeile aufzuwenden hätte, würde diesem Begriff nicht im politischen Bereich eine weitere Bedeutung beigelegt werden; eine Bedeutung im Sinne unnötiger Stärke und Härte, aber auch des „Reaktionären". Auf den Bereich polizeilicher Taktik und Strategie übertragen würde in diesem politischen Sinne „law and order" die Zurückdrängung der bedächtigen und abwägenden Elemente zugunsten eines blindwütigen Zurückschlagens bedeuten, eine Wiederherstellung der Ordnung um der Ordnung selbst, oder „geistlose Repression", wie Karl Renner einst formulierte.

Es ist freilich nicht zu übersehen, daß dem ohnedies sehr in Grenzen gehaltenen Trend zu einer „starken Polizei" verschieden motivierte „Reform"-Bestrebungen gegenüberstehen, der Polizei, und damit auch der Justiz, das notwendige rechtliche Instrumentarium vorzuenthalten. Setzt man das Interesse der Gesamtheit und des „braven Bürgers" in das Zentrum der Betrachtung, wird man von einer Gefahr sprechen können, daß zur Zeit gesellschaftlicher Unsicherheit, in der Phase der Balance, die Neigung besteht, von der Polizei als Mittel der Regierung übertrieben reservierten Gebrauch zu machen. Von der Gefahr ist auch in dem Sinne zu sprechen, daß auf überzogene Liberalität und auf Desorganisation der Gesellschaft „Gesetz und Ordnung" in Form

eines „law and order" folgen. Anzeichen, die diese Richtung erkennen lassen, sollten nicht verkannt werden, auch wenn sie sich vorläufig nicht in diesem Umfang artikuliert haben wie etwa in der Bundesrepublik Deutschland, wo sich gegenwärtig auch Soziales zu einer ansehnlichen „Protestpartei" mit Volks- und Staatsbetonung, in noch nicht genau fixierter Richtung formiert. Daß in dem von Jugendkrawallen heimgesuchten Zürich eine Volksabstimmung sich für das Abhören von Telefongesprächen durch die Polizei ausgesprochen hat, kann gleichfalls als Signal verstanden werden. Als Signal für den Wunsch nach dem „starken Staat". Ist dieser Wunsch erst deutlich ausgesprochen, läge nahe, daß der in seinem Rechtsbewußtsein enttäuschte Bürger bei der Wahl zwischen Freiheit und Sicherheit die erstere vernachlässigt.

So befriedigend die wenigstens teilweise eingeleitete Entwicklung zu einer Stärkung der Polizei in dem Sinne empfunden werden mag, den „starken Staat" zu vermeiden, so wäre damit allein nicht wohlgetan. Denn diese Anzeichen dürften um alles in der Welt keine bestätigende Wirkung auf die Selbstzufriedenen üben. Ohne Überwindung der Eingeschränktheit der Gesinnung zugunsten einer Toleranz den

Sturm auf einen von Gangstern mit Geiseln besetzten Autobus (Einsatzübung des GEK).

„Mobiles Einsatzkommando" der Polizei (MEK), ein mit Sonderausrüstung versehener und ständig in Dienst befindlicher Teil der Funkstreife, hier mit VW-Passat.

Oberst Johannes Pechta, Organisator und Kommandant des Gendarmerie-Einsatzkommandos.

Oberst Josef Mayerhofer, Bundesministerium für Inneres, ehemaliger Kommandant der Alarmabteilung der Polizeidirektion Wien, „Vater" des großen Sicherheits- und Ordnungsdienstes.

Ein Jet-Ranger des Innenministeriums (1988).

Piper PA-18/180 Super-Cub des Innenministeriums vor den Toren des Flughafen-Hangars in Graz (1977). Foto H. Weishaupt.

unverstandenen Kräften, so auch den bloß Ungeduldigen und Überforderten gegenüber, wird – ebensowenig wie ohne konsequentes Bekenntnis zur Ordnung – kein Marschtritt auf der zum Frieden führenden Straße erklingen.

Zweihundert Jahre österreichischer Polizeiapparat liegen hinter uns. Läßt man sie Revue passieren, muß Nachdenklichkeit aufkommen. Nachdenklichkeit vor allem hinsichtlich der Verständnisfähigkeit für die Aufgabenstellung und für die Erfüllensmöglichkeit, sowie hinsichtlich der Frage, ob sich Aufwand und „Produkt" die Waage halten. Echte

Bürgernähe ist dann gegeben, wenn sie an die Werteordnung des Gesetzes gebunden ist (sieht man von Leitlinien angesichts von Problemlagen ab) und die Alltags- und Eigentumskriminalität ins Zentrum stellt. Von welchem persönlichen oder vorurteilsbehafteten Winkel man auch immer dem Gegenstande nähertritt, das eine wolle beachtet werden: Die Erwartungen, die von der Gesellschaft (und die Gesellschaft sind „alle", nicht bloß Gruppen und Grüppchen) in die Polizei gesetzt werden, sind „hautnah" und wahrscheinlich die „politischsten". Sie stehen an der Spitze rechtsstaatlicher Ordnung.

Start zur Verkehrsüberwachung mit der Piper PA-28/180 Cherokee C.
Die Piper wurde 1975 durch die Flächenflugzeuge der Type Cessna ersetzt. Gegenwärtig verfügt die Flugpolizei des Bundesministeriums für Inneres über vier Cessna 182 P und folgende Hubschrauber: neun Jet-Ranger (Agusta Bell 206), einen Long-Ranger (Agusta Bell 206 L-3) und sieben Ecureuil AS 350 B1 als Rettungshubschrauber.

Anhang

I. Übersichten und Daten

Die Bezeichnungen der polizeilichen Zentralstellen

Hofkanzlei
Directorium in publicis et cameralibus (1749–1761)
Hofkanzlei, vereinigte böhmisch-österreichische (1761–1780)
Vereinigte Hofstelle (1780–1791)
Zentrale Polizeistelle (1789–1791)
Hofkanzlei
Polizeihofstelle (1793–1801)
Polizei- und Zensurhofstelle (1801 bis 18. März 1848)
    anschließend vorübergehend: II. Sektion der Hofkanzlei

Ministerium des Innern (1848–1852)
Oberste Polizeibehörde (1852 bis 21. August 1859)
Polizeiministerium (1859 bis 11. Mai 1867)
Polizeiabteilung des Ministerratspräsidiums (1867)
Ministerium für Landesverteidigung und öffentliche Sicherheit (18. Jänner 1868 bis 15. Februar 1870)
Ministerium des Innern (1870–1918)
Staatsamt des Innern (Beschluß der Provisorischen Nationalversammlung vom 30. Oktober 1918)
Staatsamt (Bundesministerium) für Inneres und Unterricht (Gesetz vom 14. März 1919)
Bundeskanzleramt (Verordnung vom 9. April 1923)
Bundeskanzleramt – Generaldirektion für die öffentliche Sicherheit (1929–1938)
Staatsamt für Inneres (1945)
Bundesministerium für Inneres – Generaldirektion für die öffentliche Sicherheit (ab 1946)

Einwohnerzahlen der Rayone österreichischer Polizeibehörden in den fünfziger Jahren des 19. Jahrhunderts*

Wien	477.864	Prag	124.181	Lemberg	69.650
Graz	66.006	mit Vororten	167.040	Krakau	62.650
Linz	44.856	Brünn	50.000	Czernowitz	21.680
Innsbruck	19.000	Olmütz	20.627		
Salzburg	17.700	Troppau	16.650		
Klagenfurt	15.860				
Pest	148.400	Hermannstadt	16.000	Fiume	13.890
Preßburg	45.540	Kronstadt	25.000	Triest	88.700
Ödenburg	18.470	Klausenburg	19.340	Zara	7.400
Kaschau	15.000	Großwardein	21.220	Laibach	20.074
Temesvár	24.000				

Einwohnerzahlen der Stadt Graz zwischen 1700 und 1988

um 1700	15.000	um 1866	74.000	um 1934	152.841
1790	30.000	1869	81.000	1939	207.747
1810	31.000	1880	97.000	1945	196.426
1820	36.000	1890	112.000	1953	227.447
1830	38.000	1900	138.000	1975	249.039
1840	46.000	1910	151.000	1982	244.310
1850	55.000	1923	152.000	1988	240.465
1857	63.000				

* Oberhummer II., S. 95.

Personalstände der Polizeidirektion Graz zwischen 1786 und 1989

	Konzepts-dienst	Kriminalbeamte		Uniformierte Wache	
1786	4			28	
1811	5				
1827	6			61	
1841	7				
1851	11	8 Polizeidiener		103	
1859				53	
1860	11	26 Zivilwachmänner		–	
1865	11			–	
1867	x 4 (7)	4 Zivilwachmänner	(30)	–	
1870			(–)	–	(100)
1876	3	6 Polizeiagenten		–	
1883	5			–	
1914	10	12 Polizeiagenten	(25)	–	(302)
1919	25	80 Kriminalbeamte		565	(334)
1929	26	100 Kriminalbeamte	++	617	
1937	26	99 + 3 Offiziere		638 + 6 Offiziere	
NS-Zeit	xx			ca. 638	
1953		158		932	
1975	19	162 + 9 Offiziere		816	
1986	18	162 + 9 Offiziere		853 + 15 Offiziere	
1989	19	170 + 9 Offiziere		862 + 15 Offiziere	

x Von 1867 bis 1876: Polizeiabteilung bei der Statthalterei. Zwischen 1867 und 1919 ist das Personal der Städtischen Polizei hinzuzuzählen, das jeweils in Klammer beigefügt ist.

xx 1938 durch Eingemeindungen der Polizeirayons erheblich vergrößert.

++ Zuwachs durch Zutransferierung von Gendarmeriebeamten der im Jahre 1928 einheitlich aufgelösten Ausforschungs-Abteilungen der Landesgendarmeriekommanden.

Kriminalitätsentwicklung in Österreich 1976–1986*

Die „Polizeiliche Kriminalstatistik" des vergangenen Jahrzehnts zeigt eine deutliche Steigerung der Kriminalitätsbelastung bei gleichzeitigem – wenn auch nur leichtem – Rückgang der Aufklärungsziffern.

1. Entwicklung der Gesamtkriminalität

	1976	1986	%
Gesamtsumme aller gerichtlich strafbaren Handlungen	304.501	398.960	+ 31
davon im Straßenverkehr	39.919	43.412	+ 8,7
Gesamtsumme ohne Delikte im Straßenverkehr	264.582	355.548	+ 33
Gesamtsumme aller geklärten Fälle	169.644	216.354	– 1,5
Summe der geklärten Fälle ohne Delikte im Straßenverkehr	129.725	172.933	– 0,4

2. Entwicklung einzelner Deliktsformen nach dem StGB.

	1976	1986	%
Sachbeschädigung § 125	23.352	37.257	+ 59
Diebstahl § 127	78.185	108.297	+ 39
Einbruchdiebstahl § 129	59.362	58.720	– 1
Veruntreuung § 133	1.889	3.309	+ 75
Unbefugter Gebrauch von Fahrzeugen § 136	6.140	6.010	– 2
Raub §§ 142, 143	968	1.157	+ 19
Betrug § 146	8.832	11.842	+ 34
Untreue § 153	86	247	+ 187
Betrügerische Krida § 156	32	71	+ 121
Fahrlässige Krida § 158	477	864	+ 81
Brandstiftung § 169	429	642	+ 50

3. Entwicklung besonderer Formen der Kriminalität

	1976	1986	%
Raub in Geldinstituten oder Postämtern	43	75	+ 74
Raub in Geschäftslokalen	67	62	– 7
Raub an Passanten	512	450	– 12
Einbruchdiebstahl in Wohnungen	6.600	8.322	+ 25
Einbruchdiebstahl in Apotheken	201	52	– 74
Diebstahl von Kraftwagen	2.057	1.135	– 45
Diebstahl von Fahrrädern	9.385	15.059	+ 60
Diebstahl von Gegenständen aus Kfz	13.625	13.914	+ 2
Diebstahl von Zeitungsständerkassen	14.276	3.465	– 75
Wechsel- und Scheckbetrug	1.080	1.467	+ 35
Ratenbetrug	525	957	+ 83

4. Entwicklung der Aufklärungsquoten nach Tatbildern und besonderen Formen der Kriminalität

	1976	1986
Sachbeschädigung § 125	35,5%	29,0%
Diebstahl § 127	28,3%	30,1%
Einbruchdiebstahl § 129	24,7%	25,5%
Unbefugter Gebrauch von Fahrzeugen § 136	38,4%	42,4%
Raub §§ 142, 143	54,9%	44,8%
Brandstiftung § 169	50,0%	41,6%
Raub in Geldinstituten oder Postämtern	69,8%	89,3%
Raub in Geschäftslokalen	64,2%	53,2%
Raub an Passanten	49,4%	30,9%
Einbruchdiebstahl in Wohnungen	32,3%	21,9%
Einbruchdiebstahl in Apotheken	67,2%	36,5%
Auslageneinbruchsdiebstahl	30,4%	19,7%
Diebstahl von Kraftwagen	40,4%	27,8%
Diebstahl von Fahrrädern	11,2%	7,8%
Diebstahl von Gegenständen aus Kraftfahrzeugen	21,5%	25,5%

* Die Tabelle ist dem gleichnamigen Artikel von Oberst Mistlberger in der Zeitschrift „Der Kriminalbeamte", Heft Jänner/Feber 1989, entnommen.

II. Die Grazer Polizei im Jahre 1945

Ende Jänner 1945 stand die sowjetische Armee 135 km von Wien und 175 km von Graz entfernt in Ungarn. Als ihre Truppen am 29. März bei Steinamanger – 65 km ostwärts von Graz – die deutsche Front durchbrochen hatten, flüchtete der Großteil der Bevölkerung Hals über Kopf aus der Stadt. Schon am 12. März wurde ein Teil der Häftlinge der Strafanstalt Karlau beurlaubt, ein Teil bedingt entlassen und der Rest an andere Gerichtsgefängnisse abgegeben. Am 3. April wurde die Vernichtung der Akten angeordnet.

Am 14. April tauchten im Stadtgebiet Flugblätter der Widerstandsbewegung mit folgendem Inhalt auf:

„Österreicher!

Verläßt Euer Graz nicht. Freiheitsbewegung 05 ruft. Glaubt den Nazis nicht, laßt Euch nicht zwangsevakuieren, Ihr könnt nie mehr zurück.

Nr. 1   Graz, 14. April 1945"

Einer der letzten Befehle des Befehlshabers der „Ordnungspolizei Alpenland" lautete, daß die Schutzpolizei bei Besetzung der Stadt durch die Russen sich abzusetzen, bei Einmarsch der Engländer oder Amerikaner aber im Standort zu verbleiben habe.

Unmittelbar vor dem russischen Einmarsch verließen sämtliche Partei- und die reichsdeutschen Polizeiführer die Stadt. Jede Behördentätigkeit hatte aufgehört. Zurückgeblieben waren der ärmere Teil der Bevölkerung und der größte Teil der Schutzpolizei.

Der Schutzpolizei standen zur Zeit des Einmarsches 500 Beamte zur Verfügung, die Hälfte davon „Reservisten".

Am 5. Mai kapitulierte die deutsche Heeresgruppe „G" in Österreich. Am 7. Mai hatten die Russen Gleisdorf erreicht. Am 8. Mai verließen die in Graz stationierten Truppen in den frühen Morgenstunden ihre Kasernen und setzten sich mit den von der Ostfront zurückgehenden Truppen nach Norden und Westen ab.

Auch 263 Ukrainer, die seit März 1944 der Luftschutzpolizei in Graz zur Dienstleistung zugeteilt waren, schlossen sich (19. April) den Teilen der durch Graz in Richtung Westen marschierenden Wlassow-Armee an.

Die Bevölkerung drang in die Kasernen ein und plünderte. Ausländer bewaffneten sich, legten rote Armbinden an und zogen durch die Stadt. Größere Waffenbestände wurden von ihnen auf Lastwagen in die Polizeidirektion gebracht und dort an Ausländer und österreichische Widerstandskämpfer ausgegeben. Die Polizeikräfte konnten die behördenfremden Personen aus der Polizeidirektion entfernen

und die noch nicht ausgeteilten Waffen verwahren. Wenngleich Gruppen von bewaffneten Ausländern durch die Stadt zogen, so kam es doch zu keinen Schießereien. In den Mittagsstunden des 8. Mai traf ein britisches Militärkraftfahrzeug mit Offizieren ein. Es ging wie ein Lauffeuer die Nachricht durch die Stadt, daß britische Truppen, deren Vorhuten bereits in Köflach waren, ganz Steiermark besetzen würden. Es kam aber anders.

Nachdem der reichsdeutsche Kommandeur der Schutzpolizei, Oberleutnant Haan, geflüchtet war, übernahm der damalige Polizeimajor Rudolf Weissmann das Kommando. Der Stellvertreter des Polizeipräsidenten, Dr. Tollowitz, ordnete ein Ausgehverbot für die Zeit von 21.00 bis 05.00 Uhr an.

Um Mitternacht nahmen der ehemalige Hauptmann des Bundesheeres Rosenwirth, Pol. Ob. Reg. Rat Dr. Tollowitz, Polizeimajor Weissmann und Oberstleutnant Puff auf der Rieshöhe Verbindung mit einem russischen Parlamentär auf und sorgten für einen gefahrenlosen Einmarsch der Truppen in die Stadt. (Hauptmann Alois Rosenwirth bekleidete von da ab bis 1947 die Funktion sowohl des Sicherheitsdirektors wie des Polizeidirektors. Seine anfängliche Betrauung erfolgte durch Landeshauptmann Reinhard Machold.)

Landeshauptmann Machold und Sicherheits- und Polizeidirektor Rosenwirth (Allerseelenfeier 1945).

Schon um 07.05 Uhr erging an die Dienststellen der Auftrag, zur Dienstuniform eine rote Armbinde und in und außer Dienst keine Waffen zu tragen.

Am 10. Mai wurden zahlreiche Übergriffe durch russische Soldaten bekannt. Von General Konjew wurde angeordnet, über größere Plünderungen, Schändungen und andere Gewalttätigkeiten dem Kommandanten Meldung zu erstatten.

Ab 11. Mai mußte die Polizei statt der roten Armbinde eine solche in den Farben rot-weiß-rot mit dem Aufdruck „Polizei" in deutscher und cyrillischer Schrift tragen. Um 17.00 Uhr mußte die ganze uniformierte Polizei zur Besichtigung durch den General auf dem Hauptplatz stellig gemacht werden.

Ab diesem Tage waren die Einquartierungen der Roten Armee nur mehr mit einem von der Ortskommandatur ausgestellten Einquartierungsschein zulässig.

Ab 16. Mai wurden neben den Polizeistreifen auch gemischte Streifen (österr. Polizei und russische Soldaten) im Stadtgebiet eingesetzt und zur Verhinderung von Plünderungen am 19. Mai ein Überfallskommando geschaffen. Der Stadtkommandant ordnete neuerlich die Freimachung der Straßen und Plätze von Schutt an. Zu diesen Arbeiten waren hauptsächlich männliche Kräfte im Alter vom 16. bis 57. Lebensjahr heranzuziehen, vorwiegend Angehörige der NSDAP. Die Stelligmachung der Kräfte war schwierig, da sie in Ermangelung eines Arbeitsamtes von der Polizei aus den Wohnhäusern geholt oder buchstäblich auf der Straße zusammengefangen werden mußten.

Der russische Stadtkommandant, Major Todur, veranlaßte am 19. Mai die Zuteilung eines russischen Offiziers und mehrerer Soldaten je Polizeirevier. Die russischen Soldaten wurden zum Streifendienst herangezogen.

In der Nacht vom 8. auf den 9. Juni 1945 wurde die Aushebung der ehemaligen Nationalsozialisten angeordnet. Mit der Leitung der Durchführung waren die drei demokratischen Parteien unter der Verantwortung der Polizeirevierführer betraut. Die erforderlichen Hilfskräfte – bis zu 50 Personen – wurden von den politischen Parteien den einzelnen Polizeirevieren zur Verfügung gestellt. Die Aktion hatte um 22.00 Uhr zu beginnen und mußte am nächsten Tage um 07.00 Uhr beendet sein. Die Anzahl der festzunehmenden Personen war für die einzelnen Reviere verschieden und betrug bis zu 200. Um jede vorherige Verständigungsmöglichkeit auszuschließen, wurden für diese Nacht die Telefone abgeschaltet. In vielen Fällen mußte sich der Zutritt zu den Wohnungen über Zäune und durch Hintertüren verschafft werden, da die Haustüren damals auch am Tage versperrt waren. Die Festgenommenen wurden in das Lager in der Industriehalle gebracht.

Am 13. Juni erging vom Polizeipräsidenten an die drei politischen Parteien die Mitteilung, daß ab sofort Verhaftungen und Beschlagnahmungen nur mehr durch die staatliche Exekutive vorgenommen werden dürfen.

Am 18. Juni wurden die Polizeidienststellen angewiesen, bei Übergriffen durch Angehörige der politischen Parteien unnachsichtlich einzuschreiten.

Am 23. Juni hatten sich alle registrierungspflichtigen Nationalsozialisten über Auftrag des Arbeitsamtes bei ihren zuständigen Polizeidienststellen zu melden.

Der russische Kapitän Witoroff hat am 2. Juli den russischen Soldaten die Wegnahme der Fahrräder von Zivilpersonen verboten.

Am 21. Juli erging an alle Polizeidienststellen der Rundspruch, daß sich die Rote Armee in allernächster Zeit nach Osten absetzen und das freigemachte Gebiet durch britische Truppen besetzt wird. Für die gesamte Polizei wurde Alarmbereitschaft angeordnet.

Der nächste Rundspruch setzte die Polizeidienststellen in Kenntnis, daß die britischen Truppen mit 30 Kraftwagen Straßgang passiert haben und gegen Graz fahren. Damit hatte die russische Besetzung der Stadt Graz ihr Ende gefunden. Die Stadt war vom 9. Mai bis 23. Juli, also durch 75 Tage, von Truppen der Roten Armee besetzt. Die Besetzung erfolgte durch die 3. ukrainische „Front" (Marschall Tolbuchin).

Die Polizei hatte während der Besetzung schwere Aufgaben zu erfüllen. Einige sollen davon aufgeführt werden.

Bei der Requirierung von Häusern und anderen Objekten, Wohnungen und Bedarfsgegenständen aller Art für die Besatzungstruppen innerhalb kürzester Zeit mußte oft rücksichtslos vorgegangen werden. Oft konnten Wohnungen mit kompletter Einrichtung nicht einmal inventarisiert werden, da die Russen hiezu keine Zeit ließen. Die Eigentümer konnten daher später keinerlei Schadenersatzansprüche stellen. Die Vergebung von Wohnungen ehemaliger Nationalsozialisten durch den prov. Wohnungsvergebungsausschuß hatte eine große Anzahl von wilden Einmietungen zur Folge. Immer wieder mußte die Polizei intervenieren. Wenn auch nicht nach Recht und Gesetz eingeschritten werden konnte, so hatte das Einschreiten der Polizei doch oft Schlimmeres verhindert und bei der Bevölkerung beruhigend gewirkt.

Im Zuge der Aushebungen ehemaliger Nationalsozialisten wurden im Stadtgebiet 1220 Personen festgenommen. Am 10. Juni kamen noch 300 Personen dazu. Der Stand der in der Industriehalle Festgehaltenen wuchs in der Folge auf nahezu 2000 Personen an. Vom Lager wurden die Häftlinge teils in das Landesgericht, in die Karlau und nach Wolfsberg in ein großes Anhaltelager überstellt, teils auch wieder entlassen. Die in der Industriehalle zurückgebliebenen Häftlinge wurden durch die Engländer übernommen und das Lager am 10. Oktober 1945 aufgelassen. Am Tage der Auflassung betrug der Häftlingsstand noch 203 Personen.

Die Plünderungen und Vergewaltigungen hatten das russische Kommando veranlaßt, eigene Kräfte zur Hintanhaltung dieser Vorkommnisse bereitzustellen. Es wurden zu diesem Zweck 4 Rayonsunterabschnittskommandos errichtet. Die Stärke der Kommandos betrug in der Regel 2 Offiziere und etwa 30 Soldaten. Diesen Kommandos wurden 1 österreichischer Polizeioffizier und 10 österreichische Polizisten beigegeben. Die Einrichtung hatte eher einen moralischen Erfolg. Soweit festgestellt werden konnte, wurden während der russischen Besetzung 1801 Plünderungen und Diebstähle sowie 561 Vergewaltigungen begangen. 9 Morde und 26 Selbstmorde wurden angezeigt, 234 Festnehmungen und 109 Waffenbeschlagnahmungen durchgeführt. Zur Ehre der jeweiligen Stadtkommandanten muß gesagt werden, daß diese für die Not der Bevölkerung Verständnis aufbrachten. Es ergab sich eher, daß Aufträge des Stadtkommandanten von untergeordneten russischen Dienstgraden negiert wurden.

Zu Anfang des Jahres 1945 war im Polizeigefangenenhaus ein Überbelag von Häftlingen, die größtenteils von der Gestapo eingeliefert wurden. Gegen Ende März verringerte sich der Stand, so daß die im Hofe der Gendarmeriekaserne aufgestellte Gefängnisbaracke geräumt werden konnte. Ende April und Anfang Mai ließ die Gestapo einen Teil ihrer politischen Häftlinge nach Salzburg abtransportieren. Am 8. Mai mittags waren noch ca. 40 Häftlinge im Gefangenenhaus, darunter Widerstandskämpfer und 14 Ausländer,

über die niemand verfügte. Diese wurden dann vom „Befreiungskomitee" übernommen. Am 9. Mai erschien im Gefangenenhaus ein russischer Unteroffizier, der sich für das Gestapogefängnis und die dort errichtete „Todeszelle" interessierte. In den nächsten Tagen kamen russische Offiziere in derselben Absicht. Allen wurde mitgeteilt, daß eine solche Einrichtung dort nie existiert hatte. Gegen Ende Mai wurden die Zellen des II. Stockwerkes von der russischen Besatzungsmacht mit ca. 100 Gefangenen, Männer und Frauen, besetzt und von russischen Soldaten bewacht und verpflegt. Nach etwa vier Wochen wurden die Häftlinge in das Bezirksgericht in der Paulustorgasse gebracht.

Während der nationalsozialistischen Ära, das ist vom 12. März 1938 bis 8. Mai 1945, wurden von der Gestapo Graz, vom Sicherheitsdienst, der Gendarmerie im Reichsgau Steiermark, der Zollwache und von anderen Dienststellen 22.788 Personen wegen politischer Delikte dem Polizeigefangenenhaus Graz eingeliefert.

Von dort wurden die Inhaftierten den Konzentrationslagern Auschwitz, Buchenwald, Dachau, Flossenburg, Mauthausen, Ravensbrück und Theresienstadt übergeben oder auch nach Berlin, Wien, in das Landesgericht Graz, in die Arbeitsanstalt Oberlanzendorf überstellt, dem Werk Thondorf oder dem Arbeitsamt zur Verfügung gestellt oder entlassen.

Verabschiedung des ersten britischen Sicherheitsoffiziers (PSO), Obstlt. Duncan, am 7. August 1946 vor der Polizeidirektion (2. von rechts: der spätere Landesgendarmeriekommandant Rudolf Bahr).

Von den Inhaftierten waren ungefähr 10.255 Ausländer (45 Prozent) und 1140 Frauen (5 Prozent).

Überstellt wurden von den Inhaftierten 19.370 (85 Prozent) und entlassen 3418 (15 Prozent).

Am 8. Mai nachmittags wurden sämtliche noch vorhanden gewesenen Kraftfahrzeuge der Landesregierung und der Kreisleitung der NSDAP in den Hof der Polizeidirektion gebracht; die Russen haben dann am 9. Mai mit dem Abtransport der Fahrzeuge – es waren ungefähr einschließlich der Polizeifahrzeuge 100 – begonnen. Zurück blieb nur ein Arrestantenwagen ohne Räder.

Die berittene Abteilung der ehemaligen Schutzpolizei Graz mußte im November 1940 12 Pferde zur Ergänzung der Polizeischwadron nach Wien abstellen. In Graz verblieben 20 Pferde, wovon die russische Besatzungsmacht 18 Pferde beschlagnahmte. Die britische Besatzungsmacht hat im Oktober 1945 die berittene Polizei wieder aufgebaut, wozu 35 Pferde vom Gestüt Piber geliefert wurden.

Dank und Bildernachweis

Das Gros der bisher nicht publizierten Abbildungen bezieht sich auf Ereignisse im Wien der Zwischenkriegszeit. Sie durften den Sammlungen des Polizeidirektors Dr. Karl Springer (†), sowie des Pol. Oberst Rudolf Weissmann (†) entnommen werden. Besonderes Andenken verdient Sektionschef Dr. Maximilian Pammer (†) für die Überlassung von historischem Bildmaterial und Einblick in persönliche Aufzeichnungen. Dem Entgegenkommen des Generals Dr. Rudolf Forenbacher, sowie des Vorstandes des Landeszeughauses in Graz, Prof. Dr. Peter Krenn, war die Möglichkeit zur lückenlosen Darstellung der Handfeuerwaffen und Blankwaffen zu verdanken.

Wie dem Inhalt zu entnehmen ist, haben die Österreichische Nationalbibliothek, das Allgemeine Verwaltungsarchiv sowie zahlreiche Landes- und Stadtarchive das Zustandekommen des vorliegenden Buches wesentlich gefördert.

Besonderer Dank gilt einer Reihe von Persönlichkeiten aus dem Bereiche des Innenministeriums, der Landesgendarmeriekommanden für Steiermark und Kärnten, im besonderen der Polizeidirektion Wien und anderer Polizeidirektionen, nicht zuletzt zahlreichen Kollegen der Polizeidirektion Graz, sowie den Mitarbeitern von Fachzeitungen, ohne deren aller verständnisvoller Hilfe, sei es durch Hinweise, Beiträge oder Bildmaterial, das Erscheinen dieses Buches nicht vorstellbar gewesen wäre.

Allen genannten und persönlich nicht genannten Förderern gilt der wärmste Dank des Autors, in den auch der Verlag, der die großzügige Buchausstattung erlaubte, einzuschließen ist.

Dem Gendarmeriezentralkommando wird zusätzlich dafür gedankt, daß es die Zustimmung zur Wiedergabe einzelner Fotos aus dem Jubiläumswerk „Die Gendarmerie in Österreich 1849–1974" vermittelt hat, und zwar seitens:

Illustrierte Rundschau der Gendarmerie, S. 133 links, S. 168 links
LGK f. Kärnten, S. 202 links
LGK f. Oberösterreich, S. 169 rechts
Franz Dutzler, Linz, S. 170 links
Adolf Tempsch, Wien, Schutzumschlag-Rückseite, Foto Mitte links
Franz Votava, Wien, S. 210, 212
Paul Waldherr, Wien, S. 201
Josef Windbacher, Wiener Neudorf, S. 170 rechts, 172, 209 rechts, 241, Schutzumschlag-Rückseite, Foto Mitte rechts

Literaturverzeichnis

AHLF, Ernst, Polizeitheorie? – Thesen zur Standortbestimmung, in: Die Polizei, Heft 5/1989

AVÉ–LALLEMANT, Benedict, Das deutsche Gaunertum, München–Berlin 1858

BAUER, Otto, Die österreichische Revolution, Wien 1923

BAUERNFELD, Eduard, Aus Alt- und Neu-Wien

BIBL, Viktor, Die Wiener Polizei, Wien 1927
Kaiser Franz, der letzte römisch-deutsche Kaiser, Johannes Günther Verlag 1938

BLUM, Wolfgang, Die Sicherheitspolizei und ihre Handlungsformen, Wien–New York 1987

BOTZ, Gerhard, Gewalt in der Politik. Attentate, Zusammenstöße, Putschversuche, Unruhen in Österreich 1918 bis 1934, Wilhelm Fink Verlag 1976, zitiert: Botz
Wie oben 2. Auflage (1918–1938), Wilhelm Fink Verlag 1983, zitiert: Botz II
Die Juli-Demonstranten, ihre Motive und die quantifizierbaren Ursachen des 15. Juli 1927 (Protokoll des Symposiums vom 15. Juni 1977 über die Ereignisse des 15. Juli 1927), Verlag für Geschichte und Politik, Wien 1979

BRAMREITER, Peter, Die höchste Militärbehörde zu Graz 1701–1918, in: Graz als Garnison, Leykam 1982

BROSCH-FOHRAHEIM, Lothar, Die „Österreichische Frontmiliz" der Ersten Republik, in: Österr. Militärische Zeitschrift, 1988, S. 313ff

DEHMAL, Heinrich, Die österreichische Polizeigesetzgebung, Wien 1926

DEUTSCHE Frage, Österreich und die deutsche Frage im 19. und 20. Jahrhundert, in: Wiener Beiträge zur Geschichte der Neuzeit, Bd. 9, Wien 1982

DOLLECZEK, Anton, Monographie der K.u.K. österr.-ung. blanken und Handfeuerwaffen, Wien 1896, Nachdruck Graz 1970

DRESSLER, Oskar, Die gesetzlichen Grundlagen der Bundespolizei in Österreich, Wien 1929

EGGER, Rainer, Graz als Festung und Garnison, in: Graz als Garnison, Leykam 1982

ERBEN-WAGNER, Das Waffengebrauchsrecht, Juridica, Wien 1973

FEHERVARY, János, Verbesserung der inneren Sicherheit durch mehr Polizei und härtere Strafen? in: Öffentliche Sicherheit, Heft 8/1982

FOREGGER-SERINI, Strafprozeßordnung (Kurzkommentar), Wien 1982

FOURNIER, August, Die Geheimpolizei auf dem Wiener Kongreß, Wien 1913

FRANZ, Georg, Liberalismus – Die deutschliberale Bewegung in der habsburgischen Monarchie, München 1955

FUNK, Bernd-Christian, Die Kommunalverwaltung in Österreich, in: Gemeindeautonomie und Bürgermitbestimmung, Graz 1981

Die Gendarmerie in Österreich 1849–1974, herausgegeben vom Bundesministerium für Inneres, Leykam 1974 (siehe auch unter Neubauer)

GERHARTL, Gertrude, Wiener Neustadt und die Landnahme des Burgenlandes im Jahre 1921, Festschrift zur Sonderausstellung des Stadtmuseums Wiener Neustadt, 1981

GOLDINGER, Walter, Der geschichtliche Ablauf der Ereignisse in Österreich von 1918 bis 1945, in: Benedikt (Herausgeber), Geschichte der Republik Österreich, München 1954

HANNAK, Jaques, Johannes Schober, Mittelweg in die Katastrophe. Portrait eines Repräsentanten der verlorenen Mitte, Wien 1966

HANSS, Karl, Ein Beitrag zur Geschichte des Polizeiwesens in Steiermark, Graz 1929

HANTSCH, Hugo, Die Nationalitätenfrage im alten Österreich, Wien 1953

HASIBA, Gernot G., Johannes Schober und die Verfassungsreform von 1929, in: Geschichte und Gegenwart, Heft 1, 1983

HEER, Friedrich, Der Kampf um die österreichische Identität, Stuttgart 1981

HEROLD, Horst, Gesellschaftlicher Wandel – Chance der Polizei? in: Die Polizei, Heft 5/1972

HIMMLER-Bericht, Geheimbericht des Reichsführers SS über das österr. Sicherheitswesen, Februar 1938, Militärarchiv der DDR

JAGSCHITZ, Gerhard, Der Putsch – Die Nationalsozialisten 1934 in Österreich, Styria 1976

JOHNSON, Christian, Revolutionstheorie, Köln 1971

KEMPEN, Freiherr v., Das Tagebuch des Polizeiministers . . . von 1848–1859, Wien 1931

KISSINGER, Henry A., Großmacht Diplomatie – Von der Staatskunst Castlereaghs und Metternichs, Ullstein 1972 (A world restored – Castlereagh, Metternich and the restoration of peace, 1812–1822, Econ 1962)

KRENN, Peter – FORENBACHER, Rudolf, Die Handfeuerwaffen des österreichischen Soldaten, Ausstellungskatalog Joanneum, Graz 1985

LIEHR-MARKOVICS, Das österreichische Polizeirecht, Wien 1949

LOHSING-SERINI, Strafprozeßrecht, Wien 1952

MAGENSCHAB, Hans, Josef II. – Revolutionär von Gottes Gnaden, Graz 1981

MANNLICHER – CORETH, Das Verwaltungsverfahren, Wien 1936

MANTL, Wolfgang, Die Partizipation in der Verwaltung, in: Ermacora, Allgem. Verwaltungsrecht, Wien 1979

MARAUSCHEK, Gerhard, Vom Stadtmagistrat zur Stadtgemeinde Graz 1848–1850, in: 850 Jahre Graz, Graz 1978

Maria Theresia und ihre Zeit, Eine Darstellung der Epoche von 1740–1780, Herausgeber: Walter Koschatzky, Residenz-Verlag 1980

MARX, Julius, Die österreichische Zensur im Vormärz, Wien 1959

MEGNER, Karl, Beamte, Wirtschafts- und sozialgeschichtliche Aspekte des k.k. Beamtentums, Wien 1986

MEYNERT, Hermann, Geschichte des Kriegswesens und der Heerverfassungen in Europa, Bd. II, Wien 1868

MOSCA, Gaetano, Die herrschende Klasse (Elementi di Scienza Politica), Salzburg 1950

NEUBAUER, Franz, Die Gendarmerie in Österreich 1849–1924, Graz 1925

OBERHUMMER, Hermann, Die Wiener Polizei, 2 Bände, Wien 1938

OBERNDORFER, Peter, Gemeinderecht und Gemeindewirklichkeit, Wien 1971

PERNTHALER, Peter, Das österreichische Staatsschutzrecht in seinen Grundzügen, Köln 1966

PETRIK, Ingrid, Zentrale oder dezentrale Polizeigewalt? in: Öffentliche Sicherheit, Heft 2/1985

Polizeigeschichte, deutsche – Einführung in die Grundlagen, Stuttgart 1986

POPELKA, Fritz, Geschichte der Stadt Graz, 2 Bände, Graz 1928/1935

PROBST, Karlheinz, Wirtschaftsverrat und Wirtschaftsspionage, Dissertation Universität Graz, Wien 1976

REGELE, Oskar, Der österreichische Hofkriegsrat, Erg. Bd. I der Mitteilungen des österreichischen Staatsarchivs, Wien 1949

REIDINGER, Karl, Die innere Sicherheit in Österreich, in: BÖGL, Handbuch der Sicherheit, Wien 1983

REINALTER, Helmut (Hrsg.), Demokratische und soziale Protestbewegungen in Mitteleuropa, Frankfurt 1987

ROTH, Paul W., Raub-, Diebs-, Mörder- und Zigeunergesindel. Steirische Gaunermandate als Quelle zur Sozialgeschichte, in: Beiträge zur Wirtschaftsgeschichte, Band 5, 1978, in Kommission bei Klett-Cotta

SCHIEDER, Theodor, Theorie der Revolution, in: Revolution und Gesellschaft – Theorie und Praxis der Systemveränderung, Herderbücherei 1973

SEITZ, Otto, Die B-Gendarmerie, in: Österr. Militärische Zeitschrift, 1965, S. 303ff

Sicherheitswache, 60 Jahre Wiener Sicherheitswache, Herausgeber: PD Wien, Wien 1929
80 Jahre Wiener Sicherheitswache, Herausgeber: PD Wien, Wien 1949

SIMON, Walter B., Die verirrte Erste Republik, Innsbruck–Wien 1988

SONNENFELS, Joseph, Handbuch der inneren Staatsverwaltung, Wien 1798

SPANN, Othmar, Der wahre Staat, Leipzig 1921

SPRINGER, Anton, Geschichte Österreichs seit dem Wiener Frieden von 1809, Leipzig 1863

SPRINGER, Karl, Die österreichische Polizei, Kriminalistik-Hamburg 1961

SRBIK, Heinrich, Metternich – der Staatsmann und der Mensch, 2 Bände, München 1925

STANEK-REIDINGER, Andrea, Das öffentliche Sicherheitswesen aus der Sicht des Verfassungsrechtes, in: Bögl, Handbuch der Sicherheit, Wien 1983

STURMINGER, Alfred, 3000 Jahre politische Propaganda, Herold-Verlag 1960

SUTTER, Berthold, Zur Geschichte des Grazer Studentenlebens, in: Die Universität Graz, Graz 1977

TWERASER, Kurt, Der Linzer Gemeinderat 1914–1934, in: Historisches Jahrbuch der Stadt Linz 1980

WALTER, Friedrich, Die Organisierung der staatlichen Polizei unter Kaiser Joseph II., Wien 1935
Die österreichische Zentralverwaltung, Wien 1950 zitiert: Walter/Zentralverwaltung

WANDRUSZKA, Adam, Österreichs politische Struktur, Die Entwicklung der Parteien und politischen Bewegungen, in: Benedikt, Geschichte der Republik Österreich, München 1954

WEYRICH, Isabel, Die Zensur als Mittel der Unterdrückung von liberalen Bestrebungen im österreichischen Vormärz 1830–1848, Dissertation Univ. Wien 1975

WICHMANN, Manfred, Parteipolitische Patronage – Vorschläge zur Beseitigung eines Verfassungsverstoßes im Bereich des öffentlichen Dienstes, Frankfurt 1986

WIESNER, Adolph, Denkwürdigkeiten der österreichischen Zensur von der Zeit der Reformation bis auf die Gegenwart, Stuttgart 1847

WILTSCHEGG, Walter, Die Geschichte der Heimwehr, Wien 1985

WREDE, Alphons, Geschichte der K.u.K. Wehrmacht, Wien 1901

Abkürzungen

Abs. = Absatz
Abt. = Abteilung
ADV = Allgemeine Dienstvorschrift (des Bundesheeres)
AE: (ah. E.) = allerhöchste (kaiserliche) Entschließung
Anm. = Anmerkung (Die Numerierung und Zitierung erfolgt abschnittsweise, z. B.: „A. I/3")
Art. = Artikel
AVG = Allgem. Verwaltungsverfahrensgesetz

BG = Bundesgesetz
BGBl. = Bundesgesetzblatt
BH = Bezirkshauptmann(schaft)
BKA = Bundeskanzleramt
Blg. = Beilage
BM = Bundesminister/Bundesministerium
BMfI = Bundesministerium für Inneres
B-VG = Bundesverfassungsgesetz

Eo = Energie des Geschosses an der Mündung (Joule)
Ea. = Reihe der Expedita in den Regierungsakten des Steiermärkischen Landesregierungsarchives
EGVG = Einführungsgesetz zu den Verwaltungsverfahrensgesetzen
Erk. = Erkenntnis (eines Gerichtshofes)
Erl. = Erlaß

FMLt. = Feldmarschalleutnant
FZM = Feldzeugmeister (General der Artillerie)

GDI = Gendarmeriedienstinstruktion
GEK = Gendarmerieeinsatzkommando
Ges. = Gesetz
GG. = Gendarmeriegesetz
GPOD (GSOD) = Großer polizeilicher (Sicherheits- und) Ordnungsdienst
Gut. = Gutachten in den Regierungsakten des Steiermärkischen Landesregierungsarchives
GZK = Gendarmerie-Zentralkommando

HD = Hofdekret
HKD = Hofkanzleidekret
Hofk. = Hofkammerakten

i.ö. = innerösterreichisch

Kais. = kaiserlich
K.K. = Kaiserlich-Königlich

Koat = Kommissariat
Krb. = Kriminalbeamte(r)
k.u.k. = kaiserlich und königlich (gemeins. Reichsangelegenheit nach 1867)

LGBl. = Landesgesetzblatt
LGK = Landesgendarmeriekommando
Lhptm = Landeshauptmann

M. = (Waffen-)Muster
m. B. = mit Bajonett
MEK = Mobiles Einsatzkommando (Teil der Funkstreife)
MP (MPi) = Maschinenpistole

n.ö. = niederösterreichisch
ns. = nationalsozialistisch

o. B. = ohne Bajonett

PD = Polizeidirektion
Pol. = Polizei
Präs. = Präsidial
prov. = provisorisch

Res. = Reservat (geheim)
RGBl. = Reichsgesetzblatt
Rittm. (Rtm.) = Rittmeister
RV = Regierungsvorlage (zu einem Gesetz)

SD = Sicherheitsdirektion
SEG = Sondereinsatzgruppen der LGK
StGBl. = Staatsgesetzblatt
StLA. = Steiermärkisches Landesarchiv
StPO = Strafprozeßordnung
SW = Sicherheitswache

vo = Geschwindigkeit des Geschosses an der Mündung
Vdg. = Verordnung
VerfGH = Verfassungsgerichtshof
VStG = Verwaltungsstrafgesetz
V-ÜG = Bundesverfassungs-Übergangsgesetz
VwGH = Verwaltungsgerichtshof

Z. = Ziffer
ZI = Zentralinspektor/Zentralinspektorat (der Sicherheitswache einer Behörde)
Zl. = Geschäfts(Akten-)zahl

Personen- und Sachregister

Rolf M. Urrisk
**Die Räderfahrzeuge
des österreichischen Bundesheeres 1918–1988**
ISBN 3-900310-50-5
Der 1. Band einer fünfteiligen Dokumentation über das österreichische Bundesheer
H. Weishaupt Verlag · Postfach 29 · A-8047 Graz